（明）鄭岳　纂
吴伯雄　點校

莆陽文獻

1

廣陵書社

圖書在版編目（CIP）數據

莆陽文獻 / (明) 鄭岳纂 ; 吴伯雄點校 .——揚州 : 廣陵書社，2016.12
ISBN 978-7-5554-0656-3

Ⅰ. ①莆… Ⅱ. ①鄭… ②吴… Ⅲ. ①地方文獻一彙編一福建 Ⅳ. ①K295.7

中國版本圖書館 CIP 數據核字 (2016) 第 297782 號

書　　名	**莆陽文獻**
作　　者	（明）鄭岳 纂　吴伯雄 點校
責任編輯	王志娟　李佩
出版發行	廣陵書社
社　　址	揚州市維揚路 349 號
郵　　編	225009
電　　話	（0514）85228088　85228089
印　　刷	三河友邦彩色印裝有限公司 三河市高橋鎮喬官屯村
開　　本	16 開
印　　張	124.875
版　　次	2016 年 12 月第 1 版
印　　次	2016 年 12 月第 1 次印刷
標準書號	ISBN 978-7-5554-0656-3
定　　價	3980.00 圓（全五冊）

序

陳慶元

二十多年前，撰著《福建文學發展史》，接觸較多莆田（含仙遊）文獻，驚歎莆田文獻的博大深遠。福建第一位有作品傳世的詩人鄭露，梁、陳間莆田南湖人。唐代第一位有文集傳世的作家歐陽詹，成進士之前在廣化寺苦讀十年，深受莆田文氣溉澤薰育。晚唐五代律賦三大家王棨、黃滔、徐夤，黃、徐為莆田人，王棨則為仙遊臨縣福唐（福清）人。宋代是福建文學輝煌的時期，柳永、張元幹、劉克莊都是這個朝代成績卓著的大詞人。但是柳永（崇安人）除了詞，他作寥寥；張元幹（永福人）詞以外的作品，數量不多也沒有太大影響。而莆人劉克莊則有《後村大全集》傳世，其詩自成一家，《後村詞話》則至今仍為研究者所重。講宋詩，我們不能不提到另一位莆田人蔡襄，《四庫》館臣曾說其詩僅次於蘇、黃，亦是宋詩中一大家。以上僅就文學方面而言之，如果講到宋代的史學，人們自然要提到莆田人鄭樵的《通志》。

讀莆田作家別集，常為莆人的氣節所感動。明武宗欲南巡，莆田人武選郎中黃鞏（一四八〇—

一五二二）等上疏勸阻，武宗大怒，鞏遭廷杖，削職為民。另一位莆田人工部主事林大輅（一四八七—一五六〇）也參與勸阻，卻未加罪，別人以為僥倖，而他卻深以為恥，上書武宗曰：『兵部武選清吏司郎中黃鞏等六人同下詔獄，及將吏部等衙門官員俯伏待罪闕下，獨如臣等不及，臣等竊實耻之。職雖各有所司，然食祿均有國憂。衆皆越職觸罪，危言敢諫，臣等何人，不能一言以效死耶？』他不僅主動請求處罰，而且針對朝廷的言路發了一通意見：『臣謂陛下宜賞進言者，而罪不言者。蓋進言者，忠君愛國，奮不顧身者也。言者雖出位，縱不賞，猶當宥之。不言者雖不罪，實當罷之，而邪正分而賞罰明，而國家定矣。』（《待罪上言》，見《莆陽文獻》卷十三）上書的結果可想而知，林大輅下錦衣衛，被貶到偏遠的宜陵。閩縣人鄭善夫作《送林以乘謫夷陵》二首，其二有句云：『水部青雲志，憂君雙淚流。』憂君即是憂國，令人感歎噓唏。

嘉靖四年（一五二五），也就是武宗駕崩不久，莆田人鄭岳（一四六八—一五三九）所編的《莆陽文獻》收錄了林大輅此文，當時大輅尚在世。岳，字汝華，號山齋，南湖先生鄭露後人，弘治六年（一四九三）進士，為戶部主事，歷江西巡撫，官至兵部侍郎，以忤大璫弟姪，又以議禮忤旨，奪俸，家居十五年，卒。著有《山齋集》等。《莆陽文獻》編輯緣起，主要有二端。其一，莆陽文獻，起於隋，興於唐，盛於宋，歷代既久，遺文散落，故應搜掇而會梓之，以備一郡之典籍。其二，人物傳記，《名公事述》與郡志、縣志，時有互歧，亟待細核。鄭岳所編《莆陽文獻》，約刻於公元一五二〇年左右（據黃起龍《重刻莆陽文獻後序》推算），包括詩文十三卷及列傳七十四卷。詩文文體區分為賦、詩、雜文；詩又分為古、律各體，文則區隔為序、記、銘、贊、題跋、奏疏等。列傳主要根據同郡人周瑛、黃仲昭所編《弘治興化府志》中《人物志》部分，輯錄莆田籍文化名人生平事跡。（兩相比對，鄭書多直錄《府志》原文）嘉靖壬戌（一五六二），原書底板遭倭變盡燬，黃起龍——亦莆人，萬曆二十六年（一五九八）進士——幸存一部，懼其失傳，乃據以重刻。重刻本修正了原書的一些魯魚豕亥之誤，並附入柯維騏所作鄭岳傳記一篇（《鄭山齋公傳》），此即後來通行之萬曆重刻本。

萬曆本卷首有嘉靖三年（一五二四）林俊原序、嘉靖四年（一五二五）鄭岳原序和萬曆四十四年（一六一六）鳳山九十一樵人原湖侯清《重刻莆陽文獻序》、黃起龍《重刻莆陽文獻後序》。諸序之後有《凡例》，交代編輯、校讎本書之原則。關於選文標準，鄭岳之序有曰：『文以載道也。文不本於道，藝焉爾矣。』應該說，鄭岳的這種見解，代表了傳統士大夫的共同價值取向。

嘉靖四十四年（一五六五），莆田知縣徐執策在縣衙前木坊製二匾，書曰『莆陽文獻』『海濱鄒魯』。也許是『莆陽文獻』與『海濱鄒魯』，平仄失對。萬曆十六年（一五八八年），時任知縣孫繼有將其改為『壺蘭雄邑』『文獻名邦』。平仄和諧了，但『海濱鄒魯』深厚的文化內涵卻消失了。四川閬中人陳堯佐（九六三—一〇四四）《送王生及第歸潮陽》詩『從此方輿載人物，海濱鄒魯是潮陽』，『海邊鄒魯』四字，原是對潮陽（今廣東潮汕）的褒贊，莆田縣令徐執策移之以贊譽莆田，也十分合適。福建沿海不少縣市，都自稱自己是海濱鄒魯，但不知這些縣市的歷史根據何在？以我有限的閱歷，莆田明朝嘉靖就有這個説法。至於『文獻名邦』，在福建似乎是莆郡的『專利』，未見他地與莆競爭。莆郡僅擁有莆、仙兩縣，人口也遠非福、漳、泉可比，而宋明兩代的進士人數遠遠超過漳州，且不遜色于泉州與福州，著作的數量與品質，『文獻名邦』四字，當之無愧。如果細細究其來歷，鄭岳的《莆陽文獻》的『文獻』二字，也是重要的根據。莆田人編輯文獻，由來已久，唐末莆人黄滔輯有《泉山秀句集》，是現在我們知道的第一部福建人所輯的文獻彙編（已佚）。黄璞所著《閩川名士傳》[一]，則是第一部閩人的傳記集。晚明，閩人編輯區域性的地方文獻和撰寫當地的名人傳記，呈現出前所未有的熱情：晉江人何炯（一五〇六—？），嘉靖二十六年（一五四七）進士，編選《清源文獻》；閩縣人鄧原岳（一五五五—一六〇四），萬曆二十年（一五九二）進士，編選《閩中正聲》；閩縣人徐熥（生卒年不详），萬曆四十六年（一六一八）舉人，編選《晉安風雅》；龍溪人張燮（一五七三—一六四〇），萬曆二十二年（一五九四）舉人，編選《清漳韻苑》（似未竣）；曹學佺（一五七四—一六四六），侯官人，萬曆二十三年（一五九五）進士，編選《閩集》（收入《石倉十二代詩選》）；陳鳴鶴，懷安縣（今福州）人，與徐熥兄弟、謝肇淛攻聲律，有《東越文苑傳》。明代閩人編輯地方文獻，追源溯流，鄭岳《莆陽文獻》或為肇始。

二三十年來，我指導過的碩博士論文，部分關涉到莆陽歷史人物和文獻，如徐夤、宋玨、黄仲昭、

校記：

［一］黄璞，侯官（今福州）籍，遷居莆田。《閩川名士傳》一書已佚，輯本見陳慶元《〈閩川名士傳〉輯考》（國家圖書館《文獻》，二〇〇三年第一期。）。

《莆風清籟集》等，限於條件，均未成書出版。我自己也曾點校過《蔡襄全集》（福建人民出版社，一九九九年版）。每次到莆田講學，不論講何題目，我總是倡導整理莆田文獻。我甚至有一個天真的想法，既然莆田是文獻名邦，莆田市屬大學不妨辦個文獻專業，而且把這個專業當作學校的特色專業加以建設，文獻名邦辦文獻特色專業，名正言順，誰曰不然？我還想起嘉靖間徐知縣那兩個匾，如果重新製作『海濱鄒魯』『文獻名邦』新匾，懸掛在圖書館大樓前，也許會成為莆田的一道風景。當然，圖書館内還應藏有盡可能完善的莆陽文獻及其整理本。

吳伯雄博士，亦莆人，熱愛鄉邦文獻。一日，出《莆陽文獻》標校稿問序，曰：『即付梓。』吾欣然喜，文獻名邦有後繼者矣。伯雄受業於復旦大學王水照先生，王先生親口對我說過，他喜歡莆籍學生，莆籍學生勤奮。伯雄為『八〇後』，年正富，推動莆田文獻建設，與有責焉！竊以為伯雄不妨聯絡有志於文獻的莆友或喜愛莆田文獻的其他朋友，一道努力，重振文獻名邦雄風。我於伯雄有厚望焉！

陳慶元

二〇一六年八月十三日夜於金門縣農試所小木屋

點校説明

《莆陽文獻》八十八卷，包括文選十三卷，列傳七十五卷，基本上彙集了自梁陳至明代中葉莆籍文學作品精華及文化精英傳記。編撰者鄭岳（一四六八——一五三九），莆田人，生平事蹟見同郡柯維騏所作《鄭山齋公傳》以及清人張廷玉《明史·鄭岳傳》，著有《山齋文集》二十四卷。

關於本書書名，清修《四庫全書總目》卷六一作『《莆陽文獻》十三卷、《列傳》七十五卷』，是以一書為二；其後鷺江出版社《閩刻珍本叢刊》第二十三冊所收該書，亦題為『《莆陽文獻》十三卷、《列傳》七十五卷』。考《論語·八佾》『文獻不足故也』，朱子《集注》：『文，典籍也。獻，賢也。』是文指文本典籍，獻指先賢才俊，故本書《莆陽文獻》中『文獻』一詞，實已包括前半部分之文選及後半部分之傳記。今人鄭寶謙所編《福建省舊方志綜錄》著錄此書書名，即曰『文十三（卷）十獻（列傳）七十四』，可謂卓識。參稽本書卷首所附諸人序文，於本書書名，皆僅及『文獻』一詞，而絲毫不提列傳，亦可知本書應名《莆陽文獻》，而『列傳』二字，實為蛇足。

據黃起龍《重刻莆陽文獻後序》云：『自國初百五十年，則鄭山齋公修《文獻》時矣。再五十年，則柯希齋公續《文獻》時矣。再四十餘年，則今日矣。』所言『今日』，即萬曆四十四年（一六一六），往上倒推九十餘年，可知《莆陽文獻》約初刻於一五二〇年，問世四十多年，不幸遭遇倭變（一五六二），書版毀於兵燹。所幸黃起龍家尚存一部，『思歷代人文之盛，懼鄭公手澤之湮』，遂于萬曆四十四年據此僅存之書，重新刊刻，以廣流傳。今即據此本加以點校。

此書多為輯錄前代文獻而成，惟古人抄書，往往多憑己意增刪，一一出校勘記，勢不可能，亦無必要，故僅在抄錄有誤致文義不通時，方據他書加以校勘。又原書刻本歲久失修，文字多有漫漶，尤其夾註之小字，多難辨認。茲據文中所引各書，予以他校，儘量補出。至於實在無法辨認又無其他類似文獻可以校正者，只好付之闕如，以方框標出，用存其原貌。讀者若能因史之闕文，有以拾遺補闕，則又此書之幸也。

原書刻本曾收入《續修四庫全書》《四庫存目叢書》《閩刻珍本叢刊》《北京圖書館古籍珍本叢刊》等大型叢書，向無單行之本，今將原刻本影印，附於點校本之後，以便讀者參考研究。

吳伯雄

二零一六年九月

《莆陽文獻》總目録

第五冊

莆陽文獻（上）

（明）鄭岳 纂
吴伯雄 點校

重刻莆陽文獻序

嘗覽宇內郡志，風教固殊，人文間值，莆邑濱海，何獨與鄒魯比稱？以名賢足多故也。由梁陳迄宋元，迨我明興百餘年間，弘治郡志所載，詳且悉矣，第文獻闕焉弗脩。嘉靖甲申，少司馬山齋鄭公始任其責，觀其自序，史筆之難，乃不狥物情、參與論而品隲之允矣。一郡之典刑，萬世之實錄也。壬戌倭變，書燬無傳，給諫黄雨石君家藏一部，重鋟而布之。予少愛是書，常置案頭，每一展卷，則忠孝清恬之操，宏博明徹之詞，在在得師。即千古英躔，六經芳潤，恍然時睹面焉。五十年來所欲尋繹而不能致者，一旦重遘，譬隋珠和璧，離而復合，干宵照乘，神采煥然，其欣快何如！蓋山川靈氣發洩於人文者，積數百年得司馬而其盛始傳，奇書秘寶，神物護持。又越數十年得給諫，而其傳始久。鄭、黄家學淵源最號長遠，梁陳間，讀書於衆人未讀書之時者，南湖鄭恩叟先生也。唐貞元間，吾鄉已有舉進士者。乃若文章名家為莆初祖，則御史黄文江先生也。編錄者司馬，則鄭先生後；重興者給諫，則黄先生後。總之，克繩顯祖，章徃昭來，有功於維世，均也，觀人者於其所發而所存可知。子貢曰：『進賢，賢哉。』

予亦曰：『錄賢，賢哉。』山齋公直氣勁節，天子嘉之曰貞臣，林貞肅公以元老而亟推重，其品可想也。雨石慷慨有大志，嘗請於朝，復革除統紀，謚仗節諸臣，真可以扶植名教。林居嗜學，戶外事若浼，惓惓先哲，表章文獻，與昔日疏彭惠安公改謚，蓋不勝高山仰止思矣。今天子久道化成，莆縉紳聯翩蔚起，道德勛業，當有不媿前修者，文章抑其餘耳。予耄年，自揣謭陋，久荒筆研，特嘉雨石是舉，僭掇數言，并以伸吾黨興復之志云。

萬曆四十四年歲次丙辰孟秋朔旦鳳山九十一樵人原湖侯清書

莆陽文獻序

莆文物起於隋，興於唐，而尤盛於宋，海濱鄒魯，至今焉而紀述遺缺。紹熙時始有《軍志》，洪武時始有《事述》；《郡志》，弘治時也。文獻之脩尚缺，千百年光嶽之氣滙鍾於元人者，為道德，為節槩，為勳烈文章，為四儒道學，以茂贊皇猷，輝發聖藴，如景星卿雲，轉瞬而消滅以盡，其不深可慨與？然有甚難者。夫記誦弗博，則搜校漏遺。升落無章，亦準量抉擇。有所未至，重以參愛惡其間，與欲借隻詞而不遂者，則吠聲曉曉，市虎三告。故退之不作史，子瞻病《文選》無法，而《文鑑》去取亦未憮於晦翁。《事述》《郡志》同撰，自相詆訾，文獻之筆，其未易操也。乃以累吾鄭公山齋，取立齋手錄，參以諸家遺文，并《述》《志》而類萃之，人取其尤，事取其覈，詩文取其純整無畔道。後峰間商校，必東、士遠間刪削焉。閱数歲，始克就編，屬余為序。余未見成書，要自公出，賢者也，三君子又賢者也。書固足信矣，第不知有借隻詞不遂否乎？吠聲之屬，其不謂終無也。道也者，求諸我爾矣，盡不盡，吾知之，信不信，又胡從而知之？司馬遷《史記》，雄、向稱良史才，子由兄弟獨疎淺病焉，抑無害遷也。纂輯定，監戒昭，為莆立赤幟，今之視宋，猶宋人之視唐人也。人文之盛，有大書特書，不一書者矣。

嘉靖甲申十月既望見素林俊書于雲庄青野

莆陽文獻後序

莆之地，始闢於秦。至漢武帝，以其阻險易變也，盡徙其民而墟之。晉亂中原，衣冠避地而南，於是有所謂八姓入莆者。自後徙居日益眾，修養衍庶，遂齒上國。然當其時，人猶未知學也。吾祖南湖露公始以其學倡之，歷唐而宋，遂有海濱鄒魯之稱，浸淫至於今日，盛亦極矣。歷代既久，遺文散落，顧未有蒐掇而會粹之，用備一郡之典，豈非大缺事歟？鄉望見素林公、松厓方公暨后峰伯固，嘗相與閔惜，因授役於予，俾從事焉。眇焉謭陋，大懼弗任，爰考郡乘所列諸家著述甚多。求之，今惟忠惠、艾軒、後村三四遺集在，其散見《文粹》《文鑒》諸書者僅數篇，雖當代近裔，亦或并其先世手澤而亡之，可歎也已。立齋宋公嘗手錄先輩遺文六冊，得以為據，若藏庵所編《岡鳳集》，則又病其太濫。於是更加延訪採擇，閱數歲，始克成編，凡詩、賦、銘、贊、序、記、題跋若雜著、奏議之類，列為若干卷，庶幾其可傳者。既又仰而歎曰：『文以載道也。文不本於道，藝焉爾矣。而深於道者固不屑於文也，文可獨傳乎哉？』乃復取郡乘所載人物事跡，略加芟潤，且為補遺，參用班、馬氏義例，類編為傳。若勛德，若文學，若忠孝廉惠之類，列為若干卷。其家庭之濟美，師友之淵源，或寒畯而特起，班班可攷，以是而參校。夫文上下數百年間，山川宇宙之精英，庶於是乎具，噫，亦盛矣！魯穆叔謂：『太上立德，其次立功，其次立言。』後世所就，要不能如古，然擅其一長，亦足名世而垂之不朽，況兼之乎？鄉邦前哲，後進軌範，有志尚友者，不於是而求之，將不謂東家丘者類歟？或曰：『子之輯是，其用心亦勤矣。若椅摭星宿而遺羲娥，得燕石輒以為璞，又寧不為是輯病歟？』予曰：『唯唯，是謭陋之罪也。然失今不錄，其後益至於泯滅無傳矣。輯之弗善，固猶愈於已乎。若夫因略致詳，由粗致精，搜補缺漏而正其訛謬，使吾邦文獻永永足徵，固將有待於後之君子。』

嘉靖四年歲在乙酉夏四月朔鄉晚學山齋鄭岳謹書

重刻莆陽文獻後序

夫自文獻名立，而郡國皆藉以為重；自三不朽說起，而文獻又以次第分。馬、班列傳，若《天人》《治安》《諫獵》《長楊》，皆因人附文。豈當時重在廣川、雒陽，而文采葳蕤，即當壚投閣，亦不以其故廢傳也。迨《後漢》於列傳之外，別加《文苑》，《南齊》又易以《文學》。然《文苑》則以狂疾禰正平與至孝黃文彊並稱，惟傳其事，不錄其文。而《文學》則游、夏所得與於聖統者，亦令飲酒不羈之靈鞠，放誕任氣之擅超，廁名其間。獻乎？文乎？合則為馬、班，分則為《後漢》《南齊》，互有得失。甚哉，文獻之名重，而文獻之實未易覈也。吾鄉鄭司馬山齋公，輯郡內梁陳至今著作凡十三卷，又取名公事跡為列傳七十四卷，名曰《莆陽文獻》。公清嚴雅望，謇諤孤忠，冠冕朝紳，羽儀世道，而是書尤其所自任，為鄉邦折衷者，蒐采鑑衡，殫心極慮，商訂三氏，數歲始成。列傳倣之馬班而文非合，標文殊於《後漢》而傳非分。其有玄珠久沉於赤水，五色尚存於丹穴，則或論世而闕其文，或因文而紀其名。議論義例，較之前史且什伯，蓋已陋長卿、子雲，更何有正平而下乎？真可謂一郡大觀，千年勝事矣。然而龍所欲起公於九原而與之相質正者，則以翁諫議錯趾梁庭，徐著作脩潤道史，林侍請梯榮策答，皆宋立齋公所責備；侍御楊朝重、林貴實二公，風采凜然，則彭惠安公所心折者，並不載其諫草，而林只附傳林克全侍御，故尤難解。林艾軒、黄四如二先生以經學知名，林《易解》《尚書語録》雖云煨爐，然其説《詩》《論語》猶見於趙子直、宋去華、李泉州簡牘。黄四書六經講章炯然日星，《郭孝子祠記》《墓表》尤禅風教，胡均未得表章？豈公於林之去取，別自有見，而於黄未睹其集與？大抵是書銓次有方，琳瑯會粹，惟翼經之作猶缺，疏議不能無漏。若增以林、黄窮理，楊、林奏事諸篇，令鄉邦得睹績聖正脈、經國讜謨，質諸古立言之旨，庶幾不朽。公如可作也，且然龍言乎哉！嗟夫，人材難得，千里比肩，比屋可封，元愷為倡。莆獻彬彬，流光史册，則南湖請學實濬其源，後進聞風久而彌奮，道德勲烈節槩，至宋益盛。我朝教化翔洽，諸名公項背相望，不但以文章頡頏宇内。故其時風俗，學宗經，官賀貧，冠三加，昏擇耦，喪闢佛，祭用仂，酒尚玄，服疏布，士大夫躬行於上，庶人則效於下。地不大曹滕，俗已幾鄒魯，昔人所稱，諒非溢美。自國初百五十年，則鄭山齋公脩《文獻》時矣。再五十年，則柯希齋公續《文獻》時矣。再四十餘年，則今日矣。文明蔚起，紳珮聯翩，時勢漸趨，河流東注。撫今追昔，同有維風之責者，安得不為是廩廩？故論文獻，雖不敢妄意夸父之逐日，論風俗，亦未必為杞人之憂天矣。是書遭嘉靖壬戌兵燹，僅存一部。龍思歷代人文之盛，懼鄭公手澤之湮，遂付剞劂，以廣其傳。因述所聞國初風俗，以竢夫好古挽回之君子。謹敘。

萬歷四十四年歲次丙辰孟秋下澣鄉後學黄起龍書于印水之恬養軒

莆陽文獻凡例

一、文獻獨名莆陽者，本莆口之地，古名莆中，舉莆則仙游、興化二縣可兼之矣。

一、采輯詩文，以年代爲先後。作者姓名各列本題之下，有傳者則曰『見本傳』或『附見某傳』，無傳者則詳其字號爵里。

一、詩文散在《翰墨全書》等書及各家譜牒者尚多，製作未工，亦不盡錄。此錄嘗經黄后峰、朱必東、陳士遠三君子商確去留，期以垂遠。

一、歐陽四門本泉州人，讀書于莆，子孫遂爲莆人。今泉州已梓行其文，此不復入。

一、人物列傳，《府志》各分門類，今用班馬例，取其大概相類者，合爲一傳，或各爲一傳。

一、仙游、興化人物各自爲傳，傳首必書『某縣人』，其不書者，皆莆人也。

一、《府志》人物或父子兄弟散見各門，今系而書之，亦史家法也。

一、《府志》人物各有論斷，今不暇錄，觀者自當參考。

一、《府志》之修，距今二十餘年矣。賢哲繼謝，尚未及載。今作《補遺》，凡十六傳。

重校文獻紀略

是書字多亥豕，板沒劫灰。既授重鋟，爰加勘訂。如鄭昇之孫可復、林大有之子雷龍，傳作鄭孫、林雷，此訛之大者，業已改正。林誠附《林正傳》，失于標目，亦已增補，餘悉仍舊。惟附刻《鄭山齋公傳》，此係柯希齋公特筆。公沉詣卓識，不輕許人者，讀斯傳，亦可論鄭公之世已。

萬曆丙辰孟秋東里黄起龍謹識

目錄

上冊

卷三　七言古風……一四

卷四　五言律詩……二三

卷五　七言律詩

卷八　書啓……八九

卷九　序

卷十　序……一二四

卷十三　奏議

下冊　傳

莆陽文獻　卷一

兵部左侍郎山齋鄭岳編定
南京吏科給事中後學黄起龍重校梓

賦

娃宫賦以『驚上空壕、色施碧草』為韻

黄滔見本傳

吴王殁地兮，吴國蕪城。故宫莫問兮，故事難名。門外飛其玉弩，座中委其金觥。舞榭高臺，朝爲宫而暮為沼。英風霸業，古人失而今人驚。

想夫桂殿中横，蘭房内創，丹楹刻桷之殊制，釦砌文軒之詭狀。如從渤澥，徙蓬闕於人間。若自瑤池，落珠宫於地上。繡柱雲楣，飛蛟伏螭。基扃欝嵂，鉤楯參差。碧樹之珍禽夏語，緑窓之瑞景冬曦。吴王乃波伍相，輦西施。珠翠族來，居玉堂而澒洞。笙簧擁出，登綺席以逶迤。觸物窮奢，含情愈惑。欲移楚峽於雲際，擬鑿殷池於檻側。花顔縹緲，欺樹裏之春光。銀焰熒煌，郤城頭之曙色。

殊不知敵國來攻，攢戈耀空。虎怒而夆平雉堞，雷訇而擊碎簾櫳。甲馬萬蹄，卷飛塵而滅没。瓊樓百尺，爆紅爐之冥濛。悉由脩袖舞殃，朱唇唱隟。瑤堦而便作泉壤，玉楚而旋成蘚石。恨留山鳥，啼百

卉之春紅。愁寄壠雲，鑠四天之暮碧。

悲夫！往日層構，玆辰古壕。香逕而同歸寂寂，稽山而杳自高高。遺堵塵空，幾踐群遊之鹿。滄洲月在，寧消怒濁之濤。已而西日忩忩，東波浩浩。松楸而駢作荒㙮，車馬而輾通長道。彼雕墻峻宇之君，宜監丘墟於茂草。

蠹賦　劉克莊見本傳

余既倦遊，退老于鄉。五畝之園，手自鉏荒。封植群木，位置衆芳。桃柳易蕃，次則海棠。窣窣跦跦，稍已著行。曾不數年，類為物戕。疑此三者，盛於春陽。如人蚤達，理不得長。橙柚冬實，而華絶香。梅至高寒，桂尤堅剛。俄亦復然，不可測量。余靜觀之，樹固如常。

忽有小竅，僅若鍼鋩。浸滛不止，穿穴其傍。叩之空空，望之憧憧。其拂簷出屋者，可伐而薪；条天合抱者，可扳而僵也。余周行四顧，嘆息徬徨。客曰：『嘻！有蠹蟲焉，為樹之殃。先齧其心，伏於膏肓。如人内潰，發為疽瘍。以小喻大，可得而詳。由身言之，蛾眉伐性，豹胎腐腸。尸蟲瞯睡，讒於上蒼。雖有老彭，化為小殤。由天下國家言之，鼠食郊牲，雀耗太倉。群狐隳城，聚螘決防。眇綿不察，以至敗亡。蓋身也，天下國家也，皆未免有蠹。子徒憂樹之枯朽，而不憂身之危脆與天下國家之趍於季漢末唐，是謂小智，見哂大方。有佳禽焉，擇木深藏。性尤憎蠹，求索皇皇。且鳴且啄，或集或翔。醜類蕃滋，莫損毫芒。譬之精衛，欲填瀰茫。力微黨孤，抱志未償。曾不如傍邑之種橘者，用功甚簡，歲歲大穰。千林湅稿，萬顆弄黃。主人深居，初不下堂。命挑蠹者，以時掃攘。視蠹所在，猶探諸囊。雖叅萬株，無一夭傷。』余矍然起謝曰：『古有所謂貫虱之射手，承蜩之痀僂。客所稱道，非若人否？幸客介余，往造其宇。同載而歸，北面學圃。』

莆陽文獻　卷二一　五言古詩

題將軍岩　蔡襄見本傳

赤日正亭午，解衣嵓石下。石泉殊甘涼，野籟亦蕭洒。驚猿度嶺雲，遺果墜庭瓦。披軒忽永嘆，幽抱不可寫。

題夾漈草堂　鄭僑見本傳

杪秋尋遠山，幽懷欝冲冲。草堂跨層崖，夕陽山影空。高人辭天禄，結交杖藜翁。遊氛暗九土，歲晚余曷從。冷冷夾漈水，謖謖長松風。思之不可見，淚落秋雲中。

寺中别林謙之兼寄諸鄭　方翥見本傳

遊從忘朝晡，尊酒輊招呼。笑語恣玩狎，翻覆雲雨殊。我友數君子，古心相與娱。每見輙賓敬，衣裳儼而趨。惡石寓規誡，美疢疾佞諛。深山足風雨，零落梅花株。亭亭岩上松，霜姿一何孤。感兹各努力，勿以歲事徂。

送别湖北漕李秘監仁南壽　林光朝見本傳

文字眇煙雲，過眼徒浩浩。所有未見書，惜哉吾已老。子雲客長安，陳迹一如掃。同叔向來人，我生苦不早。白玉來西崑，一見自應好。縱譚百代前，至竟非枯槁。黄鶴有高樓，恍如事幽討。攬轡逢道州，聽書下下考。周南勿留滯，掇拾供史藁。分手重酸辛，璠璵衆所寳。十日不得面，何為太草草。

紫極宫誦李白詩及坡谷和篇，因念蘇李聽竹時，各年四十九，今子五十九矣，遂次其韻　劉克莊

翰林兩仙人，偶來聽風竹。蕭蕭玉千竿，采采緑一掬。少時負不群，中歲乃見獨。嗟子長十年，所至戀三宿。徑當還匆歸，奚俟揲蓍卜。夜郎與儋耳，老大費往復。宜州殿其後，路險車又覆。山中採芝去，舍下炊粱熟。

次韻寄太乙宮上官師二首　陳旅見本傳

端居感流序，階樹日摵摵。涼風起高城，上有南飛翮。楊雄不徼名，拓落猶遠客。美矣陶徵君，歛裳去彭澤。我居城東南，西北有珠庭。病久曠冲賞，懷哉松桂青。曼倩諒奇士，夙受火珠經。雲河澹秋夕，泰畤明三星。

題楊顯民采詩卷後　前人

夢游洞庭野，斜月映疏星。軒后來張樂，伶倫吹鳳笙。夢回憶其音，幽蓋有餘淸。截竹學向人，世人皆不聽。南州有高士，洗耳臥巖扃。涼風鳴松林，石澗響瑽琤。何日即與語，曠焉千古情。

原範吟　劉有定見本傳

天地不愛寶，出此圖與書。至哉百奇耦，誨我何勤渠。十為夫婦始，九爲君臣初。龜龍發天瞶，萬化皆權輿。禹圖順而實，羲畫逆以虛。知來豈損益？數往寧乘除。皇極即太極，合散由卷舒。云胡三代下，讖緯徒紛拏。太玄用踦贏，潛虛置元餘。去之二千歲，此道今何如？乾君倦于老，家事當誰傳？豈無一索者，庶孽不可言。大明出乎震，繼照行中天。坎者離之對，内助稱其賢。主器必長子，故遣司春元。所配非少女，生育何由蕃？震移艮斯代，兑去巽以遷。乾居少陽位，坤退西南偏。如何反對者，次序乃不然。連山既首艮，歸藏亦坤乾。安知後天位，不在文王前？

吾觀七廟制，乃與後天會。易中有太極，生此覆與載。巍然正東向，太祖取諸兑。三昭與三穆，以次各相配。乾坤具純體，天地交乃泰。美哉文武功，世室莫敢廢。坎離得中道，水火本相逮。親盡或以祧，功成則身退。艮者震之反，巽者震之退。親親故近東，尊尊故居外。震為孝曾孫，主祭祭如在。至如宗有德，于以昭後代。十六三十二，不在七世内。若以後天求，位次必有礙。設位固面東，三廟必依背。所以都宮成，太廟乃居北。先天即後天，體用不相悖。四時祫之小，三年祫之大。悉陳祧廟主，于以盡敬愛。由八而八之，三畫加一倍。又如祖自出，天造方草昧。太極本無極，無廟禘於太。我思古人心，萬世宜永賴。禘法非不知，夫子有深誨。

雲林一間　方時舉名樸，見本傳。

大道本無爲，至人樂幽閒。所以出世士，適性雲林間。微飈度好雨，白雲在林端。我牧茁已長，日長但高眠。澹然已忘我，安知道為玄。茫茫大塊間，汩汩蟻磨旋。蠢蠢各有役，營營良足憐。乃知物外貴，如如真始全。白雲諒匪遠，矯首長悁悁。

感寓　前人

蕭蕭北風凉，槭槭木葉下。獨客耿無寐，披衣坐長夜。饥梟鳴喬林，鬪鼠穴虛瓦。而我胡不歸，飄飖在中野。昔别暑載途，霜露忽飛洒。豈不懷故居，四郊尚戎馬。世無傅介子，冠盖混夷夏。匪忘濟時志，欝欝不得寫。棄置勿復言，吞聲淚如瀉。

真率會 劉性存洪武中，以薦為南海知縣。

炎靈運玄化，衣冠集芳辰。皤皤斯達尊，濟濟凡七人。琴瑟既在御，豆登亦復陳。旨酒式燕樂，大羹薄肥珍。登歌間行葦，稱觴壽千春。德將諒無醉，既醉不失真。陶然宇宙間，蟪菌焉足論。光風泛蘭蕙，好鳥鳴及晨。江漢日云遠，道義日益親。覽圖百載下，安得風再淳。願言繼遺響，遥睇洛水濵。

方士志耕隱 郭維貞名完，見本傳。

雨衣製青荷，雨笠編新籜。斯人沮溺流，日晏猶耕作。今年擬有秋，烹羊祭先穡。招我食力徒，斗酒聊取樂。酣歌擊瓦盆，昨晚牛生犢。

古洞閒雲 林長楙見本傳

崖傾人跡少，谷轉蘿薜深。古洞俯林藪，白雲生夕陰。起伏變萬態，出岫寧有心。其間棲遯者，相與忘升沉。采芳侶馴鹿，跏趺對鳴禽。何當馭格澤，日夕同招尋。

文峰春曉 林岊見本傳

群鴉報天曙，春色開林落。光塵透竹窓，山影踈簾箔。葉露滴猶響，花光照經閣。殿宇正曈曨，金碧明丹雘。

金臺七夕陪曾侍講子啓、彭修撰汝器諸公宴集，分韻得斗字　林珪附見《林環傳》

池舘迎早秋，蕭條宿雨後。凉聲落高梧，灝氣淡疎柳。雲斂河漢清，迢迢望牛斗。離思不可攄，況兹感物候。幸接心所懽，惜無樽中酒。於焉寫幽素，我琴時再奏。杳杳烟際鴻，沉沉禁中漏。零零遂盈襟，坐來亦已久。裴徊未成寐，殘月在西牖。

秋江别意送林廷著應舉　林文見本傳

湛湛長江水，上有楓樹林。風高木葉下，天寒江水深。美人戒晨發，祖餞江之南。一觴未及盡，青驪逝駸駸。慷慨一為别，惻愴傷我心。君材富詞藻，琅玕間球琳。積久發必舒，物理固相仍。請看高飛鳳，寥寥守孤岑。陽鳥展其翅，大振瑶華音。

和燕歌行　方熙見本傳

四座且勿飲，聽我為君歌。生來少讀書，自負膽氣多。逢人好陵轢，安能守謙和。朝廷募死士，奮身赴交河。筋力盡鞍甲，歲月竟蹉跎。羊腸九折坂，險阻常經過。雖云身不遇，幸不嬰禍羅。劒脱贈知己，囊空買秦娥。窮老守頽舍，時乎將奈何。

空烟水深。

古別離　前人

愁心將何聊，撫我孤桐琴。絲桐感人情，絃急無好音。拂衣起嘆息，逍遥獨行吟。遠望別離處，江

冬日遊覽　前人

咸陽城東門，風景光奪目。遠嶂開青蓮，原田滿阡陸。邯鄲屬清渭，驛路通函谷。百貨集舟車，曠野多樵牧。康莊平若砥，車馬相馳逐。金鑾遊俠兒，華簪皆世禄。何事茂陵人，卧病衡門宿。

送謝文祥御史謫南陵丞　彭韶見本傳

零露一以墜，原野生微凉。金風轉蕭索，四壁吟蛩螿。夜長不能寐，攬衣起徬徨。仰視天宇濶，素月揚輝光。奄忽浮雲馳，肅肅鴈南翔。一啄諒易謀，豈不足稻粱。窮海纍臣書，藉爾遠見將。羽毛尚摧落，愴惻未能忘。云胡抱孤影，悠悠岐路長。願言隨陽歸，以慰朝夕望。

送邦紀弟赴通州學正　柯潛見本傳

旭日耀層漢，輕風吹碧漪。行程渺何許，征馬焉可羈。常時送歸客，中懷亦凄其。況此骨肉親，胡能不傷悲？强持一尊酒，為汝陳諷規。去去登泮學，冠裳肅威儀。展席坐清晝，横經講軒羲。粱肉何足嗜，飲水足忘飢。勗哉崇令德，庶以慰我思。

送別顧大尹　陳鉞見本傳

南國有佳人，早歲事機杼。織成雲錦章，間以鸞鳳侶。自從嫁夫婿，流落向西土。西土多樓居，綺窓映深戶。歌舞當路衢，夜飲不知曙。而我長廊下，白日自操杵。西風吹芙蓉，澹然傍洲渚。有姝美清揚，乃是名家女。相見合心素，解佩以相與。情意正綢繆，驪歌動閭宇。仰觀西流景，滔滔水東注。人生如風萍，一散寧復聚。車轄鳴間關，欲訴情覼縷。去去終離别，鬱鬱傷懷緒。願身化飛鴻，遠送凌霄羽。

感興四首　周瑛見本傳

有客學舞劒，自謂術通神。雷霆薄宇宙，雙龍飛繞身。我亦有劒術，未敢輕告人。詘信隨陰陽，指顧天地春。

提瓶去汲井，為君解宿酲。不意綆中斷，瓶墜不能升。君恩手中綆，妾身井底瓶。相望不相即，此心誰能明。

青天尚有涯，滄海尚有底。云胡人心微，倏忽渺千里。人心不在遠，祇在腔子裏。夜半靈臺虚，默默看元始。

持刀斫月明，月明何曾斷。縛帚掃樹影，樹影依前滿。人皆惡樹影，礙此月明多。樹根苟不拔，其如月明何。

寓意　鄭瑗見本傳

我有徑尺璧，藴質自崑岡。拂拭見光彩，皎絜如截肪。玉人試礱錯，製為琚與璜。珍愛不忍佩，什襲藏諸筐。攜之宦南北，道路阻且長。筐中忽悲鳴，啓視化爲㐭。倀倀獨不見，欝欝意難忘。

擬古用韋蘇州韻　林俊附見《林圭傳》

出門有所適，駈車長林端。蒺藜翳古道，登峥阻且艱。緑陰下啼鳥，夕陽在空山。有酒不得將，芳賞辰独难。抱飢坐孤石，流雲渺無迹。谷泉遞暗聲，荔逕稍棲息。緬懷千古心，僅此一間易。迴策悄人語，虛堂海月白。鄒孟世不作，魯風日頹靡。荀揚後文軸，玞璞填底裏。董生闔門戶，昌黎亦後齒。卓哉元晦翁，大成集諸子。扶輿夙有鍾，混沌良未死。

南莊别野　前人

塵事日窈冥，皐山趣還好。漁歌錯昏晝，沙石净如掃。舫舟散素襟，文字時探討。寢迹衡茆下，生計亦草草。愧乏東平瓜，獨有安邑棗。開春理薄田，即事起常早。寨樓村烟夕，滄海白浩浩。好爵不自縈，名聲此中老。

和蘇子卿效體寄守溪元老　前人

役役歲云暮，俛仰時徘徊。長鴻何寘寘，失侣難因依。和鳴豈不念，知音良獨乖。撫樹動遥感，秋至無好懷。繁華變蕭索，時過寧不悲？野陰日西夕，寒蛩送餘哀。不見盛年好，秪見容顔摧。試問東逝流，到海何時歸？洞庭今夜月，一鶬爲誰揮。願附雙長翼，吴山來去飛。

莆陽文獻　卷三　七言古風

城山國清塘　林光朝

燭龍醉倒木開眼，遮空萬里雲張繖。小舟塘外日溶溶，漁歌忽斷荷花風。倚巖僧舍扃深戶，我來跋涉拳肩股。喘停更促短筇上，怪石周遭臥萬鼓。況是秋風到此山，惟有孤鴻時往還。勞勞百年共纆縛，不似青山長自閒。古人古人嗟已遠，長歌商頌歸來晚。

和前韻　陳士楚見本傳

山光一洗紅塵眼，長松夾道搖青繖。回頭下瞰百川融，亭皐小立凌剛風。傑閣玲瓏朱綠戶，何年蓬萊移左股。山僧見客不歛眉，梵唄琅琅應魚鼓。欲攜三尺彈龜山，淳風一去不復還。仞墻草長章逢少，幾百年來風月閒。嗟哉賢聖遠復遠，天高地下日易晚。

長夏歎　陳宓見本傳

六月不雨暘烏驕，飛蝗更剪深田苗。農夫抱衾覆一畝，背裂口焦如火燒。農夫農夫莫怨怒，更有無田可耕處。昨日長淮禾稻區，白骨成堆今莫數。金繒百萬去安邊，城壁不修唯壞垣。人言犬羊盟誓堅，我願夏日長如年。

武夷丹崖　方伯謨名士繇，附見《方會傳》。

丹崖石氣凝高秋，碧溪上引天河流。金堂石室不可到，玉舘莓苔生古愁。僊人昔乘紫雲去，白馬瑶鞭在何處。茫茫塵世那得知，幔亭空記當年事。君不見，茂陵松栢已蕭踈，乾魚猶祭同亭祠。

縠城山松隱巖　鄭樵見本傳

青嶂廻環畫屏倚，晴窓倒入春湖水。村村叢樹綠於藍，歷歷行人去如蟻。新秧未揷水田平，高低麥隴相縱横。黄昏倦客忘歸去，孤月亭亭雲外生。

清明林下　鄭伯玉見本傳

遊絲百尺飛到地，野蝶尋春有狂意。一番輕雨洗梨花，啼出玉真無限淚。老夫不入少年塲，直向南軒亭午睡。覺來歷省夢中事，却憶邯鄲枕中記。

四快圖　方大琮見本傳

一人筅耳手不住，一人袒背抓癢處。一人理髮虱擒獲，一人噴嚏虎驚去。余鼻久塞耳驟聾，虱無附麗頭已童。惟背負暄覺奇癢，麻姑之爪不易逢。吾聞氣涌如隄潰，枕高唾遠道家忌。且留眼讀養生書，莫將身試快意事。

謝氏祖孫創澧陽橋　前人

涔陽極目雲氣昏，衝風揚波鼉窟翻。湘妃抱琴望虞舜，日暮江竹多啼痕。木蘭為舟不可渡，誰幻層淵作平路。天潢夜靜牛渚長，海市朝晴蜃樓吐。祖孫移山山可移，昔人不信今見之。千年猶有召伯棣，白面聚斂嗟何為。

為趙敬叔賦漢海獸、葡萄鏡，蓋鄭夾漈家故物也　前人

尚方老冶收精銅，金膏玉水開朣朧。未央曉月低青桐，六宮秋井生芙蓉。當塗妖鬼負神器，銅人登車數行淚。竇奩偶落長安市，來與人間照珠翠。凝陰空祭江心龍，海雨夜入閩王宮。一朝愁殺漈上翁，破屋日夜穿晴虹。西苑野露堪作酒，中有騊駼活欲走。趙侯得之莫失手，龍女蛟童候之久。

歌風臺次韻　前人

歌風臺前野水長，王媪賣酒茆屋凉。酒邊老父説劉季，頭戴竹冠還故鄉。山河覇氣已銷歇，颯颯老柳吹斜陽。臺前小兒手擊筑，筑聲更似三侯章。

採桑婦　方時舉

朝採陌上桑，暮採陌上桑。採採不盈掬，新葉苦不長。東家練新絲，西家理春機。妾蚕未上箔，妾衣知何時。妾身凍死不足惜，良人遠戍天一涯。良人一别長參商，堂上何人事姑嫜。賣絲奉甘旨，織絲供衣裳。妾心亂絲亂，妾貌桑葉黄。去年陌上採桑女，今年嫁與黄金郎。

觀蔡忠惠墨蹟　前人

宋朝書法誰第一，端明蔡公妙無敵。百年遺蹟落人間，片紙猶為人愛惜。公書方整八法俱，茘譜茶錄絶代無。當時石刻今已少，況復筆蹟真璵璠。此書飄逸尤絶品，風度不殊僧智永。粉牋剥落神氣全，夜夜虹光穿藻井。蔡公乃是莆名臣，慶曆四諫才無倫。堂堂事業在青史，詞翰聊以娱心神。公今九原不可作，三復遺編淚交落。荒祠華表倚空山，月明定有歸來鶴。

沉香亭　陳觀附見《陳賢傳》

咸陽宫殿凌紫清，珠簾翠幕春寘寘。太平天子歡未足，内園别作沉香亭。沉香迢迢隔海水，輸貢何時來萬里。亭成馥郁滿京華，椒桂無顔蘭蕙死。東風淡蕩雲曈曚，遲遲步輦隨六龍。葡萄出甕琥珀瑩，牡丹倚檻臙脂濃。詞臣獻辭有深意，觚稜月上君王醉。妖風一起草本腥，沉香應落長安市。君不見，古來聖主稱陶唐，土堦三尺茅茨長。

讀陳忠肅公傳有感　柯潛

胡塵捲風天地黑，胡騎長驅滿南北。崖山孤主知存亡，一夜愁心頭偏白。丈夫耻作負恩生，舉乎擎天天已傾。孤城如斗猶百戰，蒼蒼不遺勳功成。龍虎可騎不可擾，怒氣吹人山亦倒。君臣大義心自明，白日青天懸皎皎。嶺海間關草樹寒，四顧無人空淚彈。國破家亡惟一死，首陽有薇那忍餐。節義文章埋不爛，萬丈虹光燭霄漢。我懷往事悲復歌，烈烈英風鬢絲亂。

魏孔淵太守送岑嘉州集書數韻復之　彭韶

岑嘉州，真名流，生平浩氣横清秋，詞源澒洞傾枚鄒。春江曉漲蛟龍浮，從班解秩不復收。從軍直到海西頭，胡沙三載踏騂騮。長安萬里空悠悠，間關西赴五馬侯。郎官御史青幕遊，蜀嘉山水增清幽，夜夜文光焕斗牛。嘉州嘉州知不憂，遺文淪落人重脩。當時炙手勢莫儔，至今寧有姓名留。

古塚行　陳鉞

昔人此塚初成日，春雨峩碑土花碧。清明歲歲拉親朋，釃酒封羊酹苔石。一朝無主漸榛荊，隙地猶付居人畊。陵遷谷變作城邑，千門萬戸皆朱甍。古黄學宫在高處，桃李成陰聮玉樹。宫前數仞夫子墻，墻下誰知古人墓。地中神物難久埋，清宵變化乘風雷。怒濤捲地墓門裂，石碑断落銅棺摧。可憐枯骨已成土，沙瘞金釵留半股。甆甌古雅明如玉，寶鏡無光苔色古。呼童磨洗尋紀年，背無款識飛鸞旋。嗟爾英雄九泉隔，滔滔逝水無回源。古來荒塚狐兎穴，此塚今為蛟龍得。狂夫感慨悲復歌，歌罷凄風淚沾臆。百年有酒且啣杯，莫待後来人嘆息。

涵江送别　王偉見本傳

涵江自昔繁華地，桑柘連陰百餘里。笙歌摇曳樹底聞，甲第巍峩空中起。人事變更非昔時。荒烟落日青猿悲。豪華意氣今安在，惟見江流無盡期。南州文學東魯客，歲晏迢迢赴京國。紛紛冠盖餞江湄，釃酒長歌吊遺跡。酒酣分袂各贈言，事業相期追前賢。風帆向晚去如瀉，天涯極目空雲烟。

赤龍歌　周瑛

赤龍攪海海水渾，巨鱗細鱗亂紛紛。大風播蕩幾寒暑，餘腥猶自滿江濆。上帝聞之發震怒，不使淫威偏下土。飛符直取赤龍歸，投彼遐荒禦豺虎。春雲布滿東南隅，踈踈霑霑雨聲徐。桑麻蔽野鷄犬静，遥聞擊壤歌唐虞。

竹雪齋為提學戴公乃兄誠菴賦　前人

小齋種竹只十個，雪壓竹稍寒欲墮。蒲簾高捲層雲破，一鈎新月入當座。老夫肝腸鐵石做，一生甘作衡門臥。東鄰獻捷西鄰挫，滿城簫鼓紛來賀，老夫騎驢雪中過。

臨汝書院成，次潘水部見贈韻　前人

大冶鑠物摶陰陽，青春去我何堂堂。西偏小構亦頗良，不施黝堊横白宋，捲簾正對五羊岡。樹木拂簷交青蒼，祥煙紫氣相廻翔，坐令白日迷晶光。文采㻞彪來省郎，爲我藝苑芟穢荒。鏗然制作稱大方，利觜長距獨擅場。嗟予苦學未成章，點綴犧尊青與黃。六經窟穴漱餘香，拍拍春意覺滿腔。與君對織雲錦裳，著向風前聊徜徉。欲驂麟鳳游帝鄉，又笑目眩心未忘。小吏抱牘來蒼皇，謂玭文字頗有妨。廣陸無車川無梁，出門萬里道路長，使君局面宜更張。

有所思　吴希賢見本傳

蘭荃無香蕭艾長，美人别我忽孤往。誰憐百萬億蒼生，蟣蠓紛紛在盆盎。吁嗟美人天一方，蒹葭秋水遥相望。東門喪狗老見逐，浪説鳳歌真楚狂。君不見，空桑耕夫隱莘野，志在匡時雨天下。束帛不為三聘勤，堯舜之樂那忍捨。又不見，鼓刀老子釣渭涘，白髮婆娑照烟水。後車不載非熊歸，肯爲孟津濟師起。我知美人自樂永弗過，佩紉蘭芷衣製荷。誰為傳語兮，西山有薇不可食。空谷采芝休作歌，九重明聖方側席。子若不起，將奈蒼生何？

獨不見　鄭瑗

東飛伯勞西飛燕，我所思兮獨不見。歲云暮矣多霜霰，日月推遷玄髮變。犖犖處郭誰與鄰，高山無蹊河無津。車轔轔，馬駪駪，車馬蹤横遍城闉，獨不見意中人。

偕邵文實王叔武戴伯絅劉惟馨謁鈎深堂　林俊

生離死别何足憂，涪陵少頃諸公留。眼面風塵化烟水，昨日草檄今山遊。窄徑支藤歷萬竹，宛轉高栢柴門幽。易洞吟壇久陳迹，鈎深燈火時春秋。當時黨籍兩大老，一祖白甫宗軻丘。譙公門徒復地主，尹公流寓亦至此。三畏變滅又滄桑，增重溪山還四美。我不敢竊道脉，又不敢叅詩流，雲物盻盻如有求。藏身幸在烟霞裡，再拜先生一杯水。

讀宋丞相陳忠肅公傳有感用先輩柯竹巖韻　前人

朔風吹沙白晝黑，王孫天南復天北。山河破碎幾時收，馬頭生角烏頭白。宫門銅駝荊棘生，陸沉海覆天為傾。謀臣漫浪失大計，三京之復成未成。蜀漢江淮日雲擾，閩浙雷崩廣風倒。孤城獨手容支持，志决身殲日皦皦。觜栗秋高胡月寒，眼枯有血城上彈。精魂一付乾坤老，骨肉任飽烏鳶餐。南山飼牛白石爛，畎畝遥心重江漢。徹桑隙穴備陰晴，板板蒼天誰念亂。

題松雪山水　前人

山水何人稱絶奇，吴興松雪老画師。鄭虔祁岳不足數，前身合是病王維。與可胸中有成竹，此老林壑故不辱。輕綃落筆百態生，奇形遠勢相追逐。長松自昔条天材，踈髯碧净無氛埃。居然茅屋二三子，衡門靜掩荒蒼苔。袒跣無營百事拙，竹裡漁舟卧秋月。壯歌激越遶空翠，散亂白波舞晴雪。素子家住雲水鄉，披圖見画心如狂。藤蓑穩着賦歸去，倚天一笑江茫茫。

端硯用后山韻　前人

刷絲舊失奎房器，黄眼黑眉紛俗贅。虚中起拜即墨侯，玉質金聲才實備。虬蟠隱約羅星斗，玄津滿咽烟霞氣。文章重柄扳殊尤，詔書夜下采訪使。蒲輪從役走萬卒，西坑上巖若平地。最後斧柯得真本，奇寶迷藏方命世。同時客卿白刺史，遭際晚不交一睡。元鋭中峰美少年，嚴冷粗能識風致。香酥冰髓潤精血，火齊懸黎落時貴。酬工翔涌不作難，十家一飽中人費。石走江翻雷電繞，及到啾啾聞鬼異。靈丘合有神明護，兹事須煩博物志。銅雀人間多事土，浪竊浮名渫清惠。高低鴝眼豈石病，六一春秋含至意。勿輕投贄屬長公，貯月發雲書佛偈。

莆陽文獻　卷四　五言律詩

旅次寓題　徐寅見本傳

胡爲名利役，來往老關河。白髮隨梳少，青山入夢多。途窮憐抱疾，世亂耻登科。却起漁舟念，春風釣緑波。

弔崔補闕　前人

近來吾道少，慟哭博陵君。直節巖前竹，孤魂嶺上雲。搢紳傳確論，丞相取遺文。廢却中興策，何由免用軍。

寄鄭縣李侍御 黄滔

古縣新煙火，東西入客詩。靜長如假日，貧更甚閒時。僧借松蘿住，人將雨雪期。三年一官罷，嶽石看成碑。

退居 前人

老歸江上村，孤寂欲何言。世亂時人物，家貧後子孫。青山寒帶雨，古木夜啼猿。惆悵西川舉，戎裝度劍門。

遊東林寺 前人

平生愛山水，下馬虎溪時。已到還嫌晚，重遊預作期。寺寒三伏雨，松偃數朝枝。翻譯如曾見，白蓮開舊池。

高田院橋 鄭良士見本傳

到此溪亭上，浮生始覺非。野僧還惜别，遊客亦忘歸。月滿千岩靜，風清一磬微。何時脱塵役，杖屨願相依。

和王太傅遊國清塘　鄭伯玉

寒日一觀眺，四天雲色稀。水風迎棹起，沙鷺背人飛。玉縷鱸新膾，金膏蠏正肥。斜陽促歸旆，那得戀漁磯。

和李侍郎移竹　鄭將字天任，國子監元。

仲夏竹迷日，長竿帶筍移。地生宜雨潤，根淺畏風吹。斸破沿階蘚，添成宿鳳枝。子猷清洒意，應與渭川期。

和御製觀三聖御書　蔡襄

聖業薦功德，宸毫冠藝文。勢開千里浪，光動九天雲。法駕乘時至，仙都與世分。皇心欽寶訓，求治益精勤。

過溪南韓氏宅　陳讜見本傳

曾覽溪南勝，重來四十年。樹如人老矣，山共水依然。香玉紛堆案，晴虹對跨川。吾廬今咫尺，乘興且盤旋。

題夾漈草堂　陳俊卿見本傳

流水三間屋，公曾半席分。帝嘗招此老，天未喪斯文。人去留青竹，山空只白雲。升堂時想像，金石恍猶聞。

靈源庵　龔茂良見本傳

遲回不忍去，復作抱衾留。斷續雲間雨，蕭騷木末秋。勞生那有此，漸老欲相投。最愛千山暮，鍾鳴處處幽。

往行都至嚴州烏駐舘阻水留二日　陳宓

村舘通宵冷，江鄉五月秋。野梅酸味足，隴麥餌香浮。水滿迷行徑，瀾揚遏去舟。亨衢如可待，莫厭小淹留。

郭璞墓　劉克莊

先生精數學，卜宅未應疎。因捋虎鬚死，還尋魚腹居。如何師鬼谷，却去友靈胥。此理憑誰詰，人方寶葬書。

黄檗山　前人

出縣半程遥，松間認粉標。峰排神女峽，寺創德宗朝。鸛老巢高木，僧寒晒墮樵。早知人世淡，來住退居寮。

張麗華　前人

臺上栢蕭蕭，空堂閉寂寥。芳魂三尺土，往事幾迴潮。墮翠尋難見，埋紅恨未銷。猶勝江令在，白首入隋朝。

鶴食　趙庚夫見本傳

鶴食從妻給，花窠課子鋤。絶粮緣買硯，止酒為耽書。野服迎人懶，禪心涉世踈。丹爐添火候，健似十年初。

送陳信仲泉州教授　陳旅

南國多春水，桐花滿故園。君歸典鄉校，我獨客橋門。别浦征帆小，高堂講席尊。歲時宴諸老，釀酒錦田村。

題羅稚川畫卷 前人

雨氣通林壑，江光動野航。道人巖下去，茅屋樹邊涼。斷岸入秋水，遠山留夕陽。登臨莫作賦，遊子未還鄉。

風雨既定星月皎然輾轉不寐有感 吴源見本傳

不眠知夜永，無語覺心清。慷慨思時事，沉吟見物情。賈生危論政，趙括易談兵。家國憂方大，憑誰訪老成。

過游洋留宿吴原輝后定山居 郭維貞

妙畫延陵子，冥心今幾年。溪雲移榻坐，山雨下簾眠。李愿今盤谷，王維舊輞川。滄洲吾亦愛，那有此林泉。

次韻荅方用明就簡王伯明 前人

庭空山宛宛，客去雨纖纖。乳犬眠深户，慈鴉戲短簷。故交貧亦減，新曆歲還添。試就神巫卜，家人報吉占。

山中即事　前人

數日別江渚，抱琹過竹溪。山深黄耳遠，日落畫眉啼。識字今何補，懷家計亦迷。明年與妻子，春雨學扶犂。

普覺堂　方時舉

普覺有何好，秋來事事幽。風簷落柏子，榕葉覆溪舟。隱几山當户，翻經月到樓。誰為姑射牧，茆屋隔滄洲。

哭郭滄洲　方用晦名烱，處士。隱於□。

破屋滄洲上，清貧獨可憐。書存無子讀，詩好有僧傳。葊卜中元夜，墳鄰北漈邊。窮交空白首，莫贈買山錢。

石門清隱　方坦字履道，處士。

鄭子石門隱，石門長晝開。了無俗客到，時有白雲來。谷煖耕春雨，窓陰聽瀑雷。徵賢有明詔，林下豈遺材。

宿鵝湖寺　前人

鵝湖清勝地，兩度振衣塵。路入珠林晚，山環碧殿春。碑存多宋刻，僧老半閩人。話久鍾聲絶，松房掩白雲。

老圃書堂　黄思永附見《黄謙傳》

瓜地書廬僻，柴門鬬碧流。波光摇席冷，山色入簾幽。琴撫聽黄鵠，樽開近白鷗。芳鄰有如此，宜爾賦歸休。

緑野耕叟　林環見本傳

負郭有先畬，南東百畝餘。閒雲常繞舍，流水自分渠。白髮身宜退，紅塵跡已踈。誰知城市裏，還似鹿門居。

南平張明道桑梓圖　陳中見本傳

不到南平久，西風役夢魂。樹聲秋入屋，溪漲夜臨門。白鳥磯頭釣，青山菊下樽。覺來仍在夢，喬木自荒村。

送檢討莊孔陽桂陽判官　柯潛

鐘聲催曉騎，寒色上重裘。笑別鴛鴻侶，遙臨山水州。直言非不用，高志自難酬。公暇閒吟處，風清月滿樓。

遊囊山寺　前人

下馬松關外，行行過虎溪。鐘鳴知寺近，雲暝覺天低。澗底流泉滑，簷頭古木齊。何時謝塵鞅，此地卜幽棲。

與陳希明　陳鉞

青衿年少日，曾過鄭公鄉。蜃氣嘘高閣，榕陰覆短墻。別來江國晚，夢落海門蒼。泮水逢君話，清尊夜正長。

不寐　前人

世事皆塵鞅，乾坤亦鞴爐。流年雙鬢短，永夜一燈孤。歸計算方熟，詩腸吟未枯。推窻看天色，凉露滴青梧。

菊坡為單大尹宇賦　周瑩見本傳

解印歸來早，黄花尚故坡。理荒鋤蔓草，習静偃垂蘿。籬下寒香滿，山南佳氣多。此中真趣遠，何必向岩阿。

出郭　周瑛

騎馬出東郭，茅簷遍拊循。吏需寧復急，民俗可曾淳。簫鼓雲中社，桑麻雨後村。漢家循吏傳，原不錄劉昆。

曝背和賈汝易韻　前人

四海誰同曝，半簷吾自分。背温如挾纊，氣暖欲蒸雲。瘦影傍梅見，鼾聲隔竹聞。愛君思有獻，點竄列生文。

弔吴聘君　前人

富貴路方熾，山林跡漸稀。誰能甘白屋，君獨謝黄扉。學古難為用，名高易嫁非。百年泉壤下，全璞有光輝。

別顧高州　鄭紀 見本傳

曉出東郊路，燕山翠欲流。客從今日別，我亦及春遊。花下停征騎，江頭問去舟。行程幾千里，雲樹共悠悠。

新晴　前人

天際微風起，溪雲過短墻。山容環榻近，草色入簾蒼。古樹藏殘雨，歸鴉背夕陽。飛花如有意，亂逐馬啼香。

會任思順太守　林俊

短髪愁看暮，丹砂未可憑。三山五夜夢，雙塔十年燈。魚鴈書還阻，煙霞話豈曾。草堂花在眼，何日共支藤。

和翠渠題陋軒韻　前人

幽偏良此地，低小亦吾軒。樹老藤欺屋，溪廻水抱門。浮生謀竟拙，春事理仍繁。挂索誰能過，簞瓢得細論。

竹　前人

斷靄横天外，青山落水中。林稀行野鶴，笋熟過溪翁。索莫無諸事，蕭踈又一風。炎歊移處薄，披寫此君同。

買舟遊雲莊　前人

雲物秋來澹，風情老去消。野亭心一寄，僕馬路成遥。嶽氣開晴雨，漁聲荅晚潮。十錢供買榜，水月淨氛囂。

晚步　前人

倚林延薄暮，秉炬訊花期。地煥春來早，山幽月上遲。怒流喧暗壁，倦羽寂卑枝。天意存樗散，重遊或在兹。

入秋偶成憶邃菴　前人

踈樹留殘暑，平蕪帶夕曛。簷聲初下葉，峰影暮歸雲。野笛隨漁唱，遊鳬雜鴈群。草莊時看雨，相憶紫芝薰。

翠庭草堂次韻　前人

鳥寂斷春夢，亭虛繫物華。山林到城郭，雲水會人家。暝落窗前葉，香傳竹外花。一區遺世在。慰老托烟霞。

寄劉憲副　林夔附見《林大猷傳》

雉堞全天險，麟符控上游。魚鹽通小市，燈火列高樓。寄重咽喉地，權分將相籌。官衙留客坐，籬下晚香幽。

送方壽卿子告歸　前人

憑秋動歸興，別意合誰知。伯仲吾師友，庭闈子夢思。方書消永日，簡注憶良時。莫向朱明問，丹成更有期。

經趙邊地　前人

地控龍荒險，山連鴈塞雄。鼓笳秋月白，榆柳晚霜紅。一帶華夷限，千年頗牧功。天驕猶未滅，長劍倚崆峒。

遊武夷

黄鞏見本傳

真境非人世，平生夢見之。杖藜來獨晚，冒雨看尤奇。九曲將窮處，一春欲盡時。風塵吹客袂，臨發故遲遲。

莆陽文獻　卷五　七言律詩

黄校書閒居　徐寅

取得驪龍第四珠，退依僧寺卜貧居。青山入眼不干禄，白髮滿頭猶著書。東澗野香添碧沼，南園夜雨長秋蔬。月明掃石吟詩坐，諱却都無儋石儲。

憶山中友　前人

憶得當年接善鄰，苦將閒事強夫君。鬭開碧沼分明月，各領青山占白雲。近日藥方多繕寫，舊來詩草半燒焚。金門幾欲言西上，惆悵關河正用軍。

寄富洋山禪者　鄭良士

晝破青山路一條，走鞭飛蓋去何遥。礙天巖樹春猶冷，鎖院溪雲晝不銷。雪上茗芽因客煑，海南沉屑為齋燒。誰能學得空門士，冷却心灰守寂寥。

過建陽别舊識僧亞齊　翁承贊見本傳

瀟瀟風雨建陽溪，溪畔維舟見亞齊。一軸新詩劍潭北，十年舊識華山西。吟魂昔向江村老，空性元知世路迷。應笑乘軺青瑣客，此時無暇聽猿啼。

使華亭　翁緯附見《翁承贊傳》

走青奔碧月潺湲，勢與晴江遠接連。沙草翠侵驅馬路，岸花紅濕釣魚船。烟生遠店收寒雨，風起高梧咽暮蟬。徐氏舊居人識否，渡南溪下白雲邊。

遊興化西門上谿　蔡襄

尋溪因過上溪遊，雨後溪渾水亂流。獨傍堤松郤飛蓋，為聞山鳥輟鳴騶。平田穲稏青雲合，滿屋芭蕉碧玉抽。開濟無功須蚤去，故時瓜隴有通侯。

遠亭　鄭伯玉

亭勢孤高映小池，盤盤一道出林霏。平鋪岩腹草茅盡，直望海門煙火微。樹石滿前供勝賞，溪山無處隱清暉。宣城麗句人爭誦，珍重陽春和者稀。

和周楚望紅梅韻　方子通名惟深，興化軍□□。

清香皓質世稱奇，試作紅粧更自宜。紫府與丹來換骨，春風吹酒上凝脂。直教臘雪無藏處，祇恐朝雲有去時。溪上野桃何足種，秦人應獨未相知。

共樂堂　陳俊卿

共樂臺前花木深，登臨當暑豁衣襟。紅垂荔子千家熟，翠擁篔簹十畝陰。老退已尋居士服，清歡時伴醉翁吟。憑欄四望豐年稼，差慰平生憂國心。

冬夜憶謙之　方翥見本傳

忽憶夫君阻笑言，出門南望欲飛翻。孤城隔水初侵夜，畫角因風自入村。短句有時隨意得，古心近日與誰論。未除習氣君應哂，月冷梅香易斷魂。

幽化院　龔茂良

晝寢招提最上頭，飢禽亡賴故喧啾。嶺雲西去欲成暮，山雨北來渾似秋。婉娩如今真是夢，經從似舊絶堪愁。昔年陳迹鷄窓下，日落鍾鳴山更幽。

前歲過真陽，初識子欽，今道出曲江，不忍遽分手，偶成長句，以志兩處山川人物之勝，亦少慰别來耿耿耳　林光朝

秋崖一夕卷炎蒸，那更揮斤為斵冰。碧落舊尋燒藥竈，白芒長對讀書燈。相期大庾何多日，似出浮屠向上層。縱有分張吾未老，定從臺閣看飛騰。

次韻賀丘國鎮致仕　前人

桃花流水是家鄉，洛下才名四十強。自有赤松堪辟穀，那能白首更為郎。案頭貝葉忘言久，江上蓴羹引興長。邂逅卻成香火社，好將詩句細商量。

送夾漈先生赴召　前人

别墅生涯富古今，凝旒夢卜苦追尋。一封細札三家市，萬卷新書四海心。北闕龍吟清晝永，東皐猿嘯白雲深。滿懷經濟今休靳，聞道蒼生渴傅霖。

到九座寺　陳宓

想像精藍九疊前，青鞋今得踏雲烟。霜邊澗水多成玉，嶺上人家半是仙。伏蟒千年無動意，老松何日不幽禪。可憐倚馬思歸客，有底區中未了緣。

哭黃直卿寺丞　劉克莊

久在文公几杖旁，暮年所得最精詳。貧甘香火辭符竹，病整衣冠坐簀床。壯士軍中悲亮死，先師地下惜回亡。法雲破寺三間屋，卻有門人遠赴喪。

題趙山中祠堂　前人

端平聞説建祠堂，白首纔熏一炷香。早有埋辭哀錫耀，晚為畫贊頌東方。秋風浩蕩吹墳樹，落月依稀照屋梁。千古行人來下馬，陳詩不必奠椒漿。

謝趙憲副使惠建茶　陳壎俊卿之後，知南安縣。

貢餘自合到侯王，誰遺甘芳入莧腸。野客驚看龍鳳夸，家人學試蟹魚湯。題來諫議三封印，分到尚書八餅綱。盡洒從前醒腐氣，時時澆取簡編香。

使金　傅至叔名誠，見本傳。

霜明玉節映寒流，馬渡盧溝向上頭。萬里河山觀古塞，百年荊棘嘆神州。要臨瀚海銘燕石，莫上新亭作楚囚。多少遺民思舊俗，可憐金帛歲包羞。

城山國清塘　余謙一見本傳

湖光山色酒杯中，此會那知一笑同。風暖空巖落松子，雨晴新漲没鳧翁。隔林村落微茫見，一逕禪房曲折通。老艾當年題品處，斜陽無語想高風。

同僧遊瀬陽塘上生院　趙庚夫

沿堤上下看沙鷗，得句支笻自點頭。風露高時將鶴伴，溪山好處載僧遊。老無志願惟漁艇，閒有工夫上寺樓。歲晚淵明湏自笑，督郵未至合歸休。

被執至合沙詩寄仲子訣別　陳文龍見本傳

斗壘孤危弱不支，書生守志誓難移。自經溝瀆非吾事，得死封疆是此時。須信纍臣堪釁鼓，未聞烈士樹降旗。一門百指淪胥北，惟有丹衷天地知。

送朱蓮峰著書得官南歸　陳旅

城東有客過吾廬，揮麈高譚逸氣舒。金馬豈無方朔伎，石渠今取夏侯書。沙堤老屋秋楓合，海浦歸航暮雨疎。我亦草玄官拓落，江南無地可耕鋤。

和連汝信　伍時敏名衡，見本傳。

習靜幽齋絶外思，景深情曠兩相宜。風薰花氣晴侵夢，雨漱溪聲寒入詩。魚近碧闌人狎見，鹿眠香芷客來疑。時時懸榻需君至，此興旁人未必知。

懷士方　前人

松邊分袂歎秋涼，又是西風老素商。海國雲深無過鴈，雨窓燈寂有鳴螿。清尊誰共黃花酒，白髮先分紅葉霜。兩地相思應不異，他時試與撿吟囊。

遊華嚴寺　柯舉處士，號竹圃。

舊遊曾記此山川，萬事回頭一夢然。早歲不知人易老，晚年方信世無禪。樵柯牧唱千村暮，鶯語花香二月天。人境了然描不就，山僧對我更談玄。

和韻苔雪巢病中見寄　方時舉

文盟深喜得過從，苦憶皤然一病翁。離亂曾同僧寺雨，笑談還醉橘岩風。花邊藥裹時時晒，竹裡詩囊句句工。擬報平安消息近，雪巢深處早梅中。

和陳廷中避地南泉　前人

思君時復上寒岩，十月林巒尚翠嵐。溪竹裁成綠玉杖，石橋拄過白雲菴。客懷最與山僧似，時事難從野叟談。却憶當年杜陵老，卜居正近浣花潭。

西庵謾興　方坦

留宿西庵歲又除，槁梧據坐一僧如。暖姝竟作堂堂別，懶性空為咄咄書。垣竹紫侵寒雨重，野梅香襲曉烟踈。山中酒熟應歸去，數畝園蕪帶雪鋤。

爲黄原清賦綬溪漁隐　郭維貞

漁郎家住清溪曲，買斷徐潭作釣鄉。自製蓑衣眠別渚，故移茶竈上輕航。茘支林塢水烟煖，鸂鶒桃花野岸長。日暮醉歸魚滿笪，樵青敲火倚踈篁。

和方晦齋韻兼簡陳以靜　前人

佳人自古多薄命，笑殺無鹽乃畫眉。鏡裏雪霜憐我鬢，燈前風雨誦君詩。餘生亦擬歸兜率，三樂那能學啓期。最憶溪毛侑村酺，秋期煩報鹿門知。

莒溪耕隐　方用晦

莒溪環翠入瓢湖，古木雲莊即舊居。每種秫田秋釀酒，剩收桐子夜觀書。雪晴度嶺閒騎犢，客至沿溪旋打魚。老我塵中無隱處，借君餘地著茆廬。

送别賦得東渡春瀾　林士敏見本傳

長堤楊柳緑婆娑，二月江南春水多。送客又經桃葉渡，逢人還唱竹枝歌。沙明翡翠藏芳草，日煖銀魚戲碧波。正好尋幽同載酒，東風爭奈别離何。

九鯉湖　黄孟良洪武中，以薦為松陽主簿。

人已昇僊鯉化龍，伊誰湖上構僊宫。石遺丹竈潺湲裏，烟鎖瓊臺縹緲中。青鳥去來猶夜月，碧桃開落自春風。此行非為邯鄲夢，擬向橋頭遇石公。

壷山歸隐為宋允聞題　鄭雲見本傳

三秦羈旅十年心，故里歸來白髮侵。苔徑落花春欲遍，柴門流水雨初深。耕餘北壠隨孤鶴，吟罷南軒撫素琴。亦有舊居鄰水石，他時許我重相尋。

和胡學士冬至後六日遊牛首山佛窟寺　林環

松下禪扉晝不關，垂蘿應許世人攀。黄龍説法諸天在，白馬馱經幾日還。近户泉聲晴雪後，隔林僧影夕陽間。不須久住煙霞樂，暫得尋幽即是閒。

和山行侶圖為隴西彭子玉題　黄約仲見本傳

吴烟越樹共依依，候舘驚心一鴈飛。三徑秋隨芳草盡，亂山人向故關歸。碧雲拂曙迎征旆，黄葉從風點客衣。聞道滄浪多應召，明時莫遣宦情微。

送楊条政歸閩藩　前人

金臺相送思依依，霜落關河鴈正飛。萬里獨承行在召，一麾仍向大藩歸。舟移越渚孤雲遠，路入閩山古木稀。況是黎民懷惠久，陽和又到省中薇。

送方濬源教諭歸宣城　黄壽生見本傳

古戍遥臨野水邊，幾家籬落帶人煙。夕陽潋灔桒榆合，暝色蒼茫雉堞連。歸思謾從何處寫，客心偏向此中懸。宛陵山色看來近，不用回頭重惘然。

題小景　林文見本傳

數間茅屋倚岩阿，石徑縈廻出薜蘿。萬里碧空飛鳥没，一林紅雨落花多。舟横野渡無人唤，屐響溪橋有客過。天外斜陽催夕景，滿懷詩興欲如何。

題濯纓亭　周瑩

平湖渺渺混陰晴，湖上名亭舊濯纓。兩岸好山澄爽氣，四簷芳樹帶寒聲。坐來白鳥情偏狎，唱徹滄浪興更清。何待臨流洗塵垢，此身久已謝浮榮。

送行人司正邵震使安南　柯潛

天王出震繼虞唐，宇宙重新化日長。要使車書歸一統，遠須正朔到殊方。碧天盡處通容管，瘴雨晴時過富良。珍重平生清苦節，莫將薏苡載歸囊。

寄愚庵陳冢宰　彭韶

勒就功名上鼎彝，乞骸累疏達金扉。鴻恩此日加宫保，鶴算來年是古稀。閒結耆英尋舊侣，新裁野服稱初衣。郡樓紫氣銷沉久，喜見清風太宰歸。

送鄭啓善掌江都教　李仁傑字唐英，成化壬辰進士第三，官終編修。

故園桑梓舊連陰，京邸相逢喜不禁。尊酒又為千里别，篇詩聊寫十年心。波光渺渺隨舟去，柳色依依向客深。明到維揚如見鴈，慇懃無惜寄佳音。

嚴溪舟中見月有懷知己　陳鉞

陰雨連旬惱客悰，偶因月色自推篷。十分霽魄此時滿，萬里清輝到處同。烏鵲夜棲驚未定，魚龍秋睡杳難通。故人懽笑知何在，詩酒小樓閩海東。

自悼呈柯孟時學士　前人

閒調緑綺操猗蘭，轉覺人生適意難。幾處好山吟謝朓，一庭深雪卧袁安。芳隣有酒頻留飲，孤館無書謾借看。堪笑昨宵清夢裏，猶排閶闔獻琅玕。

奉陪瑞州守李公清風亭小飲　前人

九日郡侯饒野趣，登高直到洞山尖。狂麾翠壁題詩句，醉摘黄花挿帽簷。萍水衣冠千里會，風流儒雅一時兼。不須細把茱萸看，拚取年來白髮添。

登擬峴臺讀曾南豐碑次潘水部韻　周瑛

摩挲苔刻讀殘文，往事悠悠付夕曛。野蝀未收前澗雨，山風遥送隔溪雲。覇圖馭世應多術，王道驅民不掩群。臨汝依稀同漢沔，曾無垂涕到裴君。

郡齋酌别送鄭御史還貴溪用聯句韻　前人

短箔踈簾風雨深，一壷濁酒夜談心。青山何處尋同調，白髮此時逢賞音。徐穉到門應下榻，管寧鋤地獨揮金。懸知别後相思憶，兩地停雲向夕陰。

題九鯉湖　鄭紀

一自丹成入九天，只今山水盡名仙。鸞驂鶴馭三千界，貝闕瓊宫幾百年。物外已忘生死幻，人間未斷去來緣。使車暫卻紅塵跡，來借清風一榻眠。

寄題寇萊公祠　方岳附見《方瀰傳》

鈞衡獨運殿巖廊，獵獵胡塵起朔方。日轂親扶行斧鉞，天威遠播靖封疆。北門共惜歸朝晚，南粤誰知去國長。氣節如公天下少，故令枯竹感雷陽。

題鶴洲延緑亭　吴希賢

信手栽花香可拈，緑陰啼鳥在危簷。湖光向晚斜侵竹，野色經春迴隔簾。水落濂溪分一脉，天垂壺嶠露雙尖。輞川浪説多奇勝，何似兹亭吏隱兼。

和無題二首　張元紳附見《吴稔傳》

銅魚雙鑰夜沉沉，十二瓊樓禁苑深。九曲柔腸千種恨，一天明月萬家砧。舞衣謾著重重錦，歌袖空間縷縷金。自笑不如紅錦帳，尚垂雙帶綰同心。

花枝嫋嫋顫春寒，幾度含情强笑看。盡日不聞來玉輦，一春空費倚闌干。垂簾不放雙飛燕，覽鏡偏傷獨舞鸞。多少渴心消不得，金莖謾説露盈盤。

松門書院　魏時敏附見《吴稔傳》

松門直上與雲齊，梧竹陰森路不迷。謾向南山歌白石，更看午夜照青藜。雨餘一水當溪落，嵐淨千峰入户低。只恐明時徵詔起，却教猿鶴領幽棲。

夏日偶成寄高知州　前人

一春臥病掩荆扉，轉眼風光又葛衣。江郭雨晴榕葉暗，山庄地煖豆花肥。厭騎羸馬聽鷄出，喜買扁舟載鶴歸。欲把長竿釣明月，白雲占斷子陵磯。

送僧還牛首山蘭若　前人

懷人飛錫向南天，石上相逢話夙緣。蕉葉藤花兆率寺，灘聲月色建溪船。途中施食曾留偈，篷底跏趺不離禪。更説故山多法侶，共看松偃舊房前。

寄黄處士　林釗附見《林文傳》

半月池邊老謫仙，松篁一徑護茅椽。逸懷夜雪山陰棹，生計春風谷口田。慷慨詩章追古作，風流文采冠時賢。相思幾夜看星斗，一點晴光太白躔。

厓山次陳白沙韻　顧叔龍附見《顧孟喬傳》

我來還約白沙翁，夜雨蒼茫一棹同。山路至今多勁草，海濤終古起悲風。君臣魚水魂猶在，胡虜腥羶跡已空。鐵纜江頭三片石，前身端合是三公。

送方壽卿入京　林俊

委巷陰森竹樹斜，隻藤支老大方家。醉移錦瑟絃中鴈，看拂青衫袖裏蛇。歲晏相期自心事，君行獨贈一梅花。出門奈懶吾先别，偃臥江天數落霞。

再起感懷　前人

重是雲居欠穩眠，蜕殘凡骨未能仙。西南文字江山債，老大風塵犬馬年。絶域孤屯銅柱外，荒祠古栢錦宫前。出門二表肝腸在，刻鵠功踈一惘然。

武寧寫懷　前人

老忙愁疾轉焦煎，撥遣訶呼借晝眠。幾地烟霞淹日月，百年文字欠山川。洞門白石乘牛處，華表青峰化鶴年。欲往桃源訪遺跡，小舟閒坐武陵仙。

靖安即景　前人

結約春還又客先，馬鳴小隊出盆田。雙峰雲動兩溪雨，七井星回百竈烟。政急閭閻思解網，月明湖海夢歸船。簡書頗亦酬前意，多在空長去鳥邊。

藺窩成　前人

一窩山藺結重霞，斷葉吳蠶是此家。短與西風元亮菊，浮生新雨邵平瓜。飛回別谷雲偏懶，流過中天日易斜。心迹古人痴未放，草窓羲易送年華。

全節祠二首　前人

大息橋山事不還，却留羅襪試間關。決天母子風濤外，如禮君臣俎豆間。骨冷尚煩春草綠，泪枯真帶石匡斑。翟輿禕服莊嚴在，可是男兒有厚顏。

手携塊肉泪相看，志決身殲力許難。舊内已頒元曆日，行朝終少漢衣冠。汴潢到海流方盡，宮骨凝秋氣作寒。獨倚匡門吊興廢，野陰風雨杜鵑殘。

再乞侍養書懷　前人

即辰三沐更三薰，滿紙平生重上聞。天闊正如無繫鳥，林深容有不歸雲。山高月小蘭陂夢，鶴怨猿驚蕙帳文。進止乾坤自情事，話長燈影記臨分。

初秋　前人

忙盡乾坤一歲華，石榴今子菊將花。秋江合作鷗群地，社日空辭燕子家。力薄壯心慵看劍，野清邉堠重聞笳。廣庭四壁蛩聲冷，碧落高低到鴈斜。

烏江項王廟　方良節字介卿，弘治庚戌進士。官終廣東左布政使。

落木蕭蕭江景空，江頭有廟祀重瞳。殘碑零落寒煙外，遺像荒涼夕照中。關内望違秦父老，淮陰坐失漢英雄。可憐身死東城下，决戰猶誇斬將功。

送蔣良醫致仕　林夔

不將漫刺謁朝官，依舊滄浪一釣竿。宦味便從今日薄，交情轉覺别時難。藥爐午熟初嘗火，竹院朝暉未整冠。卻憶進方親御扆，鼎湖弓劍雨聲寒。

約羅志仁鄭汝華出會湾中　前人

兩年宦路惜暌違，春晚關河一棹歸。楊柳暝煙啼鴂重，闌干疎雨落紅稀。故人氣味真玄酒，遊子心情又彩衣。十里官曹頻在望，竹爐煮茗待斜暉。

落花次韻二首　陳伯獻字惇賢，己未進士，官終廣西提學副使。

銅槃燃蠟夜無懽，十日春凝九日寒。斜閣秋千閑院落，亂嘶叱撥遍長安。流光冉冉欺人易，時事悠悠適意難。誰説穠華偏擇地，五侯池舘總摧殘。

綠肥紅瘦綺寮前，妬雨沉陰咽管絃。隋苑林空仍綴綵，洛陽擔弛不論錢。蝶衣曬粉傷新緒，燕寢凝香結舊緣。榮落乘除還宿數，臨風無用一愀然。

落花次韻二首　吴昭 附見《吴源傳》

春事闌珊思轉悠，閑因掃徑喚蒼頭。誰家短笛風輕度，何處長橋水亂流。苔濕有香黏屐齒，月斜無影上簾鈎。却思割錦纏頭地，虛負歌兒字莫愁。

春來春去太匆匆，群品居然付一空。作勢漫飄千里雪，隨緣休恨五更風。江城遷客頭應白，野店吴姬酒自紅。舊識獨憐玄鳥在，喻香還入畫堂中。

對菊次韻　徐元稔 字明嘉，弘治壬戌進士，官終南京兵部郎中。雄按：此處數字模糊。

暝色寒威傍晚簷，小齋獨坐看洪纖。秋光過眼黄花老，世事驚心白髮添。別久思家無鴈到，憂深扣易得龍潛。風塵擾擾歸何日，濁酒幽香意未嫌。

莆陽文獻　卷六　五言絶句　七言絶句

壺公山　翁承贊

井邑斜連北，蓬瀛直倚東。秋高岩溜白，日上海波紅。

題蘭　郭維貞

澄浦生蒼玉，幽蕤得露多。採芳將有贈，不柰遠人何。

杏林先生自山中歸　前人

五月沖溪雨，題詩心緒違。天寒一樽酒，吟社故人歸。

哭羅應魁狀元二首　周瑛

人心皆孔孟，世道皆商周。此意無人會，西風吹古丘。

白日金牛洞，青雲丹鳳樓。思君不可見，新月上簾鉤。

梨嶺　林藻附見《林藴傳》

曾向嶺頭題姓字，不穿楊葉不言歸。弟兄各折一枝桂，還向嶺頭聯影飛。

一斛珠　江梅妃東華民家女，姿態明秀，善詞賦。唐明皇時入宫，最寵幸。為貴妃讒妬，遷上陽東宫，明皇恩之，封珍珠一斛，密賜妃，妃不受，作此詩謝。

桂葉雙眉久不描，殘粧和泪汙紅綃。長門自是無梳洗，何用明珠與寂寥。

方直甫見示次雲乞豫章集數詩偶成二小絶　林光朝

脩水佳人白玉欄，花前何似妾容顔。從來未省傷春意，猶自樓頭畫遠山。

莫怪騷人大頡頏，曾聞阿母語劉郎。神仙本自無言説，尸解由來最下方。

詠史二首　劉克莊

虜入中原力不支，洛陽名勝浪相推。可憐揮麈人如璧，半夜排墻猶未知。
保惜金甌未必非，臺城至竟亦灰飛。隱侯老任梁朝事，卻為閑情減帶圍。

九座閑詠　林彖見本傳

短短桃花點緑莎，輕輕白鳥下晴波。宛然西塞江邊路，只欠能詩張志和。

木蘭陂旁有鄭耕老書堂，耕老時分教四明。　龔茂良

木蘭春漲與江通，日日江潮送曉風。此水還應接鄞水，爲誰流下海門東。

熙寧橋　鄭叔僑附見《鄭伯玉傳》

千尋水面跨長橋，隱隱晴虹卧海潮。結駟直通黄石市，連艘横斷白湖腰。

舟下建溪　方子通

客航妝浦月黄昏，野店無燈欲閉門。半出岸汀楓欲死，繫舟猶有去年痕。

題班婕好題扇圖　陳旅

層城柘館重徘徊，坐見瑤堦長緑苔。紈扇秋來定無用，君王方築避風臺。

題古木幽篁圖　前人

蕭蕭木葉落欲盡，渺渺洞庭生白波。虞帝不還秋事晚，幽篁斜日倚湘娥。

興化縣尹馮西美歸三山　郭維貞

橘仙岩下曾相見，沙合橋頭杜宇啼。白髮故人官滿去，一簑寒雨上春犁。

哭郭滄洲　陳耕之

能詩東野名偏著，愛酒陶潛貧不憂。今日牛眠三尺土，寒潮依舊落滄洲。

題墨竹　林環

曾記吹簫學鳳鳴，碧雲深處度秋聲。誰移一片瀟湘影，寫作江南萬里情。

閨怨　方熙

深閨有泪濕羅衣，萬里沙場音信稀。滿地落花春又去，雙雙紫燕認巢歸。

晚過畫屏巷　陳鉞

瓦礫平鋪石磴斜，棘枝藤刺接桑麻。老翁閒說當年事，指點東鄰是相家。

次陳白沙韻送賀克恭歸遼左　周瑛

故國溪山病裏還，半生心事語人難。牀頭舊有匡時疏，不許傍人來借看。

為葉左叅題寫騷亭　前人

藝苑開荒歲月勞，幽蘭香芷雜江皋。白頭心事無人識，風雨滿庭自寫騷。

沈石田畫次韻　林俊

蘋藥苗齊竹又孫，殺無歲月是煙村。貼山墻短鷄登樹，背路花深鹿卧門。

莆陽文獻　卷七　銘箴贊雜著説傳題跋論辯祭文

銘

彭祖觀井圖銘　陳靖見本傳

淳化中，予將命之狄丘。道由彭門，有客得《彭祖觀井圖》以為貺。中有臺榭、人物、山水，森森然萬狀。其佳象幽致，繪事之工，予無取，所慕者唯彭氏，面井而覆之以輪，背樹而纜之以绳，凭杖斂躬，跼蹐而迎視，兢兢然若將墜也。嗚呼，古人臨事而惧有若是，檢身遠害有若是，後之君子，得無效歟？因銘于座右曰：『至哉！古人遠害全身，戰戰兢兢，恒若履冰。朽索之馭，納隍是慮。天子則之，鴻圖永據。存而惧亡，繫于苞桑。諸侯則之，其國必昌。若舟弗濟，夕惕而厲。大夫則之，其家孔熾。直哉惟清，執虛如盈。君子則之，其道元亨。不爭在醜，無愧屋陋。庶人則之，其食孔阜。吾省予行，吾慎予守。竊比老彭，式介眉壽。』

山路銘　劉棐字仲則，工部尚書，謚文肅。

自洊洋山行九日，抵延平之西芹，萬山縈結，一路如線。僕輩負戴，穿沿躋攀，未始有失。既得驛路，時蹶而踣者，莞尔而為之銘曰：『遇險則恐，居夷乃肆。恐故無虞，肆實多墜。子胡不覩天下萬事，易之則難，思難則易。越栖會稽，吴亡可恃。葵丘色矜，會者四解。毫釐失操，霄壤成敗。嗚呼戒哉，無有細大。』

箴

律已以廉　王邁見本傳

惟士之廉，猶女之潔。苟一毫之點汚，為終身之玷缺。毋謂暗室，昭昭四知。汝不自愛，心之神明其可欺？黄金五六駝，胡椒八百斛，生不足以為榮，千載之後有餘戮。彼美君子，一鶴一琴，望之凛然，清風古今。

撫民以仁

古者於民，饑溺猶己。心誠求之，若保赤子。於乎！入室笑語，飲醲啗肥，出行鞭朴，曾痛癢之不知。人心不仁，一至於斯。淑問之澤，百世猶祀。酷吏之後，今其餘幾？誰甘小人，而不為君子？

存心以公

厚姻婭，近小人，尹氏所以不平於秉鈞。開誠心，布公道，武侯所以獨優於王佐。故曰：『本心日月，利欲蝕之。大道康莊，偏見窒之。聽信偏，則枉直而惠奸；喜怒偏，則賞僭而刑濫。惟公生明，偏則生暗。』

蒞事以勤

爾服之華，爾饌之豐，凡縷絲而顆粟，皆民力乎爾供。居焉而曠厥官，食焉而怠若事，稍有人心，胡不自愧？昔者君子，靡素其餐。汗流洽背，日不辭難。警枕計功，夜不遑安。誰為我師？一范一韓。

主靜箴　劉閔見本傳

太極之體，惟貞而靜。其在人心，是之謂性。靜極而動，五氣順行。其在人心，是之謂情。至虛至明，不偏不倚。乃性之德，惟靜之理。率性而行，毫釐不差。乃情之德，惟動之和。體立用行，動根乎靜。根得其培，文達斯盛。主靜之要，敬以持心。不覩不聞，必戒必欽。塵慮不生，一疵無蔽。儼然若思，對越上帝。事物之來，必精其思。隱微之際，必慎其幾。無過不及，斯情得正。酬酢萬變，主翁常定。事應既過，鑑空衡平。動靜循環，一理運行。乾乾不息，馴致聖境。伊顏何人，在乎自競。

贊

老人星贊　應制　吴希賢

按《志》：老人星在弧星之南，一曰南極，常以秋分之旦見于丙，見則治平，主壽昌，故常以秋分候之南郊。某年月日，是星寔見，臣某謹拜手稽首而作贊曰：『弧南之虚，秋分之旦，候者告言，明星有爛。稽之占書，曰兹明星，其瑞匪他，惟壽之徵。厥徵伊何，天子萬壽，朝有老成，民有耆耇。茫茫壽域，八荒一區，天監在下，而壽豈徒。書曰介壽，曰攸好德，德焉而壽，斯謂平格。皇有顯德，天命用休，明星之應，匪力之求。匪力之求，為國上瑞，小臣作贊，敢告有位。』

雜著

噫二篇　黄滔

或謂聾者曰師曠也，瞽者曰離婁也，無不悖其辭之戲。或謂魯儒曰顔、閔也，蜀儒曰楊、馬也，無不喜其辭之美。是何彼視聽之亡，而苟能自鑒，此以耳目之貌，而反不自知。噫！

芝蘭，草也。松桂，木也。喻於君子而榮之。桀紂，君也。李斯，大臣也。盜跖，華胄也。喻於小人而恥之。則知蛇克銜珠而奚蛇，龍苟醢身而匪龍。噫！

帝王伯　鄭厚見本傳

東鄰嘗亡牛，裹糧迹之七日，得之岩巖之中，纍纍然一羸牛耳。舉家喜譟，皆有德色，其比鄰且慶之矣，雖扉屨之弊，糧糗之費，筋力之疲，失吾故牛之肥澤，不恤也。西鄰之牧者，日出而駈散之，夕而佸之，無屨粮筋力之蠹，牛濯濯然日滋矣。牢而涂之，闔户而入，牧人與其家，若無所有。是故堯舜性之而人不知，湯武身之而人不疑，五伯假之而天下賀。

說

豫齋說　陳宇俊卿從子，知梧州。

昔周茂叔每令學者尋顏子樂處，予讀《易》至《豫》之九四，每思此爻為豫主，欲尋其所以豫者而未得。及觀《兌》之《大象》有曰：『君子以朋友講習。』始知《豫》之所謂『朋盍簪』者，亦此意。蓋《豫》卦除下一畫則為《艮》，而九四正當《艮》之上，篤實而有光輝，宜其大有得而且勿疑也。《艮》次《兌》，有《兌》之『朋友講習』，而後有《艮》之『篤實光輝』，此四之所以為豫主也，此衆爻所以必由之而後豫也。天下之豫，又孰有大於此者乎？一日，訪阮初菴，目其齋扁曰『豫』，始焉未悟其《易》初為豫之意，久之乃若有得於心。蓋初則雷在地中，復之時；豫則雷出地奮，豫之日。有所存養於中，而後有所發見於外，此可以見阮君之所學也。予因以前之說而質正，阮曰：『此固朋簪之所以盍也，他爻亦可得而聞歟？』予曰：『《豫》卦除四為豫主，初之鳴，三之盱，上之冥，以豫為豫者也。二之介于石，五之貞疾，不以豫為豫者也。孔子於二則曰：「中正也。」於五則曰：「中未亡也。」不言所豫，大矣哉！此則吾儕之所當講習者也。天下之豫，又孰有大於中正之道乎？』阮曰：『然。』乃筆其說。

鬼説　周瑛

有鬼乎？曰無鬼也。色如削瓜皋陶，膚如植鰭傅説，身如斷菑周公，首如蒙倛孔子。以上俱見《荀子》。此其人死且數千年，鬼貌怪形，人無見者。無鬼乎？曰有鬼也。介而行，被髪而踊，豕立而人啼，執弓矢向王以射，王伏弢死，其事甚怪也。然則鬼有無，何居？曰：『人之生也，洎乎氣耳。氣聚而生，氣散而死，散而未盡，而祟興焉。盖氣盡而死者，魂歸于天，魄歸于地矣。祟何從興？故皋陶、傅説、周公、孔子，死不為怪者，氣盡也。氣未盡而死者，魂升而沉，魄降而滯，故鄭伯有、趙同、公子彭生、周大夫杜伯死而為怪者，氣未盡也。然則無鬼者其常也，有鬼者其暫也。雖曰暫有，終化而無，君子謂之無鬼可也。』

震雷説　前人

成化癸巳春，州民有震死者，或問曰雷有形乎？曰無形也。無形而震者，何也？曰陽決也。陽動而陰静，陽闢而陰翕，二者其性相反也。惟其相反而不相得，故其勢相持如仇然。於是動者欲出而為静所制，闢者慾散而為翕所拘。故陽挾陰以行，飛走振迅，動盪盤薄，或左或右，勢無定在，久而陰負則陽決矣。陽決，剛之至也。遇木則木折，遇石則石裂，遇人與獸，虀粉矣。雷何擇於木、石、人、獸也哉？遇其決耳。曰雷無形，而人拾得雷斧者又何與？邵氏謂星與雷皆石氣也。星殞于天而化為石，雷震于地而化為斧，皆石氣也，雷何形哉？

文昌祠説　前人

今天下郡縣學多建文昌祠，祀所謂梓潼帝君者。守正之士，嘗撤其祠矣，然未有明白著説以辯之者。考《天文志》：斗戴筐六星曰文昌宮，一曰上將，二曰次將，三曰貴相，四曰司命，五曰司禄，六曰司災。占天者謂文昌六星，乃天六府，主集計天下事，又司禄主賞功進士。考《周禮》大宗伯掌天神以槱燎祀司中司命，説者謂即文昌第五第四星也。由是觀之，則所謂文昌宮者，指天星而言，所以祭者，則隸于大宗伯也。今夫文昌祠正中而坐者爲梓潼帝君，帝君左右二童子曰天聾、地啞，相傳以為帝君判天禄二籍職貢舉，天聾口得言而耳不得聞，地啞耳得聞而口不得言，故其事寗秘。又有《九十七化書》，謂帝君所作。大都竊吾儒之緒論，餙異端之邪説。詞人學子不知其妄，爭祀之，吁，亦惑之甚矣！夫道莫正於孔子，而人之爲學，莫先於孔子。孔子曰：『死生有命，富貴在天。』所以教人定心志也。又曰：『言寡尤。行寡悔，禄在其中矣。』所以教人修人事以聽天命也。漢董仲舒對江都王曰：『正其義不謀其利，明其道不計其功。』論者以舒為學得孔門正路，以其知聖賢所用心也。今方建學校以講明孔子之道，將欲使學者翕然趨之。顧乃祀怪誕無稽之神，而導以奔走利禄之路。其可乎？愚謂得全璞當毀碔砆，種芝蘭當鋤荊棘。孰謂孔氏門墻而此淫祠可無撤也？

傳

林孝子傳

黃璞見本傳

林孝子攢，泉州莆田縣人。初舉進士不第，仕塞垣。後仕不擇祿，為福唐縣尉，冀遂迎養，未果，聞親有疾，奔還其家，行不俟車食而失哺。及罹難疾，殆至殞絕。漿不濡口，往往三日或五日。自埏甓營丘壠，及踰葬期，獨廬墓側，飛走助哀，神祇薦祉，故白烏再集，甘露聯降。泉州申使府，時貞元癸酉歲，李若初廉使茲地，深所嘉嘆，遣從事親往視驗。會天久暵乾，露彩融釋。攢拊膺大哭曰：『自盡於其親，人子常道。貞符之降，本非所望。向者所降，其福我耶？其禍我耶？今使車將至，苟無所驗，非餘骸足顧，抑將殃乎州里矣。』逡巡愁雲四合，異香中來，觸物氤氲，歘成甘露，煥然五色，餲然甘味，移時不消，千木同色。靈烏素質，翻翩來翔。闔郡共觀，無不從驗。以是悖者知敬，悍者知馴。既圖其狀，李公錄以上奏。德宗敦勸孝道，降制褒異，命立雙闕於其墓，旌表門閭，舉宗皆蠲征徭，厚加爵饌，迨今號為『闕下林家』。歐陽詹曾序《甘露述》，備詳其事。黃子曰：『天道不遠，感而遂通。林生因心之感，上達乎天，累降祥符，坐獲旌表。是謂天爵，豈下萬鍾之貴？遂登名此書，以聳孝道云爾。』

題跋

跋趙忠定公朱文公與林井伯帖　劉克莊

某為童子時，受教於先友井伯林丈。初筮主靖安簿，辱授印焉。卷中諸帖，昔皆嘗見，後三十餘年，復從君保陳君見之。盖先友宰上之木已拱，而其家亦益落矣。感今念昔，不勝悲慨。當乾、淳間，艾軒先生與忠定相君同館，井伯丈以艾軒猶子為忠定上客，所交皆當世名人，而於朱、張、吕三君子尤厚。忠定帖雖家事鎖碎亦謀焉，文公帖如黨論之興，大愚之貶，衡陽之薨，皆當時大變故，士大夫掩耳不敢聞，公獨諄諄然赴告於井伯。丈，一太學生，未脱韋布，而隱然任世道之隆替，受諸老之付囑，可不謂賢哉？初，餘干縣尹有憾於忠定，謫命下，祖昔人憾萊公、元城故智，張皇特甚。井伯丈適在吴中，先馳書以報，忠定賴以自安。嗚呼！使遇良史筆之，豈減於陳仲弓、郭有道耶？昔太史公書傳楊惲，蔡中郎書傳王粲，韓吏部文傳李漢，不必其家子孫也。君保其善藏之。

跋朱文公與陳丞相帖　前人

文公上受孝皇深知，當時元老大臣，多敬事公下。為天下學者尊師，惟不為時相王魯公所喜。或言因按發唐台州而然。夫為天下之宰，當平其心，顧以一鄉人芥蔕胷中乎？文公與陳福公帖云：除書朝下，㪍章夕聞者，亦足以見其不容於時之大意。蓋曰主眷，曰人望，曰公論，至此皆不足恃，而相權亦可畏矣。若夫上無人主之知，次無元老大臣之助，下無天下之譽，又值王魯公輩當軸秉鈞，止有山林一路可入，別無他法。林君善藏此帖，非我輩人，勿輕出。

跋許教一鶚廷對策　前人

友人許君孟翀奉對大廷，語直，屈居第七，聞者壯之。予曰：『「一言之不出，耻躬之不逮也」。君策既痛斥清臣、祖洽，他日所立，必有以愧二人之面而伏其心者。否則，天下後世將以我之所以責人者而責我，豈不甚可畏哉？』或曰：科舉之士，志於得而已。李、葉之罪，不在於少壯應程度之初，而在於老壽已貴顯之後。余觀二人仕宦最久，皆磨礪所善洗濯前非之日也。迺迷而不復，流而忘返，終其身而後止，兹其所以為可罪歟？昔張安國對策譽檜，既魁，天下大悔之。後交游朱、張，為紫巖公上客，亦安國也。蔡嶷應舉時，師了翁，及貴，欲殺了翁，亦嶷也。然則初節似文饒，未足為君喜；晚節似安國，君可不勉哉！

跋詩家道山集　鄭南吉字升伯，龍溪邑簿。

作詩難，編詩尤難。古人編詩多矣，往往病於體格不備。或人非本色，未爬到癢處。或所作體墮一偏，只編得自家詩。雖前輩諸賢，有所未免。余少讀詩，惟喜呂氏麗澤、臨川曾氏選唐絶句，今得林君德明所編《詩家道山》，蓋畧祖吕而詳於曾，又善推原昔人命意之本，造語之法，摘其微妙以示學者，詩之關鍵具是矣。然君猶謂初學啓蒙，其縱橫變化出乎規矩之外，所謂神而明之，則存乎人。丹爐鷄犬，白日羽翰，亦自夫吸新吐故、鍊形導氣中求之。君自著有《敝帚集》，所謂爬到癢處、不墮一體、出乎規矩者，君其得之矣。

跋李仲元畫晋諸賢圖　陳旅

晉人清虛宏達，仲元可謂得其韻度者矣。當時取人，先白望，後實事。司馬氏不作，職此之由。茂弘豊功雅量，在江左無與倫儗，然不能用陳頵、熊遠之言，以革曠誕之弊。安石有期功之服，不廢絲竹。士大夫習以成俗，此謂可惜也。餘數公皆一時名人，然皆未免有如圖中袒跣之態。君子於此，有所興起，而亦有所創艾乎！

跋許益之古詩　前人

右國子博士吳正傳氏所藏金華許先生古詩十三首。先生不喜矜露，人罕見其辭章，今寫此以遺正傳，豈非以相知之深、相好之篤而然歟？旅嘗病夫近世有儒者、詩人之分也，深於講學而風雅之趣淺，厚於賦詠而道德之味薄，要之皆非其至焉者。烏乎！無儒與詩人之分也！先生沉潛載籍，大而聖賢心學之藴，細而名物、度數、文字、句讀、音義之詳，靡不究極。隱居終身，不以自外至者易其素守。計其平日之所以用其心者，迨若未遑他及，而此詩冲澹醞藉，音節跌宕而興致高遠，乃若專久於為詩者，是豈可以向所謂儒者目之哉？其庶幾吾之所謂至焉者耶！觀其詩，想其為人，盖亦一世之豪傑而不見於用者耶？旅學不進而志未衰，欲受教於淛河之東，而先生已矣。三復遺墨，不勝悵惘而歔欷也。

跋方詩境叙長官遷莆事始　方大琮

大琮曩見鄉人凡諸姓墓誌皆曰『自光州固始來』，則從王氏入閩，似矣。又見舊姓在王氏之前者，亦曰『來自固始』。詰其說，則曰：『固始之來有二，唐光啓中，王審知弟兄自固始携諸姓入閩，此光啓之固始也。前此晉永嘉亂，林、王、陳、鄭、丘、黄、何、胡八姓入閩，亦自固始，此永嘉之固始也。』非獨莆也，凡閩人之説亦然。且閩之有長材秀民，舊矣，借曰衣冠避地而來，豈必一處，而必曰固始哉？况永嘉距光啓五百七十餘年，而來自固始，前後脗合，誠切疑之。及觀鄭夾漈先生集，謂王緒舉光、壽二州以附秦宗權，王潮弟兄以固始之衆從之。後緒拔二州之衆南走入閩，王審知因其衆以定閩中，以桑梓故，獨優固始，故閩人至今言氏族者，皆云固始，以當審知之時，貴固始人，其實非也。然後釋然，知凡閩人所以牽合固始之由。嘉定辛巳，游宦江西，有清江同姓人携寺丞叔所辨長史自固始遷莆之非，曰：『此寺丞客清江日所傳也。』益知長官因官入閩，遂家於莆，猶在唐世。援据明白，其為祛惑，信矣。敬録于前。

文安公帖跋　余謙一

右先文安公遺墨一紙，於里巷學童剪截故紙中得之，雖不甚完，猶得五十八字，盖宦游他鄉與母家延陵氏所作也。方承平時，公之真蹟，懸金莫能致，况兵火後乎？冷笏舊氈，誠吾家至寶。此紙為家書，内幅不過候問彝恭爾。然篤實忠厚，藹然見於情文。自其本求之，孝之所推也。端方嚴重，凜然見於翰墨，由其内觀之，敬之所形也。書法，心法也。心法，家法也。艾軒先生論公父子，嘗娩之萬石君家。一言以蔽之，亦曰『孝謹』而已。烏乎！後之人其勿替之哉！

讀韓柳蘇黄集　林光朝

蘇黄之别，猶丈夫女子之應接。丈夫見賓客，信步出將去，如女子，則非塗澤不可。韓柳之别，則猶作室，子厚則先量自家，四至所到，不敢畧侵别人田地。退之則惟意之所指，横斜曲直，只要自家屋子飽滿，不問田地四至或在我與别人也。

讀柳文　顧長卿見本傳

大德壬寅夏，余以事趣福唐，寓所卑濕，欝蒸悒悒，如堕甑間。既簡出入，又倦應酬。益無事，搜故篋，得柳文數帙，與客昧誦以釂日。客曰：『河東文，刻削多微詞，間未脱駢儷習，間又好為浮屠代作慧語，去韓迥甚。」予曰：『二公生相好，文筆相軋軏。然柳非抑膝韓者，母輕訾。』讀《宋清傳》，客曰：『余謂刻削多微詞，非耶？』至《李赤傳》，曰：『甚矣！』又讀《謫龍說》，曰：『為尚書郎例貶後，懟筆也累累！』讀《蝜蝂傳》《麋驢鼠戒》，愀然曰：『子厚以譎恡妄尊，而儕人類於是蠢蠢者，抑又甚矣！』最後讀《何間傳》，曰：『嘻！君臣之際，尚忍言之，是不可以訓！』撫卷唶唶子夜切，若不能平者。予曰：『是惡足為之甖忺而唶唶者耶？夫始貞而終凶，倏合而乍棄，飽食厚貨，狎非其類，以是非好惡遷其神，卒飲愧死以取訾於世，世或有之。若子厚之飾說竁牛世切。瞑言也。語，峻文醜詆，則適足以為己之訾，而烏足以訾人？子厚踵世業，躐高科躋膴仕，廉悍自表襮，其禮節猶未改也。一旦勢利撖記鄙切。咼插之也。於前，意不能無動，伾匹眉切。有力也。文陰詭險詖，鬼蜮之雄，其並緣以為名高者，群惡少無賴男子爾。頑嚚沓徒令切。重也。貪，權賄重輕，曾溷胡用切。浊也。厠不若，顧乃詭笑側視，以為是我良友，過矣。又謂可以共立仁義，裨教化，安元元，豈狂易病惑耶？利帝之昏，抑太子之明，睢盱洟涊，洟，他殄切。涊，乃殄切。洟涊，垢浊惡醉貌。盜暴萬狀，以為真飽食無禍也。重離繼天，陰類惡物棄隱處而子厚亦頓踣，爵於越楚之郊。晚坐夢得玄都語，又例徙，卒躓仆不能起。悲夫！子厚異時，不自顧賴，遂厄窮以斥。其才高，其負詬重，又不自緘默，顧欲以文墨語言之技，戕囊隔角，鬈鬈元界切。果敢也。然取勝於人，至死不悟。噫！失身撓節，貽笑千祀。文雖文，無益也。然則卑之為溷濁，極之為荒淫，下之為市人，反之為異類，是皆不足以訾人而適足以為己之訾也，果矣！』客曰：『唯唯，是足以為戒。』

書鍾馗夜獵圖　楊慈 見本傳

楊子嘗與越客觀《鍾馗夜獵圖》于莆陽郡博傅先生之泠軒，既撤卷，客乃攘袂整冠，翼拱而前曰：『鬼有之乎？』予曰：『有。陽而為人，陰而為鬼。有陽斯有陰，有人斯有鬼，何謂無乎？』客曰：『吾聞之，人之死，魂歸太清，魄歸太寧，化為野土，如水之冰，靜聽之不聞其聲，熟視之不見其形。其或為妖為孽，騰踏憑陵。或嘯于梁，或過于庭，驟觸于人，莫之敢攖，抑何恠耶而莫之知也？』予曰：『居，吾語女。夫大鈞播物，萬象化成。生有食色，死歸窈冥，固其理也。然或生不得其正，死不得其平。精魄未散，結為陰靈。是以澤有委蛇，戶有雷霆。黃能為玄鯀，大豕為彭生。山夔一足，彳亍以行。傳諸載紀，言足詳聽。子何疑於是焉？』客曰：『茲則然矣。乃有一士，天挺之英。猛鬚列戟，怒目流星。圓笠覆首，蹇驢宵征。百鬼前驅，以將以迎。兵膠戈戞，弓矢弸彋。魍魎聞之而股栗，魑魅覩之而心驚。予則莫知其所以能也，願為告焉。』予曰：『斯人也，重金為姓，九首其名。棲遲岩阿，垂惟閉扃。資輝螢雪，刻意汗青。揮毫如散霧，吐辭如建瓴。是所謂終南先生者也。方其時，孽婦竊號，唐祚以傾。群小跳踉，沸如糜羹。先生思圖匡復，汛掃搶攘。欲梟二張於藁街，軼五王而獨稱。柰何抱藝三試，弗獲一縈。觸階以沒，流血濺纓。憤懣之氣，人殆莫之勝也。夫生有所廢，死有所興。在帝左右，一降一升。秉符試劍，麾除妖精。蓋能使群神而呵護，是猶上將之驅強兵也。寫真繪象，俱得其情。子猶我惑，則史氏可徵。』客乃從而謝曰：『愚蒙重蔽，醯鷄在甖。微徹吾覆，焉知日星？而今而後，乃可言夫幽明。雖然，子不語怪，吾嘗質諸孔氏之經。』

跋麥舟圖　林環

范忠宣麥舟事，古今掛人牙頰而紀傳不載，論者惑焉。且謂其有父兄在，不稟命而行為，反傷於義。噫！何其厚望之甚耶？予曩嘗為詩以辨之，其畧曰：『東吳仙客芙城主，家有三喪愁未舉。睢陽東來美少年，逆旅相逢泣相語。世無元振空嘆嗟，意氣激烈當何如。麥舟五百豈足惜，一旦委贈寧躊躕。歸從便道獨徒步，懇懇趍庭道鄉故。片語相逢唯諾間，千載令人長慨慕。噫公盛德天下聞，當朝柱石稱元勛。麥舟義高非所重，後來議者徒紛紜。』後於近代名儒集中獲覩韓明善、陸子方諸賢論議，如曰『盡日趨庭言底事，高風不在付舟時』，此韓詩也。若夫謂『范高平清規懿德，卓冠當代，麥舟事不足伐』，則陸説也。於是益信予前所辨者為允，而深嘆范氏父子世德之盛也。今忠宣之幾代孫某持《麥舟圖》卷來索予題，余嘉其能心祖父之心，且於是為得其實，故併書或者之説，與余曩日之所辨，復質諸近代諸儒之所論，附於圖左，以白忠宣父子之心，且使裔其後者，知乃祖功業之偉，有未可以一事求之也。

題紹興戊辰登科小錄後　宋端儀見本傳

《登科録》，不過録一時榮遇，故易代之後多弗傳。兹録之傳，以有大儒登名其間爾。由今視之，是時夷狄制命，禽獸逼人，秦檜方持國柄，挾虜勢以扼君父。臨軒之問，事及光武抑臧宫、謝西域之事，大抵皆檜意也。几一時繫銜篇端以有事貢舉，如巫伋、余堯弼、沈該、湯思退、詹大方之流，類多檜黨。

蓋至是趙忠簡、張忠獻、李大發、胡邦衡、范太史諸賢，或斥或死，或鴻飛五湖之上。而宗忠簡、岳武穆亦已銜冤九泉久矣。胥焰方熾，和議方堅，群憸滃訿，衆口一談。至於大對之策，今人人已無復完篇。惟《宋史編年》畧書董德元、陳孺、王佐三人，皆譽檜功德，深箴夫前代用兵失計，必以自治寬和為説，遂逓居高選，而《方輿志》載徐履南省第一，檜欲牢籠之，期妻以女，履徉狂不荅一字，得附第五甲末。時喭有『殿榜若還顛倒掛，徐履依前作狀元』之句。原履之心，盖實恥言和之一字，不欲附麗非人而為是舉，則一時端人莊士，持正論之幟如履者，想必多收寘後名焉。録中如蕭燧、李彦潁、尤袤、韓彦直、胡元質、芮燁、莫汲、王師愈諸公，多名士，惟葉衡至相，亦不免遭史氏貶議。若王佐，始雖譽檜，其後交游朱、吕大賢，為世名從橐。德元乃傾心附媚，躐躋政府，遺臭萬年矣。然則是録雖錄榮遇，流傳至於三百載，善觀者既於此考求一代科目規制，而當時用人之非，行政之失，與夫榜中多士賢否，咸可以概見焉。其於政教，亦或有所關繫云爾。偶同年友鄒侯元吉取徽本翻刻高郵郡齋，出示於余，因題于後以歸之。

題崔清獻公言行録　前人

宋至寧宗末，韃靼日强，金虜南徙，而李全又叛附不時。宋人立國錢塘，僅僅支撑以免亡滅。使當時繼統正，傳授明，縱彼腥羶之氣逼人，崛起之勢可畏，而我之民彝物則固自若也。奈之何黠后權臣相倚為奸利，子竑廢而理宗立，旋又擠竑於死地。三綱淪，人紀壞，國之所仗以爲精神氣脉者，至是蓋已剗無遺。雖當時名士往往隨世以立功名，而大賢君子則有的知其不可而嘆息痛恨焉。思欲完其名，伸其道，以求無怍於心，而扶植乎倫紀者，南康李公燔、莆陽陳公宓與南海崔公與之輩，没齒不肯輕拜理宗除命，其意固有所主。然李公曾露諸言論間，陳、崔二公則未嘗片言以著形迹，是以淹淹二百餘年，其事猶昧晦弗彰。夫君子尚論古人，因時以考其行，據事以原其意。張子房終始為韓之心，楊龜山始能得之，勿謂古人心術卒不可得而測也。予初讀《宋史·陳公傳》，揆公所以堅卧不起，意實有在。於兹來南，乃得《崔公言行録》觀之，蓋公嘉定末，自蜀帥罷歸，及寶慶後，召帥湖南不起，帥江西不起，端平中再除吏部尚書又不起。值摧鋒軍士作亂，薄廣城。公登埤撫諭，朝廷聞之，即家除帥。公既平賊，遂謝閫寄，徒以不忍鄉郡荼毒，黽勉一出，而帥臣六閲月，俸給悉還公帑。已而除參降麻，前後辭免凡二十疏。雖祠禄衣賜亦不受，此公微意之所寓也。昔魯宣公為弑君者所立，公弟叔肸非焉，終其身不食兄禄。與之財，則曰：『我足矣。』公之心，其叔肸之心乎？近世評公者，或謂其清風高節，或謂其洪度雅量，或謂其知幾知微，要之皆淺乎其知公。他書載公有《菊坡文集》與夫所謂《嶺海便民榜》《海外澄清錄》，今皆亡失。子孫所傳寫，不過榮辭章奏，若告勑荅詔及遺文詩歌一二而已，又皆與《言行録》參錯無倫緒。予既略為更定，而拜以所知者增益焉。因揣公心事之微，以自附於推見至隱之君子，而就正于有道云爾。

題靈棊經

鄭瑗

《靈棊經》上下二卷。其為卦二體備者六十有四，具二體者四十有二，具一體者十有二，無體者一，合之為百二十有五。不著作者名氏，相傳黄石公授張子房書，又云東方生用以射覆者，又云淮南八公傳之淮南王。其説不一，要之皆無稽之言也。按：其中有商山四皓之語，四皓入漢而名始顯，下邳老人安得反據之為故實乎？又按：《朔傳》載其射覆數事，亦與此書無相涉者。淮南王安特以好道術，故以是書託之，尤無所據。及考其辭韻，非先秦兩漢文字明甚，大抵近代好事者欲神其術，往往假托怪神，皆不足信。《南史》載江謐占得金盌玉杯之兆，自謐以前，不見史傳，意東都末造，或南北朝術數之士為之也。然細研其理，則似非知《易》者不能作。昔楊子雲作《太玄》，其文奥古，幾逼彖象，而不免為儒者所訴，為其僭也。此書雖簡質無華，而朱、張大儒反有取焉者，以其雖不求似而理致獨冥會於《易》也。其占法頗簡於《易》，以十二木而當其五十策，以一擲而當其十八變，以百二十五體而當其三百八十四爻。其陰陽、奇偶、老少、吉兇、消長之理，猶夫《易》也。蓋精於理數者，約《易》而為之，觀者取其可取而闕其可疑，政不必借重於前哲可也。晉駕部郎中顔幼明、宋御史中丞何承天、本朝誠意伯劉伯温皆有註釋，以愚觀之，顔、何之註凡近無理，决非其本書。否則近世無賴瞽史，妄加竄入以亂之耳。惟劉公之解，兼用夫子贊《易》、朱子《本義》之體，簡切明備，可謂深得其歸趣者。此本愚見之廬陵王先生氏，愛其便於稽疑，因假歸手録之。其間舛訛尚多，以無善本可訂，姑仍其舊。卷首有祭法、祝辭，尤媟褻不經，因略倣朱氏《易筮儀》，僭為更定擲卦之儀如右。原本每卦別有五七言斷詩，頗淺俚，今皆删去。顔、何註以其問有可采者，姑存之，觀者自當玩其象占而叅以劉公之解，庶不爲二氏所惑云。

論辯

擬辛伯諫周釐王　鄭瑗

曲沃武公既并晋，使上卿載其重器以賂于周，辭曰：『曲沃臣稱使下臣敬布其私于王之下士，昔先臣成師，分國于沃，於今六十有七年。奕世載德，以逮于稱。晋宗寖微，鬼神弗享，黎民咸貳。今稱祗畏天命，底定翼都，撫有晋國，獲守唐叔之祀，願徼于文王、武王，以事天子。不腆敝器，敢致諸下執事。若天子不遐我棄，寵靈晋國，辱使一介行李，照臨敝邑，以鎮撫其社稷，俾奔走職貢，以從諸姬之後。豈惟稱獨受貺，其自成師以下，實嘉賴之。』釐王詢諸公卿，皆曰：『仲虺之志有之：推亡固存，國乃其昌，是殷所以興也。晋自昭孝鄂哀，不君久矣。桓叔、莊伯，世有施于其民，晋人之無翌而有沃也，厥惟舊哉！臣聞唐叔之封也，箕子曰：「其後必大，其將由沃乎！」人心所向，天實建之。從人順天，不亦可乎？必許晋使！』辛伯諫曰：『不可許也。夫晋武王之穆也，實受大路、密須之鼓，闕鞏、姑洗、九宗、五正，以處參墟。匡有戎狄，與周匹休，永世無斁。幽王之難，文侯與鄭伯入定平王，王室之不隕，繄晋是賴。平王錫之秬鬯、圭瓚，彤弓一，彤矢百，玈弓一，玈矢百，命之曰：「父義和，女多修，扞我于艱也。」自昭侯干王之典，以甸侯建國，王吏弗問，晋於是乎末大而本小。

自是以來，曲沃日尋干戈，荐賊其君，又不能正，失刑甚矣。今晉侯緡，桓王之所建也，而稱實虛之，又肆其罔極，顛覆其宗國，獲戾于天，天實厭焉。王而爵之，是違天也，何謂順天？凡有血氣，誰無君親？賊君滅親，人誰與之王而右焉？是咈人也，何謂從人？違天不仁，咈人不義。仁義不修，何以在上？《夏書》曰：『天命有德，五服五章哉！天討有罪，五刑五用哉！今王易之，是獎篡也！夫國，有民社焉，有兵賦焉。其誰無覦心？聞王獎篡，將效尤焉。效而討之，彼則有辭；效而不討，篡者衆矣。昔先王之制，九伐之法，大司馬掌之，曰：「敢有賊殺其親，則正之。放弑其君，則殘之。」先王以是臨諸侯而正邦國，是以萬邦震疊，九夷八蠻，莫敢不來王。及周德下衰，諸侯不享，於是乎司馬弗職，而篡臣獲逭于誅。周之不西，則職此之由。《詩》曰：「殷監不遠，在夏后之世。」王不是監，周室之卑，其何日之有？』王曰：『曲沃固而睦，矧倍地焉，若之何圖之？昔平、桓之世，虢公、虢仲再以王命，有討于其國，無損於寇，祇罷師徒。今我師實熸而以臨勍敵，不亦難乎？』乃辭辛伯，使虢公命曲沃伯，以一軍為晉侯，錫之鷩冕之服，武公為之賦《無衣》，君子謂：『周釐王於是乎不君矣。君，奉天罰罪者也。尊臨九有，將四海是富，何患無財？《甫刑》云：「獄貨非寶，惟府辜功。」吏而粥獄，猶聚罪焉。王而爲之，何以奉天？周雖東也，典刑未艾，若拒其賄而聲其罪，王靈既張，方伯修職，群后協從，夫誰敢不承之？今不唯大義是昭，而強弱是較，愎諫文非以淫縱其福，威瀆天紀矣，何君之為？

擬延陵季子諫吳子餘祭　前人

吳伐越，刖其俘以為閽，吳王餘祭暱焉。延州來季子諫曰：『不可。先王祇慎其躬，建立師保，以將順其𢘍，匡拂其過。道之教訓，傳其德誼，保其身體。輔弼疑丞，疏附先後，绳其違而糾其慝。啓居寢食，惟正人是親。刀鋸之餘，各有常守。故以墨守門，以劓守關，以髡守積，以宫守内，以刖守囿，唯啓闔糞除是司，比于輿臺牧圉，弗齒于卿士，棄守奸政，厥有常刑。《周書》曰：「昔在文武，小大之臣，咸懷忠良。」其侍御僕從，罔非正人。出入啓居，無不敬也。發號施令，無不臧也。今君嗣有吴國，不聞令德之建而隣國是馮，驟登其俘從而嬖焉，無乃不可乎？夫小人何饜之有？怙寵將恣，恣將肆侮，侮而制之，祇召怨焉。聞之鳳不比鴟，蛟不暱螾，非其匹也。君棄其尊而刑人是匹，斁典褻威，民何則焉。且越俘，吾仇也。我陵其邦，又殘其支。夫其包藏禍心，伺釁而動久矣。卒有變也，若社稷何？」弗聽，使守舟。五年夏五月，王將觀舟，季子復諫曰：『諺有之曰：「滄海可測，人心罔極。」君不戒焉，禍其至矣！禍不可玩，諫不可咈，安不可狃，怨不可邇。玩禍為闇，咈諫為愎，狃安不祥，邇怨不智。今茲具矣，能無虞乎？君必悔之！』又弗聽。王乘舟，閽以刀弑之。君子曰：『《詩》云：「我即爾謀，聽我囂囂。」其吴子之謂矣！「視爾夢夢，我心懆懆」，季札有焉。』

郭巨辯　林俊

巨埋兒，有諸？曰：慈孝，一道也。世無虧慈而能孝者。參養晳，每食必問。所與與孫，尤人情，母愛之矣，咈所愛，非順也，况忍之遠之，已過矣，况埋之耶？母繼有孫之問，欺可乎？告之可乎？難為巨之詞矣！使母痛其孫以吾故恨死，悲巨貧不食死，難為巨之書矣。《春秋》以趙盾正卿不討賊書弑，叵弑母矣！母固無恙，叵不得厚孝以絶父子之倫，矧無後，亦禮所謂不孝，胥失之矣！殺子事君，殺子事母，歸一也。叵與鄧攸事頗類，議者不以右攸，則不得右叵矣。曰：然則何以紀？曰：叵孝有之，得金容亦有之，掘地非埋兒也。曰：然則丹書足信乎？曰：尤無謂。好事者將神叵於孝，不知説之邪，陷叵於惡，教天下篾倫，叵始也。作《郭叵辯》。

祭文

路祭端明李尚書　林光朝

嗚呼！涉世故多，是謂華髪。處世故多，斯見其節。公仕淳熙，主知自結。大編兩進，補史之闕。先帝曰『俞』，乃寘于列。中更紹熙，值天降割。言者踵至，公留之切。歷舉綱常，幾至流血。開禧弄柄，風濤潰裂。嘉定更化，天日昭揭。雍容其間，亶曰明哲。如栢斯勁，如玉斯潔。帝眷世臣，寵之睿札。召棠蔽芾，荆湖閩浙。惟信惟忠，氈裘誦説。貞元朝士，日就衰歇。嗟爾老臣，有疑資決。煌煌紫殿，王之喉舌。二十七疏，期於屣脱。問訊泉石，曾未逾月。胡慘彼蒼，一老竟奪。曰福之脩，曰尊之達。曰名之全，何愧碑碣。某等同仕通德，密邇名閲。僅見典刑，巍然故笏。送車千兩，遮道執紼。何以寓哀，蘋馨泉洌。

祭李文靖丞相　前人

嗚呼！世壞極矣，如苴漏舟。忽楫摧而柁折，雖胡進而驚憂。竇紹之餘，疽熟未裂。久痞忽宣，元氣一髪。公如和醫，既力言乎戰之非。端嘉以來，通國吹虀。恫疑虚喝，聽命於夷。公如蓍蔡，又直攻乎和之害。天子察公忠實不欺，與神為謀，舉國聽之。公既無矜心，亦無懌色。顧瞻四方，戰戰慄慄。痛撙浮費，嚴杜倖門。貂冕衮衣，所欲不存。行之朞年，把握稍定。君倚其誠，人服其正。内修百度，外撫四夷。徐徐條理，吾國庶幾。天道好乖，人事叵測。大星晝隕，千古一息。九重震悼，百僚齎咨。四海流涕，知與不知。綰相唐宗，不滿百日。司馬當朝，九月而卒。撫今懷昔，令人涕洟。身歿名立，公則何悲？所可悲者，天下大勢。智者復生，未知攸濟。上敕左右，日視其家。公身雖亡，公心未遐。精神所游，當訴于帝。亟回帝心，降福斯世。受恩深厚，孰如我哀。茫茫九原，公尚鼒哉。

祭方鐵菴文　王邁

壺山之陽，烏石之麓。鍾英孕奇，方爲巨族。一經堂中，有書連屋。兄生其間，德温如玉。方在妙年，登文字籙。擢第而後，無書不讀。大肆於文，韓膏柳馥。榮進澹然，雅不欲速。三十年間，下僚沉伏。迄于端平，賢相當軸。戔帛賁園，白駒出谷。兄至是時，始官輦轂。後村與我，並班朝録。見必相規，謹勿進熟。毋鄉而圓，毋佞而曲。我出狂言，先被竄逐。兄立言坡，張膽明目。冷語冰人，見者項縮。誰為虺蛇，磨牙摇毒。一笑而歸，幅巾野服。日相過從，坐必更僕。整整四年，紉蘭餐菊。文清當朝，我官先復。自分疎慵，潛深伏隩。兄持鄉節，維轡若沃。徃帥羊城，閲歲凡六。仁政春熙，風濡露沭。德量汪汪，陂停淵蓄。吐辭出令，牖民醫俗。戒戢兇殘，勸相婣睦。龍戸相安，左饘右粥。鯨波不驚，接艫連舳。天雨飛霙，倉腐紅粟。家家瓣香，旦旦以祝。瞻元老堂，顯允方叔。願言享此，如天之福。豈謂倏然，去騎黄鵠。比年以來，幾經换局。大老元夫，云胡不淑。西山鶴山，悦齋天目。穹車方駕，誰脱其輹。菊坡李杜，人望所屬。台鼎方調，誰折其足。袁曹劉徐，從班耆宿。名雖長存，數則何促。兄留于外，方立於獨。大厦将顛，又壞一木。視天茫茫，四方蹙蹙。旱連江淛，兵拏淮蜀。失此偉人，謀國者孰。維天無情，維民無禄。幸兄有子，碧梧翠竹。期之異時，前燈可續。我念平生，情同骨肉。去我傳書，連紙數幅。方寄筒郵，離命之辱。忽聞訃告，哀淚盈掬。潔蠲招提，置位以哭。桂酒一觴，生芻一束。寫此哀詞，靈其洞矚。

路祭西山先生文 劉克莊

烏虖！先生屬疾，聞者齎咨。上對近臣，玉色不怡。丞相移書，千里迎毉。下至閭巷，婦女童兒。皆曰哲人，必介壽祺。云何一夕，去而騎箕。在昔范公，方古禼夔。晚登政府，不至冢司。學者至今，致恨於斯。然其謨畫，略已設施。先生視彼，則尤可悲。平生修方，未試刀圭。謂天無意，斯文在兹。謂天有意，一老不遺。太平之望，竟復何時。禮樂之興，百年待誰。烏虖！昔者之來，大帶深衣。都人聚觀，公歸何遲。今者之還，丹旐素帷。都人相吊，公去安之。矧二三子，久從吾師。要絰執紼，於禮則宜。屬畏簡書，僅至江湄。覆此一觴，慟哭以辭。嗚呼哀哉！

祭余子壽尚書文　前人

嗚呼！早客閫幕，方議進取。嗟我與公，扣閤四五。流涕請俟，根立勢舉。衆指而笑，兩生不武。晚掾省闥，值建督府。聯名駁議，條畫縷數。曰此虛形，不可制虜。衆譁且怒，二臣實沮。厥後諸事，略如前語。鋒挫泗城，局結溢浦。二十餘年，議論出處。雖異形骸，實同肺腑。公久顯融，我獨齟齬。端平之元，徵至在所。於朝孤立，惟公相予。昔離今合，歲月如許。其合幾何，僅一炊黍。公先我後，散如風雨。時事益急，潰決莫禦。意公復用，收拾苴補。西風吹訃，老懷凄楚。我嘗評公，金振玉吐。王謝復生，倒授之麈。及乎臨事，精練勤苦。誰其似之，彷彿陶庾。竟復奚為，齎志千古。士無統盟，國無謀主。欲往哭公，身縻郡組。覆此一觴，公來飫否？

祭湯仲能文　前人

烏呼！早挹存齋，中交晦靜。晚善遺公，珠璧輝映。四海所稀，一門而並。近參周朱，遠泝淵孟。粗而事物，妙而性命。先儒疑義，下語未瑩。前輩緒論，開端未竟。審思明辯，博考精訂。餘力及文，上下馳騁。論事條達，析理確訒。森嚴之言，如造律令。痛快之作，若摧鋒陣。《離騷》之亂，《國風》

之興。追還古雅，掃去哇鄭。詵詵逢掖，沾丐殘賸。蓄以深厚，持以誠敬。行以平實，發以剛勁。給札之召，加璧之聘。謂言遇合，隨起譏評。或云名高，見忌亶定。又疑語直，遂忤文靖。垂登諸梯，忽落于阱。孰能容之，賴陛下聖。端嘉以來，屡易宰柄。士居其間，群馬旋濘。維君屹然，鐵壁萬仞。寧賷折鐺，肯顧墜甑。九冠一髮，衆醉獨醒。起牧凋壘，蕭蕭雪鬢。堂屏觴豆，庭絶筥榜。瓣香為曾，鳴鼓攻鄧。無侯苦燕，有僧苦硬。未嘗乏興，特不獻剩。自吾得君，懦氣頗振。從容叩擊，宮動商應。所同者心，不同惟姓。舊臘書至，肝鬲傾盡。首叙契闊，末言疾疢。上畀君節，士聚相慶。予寧一月，小休三徑。彼使來諗，此介往詗。筆墨鮮健，體力佳勝。豈陸無車，豈川無舵。方思劇談，詎意長暝。嗚呼！君昔在列，昌言時政。流涕納忠，易毉療病。俯仰十年，方未對證。曷不講讀，曷不諫諍。曷不柱下，奮筆誅佞。曷不摛文，鳴國之盛。若古有訓，維人無競。三良繼殲，一老不憖。先漢廉吏，有唐卓行。繄士冠冕，亦國龜鏡。厦摧棟樑，航失纜矴。平生清貧，室如懸磬。西風吹訃，心折淚迸。強作君誄，辭事不稱。豈無友朋，不敢假倩。往此束芻，君倘來聽。烏呼哀哉！

莆陽文獻　卷八　書啓

上安邑李相公安邊書　林蘊見本傳

愚嘗以十分天下之事，知其弊者大半。冬輒獻書，思相公正而行之。嗟無位而言輕，相公猶未為行。其切者，國家有西土，猶右臂也。臂之附體，豈不固與？臂之不存，體將安舒？愚以此輒敢重陳利病，幸相公念而行之。當昔漢室，彼爲内府，囊駋走馬，曾不虛日。咫尺萬里，煙塵不動。是以司馬遷、班固得弄刀筆，夸大漢功德，炳然與三代同風。洎房、杜佐太宗，剗革兇孽，天下廓清。姚、宋相玄宗，聲明文物，照耀殊俗。後之輔弼，不能嗣守，我疆理陷於犬羊。嗚呼！今所殘者，惟北抵幽郊，西極汧隴，不數百里則爲外域，可不痛哉！可不惜哉！且馭馬者必右執策，左執綏，恐其有非常之患也。倘若臂不勝力，體不安坐，則踶齧立至，豈惟泛駕乎！此事雖小，可以喻大。相公得不念之乎？愚嘗出國，西抵于涇原，歷鳳翔，過邠寧，此三鎮，得不為右臂之大藩乎？自晝藩維，擁旄鉞者，殆數十百人，惟故李司空抱玉曾封章上聞，請復河湟，事亦旋寢，功竟不立。爾來因循，誰復尸之？故朝受命而夕寢行，日富貴而月驕慢。跨廣衢而羅甲第，指長河而固胤嗣。士卒窮年不離饑寒，以月繫時，力供主將，死則已矣，賞終不及。故死者飲恨於地下，生者吞聲於邊上，五十餘年，無收尺土之功者，豈朝廷不以為慮乎？命將不得其人耳。愚以此竊知不惟土地未可復，且慮犬戎馳突，不一日二日，則彼三鎮强者閉壘自守，弱者棄壁而逸，豈暇為國家以却戎虜乎？愚所謂臂之不存，體將安舒，今刁斗不聞，煙塵不飛，盖宗社之靈也。豈御守者之有功乎？且食租則可以備飢，衣稅則可以御寒，衣食足然後可以教攻戰，朝廷既切念邊軍，不遑終夕，飛蒭輓粟，常恐後期。然而荷戈負戟者，終歲而餓，其來已久，時莫能更。雖度支有廉知之名，節度有營田之目，皆以貨利相誘，斗粟必欺於尺素，一言可致其籯金。如此則士卒不得不飢寒，將帥不得不奢侈。欲其攻戰，其可得乎？此所謂借寇兵而齎盜糧也，其可謂之御戎乎？伏料相公亦已垂意矣，愚竊謂弊既久矣，可革而化之。化之之術，在相公暫回頃刻之慮，思之思之，得人則如班超之儔，不難得也。相公命將，必取其封錫已榮者，封錫已榮，彼復何求？以此戰不克，攻不得，何莫不由斯人之徒與？因此言之，則又不惟安邊之未得人也。相公必以為人不易知，倘斷然有一介之士，敢露肺肝，相公復能特達獎拔，俾為千夫之長，得以自置於秦隴之外，接彼犬戎之域，三歲考績，能則優奬，否則孥戮，此賈生、終童感激於前，跡其慷慨，不為不至，蓋時之不見信也。不知相公以愚此言為率爾乎？以其斷然一介之士，亦能成功立事乎？且天下岩居谷隱之人，悉皆有心，但用與不用也。假如晉奉常之第者，未必盡能文章；為牙門之將者，未必盡能威敵。況漢之為漢，多有異材。豈唐之為唐，獨無奇士也？伏惟圖之。

與王雄書　黃滔

蒙示盛文，拜納之日，焉可無言？某不業文，誠可儷偶其辭，以贄方寸。既再而思，夫儷偶之辭，文家之戲也，焉可齎其戲於作者乎？是若揚優喙，干諫舌，啼妾態，衒婦德，得不為罪人乎？是乃掃除聲律，直寫一二，強名曰書，幸垂聽覽。頃越之苧工，游蜀之錦肆。錦工以之示，肆人皆哂。越工曰：『誠紆雪之與梭霞異諸？』然其經緯之如此，文章之若彼，咸言其極。某今獲閤下之文，雖莫我知，亦庶幾於越工之言蜀錦。至如典謨之比，寧敢輒言？若《復韓校書》、兩《寓沈先輩》《永崇高中丞》《安邑劉補闕》已上十篇書，指陳時病俗弊，敘述飾躬處己，講論文學興廢，指切知己可否，雖常人俗士聞見之，亦宜感動，況吾曹乎？則知綿十舉而未第者，抑有由也。夫以唐德之盛而文道之衰，嘗聆作者論近日場中，或尚辭而鮮質，多閤下能揭元次山、韓退之之風，故天所以否其道，窒其數，使若作《騷》演《易》，皆出於窮愁也，復何疑焉！今之人皆謂番禺駢寶貨，游者或務所獲。某之來也，得[二]閤下之文，為至寶奇貨，充所獲，豈不厚於他人哉？願閤下脂轄躍轡，薦計貢闈，高取甲乙第，然後使人人知斯之

校記：

［二］『得』字原缺，據黃滔《黃御史集》卷七《與王雄書》補。

寶貨異於是也。元次山、韓退之之風，復行於今日也。無令鄭濬、孫泰、李瑞、閔廷言、陳嶠數公寂寞而已。幸惟志之。不宣，某再拜。

荅趙内翰書 蔡襄

伏蒙示下，舉薦黄晞奏草。晞閩人，與之游甚久，以書自喜，不苟與人，誠高世懷道之士。足下薦之於朝，庶乎盛時無有遺材。足下之存心，不特為晞發也。然其奏曰：『石介在國子監時，請晞表率生徒。晞以介詐善不直，為事非是，遂拒之弗往。乃晞之先見知人，識慮高遠也。』襄以謂斥介而引晞，意所未喻。介好論議當時人物，故衆毁叢至。原其所以為心，欲君側無奸邪，人人為忠孝，百姓無疾苦，教化明白。信周公孔子之言，謂太平可立致，而不度世務行之難易。此介之所以脩誠立節之大略也。所牴牾者，夏竦黨輩耳。一旦介去朝，奸詐巧僞百端，妄造謗毁，必欲赤其族然後快意。賴天子聖明，辯是非，故介久而自白。嗟乎！謂介詐善，何也？夫詐善者，將圖富貴，取名譽也。介生不免寒飢，而死幾斵棺，子孫流離。詐善者，固如是耶？守已信道而不顧世俗者，伯夷、叔齊是也。且數百年孔子稱之，其論遂定。若介，信道而守死者也，其亦有待於後世乎？昔介之存，襄以同年進士兄事而友之。自介之亡，未見有如介之自信者。介復生，當師事之不暇，以苟容無所自立為責，况敢毁之？晞避介聘為學正，不肯為介下耳。此特小小者，豈足為晞高識遠慮哉！足下與介疎，知之不至，然天下公議，固當有聞。足下語論，衆所瞻望，詎可雷同？今毁介之人滿朝廷，其箝口固不為少。雖開口明介，介豈遂明？然賣死友以合貴權，此襄所不為而足下所見知之者也。近為寒風薄中，日再食粥者七矣，奉教不知疲憊，感歎顛倒，不宜。

與朱編修元晦　林光朝

前此數得來書，祝耕老有五夫便人去令來取書，因循如許，言之愧甚。去年過黄亭，只相隔得三二日，所欲道者亦何數？唯耿耿比承除書之下，此在公論以為太遲，不知賢者出處自有時。直道之信，善類增氣，見教恭而安，數語乃是從根株上説過來。别後對此，如一對面語，但所謂與虞仲達及此一節，更記憶不上，是日説數件語，當不止此耳。林用中聞以館舍處之，得質正所聞而求所未聞，甚善。復之到官已三月，偶疾，唾中有血雜出，令人憂懸也。

與查少卿元章　前人

《離騷》去風雅為甚近，一篇三致意，此正為古詩體，非如太史公所謂也。又返復《周頌》，不見蹤由，却悟《離騷》為太苦。嘗意取《周頌》沉之汨羅，即千古滯纍，可以凌蒼霞，出紫氛，如其意謂所在耳。我思古人，實獲我心。

與楊次山　前人

某授徒三十年，不過為塲屋舉子之習，學問一事，雖稍涉其涯，而所以作語及所以傳授於人，唯是一律，豈敢輙出塲屋繩尺之外也？某年近二十，未知龜山所遺後來者為何書。及隨計走都下，此說一歷耳。又二三年中，乃得之。是時有周先生、尹先生，諄諄然八九十歲人，乃文靖公一輩流也。王信伯得之於龜山，施廷先得之於信伯。廷先，吾友也。廷先每說洞庭之野有一人吾所畏，當買舟同一見之。不及見此人，廷先死矣，傷哉廷先！每對人道說，必為之出涕。廷先乃吾亡友方正字次雲之友。某以次雲六兄之故，遂定交。某幼歲聞李太白、石曼卿之為人，即踴躍道其事。又初讀《晋書》，見一様人物，如寒蟬孤潔，不入俗調，此心甚樂之。一日對次雲說古人如此，終是不俗。六兄云：『此數人来孔子之門，恐一日着脚不定。』某乃悟夫子之門，為人物凖的，千歲人物，要入得此窠様中，乃為無愧耳。

上宰相書　鄭樵

十一月十二日，興化軍布衣鄭樵以衰老之年，病不任道途，謹再拜遣書，獻于鈞座。樵生為天地間一窮民而無所恨者，以一介之士，見盡天下圖書，識盡先儒閫閾。山林三十年，著書一千卷，以彼易此，所得良已多。而斯心所不能自已者，其說有三。投老入京華，載書謁相府，其一為樵暮齒餘齡，形單影隻，鉛槧之業甫就，汗簡之功已成。既無子弟可授，又無名山石室可藏，每誦白樂天『恐君百歲後，滅没人不聞。願以藏中秘，百代無湮淪』之句，未嘗不嗚咽流涕。會玆天理，不負夙心，仰荷鈞慈，果得就秘書投納，蓬山高迥，自隔埃塵，芸草芬香，永離蠹腐，百代之下，復何憂焉？其二為兵火之後，文物蕩然，共惟相公撥灰燼而收簡編，障横流而主吾道，使周孔之業不墜於地。士生此時，寧不奮發？樵也願討理書以圖自效，使東南之遺書已盡，古今之圖譜無遺。金石之文，鼎彝之志，莫不畢陳于前。前年伍月十三日投納，是月二十七日伏蒙提省之辰，特與嘉歎。既而又蒙傳示鈞誨之勤，舉行求書之説。既而又蒙歲終會計指揮收入校讎之籍，與先儒之書等。嗟乎！伯牙之琴，為審音而鼓。馮驩之鋏，為知己而彈。此樵所以甘心焉。其三為修書自是一家，作文自是一家。修書之人，未必能文。能文之人，未必能修書。若之何後世皆以文人修書？天地之賦萬物也，皆不同形，故人心之不同，猶人面。凡賦物不同形，然後為造化之妙。修書不同體，然後為自得之工。仲尼取虞夏商周秦魯之文而為一書，每書之篇，語言既殊，體制亦異。及乎《春秋》，則又異於書矣。襲書《春秋》之作者，司馬遷也，又與二書不同體。以其自成一家言，始為自得之書。後之史家，初無所得，惟自同於馬遷。馬遷之書，遷之面也。假遷之面而為己之面，可乎？使遷不作，則班、范以來，皆無作矣。按馬遷之法，得處在表，用處在紀傳。以其至要者，條而為綱。以其滋蔓者，釐之為目。後之史家，既不通馬遷作表之意，是亦未知遷書之所在。且天下之理，不可以不會。古今之道，不可以不通。會通之義，大矣哉！仲尼之為書也，凡典謨訓誥誓命之書，散在天下，仲尼會其書而為一書。舉而推之，上通乎堯舜，旁通乎秦魯，使天下無逸書，世代無絶緒，然後為成書。馬遷之為書也，當漢世挾書之律初除，書籍之在天下者，不過《書》《春秋》《世本》《戰國策》數書耳。遷會其書而為一書，舉而推之，上通乎黄帝，旁通乎列國，使天下無逸書，世代無絶緒，然後為成書。後之史家，據一代之史，不能通前代之史，本一書而脩，不能會天下之書而修，故後代與前代之事不相因依。又諸家之書散落人間，靡所底止，安得為成書乎？樵前年所獻之書，以為水不會於海，則為泛水。途不通於夏，則為窮途。劇論會通之義，以為中興之後，不可無修書之文。修書之本，不可不據仲尼、司馬會通之法。去年到家，今年料理文字，明年修書，若無病不死，筆札不乏，遠則五年，近則三載，可以成書。其書上自羲皇，下逮五代，集天下之書而為一書，惟虛言之書，不在所用。雖曰繼馬遷之作，凡例殊途，經緯異制，自有成法，不蹈前修。觀《春秋》地名，則知樵之《地理志》異乎諸史之地理。觀《群書會紀》，則知樵之《藝文志》異乎諸史之《藝文》。觀樵之《分野紀》《大象略》之類，則《天文志》可知。觀樵《謚法》《運祀議》《鄉飲禮》《系聲樂府》之類，則《禮樂志》可知。觀樵之《象類書》《論梵書》之類，則知樵之所作字書，非許慎之徒所得而聞。觀樵之《分音》《類韻》《字始連環》之類，則知樵所作韻書，非沈、宋之徒所得而聞。觀《本草成書》《爾雅註》《詩名物志》之類，則知樵所識鳥獸草木之名，於陸機、郭璞之徒，有一日之長。觀《圖書志》《集古系時錄》《校讎備論》，則知樵校讎之業，於劉向、虞世南之徒，有一日之長。以此觀之，則知樵之修書，斷不用諸史舊例，明驗在前，小人豈敢厚誣君子？然樵雖林下野人，而言句散落人間，往往家藏而户有。雖雞林無貿易之價，而鄉校有諷誦之童。凡有文字屬思之間，已爲人所知。未終篇之間，已為人所傳。況三十年箸書，十年搜訪圖書，竹頭木屑之積，亦云多矣。將欲一旦而用之可也。嗚呼！功業難成，風波易起。深恐傳者之訛，謂擅修國史，將無所容焉。

與真西山書　陳宓

某恭以春序平分，東作惟時。伏惟躬行古道，導民以仁。列邑蒙幸，神明勞相，台候起居萬福。某去夏承禱雨疚心，失於求誨之便，迨今未嘗不恨。秋間拜狀後，僕僕道途，十月望始到官。自江州德安入境，旱歉在目，權官不敢檢放。某亟委官下縣覆視，星子放七分三釐，都昌八分一釐，建昌五分九釐，通放七分以上。廩無兼月之積，田里嗷嗷，即申省乞給助米來。既後時，亟於去臈具奏援文公。淳熙七年，例借上供折帛錢為糴本，米既不可猝得，即以官券先自下下户濟之。此月初，始得倉司應副米斛九千五百，從省劄所報，又荷憲司申省得度牒三十道，漕司亦助千斛，此月建昌一邑，方能施行。星子、都昌，則自臈月已先濟糶，流民餓殍，幸不至多。中間梗於倉使見疑，今始孚信，幸不至缺事。但軍食白撰二萬石，為緡六萬有奇，申請於朝，尚未報，以此日夕憂懼。邊事方殷，總所戶部文移不絕，雖八年所欠綱米，朝省以下運司體究，當蠲者猶且不免追督，則目前之欠，何時可平？以此欲遣一人至家中，屢作書屢輟，以至於今。時事宦途如此，豈不可畏？今歲救荒錢米不及八年三之一，不敢不覈實支散，最荷譙憲於兩司及番陽兑官券萬六千緡，以應目前百姓。因思八年之惠，得賢部使者竱心叶力，民賴以生，豈非一路之福？今茲施行，多循成式，但錢粟不多，未免以戶計不以口計，革去僞濫，須及困窮，百謫在前，非所敢顧。期少稱聖天子選侯牧民之意耳。何繇數數以書請教？第劇尊仰，乞為一世保重，以慰桐城父老之心。至於善政善教，不復諛誦，下情至扣。

李丞相宗勉　方大琮

某屏居絶不聞外事，自縉紳傳誦政地、辯和兩疏，後又見邸狀言宫府事尤切。百尺竿頭，此豈着智力處？留者欲堅，偪者欲進，遠者欲入，獨凝然其間，不阿意以為悦，不買譽以為容。端月二日，揚庭播告，超冠首台，則内之宦寺宫妾不知名者，外之兒童走卒無不知名者，朝野相慶，同然一辭，此豈人力所能為哉？上意也，天意也。惟至誠無偽可以感動人主，惟至公無私可以悦服天下，惟至定不惑可以鎮重國勢。大丞相皦然之心，上知而信之，天知而佑之。人皆曰今之最難者，内楮、外韃也。然三聖在天之靈有望焉，億兆姓生靈之命有賴焉，千萬世之汗簡有光焉。某謭焉何足與斯世有無之數？仰蒙大丞相先生登庸之始，以不肖為啓擬初義，上猶記其狂瞽之言，雖命不果下而中外閲報皆曰：『昔者探主意所欲罪者，今乃極力薦進之，丞相之事偉矣！昔有追讎盡言者，今不惟不怒之而又生全之，聖上之恩大矣。』某聞之，為之感泣者累日，粉軀碎骨，何以酧大德？自伏讀麻制，其喜不在人後，其賀不敢在人先，惟大丞相亮其心而赦其不敏，顧猶有欲言者。丁酉秋，某與劉克莊潛夫、王邁實之同被劾。未幾，某與劉皆得祠，王尤貧，獨未之得。其人本為大丞相所愛，不能妥帖，乃其自取，是亦教之之意。其後一鐫又兩鐫，則人或以為太過。若蒙牽復而畀之廩，尤見海涵春育之量。劉潛夫素為大丞相所器，非獨其文字今世鮮比，而通古今熟典，故可裨廟議，而吏事尤長，特文揜其才耳。區區竊謂丞相宜自收而用之，王，友也，劉，親且友也，非固私之也。姚珤貴叔投袂赴建於焚燬略盡之餘，反側未定之際，辛勤三年，郡人德之。

罷歸已久，未復職，未得祠，亦廟堂所當知。某素與之踈，得之公言云耳。王幼學都承，若使之立朝，似有淮南寢謀氣象。朝廷豈不能著一骨骾之士以自壯乎？更在鈞念。某已灰心斯世，而猶耿耿有未能忘，輒復及此。強聒死罪，又有欲言者。鄭觀文端平初不可謂無一變之功，不可謂無收進諸賢之功，獨輕舉一誤，亦功過不相揜者。其時徐直翁一二人未入臺前，已明非之，不害其為直臣。最是一項人面獻諛語，又退誦於人，纔見其解政，則向之誦於人者，轉而為罵，有上書攻之者，未免以遷除之滯速為言。大凡當國者以天為心，固不計此，而士風則薄矣。今亦有不肯言端平諸賢者，亦有言其時之賢而責其時之相者，然其時之賢，是誰致之？則今之攻者，可少止矣。不知退傳近況何如？惟大丞相念之。某又復及此，強聒死罪。

曹侍郎豳　前人

某之愛弟涓孫坐春風中三閱月，歸甫一旬，問其所得於東畎先生者，道德性命之微，議論出處之正，文章法度之要，政理設施之序，皆能領會其略，舉似其凡。對床之夕，歷歷不遺，如某之有得於親炙也。至於慨世道之消長，念人物之離合，而遠外廢放之人，尤致其拳拳，豈特一方朋友聚首感歎而已？涓弟出示誨墨二百餘言，莊誦竦敬。始里兒之凡下者，以其標置者議之，今觀公之所謂高者，乃曰自強為善，曰行已有恥，此則平實工夫也，而高莫甚焉。今世孰能之？若此論行於世，則虛矯之說破而踐履之德進，人才可成而風俗厚矣。因思前日鄭尉亦得寧拙毋巧之誨，且曰今之士不可不存樸拙，意思尤為深切。往往後進之來謁者，隨其器質，皆有以箴切而點化之，其加惠學者之意甚厚矣。某杜門絶不知近事，有傳新遺補初義，讀者皆以為快，區區獨有隱憂。時艱極矣，若股肱常得重臣，耳目常得吉士，則大法小廉，相與汲汲扶捄，猶或庶幾。若更起迭仆，倏憂驟喜，非國之福。故凡群情之一快，皆元氣之一傷也。二府虚實，中外屬意於侍郎者，無異辭。盖其心平，其量寬，其守正，坐乎廟堂則使為善者有所恃而無恐，不善者有所化而不敢為，公道常明，大勢常定，各以其材智思慮用之於扶世運、捍外侮之際，而不用之於相傾軋、互反覆之私，則元氣固而縉紳與宗社俱受其福矣。惟閣下留意。

復姻家福清許侍郎書　陳文龍

文龍為理宗太學生，度宗狀元九箇月，越州窮僉判八箇月，撫州衰太守，享朝廷禄食僅八年，尚能自決。他人受用大宋幾年富貴，各要保家計、養子孫，略不思大主人家祭祀無所附，子孫無所托。彼蒼者天，此何人哉？孟子曰：『效死弗去。』賈誼曰：『臣死封疆。』國事至此，不如無生，惟當決一死以守。來書謂同舍之義，布衣之交，此朋友之倫也，君臣之義，如之何其廢之？文龍不愛一身死，不愛一家死，但欲存趙氏一脉，若以區區之守義為不然，或致殺身覆家；鄙意則以雖闔門磔屍數段，亦所願也。請從此訣，勿復多言。

復唆都元帥書　前人

來書謂我名蓋天下，何書不讀，覽盡興亡，褒拂過當。我平生讀書，但識孟子『效死弗去』字，《左傳》『有隕無二』字，如此而已。但謂天数如此，何必固執不能嘿嘿？宋三百年天下，列聖相承，無有失德，未至天遽厭之。柄國非人，不幸至此。譬如大家不幸破敗如何，亦留破屋荒田與其子孫。我太祖造宋，柴氏俱有分地，閩廣數箇破郡，存趙封疆，豈非盛德事乎？不然，蕞爾小州，把作田横島，有何不可？昔微子之宋，聽其自存。聊攝以東，置而不問。惟執事圖之。若弗獲命，磨礪以須。

莆陽文獻　卷九　序

送馬承之通判儀州序　蔡襄

唐末失御，外方將帥臣闚釁輒發，藉土地，聚貨財，招徠驃勇士，務攻擊爭鬭以為強，甚者格弛天子法令，專逐帥臣，盜有其衆，患日寖長，梁朱氏卒乘此以取天下。其後五十餘年易四姓，大率廢興由是。武人綰重兵，收天下安危，大柄在掌握間，更世移祀，若操持飲器東西左右耳。於是軍中氣凛然騰在人上，躬儒者俛首隱舌，不復奮起闢說古先王治道，而爲之節制，勢久而變，理固然也。國家既平四方，追鑒前失，凡持邊議、主兵要，内宥密而外方鎮，多以儒臣為之任。武人剟去角牙，磨治平聲壯戾，安處行伍間，不敢亢然自較輕重。然則今天下安危大計，其倚重於儒臣乎？獨不知决然自當其所倚重，建立經久之制者，果誰哉？承之以文稱於交游，喜自樹立。兹有西鄙之行，思以竭材慮而後愜焉。予觀承之之文之言，未始離乎忠也。使力足而勢大者，咸以是而為心，惟國之計而微躬之念，事罔不濟。且使世之人知儒者果可以天下安危大柄倚重之也。

送史炤赴邠州幙序 前人

陸生有言曰：『天下安，注意相；天下危，注意將。』載之漢諜，最為警語。某竊謂陸生一時之辯，非極論也。夫將相者，文武之事，若手足之左右，舍一不濟，豈待安危而注意哉？必安而後相，必危而後將，譬諸舟横中流，指山木以爲檝，曰不殆者，豈謂智乎？今國家奄宅大區，文昭武震，蕃酋繼好，諸侯順命。然而天子詒慮生民靨財者，豈不以邊兵乎？四方大本，在於邊。精卒良械，遍實陰墟。方輸里賦，徑及天下。而四十年間，卒老于屯伍，械弛于戲樂，司是者，封羊釃酒，蓄以驩愛。國擧異禮，必先計兵。開府庫，委金帛而均施之，乃至反唇相稽，圜目相視，較分銖薄厚，曰我固當得也。將恩而不威，兵驕而不戢，時之深恨。近者已來，北諸侯愈難其選。或取文儒加武號而長之，大抵尸之謀而正者，則爲長利。推此而度之，天下雖安，將可忘乎？將不可忘，則陸生之談謬悠也果矣。某嘗欲北遊以觀邊事，勢不及往而中煇受邠諸侯之署。今行矣，當世之首務，四方之大本，可得而知也。於是朝之文士，咸作詩以寵其行。莆陽蔡某文曰《送史從事往邠州序》。

糸聲樂府總序 鄭樵

古之達禮三，一曰燕，二曰享，三曰祀。所謂吉兇軍賓嘉，皆主此三者以成禮。古之達樂三，一曰風，二曰雅，三曰頌，所謂金石絲竹匏土革木，皆主此三者以成樂。禮樂相須以爲用，禮非樂不行，樂非禮不舉，自后夔而來，樂以詩爲本，詩以聲為用，八音六律，為之羽翼耳。仲尼編詩，爲燕享祀之時用，以歌而用，非以說義也。古之詩，今之辭曲也。若不能歌之，但能誦其文而說其義，可乎？不幸腐儒之說，起齊、魯、韓、毛四家，各爲序訓而以説相高。漢朝又立之學官，以義理相授，使聲歌之旨，湮没無聞。然當漢之初，去三代未遠，惟經生學者不識詩，而太樂氏以聲歌肄業，往往三百篇，瞽史之徒例能歌也。柰義理之說既勝，則聲歌之學日微。東漢之末，禮樂蕭條，雖東觀、石渠，議論紛紛，無補於事。曹孟德平劉表而得漢雅郎杜夔，老矣久不習肄，所得於三百篇者，惟《鹿鳴》《騶虞》《伐檀》《文王》四篇而已，餘聲不得。太和末，又失其三。尤延年所得，惟《鹿鳴》一篇，每正旦大會，太尉奉璧，群臣行禮，東廂雅樂常依者是也。古者歌《鹿鳴》，必歌《四牡》《皇皇者華》，三詩同節，故曰工歌《鹿鳴》之三而用《南陔》《白華》《華黍》三笙以贊之，然後首尾相承，節奏有屬。今得一詩而如此用，可乎？應知古詩之聲爲可貴也。至晉室，《鹿鳴》一篇絶，後世不復聞詩矣。然詩者，人心之樂也。不以世之汙隆而存亡，豈三代之時，人有是心，心有是樂。三代之後，人無是心，心無是樂乎？三代之詩絶矣，繼三代之作者，樂府也。樂府之作，宛同風雅，但其聲散佚無所紀系，所以不得嗣續風雅而爲流通也。按三百篇在成周之時，亦無所紀系，有季札之賢而不别國風所在，有仲尼之聖而不知雅頌之分。仲尼為此患，故自衛返也，問於太師氏，然後取而正焉。列十五國風以明風土之音不同，分大小二雅以明朝廷之音有間，陳周魯商三頌之音，所以侑祭也。定《南陔》《白華》《華黍》《崇丘》《由庚》《由儀》六笙之音，所以叶歌也。得詩而得聲者三百篇，則系於風雅頌。得詩而不得聲者，則置之，謂之逸詩，如《河水》《祈招》之類，無所系也。今樂府之行於世者，章句雖存，樂聲無用。崔豹之徒，以義説名。吴兢之徒，以事鮮目。盖聲失則義起，其與齊、魯、韓、毛之言詩無以異也。樂府之道，或幾乎息矣。樵今取而系之，千載之下，庶無絶紐。一曰短簫鐃歌二十二曲，二曰鞞舞歌五曲，三曰拂舞歌五曲，四曰鼓角横吹十五曲，五曰胡角十曲，六曰相和歌三十曲，七曰白苧歌五曲，八曰清商八十四曲，凡百七十六曲而得百九十一篇，系之正聲，即風雅之聲也。一曰郊祀十九章，二曰東都五詩，三曰梁十二雅，四曰唐十二和，五曰晉十二成，六曰周十二順，七曰建隆十二安，凡八十四曲，而得四十八篇，系之正聲，即頌聲也。一曰漢三侯之詩一章，二曰漢房中之樂十七章，三曰隋房内二曲，四曰梁十曲，五曰陳四曲，六曰北齊二曲，七曰唐五十五曲，八曰皇朝十九曲，九曰熙陵二曲，凡百十二曲，而得十五篇，系之别聲，而非正樂之用也。正聲之餘則有琴，琴五十七曲，而得十五篇。别聲之餘則有舞，舞二十三曲，而得九篇。古者絲竹與歌相和，故有譜無詞，所以六笙在三百篇但存名耳。漢儒不知，謂爲六亡詩也。琴之九操、十二引，以音相授，並不著辭。琴之有辭，自梁始。舞與歌相應，歌主聲，舞主形，自六代之舞，至于漢魏，並不著辭也。舞之有辭自晉始，今之所以系正聲、别聲總四百五十二曲而得二百七十八篇，以詩系於聲，以聲系於樂，舉三達樂，行三達禮，庶不失乎古之道也。復有古調二十三曲，征成十七曲，游俠二十三曲，行樂十八曲，佳麗五十曲，别離十九曲，怨思三十曲，歌舞二十三曲，絲竹十三曲，觴酌七曲，宫苑二十三曲，都邑三十九曲，道路七曲，時景二十七曲，人生四曲，人物十二曲，神仙二十二曲，梵竺四曲，蕃胡五曲，山水二十七曲，草木二十二曲，車馬八曲，魚龍六曲，鳥獸二十二曲，雜體七曲，總四百六十曲，而得四百四十六篇。不得其聲，則以義類相屬，分為二十五門，謂之移聲。移聲者，逸聲之流也。庶幾來者復得其聲，則不失其所系矣。昔唐人修官制之書不成，乃準《周官》為《六典》而後成書。以樵觀之，何必準《周官》也。若源流出於《周官》，自與《周官》合節。今之所纂樂府，非敢準古詩也。及乎成篇，自與詩同條，亦源流之所出也。規成負，矩成方者，自然之形也。鼓宫宫動，鼓角角應者，自然之應也。然三代既没，漢魏嗣興，禮樂之來，陵夷有漸。始則風雅不分，次則雅頌無别，次則頌亡，次則禮亡。按《上之回》，聖人出君子之作也，雅也。《艾如張》《雉子班》，野人之作也，風也。合而為鼓吹。《燕歌行》，其音本幽薊，則列國之風也。《煌煌京洛行》，其音本京華，則都人之雅也，合而爲相和歌。風者，則鄉人之用，雅者，則朝廷之用。合而用之，是為風雅不分。享，大禮也，燕，私禮也，享則上兼用下樂，燕則下得用上樂，是則風雅之音雖異，而享燕之用則通。及明帝定四品，一曰大予樂，郊廟上陵用之。二曰雅頌樂，辟雍享射用之。三曰黄門鼓吹樂，天子宴群臣用之。四曰短簫鐃歌樂，軍中用之。古者雅用於人，頌用於神。武帝之主樂府采詩，雖不辯風雅，至於郊祀房中之章，未嘗用於人事，以明神人不可以同事也。今辟雍享射，雅頌無分，應用頌者而改用大予，應用雅者而改用黄門。不知黄門、大予，於古為何樂乎？風頌通歌，猶可以通也。雅頌通歌，不可以通也。曹魏准《鹿鳴》作《於赫篇》以祀武帝，准《騶虞》作《巍巍》篇以祀文帝，准《文王》作《洋洋篇》以祀明帝，且《清廟》祀文王，《執競》祀武王，莫非頌聲。今魏家三廟，純用風雅，此頌之所以亡也。頌亡則樂亡矣。是時樂雖亡，禮猶存，宗廟之禮，不用之天，明有尊親也。鬼神之禮，不用之人，知有幽明也。梁武作十二雅，郊廟、明堂，三朝之禮，展轉用之。天地之事，宗廟之事，君臣之事，同其事矣。樂之失也，自漢武始。其亡也，自魏始。禮之失也，自漢明始。其亡也，自梁始。禮樂淪亡之所自，學士大夫不可不知也。謹序。

泮林討古集序　林光朝

以沙礫之細，爪髪之微，故衣壞革，游塵聚垢，合之為《本草》。以鱗介之奇，形模之醜，合之為《山海經》。以釋詁、釋言、釋訓合之爲《爾雅》。以燕代之北，汝潁之南，車軌所交，爾汝雜，出合之爲《方言》。以一札累數行，雖或斷裂且不忍棄去，合之爲《法書》。淵明達者，豈欲以詩自名而甲乙次第出其手。李太白、杜子美覊游酒狂，橐中無他物，所貯篇什如貯珠玉，人心之同然也乃如是。我有一長，必欲使天下共之，此《泮林討古》所爲作也。子曾子人品爲甚高，由宜春過湘潭，終於廬陵，凡歷三州教授。讀書討古，自宋之丁氏而下凡百件，其言高帝、蕭何，此非爲偶合者。以宋昌折太尉勃渭橋請間之語為見幾，以賈誼欲更定諸法令，絳灌之屬盡害之，以為非必疾賢也，亦誠駭於其說爾。以文帝知亞夫可以爲將軍以遺景帝，終之破吳楚，則其威斷有所不施，施亦無不中矣。以公孫弘三逆人主之意不少變，不可謂無所守者，以董仲舒非撥煩之器，直可爲侯王傳也。有是數條，可以不朽。讀其書，見其人，當如孟子之知樂正子者。聞之曰：『見善如不及，見不善如探湯。』子曾子為如是，則其所可聽者，必非肝鬲語也。子曾子發，字信道，南豊人。其子樽，嘗於吾叙同年。莆田林某序。

宋丞相李忠定公奏議序　陳俊卿

國朝祖宗以仁覆天下而不右武事，然垂二百年，更夷狄之變者三，皆得人以任其事。景德契丹之變，寇萊公任之。康定元昊之變，范文正公、韓忠獻公任之。靖康金虜之禍尤鉅，而丞相隴西李公亦慨然以身當其變。盖天之祐宋，不于其兵，而于其人。是數君子者之事君，不于其躬而于其國。其事之濟否，則有命與數存焉。要之皆忠烈英特士也。予既敬服數公之行事，因欲覽觀其遺文。萊公他文不甚見于世，獨其詩傳盖百有餘篇，辭徤而格高，旨深而思遠。文正、忠獻則家集具在，其文字奏議或簡重而壯偉，或詳明而剴切，盖與其謀謨勳業稱。惟李公近與予耳目接，私以不得其文為恨。淳熙丙申，予帥三山，其子秀之裒集其文以示予求序。盖表章奏劄至八十卷，而詩文不與焉。予讀而嘆曰：『詳哉其言之也！世之有其學者，常患乎無其材。有其材者，常患乎無其節。三者備矣，然使其辭之不達，則不足以動人主之聽，言之不文，則不足以永後世之傳。是以君子貴其全也。公學本于經，才見於用，節著於論水灾、贊禪議之日，是其章較，盖天下之所共知焉。予竊怪方虜騎闖城之際，在廷之臣，爭為講解遷避之說，公孑然孤忠，殆未易以口舌爭，卒能感悟萬乘，為堅守之策，以何道而致？然及觀公之奏議，明白條暢，反覆曲折，其叙成敗利害，灼然如在目前，宜乎感悟明主之聽而亟從之也。使公之謀盡用，則胡騎必無再下之禍，而其勳業可以絶寇萊、韓、范矣。惜乎其奪於讒而不之竟也。光堯中興，因天下之望而首相，公十議所陳，規摹宏遠。劉麟之役，公雖在外，且畫三策六條以獻。王倫之使，公復憤惋抗疏以爭之。與時論不合，不顧也。嗚呼！其可謂忠也矣。然則公之勳業，雖不克大就，然其所奮立陳述，足以暴於後世，況又其言之文哉！昔東坡先生謂諸葛孔明不以文章自名，而開物成務之姿，綜練名實之意，自見於言語。出師之表，簡而盡，直而不肆。而鄭亞謂李衛公藴開物致君之才，居丞弼上公之位。建靖難平戎之策，垂經天緯地之文。嗚呼！若公者，可謂兼之矣。予既諾秀之之請，奪於多事，未暇綴思。後三年，歸自金陵，乃始書而歸之。某月某日序。

艾軒林先生集序　陳宓

莆陽艾軒林先生文爲世所宗，而藁不多見，學者好之，如嗜欲然。没五十年，始傳於世，藏之深，固以久，一出大肆，理必然也。先生行古道，言動爲時取式。教授生徒，非禮不行，四方翕然響應來學者，亡慮數百人。道尊德盛，年五十擢第春官，不數年，拜大司成。淳熙間，天子幸胄監，命講《中庸》，玉音嘉嘆，擢置近侍。出使入朝，狥義忘私。無田無宫以遺妻子，獨富於書，至死不釋卷，故其文森嚴奧美，精深簡古。上參經訓，下視騷詞，他人數百言不能道者，先生直数語雍容有餘，非學博識高，義精理到，能如是乎？初，先生諸孫成季裒其稾，不輕以示人。近族子同叔搜羅畧備，得詩文若干首為卷，急於垂後，不暇求序於名公，猥以屬某。顧惟愚陋，妄測弘深，得罪君子，又將何辭？昔楊子歿四十年而《法言》始行，韓集歷五季至我朝始大振，某於先生之文亦云。

朱子語類後序

黄士毅 見本傳

右《語類》成七十家，除李侯貫之已刊外，增多三十八家。或病諸家所記互有重複，乃類分而考之。蓋有一時之所同聞，退各抄錄，見有等差，則領其意者，斯有詳畧。或能盡得於言而首尾該貫，或不能盡得於言而語脉間斷，或就其中粗得一二言而止。今惟存一家之最詳者，而他皆附于下。至於一條之內，無一字之不同者，必抄錄之際，嘗相參校，不則非其聞而得於傳録，則亦惟存一家而注與某人同爾。既以類分，遂可繕寫，而畧爲義例，以爲後先之次第。有太極然後有天地，有天地然後有人物，有人物然後有性命之名，而仁義禮智之理，則人物所以為性命者也。所謂學者，求得夫此理而已。故以太極天地爲始，乃及於人物性命之原，與夫古學之定序，次之以群經，所以明此理者也。次之以孔孟周程朱子，所以傳此理者也。乃繼之以斥異端，異端，所以蔽此理而斥之者，任道統之責也。然後自我朝及歷代君臣，法度人物議論亦畧具焉。此即理之行於天地，設位之後，而著於治亂興衰者也。凡不可以類分者，則雜次之而以作文終焉。蓋文以載道，理明意達，則辭自成文。後世理學不明，第以文辭為學，固有竭終身之力，精思巧製以務名家者。然其學既非其理不明，則其文雖工，其意多悖。故特次之於後，深明夫文爲末而理為本也。然始為妄易分類之意，惟欲考其重複，及今而觀之，則夫理一而名殊，問同而答異者，淺深詳畧，一目在前，互相發明，思已過半。至於群經，則又足以起《或問》之所未及，校《本義》之所未定，補《書說》之所未成，而《大學章句》所謂高入虛空、卑流功利者，皆灼然知其所指而不為近似所陷溺矣，誠非小補者。故嘗謂孔孟之道，至周程而復明，至朱子而大明。自今以後，雖斯道未能盛行於世，而通遺書私淑艾者，必不乏人。至於千五百年之久，絕而不續。反復斯編，抑自信云。

李迂仲毛詩解序　方大琮

三山前輩以經行稱，自周、陳、鄭諸先生始，亦世道當昌，儒學浸盛。陳博士伯仲著《禮》《樂》《書》，中興後，《禮》《樂》稱王侍郎，而講經授徒者益衆。迂仲《詩》、少穎《書》，學者口誦手抄，往往成編。余少讀李先生解說，凡毛傳、鄭義、孔疏，若國朝劉、歐、張、蘇及同時陳少南、鄭漁仲，一章之旨，一事之義，皆有取焉。王氏說可存者，亦不廢，而諸所援据，自《易》《書》《三禮》《春秋傳》《國語》《語》《孟》《爾雅》，遷、固《史》，荀、韓氏書，許氏《說文》之類，亦錄焉。不待偏觀衆說，博閱群書，而三百篇之藴，具是矣。何其富也！盖訓說備而體認審，事證該而辯訂確，猶恨未見其家藏善本。後四十年，與其孫用之秘監同官南海，出以相示，間系通釋其後。余竊惟古今言《詩》者，不知幾家，大率惑於時王所主之傳，講師相傳之說，盖久之而諸儒訓釋漸明。然彼此迭興，莫相統一，不有大儒先生推本旨，稡衆長，而演以已說，後學何所適從？世言吕氏《讀詩記》多李氏說，若雅頌已二百一十餘條，而諸說見取於李氏者，亦多從之。吁！乾、淳前，此編行世久矣。吕《記》後出，自《公劉》首章以前，凡一再更定，寖趍精約，而講聞之舊，意旨之合，可考如此。譬宋氏《論語》，則李《解》猶《詳說》，吕《記》猶《集註》也，《通釋》則又繹其餘意，義味淵永，冠以心詩。自得於訓詁之外，家庭所講，可知已。接前淑後，豈特有功於其鄉哉？抑聞之，情性固萬世所共有，理義至諸老而大明。紹興間，洛學方興，胡氏已有孤立之嘆。此書獨能推衍程、張遺說，濂溪於《詩》無訓解，直引其論古樂數語，爲《大序》美教化、移風俗之證。李氏淵源稡於是矣。近年學無統盟，談經而曰吾不隨人脚跟，始焉趋向詭異，極則論建邪僻，唱為載籍所未有之說，甚可懼也。昔龜山攻荆舒學術，直以釋皀鷺言之，盖誣經飾說，迷國誤朝，他罪特其細耳。幸早衰歇，李氏之學有本，其傳也，奚疑？

陳敬叟集序

劉克莊

寶慶初元，余有民社之寄，平生嗜好，一切禁止，專習爲吏。勤苦三年，邑無闕事，而余成俗人矣。然少走四方，狂名已出，邑中騷人墨客如陳敬叟、劉圻父、游季僊輩，往往辱與之游。主人詩律久廢，不復有一字，常命小史設筆硯，觀衆賓賦詠以爲樂。嘗評諸人之作，圻父得之夷淡而失之槁乾，季僊得之深密而失之遲晦，惟敬叟才氣清拔，力量宏放，險夷穠淡，深淺密疎，各極其態，不主一體。至其為人，曠達如列御寇、莊周，飲酒如阮嗣宗、李太白，筆札如谷子雲，行草篆隸如張顛、李潮，樂府如温飛卿、韓致光。余每歎其所長非復一事，既解銅墨，歸臥山中五六年，谿上故人，獨敬叟書問不絶，其交誼又過人如此。一旦緘其藁來，曰：『為我序之。』嗟夫！余何足以知君哉！追念昔者會集，諸君銳甚，頗哀余衰，猶能鼓旗助譟其旁。今志氣銷磨，由衰至竭，敬叟未知其然，顧方援麾挑戰，余遠望之，悲傷感慨，殆如伏波曳足土室中矣。嗟夫！余何足以序君哉！敬叟名以莊，穀城黃子厚之甥，故其詩酷似云。

瓜圃集序　前人

近歲詩人，惟趙章泉五言有陶、阮意。趙蹈中能為韋體，如永嘉諸人，極力馳驟，才望見賈島、姚合之藩而已。余詩亦然。十年前始自厭之，欲息唐律，專造古體，趙南塘不謂然，其說曰：『言意深淺，存人胸懷，不繫體格。若氣象廣大，雖唐律不害爲黃鐘大吕。否則手操雲和而驚飇駭電猶隱隱絃撥間也。』余感其言而止，亡友翁應叟，尤工律詩，集中古體不一二見，無乃與余同病乎？然觀其送人去國之章，有山人處士踈直之氣，傷時聞警之作，有忠臣孝子微婉之義，感知懷友之什，有俠客節士生死不相背負之意，處窮而恥勢利之合，無責而任善類之憂，其言多有益世教。凡傲慢褻狎、閨情春思之類，無一字一句及之，是豈可以律詩而概少之耶？盖應叟晚為洛學，客游所至，必交其善士，尤為西山真公所知，其詩有自來矣。既没數年，子元儒始請予序其集。夫作詩難，序詩尤難，《小序》最古，最受攻，至朱文公始盡掃而去之，而詩之義自見。詩之顯晦，不在乎序之有無也，决矣。嗟乎！作詩者何人歟？《鴟鴞》《七月》，周公也；《棠棣》，召穆公也；《頌》，史克也；《祈招》，祭公謀父也；《黍離》，周大夫也。皆古之聖賢也。謂《小序》不足以知古聖賢之意，則有之矣。至於寺人傷讒，女子自誓，蟋蟀譏儉，碩鼠況貪，與其他比興諷刺，往往出於小夫賤之口，途之人猶知之，而況子夏孔門之高弟、衛宏漢世之名儒乎？以高弟名儒之學問而有不能通匹夫匹婦之情性，若余者，其敢自謂知朋友之意乎？雖然，交游三十年，一死一生，問其人，則曰未詳也。問其詩，則曰未達也。其又可乎？乃述所見於篇首，顧余文未必能重應叟之詩，應叟之詩，或足以重余文也。應叟名定，别字安然，瓜圃其自號云。

艾軒先生集序 前人

以言語文字行世，非先生意也。先生乾、淳間大儒，國人師之，朱文公於當世之學，間有異同，惟於先生加敬。于時朝野語先生，不以姓氏，皆曰艾軒。晚為中書舍人，中批某人賜出身，除殿中侍御史，先生封還曰：『輕臺諫、羞科目矣。』天子知先生決不奉詔，改授工部侍郎，不拜而去。其學問名節如此，以言語文字行世，非先生意也。然先生學力既深，下筆簡嚴，高處逼《檀弓》《穀梁》，平處猶與韓並驅。在時，片簡只字，人已貴重，今其存者，如岣嶁之碑，岐陽之鼓矣。初，先生為布衣，已負重名。後貴顯于朝，愛先生者，皆以晚節為憂。及西掖去國，然後吕成公喜曰：『過江以來未有也。』烏虖！修而至於先生，而前輩責備之嚴如此，則凡修而未至於先生者，其可以無日新之德乎？其可不畏晚謬之譏乎？向使先生希旨書行，必根著不去，爲李嶠，為張説。先生一奮其決，遂為李藩，為袁高。義利萌於一念，芳臭分於千載，故余讀先生之書，重有感焉。先生殁六十年，微言散軼，復齋陳公宓所序者，僅十之二三。外孫方之泰訪求裒拾，彙為二十卷，勤於李漢、趙德矣。東陽范侯鎔欲鋟梓，會迫上印，不克就。毗陵張侯友乃緒而成之，余二大父，實率鄉人以事先生者也，序非通家子弟責乎？敬不敢辭。

季父易藁序　前人

《易》學有二，數也，理也。漢儒如京房、費直諸人，皆舍章句而談陰陽災異，往往揆之前聖而不合，推之當世而少驗。至王輔嗣出，始研尋經旨，一掃漢學，然其弊流而爲玄虛矣。本朝數學，有華山陳氏、河南邵氏。今邵氏之書雖存，通者極少。理學有伊川程氏、新安朱氏，舉世誦習，衆說幾廢。余嘗恨程、邵同時不相折衷，曰《傳》、曰《皇極經世》，圖譜遂判爲二書而不可合。天下豈有難通之書？亦豈有理外之數哉？噫！《易》更三聖，說《易》者非一家。程氏，排臨川之學者，及教人讀《易》，必先輔嗣、介甫。朱氏，尊伊川之言者，至《本義》則多程子所未發。議論以難疑問答而詳，義理以講貫切磋而精，此季父《易藁》之所為作也。初，余為建陽令，季父訪余縣齋，因質《易》疑於蔡隱君伯靜。後二十餘年而書成，大旨由朱、程以求周、孔，由周、孔以求羲、文，其篤守師說，雖譙天授、袁道潔無以加。視世之高談先天，徑造微妙，彼虛而此實矣。季父名彌邵，字壽翁，中歲棄科舉，閉門著書。動必由禮，行義為鄉先生。家貧食于學，晚舍去，併學俸卻之。太守眉山楊侯棟、郡博士括蒼俞君來，即學為堂，示舍蓋之意，季父僅一至焉。後楊侯使本道，又論薦于朝，不報，卒，年八十二。俞君乃取昔所卻俸為刊《易藁》，而授簡其猶子克莊序之。

政經序　王邁

西山先生眞文忠公《心經》一書行於世，至徹禁中。端平乙未夏五，公薨後兩月，從臣洪公舜俞洛夔在經筵，上出公《心經》曰：『真某此書，朕乙夜覽而嘉之。卿宜爲之序。』洪公退，嘗與邁言，至相顧隕涕。既而洪公亦告瘁，不知是書嘗序與否也。今所謂《政經》者，乃先生再守温陵日所著。邁時分教睢邸，鄉友趙時棣宗華爲法曹，朝夕相與，親炙琴瑟書册之側，遂得此經，實在四方門人之先，而四方門人亦未盡見之。宗華令大庾鋟梓縣齋，以一帙見畀，且俾序于帙端。邁竊謂天下之書多矣，然有之無所補，無之靡所闕者亦多。先生所著之書，鑿鑿桑麻穀粟之不可闕者也。惟《心經》所以為開天理、迪民彝之大本，惟《政經》所以為續天命、救民窮之實用。《心經》可以接伊洛之正傳，衍朱張之遺學；《政經》則自體以達用，舉而措之事業，小則為程純公《晉城縣譜》，次則為富文忠公《青州郡譜》，大則爲韓忠獻公、司馬文正公嘉祐、元祐之《相譜》。嗚呼！國步斯頻，民亦勞止。有民社者，當於《心》《政》二經佩服而力行之，則民瘼庶其有瘳乎？國脉庶其有永乎？淳祐二年月正元日門人王邁序。

朱文公別集後序　余師魯

文公先生之帥長沙也，先大父衡陽史君實以小侯事大國辱知焉。先生之所與書帖，毋慮数十，巾襲惟謹，爲子孫藏。往歲偷兒入室，意其爲寶也，竊之。交訊一啓，直當時吏牘以故雜庋書中，今存此紙耳，每一思輒使人愧恨不能已。其後隨牒四方，多獲與乾、淳故家子弟游暇日，視以先生真帖，則曰六丁下取之餘，是特毫芒爾。因道前事，相顧唶唶嘆息，以為距先生没未幾何歲，而散失遺落已如此，況後千百年之久且遠乎！先生一言一話，門人弟子必録以傳。然得其言而有不得其意者，若翰墨真跡，即先生實心之所寓，精義之所存，使毫芒之僅不失者而復失之，謂非通家子弟之責，乃視集中所缺者，俾兒曹筆藏之以俟成編，而壽諸梓。揭來丞郡，適在先生里而所得者益多，釐為十卷。噫，富矣！先生之曾孫市轄見之，慨然曰：建安精舍有所謂《大全集》矣。書當成一家言，且鈎考贏餘，猶足供鋟費而敢厘吾子乎！於是精加讎校近似，而致餐錢薄少，以相茲役云。先大父諱秀實，字穎叔，治衡之政，前帥周益公論薦甚力，其受先生知，蓋亦曰益公之所與者。

始祖唐校書鎬公祭田序　前人

自大夫、士以上，皆得立廟，其名義、器數則有祭法，其所祭之主則有宗法，徵諸禮可覆也。惟墓祭古無之，僅見於冢人一語而止。廟藏主，墓藏體魄，固非所以求神而先王亦從而許之者，緣人情所不忍故也。古禮散亡，家各有廟，自始祖而下，皆得私祭，不專於宗子，則既病於瀆；而墓之爲祭，其親盡者，逾遠逾亡，則又病於簡。夫墓猶廟也，皆以昭穆次，禮所謂『族葬』『族墳墓』者是已。雖其親盡，或未盡，所祭則殊。至於展省洒掃，宜無所不及，古人事簡慮周蓋如此，而後世以拘忌失之。吾之族，數其上五世，以至校書公，皆世世異葬祭，亦世世無敢台。或曰親盡而葬分，惧不可以久也。於是聚族而謀，割近代之祭田，合私助者，得錢餘三萬。每歲至日次第祭拜，因以附冬至祭始祖之義，盖累年草創而畫為定制，自今始。祭之之日，凡族之諸孫咸在，某則出於某祖之昭也，某則出於某祖之穆也，某與某皆自吾祖出，孝敬心可以生矣。既祭而飲，則老者少者尊者卑者毹罣序列，獻酬有容，藹然忠厚之風焉，睦愛之心可以生矣。酒行，既命少者書祭之條流于籍，以諗後之子孫。其少者請曰：『祭之意，宜有述也。』遂揭諸其端云。寳祐初元癸丑長至日族老人序。

徐擇齋文集序 擇齋名明叔，字仲晦。

余謙一

往歲莆有后村劉公，福有竹溪林公，泉南有擇齋徐公、陽岩洪公，皆吾閩文章宗匠。竹溪、後村集既板行，家藏而人誦之矣。陽岩、擇齋后卒，不幸與壞刦會，嗣子門生伏匿奔踣不暇，遺集久之莫克會稡，有志於斯文者歎息焉。一日，擇齋之子籌老奉先集以授門人余謙一，俾為之序。開編伏讀，則公年耆老、官顯榮之日所作，盖公平生藁就輙棄，嗣子少長始從旁抄錄得之，兹特太山之毫芒耳。謙一既喜於成編，而又懼不敢當序筆，辭不獲，乃稽首而言曰：昔之人論著多矣，少壯之氣鋭，而老則衰；窮苦之辭工，而貴則墮。吕紫薇、周平園猶未免此病，而公年益老、官益高，作為文章，略無一毫頽墮衰竭之態，此其故何哉？盖不以老壯窮達為進退者，氣實爲之。天地間有所謂至剛至大者，是爲浩然之氣。故孟氏之學，以養氣為先。是氣也，賁、育失其勇，儀、秦失其卞，良、平失其智，眉山蘇氏亦以是稱昌黎公，然後知孟子、韓子之文，純粹明白，汪洋而大肆者，氣之所充也。豈特韓、孟爲然？蘇氏之文亦然。故欲論公之文者，不于其文而于其氣。公爲人剛方嚴峻，一介不以取予，人意所不可，雖當路有權勢者，不肯以辭色假借之。開口論時事，若不知有諱忌，以故憚黯疾固者多，入輒斥，召輒寢，所謂諫書講卷、綸言史筆，皆公所宜擅，曾不得一出其所長。山林歲月之外，麾節弓鈇，竟展轉外服以老。德祐初元，嘗以第一人起之，而公老且病矣。昔人之言曰：『氣盛則言之長短聲之高下皆宜。』今觀公之論著，詩則聲之高下者也，文則言之長短者也。文與詩，大抵尚妥律不尚奇怪，尚典雅不尚纖巧。陽巖每稱仲晦之文，最宜臺閣，人以爲知言。公於書無所不讀，料飽而思敏，每下筆娓娓千百語不能休，視之若不經意，實則槧生墨客冥搜苦索有所不能加。西山真公之守泉也，公以翰墨受知，遂付以斯文之事，淵源所漸有本，固如是夫。因竊嘆西山爲南渡歐、蘇門人，經指授者多以文名于世，四十年來，凋零殆盡，巋然靈光，獨東澗與公耳。二公歿，文章之統紀遂絶，而奎運終焉。烏乎！斯文興廢，豈非天邪？讀斯編者，將必掩卷而流涕矣。

國朝文類序　陳旅

元氣流行乎宇宙之間，其精華之在人，有不能不著者，發而為文章焉。然則文章者，固元氣之爲也。徒審前人制作之工拙，而不知其出於天地氣運之盛衰，豈知言者哉？盖嘗考之三代以降，惟漢唐宋之文為特盛，就其世而論之，其特盛者，又何其不能多也？千數百年之久，天地氣運難盛而易衰乃若此。斯人之榮悴，概可知矣。先民有言曰：『三光五岳之氣分，大音不完，必混一而後大振。』美哉乎其言之也！

昔者北南斷裂之餘，非無能言之人，馳騁於一時，顧往往囿於是氣之衰，其言荒粗萎冗，無足起發人意。其中有若不爲是氣所囿者，則振古之豪傑，非可以世論也。我國家奄有六合，自古稱混一者，未有如今日之無所不一，則天地氣運之盛，無有盛於今日者矣。建國以來，列聖繼作，以忠厚之澤，涵育萬物。鴻生雋老出於其間，作為文章，龐蔚光壯，前世陋靡之風，於是乎盡變矣。孰謂斯文之興，不有關於天地國家者乎？監察御史鎮陽蘇天爵伯修，慨然有志於此，以爲秦漢魏晉之文，則收於《文選》，唐宋之文，則載於《文粹》《文鑑》，以國朝文章之盛，不采而匯之，將遂散軼沉泯，赫然休光，弗耀於將來，非當務之大缺者歟？乃搜摭國初至今名人所作，若歌詩、賦、頌、銘、贊、序、記、奏議、雜著、書說、議論、銘、誌、碑傳，皆匯而聚之，積二十年，凡得若干首，爲七十卷，名曰《國朝文類》，百年文物之英，盡在是矣。然所取者必其有繫於政治，有補於世教，或取其雅製之足以範俗，或取其論述之足以輔翼史氏。凡非此者，雖存弗取也。夫人莫不有所為於世，顧其用心何如耳。彼為身謀者，窮晝夜所為，將無一事出於其私心之外，至有為人子孫於其先世所可傳者，漠然曾不加意，遑及他人之文與天下之事哉？覽是編者，不惟有以見斯文之所以盛，亦足以見伯脩平日之用心矣。伯脩學博而識正，自爲成均諸生以至歷官翰苑，凡前言往行與當世之所可述者，無不筆之簡册，有《國朝名臣事略》，與是編並箸，廷論以《文類》猶未流布於四方也，移文江浙行省鋟諸梓。伯脩使旅書所以纂輯之意于編端，庶幾同志之士，尚相與博采而嗣録之。

送劉粹衷赴旌德令序　前人

劉君粹衷之為旌德令也，客有過予言曰：『粹衷名進士，其為人也和而易，宜在館閣為文章，從容縉紳間，奈何治縣？縣難治也，必有疆明之才而後可以剸劇，粹衷柰何治縣？』予應之曰：『子以後世之吏求粹衷乎？世以疆明稱者，未必良吏也。疆而無以養之，必嚴刻；明而不善用，必苛察。以嚴刻苛察而施諸政，亦難為下矣。大抵若是者，皆急於近名，近名，非良吏也。古之君子，未嘗有心於治人而人未嘗不治於君子。誠以待物則物無不孚，公以蒞事則事無不當，君子之身，禮樂之器也。政教修，禮樂之用行焉。禮樂之用行，民將不治而化矣。是可與嚴刻苛察者言哉？孔子曰：「斯民也，三代之所以直道而行也。」盖民不難治，後世無善治之吏，於是乎有難治之民。及其難治，而又急之，則所治者與治之者俱困矣。《詩》不云乎：「豈弟君子，民之父母。」孰謂和易者不足以治縣？夫麟儀儀，鳳師師，不鷙不獰，飛者走者莫不為之先後。麟、鳳亦何用鷙與獰哉？粹衷方將爲麟、鳳於旌德，旌德之人，方將先後之不暇，而子以向者之言惑之，無乃不可乎？』客唯而去。明日，粹衷來別，因述與客言者，爲粹衷道之。

送孔彦明教授建昌序　前人

孔氏世世得為衍聖公，古之有國家以傳其子孫者，未有盛於此矣。然自宋建炎中，四十八代曰端友者，以襲封從高宗渡江，因家于衢。至五十三代曰洙者，始内附我朝。會曲阜有争立之訟，廷論謂洙寔宗緒之正，宜紹爵如故，而洙乃力辭南歸，爵遂弗及其後。君子蓋深惜之。五十五代曰公俊、曰公溥者，洙之孫也。公溥字彦明，醇厚莊謹，將爲建昌儒學教授，求言於余。余告之曰：『彦明，子兄弟必襲封而後爲能世其家乎？蓋能傳夫子之道以教人者，誠世職也。昔舜命契為司徒，以敷五教。是孔氏之祖，以教為職矣。成湯著降衷綏猷之訓，箕子陳洪範，爲武王之師。至夫子遂以大成之聖，垂憲萬世。子思又能推明其道，授其徒，傳至於今日。是天專以教事屬孔氏，則彦明之為教授也，得其世職矣，又何必襲封之為能世其家哉！雖然，教授之責甚重也。人曰：孔子垂憲以教人，今教我者，孔子之孫也。其所為必異於衆人矣。以孔子之孫，典孔子之教而無異於衆人，則人將又曰：如是而謂之孔子之孫乎？烏乎！教授之責，在衆人已甚重，以孔子之孫處之，又益甚重矣。』

桒榆百和詩集序　朱文霆見本傳

夫詩言志，歌永言，聲依永，則五聲五言，即詩之有韻也。帝作歌而皋陶賡歌，則歌而載賡，即詩之有和也。然和其意不和其韻，漢唐以前皆然。蘇、李河梁之倡和，杜子美和賈至朝大明宫之詩，猶不和其韻。至若先命之以韻而為之詩，若競、病二韻是已。分命以韻而為之詩，若韓集得前字秋字是已。其體製則又非古矣。唐人尚律詩、律賦，若《明水》與《披沙揀金》二賦，皆以八字爲韻，而律詩不以命韻者，蓋當時官自命題以為詩，俗號省題詩，而律詩不以試士也。大抵古之言詩者，不以韻為詩，言之所至而聲成文焉。後之言詩者，始以韻為詩，韻不妥則詩不工，是詩由韻而後得焉。況欲愈出而愈工，不其尤難與？吾里長城蔡君道賓獨用心於律句，每什必限以頭羞愁休四字爲韻，非若競病、前秋不過兩韻而已也。歌而為百首，又詠歌之而成三百餘篇，非若律賦八韻、不過一篇而已也。其用心亦良苦矣。使其達而在上，當為『明良喜起』之賡歌，其肯爲羞愁之詞乎？予於此盖深悲蔡君之不遇也。

莆陽文獻　卷十　序

送憲史林晦叔之廣東序　吳源

昔《周官》以九兩繫邦國之民，三曰儒以道得民，七曰吏以治得民。所謂儒與吏，皆指其人而言。然儒之得民以道，而吏之得民以治，判焉不可合而一之也。《漢史》謂董仲舒、公孫弘、倪寬皆儒者，通於世務，明習文法，以經術潤飾吏事，既皆謂之儒，則《周官》所謂以道得民者也。而通務習文法，則又兼吏治矣。豈漢之儒賢於周之儒歟？抑漢所謂儒者，竟以經術潤飾吏事而已。至於以道得民，猶不能無愧也。然自此論一出，而儒與吏混然無別，道與治亦兩失之，則後世不復見成周之盛者，豈無其故哉？楊子曰：『儒者在朝則美政，在位則美俗，卒于調一，然後謂之大儒之效。』嗚呼！儒之以道得民固如此，視以經術潤飾吏事，遂使儒效卒不白於天下，而吏治亦不及周漢遠甚，此吾於林晦叔氏之為廣東憲史，不能無多望也。晦叔平日，儒乎道而已，儒乎經術而已。今為憲史，則贊佐長官，提綱挈維，表廉革污，以清一道。雖事務之殷，文牘之煩，亦可以道揆之乎？若果有所牽制，不能皆如其志，則亦可以文法世務裁之而一傳之以經術否乎？雖美政美俗調一天下，未敢遽責之以大儒之事，然道者立治之本，而經亦所以載是道也。本之以道，推之以經術，其於美政美俗調一天下，亦何所不可乎？廣東與閩接壤，其賢否固易知也。憲繩庶府，稍可以行志。史贊佐長官行事，稍可以行吾所學，晦叔勉之！所試將有大於是者，毋徒曰平日惟知事訓詁業文詞而已，他非所能也。予與晦叔親且故，故於其行，僭以規。

壺山文會藁序　陳觀

己未冬既望，觀於友人楊君原吉家，見一舊編，遺墨剥落蠹食者過半，乃《壺山文會藁》也。披閱久之，不覺愴然。追念是會始於至正丁未，終於洪武庚戌，雖兵戈易代，猶十有九會，所賦詩文迨二百餘首。今閱是藁，僅得八十首。會之友二十二人，僅存者十有三人耳。會蓮峰日，揮石壁以紀一時之勝。會蘆江日，隔簾踈雨，五侯山之趣，慨不可得矣。雖然，死生聚散，人所不能無。士君子則有不死不散者存焉。若劉性存之令南海也，邑民道之即淚。宋貴誠之倅福唐也，稱為愷悌君子。又若方時舉之豐才懋學，深為閣老宋公所推。郭維貞五七言詩，評者謂雜許渾、薛能集中無以辯。他如博學則李叔英，明經則黄性初。又如陳維鼎、陳必大、葉原中皆不失為鄉之善人。視昔會中，以道德經綸相規之言，幸亦無媿矣。今我輩後死者一息尚存，此志不容少怠，則是會將續香山洛濱之微響於千百載之下也，又何悲夫遺墨剥落、死生聚散者乎？繇是裝束成編，復綴會之規言，申而序之于編首，庶乎與我同盟之君子，不如此感慨，則會雖散而規不墜云。十三人者，朱德善、丘伯安、吳原善、蔡景辰、方用晦、陳本初、楊原吉、鄭德孚、黄孟仁、陳虚中、方履道、釋源清及予陳觀也。

皆山樵者詩集序 林環

余居家時，聞吾閩之長樂有王先生恭者，以詩鳴。先生時遁于樵，自號為皆山樵者，不欲與世接。余以故未及見，及來京師，獲與長樂人士通籍于朝者交，間於篇牘中獲覩先生所作。及有人能傳誦其一二者，怳若聽張樂於洞庭之野，而閱武庫中所藏。不覺茫然自失，已而嘆曰：『風雅輟響，大音不完。光嶽氣全，英雋間出。則如先生者，天固將使之鳴國家之盛，豈終窮餓其身，使自鳴於山顛水涯與樵歌牧謳相倡和而已哉？』永樂四年，朝廷方開石渠，廣延天下士，先生以薦至，相見於玉堂之署。觀其神清體癯，鬚鬢如雪，葛巾野服，翛翛然如孤鶴振鷺，知為風塵表物，得造化清氣盖多也。因坐與之談詩，其論五七言長歌律絶句，則一欲追唐開元、天寶、大曆諸君子。而五言古選則時或祖漢魏六朝諸作者而為之，宋元而下不論也。余喜曰：『朝陽之鳴，待先生久矣！』無何，果以詩名徹宸聽，得拜翰林典籍。余益信天之所以昌先生之詩者有在，而又信詩之果不能窮人也。退直之暇，因得先生全集觀之，有所謂《白雲樵唱》《草澤狂歌》，有所謂《鳳臺清嘯》，凡若干卷。其談道理致，則天地造化、性命道德無不臻其妙；其模寫物概，則山川風月、蟲魚草木無不極其形容；其叙人事，則興衰得喪、戚愉悲樂無不委曲盡其情。高而不浮，深而不僻，清新而不巧，古雅冲淡而有餘味，信能合諸家之長而泛溢旁出者也。

先生問以集徵爲序，余謂詩以道性情者也，近世學者多不先以理性情為本，而徒區區於筆蹊墨逕之間。至或竊古人之陳言成說而掇拾補綴以爲工，是以作者愈高而聲愈下也。若先生始自放山水之間，不以勢利嬰其心，其志趣冲淡，襟度寬豁，固已默契道妙，而又得肆力于學，以充平日之所養，故能流坎隨寓，不碍於物。盖由先生見道明而涵養性情者，得其正也。是以形之詩，一皆渾涵忠厚之發，不繩削而自合，是豈尋常雕章鏤句者能彷彿哉？先生之詩，不患世無知者，第患雖知先生之詩而不能盡窺先生之蘊，是亦未知先生也。故書其素行之概于編端，庶覽者得有以考其實云。

八瀨丘壠圖序　前人

曩予家居時，樂為山水之游。凡莆之境，南有八壺，北有九華，西有石室、天馬，雖崖壁巉絶，林壑森邃，往往有予足跡。每酒醒歌闋，四顧寂寥，但見丘壠纍纍，漫没於深榛蔓草間，為狐兔所穴。樵童牧竪，躑躅其上。白楊瀟瀟，悲風四來，未嘗不為之流涕，曰：『彼其世有才臣志士，烜赫當世者，一再傳無後，至此亦可悲矣。』既而曰：『豈其然乎？孔子少孤，不知其墓，問於聊曼父之母而後合葬於防。焉知不有世遠人更莫知其所者乎？不然，則為忍亡其親，視其所藏，猶荒墟廢址，曾不一睨之，以至於此，其亦不仁甚矣！』余友文淵，鄭氏佳子弟也，奉其先無所不用其心。一日語予曰：『吾祖府君之没，吾先人嘗奉其柩於城西八瀨之原以葬，於今宰木不勝拱矣。吾懼世遠而忘也，嘗請善畫者圖之，俾吾子若孫有所考。而猶懼其慢也，更蘄吾友言之，俾吾子若孫有所警，不亦可乎？』予曰：『嗟乎！

人本一而已。祖，吾親之所出，吾子若孫，又豈不托吾以出。是雖世有遠近，顧豈二本哉？爲酒者不知幾千百年，飲者祭之。爲食者不知幾千百年，飯者祭之，不忘本也。烏有身之所出而可忘其本哉？嗚呼！俗之偷久矣。先世所遺美田，廬人皆知而有之，至於先人所藏，則莫之顧，不亦異矣！古者墓而不墳，孔子云：「丘東西南北之人，不可以弗識也。」於是封之高四尺，盖識之也。弗識之，前人之罪也。識之而弗省之，後人之罪也。仁矣文淵，其夫子之用心哉！鄭氏之子若孫，觀是圖，并予言念之，尚其繼志前人，時焉而修，歲焉而祭，而不至死亡其先。則文淵之心可慰，異日倘有如予者過焉，庶不為之增慨矣。』

鄭氏三誥勑序　方熙

古者建德，有册命焉。于以示教誡、致褒美而愼重之也。《書》之《說命》《微子之命》《蔡仲之命》是已。後世誥勑之作，或舉賢而授能，或推恩以勸忠，其原昉於此矣。余觀鄭先生三誥勑而有以知宋之待士也。其一則景祐元年勑進士鄭伯玉授將仕郎，試秘書省校書郎，判官信州軍事也。其一則寶慶元年祀大禮成，贈知肇慶軍事鄭起沃故父鄭興國朝請郎也。其一則告從政郎鄭溴也。左右丞相掌之，尚書、侍郎、給事中、宣奉之審之，以叅知政事，其不輕而重也如此。然以朝廷之重如此，内外官使無慮千百人，豈人人皆册命焉？而於三君子其不輕所授者矣。三君子者果何如有以副之？觀伯玉任是也，後歷節度書記、大理司直觀察推官，在在有聲，爲時相韓琦公薦，加殿中侍御史。動觸權貴，有勁直聲。興國雖晦迹丘園，然克生賢子如起沃者，尉會昌，宰揭陽，歷廣東提舉，居官清介，輟己俸以補軍需，移私財以供公用。其子如此，榮及其父也宜矣。涣之令處寧，調永興，救荒恤民，發官倉不待上報，全活萬計。歷廣東憲使，所至常禄之外無餘資，清白之聞炳炳也。之三君子者，皆無負所職，其册命也宜矣。此宋之得人而治為近古，鄭之有人於莆為望族，豈偶也哉？雖然，自景祐至今，不知其幾稔，而勑之龍章篆刻如故，無他，有賢子孫也。昔房、杜為唐相，遭不肖子，一再傳後，蕩盡無餘。狄梁公子孫以公誥身十通，慕貴顯，以獻狄青，寧能寶故物如鄭子孫乎？今士芳君裝潢而珍襲之，可謂不忘祖德而知所寶矣。雖使大玉、夷玉、天球、河圖，得而尚之耶？

送兵部尚書王公還河州序　柯潛

兵部尚書戇菴王公年方五十二，以病乞歸河州。疏五上，上始賜俞允，且謂疾已當復來。命下，薦紳大夫共惜其志，而其中有為國家愛重賢才且知公者，惜之尤深。海内之士，游學於都下者，多踵門投詩，誦其賢，高其節，以寫平生傾慕之意。至於武夫悍卒，庸人孺子，聞公之去，亦皆齎咨涕洟，欲挽留之不可得。獨險邪怪巧之徒，爲公所摧抑、奄奄側目、思欲起而不能者，則喜而相賀曰：『公去，吾屬可無患矣。』又相與言曰：『貴勢之圖去公，誰復我阻哉？』盖公自少負氣節，讀經史，以古之光明磊落者自期。正統己巳，舉進士，為户科給事中，輒言事無所顧避。風采英英動人。庚午土木之變，廷臣抗疏論權奸誤國之罪，又擊死餘黨三人，公實倡之。既而虜騎薄都城，公督兵拒守，虜知有備，隨遁去。尋升右僉都御史，守紫荆、居庸二關。又督脩關南北三城，相山之高峻者，為墩臺數處，分兵守瞭，皆足為經久之計。景泰辛未，奉命往淮楊總督漕運，兼廵撫之任。風清弊絶，國用足而民不擾。淮、徐之間，嘗連歲水災且大疫，公大發官廪，及歛富人所輸之粟，厚賑恤之。又爲病坊，處疾病之無歸者，擇良醫四十輩，屬以視藥食，令無失所，活垂死之民餘二百萬。其死而有子孫來告者，予棺。暴骨於野者，使在處隨收瘞之。時朝廷聞民飢餓，遣使助公理荒政。至則公已經營綏輯而民皆得所矣。使還，奏公之績，乞賜褒崇。公且馳疏自劾不能恤民患，又言謹天戒，當以進君子退小人為先。還朝，上念其功，升為左副都御史，仍莅淮楊。又上疏陳致治保邦十二事，其言多諷權貴人，上嘉納之。天順初元，權貴人陰中其事，罷歸里，居無懟色，悉謝絶賓友，閉門讀書。時出展先隴，不復他往。辛巳秋，虜寇入荘浪，起公仍舊職，叅贊軍務。寇平，復奉命理漕運。公至徐，百姓扶老携幼迎候水次，歡聲徹遠邇。比就舘，衆擁入，羅拜歌呼，連三日乃止，至淮亦然。而漕運之政久廢，於是復經理如初。去年，以廷論擢公為尚書，公收用才良，擯棄奸佞，思脩舉廢墜以佐聖天子興太平之治，而早夜究心，屢至忘寢食。及以病在告，猶懇懇然以邊事未寧為念，此其忠義剴切，自始仕迄今，未嘗一日忘于懷，所謂頽嵩岱而不能壓者。故其去也，君子以爲憂，而小人以為幸也。然公有恩於民，有功於國家，天報之以福盖未艾，而勿藥之喜，將不旋踵見矣。公當促駕而來，使憂者以樂，幸者銷沮其心，而與傑士戮力國事，以畢懷忠抱義之志願，然後退而休焉，以收知止不辱之完名。此予與天下士之所共望也。因書以為送行序。

送陳伯陽分教黃岡序　陳俊見本傳

伯陽先君郡推公與予先主事府君游學同時，契分親密。予與伯陽，實有世講之好。向時伯陽齒壯氣豪，進取甚銳，視其志，若天下事不屑為者。然論議講明，思索取舍，恒小心巽入，不極不止，而執禮卑退又過之。以予有一日之長，繆相推從授經，顧予強顔，豈能益伯陽？而因之起予者，抑多矣。予意伯陽不久當偕出，出則名四方。既而予舉進士，游宦兩京，聞伯陽方負痾坎壈，屢厄塲屋，不得少自見於世，未嘗不爲之慨然也。今年夏，伯陽膺貢來京，得會于官舍。予視其謹密猶在泮時，而清削骨立有加焉。伯陽於是亦自計無意天下事矣。乃援例，願就文學官，遂有黃岡司訓之拜。予既勉留之不可，則又徐嘆曰：『昔人有言：「不患無位，患所以立。」仕亦觀所以立之而已。况予二人者，將夙夜不辱，先人不辱，有道是務，豈拘拘位序崇卑間乎？』伯陽之見是也。予蒙恩擢任少司徒且二年，比者中原赤地千里，民力卒癉。寢食爲之不遑，然竟未臻來效，其為尸素，何啻背芒？而伯陽從數十諸生，誦詩讀書，修明禮義，禄入雖薄，足與勞等，吾心安而道得焉。視予之負重無措，其爲得失多寡何如耶？予又聞齊安之郡，二程生焉，王、蘇諸君子亦嘗居之，其流風餘烈，邦人所慕，但世遠教弛，無從而振發之耳。伯陽之往，誠先示之以二程之教，以立其本，繼以王、蘇之學以暢其文，豈無一二豪傑之士，由之而興，以濟國家之用者乎？此其爲功，又不但勤一職、立一事而已也。若然，豈徒郡推公有後，而予亦與有榮矣。第恐伯陽繼有異擢，又不能不蹈予之愧也。因其行，序以道意。

送嚴宗源之湖廣序　彭韶

成化庚子春三月，廣東按察使同邑嚴公宗源升湖廣右布政使，其左盱江何廷秀也。予與公舊同舍，廷秀實舊同寅，學博行高，政事精密，有世道之責，將來任重不可辭焉。予近馳書問動止，宜厚自愛。廷秀復曰：『不有箴言而加褒獎，非所望於知己，且時又非吾責，吾焉敢及？』嗟乎，人之賢者，責必備。況處表臣之極，人之望何如哉？世道輕重，終必係之，何可問吾於彼預與否也。茹納汙濁而量不可以不洪，鎮定震撼而志不可以先擾。勤協文武，介不立異，正處權近，和不苟同，内不愧于妻子。果一硯而不持，身不恤於得喪，雖瀕死而不悔。虚懷聽納，不以聰察為明。錄人棄瑕，不以已長格物。人也副之以識治之才而善應變焉，是固萬夫之望矣。一旦登庸廟堂，善類增氣，道揚休德，彌縫愆違，至治茂功，斯可仰以弼成，而世道有攸賴焉。以時望之賢，將來之責，烏可不自重？公與廷秀，同年也，同官也，又同道也。自愛自重，烏可以不同尚？宜修所以遠且大者於己以俟焉。韶無似，兩辱知愛，是以因公而及廷秀，又因廷秀而望公也。昔歲公提學湖湘而正憲嶺南，政化之及於人也深。兹焉進秩，重臨仕途，一奇偶也。僚友之間，縉紳之士，皆賦詩為贈，夸喜惜留，盖兼有之。予又以其私，願為之序焉。不及頌美者，戒褒獎也。

西疇常言後序　前人

刑部侍郎盱江何廷秀遺詔帙書，曰：『此《常言》九篇，乃喬新九世祖西疇老人直閣文定公所著也。昔嘗刊行，至于今無傳焉。近日方求得之，惟何氏實寶為大訓以世守，茲將續刻，以示于家鄉。鏡川楊學士先生已序其端，願有以識於後。』於是反覆閱其所謂九篇者，知其所以行為學，郎所學為言，故以自名歟？如言講學也，先致察於常行。言律已也，戒矜名而畏譏，敬恕以應世，不欲掩人所不及。議擬以明道而欲開人以自新。張嚴之聲，行寬之實，察失而後立防，其蒞官審矣。立政造事，圖惟久遠，不在襍方。《倶試》，其原治確矣。《評古》而悲近代之苛政，《用人》而慨上下不相值，至於《正弊》，又拳拳於風俗之侈且耗，氣象愨惻，議論簡篤，要皆退步近裡之言，而有已試獨得之驗，與世之揣摩好異、放言高論者不侔，信乎其為恒言也。以此從事，充然輝光，則退者乃所以為進，近者乃所以致遠，恒言之勅，不亦大乎？若《講學篇》稱水道曲折，立岸者見而操舟者迷。予履其境，不勝懼焉，三復而不能已。然則斯書也，豈獨一家一鄉之言哉！

贈亞条方公廷臣考績歸江西序　前人

天下之事，成於群賢者易，成於獨賢者難。此事勢之必然，考諸古今可知矣。蓋官聯之法，有正長之，有佐貳之。正誠獨賢乎，則庶務之分理，吾不可以代行。佐或獨賢乎，彼偃然肆於吾上者，吾安得而制之？徒淪胥以敗而已。故必同心一德，彼此交孚，然後可以慮事而圖成也。漢唐之後，在宋號稱多士，而莫多於慶曆之間。當時諸監司未暇考見，然政本之地，則群賢畢集，歐陽脩之言可稽也。脩之言曰：『杜衍為人清慎而謹守規矩，仲淹則恢廓自信而不疑。雖爲性不同，而皆歸於盡忠。二公俱具瞻如此，而章、晏又皆同事，故仁宗世，邊將無功，吏治不能，庶幾三代之風焉。我國家治平百年，人才雲興，臺省衮衮，俱在見聞。獨表臣各守分局，無能盡接其人，然意其猶吾見聞而亦未果也。往歲使江右，獲拜藩司二三公，然後信群賢之多也。盖方伯吾邑翁公，明鋭曠達，風韻近仲淹。天台林公嚴厲端毅，氣象類杜衍。亞參淳安方公，老成樸茂，實周旋之，不剛以和林之毅，不柔以濟翁之達，而皆無逆於心，得不既賢耶？惜乎其他諸公，多不獲遇。然三卿爲主，亦可謂衆矣。雖然，所貴杜、范者，以其有不和之節，所見各異而不苟同也。使皆苟同，則於賢何取乎？今二公旬宣之政，未必皆可，亦未必皆不可。公力爲贊畫，毋不可其可而可其所不可，則何敗事之有哉？况江湖千里，連歲荒歉，外寧内憂之慮，識者不能安寢，公其為我謝二公，幸先事而圖萬全之策也。公以六載書最歸江右，諸大夫請言為贈，某不敢辭。

贈司訓鄭瑞澄之分水序　前人

國家圖惟治源，崇重教事，郡縣學置教授、教諭，又置訓導二之。訓導於學政，凡鞭朴之威，錢谷之數，皆不得與，其職為至清。教諸生凡九載，黜陟視中式一人或否，其務為至約，學論在一命之外，而訓導出其左，月食廪三釜加二焉。其禄為至薄，職之清，疑於泠落，志者弗屑也。事之約，疑於屈已，才者弗安也。祿之薄，疑於簡賢，通者弗利也。由是上之人不暇擇才而處之，其失之也泛。下之人恒自處以不足為，其失之也輕，豈設官崇重之初意哉？君子盖交病之。夫事非人不立，人非教不成，而教之又在乎師儒。所謂師道立則善人多，善人多則天下治是也。其所寄如此，可泛且輕耶？考亭之學，今為國是，教者、學者皆不能外也。分年治諸經、子史、時務之法，則貢舉私議詳矣。《大學》明體適用之方，則《集註》《或問》與舊問荅備矣。門户分明，條法具在，世之為師者，誠無先以彼三者横於胸中，而日從事於此。爲諸生，率使上不戾科貢之規，下不失爲己之意，則學有實得，材有實用，而人才其庶乎。師而能然，則卑而不可踰，惡乎冷？約而施之愽，惡乎屈？身立而道充，又奚擇區區之禄入哉？分水司訓鄭君瑞澄始以貢入成均，假予友人周梁石所者，將期月，不逐逐於舉業之文，乃與梁石考校《文公語類》，至日夜不休。梁石，閩人也，愼許可而獨於瑞澄不置，其殆知師道之重而不自處以不足者歟？於其行也，梁石偕諸知己咸賦詩贈之。

贈何憲副之閩序　前人

成化戊子春，冢宰李公莅政之初，謀士於少宰崔公、尹公，知秋官郎中盱江何君廷秀之賢，屡薦于朝，遷副閩臬。士大夫相知者，皆賦詩爲别，退，韶序其後，大率詩之意，以為如廷秀者，一時不數人，奈何别去？即别去，繼自今麗澤之益，將日以疎，德器誰與成就？疑義何所剖析？而吏治之間，扞格舛漏者如蝟毛，又何所咨而弛張乎？故既喜其擢用，而又期其速來，自人情不能已者。而韶於斯情，又實兼之，獨能已於言耶？廷秀生相門而文行之懿，卓絶流輩。夫人能道之，韶何敢贅？況辱在僚友，有切磋之義焉。諛詞熏耳，亦非廷秀所樂聞也，請得更端，可乎？竊惟知己難，酬知尤難。前輩諸名公，以意氣許人，每多失之。誠以始焉期之太重，終之其人或不能勉副故也。此非知己之罪，乃不能酬知之罪耳。今自冢宰而下，至士大夫之論，皆曰何廷秀云。不可謂不知已也。使萬有一之不酬，吾恐其有所懲創，則好賢之心，由是而怠。士君子之公論，亦無所執持矣。夫由我而怠好賢，起惑志，君子以爲何如哉？揆衆人之知廷秀，必謂弘大剛毅，勝重遠到，無事則虚懷茹納，足為善類之依歸。有事緩急則招不來，麾不去，伏節死義而後已，固不貴廉隅自守，號稱狷介也。沉酣六籍，涵泳道腴。探禮樂之大本，會同異之攸歸，巋然為一世宗儒，固不貴記誦詞章傲睨自雄也。視消息盈虚之理，爲吾政變通之宜，培植基本以長我王國，又不在乎區區簿書之精，法理之能也。之三者，廷秀因其所已然，擴充其所未然，宜無不至矣。異時入秉鈞軸，追配前人，如純仁之於仲淹，公著之於夷簡，世濟其美，流芳無窮，則非徒足以酬一時群公之知，而國家亦隱然有世臣之重矣。夫然後知上下人己之各盡其道也。

送知事鄧文振致仕歸靖安序　前人

幕官鄧文振氏來言曰：『紀年六十有四，宦游兩畿，積有歲月。兹隨牒入蜀，又四載矣。老病侵尋，壯志衰謝，願告歸田里。』予進之曰：『子之官，幸無他責，盍持禄乎？』曰：『非不欲竊升斗而終事大夫也，誠畏來歲無幾而家指日衆，勤不能勝簿書，儉無以助饘粥。早夜以思，惟去之宜。』予又曰：『古者士有常産，壯而仕，老而歸，授教里塾，子弟化焉。傳家於子，洗腆具焉。後世多以官爲家，罷則無所於歸，故隱忍苟禄，殆不得已。子之歸也，其亦有以爲藉乎？』曰：『先人居家，嘗為萬石長，兗州教授，府君、我伯父也，皆年幾九十而卒，薄有田廬於豫章之墟，而詩書手澤尚存無恙。倘儌大夫之靈，東歸故里，則率諸子姪勤力其中。壯者務農畝，秀者事詩書，庶幾得有所承藉而保先業於不墜，紹簪組於他日矣。』予察其自處素定，乃白于當道而許之，然竊因是重有感焉。我聖皇仁覆天下，加意吏治，未嘗用一徭刑，行一虐政。士生斯世，真千百載奇逢，孰不有共惟帝臣之願乎？奈之何蜀去天萬里，長吏偷安自恣，墨以敗類者多，於是乎民皆有疾視之心，而上之人亦密爲法網而操切禁錮之，吏始難爲矣。吏既為之也難，則民視之也易。威權日輕，豪猾得志，凡吏之不能固心安意於職也，明矣。高者引年以決去，卑者肆欲而一擲，如是而望治效，豈可得哉？予忝司風紀，思欲重長吏之權，以固士心，以善民志，而未得其方。寧不於吾幕賓之行而興無涯之慨哉？文振諳歷世事，晝諾有年，觀其自陳之言，可謂知止而審處矣，宜善自愛以厚風俗。

名臣録贊序　前人

昔晦菴朱文公脩《宋名臣言行録》，凡其立朝事君之節，施政行事之宜，與夫議論答問之大關繫，無不具載。至濳溪宋先生作《元名臣頌》，則取其功業學行，掇入韻語，雖詳畧不同，然皆所以述當時得人之盛，寓景行仰止之私，而因以示乎後人也。我朝長治久安，名臣繼作，功德之盛，不讓古昔，獨未有序而述之者。夫雅欲私淑，固不在於是。然諸臣事行，秘在國史，學者失今無徵，將歷世久而相去遠，豈能盡得夫見聞之真哉？韶生也晚，膚淺無似，每誦『為臣不易』之語，想像前輩，不可企及，屢欲錄而贊之，未能成就。蓋不惟不敢，亦不暇也。比者解憲西川，將之廣藩，寓舟東下荆江，因記憶遠近名臣凡三十人人，爲之贊，具列其誌銘狀傳等類於後，以竊附大儒先生之意，庶幾言行如在，贊誦無忝，所以師于後人，有餘地矣。嗚呼！三十人者，皆百年之英也。建立於天造草昧之時，遭逢乎重熙累洽之世，或美功業，或全名節，或以德行顯，或以文章著，或紓國難而濟時艱，誠萬世之不可無者也。韶不揣輒易成之，僭擬之咎，掛漏之質，無所逃云。其他名卿碩輔，弗能盡知。俟後求知而續焉，非有去取也。

文訣類編序　周瑛

予少習文藝，苦不得其門路，嘗博採諸家論說而類編之，以自軌範。客有見之者，曰：『文猶兵也，吾試與子言之。左右定位，奇正異用，法也。或左或右，或正或奇，幾也。幾出無窮，勢無定在，若不乘其機而惟法是拘，吾將見子爲人所擒矣。』予曰：『乘其機而不拘于法，上也。守其法而求合於幾，次也。上焉者兵之神，次焉者兵之精。神兵無敵于天下，精兵天下未易與爲敵。予素怯，安敢廢法以論兵？』客笑而去，書此冠于篇首。

贈周僉事入閩提學序　前人

成化戊戌歲，朝命以南京吏部主事周君時可爲福建按察司僉事，降璽書開諭君，俾督諸郡縣學。其同年周瑛，閩産也，道閩之故實以贈之。閩之山，發於天，西折而南趨，其勢北高而南俯，矗矗如蟻鬬，如蜂屯，如龍驤馬馳，自天而下。閩之水，隨山而出，與山相絳纏。山益峻，水益駛，每舉舟順流而下也，如雷奔電擊，旁觀左右，不可以瞬。然而漁者終日而不投一竿焉，是何也？水勢暴悍，鱗介之屬，徙而去之矣。及乎山勢漸夷，兩涯相去數十里，水匯爲巨浸，東合滄溟，舟不得風，或日行半程，或一程，然而鼋鼍蛟龍魚鼈生焉，貨財殖焉。沿沔而收其利者，盖幾千百家矣，又何也？水勢深廣，不震撼撞激而鱗介集之矣。君子觀夫水而知為政之道乎。閩為東南大州，自唐常衮爲觀察時，教民間子弟以文學，而科目相傳，至今益盛。然而櫌鋤德色，箕帚誶語，使賈生生於今日，又不但爲漢庭慟哭而已也。君可不察之乎！瑛聞學校者，鄉邦之式也。身家者，學校之本也。君宜脩諸身以教諸家，脩諸家以教郡縣諸學，由郡縣諸學以風動吾鄉邦之人，則人皆相觀而爲善矣。此其效不可朝夕致，然所獲者大。譬如水勢深廣，鱗介畢集，收其利者，不啻千百家而已也。苟或立己於峻，持威以繩其下，今日考其文字，明日考其字畫，苟不如意，則禽獮而草薙之，此其效可以立辨，然不足爲國得人。是猶水勢暴悍，鱗介不游，吾見漁者終不爲下竿也。君起謝曰：『吾入閩，觀夫山水而思子教言，三年之後，當有以復諸子。』

皇華使節詩序　前人

古者行人使於列國，列國之君饗之，則相與賦詩以見意，大而解紛息爭，戢戎紓禍，小而通情結好，承教拜嘉。其所賦詩，皆取諸三百篇，以其宜於事者為賦。故當時遣使，必擇其習古能文者為之，不文不遣也。後世此禮不講，凡有燕饗，優談伶語，妄相詆譏，如孔道輔使金虜，以宣聖為戲，此其失在主也。陶穀使江南，南人遣驛妓歌穀所賦詞，此其失在客也。凡此既不足以息争紓禍，又不足以結好致嘉，稽諸古禮，是為使事之累，君子盖羞道之。皇明御世，天下一統，以詩書禮義陶化人心，士使其間，多習古能文而勵廉耻之節。弘治六年秋，蜀惠王薨，天子有事於其國，命保定侯梁公往諭祭，又擇通曉典故者相之。時盧陵王君壽以進士拜行人司副，天子若曰：『喪禮之相，壽也可。』與是君副梁公以行。其冬抵蜀，自始諭祭，以至卒祭，無違禮。國中每祭，必有宴，宴必侑以幣，君皆辭之。明年春，禮成，藩臬諸大夫饗之，及旅，君起求誨言，諸大夫皆賦唐人雜體諸詩爲贈，瑛曰：『非古也。』於是左方伯韓公爲《四牡》，君曰：『「豈不懷歸？王事靡盬。」公所以悉鄙懷也，敢以爲謝。』右方伯鄭公爲賦《皇華》，君曰：『「載馳載驅，周爰咨諏。」公所以教使臣也，敢申以爲謝。』憲使洪公又賦《杕杜》之首章，及《大東》之卒章，君曰：『兵疲於戍守，民困於徭役，大夫之憂也，使臣歸，當以上告天子。』然則論使事於三代之後，若王君者，可謂習古能文者乎？可謂行已有耻者乎？而吾藩諸大夫所以處君者，可謂慎於禮而不瀆乎？衆謂君行宜有贈，瑛因譔次其事，以爲君贈。

送常熟知縣鄧君考績序　前人

蘇為縣七，常熟最大。常熟爲里若干，爲戸若，干爲財賦若干，民多習筐篋學，用以牽制上下，一不得所欲，則拊鍵抵巇以集禍。故蘇諸縣，常熟爲重〔一〕。吾閩鄧君洪中以丙戌進士而出知是縣，命下，人難之，君慨然就道。既入縣，乃考圖籍，計户口，定賦稅，均徭役。行〔二〕之數月，民大悅。繼而修學校，治官府，造橋梁，築圩岸，行之數月，民大悅。繼而扶寡弱，鋤奸宄，親良善，行之數月，民大悅。他日，邑大旱，民相與言曰：『惟尹可以得雨。』君為走赤日中，望山川以拜，汗披面如雨，雨大至。未幾，太湖水溢，壞民舍，漂流牲畜，田卒污萊。民又相與言曰：『惟尹可以奠吾居。』君為延圍葦荻間，問民疾苦，皆家慰而户給之，民賴以活。太守嘗責君逋慢，君曰：『治民如治絲，棘則棼。』邑民以秀麥來獻，君曰：『造化偶爾，吾何功焉？』余嘗笑經生為政，每以《詩》《書》故迹而加之時，孰能審其本末、察其緩急如君者哉？又孰能以誠格天、以勤愛民如君者哉？又孰能責之不怒、諂之不悅如君者哉？初，君爲政滿三載，當考績去。常熟民皆走御史臺借留之，至是始行。縣教諭黄君體勤乃疏君政以來，且告予曰：『尹為政多類此，願與之言。』余乃比類書之，使人知常熟雖難治而不難於鄧君，科目稱得人而得鄧君爲尤信也。

校記：

〔一〕『常熟為重』，原作『重為常熟』，據周瑛《翠渠摘稿》卷一《送常熟知縣鄧君考績序》改。

〔二〕行，原缺，據周瑛《翠渠摘稿》卷一《送常熟知縣鄧君考績序》補。

錦官賦別序　前人

御史大夫梁公撫蜀之三年，天子下詔，拜公南京吏部侍郎。將行，衆謂瑛宜贈言。瑛聞天下人皆謂蜀樂土，其人讀書知禮義，易於為治，今觀不然。盖蜀地廣民繁，爲俗厖雜，與中州弗類。其地踰雪山以西，與土番相距。山壁立如削，驚湍怒濤走其下，間為棧道，緣山腹行，僅一線。若統御者無以制吐番死命，則往往據高扼險，挺木擂石，閼絶我糧運。或呼群挐黨，擐甲彎弓，來攻我城堡。我謀大舉，則進退扼塞，不可以逞。數年來，軍勞於戍守，民疲於供餉，賦税殫竭，人力重困，可憂也。公來未嘗一日安枕而卧。公以為守邊莫先於養軍恤民，譬如東垣論治病，反覆以養胃為言。盖胃理則五臟皆理，五臟理則百病不治而愈矣。公嘗發數萬銀，分布郡縣，令積穀以備荒儉。又發數萬銀，東路積穀于江油于安縣，南路積穀于灌口，將募羌民轉輸以實于邊。又議掣餘鹽，以歲可得數千，凡沿邊城堡倉庾及棧道斷續，皆欲以漸修理，無非爲軍民計也。其意以爲軍安民裕，則虜在吾目中矣。此即東垣治病而先養胃之法也。近有狂生憤吐蕃侵暴，乃上書請天子發兵致討，廷臣移公議，公曰：『己之不治而謀以伐人，非計之得也。』盖公非不為也，不遽為也。不遽為而為，乃可以有為也。吁，公意遠矣！公嘗愛瑛書，見所謂『海闊從魚躍，天空任鳥飛』詩句，公爲說曰：『海闊矣，從魚之躍，然魚亦不能出於海之外也。天空矣，任鳥之飛，然鳥亦不能出於天之外也。』據此而言，則公襟懷冲曠，無不包覆，而中間消息盈虚之理，操縱予奪之機，又豈人所能盡識哉？今公應詔而往矣，規畫深而業未究，恐喜事者不知東垣養胃之可據，而下峻劑以為醫，又非地方之福也。故因公行，述公所以治蜀之意，以為公贈，冀以告謀國君子與吾人之籌邊者。若公自西徂東，凡道路所經，心目所感，中間可驚可愕可喜可念，則有諸公分題賦詩在。

送林文華之南雍助教序

楊琅見本傳

昔吾郡有歐陽詹生者，開先閩士，聞于中唐。貞元間，為國子監四門助教，至今郡人稱鄉先生。余友林君文華，尚論詹為人而效慕之者，頃由瑞郡文學，終更造朝，得助教南雍。余喜其學詹而其官又適與詹同。按：詹平生只一命為太學，考之史、集，皆未有言其所以教者。韓吏部著《何蕃傳》，載蕃為諸生，不為非義，葬死者而字其孤，又叱止六館士，使不從朱泚之亂。詹高蕃卓行，特昌言明為仁勇。余最愛詹此舉，能彰善而長賢，是雖其教法已不傳，而立教要領於此亦足以觀矣。君今蒞南雍也，南雍群士如林，必有學成行尊如蕃等輩人，君能求若人而推先褒獎之，使生徒知自激勵，則爲教亦由是可同於詹焉。昔人稱詹事父母孝，與朋友信義，而又以爲愷悌謙儒，動不踰節。君孝友施於家，既無愧於詹，信義孚於友，又不歉於詹。而其文雅温淳，冲讓居禮，又多有似於詹者。即既往而占方來，考今日以合夙昔，君茲行，其終同於詹也，必矣！余以官同於詹而乏詹之道者久矣，抗顏師席，未能如君之善學詹，因君行，道其所以，為送行序。

送劉叅政廷信之山東序　吳希賢

山東，大藩也。北控圻甸，南枕淮海，東南諸郡，湖湘江浙以暨閩越，交廣之遐，凡以歲事至京師者，川浮陸走，率道于此以達，不然則否。余嘗謂京師之有山東，猶人身之有喉咽。喉咽受病，欲食且弗克。四體雖精强，將不可恃以安，矧欲高枕而臥乎？比歲山東郡縣雨暘弗若，生民告饑，流離轉徙，道殣相望。故以父兄妻子之戚，亦不相保愛，至有以餒而相食者。夫民無食則饑，饑則計出無聊，意外之患，將因以生。今之喉咽之地，不亦以病乎哉？於是天子宵旰，二三大吏相與戮力，施舍己責，務穡勸分，以鳩其民而紓其患。猶未巳也，復出内帑，給犂牛與種食。天未悔禍，方及有秋，淫雨蝗螟，交相為痡。傳曰：『人衆勝天。』天不可勝如此，將厭棄此方之民，俾之辛苦墊隘，而因以敝之邪？抑者人事之有未盡然邪？今年春，吾閩劉君廷信繇戸曹郎中出為山東叅政，是時天子念民瘼未瘳，特詔吏曹簡擢以行。夫喪亂之歲，官必擇賢，猶疾疢者之於醫，必擇其良，斷斷乎不可以或易也。君才高而行潔，學邃而識閎，嚢在户曹，夙夜恪勤，恆出其身以當難處之事，利有所弗驚，勢有所弗撓，時稱賢郎署者，必曰劉君、劉君。然而盛名之下，必無虛士。盤錯之節，方別利器。玆行為賢方岳於山東，不亦可豫卜乎？且君嘗為我言救荒之道，當如拯溺。盖凡仁人君子之拯溺者，憫其濱於死，狂奔盡氣，雖濡手足弗憚。方歲兇，萬人之死，命寔制于我，當道者能人人如君，弗憚於濡手足，天鑒不遠，雖或厭棄其民，將無不可勝者，况天之於民，猶父母之於子，詎忍終棄之而不可勝乎哉？又况我朝百年以來，清穆之上，愛民事天，未嘗少有罪悔。吾於是又知天以國家故，於民有不終棄而無不可勝者，去阽危，即吉康，俾京師晏然，得以高枕，將不於兹行又可豫卜之乎？余重君别，故張之而觀其成，且寓訊諸有位者相與勉焉。

送雲南憲副林待用序　前人

林君待用，在北京時，與余居同巷。時新筮仕爲刑曹主事，貧甚，退食暇，恆邀余過其家，命酒觴余，食惟肉一柈，無他品。每仲秋斷壺，其家人輒修之爲茹，及是出以餉客，凡聚會直至夜分，爐寒炭弗繼，躬傴僂拾殘薪，爇之以温酒。用是余有《齕壺》《爇爐》之作，盖紀實也。鄉故間或饋小苞苴，亦謝去弗受，其清修苦節有如此者。語及時事，嚬蹙見于顔面。成化間，妖僧繼曉、巨璫梁芳相與為熒惑，築永昌以祈福。時待用官副郎，乞斬僧與璫以謝天下。既下獄，人謂禍且不測，待用獨怡然如平常時。賴天監其忠，遂有雲南姚安之貶。未幾，得賜環補南刑曹副郎。余來金陵，以地寒燠不時恆病，公署闃然，惟待用時過從相慰藉。又余性悻直多過，待用乃不鄙，時加箴砭，賴匡救者為多。然則待用詎非余之所畏者邪？今上嗣位，當道者請獎直言敢諫之賢，以開言路。待用裒然居首，於是遂有雲南憲副之擢。夫旌直以官，固宜寘之天子左右，而乃出之夷獠之鄉，當道者之意，吾固罔敢知也。雲南去國萬里，昨徵還而今復往，豈食禄有恆所人罔敢致力邪？將天欲遠夷知朝廷有直臣而故俾之往邪？然而待用於此，有不介之意焉。於戲！人之業宦，必先有所試而後可觀其成。待用之成，吾固有所該矣。昔人有言：保初節易，保晚節難。信斯言，又不能不為待用懼焉。待用年未四十，緋衣金鷹，位列藩臬，其晋晋者未可涯涘，念相慰籍、相指視以過，兹别有不能已於嘅者。《詩》有之：『無金玉爾音，而有遐心。』待用其尚誦斯言哉！

送大理彭公序　陳音

成化甲辰秋，吾鄉彭公鳳儀以副都御史巡撫南畿，至則不以搏擊為能，吏自不敢犯，而民樂于時雍。越明年乙巳夏，有大理卿之召。檄至，遂自龍江登舟北上，鄉邦仕南都者，冢宰陳公、司徒潘公而下，相率具酒殽餞公于江滸，俾音執爵獻言以爲公贈。音惟自古名臣，有學術則有氣節，有氣節則有勳業，是三者不足，縱使位極卿相，亦何足取重於天下後世哉？公少穎悟，於書鮮有不讀，而學術高邁。及拜秋官，遂上疏極言時事，嘗詔下獄，備荼毒。出復言事下獄，以至于再且三。既而司臬西蜀，司藩東廣，復屢屢言事。其心惟欲保國衞民而不為身圖，至遷官遐陬，猶以薄譴自怡。海内士大夫莫不壯公之為人，引領顒望，若太山北斗。頃蒙簡在擢任都臺，付以巡行重寄，曾不旋踵，復起為大理而置諸左右。是則公之氣節勳業，可謂無負於所學，而當時物論，可謂無負於公。聖朝簡任忠良，又可謂無負於物論之公。此可以書之竹帛而為天下後世道也。大理以審刑為職，刑乃自古聖王之所慎者，我聖天子寬仁大度，欲敷祥刑，以寧寰宇。比年以來，司刑大吏不能祇承德意，怵威黷利，民多籲于非辜，而罪逆滔天者，顧噤不敢發一語以詰。用致天渝地震，歲兇民殍，深貽宵旰之慮。然則今日之召乎公，不為無意，而公之處此，亦必有道矣。若夫捐壯志，狥時好，糊心俛首，此則學力不固者之所為，曾謂公之賢而有是哉？

率爾狂言，知不足爲公贈，而公亦豈待言贈也夫？

劉職方遺懷唱和詩序　前人

職方郎中劉君時雍，頃嘗課屬吏，懲其弗恪，不便者搆飛語以聞，詔並下于獄。越三日，刑曹覈獄，辭上，詔復時雍官而縲絏者以罪。方時雍之入獄也，嘗賦詩二首以遣懷，京國諸薦紳聞而和之者若干什，匯成巨卷。予與時雍同登進士第，同入翰林爲庶吉士，素辱愛不遺，間嘗獲覩是詩，因作而嘆曰：『是非，天下之公也。君子惟守其是者，以防乎身，未嘗以所遇之夷險而一其心。人之於君子，亦惟取其素行之是而未嘗以寵辱為軒輊。今觀時雍獄中之作，雍容清暢，不逾平日，而其自守之孤介，亦隱然自見。諸君子屬和之詩，往往扶陽抑陰，亦不以時雍之屯坎而改其平生景仰之素，持己取人之道，於是乎兩得之也。時雍產于楚，楚人善歌，盖有自來矣。然陽春白雪之歌，和者絶稀。屈原放逐行吟，至設為漁父相問答，亦未免有孤知寡和之嘆。鍾儀囚于晋，操琴而鼓南音，亦未聞有和之者。今時雍所歌，有陽春白雪之調而和者甚衆。暫入于獄，不信宿遂復其官，與屈原終身廢放者懸殊。唱和諸作，皆渾乎大雅而無復南北之音之辯。聖明在上，君子滿朝，物論惟公，而至治之音奏焉。此其可慶，盖不止文詞之盛而已。予庸劣不能和，徒三復咏嘆而序以揚之。

送監察御史陳君序　前人

皇明莅天下，百年于兹。道化昭融，民物康乂。天子罔盈厥功，霄旰圖治，曰：『格汝冢宰，惟兹御史。秉憲度以釐百工肆，簡多方多士行夐邁者，用它厥官，以毗予治。』冢宰祇承，稽于衆，得士之名氏以獻，進士龍溪陳惠啓順與焉。天子曰：『斯任匪輕，知人孔艱。姑試厥猷，爲允若兹，然後任之。』踰年，冢宰又簡厥臧否以聞，啓順在賢選，始得拜命。命若曰：『幅員既長，予耳目有所不逮，汝簡于朕心。凡兹股肱臣，隣庶邦冢，君暨小大百執事，有能輸忠效悃以靖共于有位，惟汝迪知。其或肆兇壬慝，厥法怙終罔悛。亦惟汝迪知，知罔不言。朕奉若天道，彰之以五服，董之以五刑，罔或僭濫，予一人能守成憲，與或叢挫怠荒，亦究于爾衷。用獻替以佛予仔肩，嘉乃丕績，用錫爾祉。嗚呼！謹始匪難，慎厥終如始斯不易。汝往，欽哉！』啓順拜稽首曰：『敢不夙夜惟寅，以對揚天子休命！』既出，邦人諸友咸舉手加額曰：『吾子夙著徽聞，今新服寵命，毋黷于貨，毋怵于威，毋惰以瘝，毋默以容，毋訐以為直，毋察以為明。惟公惟斷，永厥令譽，以迓承天貺。』啓順曰：『所有上負吾君，下負吾友者，有如此天！』爰召僕夫，命載以行。

釣臺集後序　鄭紀

炎祚改符，新都易號。南陽宗室，圖復舊物。天造草昧，漢之為漢，未可知也。海內英雄，聞風奔附，皆欲效勤王討賊尺寸之功，以垂竹帛。今漢鼎已定，延訪幽隱，粉飾中興，正抱道君子雲龍魚水相逢之日也。先生物色故人，三徵而後至，何耶？伊之耕莘，傳之築巖，吕之釣渭，時未嘗無終身之念也。一旦幣聘之勤，繪圖之肖，夢兆之徵，遂翻然而起，各成一代之業，後世未嘗有非其改節者。今先生雖應聘而起，終不爲所屈，何歟？此無他，光武少與先生游學，其知先生者必深，計先生者必熟矣。自莽地皇壬午起兵，至漢建武己丑而後下詔，十七八年之間，身跡存歿，略不往來于懷。其與抱薪進飯、卒然相遇之殷勤者有間矣。豈先生儒腐不足與談兵歟？湯以伊爲阿衡，丁置傅於左右，文師吕為尚父。光武於先生，撫之以咄咄，目之以狂奴，官之以諫議。其處先生也，亦褻而易矣。豈先生特孤高一節之士，於師傅之道，或有未聞歟？不然，必先生之知光武者亦深，計光武者亦熟，又用是之故，蚤見預料而不敢以商周諸君待之乎？嗚呼！先生之自處，與光武之處先生者，不必深論矣，但此集一出，不知世之奔走權幸之門、夜行不休者讀之，以為何如？噫！予又恨其出之少晚也。然自兹已往，亦不為無益也，故書之。

釣臺詩序

吴仲珠 見本傳

是歲予舘於城郡，司訓程先生出《釣臺詩》示予，為言：『釣臺，嚴子陵釣游處也。以非耳目所及之地，悵悵者久之，偶有遺吾《釣臺集》，讀未徹卷，恍如身立臺上，揖子陵於千餘載之下，心與境會，神與若人游，遂自用韻，兼用前人韻，成諸體詩一百五十首，不自知辭意之複，篇什之多也。執事往時宦游，曾過臺下，能為我詩印證否乎？」予聞終身疲道路者，或不盡知其險要。而指山畫谷，多得之未出户之儒。昔有私淑武夷翁者而曰：『我讀精舍詩，夢作山中客。從公夜不眠，寒燈歌白石。』未嘗不嘆古人景仰往哲之深，雖未游武夷，已有『山中歌白石』之句，則先生一讀《釣臺集》而百詠鏗然，亦以遐思子陵之清風高節，不能自已，無非根於性、發於情之正也。且子陵披羊裘而坐釣臺，不少俛首乎？光武之招，説者謂其節義秋霜，重漢九鼎，有大功於名教。今先生倫堂餘暇，獨取《釣臺集》而唱和之，予謂此詩一傳，嶺表海角，當有聞子陵風而興者，先生有功於名教亦大。特以先生未識釣臺而有此詩，人將謂先生作夢中語，又不以質諸耳目熟者而以語予，人又將謂予模寫故迹，十不能一二，亦説夢也。然以當時過釣臺，蕉鹿、南柯之夢方酣，安知能作夢中語，與夢後説夢者，皆為非夢耶？謂予不信，請致此詩於書郵，往問釣臺主人。

送王時暘知南康府序

鄭瑗

揚瀾左蠡之隩，有郡曰南康，所轄僅三邑。其在有宋，元公、晦翁兩大儒皆嘗知其軍事，遺跡存焉。弘治元年夏四月，南京儀部郎中嵊邑王君時暘擢為其郡守，既治行李，顧謂諸寮宲曰：『某幸與公等同仕于兹，今將出為人牧，諸公寧有啓發我乎？』於是人各以其意屬辭贈君，予雖蹇訥，義不容默也。則告之曰：『君之理所，前瞰彭蠡，請即以是為君言。夫彭蠡修廣凡六百里，合江東西數州之水，匯而為澤。東南之言巨浸者，莫加焉。盖其地勢視諸州獨卑，故百川趨焉。又弘博而有容，故衆流納焉。古至于今，舳艫之去來相銜也。輕颸麗日，則倏然而濟，不俟崇朝。間遇惡風怒濤，駭膽慄魄，則或翩然而旋，或凝然而膠，或蕩然而覆，或黯然而没，歲不知其幾何也。然而濟者不知恩，旋、膠、覆、没者不知怨，何邪？庸非適然遭之，出於無心也哉？予謂此可以況夫人牧者。故退乎自卑則德日積，廓乎有容則人易親，因民之善而加賞，因民之惡而加罰，在我無容心焉，則所謂殺之不怨，利之不庸者矣。是何以異於水乎？抑予又聞彭蠡實我高皇帝與僞漢陳氏決其雄雌之所，昔陳氏賊虐其主，僭擬滛名，倔强江漢間。方是時也，南康之民，屬鞬持戟，日事戰攻，其知有仰事俯育之樂否邪？及我師致討，既不肉袒牽羊以送款，乃悉其艨艟，驅其吏民，肆行旅拒，大戰湖間，鯨鯢送死，民歸職方。然後兩儀奠而萬物遂。蓋自阪泉涿鹿之後，武功之盛，未之有也。去今百二十餘年，遺民故老，皆已澌盡，而湖山龍戰之跡，尚可考尋。君治政之暇，率官寮携尊俎，陟廬阜之顛而瞻眺焉，慨然語其父老曰：「吾民之所以男耕婦饁，樂生而送死者，誰之賜歟？自今其嗣而股肱，守而彝憲，以無忘皇祖伐暴之功，以無忘列聖覆庥涵煦之德。」然後傾榼以其酌，浩歌以弔古，思起千古豪傑與遊，以蕩滌磊魄之懷抱，不亦壯哉！不亦快哉！」

送張君良弼赴福建憲僉事序　前人

我祖宗官人之制，初不限於所職。邇來執銓枋者，以人之器能，各安所習，而鮮能兼通也。於是超遷之格，率視所職。故牧守多拔諸司農，廉訪多索諸司憲。然此以處庸材小器可爾，若夫豪傑閎達之士，左右咸宜，初不可以偏長目，又可以是限其職守哉？作虞之益，或佐徂征。典禮之夷，或播刑迪。後世如狄梁公職度支矣，亦出而巡察江南。韓魏公知審院矣，亦出而安撫益、利。厥後二公之勳庸，磊落鏗鍧，與羲娥並耀，嵩華爭高，是豈一職所可拘耶？然而豪傑閎達，僂指無幾，與其破桀鑊而僨事，寧循軌轍為無爽？是以雖或病之，而卒莫之或更也。留都諸曹，病於常格久矣。茲者民曹員外郎張君良弼，乃有閩中屯田僉事之擢，衆皆贊羡，以為數十年來始見茲舉。蓋君之器能卓異，無適非宜，初非可以常格拘，故在廷之議，亦不復以常格處君也。嗟乎！自兵農既分，王者因農為兵，迭耕迭戍之遺法，猶隱然於屯田見焉。然古人直行之塞下，而今則遍中國矣。吾閩屯卒，錯處八郡，其疆畛之辨，糧粒之輸，耕守之宜，競訟之決，必有專其事而司其平者，今皆於君乎！屬璽書委任之意，勤渠委曲，良非輕矣。是廷議固不可以常格處君，君其屑以常材自處哉？狄、韓之勳名，夷、益之事業，載在往牒，可覆視也。異時將有責備於君者，幸毋讓。

衍極書重刊序　宋端儀

《衍極》，凡五卷，鄉先正元南安教諭鄭杓子經，閔字學之衰絶而著，其友郡庠賓序劉有定能靜注釋之。板行于世，方百五十有年，而風聲氣俗最近之邦，乃蔑有藏之者。其篇名僅見於陳衆仲《鄭氏先廟記》及世傳書目中，所謂見名不見書者。余嘗效昔人求以八道，未能得。頃者能靜玄孫正隆德甫典教樂平，從吴康齋門人受寫本以歸。盖自蒼頡迄于蒙古氏，凡古文籀隸，以極乎書法之變，皆在所論議。潛心獨詣，參驗稽決，陶鎔歷代之偏駁，會歸一藝之純粹，要之未嘗不本於古人。而其中若九德、若正邪、若四時餘閏之說之屬，又其所自得焉者。其字學之指南乎！竊嘗聞之，先民有言：備萬物之體用，莫過於字。又曰：契兩象之運，該萬彙之理，無踰於六書。則字書也者，乃至理所寓而不可不講者。若昔《周官》大司徒教民道藝，而書居其一。又有外史掌達書名于四方。書固同文矣，自秦而下，法雖不能不與時變而爲小篆，為隸，為八分，為正，爲楷，爲行草，為飛白之紛紛然，皆轉相祖述，間亦頗有肯尋篆籀之緒，上追科斗鳥跡而得其遺意者。顧九歲之諭無章，舉劾之典未嚴。或者騁其私智，競趨妍媚，而偏傍點畫，浸以失真。其品題之者，又復鮮識奧妙，言人人殊，所以不能不起子經之姍嘆也。子經嗜古博識，尤工於書，乃寓書著述，以攄其素蘊而佑啓我後人，其用意遠矣。昔右王軍讀蔡邕《筆法》，書遂大進。《衍極》之書，非直論筆法而已。志於字學者，能得其要領而知所向方，於以博其理義之趣，於以端其心畫之形，則所謂自末以求本，由藝以達道，因小學之流而泝乎大學之源者，可幾矣。遽可諉曰『本之則無而不必精其能乎』？德甫方將重鋟于木，願考訂其魚魯之一二，因併書以貽之。

贈興化府推官鄭公致政歸養序　前人

上饒鄭公堯臣為興化府推官，甫歲餘，坐積思致微恙，自諉不堪吏責，忽告于部使者，祈解所居官。狀既上，治行李，不書牘。闔郡聞之譁然，言于太守之庭曰：『公臨民，存撫字於催科，而寓教化於刑罰，儒吏哉！病已當視事如初，願得申白當路，毋遽舍公以歸。』而公志已堅，竟不可回沮。於是兩庠師生相率命以言贈。惟公學明行尊，所師友皆海内名儒，最留意於當世之務。其佐守臣，裨郡政，用以圖報國恩者，寔公初心爲然。而番番慈親，越居千里。頃緣門户多故，侍養乏人，公之誦陟屺、思倚門，每切於一日十二時間，則其必必然圖歸焉者，又所謂烏鳥私情焉云耳。昔者屏山劉子翬蚤歲宦游，已而以親故致疾，棄興化軍通判，當世高之，至今傳于青史而誌諸郡乘。三百年來，又復於公乎見之。海邦從此添一故事，其於名教，亦不為無所關焉。然屏山既還武夷，與籍溪胡原仲、白水劉致中往來講學，薰而善良者彌衆。公歸色養之餘，合二三同志，上下其論，尋繹乎潭溪之緒，以行其鄉，以淑其徒，則所以同符於屏山者，又匪直引疾一事而已。公名夔，堯臣其字，自號愚菴，由太學生領薦，以銓試高等舍褐拜官云。

莆陽郡學鄉賢祠諸賢考證序　前人

郡學故有先賢祠，宋紹定中定祀唐侍御林公藻，至宋元樞鄭公僑，凡十有六人，類多名士，惟方著作以始建廟學，與後人因其他無所考見，遷而祔諸常觀察之傍，似矣。鄭湘鄉著《藝圃折衷》，其言有詆孟子者，大儒君子至有病風喪心之誚，則亦迂謬矣。今以林艾軒所撰墓誌考之，盖其少作，晚而著《存古易》，其所詣抑又高焉。列之一鄉之善士，未為甚不可者。宋季若元，以及國初，累有躋升。爰至宣德間，增至六十二人。至正統間，增至七十四人。其中可以參錯昔人無愧色者固多，然承贊朝唐暮梁，正歐史《雜傳》之儔。徐鐸擠排元祐，在編類章疏之列。卓厚、方寧宗講議財利，以才在選中而大樂修書預討論，蓋吴居厚、劉昺之流匹也。乃使之俎豆其間，不知當時評者何所取於斯人也？夫大節不可不謹，大義不可不明，勿謂有其舉之、莫之廢也。若乃王回、方軫、徐復、陳淬、宋旅、陳吉老、林震、林霆、林豫、方士繇、黄艾、鄭耕老、王悦、余崇龜、鄭寅、陳沂諸賢，或遺直，或遺愛，或事功，或戰功，亦有潛心聖賢之學者，是固與群公先正之翹楚者頡頏，回視徐師仁脩潤道史，林大鼐附麗秦檜，以及徐寅、陳絳、鄭厚、劉克莊、顧長卿與國朝一二大夫士，間可責備，又疑若過之。然或以其子孫衰替，或以其遷徙他郡，顧不與焉，於此不無遺憾。故今序次已祀諸賢銜名、謚號，因併著其履歷行能，爲卷者四。其應祀未及祀者，亦摭其行實而別為一卷。凡此皆稽諸傳志，取諸公評，非區區一人之私。抑余編集此書，特因昔日已成之事而道其所以然耳。若論其至，則表異其尤，如詹、如櫕、如褱、如次升、如光朝、如俊卿、可學、宓、文龍數公，為後學景仰足矣，又不必如是多其人也。

愧齋陳先生文粹序

黄瀾 見本傳

鄉先生愧齋陳公以博學雄文鳴於時，以敦朴愷悌稱於朝。成化弘治間，累官南京太常寺卿。先生既沒，而遺文未行于世。孫經歷啓忠大懼散逸，無以稱先人意。一日抱遺文詣予，請曰：『先人自著文字及一時應酬，所作甚多，愧不能盡刻。乃屬郎中黄君伯固編選其尤粹者，得一百一十四篇，釐為十卷，將鋟梓以傳，公宜有言以為序。』予忝鄉曲子弟，承乏南院，實辱先生後。則於先生之文，予信不可無言，故不敢以衰老才盡、不足以自効辭。乃連日披閱，盡得其概，因作而嘆曰：『孟子有言：「誦其詩，讀其書，不知其人，可乎？是以論其世也。」公忠厚長者，貌如其心，而至性過人，與物無競。平居吃吃言若不能出口，至臨利害及大節所關，乃更奮肆敢言，而義概凜凜，如秋霜烈日，不可玩狎。嘗上疏論時政，叱錦衣卒，不媚中貴數事，尤人所難。先生生平，大致見於李西涯諸名公之所稱述，類不勝紀，予無容多贅也。然兩言以蔽之，所謂木訥近仁，外柔内剛，先生以之。故其發於文也，亦如其人焉。文字協從，聲勢穩順，而義理燦然，態度横生，往往出新意於題目之外，寄豪放於典則之中，讀之令人亹亹忘倦。至於雕蟲篆刻以為工，叢錯彩繡以為麗，艱深怪澀以爲奥，險峻峭削以為奇，先生無一言焉。蓋其心明白而俊偉，故其言簡易而易知。其量含弘而光大，故其體雍容而不迫。其節磊落而崢嶸，故奇麗秀絶之氣，終不可泯。然則先生之文，與先生之德，可謂協矣。乃充乎内而發乎外者也，豈偶然之故哉！其足以傳於後，無疑也。自先生没，于今二十餘年，世遠人亡，而風俗與化移易。世之君子，日趨於智巧便利，而文體亦不勝變。求其靖恭持重、悃愊無華、温潤典雅淡而不厭如先生之人與文者，於今不可多得。觀世君子於此，不能無憾。嗚呼！先生九原之下，固不可作，而文未嘗不存。文存則君子長者之遺風餘烈，猶可想見，而熄浮鎮躁，端有所賴。然則斯文也，其可少也夫！其可少也夫！先生諱音，字師召，别號愧齋，世居莆之涵江云。

木蘭陂集序　林俊

行水之道，因利害而順逆之耳。夫水溢而上，則下民其魚。順疏以熄其害，若導河積石、岷山導江者是也。水趨而下，則上田不毛，逆壅以收其利，若鑿鄭國渠、堰、鉗盧陂者，又是也。然順之勢易，逆而壅雖小猶難者，以人之力而與水爭也，逢其怒則不可御矣。木蘭之溪，源永春，流德化，歷仙游，趨莆而注之海，不為不遠。匯三百六十澗之流，不為不多。引以溉南北二洋萬餘頃之田，不為不利。以博溪而不陂，容無蹈西門豹之議者乎？然李冰疏蜀，終深陸海之思。河伯循崖，徒切望洋之嘆。以郡而無奇男子、賢士夫、良守令，不信也。而錢媛僅女人，林從世僅進士，李長者僅富民，皆自鄰郡而至，捐金濟物，不待一命而然，俱偉以烈矣。私惜者急義同而役智各異，故長者獨垂無右之功。嘗蹟故陂論之。行水行兵，道一也。兵法：得地者勝。錢之始築將軍巖下，右堅左脆，水薄其脆。林繼築温泉之口，上急而下渙，水襲其渙，其取敗固宜。長者重有創焉。木蘭相基，天假神授，兩山夾峙左右翊，以當其衝。伐石海洲，卧牛拋馬，横縱牙互而鈎鎖以固。蓋以人之力助其中，堅水不得不循我渠道以行支川，走二洋，歸斗門，以溉以宿，以節而入海，陂成而利莆，世世命脉在此也。夫財貴能散者也，長者之義與卜式同，而助邊助陂、殺人養人異耳。公非劉氏七廟之記，謂賈濞攻城野戰，殺人以取王封，而信堰水溉田，與養人之利，僅美頡侯。今長者與信同功而祀義廟，食侯封，沭我孝宗敬皇帝歲祭之錫，信不及矣。陂有誥文記傳諸記，其裔孫郡庠生熊類而集之，請序於予。拙宦委散，未能買田卜室，以托老是陂。筆耕磽薄，間嘗竊烟水自潤斯序也，其容衰落厚辭。

方忠惠公文集序　　前人

宋自晦翁朱夫子起建安，以上集四儒之成，四方學士師宗之，閩為盛。莆又宗之，方為盛，履齋、若水、伯謨尤著者也。追尚書忠惠公祖尚真源，沾溉醇馥于西山、鶴山二大老，而追慕元城公為烈，鐵庵之號，見志也。公弱冠，擢南宫詞賦第三人，不祈速化，沉懟下僚者，餘三十年，亦遺材矣。端平初，鄭性之當國，搜進名士，拔致諫垣，危言正論，選親賢，遠聲色，杜佞幸，以襄之失、蜀之敗為耻，荆淮之擾為惧。及繳駁數事，尤忠鯁所難言，公無諱焉。申大義以雪濟邸之冤，追罪奸相之彌遠，屢言之。臨安火，又言之。為其黨蔣峴所中，予祠鴻禧。噫！是無遺直者與？公終寶章學士、廣東安撫使，為治尚風化，崇正學，表先賢，薄官征，卹民隱，条行晦翁家禮、社倉諸法，利關人國，為之力無阻。以故生有祠，殁致薦享，舉扶插竹，以奠請贈謚而梓行其遺文，皆廣人德公之報也。噫！是無遺愛者與？公殁淳祐丁未，至是二百六十有七年，公族孫雪筠良節，嗣響家學，大条廣藩，因舊本緝之為若干卷，複梓以傳，盛舉也。公後村同時人，平時著述甚謹，尺楮片翰，刊落陳言，辨博雖間不及後村，而粹縝過之。命詞運意，以心術為根抵，氣節為枝幹，義理為華實，名賢為標格，澄潤豐潔而丰神自適，爭先覩之為快，亦名作矣。《太常謚議》謂源流晦翁，徐驗之，晦翁及公仕籍，俱餘四十年。晦翁在朝不滿四十日，公亦僅一年幾半，其出處概自相類。莆先正自端明蔡公謚忠惠，継之亦僅公一人而已。端明慶曆四諫，温陵海橋之聲蹟，天攘俱敝可也。而胤嗣凉落，遺文晦蝕，逮之今無幾。公舊本無恙，兹復焕然以新梓行，又適在廣，是固德門子姓錫類之賢，文獻足賴。抑公之精神在廣，與故民相糾結，不涣散以默運之今耶？不能不為名德幸也。俊鄉閈晚出，前哲景行，序文大条之請，抑亦俊之責也。公諱大琮，字德潤，累贈銀青光禄大夫。

湖南道學淵源題辭　前人

廬陵陳先生文鳴，總學政湖南也，崇右正學，而課程詞語督詔之，又蒐采元公、二程、考亭、胡文定、張南軒六先生事行，成是錄，以標的諸子。其立義首元公，不曰舂陵曰湖南，亦猶紀吾夫子孕聖之地，舍曲阜而稱東魯遺意，概之後群聖而生，吾夫子實集大成。後諸儒而生，吾朱子實集大成。夫子祖三皇，宗五帝，父三王，故敘皇帝三王道統之傳，以及夫子，本而盛之也。元公子、二程孫、朱子故叙元公、二程道學之傳，以及朱子，推而盛之也。胡張則元公旁派，亦猶帝之有稷、契，王之有伊尹、萊朱云爾。然則收程、朱而遺横渠，收胡、張而遺廣平、上蔡、勉齋、九峯，可乎哉？曰：序備之矣。生於是，學於是，游於是，是斯録矣，横渠，關中人，未嘗至湖南。游、謝、黄、蔡，伊洛、考亭之淵源，固系之湖南，固未得泛該之也。嗚呼！夫子而後有孟子，濂洛關閩，衍迤継盛，道未嘗絶也。元[一]之儒，静修予畏也。一二先正，時有致私憾其間者，剥久而復，宜亦有繼之者，繼必自湖南始。元公開道之先，是錄又吾道之托之地也。考時揆世，諸士子崛起而承之，斯總學盛心，亦予小子俊願士之意。

校記：

[一]元，原作『二』，據林俊《見素集》卷四《湖南道學淵源題辭》改。

忠經序 陳仁 見本傳

是書篇章條貫，發辭援古，大抵擬《孝經》而作。何以不別為經傳？曰《孝經》之有經傳，後所更定書也。兹所擬，乃秦火之餘，漢儒之所掇拾，所謂存十一於千百者也。然則善學孔子歟？曰：孔子述而不作，其書皆出於門人之所記。如天地生成器物，不假雕琢，自然可以傳之悠久。是書則微露斧鑿矣。然則其亦有所因乎？曰：子思、孟子皆嘗有作，子思作《中庸》，程子所謂『筆之於書以授孟子者也』。孟子作七篇，朱子所謂『筆勢如鎔鑄而成，非綴緝可就者也』。但商敦周彝，雖假人力而為萬世之寶，是書則作為利濟之具，竊效公輸以求其近似者爾。然則其亦有資於世乎？曰古人著書多矣，如老聃、莊周、列御寇、荀況、楊雄、王通輩，皆名大家而涉浮駕誕，害理亂真，或多有之。如《國語》《戰國策》《說苑》諸書，又皆馳騁縱横，偏滯詭異，雜以刑名術數之說，正如作為器玩，足以供人耳目而非資身之具，古所謂虛車是矣。是書則人家日用常器，雖制不逮古，而亦不可廢焉。其曰馬融所著，鄭玄所註，二人皆漢經生，史言融著《春秋三傳異同》，註《孝經》《論語》《詩》《易》《三禮》而無所謂《忠經》。玄受學於融，所著《周易》《尚書》《毛詩》《儀禮》《禮記》《論語》《孝經》《尚書大傳》，亦無註《忠經》云云。豈二人不能自信，隱而不衒，故在暐時無所見，今所傳乃後人表而出之者邪？史又言融達生任性，不撫儒者之節，奢樂恣肆，黨附成議。意者言雖善而弗信，故弗傳，爰及後人，未暇責備，不因人廢言而其書始傳焉？是皆不可得而知也。但云二人皆註《孝經》而遵信之，固如是也。其擬之於是作，或者其然歟？玩其詞意，太略漢文字，與魏晋以下蓋不相似。夫漢儒專門訓釋，前輩謂世不可無，欲學者中心有主而知所擇，竊以為所著之書亦然。則學者由是而學，而又糸之他書以究其同異得失，以定取舍之端，則資之以脩身而以事其君，以及夫立政用人，亦多聞擇善之一助也。

天津志序　前人

弘治庚申秋，予奉命治儲天津兵備，副使金君舜舉以志典未備，願為假筆。因念天津為我朝圻内重地，太宗文皇帝建都形勝，居重馭輕，設立三衛於古直沽，去京師二百餘里，以爲東南屏蔽，百川會流，條而為三，至此合而為一，瀠回吞吐，以逆于海。遼海鯨鯢鼓吻上游，猷之未遠，必且搖毒漕舟商舶，道路少梗，識者以爲憂。百餘年來，坐享寧謐，其藉以一西之重而金湯倚之矣。自城設既備，繼而學校鼎修，又繼而貢士啓額，最後兵備設官，綱紀漸張，儒風亦漸盛，彬彬與上國齒。獨記事之書尚闕，進黃髮詢以開造始事，揖子孫考問祖德，已不能舉其詳，况遠踈乎？誌其可以終無耶？遂忘固陋，博倣近所謂郡邑志，糸酌論叙而從其善，其有不合，則繆起義例間，亦附以己意。故城市、宫室、食貨、學校、宦秩之類，昉自我朝，而土地、人物、古跡則遠及前代。户部分司所治，别為一集，以致其詳。其他有關風教，可以廣見聞而立程式者，雖非專地之事，亦附集之以備考究。踰時始筆落，顧及代，束稿北歸，正有道冗奪因仍幾欲廢之明年，舜舉亦以憂去，適黃岩。施君彦器以河間守擢是兵備副使，下車，先意文事价而徵，乃閲前稿，楷以遺之。昔孔子謂文勝質則史，志非史也。其記事不可不信，與史同也。稗官小説，史資其善，志亦可以備史之遺。先儒廣漢張子謂修志不可不載人物，正以其景行仰止，而有資於展卷思齊之益，但有之不可遺，無則不可强。或者為生諛死，文致巧餙以植恩避怨，如之何其不籍籍口騰也！予竊病之。生長是邦者，席祖父百戰勤勞，膺重城之托，其不仕者亦給自公食三農之力而受若直。有秀而穎，則養之學宫，視其成，又設憲臣，擇賢有才者，長治以鎮静之。則文教武備，為所有事而講藝閑習讀法飲射，不可時廢，務相與守法勤事，以宣國威。勸德規過，以厚風俗。絃誦詩書，以復先王之治。嗣是而書，當有大者。姑此肇端，以俟之無窮焉。

送陳侍御疏允終養還鄉序　前人

吾莆當國朝文治之盛，先正聞望如林澹菴公、翁冰崖公、陳康懿公、柯竹岩公、彭惠安公、楊朝重公，俱文章事業可名世，彭與楊尤以風節稱。又有黄求我公、宋立齋公，端厚朴重，廉静儒碩，亦今世所難者。諸公皆天下士也，天下人知之，人能言之，當有直書其事，則後世人知之，人能言之，至於知而洞其隱，言之無所勳附，則惟産於其地，與際於其時者爾。始時周每與予論古今事輒扼腕，幾於『盡信書不如無書』之説。至論人所以為賢，則曰『必務實』，務實云，以其可以利用安身而取之於已為有餘也，非謂其必能有傳。是雖有激而云，其亦有所取驗，自信之深，為可取焉。故自入臺，即慓慓若不勝。踰時，以敢諫名，臺端倚為重。時聖天子方厲精化理，矢不自愛以徇。顧有老母焉，封孺人張氏，早寡撫己之孤，今年七十有七矣。為貧羈禄，遠離膝下，誠非得已者。上終養疏，得俞旨以行。昔人謂少則慕父母，仕則慕君，以為因物有遷。然則惟理之至，故物弗能遷，其輕重本末，分數較然。他日推而極之，則內外先後俱可無遺憾矣。即此二者立身大節，而其廉靜簡朴，與物無忤，斐然成章，說者謂吾邑壺山端重秀拔，不在泰華下。時周得所仰止，而非剿說億見者。卓爾景行，注標的於百步外，固不宜有毫髮爽。雖然，古有之：遁跡不堅，南嶽獻嘲，與終母之年糜好爵，頗飾輿服如史氏所譏者，吾不為時周疑。然於時周之行而及之，因以規夫爲人子為人臣者。

贈山齋都憲巡撫江西序

方良永 字壽卿，弘治庚戌進士，今為都御史。

士之仕也，有其具而已乎？有其具，無其時，孔孟且需而弗進也。剥盡而復，否極而泰，上有聖明，下列壽俊，內無疵政，而外絕釁端，夫是之謂時，然際其會者蓋寡。吾友山齋鄭公之際，亦奇哉！當左轄江西時，逆濠肆虐，擊斷無諱，轉移大柄，以死生禍福有位人，其應如響。公從容其間，屹不為變，而媒孽之禍作，以文致于罪，卒落其官，而怒猶未解也。林見素輟巡視，費湖東辭相位去，亦已矣，猶百計偵伺。胡永清先幾而遁，卒致詔獄，遼左之戍，性命幾不保。公既落官，人猶公危，雖公亦自危也。迨反状既露，逆兵猝起，皖城扼其北，陽明之旅，已鼓行而西。濠進退無據，駢首就擒。當是時也，已有訟公之冤，即其家而起之者。飛龍利見，大命維新，反弊政而還之舊，以與天丁更始。顧以江西甫定之邦，非老臣宿望以拊循鎮讋之不可，而公巡撫之命下矣。公之遭，人固公奇，公亦自以為奇也。故再起非難，而時之遭際為難。時猶濠時也，公固無此起。濠死而中外之奸尚在，公亦無此拜，拜亦無能久於其位，今則無是矣。簡修進良，繩惏摧暴，以弘大新政，保釐西人，如《書》所謂『不剛不柔』，《詩》所謂『不吐不茹』，公固有以自副也。抑善作者不必善成，得於憂患者恒失之安樂。《易》曰：『樂則行之，確乎其不可拔。』公孝友貞諒，論事侃侃，不詭以徇，文章刊落葩藻，根據理要，無謏詞。既得之涵養之素，而履危歷險，衡慮困心於八年之久，以日見其至，以晚其成，於所謂『不拔』云者，非獨公之自信，人亦信之無疑也。予不佞，與公素莫逆，既慶公之遭，且知公固不負此時也。因書之以為行贈。

贈節推傅君榮擢常州郡倅序　前人

是歲正德己卯夏六月，吏部擢吾郡推傅君美政，通判常州府事。報至，民皇皇如失所依，知不可留也，謀立石道左，以系去思。莆大夫士相率贈以言。比十月，部檄至，君捧之色若不懌然者。松厓子訊之曰：『時不可為耶？』曰：『否。大憝初平，聖心感悟，更化善治，此一機也。奚為而不可？』『無亦負有資望而晉秩滯且恡耶？』曰：『否。升沉遲速，命也。而半刺端寮，倅車分乘，又得大郡如常，亦足矣，敢滯與恡尤哉？』『若是，奚為其不懌也？』曰：『官易地而政未諳，民或異俗，士夫或異向，而心未易孚，惴惴焉勛名損於作推時是懼爾。』松厓子作而解之，曰：『官信易矣，而官政未始可易也。民俗信異，士夫意向未必人人同，而善善惡惡之心，未始不同也。君嘗再蒞莆，一蒞杭，杭之民與其士夫，君既能兼信之而無間於興，今何獨疑於常？曩君之故，以無變于初，常之人，有不信耶？予嘗見君褆身矣，冰蘗自持，不矯激以自衒。又見君施於政矣，峻法弛而惠愛溢，察其隱而開其迷，必小大不冤乃已。又見君之與人矣，遇以禮而接以誠，事有弗直，輙爲理，而或于以私，則婉而拒之。以是民依依不忍舍，士夫之樂於頌美也。興與杭既爾，顧於常有弗爾邪？而猶退焉若怯，惴惴焉以為憂，亦過矣！』君再拜謝曰：『微公言，吾將無以自慰，今釋然矣，亦安敢變其平生哉？』於是邑大夫雷君孟升，與三庠文學蔡君希淵輩來乞文，予無他說以張之，乃次第所與君語者授之，俾書為贈行序。

武康縣志序

陳琳 字玉疇，弘治丙辰進士，今為南京兵部侍郎。

古防風氏國於封隅，為今武康之地，考之記傳足徵也。嘗疑堯舜之世，江以南未盡闢而封國不宜至是，及觀禹會塗山，防風氏後至。塗山，今會稽，豈其地相近而皆列於荒服之内邪？漢以後，地運漸南，故其山若增而高，水若駚而清，人物、土産、習俗，亦漸以熾。逮入國朝而武康遂為浙東巨邑，絲纊纖縞，衣被海内，則其他可知已。舊時有《吳興續志》，又有《餘英志》，我朝會稡為《一統志》，然皆概舉湖州一郡而襍書之，而武康未有專志，豈非其邑之缺典也哉？衡陽易君來令是邑，政事之暇，乃倣《一統志》凡例，摘其事蹟，分類而書，以為《武康縣》。既又訪其遺跡，質之故老，補其缺而訂其謬，凡古今沿革、人物、土産、習俗，於是咸備，其用心亦勤矣！既成，將梓以傳，介予鄉友來京師請序。予惟邑之有志，其繫於治非細也。而今之爲令者，弊弊於簿書期會之間且不暇給，安能留意於是？且非法令所及，若非吏而儒者，亦未嘗不笑以為迂。而君以爲首務，且其力足以成之，不可謂難矣乎？夫考其圖書，興利以養民，表其地之先賢，以風示後人，皆志之所有，亦令之責也。君其次第爲之，則尸其地，食其報，將與志之所載名宧並垂不朽，其寧使是志徒託於虛文而爲俗吏所嗤笑者乎？此予之所望，聊以復於君者。君名綱，字正道，督而修之者，邑丞許君英、判簿李君睿，而索予文者，鄭君美，今爲其邑幕云。

送邑判秦君致政還鄉序　前人

鬻子曰：『去名者無憂。』而論者往往謂軒冕榮貴為外物，若爲身累然者，抑豈至言哉？《易》曰：『時行時止，動靜不失。』其時其道光明，固不以名位得喪置欣戚其間，則亦安所遇而已矣。上猶秦君廷玉由太學來判吾邑，未書考輙致其事以去，過予言別。予曰：『君官卑而禄入少，歷未深，自居兢畏，不敢溷凡俗自潤，故槖蕭然。上猶近罹兵燹，廬室爲墟，田園蕪且盡。昌黎子有言：「中世士大夫以官為家，罷則無所於歸。」君何恃歸哉？』君曰：『吾嘗誦《紫芝》之歌：「富貴之畏人，不如貧賤之肆志。」竊慕之而迂踈率直。刓方為圜，變白為黑，其果吾事而亦果吾安耶？況今年六十有六，亦年至之時，吾固無恃而歸，亦何得所恃而留耶？吾邑不可往，吾將市舊業，携妻子卜築南安，耕薄田，棹小舟，弄水雲而狎魚鳥，以待盡餘年，何往不自得哉？』言已，予且快且悲，憫然自失。記宧游南北十有四年，非如君之歷之淺，言無補於時，澤未加於上下，非如君職簡地限而猶竟其施。貧雖無異於君，然豈吾人及計哉？君得脱樊籠而予尚覊塵鞅，予之自謀不暇，顧暇謀君哉？君，達者也，順時而止者也，不累於名者也。君去矣，自食其力，饘粥得繼，無失為畎畝逸流，即不能，亦將使樵翁牧豎群而指曰：「此固莆貧判簿也。」不亦美歟！令尹周侯以仁惜其去也，需予贈言序之如此。

送邦憲鄭君之南粤序

陳茂烈 見本傳

伊川謫涪州，元定道州，胸中無所芥蒂，得賢愚之歡心，無他，見道明耳。越江別淚，嶺海出涕，顛沛失其常者，衆也。噫！見道者世可易得其人乎哉？予於鄭君士達之行而有以闞其淺深矣。孝宗朝，君與予同被召，君適南都，赫赫有聲稱。予碌碌西臺，及歸終養，君以憂制去。正德初，起復，奉命按湖南。代還，與時牴齬，調吾郡節推。人聞光聲而顒顒以待，既至，予謁之曰：『暫借牛刀。』君笑曰：『愧未學。』劇談琅琅如平時，予異之。又能刊落形迹，盡禮以事上，磬折以賓賢，悉心以體下。於是審重獄，剖繁詞，拔淹滯，清案牘，定徭役，括隱丁，抑豪右，扶貧弱，積弊頓革，惠政一新。未盈數月，歡聲四流。方欲講究水利，築塞陂涵，立悠久之基，而廉幕之檄下矣。嗚呼！天將玉君而故為是拂亂耶？抑吾郡生靈之無禄耶？士夫武弁以及黎庶，無遠伊邇，為之興嗟。君無幾微見於色，予尤異之。夫謫於莆，再謫於廉，人所不堪，君之操愈堅，不知果於道有見乎否乎？即今之處莆，固知所以處廉，廉人於君，所以徯之愛之，又未知其何如？視顛沛失常者，賢以否又何如耶？予家食數載，忍見時艱，自吾郡言之，前守張公時峻踰半載而去，今君未半載而又去，天下郡牧如二公之去者，殆未知其幾人。求如二公脫然無芥于懷而得合郡之心者，又未知其幾人焉！韓子云：『古今人同不同未可知。』吾郡二公，何古今之人不相及哉！諸揮侯作圖徵言以贈，因并書之，以表二公之賢。

送黄伯望序 林夔

予初入郡庠，伯望已號前輩，慎言寡許，若與予不相合，長揖外未嘗輕相近。一日，候按部者於郊，未至，予力乏，坐偶右。伯望曰：『吾長，子不宜然。』予引退，然亦笑其過於類顠。後予領鄉書，伯望繼之，同第庚戌進士，同官户部，僑寓又同巷。當是時，無一日不見伯望，見伯望，必傾倒後已。伯望每謂予：子某事過。某事不及。初聞之，猶憤且恚。居閒處獨，因以自檢，盖有甚所言者，百孔千瘡，東防西潰，且恐伯望之不言矣。丁巳讀禮歸，始别。於乎！友道之廢，久矣。未合也，相望如秦越。既合也，相附如漆膠。俯首抑氣，不肯輕出一言，恐相齟齬。比以相全而迄於相失也，有如伯望者，始能正予以禮，終能輔予以義，朋友盡若人，輔仁之益，庶幾乎哉！而予繆悠之迹，得免播揚者，伯望賜也。伯望有南方侵事，過家奉卮酒為二親壽，走謁諸墳墓，見鄉之先生長者，公府僅一私覿，簡書有程，車馬且戒行矣。群公相率賦詩，見素先生冠以序。夫伯望群行卓然，作者盖得其實矣，而復贅是不腆者，朋友之難，離合之感也。伯望亦有慨於是乎？

桐鄉縣志序 李廷梧字仲湯，弘治己未進士，歷官大理寺丞。

桐舊為鄉，隸崇德。宣德庚戌，始分崇德西鄙爲縣而治於桐，因名曰桐鄉。其初為鄉也，凡山川道里、民風土俗與夫人材物産之屬，皆見于崇德、嘉禾等誌。析分之後，則闕焉未有任紀載之責者。正德壬申，鈞州任侯仲伊來為縣首，會稡各志，愽采典集，凡涉桐事者，畢牘而識之，而又咨之故老，考之傳信，舉真黜謬，刪繁就簡，允爲一邑成書。今年春，侯以職事至京，過予言故，且請序。按：《周官》：小史掌邦國之志，外史掌四方之志。土訓、誦訓掌地圖，道方志，以詔地事而知地俗，則志之由來遠矣。存于世者，如《州箴》《黄圖》《風土記》諸書，大抵志類也。其為言，皆約而盡，直而覈，可以該事實，垂法戒，非苟作者。我國家承平既久，人文聿興，薦紳先生皆得以游藝，餘功及於志事。然取而閲之，其能粹然完美、足以追古作者無幾。若義例弗當，條章靡立，或詭言傷正，或穰詞損實者，往往有之。夫本道德而後可以言文，具三長而後可以言史。志之記事，如史而會意，惟文弗遇其人焉，欲操筆以爲文具美觀，豈不悖哉？桐雖新造之邑，然賦貢户口土産疆里，在浙猶可甲乙數，而以例于江北，則雖方州小郡，殆猶過之。獨履道綴文之士，輔理承化之臣，則若寥寥無有相望而起者，豈為政君子，未能倡而導之歟？侯為是舉，可謂知所先務者矣。繼今以往，吏於其土者，於是而寓覽焉，則不俟觀風問俗，自有以備見乎興衰之微。生於其地者，於是而披誦焉，則不俟稽古考文而自有以盡窺乎古今之跡，襲完富而思保持，察俗尚而思因革，覩俊乂而思陶鑄，詮流品而思勵行，悟勸戒而思趨舍，感發興起而名宦人材將彬彬乎輩出矣。予嘗承乏是邑，時則有妄輯而刻于梓者，每欲脩正之，未能也。茲覩侯之成書，既喜且愧，故不辭而為之序。

嘉興守楊公政蹟錄序　前人

曩予令桐鄉，聞陽城楊公之爲守也，邑無饕詖，郡無秕政，民皆恪勤于農，無有求利於官以干農功者。去之數十年，凡政之惠利者，究其源委，必出于公。民之咸造于庭，白事之顛末，必曰楊公云何，他守不得與也。後予入官于朝，益聞公之行業于士大夫間。至於墓隧有碑，郡乘有志，名臣有傳，則又天下所共傳誦不可掩者，公何以得此于人哉？夫至大至剛之氣，人誰無之？然能善養而充，則至于塞天地，旁日月，出幽入冥，亭亭物表，而或不然者，欲誘之也。公自筮仕以來，即捐妻子，簡嗜欲，抗志勵操，介然不群。故其襟懷洞達，正氣常伸，茹開濁不為之驚，解棼錯不為之亂，調甘辛，定震撼而不爲之撓，非其義，萬鍾不足豐也。非其道，王公大人不足貴也。惠澤之流，又足以沾溉群生，憑藉數世，人徒見其方嚴竣整，若巘聳壁立，不可狎視，不知所以持養是氣者，蓋非一日之故矣，信天下之偉人也哉！然公在郡踰九年，知己不逢，徵召不至，臨乎其上者，非惟提衡推輓之未聞也，顧忮害之，擠抑之，甚者從而下石焉。及既滿考，始有浙憲之擢，雖進位中丞，又連輙斥。環天下列郡數百，而能柔言脂軸，餙智為恭，席禾及温，皆接武要地。考其所以為政，曾未能望公一二也，而升沉久速，迥乎不齊如此，豈亦繫乎其逢耶？雖然，公去，民思之不忘。於是礱石以識歌頌之聲，櫝衣以示弗翦之意，兹又有政蹟之録焉。以今之人心如此，則當時之人，從可知矣。以公之得民如此，宜乎時之不我容也。上舍生陳詔以録示予，請為之序。予故備論公之所以繫民之思者如此。嗚呼！陳生録此，其有所感也夫！其亦有所諷也夫！

送都憲山齋鄭公巡撫江西序　黄鞏

山齋鄭公之以都憲巡撫江西也，其去罷方伯時八年矣。鞏於公之出處，未嘗不反覆世道興衰之際焉。夫古者逆亂之雄，欲動於惡，必先去其所忌，其不足忌者，大抵可説而下也。先是，逆藩始横，素翁為巡撫，獨策其必反，稍裁之，已不能堪。翁致政歸，公爲廉憲，連爲左右，方伯亦策其必反，又稍裁之，滋益不能堪，遂反噬。賴臺章交論，天下譁然，竟不敢加害，然猶傳會以罪去。於是無復言及且頌其美者矣。浸淫以至於亂，尋敗亡。先帝始念公先事之智，排難之忠，即日擢為四川方伯。未幾，在廷僉舉。我皇上入繼大統，省章首見公姓名，若曰茲貞臣也，是敢抗逆藩之横，是嘗有德江西之人，其長都臺以撫西人。命下，輿論稱愜。方公之被禍以去也，天下危之，曰：『公其不免。』今免矣。江西人思之，曰：『公乎其庶幾復來乎？』今復來矣。士君子惜之，曰：『安有賢如公者而不柄用乎？』今柄用矣。公將何以慰天下之望乎？況昔當其難，今當其易，昔處其變，今處其常，公之不負天下之望也，亦審矣。世有以一創而懲，遂改故轍者，鞏蓋屢見之，未嘗不退而自懼也，亦安敢復以是量人哉？公長材奥學，粹衷勁節，在鄉評每以公與素翁為匹。今都憲之擢，亦與翁司空召命先後下，且復履翁舊撫之地，行翁之事，世以為不偶然云。

送林二山赴夷陵判官序　前人

二山林君以乘之判夷陵也，取道過家，顧予後峰山中，與之登古囊，凌絶巔以望滄海。遂遊九峰，泝涵江，凡三日而後去。瀕行，謂予宜有言，予亦方思所以贈二山，遂摭夷陵之故以語之。昔歐陽文忠公嘗貽書高若訥，争范文正公事，坐謫夷陵，以景祐三年十月至明年十二月移光化，計在夷陵僅一年，而文采照映，聲光衣被，至今夷陵之山川草木有光耀焉。夷陵人相與語，猶曰吾文忠公嘗辱臨于此也。而凡仕其土者，亦往往以前政自詫。夫當其時，投之險惡之地，固以顛踣窘辱之也。孰知數百年之後，而人更以爲榮者乎？豈直道之在天下，屈之而益伸？抑古之所謂賢人君子，亦必沮遏摧軋而後能有所成與？二山之謫與文忠同，而又適蒞其故所履地，人望二山不薄矣。二山將不為文忠而已乎？文忠在夷陵，嘗閲陳年公案，見其枉直乖錯不可勝數，因嘆荒遠一邑且如此，天下固可知，自爾遇事益不敢忽。然則夷陵旬歲之間，固文忠終身造就地也。向使不至夷陵，則所謂枉直乖錯者奚知焉？不因荒遠一邑、則天下之事又奚知焉？文忠異時接引後進，每談吏事而不及文章，盖得諸夷陵者深矣。嗚呼！此夷陵之所以有文忠，亦二山之所以爲夷陵也。惟文忠平生可法者多，予獨舉此者，盖夷陵之故也。夷陵自爲邑以來，前代名賢，宦游者亦多矣，予獨舉文忠者，慕其迹、從其同也。二山二山，亦將爲文忠而已乎！

莆陽文獻　卷十一　記

導伊水記　蔡襄

伊水出伊陽縣西南山，北流至闕塞，折東會于洛。自闕塞始釃，水行一十八里，以貫都城。伊瀕大山，屬連數百里，多材木林竹薪蒸橡栗之饒，歲取之，設方桴以載，浮伊而下，循渠引行，萃于城中，物衆售平，人用賴焉。其後渠廢水涸，昔之可浮而至者，悉戴且負，久之莫或復也。寶元元年，今振武軍節度使知延州范公以資政殿學士、吏部侍郎居守西都，首圖伊渠之利，乃命知河南縣事王益恭、巡撿李昭慶迹視其故，計費度功，以監竹木務劉信、河南主簿歐陽昱總工徒。秋八月二十七日始作，冬十一月十六日役休，納石竹絡以障大川，更起隄防，擁其來勢，及城且五里。洛渠横前，不得絶其流而度，編木爲槽，承以石趾架而通之，向之戴負者，復舍陸而浮矣。官寺民舍，往往支取其餘，溉注園池碾磑，為利滋博。其年，公持節守邊，明年以書語某，俾述渠以遺後人，庶完治勿壞。某竊謂近世守官，亟更易無常處。

所臨之郡，官稱姓名，適在人耳目，則又罷去，雖良吏勢不能施發德惠，漬溉風俗之久。視其地其民，置之若遺迹，非志於民者，孰去而思之耶？公方專制羌虜，蚤夜設方略，審機勢，以攻取決勝爲事。今乃勤勤洛人之利而不忘，可謂志於民者矣。

郭氏旌表門閭記　林光朝

一夫以孝聞，而天子喟然為之改容，且至大書其門，以褒勸旌異之。莆之東北隅，惟林氏為故家雙闕，今無恙。南北衝衝，道由是出，必立馬停輈而後去。三百年來，有郭君孝子，視昔人為無慚色者。先生貌古心不雜，所視惟尋丈，口不論時事，聞他人之過，則掩耳而去。以是豪雋愚暗、駃愎辯佞、雜然人品，何所不有？與之處，或累刻積日，彌月竟歲。或邂逅一轉臂，許是必以處仁為古之人。先生蚤時游大學，以操尚稱。四十餘，客錢塘，聞母夫人之喪，徒跣走二千里。每一哭輒嘔血，家貧甚，無百錢儋石之儲。及治葬，雖故人有所饋不肯受，聚土為墳而廬之於其旁。塋兆廣袤不出三數丈，有甘露降，赫日當中，則霏霏來下，晶明膏潤，土脉欲動，乃如異時所聞者。余於是吊先生於廬下，先生杖而起，且曰：『義重事親，有所不足，敢以是欺吾子？』是歲郡國白之朝，有旨旌表其閭。前安棹楔門，左右累土高尋有四尺，堊以白而丹其旁角，此故事也。前代帝王應法復孝友之家，璽書具存，則聽復。君子之澤，不過五世。先生所以遺其後者，雖帶礪不足尚也。先生六試于禮部，以右迪功郎補潯州司法叅軍。秩滿，再調德慶府録事叅軍。昔者元德秀六十不知女色，先生過六十而後委禽焉。其在他日，足跡可數，不必道說而人自信之。每夜半，嘗焚香，適取之販婦，已而弃去，曰：『此但與瓦礫塊土等耳。』余一夕夢先生踽踽然衣巾如寫水，旦日誶其夢，其童僕自外來，猝然曰：『先生遇夜浴，何嘗解衣？』余每怪夫夢之無從也，汲直、萬石君父子，楚之兩龔、李仲元、管寧、陽城，其折以自處也。瑟焉如玉，鏗焉如金，又如冰寒火焦，不必以語入，先生固不待三十年而後議論乃定也。隆興更元，新作門閭，彥華於先生爲族子，屬某書其事，筆不下者三年矣。『所謂伊人，在水一方。遡迴從之，道阻且長。遡游從之，宛在水中央。』此為先生之閭，我不出户而昔至也。時乾道元年四月三日。

五芝亭記　前人

紹興二十年春，太守陸公命其堂曰『三瑞』，盖從邦人之請，且紀事也。四月之吉，乃與客登堂合樂張飲。是日也，飛觴臺之東南，俱有異産如嬰兒之拳者，凡以五。酒數行，客起而環觀之。時有通人洽識者，矍然曰：『佳哉！是所謂煌煌芝英也。吾往時嘗游大粱，見於華原鄭公之第，殆猶今所見也。』越旬日，本茂而實滋，其大盈尺，小者亦或數寸，輪囷秀出，不可名像。欲翔而止，欲躍而留，有如環者，有如璧者，如蟾蜍萬年而角者。公由是私自異之，乃爲壇聚黄冠祝之三日，遠近相攜而觀者，盖如堵墻焉。公之治莆也，訟平而禁約，化行而令隨，人安以舒，百物順也。雨暘之禱，晷刻輒應。自春徂夏，麥隴大熟。黍穗十倍，陳粟未散而新谷已升。三十年來，視今為樂歲也。莆人父兄相與言曰：『吾為兒童，既壯且老矣。聞某地朱草生，某郡之山出器車，某歲天馬來，景雲集，寶鼎現。當其時，居人日食四韛，東阡西陌，相去纔百步，是必正衣冠束帶而後往也。今天下罷兵十年，官賦以饒，民齒以蕃，慈祥之氣，日以淪洽。靈芝五莖，産于公侯之圃，歷歷如曩時所傳聞者，太平之應，自此發之。願公為福於天下而無忘此土也。』於是雜然以歌詩謡曲為公賀者。芝初生，其色如塗金，旬日如凝脂，又如渥丹，復一變，隱然而紫暈。今畫工所傳者最後，黄中之色也。公乃以五芝名斯亭，而命州民林某為之記。時六月丙午朔也。

艾軒祠堂記　陳俊卿

淳熙壬寅夏四月，永嘉林侯仲元來守此邦。政尚嚴明，以厚風俗、敦教化為本。閲數月，闔郡之士，咸造于庭，曰：『莆雖小壘，儒風特盛。自紹興以來四五十年，士知洛學而以行義脩飭聞于鄉里者，艾軒先生實作成之也。先生學通六經，旁貫百氏，蚤游上庠。已而思親還里，開門教授。四方之摳衣從學者，歲率數百人。其取巍科、登顯仕甚衆。先生之爲教，以身為律，以道德為權輿，不專習詞章為進取計也。其出入起居、語默問對，無非率禮蹈義，士者化之。間有經行井邑而衣冠肅然有不可犯之色，人雖不識，望之知其為艾軒弟子也。』莆之士風，豈無所自？先生殁已六年，人思其矩範，願得立為祠宫，春秋薦以苾芬，以慰邦人之思，而垂後來之勸，敢以為請。太守喜曰：『古所謂鄉先生殁而可祭於社者，非斯人其誰？』乃擇城南隙地，爲屋十六楹，丹雘一新，像貌煥然，崇德尚賢，聞者興起。越明年二月丁酉，太守率諸生有事祠下，一郡之人，莫不奔走瞻敬，因謀刻歲月謁記於予。予與艾軒游四十年，所謂三益之友，其可辭？先生諱光朝，字謙之，艾軒蓋其自號也。少有聲場屋，年五十始擢太常第。天子聞其名，召試館職，入著庭為吏部員外郎、國子監司業。兩學士人，服其素行，矜式惟謹。出使廣東，以儒生平劇賊，朝廷嘉其能，增秩，召還為國子祭酒。車駕幸學，命講《中庸》，玉音嘉獎，賜以金章。不旬日，除中書舍人，以繳駁不當為御史者，遷工部侍郎。請外，以集英殿修撰知婺州。待次逾年，得疾，三日，不起。天下之士，莫不傷其才有餘而用未究也，況邦人群弟子乎！昔楊厚歸犍爲，以黄老教人，門人猶為之立廟。嚴君平在蜀，以忠孝訓俗，人亦爲之立祠。今艾軒之學行文章為吾里宗師，可無祠乎？然則守侯之政，亦可謂知所先務矣。

脩復艾軒祠田記

劉克莊

初，郡人祠艾軒先生于城南，田以贍之者，忠定趙公也。碑以實之者，正獻陳公也。不幸先生二子繼卒，猶子成季字井伯，有賢名，忠定客也，又卒。家事益落，田爲二姓所得。諸孫曰鈞者愬于計臺，方公大琮喟然太息曰：『鬻祀田，非法也。没價返田，法也。吾使鄉部，寧厚毋薄。』檄郡丞以窠名錢酬元直之半，俾復其舊。會易帥他路，事不行。田既去，祠益圮。鈞復愬于郡，楊公棟亦喟然太息曰：『古者祀鄉國之先賢以為先師，艾軒非先賢乎？式閭表墓，自昔有之。田非閭墓比乎？』乃新祠宇，復諭二姓曰：『先生在，不殖寸産，没豈與鄉人較數畝之田者？雖然，誘先生之廉讓，利故家之清貧，取而有之，此名不可安也。方公去矣，窠名錢不可覬，其以郡緡十有二萬酬若等。』二姓退聽，毁券歸祊。

公又曰：『是嘗一鬻矣，安保其不再乎？』覈其田，凡八畝三角三十一步，歲得穀十七斛有奇，錢千。圖久遠而可托者，莫如學。以田隸學，曰：『文郁，先生孫也，宜主其祭。鈞，井伯孫也，有勞於田。』令學官以其歲入分給二子焉。昔孟子論善士而有一鄉一國與天下之辯，以陳良為楚產，以仲子爲齊巨擘，至伯夷、伊尹則不然。今夫前陳後方，莆人也，其於先生，猶曰『吾東家丘』云爾。忠定，番人也，楊公，蜀人也，地如此其遠也，歲如此其久也，事先生如此其共也，豈私於東家者乎？若先生者，所謂天下之善士乎？楊公起倫魁，由樞掾尚書郎出牧，其來以風化為先，務旌賢崇德，蒐遺繕廢。於是二劉、二鄭、城北四先生之祠皆新，朝廷嘉公治行，就擢刑獄使者。垂發，命某曰：『圮者葺，侵者歸矣。子二大父實同閎宮，其書于石！』某不敢以衰病辭。

淮東總領所寬廉堂記　前人

淳祐乙巳，司農少卿淮東總領金華王公野上章再求去。上留之，進本寺卿，訓辭曰：『爾行之以寬裕，本之以潔廉，此朕所以惓用情于爾而不忍遽促之歸也。祇若成渙，勉為朕留。』公初出使，慨然謂是職之難有二：操切病民也，出納行人也。故治己者極其嚴，責人者極其寬。至是，讀王言而喜曰：『上英睿洞照群下，凡臣所為，陛下固知之矣。』乃取『寬廉』二字扁其聽事西偏之堂，記諸石以答天寵。夫理財之難，尚矣。先朝雖重三司使之權，然所任之人，皆寇準、晏殊、王堯臣、包拯、蔡襄、宋祁諸名臣。熙、豐以後，稍用惠卿、嘉問之徒，講之於內。薛向、吴居厚之流，行之於外。元祐知其弊，擢李常版曹，出鮮于侁將漕以救之。未幾，『豐亨豫大』之論起，有魏伯芻者，以胥吏之智，變鈔引之法，求多不已，遂啓侈心而召狄患。南渡，德音首欲痛革，然賦入既狹，兵費浸濶，其取之於民者，終不能復祖宗之舊，而四總建焉。蜀稱趙開，昇、潤、鄂三王人，各極一時材臣能吏之選，百餘年間，酒茗鹽鐵，蒐求無遺蘊矣。於是用事者方以為未至，更出新智以圖富强。卒之無他繆巧，不過籠商賈、田郡縣而已。蓋時賢所操之術，非獨惠卿、嘉問之所不肯談，向、居厚之所不敢為，亦伯芻輩之所不忍盡試者也。使其利歸公室，猶且為國聚怨，況或以潤其屋而肥其家乎？上益厭之，而擢任公等。兵曰：『公通儒，識我飢飽矣！』民曰：『公長者，知我疾痛矣！』余來江鄉，耳聞目擊者如此。或曰：『公方今多壘之秋，財殫粟亡，非手運牙籌如飛者，殆不能濟。而王人之言，雍容如彼，君子之論，舒緩如此，如事功何？』余曰：『漢下告緡搜粟之令，罪至没入，天下莫應。及欲免兒寬，則牛車檐負爭輸，惟恐右内史之去，以寬不以嚴也。渭上之耕，木牛流馬之運，厥功大矣。而其根本，乃在於成都田十五頃、桑八百株，以廉不以汰也。行督責之政，以税民深者為賢客，斯之法也。夸禄賜之富以文其與民爭利之過，桑大夫之言也。』或者語塞，因次第其説，以復公命。

興化軍新城記　前人

莆為郡且三百年猶不克有城，皆曰：『樂土也。緩事也。』一日，盗起汀、邵，他州增陴浚隍，惟莆四封蕩然，破扉不闔。未幾，盗寖南侵，勢且及境。富家窖竇物，窶人挈空身，咸欲潰去。郡人陳公宓始倡板築之議，士民和之，臺郡是之。會王侯克恭病，委其責於通守趙君汝盥。事方有緒，而王、趙相踵即世。趙侯汝固始至，顧郡力已屈，則拜疏求助于朝。有旨賜祠牒五十，未至而趙侯去。陳公與郡人太息曰：『城其中輟乎？』於是天子擢曾侯用虎知軍事。侯博訪于衆，或謂城痺且薄，不足恃。或謂費雜且廣，無以繼。侯奮然曰：『痺者可高也，薄者可厚也，役不可以已也。且吾患無政，不患無財。』益市木石，益僦工徒。先是，官晝丈尺，俾僧幹築。僧有能否，有勤惰，而官無賞罰。侯斥逐其不勉者，向之苟簡，悉趨堅好。既成，長一千二百九十八丈，高一丈八尺，表裏以石，覆以磚。五門樓堞丹堊煥然。憑高望之，鉅麗突兀，疑化人之所為，晝史之所摹也。凡用石以丈計者五萬七千一百七十二，甎大小六十七萬八百。夫五萬一千四百，糜緡錢二萬四千六百七十七，楮幣六萬六千八百，內楮四萬，朝家所盼，錢楮各千，漕臺所助，餘悉出郡帑。昉於紹定三年之春，訖於四年之冬，盖三百年不克為者，一朝而就。然則城果緩事乎？樂土果可常恃乎？夫敵無脆，有備者勝。國無小，善守者全。樂毅能下齊而不能拔莒、即墨之二城，佛狸能飲江而不能克盱眙之孤壘，往事之明驗也。先朝懲儂寇之患，城廣，城邕，城桂，嶺海之民，始奠其居。嘉定鑒開禧之迹，大城江北，樓櫓相望，然後並邊郡邑，各能自立，近事之已効也。玩常而忽變，喜逸而憚勞，華元之謳，子罕之朴，人之常情也。以習安為惧，以恃陋爲戒，墨翟之智，子囊之忠，侯之盛心也。侯治郡尤清苦，省逢迎之厨傳，罷游觀之土木，獨民間有大利病，必勇於興除，不以役巨費夥而沮。城成之明年，歲豐盜熄，乃下令蠲夏稅一年，以撙節之贏代輸。

噫！侯知築是城，又知所以守城矣。初，役之興，陳公最盡力，且率大夫、國人各相斤斸。其後通守趙君汝駉、判官趙君汝駉與有劳焉。莆人喜守備之固，美蕃宣之勤，復悲陳公之不及見也。某亦版籍一民，貲不足以豪鄉閭，力不足以荷畚鍤，玆獲以筆墨小技，記事之成，顧非幸歟？

興化軍創平糴倉記　前人

平糴倉者，太守寶章曾公之所作也。公在郡三年，蠲弛予民以鉅萬計，至是復楮幣萬六千緡為糴本，益以廢寺之谷，寺之産，及五貫而糴，民不與也。倉之政，擇二僧而付，吏不與也。糴視時之價，不抑也。糴視糴之價，不增也。别儲錢楮二千緡備折閲，又撥廢寺歲三百緡供縻費。歲儉價長，則發是倉以糶之。歲豐價平，則散諸錢易新谷以藏焉。其纖悉載規約而建置大指如此。郡人驩呼雷動，更相賀曰：『異時富家南船迭操谷價低昂之柄，以制吾儕之命。今公為民積谷五千斛，富家之仁者勸，鄙者愧，南船亦不得而擅壟斷之利矣。非可賀也夫！』先王委積之法遠矣，熟而斂，飢而散，李悝之法也。賤而糴，貴而糶，耿壽昌之法也，今之常平是已。貸其本，取其息，荆公所謂《周官》之法，今之社倉是已。然艮齋魏公猶以二分之息咎朱文公，以為祖金陵之餘論。公為是倉，忠厚惻怛，有常平不費之惠，無社倉取息之謗，純乎仁義而不以一毫覇政糸之矣。或曰：『不有常平乎？』曰：『常平之遇歲豊也，不易而腐也。易而無所受也。是倉則不然，其易也，無害於僧也。其糴也，有利於民也。常平以使者典領，使者去民遠而不時發也，郡縣去民近而不敢發也。是倉屬於郡而不屬於使者也，掌乎僧而不掌乎吏也，守以規約而不守以文法也。廣先賢之遺意，輔常平之不及，不在兹乎？』或又曰：『艮齋之論，高矣美矣。其後艮齋之倉先廢，而文公之倉不獨建人守之，往往達於天下郡邑，則以二分之息扶之故也。乃若有本無息，日消月磨，本竭而倉敗矣。』曰：『别儲之錢，為是設也。昔無倉而今有倉，公之惠也。脩其政無使之壞，養其本無至於竭，後人之責也。立法而過憂後日之必弊，則法不可立矣。為善而逆慮後人之不能繼，則善不可爲矣。公將奉使江右，顧瞻舊邦，眷焉不忘，其待吾民厚也。若夫潤澤之以俟君子，其待後人尤厚也。公名用虎，温陵人。倉作於院廢址，以紹定六年季夏落成。廳事中敞，兩廡對峙，屋皆三間，垣廡宏壯。莆田丞陳子頤實贊其議，涖其役二僧，住囊山者，曰智上；住華嚴者，曰法均云。

仙游縣學尊經閣記

卓德慶 見本傳

仙邑士友蘇國台輩以書來諗曰：『邑庠之有六經閣，尚矣。歲久屋圮，書籍散失。歲在甲寅，趙貳令汝催攝邑事，徹邑治之西樓而為是役。然經營草草，莫宜其地，功不果就。今昭武趙侯適至，既謁先聖，顧瞻大息曰：「化民成俗，必由乎學。垂世立教，莫尚於經。」是役也。長民者事也，惡可以已？然費浩邑窘，安所從給？於是裁職員，會學廩，異時之乾没於官若吏者，專委廉謹之士尸之。朞年，得贏貲餘五十萬，則曰：「吾今可以議是役矣。」乃相地度工，改作于遵道堂之東偏，命某等董其役，未閲月而告成。列楹有覺，重簷斯飛，周阿峻嚴，延宇宏敞，將以嚴六經之藏，而以諸子百家之書附焉。其下為堂，扁曰「文會」，俾某等與邑之俊秀日講道討古其中，以相磨礲浸灌。又以祭器多戾古制，則諏經證典，捐金若干，易而新之。秋丁釋奠，行禮慶成，諸生克然，咸若有得，且矜奮曰：「昔者人謂斯何？今者人謂斯何？侯之賜侈矣，不可泯焉無述。子郡人也，且知侯為深，請志之。」余辭不獲，則復之曰：『聖經猶日月也，豈待斯閣而後尊哉？侯之復斯閣也，豈但侈縹囊緗帙之富，飾玉軸牙籤之儲，魚魚雅雅，以是為尊經哉？夫經非空言之謂也，尊非徒敬之謂也。彼明經而利青紫者，固陋矣。其有業《春秋》者，曲學阿世；習《論語》者，附王傾漢；學《周官》者，而以聚斂貽中原之禍。他如「神道設教」「飲食宴樂」「三年無改於父之道」之說，以文奸罔上，皆經之賊也，其於尊也何有？諸君於文會之頃，相與切磋，亦有警於斯乎？毋亦以空言視經也，不以徒敬為尊也。必尊德性而道問學也，尊所聞行所知也。如有用我，執經以往，將有得其一二句終身受用不盡，而為名輔弼者，有平生力學，所得不過三字，以為累朝獻者。夫如是，其於尊經庶矣乎？』侯聞之，作曰：『是某志也！盍刻之以詔不朽？』侯名與泌，秀于公族，宛若韋素，持身居官，内外斬斬，蓋學有本領者。故於為政，知所先後如此。國台等皆邑善士，故能體侯志而翼其成云。

寄軒　余謙一

文章宗師曰歐、蘇氏，歐自瀧岡竣事，一迹不至家林。守潁，樂其風土，遂為終焉之計。蘇亦出蜀不復歸，既欲歸嵩洛，又欲居廬山，甚者以蒜山房客自詭，末年竟歸陽羨以死。委先廬，樂僑寓，捨故鄉，留他國，詎非通人一蔽歟？丁丑寇作，吾族之甍連棟接者，化而為烟為埃，族之人往往流徙奔竄。近稍還集，顯伯弟於故居一牛鳴地，得三間墼屋，携妻子以居，一軒明快，遂以『寄』名，蓋曰『吾先人之廬，吾力未能復而心未嘗忘寄於此，非敢安於此』。昔重耳以晋難故，奔於狄者五年，一朝至齊，即懷其安，不復以反國爲意。向微子犯，悔其可追乎？兹名所以識也夫！不更宅，左氏所書；能復宇，周公所頌。予聞其言而有取焉。莊、列之論，以身世為逆旅，以宅居為傳舍。此論行，能使人厭撿束而事倡狂，舍真實而崇幻妄，余又慮夫末流之弊，寄而至於媮也。故君子於此，不敢一日廢吾學。伯鸞之於吴，貧而寄者也。春廡之下，禮敬行焉。臺卿之於北海，急而寄者也，複壁之中，訓義出焉。乃若遭世亂離，少陵翁于夔、于襄、于成都，所寄無定，在詩自夔州以後，鏗鏘蹈厲，端可上媲風雅。循其所寄之跡，考其歲月，而論其為人學問功夫，誠有不可誣者。今顯伯之寄於斯，非他州異縣也，非傍人籬落也。其視二三子之困厄窮，亦足以為安矣。人之情，當厭亂之餘，則喜聞放達之論。處幸安之境，則易忘兢畏之心。顯伯勉諸！此學之所以不可已也。顯伯為余言，將求扁顔二大字於石岩方子。予恐未悉其所以名，故爲之記如此，以著其心，而又使覽觀自省焉。

將樂縣桃源橋記

黄淵

將樂，南劒路支邑也。邑十里南曰桃源溪古渡也，溪有橋，汀、廣午道也，東西行者利之。歲異月殊，水磯横断，並溪之民，或塗以茅，庋以木，繩以筰。夏潦秋霖，茅朽木蠹，筰亦解拆，涉者病焉。今總管李侯士弘始下車，惻然曰：『橋梁不脩，誰之過？』諉邑簿徐某、前廣德路同知吴某董其事，僧覺德首受役要，繇是有輸財者，捐粟者，助工傭者。絫石為址，橢而方之，釃為洪，導而四之，不低不柞，架梁其上，左右埂丈六十有咫，環築以石，直欄横檻，崇麗堅緻，輿者行者，如行九逵，靡楮一萬萬餘而民不以為苦且勞。興役於大德丁未十月，竣事於至大戊申七月，祭飲之日，仕於此邑者，邑之已仕未仕者，田夫野叟，共祝橋壽。余於是賀此橋之遭也，不可不記。

環翠樓記　陳旅

豫章范孟德，集賢直學士揭先生之世婣也，其子良臣，靜莊而嗜學，先生以其弟之子妻之。良臣從先生學于京師，余數與語而知其世之務夫德也。范氏居豊城東六十里，楮山在其南，寶林、招雲在其東、西，灌溪在其北，而浮游之山峙焉。孟德於所居之東，為樓四楹以庋書，而使良臣居之。良臣讀書之暇，馮高望遠，則層巒列岑，拱會聯絡，近則巨木崇竹，參錯蓊翳。環樓而觀，何其蒼然者之皆來也。於是先生名其樓曰『環翠』，且為大書之。良臣又以先生之言來請記，余告之曰：『先生亦欲子益務夫德也。珠生而岸不枯，地有寶藏則神明之光舒焉。善候息耗者，不求之於人，而觀其屋室門户之潤澤也，賢者亦何事於山川草木之觀哉？而賢者之所居，則山川為之明秀，草木為之津華。其善色之所鍾，則在其屋室門户之間矣。然則樓曰環翠者，其范氏務德之休徵乎？昔御史中丞馬公伯庸與余言曰：「吾晝坐華陰縣廨，山翠飛至几上。其山有隱君子，吾不得而見也。」余每憶其言，則有夐塵之思焉。他日過豫章之野，望豊城諸山，挹其飛翠而想見其隱於是者，亦庶幾若人哉。』

興化縣譙門記　朱文霆

興化縣故為游洋鎮，宋太平興國中，改爲縣。初治興泰里，國朝皇慶中，遷廣業里，民屋鮮少，市廛晝閉。長民者類以土狹賦凉，邑可臥治而門觀弗餙。至正十三年，為藏吉公監邑之二年，令行事舉，人和歲豊。公謂斯邑雖小，視古男邦，門觀弗作，是鄙夷其民也。既大脩縣署，遂改製錦坊爲譙門，門距縣可五十舉武。為楹七間，斵以巨杉，甓以文石。廣五十尺有二，崇三十尺有一。面蓮峰，背石竹，湘水溪其左，清欒橋其南。綺疏玲瓏，畫角清亮，而向之山川，殊改色矣。於是鑄壺以金，浮箭以水，啓閉昏昕，百度悉正。亭傚之行夜，黨正之讀法，土牛之迎春，老瘧之觀詔，莫不會於是。至若農書之班，則驗晷景焉。群祀之舉，則數刻漏焉。孰謂譙門徒事夫美麗而已哉？民既悦喜，相與求記於予。始事則十三年之十二月也，卒功則明年之三月也。問其材，則公以率以倡，而民資助有差也。問其功，則召之役而官與直也。嗚呼！予讀班固《漢史》曰『戰譙門』，則門之上有樓也。曰巢車，曰塹壘、木樵，雖以巢為譙，以樵爲譙，皆樓於軍中以望敵者也。嘗聞盜鬩，永福公提兵塞辜嶺，游洋晏然無恐。今登高以望遠，惟見夫民之食力不懈也，弦歌不輟也，非有氛祲可望，必俟乎巢車之登，木樵之壘，而譙門之戰也。然則公之為此也，以是為臺門觀闕之遺制，而昭之以文也。文物盛則治教興，吾知紫氣三日之祥，其將復見於此歟？公名藏吉，字吉祥，世以閥閲稱。

興化府儒學興造記　前人

按《郡志》，學創於宋之咸平，廟宇中峙。紹興改創，始左廟右學。有宋高宗御書，故為之閣。今御書亡而閣存，其下即戟門是也。廟制：先聖南向，先師兗國、鄒國二公居左，十哲則自閔子至曾子東西侍坐，豈當時獨顔子、孟子配於廟庭歟？以顔、曾、思、孟坐於南面，疑起於近代，配位距先聖少後而已。至正庚寅冬十月，本道分憲田公九嘉偕二朵公詣學，始而盥薦滌濯同器，田公大斥其非。暨釋菜、瞻貌象，踧踖弗寧。退而進有司而告之曰：『先聖先師同位，禮歟？』教授葉應禮、學正陳英觀對甚悉，曰：『非禮也。禮猶有類此歟？』則又曰：『舊制，堂有上下，不過廉隅之殺耳。今殿峻而庭夷樂，上縣者若系，下縣者若墜，而八音大不相屬矣。舊制，戟門外為靈星，弗作門；戟法用二十有四而僅用其半，則又非古矣。』田公曰：『噫！釐而正之可也。』顧謂郡侯判官乃麻歹曰：『子前進士也，其為之勿讓！』侯承命，既糾其贊禮之非者，遂與學官度筵之廣深，以秩神位，曰復聖公，曰宗聖公，曰述聖公，曰亞聖公。四坐徙東西向，十哲以次位於其下，惟夫子巍然面南而獨尊。卷衣龍黼，幄帟金絢，配享而下，皆冕芾斯皇，位致孔嚴。侯又酌閩學近制，為壝于前榮，夾于兩階，去堂廉少殺而下，可布武《春秋》。合樂，使下管鼗鼓、崇牙業簴之器，皆于此乎樹。凡琴瑟石磬之比於人聲者則登，而樂之懸，斯不失其倫矣。顧惟儀門南臨大道，不可重作門，但即儀門餙以采雘，為戟二十四，昭其數也。侯又俾學官因其署而新之，教授有司，明誠有堂，東距道化堂之左云。越明年春，丁侯與郡長僚佐行三獻禮，祭服、祭器、儀式逾整。田公按郡還自漳，侯率學官以其事曰。公嗟賞久之，惜不獲一詣而去。是役也，費皆出於學，緡以百計。應禮遂述其本末，徵文於文霆以記之。文霆惟禮之廢久矣，吉禮尤廢也，其僅存者，猶見於社稷。孔子然社稷不屋，其禮差簡。殿堂門戟得用王者禮，惟孔子為詳，詳則於上下降殺之間，不謹其辯，可乎？夫正兖、沂、郕、鄒之位者，禮也。為堂上堂下之級者，樂也。門戟之嚴，罍洗之潔，皆所以行乎禮樂也。憲官糾其疑，有司任其責，學官供其事，於法可書。田公以國子生選，侯以進士舉，皆雅有文，宜其明於禮焉。

東軒記

方正仲字真仲，幼名岩祖，登諸科，授海豐縣尉。［一］　方公權附見《方大杜傳》

族弟謙吉即東園之東，葺數椽居之，堂廡略備，花果成列，扁以『東軒』。說者曰：『震，東方也。為長子。其於馬也，爲善鳴，為的顙，請以馬喻。夫馬產於冀北，來於西域，未有知馬首之自東者。』予以天象求之，房為天駟，屬蒼龍之宿，環以東騎，騎官而王良造父為之先後，故馬八尺以上為龍。乾初陽東左爲震，震、乾皆象龍馬。《說文》：日在木中，為羲御升扶桑之象。君名家駒也，俶儻權奇，如日方升。驤首奮鬣，宜在天閑。秣趙魏，刷幽燕，鳴六鸞，從八騶，一日而千里也。功成名遂，歸老田園，有酒有酒，閒飲東窓，誦淵明之詩。老兄與族親賓友飲于此，一笑相親，不亦樂乎。

校記：
［一］此十八字疑為衍文。

莆陽文獻　卷十二　記

古易堂記　吴源

五經惟《易》最古，《易》惟《先天》一啚最古。自畫而辭，則畫古而辭今矣。自經而傳，則經古而傳今矣。以文王而視伏羲，則伏羲之《易》為古。以周公而視文王，則文王之《易》又古。以孔子而視周公，則周公之《易》抑又古矣。至費氏而古《易》遂變為今，至鄭康成、王弼而今《易》不可復古。噫！使天下後世不知聖人作《易》繫《易》之藴，皆漢晋諸儒之過也。有伏羲之《易》，有文王、周公之《易》，有孔子之《易》。伏羲之始畫卦，卦即字也。六畫而成卦，畫全而卦已立，初無待再書卦名而後顯。文王總六畫而繫之辭，於其卦也而辭之，又豈復書某象某卦於卦辭之上？周公分六畫而繫之辭，於其爻也而辭之，又豈復書某爻某位爻於辭之上？孔子特自為傳，非敢亂《易》之文，則於彖、傳，大、小象傳之上，皆當有所表，而今《易》皆闕，何也？自費氏以前，四聖之《易》，各自為卷，簡不相連，文不相襲。費氏而後，畫辭雜見，經傳錯出，於是世無古《易》矣。孔子曰：『五十而學《易》，可以無大過矣。』斯言先儒嘗疑之。予謂孔子之贊《易》，雖在七十之年，而學《易》未必不在贊《易》之先，安知非五十時為此言哉？《易》不可不學，而亦不可以易而學。學《易》必先明乎《易》之所以作，而後可以得《易》之理。必先考求古《易》之文而後可以正今《易》之得失。予嘗編定《古易經》二篇，以復羲、文、周公之舊，《傳》十篇，以復孔子之舊，又將著之說以發明經傳之旨。顧年近五十，日坐斯堂，研窮兹事，必期於成編而後已。恐其有所遺忘也，是以見於名堂焉。世變方來，時事日非，而予乃欲兀坐一室，著人所不好之書，為人所不好之事，無乃大迂乎？既用名堂，則又為之記，并志予迂。癸卯白露前五日，莆古易堂散人吴源自記。

遊蓮峯紫雲嵒記　方時舉

莆多佳山水，出城北十里，有山蔚然而九葉者，蓮花峰也。峰之陽，有宫翼然于平凹者，紫雲嵒也。洪武己酉冬十一月之望，予宗姪履道約諸友會焉，繼文好也。于時天陰風恬，予與朱原大、楊原吉步自城東，履道抱琴，從子過烏石山下，出鼓樓坡。黄源清偕鄭敬德來迎于壽溪之上，邀至其家啜茗。由田間取道溪橋，橋南遇陳本初，度橋北，沿溪東行，轉洋西，登山入平林，陟峻嶺，始履平凹，憩盤石上。夾道皆喬松，鳥礫礫下上，縈紆古磴，隱隱聞鍾磬聲。抵山門，山之僧斷江肅客，東樓則郭維貞、吴元善、潘士泰、葉原中、黄原志與宗人用明、載道皆先至矣。憑軒而望，壽溪繞其下，壺公立于前，如端人高士，迥出塵表。穀城五侯，大蚶諸峰，踴躍東驟海外，風帆出没煙雲杳靄之間。頃之，劉性存、陳廷賓亦至，劇飲歡甚。於是吟者論詩，書者弄翰，畫者戲墨，歌者擊節。迨夕，山空籟靜，淡月微朗，原大鼓《樵歌》《水雲》數曲，鏘然冷然，若聞廣樂於鈞天也。方期旦日捫蘿絶嶺，訪陳仙篆、石丹井、羅漢石室而夜半風雨驟作，真游難必，心賞遽違，感慨繫之矣。嗟乎！人生百年間，亂離風雨，憂患十居八九，嘉會能屢得乎？予與諸君生兹土，去兹山咫尺。予年四十又一，始一會焉。若陳維鼎、朱德善、陳必大、宗兄用晦以老病不能會，丘伯安、陳虚中以遠不及會，李叔英、宋貴誠、蔡景辰、黄孟仁、鄭德孚、黄性初、釋清源又爽約不會。嗟乎！兹會果能屢得乎？會之友，咸分韻賦詩，且屬吴原善圖于壁。予因記其山水之勝，游賞之樂，嘉會之難，與夫會之歲月于左方。是月十六日，壺中樵者方槐記。

原素齋記　前人

余友楊君原吉，儒而隱於醫者也。嘗以『原素』名其藏脩息游之室，客有疑其義而問於予，曰：『原吉全形哉？』曰：『形其外也，子盍觀其内？林林而生，孰不有形？形本無形，太初冥冥。氣合形聚，厥質斯具。惟質之始，是名太素。太素之初，形與神俱。養而勿傷，外充内腴。七情内滛，摇我之精。六賊外侵，耗我之真。真耗神衰，精摇形疲。神去形留，太素乃漓。故吾守吾神，于以全吾形。』客曰：『原吉調神哉？』曰：『神其末也，子盍探其本？蠢蠢而動，惟神之用。養神有道，毋真之喪。縛我心猿，吾真乃存。縶我意馬，吾神乃舍。故吾全吾真，于以調吾神。』客曰：『然則原吉葆真哉？』曰：『子得其素矣。盍往觀其人？』乃相與造其室，則左圖右書，原吉焚香默坐，手執《素問》一卷，惟澹惟泊，太素之宅。惟靜惟清，太素之庭。素以葆真，太初以為隣。客顧謂予曰：『是獨善其身者乎？昏天滿野，札瘥載途，其如蒼生何？』原吉聞而笑曰：『昏天滿野，吾將飫以太和之膏。札瘥載途，吾將醉以至醇之醪。故不焫熨焫熨，同燒也。熨，紆物切，伸物也。而民怡怡，不鍼石而民熙熙，吾將措斯世於太素之天，吾又奚秘吾之玄？』客乃仰而吁，俯而嘆曰：『素之義大矣哉！微斯人，吾誰與歸？』適元古請記，予因次第其語，俾函于齋壁。

撫州府學重脩記　柯潛

皇帝光復寶位以來，屢詔天下有司，興學以崇化本。而學之興，能稱上旨者蓋鮮。吾莆周君瑩以水部主事擢守撫郡，既至，首謁夫子廟，退而周視學舍，皆弊陋。大懼廢墜教基，遂諗諸寮佐以公錢修之。廟自大成殿、東西序、戟門、靈星門，學自明倫堂以及肄業之齋，會饌庖廩之所，工繕材良，各得其度。至於文昌樓、洗墨池，皆治以為高明息游之具。蓋往來之人，莫知其經始，而特見其成。既成，教授李慶以書來言曰：『撫郡在唐時，惟有夫子廟。天復二年，刺史危全諷立也。宋慶曆間，郡守馬尋復增立學，其制始備。是後屢壞而屢有修之者，然率皆苟簡，修未幾而壞隨之，未有如今之既完且固為可久也。願有記。』余觀理財聽獄與凡起廢決滯之方，皆世吏之所用心以為才者也。然非為政之本，用心雖勞而治不效，則怒而號曰：『何民之難理也！』獨未知君子之政，有易勞以爲逸，去難而為易者焉？興學教士是已。蓋人之起居飲食動作，至於修身爲國家天下，皆自學出。其教之也，有師友之資，有勸懲之則，積而至於歲月之久，其化之行，則紀綱修明。其材之成，則公卿大夫百執之選得其士。其居常也，誾誾秩秩，可挹而親。其或臨大節也，浩乎不可摧奪。彼瑣瑣世吏之所用心者，其效曾有是乎？故古之良吏，載於史籍者多，而文翁之守蜀，褒然為首稱也。周君讀經書，尤精於《詩》，達於政，世吏之所趨向者不暇為，其棄不務者則先之。故朝至郡而夕舉興學之政，以作士民，文翁蓋不得專美於漢也。郡之人，登文昌之樓，以望城東，有堰隆然，將復合乎？則為我謝周君曰：『是乃天兆嘉祥，以彰知本崇化之政。黃震之謂第一流人物復出矣。』余於是時，尚有以頌君者，姑為之記修學之成，使刻于石以俟。

刑部廣東清吏司題名記

彭韶

國初元風未殄，民嗜刑憲。時雖放古設六曹，稍更刑曹所轄都官比部之制，分為浙江、江西、福建、山東、北平、四川、山西、湖廣、廣東、廣西、河南、陝西十二部，其雲南直隸陝西部，後更曰清吏司。凡以厲廉節，盛任使也。永樂間，安南内屬，置交趾司。又拆雲南、四川之交為貴州，置貴州司，而北平升為北京，始置司。後廢合十三司，司郎中一人，員外郎一人，主事二人或三人四人。當是時，官置在金陵而北京設行部，車駕巡幸，又稱行在，官以從罷則否無常員。至十九年辛丑，北京告成，乃置曹司，一依金陵舊制。後加以行在，又廢交趾，而雲南自為司。方定都之初。百務草剏，率皆權寓莅事。今城隍廟西惜薪司，俗呼舊刑部是也。正統辛酉改建於此，始去行在正陸曹之名而金陵謂之南京，官聯如故。

然其主事僅一人，而此則定員三人，并正副郎爲五人，而選任甚嚴。數十年來，政平訟理，君子謂諸公有助焉。成化己丑冬，予承乏廣東司郎中且二載，自愧愚陋，夙夜不遑，思欲師服前輩之典刑，以庶幾其萬一。然而日月于征，流風漸邈，甚或不能舉其姓字者，況於擇而從之乎？乃謀同寅員外郎綏德蔡君文瑞、主事山陽葉君崇禮、三河邢君汝敬、平原陳君子義，稽諸故牘，質諸通人，得永樂十一年以後，自郭公文而下凡若干人。或以德望鎮俗，或以勤敏舉職，或崇學問，或明法理，或死王事，或恬靜勇退。行雖不同，然其所以師予輩者，豈不既多矣乎！於是書其姓名爵里幷歷履歲月大概，列于素屏，以朝夕接覽焉。嗚呼！繼自今尚其知所畏哉！毋使嗣來者多前人而於予輩不足也。

鐵漢樓記　前人

賢人君子，聳聲名於霄漢之上，而能服乎當時，信乎後世，豈聲音笑貌所能為哉？誠而已。誠積之久，則著而明。凡同是心者，孰不信且服哉？不然，無是心者也，非人之所能為者也。宋至元祐，號為多賢。温公在致府，東坡在翰林，元城諸人為從官，可謂盛矣。然當熙、豊之後，猶再實之木，於是紹聖繼之，奸相嗣虐，群賢盡斥。元城劉先生始落寶文閣待制、知南安軍，道改提舉洪州玉隆觀、本軍居住。先生遂奉母夫人來寓寶界院，又改少府少監。未一年，復徙嶺南，瀕危數肆，初心不變，東坡推服之，曰：『真鐵漢也。』後雖召還，終不能安於朝，屢斥以死。死二年，宋有金難。嗚呼！此豈人所能為哉？想一時君相，非不知先生之為賢，然畏忌之，以為阻吾，為妨吾樂耳。其心固計曰：天下全盛。委裘可治。

何藉彼迂儒輩？於是君自聖而臣自賢，馴致禍變不可救藥。所謂樂者，竟亦何有？而先生之道，則昭然於後世矣。南安舊祀先生於寓賢祠，而竇界未有聞。成化戊戌，東海張汝弼來為守，暇考圖志得之，嘆曰：『先賢故居，其可廢邪？』適院之右廊樓毀，撤而新之。于時聶都山民獻梓木一章，長九丈，徑三尺，數百年前物也。冥符期會，衆咸驚異。既以成是樓，題曰『鐵漢』，蓋先生至是始有專祠。使來請記，噫！詔何足以知先生？然竊惟名世之賢，其道有三，曰：合内外，一患難，齊死生。盖常變始終之極也。志在責難，己有愧辭，是之謂欺。先生忠孝正直，言行一致，未嘗有聲色貨利之好，是用獻忠效職，吾無怍焉，内外不合乎？持論從容，臨難失措，是之謂誕。先生遇惇，三貶官，一再徙惡地，遇京，又連七謫，曾無望焉。患難有二乎？死生危迫，狷者或惧。先生於豪判之來，檻車之徵，談笑處之，生死不一視乎？全具斯道，以立於世，非至剛者不能。東坡之言，豈欺我哉？抑聞先生學於温公，公教之以誠，且令自不妄語始。退而隱括，七年而後可。然則先生所立之卓，其誠於中、形於外歟？後之欲學先生者，有所依據矣。兹郡人士，宜因太守之表章，學先生之所學，他日登朝，小用則師斯人，大用則用斯人。

興化府重修城隍廟碑　前人

城隍廟何祀？一郡所司保障之神，蓋后土氏類也。今凡官寺皆立后土祠，郡若邑皆建城隍廟，其義一而已矣。人庇乎神，神倚於人。人之所行，不負幽明，則默與神符，吉無不利，自有得福之道焉。苟孽自己作，獲罪無禱，則冥冥之中，似主判者之我棄矣，非為人敬慢而故施愛憎驚動以禍福也。地方升降盛衰之機，大約因人而致，其類是夫！興化府城隍，歷代有廟，國初因之，號神為監察使，民由之而不知。盖籍其威靈，陰翊王化，是猶神道設教之意也。後止稱城隍之神，詔頒示天下，盖正名定號，以一民聽，是乃敬事無諂之戒也。廟有塑像，見者肅恭，先儒論山川之神，難於像設，則此城隍之像，若亦可疑。嘗細評之。今夫隆者為郭，洼者為池，四環而高深，固爲城隍之像矣。然人之仰畏，不于其形而于其神。既神目之，則必想其容儀，思其動静，精神會聚，靈感斯通。切意君蒿悽愴中，若有接於視聽之頃。其神之昭，著乎塑繪，從之而生，殆所謂義起，不得專以高深狀之矣。神之廟室，創自洪武庚戌，修於宣德庚戌，堅久壯觀，惟抱廳未備，月臺未闢，及門制卑陋，廊廡淺隘，歷前政未之有改。每當舉祭，或遇霖潦，内外湫逼。吏長苟且具事，神罔顧歆，郡以不寧。弘治二年冬，郡守丁侯鳳儀朝正于京，同知府事仁和朱侯士容新視篆，謁廟，惕然自訐曰：『神明所宅，過陋失中，匪儉祗辱。府雖貧，不可不先治是，然亦不可歛怨于下。』乃即罰贖之入，節公用之出，矢心弗他，久而益虔。貿石市材，鳩工命徒，以來歲庚戌春興事。蓋廟始建至是，恰十周星矣。理數還復，衆為嘆異。適黄巖王侯存敬代爲守，饒平翁侯存道補郡推，相與從臾之。踰年落成，殿廳前增抱五間，兩旁增貳間，皆形如捲篷，加闢月臺，為尋者二。東西廡舊十間，今南北各增間一，後增架一，前中各建一篷室。甬道横其前，綿亘上下。外爲大門，增舊為三。甓牆兩端如眉，中爲次門，循舊為三而增建屋六間。左右連甍，屬于兩廡。丹楹藻棁，曲欄堅礎，凡几案罍皿之屬，一新如儀。周阿峻整，寬可容衆，幽可避氛，遠望即觀，稱神居也。

當祀時，守佐率屬行禮，政平人和，神心悅懌，屢降休徵，于今四載，歲獲豊稔，家用平康。予歸休，見之喜。中書舍人林君季厚及諸士大夫請曰：『此鉅役也，宜垂後。盍筆諸碑？』遂特書而繫之，詩曰：『赫赫城隍，主司保障。祀典有嚴，輿情歸嚮。福善禍淫，執樞默相。不言而化，旁孚遠暢。廟貌言言，式示崇尚。門廡不稱，曷為氣象？賢侯戾止，有作斯倡。輪奐鼎新，神居益壯。祀事孔時，錫我嘉貺。歲有常稔，人告無恙。報施罔輟，功用莫狀。左賢右忠，並峙郡望。尚佑來者，無卑多讓。』

王修撰墓記　周瑛

去廣德城西五里許，王脩撰墓在焉。修撰故台州人，姓王氏，名叔英，字原采，仕建文朝爲文字官，素有氣節。未幾，文皇帝南巡，原采募丁壯廣德，遂自經死。死時嘗自爲贊曰：『生既久矣，未有補於當時。死固徒然，庶無慚於來世。』又賦詩曰：『人生穹壤間，忠孝貴克全。嗟予事君父，自省多過愆。有志未及竟，奇疾忽見纏。肥甘空在案，對之不能嚥。意者造化神，有命歸九泉。嘗念夷與齊，餓死首陽巔。周粟豈不佳？所見良獨偏。高蹤邈難繼，偶爾無足傳。千秋史臣筆，慎勿稱希賢。』尋有詔治奸黨，其二女赴井死，其妻繫獄死，人為上其所賦詩，上曰：『彼食其禄，自盡其心耳。』乃置不問。初，原采將死，以書抵祠山道士盛希年曰：『可葬我祠山之麓。』希年卒收葬之。盖原采同希年台州人，故托以後事。正統中，少師楊公士奇始題其墓曰：『嗚呼！故翰林修撰王公原采之墓！』又爲文以祭之曰：『嗚呼！先生之學，聖賢是師。先生之行，綱常是持。先生之心，金石其貞。先生之志，霜雪其明。浩浩歸全，乘雲翩翩。我懷先生，崇山長川。桐川之藏，既固且深。遥致觴奠，神其來歆。』盖原采嘗薦士奇建文朝，事定，故及此。原采死無後，墳墓鞠為丘莽，所可識別者，僅有楊公之碑而已。瑛爲進士時，嘗聞其事於其鄉縉紳。及官茲土，乃以特羊祭於墓，訪諸故老，得其遺事為詳云。原采入廣德未久，車駕渡江，群臣出走。原采募丁壯番上，遇兵部尚書齊泰來奔，遂潰歸。原采死時，年未四十，盖其見義之明，殺身之勇，處事之不亂，殆由素養，非若一時忙迫失據，計出無聊，自經於溝瀆者之比也。因念其行義之篤，固有聖朝所不諱者，乃爲脩治其墓，拜述其事，以告後之人。或議曰：『天命已定，人心已歸，子表章先朝舊臣，非罪耶？』瑛曰：『凡忠臣義士，皆各為其主耳。原采仕建文朝，故忠於建文。若仕太宗，則忠於太宗也必矣。況兩朝天下，皆太祖高皇帝所經營之天下，兩朝臣子，皆高皇帝所培養之人物也。辟如天地分為四時，凡禽鳥應候而鳴者，雖有春秋之異，要皆造化中物，未可舍此而取彼也。』議者謝曰：『子言是也。』麗牲有石，其鑱諸！

洗心亭記　前人

姚江之上，有華氏，世以讀書聞。華氏佳子弟曰福，福字廷禧，少讀《易》，乃取《易大傳》語，名其亭曰『洗心』。成化甲辰舉進士，丙午出知臨川縣。臨川，撫屬邑也。予時爲撫長吏，廷禧每以政事相咨禀，道術相訪問，有相成之義焉。明年丁未，予改郡鎮遠。因請記其所謂洗心亭者。嗟夫！自九師說興，而《易》道以晦，學者遂不識心，亦孰知所以洗夫心哉？夫《易》，天道也。其有迹可見者曰蓍，曰卦，曰爻。盖圓而神者，蓍之德也。方以知者，卦之德也。易以貞者，六爻之義也。此三者，潔净精微之至也。聖人以此洗心，退藏於密，盖寂焉而莫窺其有，感焉而莫測其用，隱之至也。學者要必先有以探陰陽之藴，通神明之德，窺見天下之至隱，以其潔淨精微之教，洗吾穢濁雜亂之私，然後用神以合蓍，用知以合卦，用易以貞，以合六爻之變，而於天道無不合矣。是知聖人所謂洗心者，不待洗而洗也。學者洗心，要必有以洗之，而天道乃得也。華君勉乎哉！三古四聖之心，其緒微矣。王輔嗣、韓康伯輩，岐天人而兩之，而以茫昧荒忽談《易》，遂使經生學子無所依據，以為所自入之地，識者恨之。程子曰：『體用一源，顯微無間。』朱子曰：『用應始有，體該本無。』吁，至矣！微程朱氏，吾誰與歸？亭在華氏居第之左偏，高若干，廣若干，無雕刻藻繪之飾，作於某年月日，成於某年月日，記作於予改郡之明年三月二十有八日。

壺中丘壑記　前人

鎮陽有怪石，《禹貢》所不載者。弘治庚戌夏，季弟敬叔來視予。一日入後圃，循讀騷臺而東，見有礌砢伏莽中者，發之，皆怪石也。告予曰：『兄癖類柳州，性好山水，藉此為山，凡諸形勝，可不鶩遠陵危而得之矣。』予曰：『善。』乃稍稍為正中峰，分左右麓，伏者起之，滿者虚之，對峙者差互之，直往者迂迴之。於是立者為峰，側者為厓，深者為洞，空者為谷。復取蘭菊竹木分植上下，然後歐陽子所謂欝然而深秀者，次第而成。山成，復杵地而洼之，覆水其中，命曰『勺湖』。予曰：『此非誣耶？』

季弟曰：『世固有以小為大者。越人賈汝易嘗言其郡有秘圓湖，僅大如椀。此之為湖，孰曰不然？』復命家僮縛茅為亭，取蔽風雨，告予曰：『昔王龜齡嘗記其第，所謂笠亭者，此得無近耶？』他日予登焉，見夫所謂山者，微尖寸碧，掩映林麓，宛然如對太山、華岳。又見夫所謂湖者，輕瀾淺波，拍滿涯岸，恍然如臨震澤、洞庭。因題曰『壺中丘壑』，進季弟而告之曰：『夫天下事有實體可據者，是謂之真。無實體可據者，是謂之幻。世有以幻為真者，亦有以真為幻者。以真為幻，此妙識也。妙識入於無，故不有其有。以幻為真，此俗識也。俗識膠於有，故不知夫所謂無者。然此二者為說，皆非也。是蓋有所纏繞，強自排遣耳。君子則不然。君子之於天下也，不離物以自高，不嬰物以自病，以天下之理，應天下之事，其中廓如也。』季弟作曰：『因丘壑之談，而得處世之說，請書以為記。』

重脩莆田縣儒學記　前人

莆置縣，自陳始。置學自唐始。唐學建置歲月不可考，而前志謂夫子廟額，唐張九齡書，故知自唐始。入宋始建郡，郡學建置修造歲月姓氏，歷歷有記可考，而縣學無專記。國初吳四輔源及近時林都憲俊皆有學記，然皆修文廟而以學附見，非專記也。今考其大較，宋紹興二十年教授徐士龍改造軍學，而附縣學於文廟之東偏，歲久傾敝。元至順二年辛酉，乃遷建于薛公池上，今學是也。國朝洪武初，知縣任益、王文焯相繼修學，益造明倫堂及大成殿，文焯創造後堂曰『進修』，及新會饌堂建欞星門，與夫米廩，此其最著者也。夫縣學始于唐，重造于宋，遷于元，修于國初，亦多歷年所矣。凡物久則敝，敝則更，更而復始，恆有待夫人焉。前守王公弼修文廟已，議修縣學，未就而卒。今守南陵陳公效繼來，而一時二守南海談公經、通守順德曾公師孔、節推金陵羅公鳳亦相繼以來。是數公者，皆出身科第，留心學校，無異同者。時饒平陳君憲寔掌教事，蒼梧汪君泰分掌教事，乃以脩復縣學為請。陳侯慨然曰：『吾責也。』適歙縣吳侯遠以進士知縣，乃籍官帑所有上之府，得本府縣共經畫銀二百二十兩，前推官詹公瓘經畫銀七十兩。邑有義士曾崇賢者，嘗捐銀五百兩，置租二百五十石，以供郡縣學費。至是稽其租入，得銀四十二兩。陳侯擇監護，屬公可者，謂莫若曾崇賢，乃委崇賢。弘治辛酉，建明倫堂五間，大門三間，東西廊各三間，堂下築月臺，臺下築甬道。壬戌，又作後堂五間，穿堂一間，及即諸生林禎、黄文舉所復射圃地，作號房以宿學者，共二十二間。宋有顯道、式穀二齋，後人易以進德、修業，建講堂之後。前教諭程君鳳儀苦其隘昧，乃別建屋于薛公池東西。東爲進德齋，西為脩業齋，移洪武中知縣王文焯所建詠歸亭於修業齋之前，復建亭於進德齋前，曰樂周，以擬夫詠歸焉者。戊午歲，雨不止，池水泛溢，亭傾齋圮，至是繕治復舊觀焉。學成，衆謂不可以無記。二文學乃來徵記於瑛，瑛謂國家興學校，作養人材，以孔子為法。孔子述典憲，垂教萬世，以人倫為大。人倫匪他，父子、君臣、夫婦、長幼、朋友，其目也。孝慈、仁敬、摯別、友恭、信義，其道也。《易》《詩》《書》《春秋》《禮》《樂》，皆其具也。具在是矣，必相與講習辯論，其道乃明。道在是矣，必相與體驗踐履，乃有諸己。此人倫所由進，治化所由成也。若獵虛文以售于有司，媒利禄以詑于鄉里，此非孔子垂憲之法，亦非國家作人之盛典也。瑛於縣學，方疑所自始，今日修復而大之者，知自陳侯始改敝軸，更教夫人者，請自陳、汪二先生始。

寒栖館記　鄭紀

武夷之山，環轉九曲，溪流因之曲。或三峰四峰，或五峰九峰，凡爲峰三十有六，皆奇石險怪，峭拔磽砦，不類人間境。天下山川，不可盡知，在閩中則此其第一也。宋大儒晦菴先生愛其幽深静寂，不雜塵世，乃築精舍于五曲，隱屏山下，以為講學授徒之所。九曲，適中處也。視諸曲山水頗夷曠衍沃而奇古過之。舍之旁有堂，曰止宿，曰仁智齋，曰觀善舘，曰寒栖塢，曰石門亭，曰晚對，曰鐵笛。庭廡内又有丹爐藥竈，溪岸濱則有釣磯漁艇，布列左右。一時諸儒聚會，講道游息，著經釋傳，上復孔孟，下輯周程，繼往開來，自周而下，僅一再見。實關天下萬世斯文之命脉，亦武夷山川一時之遭遇也。先生歿，精舍而下，駸以頽圮。國朝正統間，先生八世孫詢等復建書院三間于故址，像先生其中，左右各翼一室，自隱求堂而下，則蓁莽焉。成化間，崇安張君鋭又建屋三間於院庭之左，以為士大夫拜謁者更衣休息之所。方成，未扁而去。癸卯夏五月，紀與鄉年友監察御史林君貴實同起告中，上京師，舟過此山之下，因晋而舍茇焉。是夜宿于張所建屋中，時正三伏，村民家棵於床者，汗猶浹席。紀與林對兩榻，榻有帳有褥。紀初施单衾，繼加以夾，夜半又雜他衣。林則由夾而旋加綿，猶不見温煖氣。翊早，紀謂林曰：『是屋正先生時所謂寒栖舘也。』林曰：『然。』遂拔筆為書之，扁于屋之中間，使紀為之記，庶見者有所感而隱求，諸堂可以因之而復焉。紀以天地之氣，動則為陽，静則為陰。陽為暑，陰為寒，則寒實静之所生也。人静則此心虚明，不汩外擾，聰明睿智，皆由此出。由是而制群動，鎮萬躁，無施而不利，所謂定之以中，正仁義而主靜者也。先生學集大成，足履實地，入經筵，格致誠正以勸講；出郡邑，孝弟忠信以裕俗，偉然為千百世儒宗，非自靜中得乎？紀輩未脫炎暑，寤寐之頃，受教深矣。於是乎書。

固安縣重修城隍廟碑銘　陳音

我太祖高皇帝肇造寰區，詔中外凡淫祠悉皆毀撤。其嶽瀆城隍山川社稷之屬，稽典禮所宜祀者，則正其位，號令有司，飭其壇壝而歲祀加嚴焉。固安縣隸順天府，為京畿大邑，舊有城隍廟，在縣治之北。歲久將傾，制且卑隘。成化丙申，邑宰滁陽朱侯善之來，下車謁神，心愀然不自寧。顧政未洽於民，未敢遽勞以役，乃殫心撫字，以為民興利鋤害。越明年丁酉，大旱，禱神而雨。又明年戊戌，雨潦河溢，禱神而水患息。民既戴侯德，沐神休。侯心欲經營，顧歲未豊登，不欲事土木以劳費乎民。會水泛大木，浮而至者數十章。民又有掘地得瘞錢，以白于官者。侯顧謂僚佐曰：『治民事神，政之大要。今此之物，上不耗于帑藏，而下不俟歛于民。搆神祠以答嘉貺，維其時矣！』乃諏日度地，鳩工伐木。侯又率諸僚各捐俸以贊襄之。適蝨傷稼，侯心憫焉，禱諸神，一夕皆莫知所之。尋禱雪，復響應，民益欣忭，爭趨茲役。經始於己亥春，至秋而落成焉。臺砌增崇，殿宇增廓，門廡森嚴，垣墉堅緻，黝堊丹漆，煥然惟新，過者咸拭目而加聳敬矣。先是，已為神樹棹楔，榜曰『顯祐坊』，以臨通衢。廟之右，舊有八蜡祠，亦重葺之。其左為道院，俾羽流宅之，以事灑掃拂拭。侯既刑牲告成，父老咸曰：『是功不可泯，宜有紀以昭示於後之人。』乃走京師，求予文于石。予為述其事如右，而系以銘曰：『噫嘻皇明，統有萬方。剖符分土，重閉固防。因丘為城，塹地為隍。皆有神靈，默護其疆。矧茲固安，輦轂之旁。神祠弗飭，曷稱瞻望。朱侯初宰，顧力未遑。化成政洽，絃誦琅琅。乃新輪奐，乃翼宮牆。歲時禋祀，於薦牛羊。神祐下民，時雨時暘。大功不宰，遐邇播揚。勒石昭遠，曷云可忘！』

皇明興化府鄉貢進士題名記

黃仲昭 見本傳

永樂丙戌，莆郡學嘗立進士題名之石，閩臬政瑞安楊公景衡記之。然鄉貢及進士參錯並列，歷歲既久，後來者無所於書。今教授廬陵王君鏞謂茲石之立，所以表著前人，風厲後學，不可無繼也。乃謀於郡守貳諸公，折進士別爲一石，考其履歷大概而併刻之，仍以楊公之記升其首，復樹一石，專勒鄉貢氏名，而屬仲昭為之記。仲昭世莆人，忝與名茲石，亦欲有以告鄉之來者，且自警也。遂不敢以不文辭，敬記之曰：『吾莆科第，昉自唐之貞元。然迄於五代，僅十有三人而已。宋三百年間，舉進士者九百七十餘人，預諸科特奏者六百四十餘人。其間魁天下者五人，登宰輔者六人，有文武拜魁首，有魁亞聯擢者，其盛極矣。然此未足深羡也，仲昭獨慕其時元夫鉅人，相繼而出。爲宰輔則相業光明，宗社嘉賴。爲諫官則議論忠讜，夷夏知名。或侍經筵，則盡啓沃之職。或司民社，則效撫字之劳。臨大節則蹈鼎鑊而不顧，決大議則觸權奸而不恤。有倡關洛之學而丕變士風者，有紹考亭之緒而深入理奥者。雖所遭不同，所就亦異，而其純正篤實之學，崇偉光大之行，皆卓乎其不可及也。當時稱吾莆之盛，有曰「地不大於曹滕，俗已幾於鄒魯」，其謂是歟？有元九十餘載，俗淪於夷，豪傑之士，出乎其間者亦衆矣，然終不能如宋時諸君子之盛也。我太祖高皇帝奉天明命，汛掃萬方，乃更定學校科舉之制，作新人材，用臻至理。列聖相承，益隆繼述，百有餘年于兹。莆之歌《鹿鳴》而升春官者，日以益盛。有祖孫父子兄弟相繼者，有父子叔姪兄弟同升者，合八郡解額，吾莆恆得三之一。比年以來，位六卿，列禁近，中外臣工，有以清修端謹、奇偉磊落名天下者，往往多莆人也。其復宋時諸君子之盛，殆亦權輿於此乎！僦是登名兹石者，皆當為莆自重。其立朝也，必求如古之所謂大臣；其治民也，必求諸古之所謂循吏。世道隆平則崇禮讓，勵廉恥，表然立天下之軌範。萬一不幸，則抗節義，死忠孝，毅然樹國家之楨幹，使他日論人才之美者，必先吾莆。稱風俗之淳者，亦必先吾莆。則吾莆果復宋時之盛，而號於天下曰「鄒魯」，又奚愧哉？若徒誇科第之榮，侈爵禄之盛，而以為儒者之事業，止是而已，則非仲昭所望於莆之人，亦豈賢守貳師儒所以表著風厲之意哉？』是為記。

守株記

鄭瑗

涵江陳君幼業儒，頗有志取科第。既壯，忽慨然悟人生適意之可樂，而區區軒冕不足榮也。遂取《韓非子》釋耕待兔之旨，著號守株子，將隱處終其身焉。君之言曰：『天下之事，無其理者不可徼其必得，有其理者可以覬其或得。鑿泉於地，出火於燧，隨取而獲，如探諸囊而賈諸市者，惟有其理故耳。若鑚燧而索水，坎地而覓火，即不復有是理矣。故宋人守株而待兎，世所鄙笑，以為迂且拙者，吾意獨不然。

以株為無兔，則曷為昔者之獨有也？夫以昔者之獨有，庸詎知繼是之終無也？然則株之有兔，不可謂無是理，明矣。既有是理，雖窮日力以須其再獲，亦不可謂大惑也。以為大惑者，時俗計功欲速之心也。一有意於計功欲速，則詭遇以獲禽，舐痔以得車，蔑不為矣。吾非不知為是也，顧有所不屑焉，無寧守吾株而已矣。兔之獲不獲，非吾所當預測也。』其友鄭瑗聞其言而韙之，曰：『篤哉！守株子之志也。愚公移山，精衛填海，徒取其有志爾，焉求其必得哉？昔漢陰丈人非不知鑿木架梁之便也，而卒不憚於甕汲。圬者王承福非不知薄功厚享之逸也，而竟不更其素業。居易以俟命，固君子所取也。守株子於是乎賢於人矣。』因稍緝其語遺之，俾歸以為記。

三功祠記　林俊

正德庚午，予起征藍，道夔之下關，所謂白帝城者，問其祠，公孫述也。予曰：『越矣哉！非鬼之祭也。古者慎制祀以為國典，無謂加典，為非宜，況賊而神祀之，倒持綱常，衊名教乃爾，可慨矣！方述起成都，以輔漢為名，乘亂稱帝，馬伏波見而少之曰：「子陽井底蛙耳。」故不受偽命，專意東方，用能佐世祖立功異域，為中興名臣，而述竟漢賊以死。述可祀，則漢莽可祀，晉敦可祀，他日藍鄢亦可祀，亂賊之臣，亦何憚而自沮耶？嗚呼！世道大關也，政而系之教焉。淫祠之當毀，有先于是者乎？常怪述生盜名器，既誅死，猶土偶南面，繆竊血食者千數百年。少陵、東坡徒寄《春秋》之筆，而諸葛武侯、張忠定、范忠宣事任是方，猶未及是正，意者將有待于今耶？固世道者之責也。既命毀其像，易其額，為正所宜祀者，土神、江神，而伏波亦與焉。昔共工氏之伯，有九有也。其子后土氏能平九土，故祀以為社。《書》曰：「宜于冢土。」下關雖一里之社，土之人其世依以生也。川澤以出財用，而祝融、玄冥、河伯、江瀆具在祀典，潞公所修益州江瀆之祠故在也。《書》曰：「望于山川。」關又江之襟喉，民寄命至要也。皆蒙被功德，所宜報而祀，而以告以祈，又胥聚于此焉。若乃炎精中微，奸僞移柄，當是時，述能如援擇漢胄自依，則述將與賈、鄧等伍，望蜀之萌，何自而起？蜀之赤子，何名為從賊？浮橋覆溺，八北之慘，亦何因而至哉？述名教罪人，貽蜀人之禍，至于今為烈也。故毀述而進伏波，與順也，亦祀典也。嗚呼！君臣、父子，天地之大經也。亂臣賊子，人人得而誅無赦者，況予叨討賊之權者乎？植人心，扶世教，毀賊述之祠，以聲討藍之端，道之大關若此，無謂然乎哉？』是秋仲月，莆田見素子林俊記。

槎村范氏祠堂記　前人

范，春秋時晉士會采于范，遂因為姓，至履冰相唐以顯。其後居嘉州則文正、忠宣、文肅，居長安則忠文、石湖尤顯者。居豊城，自平始，履冰六世孫也。子姓繁衍，散居殷墟上郊、槎村、固庄、富銅、赤塘，聯緋叠紫，至清敏為盛，槎村派也。入國朝，州守東、察使鏞、大条鍈，父子第進士，修譜建祠，東志也。譜屬鏞，鏞成之。祠屬鍈，力未逮也。鍈之子貢士珪，又成之，助以祭之租百石，計族之田盈畝十其升，出之以供祠費，董以族之材者七人。正德戊辰，祠成，奉平主于中，始祖也。先祖則各虛其主祭之日，題紙附之，畢則焫，惧僭也。始祖祀以冬至，大宗主之，先祖祀以立春，各小宗主之。祭畢，舉族燕。數百年曠祀續之今，盛事不可無記，珪既令吾仙，則請於予。礼謂天子七廟，諸侯五，大夫三。唐制，一品二品四廟，三品三廟，五品二廟，適士一，庶人祭於寢。宋王堯封議平章事，以上四廟。副相政府至東宫少保三廟，餘皆祭於寢廟。惟襲爵嫡子得祭，子孫官微不得祭，事竟不行。夫五服貴賤同之，限于廟，則大夫不得祭高祖，士庶人不得祭其祖。伊川謂有服皆可祭，一廟、寢廟，無害祭高祖。晦翁以為得祭祀本意。伊川冬至祭始祖，立春祭先祖，晦翁亦擄行之，後疑近禘祫而廢。議者謂伊川以義起，重本也。晦翁以疑廢，明分也。然禮從宜，從伊川也。《記·大傳》：士大夫大事祫，及高祖則未嘗無祫也。先代始為飲食，亦祭而始生，不祭非人情，似未害為禘也。夫物品之豐殺貴賤自分，因心孝敬，其未始異也。惜宋已無定論，伊川謂無可考，予惡敢臆說哉？然近世高祖之祭，家行之。合族非祭無以致其聚，故先祖、始祖之祭，族行之，所謂無可奈何之法也。而易廟名祠，同堂而異室，則亦不失祭寢遺意，而范參以專主、暫主，名分尤嚴，盖又合程朱而折衷者，可為族祀式矣。然有屬者涣則萃，萃則觀，將無多行可法與己不自愧而人愧之者乎？與斯祠者，欲均此而無彼也。載德象賢，又將無私淑文正、忠宣、忠文爲烈者乎？若石湖間有餘喙，則斯祠也，崇對越，聯疏戚，廣孝愛，寓規箴，可無敬乎？可無畏乎？范嗣兹益有聞矣！

陳先生石齋祠堂記　前人

白沙陳先生石齋之崛起南粤也，不階一命，甘韋布以老。薦書連絡迫部檄，不得已起，起而又去。

憲皇帝知其賢，特授翰林檢討。先生受不辭，又去，竟未嘗一日立于朝，無得于言，無所施于其政，以收有尺寸之功。然而孤風遠韻，上溢旁流，盡一世而仰服之，身領者神降，聞風者意往，賢者式，不賢者愧，以阻且化椎埋胠篋、脂貎漆中之流，聽下風而馴素節，黜浮鎮雅，名儒高士後先焉。先生於名教，可謂雨澤枯，水熄熖，風奪炎，其盛乎？先生殁十有四年，内江高君大和以名御史來按部，惻然曰：『大賢君子，身之所生，政之所臨，與凡過化之鄉，莫不有祠，表先民，崇道化也。先生白沙之祠，顧獨無立，非曠典？抑非吾人責歟？』謀之大条黄君伯望、僉憲王君，為立祠堂。又求先生故嘉會樓而修葺之，舊門下士為市田合若干畝，以充祀匱。侍御君以俊辱先生知，書來屬記。嗚呼！元氣會而名世生，在我南服，楚春陵、閩建安，嘗載當其盛，而黄雲紫水，亦宇宙川岳于今矣。氣之會意者其時，先生盖當之也。先生身長八尺，右臉有七黑子，開穎絶人，舉于鄉，棄而從康齋吴先生學。康齋之有先生，猶挺之之有康節。先生始求之博，久之曰雜矣。又求之静，久之曰偏矣。雜佛老而超佛老，張、朱二夫子，先迷而後獲也。遂以宋大儒為依歸，其立志甚專，嚮道甚勇，涵養甚熟，德器粹完，脱落清洒，以獨超造物牢籠之外，寓言寄興于風烟水月之間，與天地同流，擊壤同其自得，舞雩相始終焉。先生之隱，與措施之大致，于是具矣。侍御君首及是舉，其風神意氣，有相感孚。二君相成，亦具知其趣矣。正德甲戌春仲莆晚學見素子林俊記于雲庄青野。

毖齋記　前人

查君原博在童孺時，獨撿押不狎戲。尊府主事翁一愚擇所宜諸子授之，遣從祝郎中惟貞游，祝君遠大器之。學成，取進士，爲主事吏部，上其績，天子褒嘉之，尚加毖懋，見之制詞者如此。而一愚翁之義方，祝君之心授，率無易于此焉。君取毖以名其齋，以上本三事之訓，以持循而致重也。視臬吾閩，謁予雲庄求記。君樸訥沉永，剛中而柔畜，實過於華，有毖道焉。按：毖，慎也。以侈對則約，以怠對則敬，滿對則謙，踈對則密。夫約則鮮失，敬則吉，謙則受益，密則不至害成，蔽以一言，畏而已。慎所以繼畏也。《易·震》之象曰：『洊雷震，君子以恐懼修省。』恐懼，畏也。修省，其慎也。君子有所警惧，修正其身，思省其過，咎而改之，有周身之防，有克治之勇，有制事決幾之豫，有所畏，有所慎也。無所畏，惡不至哉？自夫滛醬飢飽劳逸之無節，病入之，然後實腠理，固元陽，始不慎而終慎也。抗懸流，争怒峽，曲折以濟，如砥之川而舟溺焉。險則慎，慎則濟，夷則不慎，不慎則不能以濟，戒慎之功，其容斯須離耶？治身如治疾，防欲如防盜，臨事如蹈虎，涉水如張機審栝，無敢有苟焉耳。夫然後存省功密，日改月化，優入賢君子而無難。若處若顯，委時命而聽之，無容心焉。樹奇節，還古風，發彪炳之文，以茂弘光偉之盛，誰禦哉？君曰：『謹受教。』

兩浙提學書院端範堂題名記　陳仁

分職廉訪，觀風類爾。所署以學名，所寓以書名，所出政以端範名。名之學之，書有所因也。不覺為異，名之端範，無所因也。若高以自標，然有所取焉。且自懼懼人，自強強人，約聖論，端揆範，一言以蔽，期弗違乎崇養至意。然則以是標爲目，以紀其人而名之，其有弗與者乎？我國朝誕興文教，作成士類，崇文學掾以師承之。至正統時，復綱維是，南北二畿以御史，各省以臬司、副使、僉事，授之璽書，深惡喜事侵職之臣弗與之，俾專且重。專則難徒自諉，重則思强其力以求勝，要之無忝厥職，則固有在焉。故於視事必高一門牆，闢一路庭，以肅進趨，以恪藏脩。今兹備美，始于弘治己未，亦既立石以歲月之。其總臺署次先有刻名石，亦既爵邑除拜糸錯群案間矣，復何為乎？是題義固有取，無見為重復也。昔在儒先，文獻是崇，金石有言，厥惟舊矣。其見於名世之賢，則凛凛乎指議忠詐直回三四語。後世踵其事，因其意，政不必家自論議。夫標其人，不顯暴其跡，至繫乎人心之公，醜好自别，以榮以辱，以予以奪，則又不可移易，是亦厲世之一端也。今之所取則不盡然，前乎吾事，其事者聲實俱稱，無不善可議。後乎吾事，其事者聲實俱稱，無不善可議。前者既賢，難乎為後。後者亦賢，難乎爲前。此吾恆栗栗焉惧，夙夜祇畏，無敢自暇逸也。或曰：『子以子之前聲實俱稱，固矣。後乎子，未事其事，曷從而知之？』曰：『吾以吾之前之賢而知之，其性同也。吾以吾爲前之後，而惧弗稱，則又知之，其心同也。吾曷為不惧？乃若磨礲雕鏤，鱗次宿羅，則援據前修而不爲異。觸值監觀，幾萌激奮，則義善將來而有於同。若但云醜好並形，彰癉是寓，則皦皦嶢嶢，無補污缺，而指摘瘕疵，洗索瘢垢，則亦何取於是刻哉？此予之意也，此石之所以立也。

重建烏巖灘伏波將軍馬侯廟記

彭甫 字元岳，成化辛丑進士，歷官廣西提學僉事致仕。

弘治己未冬，先總督鄧公有事廉州，還道横州，至烏巖灘，謁伏波將軍馬侯祠。慨其圮壞，遂以軍門餘貲屬先知州事俞文煥爲之，且命索記於予。明年，公殁，文煥亦去，而其事未究也。又明年辛酉，予試士于横，今知州事何璋進曰：『伏波祠且完，請記歲月，以圖不朽，且以畢公志焉。』按《漢史》，光武時交阯女子徵側、徵二反，寇略嶺外，而侯以是時拜伏波將軍，督樓船，由合浦緣海而進。隨山刊道，破賊于浪泊上，尋斬側、二，傳首洛陽。又擊敗其餘黨，嶺外悉平。侯之封，自兹始也。侯所過郡縣，輒為治城郭，穿渠灌溉以利其民，民德之，為之立廟，所謂有功德於民則祀之者與？然廟不立於郡邑，而獨於山川險急、舟楫往來之處，盖侯為人慷慨明爽，必於是乃可以妥其靈，且俾四方之人、自是過者皆有以知侯功，不獨一州一邑之人知之而已。或者昧其本旨，以爲侯之神利於濟險，舟上下懼天勢，往往匍匐乞靈，以徼一時之幸。其配食左右，又皆淫僻之神，其為媟瀆亦甚矣。夫死生禍福，自有定命。侯能奪天之命而移易於其間邪？况生爲正直臣，死當為正直鬼。苟不問人善惡，徒以禳禱之故，輒陰祐之，使之去禍就福，是豈侯所為哉？若夫歲時饋奠，牲醪豐潔，廟宇崇奉，此則食土者之職，所以報侯而不容或慢者也。是廟以某年月日始事，越某年月日告成。規模宏爽，視前趾有加，而簷檻矯舉，丹堊鮮爛，又皆昔之所無。松桂幽陰，塵寰迥絶，侯巋然南面，凡非祀之神，一切屏去。灘舊以烏巒名，今從宋慶曆間知州事伍粹更正為烏巖云。

蓮峰石記　陳伯獻

出莆城西四里許，有山曰象峰。自西南數千里，博換而來。其支為太平，岐而為梅峰，為烏石，而城峙焉。莆文物之盛，乃山之鍾也。山之腰爲石室，其巔則有石如芙蕖，高數丈，袤數圍。瓣纈突崛，朵蕋亭聳，清而奇，幽而壯，離列而坐，可十人。石北則山坪，有田數十畝。予貨之，因築室以居，時至石上，盤旋忘歸。石常蓄雲霧，或值冥晦，則茫然如汎太乙之舟。駕鴻蒙，憑灝氣，與造物游。天朗氣清，俯視城郭，村溪畢效于前，若垤若穴，若簇若練，若聚米，若堆瓦。聚睫而望，大海橫于東，凫山環乎北，壺公峙于南，縈青繚白，莫窮其暨。然後知是山之高峻，為莆之宗，而石則山之宗也。予嘗質諸士夫，或有未知者，或知焉而未之奇，奇焉而未之至。其至者，樵夫牧豎耳。樵夫牧豎至之而未知，知之而未奇，然則知之奇之至之者，非予其誰歟？予又謂是石有君子之道三焉，其聳峭拔起，下伏諸峰，則有特立不群之操。其爍燁如蓮，不為仙翁佛子之宫，是有潔身自隱之義。其爲文物之宗，能使士夫不知而不奇，是無競名表襮之心，皆可取也。使其置諸中州京洛之間，吾恐薦紳游客嘯歌吟眺、敷揚讚嘆之不暇。大華不能專於雍，九華不能擅於池矣。今棄於海濱而雜群峰之囿，宜乎人莫知而莫奇也。予汩没於時，盖深有感於是者，遂為之記。

游西山記

高江字一龍，弘治癸丑進士，官終湖廣按察使。

始予抵京師，則聞西山之勝雅，欲游而未暇也。今年夏，姻丈周章甫、邦立二先生將南還，乃拉予及陳玉疇、柯其孝、尚彬三君子，約以五月廿三日偕往，而托錦衣陳廷璽先彼供具。偶廷璽之甥吾鄉林華仁亦會焉。凌晨，騎出阜城門里許外，皆沿溪行，林木掩映，恍然如入江南。西抵大潭，涵泓渟滀，色深如紺。上有龍王祠，旱時禱雨處。憩道傍小庵，見壁間有次尚彬之尊甫學士公詩者，因記其韻。又數里為西湖，荷尚未花而葉香襲人，雜以蒲荇，葱蒨可愛。有鷗鷺數群來往水際，如與遊人相狎。湖之盡，為功德寺，外有三廢臺。問之知為元人遺趾，主僧出迎，禮甚恭。因隨詣諸佛刹，循兩廊行，壁堵繢畫，俱極閎麗。登浮屠頂，東望城闕，隱隱如雲霧中。出從前堂，有松栢百株，拳曲樛結，風籟泠然。又里許爲華嚴寺，鑿山為洞，上下凡五處。深者二三十步，淺亦不下十餘尺。有石榻可坐，於避暑最宜。然地陰氣温，□幽□䍐絶，驟入之，莫不眩且駭。山下有泉，散出亂石間，噴薄沸涌，少遠乃曳而長，演迤徐去，手掬飲之，特香冽異他處。寺僧云，中宫間取以供御。日既中，廷璽乃就僧舍設饌。酒酣，或奕或射，傾倒真率，滴而不渲。晡時，復携壺於旁之玉泉寺。登望湖亭，歷吕公洞，其間為緇黄之廬者五六處，皆面水依山，相比而居，其景勝大都不甚相別。是夜還宿於華嚴，明□□西行，則石路崎嶇，十餘里，乃抵香山。山益峻，招提在絶頂，閎麗與功德等相埒。下有泉，甚剽疾，因泉為池，飼金魚百餘尾，投以餌，皆出浮水面。其南傍有丘，巨石二，對立垂首，瞰如蝦蟇状。石下二井，相去丈許，水深才三四尺，俯手可得。望見底，沙石歷歷可數，不竭不溢，近寺之家取給焉，亦靈泉也。蓋自此抵城三十里，二日之觀，惟此為最。聞其上復有元通寺，尤奇峭，而僕馬已倦，且西北有雨，意不可復往，遂舍舊道取捷而還。是行凡得詩共若干首，雖一時之作，不能盡工，然亦可以見茲遊之不虛焉耳。二周先生因裒而錄之，而以記屬予。夫山川之勝，亦因人以傳。往時右軍之蘭亭，安石之東山，六一之醉翁亭，皆僻在一方，而至今稱之，以有三若人也。是山獨雄峙都下，四方之文士，至者無不游，游則無不賞且歌詠之，其為遇，當在蘭亭諸山之右。然自餘年，未有以人稱者，豈以泛而不專耶？抑未值其人耶？因附書之，且以待後之游者，必有為山靈解嘲也。詩中有間字韻者，皆次柯公。今年為弘治戊午歲，以遊之後又六日，此谷野人高某記。

林氏錫封記　李廷梧

正德己巳四月，今叅軍林穀齋先生獻前順天通判三年之績于朝，既考最還職，吏部復以推恩為請，制曰『可』，於是封母姚氏為太安人。是歲臘月望，璽書至莆時，太安人壽七十有七，乃大合媚眷拜迎如禮。翟冠朱服，坐堂上，開宴受賀。酒再行，客酌而進曰：『惟太安人朝夕劬勞，訓廸厥子，宜其有茲榮，請以為壽。』太安人斂衽對曰：『嘻！匪予克顓，緊乃父之訓。惟乃父率德廸善，曰為可繼也。才可輔世長民，乃止一校，始終斆學，罔敢怠，膏馥及人，曰：吾後世其興乎？囊橐枵然而籤軸盈架，曰：惟後之貽。今天書臨門，顧弗逮諸君，乃以慶予，予何德之承？』客曰：『惟父母於子也，雖均於教，不能必其成。子於父母也，雖均於養，不能必其壽。糸軍清雅該博，檢身如處女，宦轍所至，咸能展采錯事，士夫之望歸之。是雖先府君寵靈，亦太安人協輔之力也。太安人懿則茂著，荣壽並臻，是蓋天之所以勵世旌淑，上之所以命德勸忠，非無脛而至者矣。顧猶謙讓弗居，何耶？』太安人聞客言，詞色漸怡。客又進而言曰：『吾聞福輕如羽，莫之能載。太安人中年喪所天，調辛甘，定震撼，以待天道之終定。凡不足於前者，兹將補之，而靈承謙受，不懈益虔。糸軍翌翌小心，壯老一節，于以戩滋至之休，將見天之錫嘏也，俾臧俾熾，上之錫命也，至再至三，且使世之為毋為子者，皆將於是乎觀德觀孝矣。』太安人輾然笑曰：『諸君子進予於古之道，敢不拜嘉？雖然，遠圖者，忠也。惟諸君終教吾子，俾敬共厥職，以永綏天子之寵命。』乃受爵成禮而退。于時家君省庵先生於太安人為甥，亦在賀客之後，因書命廷梧曰：『小子識之。客之爲詞也，婉而大，信而足徵。太安人之為志也，思而不二，肅而有禮。語曰：「匪交匪敖，福將焉往？」』廷梧受教惟謹，具載于簡，録其副遺林氏，俾志家範。

莆陽文獻　卷十三　奏議

上真宗乞置東宫師保　陳靖

臣伏見皇太子光踐承華，照臨方内。洊雷成象，正位於青宫。五輅和鈴，炳儀於清廟。惟賓寮之具爾，獨師保之闕如。且夫師者師法其規模，保者保安於德義。苟曠厥任，未協前經。臣是以展轉三思，揣摩群籍，冀有確論，上贊昌朝。粤自五帝選賢，三王授子。雖揖遜之或異，在訓導以攸同。虞舜之書則曰教冑子，姬周之典則曰延冲人。著于格言，莫重尊教。雖然，服冕裘，陳鹵簿，此可以莊禮容於外也。至若就道德，敦孝恭，此可以發知理於内也。伏願陛下隆邦家之本，考沿襲之文。延揖公台，充備師傅。體二聖之基緒，副三靈之宅心。人謀大同，知有尊於調護。神器光屬，亦共貫於守成。又惟陛下頒列藩房，夙昭聖範，歷試京邑之繁重，備嘗稼穡之艱難。雖勿用以居潛，已重暉而合照。故太宗皇帝英心奮斷，大畧制權，謂六傅而可虚，俾庶務而從簡。今皇太子適膺儲位，方在妙齡。是宜設彼師臣，豊其禮數。恢七教已興之德業，廣五行俱下之聰明。春誦夏弦，徧遵行於故事。左輔右弼，率永賴於正人。臣謹按《漢書》始元五年六月詔曰：『朕以眇身，獲保宗廟。戰戰慄慄，夙興夜寐。修古帝王之事，通保傅者。』是知保傅之重，不可不備也。又伏覩唐貞觀十七年，散騎常侍劉洎以謂皇太子初立，宜尊賢重道，以昭聖德。遂上書論列，亦有憲章。然而師傅之名，未聞沿革之制。臣學誠寡陋，罔測津涯，伏乞陛下選載筆之洪儒，俾其撿討。召秉鈞之元輔，計之久長。庶使左右周儲，賴旦、奭之耆德。羽翼漢室，躡園、綺之高蹤。上符宗社之靈，下副華夷之願。臣適當暮齒，尚玷周行，請老歸田，案禮經而愧晚。封章言事，表臣節之有終。倘蒙宸鑒俯回，離明增耀，不獨臣死生幸甚，抑亦使兆庶同歡。

天禧元年上，時為兵部員外郎、直史館。

請增置諫官書　蔡襄

臣伏見朝廷選用王素、余靖、歐陽修等增備諫官。是三人者，皆特立之士，昔以直言觸忤權臣，擯斥且久。今者一日並命，人無賢愚，萬口相慶，皆謂陛下特發神斷，擢任不疑。蓋陛下深憂政教未舉，賞罰未明，群臣之邪正未分，四方之利害未究。故增耳目之官，以廣言路。此陛下為社稷生靈大計也。臣竊思任諫非難，惟聽諫之難。聽諫非難，惟用諫之難。如素、靖、修等忠誠剛氣，著信於人。況蒙陛下奬拔之知，必能箴闕政，獻明謨，擿回邪，擊權倖，思所以報效也。然邪人惡之，必有御之之說，不過曰某人也好名也，好進也，彰君過也。或進此說，正是邪人欲蔽天聰，不可不察。臣請為陛下陳之。一曰好名。夫忠臣務盡其心，事有必須切直者，則極論之，豈好名哉？若避好名之毀而無所陳施，則士木其人，皆可備數，何煩陛下選揀如此之至？况名者，聖人以之勵世俗，分善惡，豈可廢乎？借使為善近名，陛下試思今之人，遠權利，敦潔行，以近名者，亦有幾人哉？二曰好進。前古諫臣之難者，遭逢昏世，上犯嚴威，旁觸勢要，鼎鑊居側，斧鑕在前，死且不辭，安得好進乎？盖近來諫官進用太速，故世人皆以之謂好進。今諫官有盡忠補闕之效，陛下但久任勿遷，使其人果忠且義，雖死於是官亦無恨矣。三曰彰君過。凡諫諍之臣，盖以司乎過舉也。緩則密疏，急則昌言，期於必正。若人主從而行之，適以彰乎從諫之美，安得謂之彰過乎？然諫官亦有好名、好進、彰君過者，異於此。巧者之爲諫臣，事之難言者則嗜而不言，擇其無所忤者言之。就令不行，不復再議，而曰，某事我嘗言之矣。此可謂之好名也。容容默默，無所耻媿，踐歷資序，以登貴仕，此可謂之好進也。凡人主之有過，諫官最為近密，或不盡言，人主何從而知且變更乎？傳之當世。垂之於後。終以為過。此可謂之彰君過也、臣之所論。乃忠臣巧者之分，願賜省覽。今陛下出於聖慮，自擢諫官，必自主之。若有陳述，於理適當，即賜施行，無使天下之人謂朝廷有好諫之名而無好諫之實。使其言有訐切，亦願優假，無為奸邪構間，致有斥逐，使天下之人，指朝廷有拒諫之失。臣迹遠言近，不任兢惶激切之至。臣某冒死再拜謹上。

言用韓琦范仲淹書　前人

臣伏見去月以來，陛下拔任諫官，都下翕然稱慶。又數月罷夏竦樞密使，用韓琦、范仲淹作樞密副使。制命一出，士大夫賀於朝，庶人喜於路，至有飲酒呌號以爲樂者，謂陛下去邪任忠，可刻日以觀太平矣。臣聞《易·泰》之彖辭曰：『内君子而外小人，君子道長，小人道消。』《否》之彖辭曰：『内小人而外君子，小人道長，君子道消。』然則君子進則天下泰，小人進則天下否。陛下退一邪臣，進一賢人，而舉國歡忻者，豈一邪一賢獨能關天下利害乎？蓋以一邪退則其類退，一賢進則其類進。衆邪並退，衆賢並進，而天下不太平者，無有也。雖然，臣切憂之。頃年，莊獻明肅太后初棄六宫，陛下親臨庶政，一日出令，邪臣沮氣，天下觀聽，洒然快意，期於一變，以臻大治。自後數年，方内無事，左右之臣，易於襲常而恬於苟安，陛下憂勤之心日亦少懈。已而西羌背違，舉兵寇邊，遣將興師，屢戰屢敗，饋運賦歛，百姓困窮。北虜乘勢窺我强弱，遣使求地，京師震駭。幸而增賂以得暫安，四海嗷嗷，日憂一日，以將來之患當如何也，然猶指忠賢之士而屬望焉。幸而進用，庶其叶力而大有為，以解焦勞之急。陛下奮發剛斷，博采物論，援拔而任之，人人歡欣。而臣獨竊憂者，誠恐進用之後，或有讒間，或狥舊例，使之不盡所長而去，則天下必有遺材之恨，所損不細矣。當今天下之病，臣請譬諸病者。其安時調護適宜，固不病矣。病在皮膚，醫者能早去之，病且安矣。此二者，皆已不及而病在支體，若得良醫，可速愈也。天下之病勢如是，於可醫之時，陛下又選任良醫，倘信任不疑，聽其施設，非徒愈病，又致民於壽。若於此時，使良醫不得盡其術，則天下之病愈深，雖有和、扁之妙，難責速効矣。願陛下思祖宗社稷之重，矜四海生民之困，憤西北二虜之耻，法乾剛夬決之道，拔賢材，收衆策，不憚改作之，以成大功，天下幸甚幸甚！某昧死再拜謹上。

上哲宗乞寢罷編排元祐臣寮章疏指揮　陳次升見本傳

臣近奏乞宣諭大臣遵守敕牓，其餘一切不問之語，未見施行。今聞差官編排元祐間臣僚章疏，仍厚賞以告藏匿，採之輿議，實有未安，頃至再瀆天聽。臣嘗觀漢光武誅王郎，收文書，得吏人與郎交關毀謗數千章，光武不審，會諸將軍燒之，曰：『令反側子自安。』後世書之以為美談。恭惟陛下即政之初，揭牓許其自新，是亦光武安反側之意。今又張官置局，吹毛求疵，考人一言之失，致於有過之地。是前之詔令，乃所以誤天下也。後之敕牓，又所以誑天下也。命令如此，何以示信於人乎？昔成王與叔虞戲，削桐葉為珪，以與叔虞曰：『以此封若。』史佚請擇日立叔虞，王曰：『吾與之戲矣。』史佚曰：『天子無戲言。』於是封叔虞於唐。夫成王非輕其爵命也，以王言惟行，弗惟反爾，矧今御史臺牓示朝堂進奏院，遍牒天下，惟患人之不知，非特戲言而已。戲言尚踐而行之，豈有明指牓示曉諭臣庶可反之乎？伏望聖慈念光武安反側之言，思成王遂削桐之封，所有編排章疏指揮，乞行寢罷。紹聖三年正月，詔禮部員外郎徐君平詳定元豐八年至元祐九年四月終臣寮章疏及陳請事，編類申納樞密院。戊申次中上此疏，時為殿中侍御史。

論瑶華之獄不當付閹宦之手　前人

臣伏覩詔書，以皇后孟氏旁惑邪言，陰挾媚道，逌從究驗，證左甚明，而陛下斷以大義，不牽私恩，奉承兩宮慈訓，廢皇后孟氏為華陽教主，降詔以告中外。命下之日，士庶惶惑，謂后無可廢之罪，而陛下廢之。咸相與為之咨嗟弾指，良可嘆也。盖以所治之獄，不經有司，雖聞追驗證左，而事迹秘密，朝臣猶不預聞。士庶惶惑，固無足怪。臣竊謂后之廢立，事體至重，非若臣下，一言一眚，廢之逐之，不足深恤。自古獄訟，皆付外庭，未有宮禁自治高下，付閹宦之手。陛下特見案牘之具耳，安知情罪之虛實。萬一冤濫，為天下後世譏笑。臣欲乞陛下親選在廷侍從或臺諫官公正無所阿附之人，專置制院，別行推勘，庶得實情。如后之罪在所不容，雖廢之，人自無言。今事不經有司，獄成閹宦，此天下人心不能無疑也。伏望聖慈特降睿旨施行。紹聖三年九月上，時為殿中侍御史。

上徽宗封事

方軫 見本傳

大觀元年月日，太廟齋郎方軫奏：伏惟司空尚書左僕射兼門下侍郎魏國公蔡京，睥睨社稷，内懷不道，效王莽自立為司空，效曹操自立為魏公，視祖宗神靈為無物，玩陛下如嬰兒，持紹述之說為自謀之計。上以不孝劫持人主，下以謗訕恐嚇天下，威震主上，禍移生靈。大臣保家族不敢議，小臣護寸祿不敢言，顛倒紀綱，恣意妄作，自古奸臣，未有京之甚。爰自崇寧以來，交通閹寺，結托宮禁，蠹國用則如糞土，輕名器以市私，内而執政侍從，外而帥臣監司，無非京之門人親戚。政事不合於天心，法令徒結於民怨。若設九鼎，鑄大錢，置二衛，興三舍，建樂府，又於國門外祭天地於兩郊，如此之類，非徒無益，京有所為，必持兩說，以劫人主。一曰此三代之法也，一曰此熙、豊之遺意未及行也。天下事無常是，亦無常非，可則因，否則革，惟其當之為貴。京不學無術，妄以三代之說欺陛下，豈不為有識者所笑？神考十九年典章文物粲然大備，豈有未及施行之事？豈京不得馳騁於當年，今又誣罔在天之神靈，每有奏請，盡乞作御筆指揮行出，語士大夫曰：此上意也。明日或降指揮更不施行，則又語人曰：京實啓之也。善則稱已，過則稱君，必欲陛下斂天下怨，豈宗社之福乎？元豐二年，廢殿廡宇二千四百六十間，造尚書省，分六曹，設二十四司，以總天下機務。落成之日，車駕親幸，命有司立法，諸門窓牆壁，輒增脩改易者。徒二年，京惡白虎不利宰相，盡命毀拆，收入禁中。是欲移害陛下乎？是謂之紹述乎？括地數千里，屯兵數十萬，建置四輔郡，遣親信門人為輔州總管，又以宋喬年為京畿轉運使，密諷兗州父老詣闕下，請車駕登封，意在為東京留守。萬一乘輿一動，投間竊發，呼吸群助，不知宗廟社稷何所依倚？陛下將措聖躬於何地乎？臣嘗中夜思之，不覺涕泗横流也。近聞京議建立方田法，欲擾安業百姓，借使行之，豈不召亂乎？又況數年間，行鹽鈔法，未旬浹又報鈔法變矣。鈔為故紙，鹽為棄物，家財蕩盡，赴水自縊，客死異鄉，孤兒寡婦號泣籲天者，不知其幾千萬人，皆歸咎於陛下。所幸者，祖宗不馳一騎以得天下仁厚之澤，涵濡生靈幾二百年矣。四方赤子，不忍生事。萬一有壟上之耕夫，等死之亭長，嘯聚亡命於一方，天下響應，陛下何以支吾之乎？内外臣僚，皆京親戚門人，將誰為陛下使乎？京乘此時，談笑可得陛下之天下也。元符末年，陛下嗣服之初，忠義之士，明目張膽，思見天下太平，投匭以陳已見者，無日無之。京欲鉗天下之口，塞天下之耳目，分為邪等，賊害忠良。天下之士，以忠義為諱，方且全身遠害之不暇，何暇救陛下之失乎？奈何陛下以京為忠，以忠義之士爲謗訕詆誣，或黥配遠方，或除名編管，或不齒仕籍，以言得罪者萬人矣，誰復肯為陛下諫哉？蔡攸者，垂髫一頑童耳。京遣攸日與陛下從游嬉戲，必無堯舜文武之道啓沃陛下，惟以花栽怪石，籠禽檻獸，舟車不絶道路。今日所獻者，則曰臣攸上進；明日所獻者，則又曰臣攸上進。是欲陛下愚而不知天下之理亂也。久虚諫院，不差人，自除門人為御史。京有反狀，陛下何從而知？臣以是知京必反也。臣與京皆壺山人也，古讖云：水遶壺公山，此時方好看。京諷部使者鑿渠以遶山。孛星見西方，日蝕正陽之月，天意所以啓陛下聰明，可謂極矣。陛下畧不省悟，止於肆恩赦，開寺觀，避正殿，減常膳，舉常儀，以答天戒而已。然而國賊尚全，未聞梟首以謝天下，此則臣民共憤，祖宗含怒在天之日久矣。陛下勿謂鴙鳴于鼎，榖生于朝，不害高宗大戊之德；九年水，七年旱，不害堯湯之聖。今日禍發不測，人情危慄，惟陛下留神聽覽，念藝祖創業之難，思履霜堅冰之戒。今日冰已堅矣，非獨履霜之漸。願陛下早啚之，後悔何及？臣批肝爲紙，瀝血書辭，忘萬死，叩天閽，為陛下力言者，無他，所重者，祖宗之廟社，所惜者，天下之生靈，而自忘其迫切。陛下殺之可也，赦之可也，臣一死生不繫輕重。願陛下上體天戒，下顧人言，安可愛一國賊而忘社稷生靈之重乎？

上皇帝書　鄭樵

正月十一日，興化軍草萊臣鄭樵昧死百拜，獻書于皇帝陛下。臣本山林之人，入山之初，結茅之日，其心苦矣，其志遠矣。欲讀古今之書，欲通百家之學，欲討六藝之文而為羽翼，如此一生，則無遺恨。忽忽三十年，不與人間流通事。所以古今之書，稍經耳目，百家之學，粗識門庭。惟著述之功，百不償一，不圖晚景獲見太平。松筠之節，不改歲寒，而葵藿之心，難忘日下。恭惟皇帝陛下誠格天地，孝通神明，以天縱之聖，以日新之德，君臣合道，一言而致中興。自書契以來，未之聞也。臣切見兵火之餘，文物無幾。陛下留心聖學，篤志斯文，擢用儒臣典司東觀。於是内外之藏，始有條理，百代之典，燦然可觀。臣伏觀秘書省歲歲求書之勤，臣雖身在草萊，亦欲及兹時，效尺寸。顧臣究心於此，殆有年矣。今天下圖書，若有若無，臣雖不一一見之，而皆知其名數所在。獨恨無力抄致，姑能紀記之耳。謹搜盡東南遺書、古今圖譜，又盡上代之鼎彝，與四海之銘碣，遺編闕簡，各有彝倫。天篆梵書，亦為釐正。於是提数百卷自作之書，徒步二千里，來趨闕下，欲以纖塵而裨嵩華，以涓流而益滄海也。念臣困窮之極而寸陰未嘗虚度，風晨雪夜，執筆不休。廚無烟火，而頌聲不絶。積日積月，一簣不虧。十年為經旨之學，以其所得者，作《書考辯訛》，作《詩傳》，作《詩辯妄》，作《春秋傳》，作《春秋考》，作《諸經序畧》，作《刊謬正俗跋》。三年為禮樂之學，以其所得者，作《謚法》，作《運祀議》，作《鄉飲禮》，作《鄉飲駁議》，作《系聲樂府》。三年為文字之學，以其所得者，作《象類書》，作《字始遶環》，作《續汗簡》，作《石鼓文考》，作《梵書論》，作《分陰之類》。五六年為天文地理之學，為蟲魚草木之學，為方書之學，以天文地理之所得者，作《春秋地名》，作《百川源委圖》，作《春秋列國圖》，作《分野記》，作《大象略》。以蟲魚草木之所得者，作《爾雅註志》，作《詩名物志》，作《本草成書》，作《本草外類》。以方書之所得者，作《鶴頂方》，作《食鑑》，作《採治録》，作《畏惡録》。八九年為討論之學，為圖譜之學，為亡書之學。以討論之所得者，作《群書會紀》，作《校讎備論》，作《書目正訛》。以圖籍之所得者，作《圖書志》，作《圖譜有無記》，作《氏族源》。以亡書之所得者，作《求書闕記》，作《求書外記》，作《集古系時録》，作《集古系地録》，此皆已成之書也。其未成之書，在禮樂則有《器眼圖》，在文字則有《字書》，有音讀之書。在天文地理則有《天文志》，有《郡縣遷革志》。在魚蟲草木則有《動植志》。在圖譜則有《動植氏族志》。在亡書則有《亡書備載》，三二年間，可以就緒。如辭章之文，論說之集，雖多不得而與焉。奈秋先蒲柳，景逼桑榆。兄弟淪亡，子姓亦殤。惟餘老身，形影相吊，若一旦倏先朝露，則此書與此身併填溝壑，不惟有負於平生，亦有負於聖時。謹繕寫十八部百四十卷，恭詣檢院投進。其餘卷帙稍多，恐煩聖覽，萬一臣之書有可採，望賜睿旨，許臣料理餘書，續當上進。微臣遭遇文明之世，豈無奮發之情？使臣得展盡底藴，然後鵬歸蕙帳，狐正首丘，庶幾履陛下之地，食陛下之粟，不幸為陛下之一民也。仰冒天威，伏惟聖慈特賜睿覽，臣無任瞻天望聖，激切屏營，皇懼之至。不宣。臣樵昧死百拜。

繳奏沈瀛除知梧州詞頭　林光朝

三月二十一日三省同奉聖旨，沈瀛差知梧州，替張積躬。臣竊見沈瀛昨為樞密院編修官而無立，惟知干進，爲王質所摇動。王質唱之，沈瀛從而和之，此亦公論之所不容。前日沈瀛無故復來，見者切齒，謂如此等人幸而得祠禄，閉門自訟，豈應便求進？今若與之州郡，何以示勸懲？沈瀛得郡，則王質之輕儇狡險，且將攀緣而至矣。臣恐公論自此不立，為害甚大。欲乞睿斷，將沈瀛差知梧州指揮特賜寢罷，以為浮躁不知耻者之戒。所有録黄，臣未敢書行。

繳奏謝廓然賜出身除殿中侍御史詞頭　前人

臣昨蒙陛下記録孤遠，召臣於嶺外，遭遇臨雍，夤緣從橐。臣之僥冒，亦已太過。當此晚節，非有好名干進之疑，事或可言，雖死何憾？臣竊聞王安石欲以李定爲監察御史裏行，宋敏求知制誥，不敢具草。今月二十六日送到録黄一道，謝廓然可賜出身，除殿中侍御史。此在公論，有所未安，臣職當書行，若畏禍忍耻，不得已書之，他日陛下必然有所悔，則臣為欺君者。臣之殘年，尚在人數中，豈應負此名？此臣所以不避誅斥而略陳大概。臣備數詞掖，凡再行謝廓然詞，未嘗不備述上意，以謝廓然為能吏。陛下賜以太常之第，命以御史之官，是科目太泛，名器太輕，非所以開張正塗，誘來讜論也。前日嘗欲以李太正為六察官，未幾復寢，豈謂科目出於至公，不以輕予人也？謝廓然之所長者，可以治財賦，理獄訟，至於耳目之司，紀綱之地，則有所不可。六部寺監所係者一職，惟御史府所係者國體，天下以為可畏者，諫官、御史也。非御史可畏，可畏公議也。安得如范純仁、吕大防者，除書之下，公議自定。苟或人人皆可為御史，則公議不立。公議不立，則天下亦何所畏哉？是國體輕重在於此，不可不早定也。中書號令所自出，令出惟行，弗惟反。今此一件，臣若書行，不知中書所當繳者為何事，然天子擇言事之官，而臣以本職有所可否，則爲犯雷霆之威，無復生全，臣已闔門待罪。所有録黄，臣未敢書施行。

端平三年七月分第一劄 以御殿繳進

方大琮

臣至愚極陋，起至遠方。三十年間，八書吏考，雖田廬之日最久，而畎畝之忠不忘。大化更新，誤叨收擢。退然衆後，惟有靖共。屬者内出手書，俾司言責。力小任重，曉夕驚憂。陛下何取於臣而拔之散冗耶？抑以其草野少戇、或能盡言無隱耶？然未信而諫，交淺言深，雖蘇軾猶以為疑。若夫柔行巽入，以涵養為大體、陰諷密諭，以歲月為深功，此平世事也。臣自立朝以來，每見群臣論議，始則言成敗，中則言安危。至于去歲夏五之後，景象頓異，則以存亡言矣。今也亡之一字，慣熟於上下之口，然後知天下有將亡之形，不知古今有不可亡之理。理者何？綱常是也。綱常者，天地所以付宗子，祖宗所以遺後人，臣民所以戴君上，夷狄所以畏服中國者也。微失之則敗，重失之則危，終失而不悔，則亡。竊迹當世之故，極北小夷，越數萬里，干我王畧，蹙我境土，此天地之大變也。以臣觀之，蜀口之敗，雖韃也，而終蕩於潰兵之擾。襄州之失，非韃也，而實壞於叛兵之變。州縣之兵，則巇其守將。京畿之兵，則疾其長上。以至遐方赤子，皆睊睊然有作慝之念，其為綱常淪斁，不既多乎？陛下豈願其至此哉！出御經筵，懼形于色。朝問群臣，憂見于言。六字之銘，未嘗不欲飭己。十二條之戒，未嘗不欲敕吏。減斛面，停税畝，未嘗不欲寬民。優廩給，戒掊尅，未嘗不欲恤軍。且心者，綱常之所自出。陛下之用心若此，而危形急證，相尋不已。臣廢食忘寢，思所以消惡運，遏亂原，而不得其說。陛下隱之於心，其猶有不安者乎？恭惟本朝立國，度越古昔，太祖皇帝之授受，不以私其子，而感趙普金匱與弟之一誓。高宗皇帝之選立，不以私其近屬，而悟婁寅亮立昌陵後之一言。一祖一宗，為我宋肇興再造之主，皆自其不私天下一念者基之。臣在田野，側聞寧宗皇帝嘉定選擇之時，追記先朝眷念魏邸之意，故陛下之立，必自魏來。寧考此心，其與後世猜防多忌者異矣。用能緜三十載無疆之休，以啓佑我陛下者，亦此一念也。是以陛下踐祚之初，朝享原廟，而都人大悅，則人與之也。始見圜丘而月星明概，則天與之也。疇敢貪天之功，以自為己力哉？彼故王之退守藩服，變出不測，霅川之事，深可痛也。臣嘗記真德秀之奏曰：『霅川之變，非濟邸之本心。濟邸之死，非陛下之本心。』魏了翁《直前》之疏，徐清叟《火災》之疏，皆可謂得其情矣。胡夢昱一疏，尤為惻怛，貫穿百代之興亡，指陳天人之感應，讀之令人流涕。當是時也，天地祖宗，猶有以察陛下之有所制，黄壤沉魂，猶有以亮陛下之不得已，亦既十載，天斃老妖。端平改絃，威福自出，非昭冤雪枉之時乎？臣恭覩元年六月御筆有曰：『脅狂陷逆。』又曰：『復爵眂塋。』而立嗣一事，則曰：『關繫家國，難以輕議。』又恭覩二年七月御筆有曰：『衛王功茂，深欲保持其家。』又曰：『札付宅之兄弟，自今臣僚毋復攟摭。』一則牢關固拒，如待深仇，何其重於繼同氣之後！一則丁寧覆護，如拊愛子，何其厚於保奸孽之家！合二筆而觀，有人心者，宜何如哉？故王之跡，非若秦邸，而秦邸子孫，至今蕃盛，此太宗皇帝保全之力。今也西流荒阡，麥飯無主，孀嫠孤寄，抑墮緇流，獨不以太宗之待秦邸者待之乎？賊遠之罪，浮於奸檜，而檜死之日，諸子勒令致仕，此高宗皇帝果決之斷。今也宅之頑童，班橐錫第，超玷名郡，敢抗公評，獨不以高宗之處檜者處之乎？陛下勵精之始，如逐二兇人，竄二贓吏，召諸賢求直言，以至禁戢苞苴，止遏干請，每一札出，萬目聳觀，四方傳誦，交讚聖明。獨此二筆，讀者無不憮然失色，聞者無不黯然吞聲。德於其非所當德，怨於其非所當怨，一念之私，綱常倒植，大原既失，他美莫贖。驕卒安得不狂悖？兇氓安得不跳擲？叛將安得不飛颺？豈皆無秉彝之心？蓋有以召之矣。陛下必以遠為功，則臣請有以辯之。昔漢大臣議立文帝之時，特曰：齊王母家戾惡，代王母家長者，以善人則大臣安。史所載本說如此，大臣之意，不過謀身，豈料得一文帝，遂為三代以後不可及之主哉？陛下天賦粹美，不下文帝，遠之自謀，亦猶漢臣。既見聖質高邁，乃復時進妖麗，欲以昏其明而盜其權。所賴韜藏靜定，不墮機阱，遂有今日之懿。若遠者，豈容生免繫獄之辱，而死反冒極美之謚乎？陛下必以故王為疑，則臣又有以釋之。昔漢淮南之驕僭，非復有愛兄之道。文帝哭甚哀，以盎解而止。及聞『斗粟尺布』之謠，則還地封子，不遺餘恩，豈終膠於盎之説哉？陛下天性友愛，與文帝同。故王之脅，與淮南異。小臣剽聞，謂故王嘗從陛下會朝待班，同榻共食，情愛備至，使無遠先入之言，寧不愴念疇昔之好？若故王者，豈其生有友睦之義，而死不忘經紀之恩乎？臣愛助孤忠，惟終始以漢文帝望陛下也。矧自更化之後，凡逐臣覊士見扼於權奸者，無枉不白，獨天倫大冤，不能自明。一婦茹屈，枯旱三年。匹夫非喜，飛霜六月，而況先帝之子，陛下之兄乎？臣聞德秀垂歿，語其家以不能申前言為大恨。又見咨夔僅對臣言曰：『上意未回，則天意亦未回。』今二臣已矣，獨夢昱所謂冤不散則禍不消，自今觀之，其言皆驗。昱竄海濱，弟兄暴骨，今雖官其一子，未足償一門之痛。是不惟故王之冤未散，而昱之論亦未明也。然則解釋陛下之疑，啓寤陛下之聽，此非舊學大臣之責乎？此非耆老大臣之責乎？此非二三執政之責乎？此非講筵從容啓沃之責乎？此非侍從論思獻納之責乎？此非諫臣繩愆糾謬之責乎？群臣泛議，一語及此，摇手吐舌，指爲深諱，是殆以齊人敬王也。然而臣知陛下有可回之機者，何也？小臣奏疏間及此事，陛下雖微詰之，亦不罪之。草茅對策間發此語，陛下雖稍抑之，亦不棄之。是機也，苟有以開導而疏瀹之，則油然之一念固在也。臣愚，欲望陛下豁然開悟，出於真誠，特下明詔，敷釋本心。正權臣之罪，洗故王之冤。則端平德刑之大者明矣。是必發暴奸伏，絀絶貪功，抑孽種而奪守符，收宸札而裁寵數。賈充之謚別議，里克之惡始彰。是必改營高燥，亟謀紹承，幸伉儷之猶存，庶精爽之有托。若敖之鬼不餒，新城之巫永消。則天心之悔禍有期，人心之厭亂有日，特在陛下一念間耳。或曰：四郊多壘，未暇議也。不知腹心不治，何以望膚革之安？或曰：皇嗣未衍，未遽議也。不知《麟趾》不歌，何以致《螽斯》之盛？事固有甚難，百物翔踊而楮日輕，則曰吾力不能救。疆胡荐食而兵日困，則曰吾身不能玩。此不過一號令轉移之易，而陛下猶難之，且事與天合，與祖宗合，與先帝合，與天下之心合，無復他慮之有。若易者猶難，臣恐難者愈難矣。宋文帝何如主？猶能還三代之家，正徐、傅之戮，而况九京之下，所望於英明之主哉？通天地間，一氣耳。今也戾氣流行，在天則為妖星，在地則為洚水，在朝廷則為二相不咸，在邊方則爲諸閫不協。去歲叛兵之變，自南而北，殆遍天下。去夏殿旅之閧，市扉晝開，相恐以走，此無非戾氣之流注激射也。臣曩讀清叟《火災疏》曰：『若有所驚而言，問其故頗異。』昔鄭人驚伯有之厲，子産以為鬼無歸之故，或者類是。臣又近聞宅宇以其父三十年聚怨之華室，一旦捨之為僧廬，採其事尤異。昔王安石捐居第于鐘山，而記者以為覬雱囚之故，殆亦類是。事雖涉怪，理有或然。遠之家不足恤，而關於宗社者甚重。若一念之歉，横於胸中而不化，則一氣之戾，爵於兩間而不消。誠能宣明洞達，此歉不留，將見精神感召，此戾自弭。不然，運化推移，無往不復。刓忍諱護，其裂難收。瑤華之位終復，蔡京之後終錮。而光景迫促，已無救於黏幹長驅之禍矣。吁，可畏哉！臣素拙且賤，始進瞽言，遽觸雷霆，罪在不赦。然漢武帝有言：高廣神靈，使汝教我。或者祖宗列聖之神，寧考在天之靈，將以啓聖心而開治運歟？先儒嘗謂夷狄為中國患，由中國先無三綱，故臣以綱常為弭亂之本。又謂一念覺處，便是天理，故臣以一念為綱常之本。然則宗社存亡，夷狄向背之機，人以去留之會，在陛下今日之一念覺，則高廣神靈之賜，否則小臣積誠不至，請伏妄言之誅。惟陛下財幸。

八月分第一劄 前人

臣頃者冒進愚戇，輕犯雷霆，敢謂聖度如天，猶獲瞻威咫尺。窮子見父，且喜且悲。所謂大綱大本之説，臣申言之，則近於激，不言則流於欺。不激不欺，以觀陛下之心焉。請以今日經帷誦説之書而推明帝王正心之大法以告，其説若稍緩矣。然雖緩而亦切也。心，一大關紐也。《書》曰：『無怠無荒。』此待夷狄法也。『惟難惟危』，此畏小民法也。『甘嗜峻雕，未或不亡』，此警省一身法也。天下皆樂而一人猶憂，天下皆泰而一人得危，以一人之憂危，所以保天下之泰且樂也。若昔明良，護持此法，重關累鍵，植立甚嚴。自管仲始破其扃鐍，謂聲色酒肉，不足害霸。賈誼微寬其繩束，謂為治而乏鐘鼓之樂，不如勿爲。誼之言猶婉，而仲之説直謂把握於外者有定力，則安意肆志於内者爲無損。是以威公負其強力而溺内嬖，惑刁牙，以啓國中之爭。文帝安於所性而罷露臺，止驂乘，以成富庶之效。至唐太宗以雄心伯氣，孩撫一世外，而鞭笞剪伐，無不如意。内而縱情長慾，肆其所為，哆然恚其臣曰：『是欲使國家不役一人，不收一租，宫人無髮，乃稱其意。』善乎魏證之諫曰：『憂人之言，不絶於口。樂身之事，實切於心。』深中帝病，帝亦歛容謝焉。合三君而觀，文帝恭儉，量已甚明。二君外操内縱，自謂奇策，卒不免貽後嗣患，况於外無把握之力，而内為安意肆志之事，可乎？帝王治法，止一塗轍，持心身者，乃所以持天下也。今天下未易持也。如支老屋，補壁而籬仆，如駕漏舟，掉首而尾濡。鳩工烝楫，合力扶救，猶惕然有壓溺之虞，而為主人者，出有惧色，入無戒心，反使工慵楫惰，得以有辭於其主。臣固不敢以魏證之語窺陛下，而其迹則有不能掩人之疑者，何也？三邊功賞有頻年未下者，而後宫新封，數十之宜，雖不一夕，取辦未遲也。五閫將佐猶有待激勸者，而肺腑近親，雙節之命，雖不同日，並拜未害也。襄蜀流移，糠籺不飫，而進獻豈群貂之所宜爭媚哉？江北居民，千里清野，而木妖豈内庭之所宜時有哉？陛下憂勤之念，未孚四方，而佚樂之聲，頗傳道路。而或者猶曰事有不可爲，未免興退飲醇酒之歎。此前世中主事也，聖明豈有是哉？然而消疑釋謗，抑豈無説？布衣帛冠，豈足興衛，而文公之志自此立。薪寢膽食豈足疆越，而勾踐之志自此堅。陛下倘以襄失為耻，則其志必在復襄。以蜀敗為慊，則其志必在保蜀。以荆擾淮危為憂，則其志必在牢固疆場。以民愁兵怨為慮，則其志必在護養根本。用志不分，樂事自息。《書》不云：『惟疾敬德，緩則不及事矣。無皇耽樂，雖欲為而無其暇矣。』是故惡旨酒，必真如建隆經宿之悔。斥寵嬖，必真如慶曆女口之遣。減省嬪御，止如雍熙三百之數。檢制奄寺，當如景德過分之戒。節縮浮費，則韓琦宫掖之議可行也。停罷力役，則歐陽修土木之疏可復也。非惟消釋天下之疑，亦足以助成陛下大有為之志。孝子者，善繼人之志也。以先皇帝賜杯之奉，澣衣之御，此不過禁庭間事耳。而幽閨深谷，民到于今稱之。當慶、泰、禧、定以來，天下非少事也，所以銷一時之變，結數十年之人心，敬仁勤儉之一念耳。帝王大法，祖宗家法，森乎三尺之不可越也。憂者樂之對，危者安之反，嗜樂而喜，安人之情也。臣乃欲奪其所樂，而遺之以憂，禁其所安，而投之以危，豈情也哉？蓋有凛乎朽索之危，而後有平成之安。有若涉淵水之憂而後有垂拱之樂，豈惟天下安樂之，而一人之至安真樂孰大焉？不然，則欲安而危迫之，則反失其安。欲樂而憂乘之，則反不得其樂。明者可以計利害於此矣。今也當把握之機而有縱放之形，當憂危之會而為逸樂之事，所以使陛下負此疑謗於天下，必有分任其責者。理亂安危，自君心出。格其非者，大臣也。救其源者，諫臣也。若夫阿意曲從，務爲容悦，今日曰誠如聖諭，明日曰非臣等所及，固恩戀寵，此大臣之耻也。嬰鱗自疑，更進他説，前疏則格不下，後疏則又訖了，學淺膽怯，臣實有罪焉。先民有言，宰相尊行其道，諫官卑行其言。必引君於當道，必納君於無過。使天下不得以竊議吾君，則道與言俱行也。否則，言之不行，非行道者之責乎？故臣於陛下與二三大臣，皆有望焉。取進止。

嘉定乙亥應詔封事　陳宓

臣聞天人之道，本無二致。人事乖剌，則天變頻仍。去秋日食晝晦，太白經天。考之載籍，咎必有在。陛下憂形玉色，慮軫淵衷，而群臣不能將順至意，顧委之天数，歸之分野，使求言弭災之典，因循不舉。乃入春以來，時雨不降，孟夏過半，種未入土。遐方遠徼，或以潦告，而京畿輔郡，乃獨亢旱。天意震怒，蓋亦可見。陛下日夕焦劳，蔬食拜跪，並走群祀，精神懇切。蠲租己責，赦過宥罪，凡可以感人心、回天意者，畢舉無遺。而旬月以來，驕陽彌甚，求言之詔，於是始下。聖訓諄惻，凡在臣子，孰不隕越？況臣世受國恩，忝綴班末，其敢以卑賤為解而默默無言乎？臣聞應天以實不以文，而天意未回，人心莫喻。臣嘗出位而思，意者內而宮闈儀刑，猶有未至乎？外而朝廷權柄，抑有所分乎？大而政令刑賞，尚有舛逆乎？踈賤之臣，得之傳聞。宮中宴飲，或至無節。非時賜予，為数浩穰。一人蔬食而嬪御不廢於擊鮮，邊事方殷而樁積反資於妄用。倖門浸啓，請謁盛行。祖宗在天之靈，豈能無怒？閭閻下俚之賤，亦至有言。夫天之於人主，猶父母之於子也。子方見怒於父母，而為其妻孥者，亦宜憂懼惕息。若曰一人當憂劳，而後宮無與焉，臣恐上天之怒未易遽已而災異有不可回矣。昔成湯六事之禱，拳拳於女謁之盛，所繫非輕。臣所謂宮闈儀刑有所未至者，此也。陛下即位以來，二十餘年，政事一付之中書，然而天下之大，事機之繁，有非宰相獨力之所能辦，必求寮掾以分其勞。而委任之間，易流偏黨，何者？大權所在，孰不奔趍？自非至公，寧能無蔽？臣聞之衆庶，咸謂比年以來，所用之人，非親則故，姻婭之外，貽譏三同。大而執政，必擇易制之人。要而臺諫，必用謹默之士，都司樞屬，機政所繫，無非親暱之私，逢迎之黨，交相納結，根據要途。爵賞視其苞苴，黜陟由其毀譽。奸貪之吏，苟能媚竈，則無不得志。廉正之士，不能由徑，則動輒招尤。大臣唯其言是從，而不知為其所誤。人心胥怨，同然一辭。昔卜式謂天旱乃弘羊所致，殆幾類此。臣所謂朝廷權柄有所分者，此也。政令之行，凡上之所喜，皆下之所惡。如鹽鈔之變易，幣之秤提，安邊所之創立，固執己見，動失人心。敗軍之將，躐寘殿巖。庸鄙之夫，久尹京兆。監司郡守，争事苛刻。内外總戎，公肆掊歛。倅貳有何勞績，輕拖爵賞。縣令不俟滿秩，遽獲升遷。宿將有城守之功，乃以小過而貶逐。三衙無汗馬之勞，或託公勤而超擢。游士謗議，罪狀未白，遽寘重刑。儒官調選，既遭吏辱，復加鐫斥。賞罰失平若此，豈不有以傷和氣乎？昔淳化中旱蝗，寇準以為祖吉、王淮同罪異罰，刑政偏頗之所致，信不可誣。臣所謂政令刑賞或有舛逆者，此也。臣前所陳，皆當今時政闕遺之大者，欲望陛下交勑内外，一正紀綱，亟反其失，以為後圖。如此而猶不雨，臣請伏面謾之罪，干犯天威，罪當萬死。

申請延平書院勑額劄　前人

竊謂事有關於斯文之統紀、風化之本原者，守臣之所當上聞也。惟道統之傳，遠自羲黄，迄于孔孟，秦漢以來，不絶如綫。至皇朝之盛，始有濂溪周惇頤、明道程顥、伊川程頤相繼挺出，而孔孟之統，以續二程，傳之楊時，楊時傳之羅從彦，羅從彦傳之李侗，李侗傳之朱文公熹，而其學益盛。楊時自崇觀以來，歷事三朝，居法從，入諫省，侍經筵，嘉言善行，學者師之。朱熹蚤蒙孝宗簡知，光宗屢加擢用，遭遇聖明初政，嘗以《大學》入侍，親蒙顧問，俞旨琅然，至於發明正學，辨析群疑，著為成書，其有功於斯文也尤備。曰從彦，曰侗，則固窮守道，肥遯山林，雖顯晦殊迹，而道統賴以有傳，其揆一也。伏自漢爰諏譜諜，楊時、羅從彦實本郡將樂人，李侗劒浦人，朱熹雖居鄰郡，亦生於本郡尤溪之寓舍。伏自漢唐以來，幾二千年而未有與道統之傳者，今以斗大之州，不數十年之内，出而宗主斯文者有四，豈惟一邦之創見，實皇朝之盛美也。至今文獻典刑，猶有存者。士大夫過其境，慨嘆興慕，而祠像弗立，誠爲闕典。況其山川秀傑，人物英毅，自陳忠肅公瓘而下，名人輩出，使有以風厲而作新之，必有相繼而興起者矣。某忝竊郡符，職在宣化，惟是到任以來，窘於荒政。今稍寧息，始得地於州城之南，創延平書院一所，援白鹿洞北，建立禮殿，旁祀楊時師生遺像，以慰往來士君子之思。分立四齋，以聚生員。薄儲廪給，以待讀書修身不屑課試之士。某先以俸錢兩月為之經始，繼節浮費，以落成之。少見尊崇道統之意，於聖朝風化，或有小補。載惟白鹿、嵩陽、睢陽、嶽麓所謂四書院者，皆蒙祖宗崇尚襃表，分之官書，賜之扁榜，矧此師儒之鄉，道統所係，又非四書院之比。而隱默不聞，某則有罪。謹昧死條上，除已具錄奏聞外，欲望朝廷特賜敷奏，乞敕賜延平書院四字為額。如或可行，乞下禮部如議施行。

覆謚議　劉彌正附見《劉夙傳》

議曰：謚，古也。複謚，非古也。謚法曰：謚生於行者也。苟當於其行，一字足矣，奚複哉？故侍講朱公没，於爵未得謚，上以公道德可謚，下有司議所以謚。謹獻議曰：六經，聖人載道之文也。孔氏没，子思、孟軻更述其遺言，以持斯世，文幸未墜。漢末諸儒，采掇以資文墨，鄭司農、王輔嗣輩，又老死訓詁，謂聖人之心，真在句讀而已。隋唐間，河汾講學，已不涉聖賢閫奥。韓愈氏復出，特其文近道爾。蓋孔氏之道，賴子思、孟軻而明。子思、孟軻之死，明者復晦。由漢而下，闇如也。及本朝而又明。濂溪、横渠剖其幽，二程子宿其光，程氏之徒嘘其焰，至公，聖道粲然矣。公之學，以誠持中，敬持外。其於書，捨六籍則諸子曲説不得干其思。其於道，不敢深索也，恐入乎幽。不敢過求也，恐汩其統。讀書初貫穿百氏，終也縮以聖人之格言，自近而入微，由博而歸約。原心於眇忽，析理於錙銖，采衆説之精而遺其粗，集諸儒之粹而去其駁。嗚呼！醇矣哉！孟氏以來，不多有也。公中科第，猶少也，薄游徑隱，閉門潛思，朝廷每以好官召公，莫能屈。不得已而出，惟恐去之不早。自官簿書，考者九而閒居者四十餘年。山林之日長，問學之功深也。平居與其徒磨切講貫，皆道德性命之言，忠敬孝愛之事，由公學者，必行己莊、與人信，居則安貧而樂道，仕則尊君而憂民。重名節而愛出處，合於古而背於時。若此者，真公之學也。嗚呼！師友道喪，人各自是。公力扶聖緒，本末宏闊，而弄筆墨小技者，以為迂。癯於山澤，與世無競，而汩没朝市者，以為矯。自童至耄，動以禮法，而跅弛於繩墨者，姍以爲誕。世嘗以是病孔孟矣，公何恨焉！初，太常議以文忠謚公。按：公在朝之日淺，正主庇民之學，鬱而不施。而著書立言之功，大暢于後。合文與忠謚公，似矣而非也。有功於斯文，而謂之文，簡矣而實也。本朝歐、蘇不得謚文，而得者乃楊大年、王介甫。介甫經學非醇也，其事業亦有可恨。楊公正復文士爾，文乎文乎，豈是之謂乎？世多評韓愈為文，而非也，《原道》謂軻之死不得其傳，斯言也，程子與之。公晚為韓文立《考異》一書，豈其心亦有合歟？請以韓子之謚謚公。謹議。

陳情復姓

陳彦回 見本傳

聖朝洪武三年，開闢學校，選臣俊秀，充邑庠弟子員。四年，舉臣父秀才，赴京選，授保德州牧。七年，調除應州牧。九年，以累左遷廣西博白令。十一年，為事釋放。十六年，起取降授浙江歸安丞。當年被事典刑任所，家小没為奴婢，原籍舉家抄提。十七年二月到京，轉發雲南、臨安充軍。祖父七秀、母塗氏、男善需，沿途病故。愍遺臣祖母郭氏年七十，至蜀，欽遇三月二十七日大赦釋放，間貧病相仍，進退狼狽。母孫對泣，死在旦夕。幸見同里人黄積良任合州定遠縣知縣，憫臣窮途孤苦，收養為家人，遂改黄禮姓名。二十八年，本官爲事又問充軍，例不釋放。竊負祖母轉依鄉親南充縣丞于中和，十一月，閬中教諭嚴德政舉臣保寧府學訓導。三十年二月，給由到吏部考功貢舉中式，隨朝觀政。四月二十三日，太祖高皇帝御右順門，升授臣湖廣平江縣正。三十一年七月，爲喪禮進香慰到京，蒙吏部先為欽保官員事，户科給事楊惟中舉臣文學廉能，湖廣按察司經歷白師道舉臣為政勤謹，岳州府知府徐友和、照磨張賢舉臣清廉材能愛民，巴陵知縣王質、華容知縣居中保臣公平廉幹，為政勤謹，杭州臨安縣學教諭李益古、新城縣學教諭張浩同保臣清廉直幹，臨湘縣學教諭王應原保臣廉能才幹，而平江民人、充吏部令史羅侃、前軍都督府掾史劉昇、户部廣西清吏司典吏嚴必成以臣撫民有方，具奏保留。八月初三日，東角門引見，升除徽州府知府。元年正月，朝賀以考覈稱職，欽賜下程酒肉米，賞鈔三十錠。本年十月，祖母郭氏任所病故，臣丁憂間，休、歙、績溪等縣民汪理、仇成等百有餘人赴京及本府保臣清正恤民，奏告舉留。雖小民不知孝治通喪之義，然臣不負任使，為國愛民之微效，亦概可見。臣任所去家三千餘里，水陸險阻，無家可歸。買地营葬，安厝已畢，廬墓卒哭，間因見思念前項情罪，祖母在日，恐貽憂累，不敢自明。今蒙皇帝陛下沛恩，海涵春育，皆係革前。凡天下囚奴，皆已疏放，軍伍材能，皆已擢用，奈臣版籍未復，父祖未能收葬，弟妹等奴配未曾給聚，晝夜號慟，肝腸推裂。淚盡繼之以血，恐遂隕絶，無自表白，終為天地間一罪人，無以見祖宗於地下。乃自奮曰：『籲天扣地無益，何如自投君父之前？』除具狀赴通政司首實外，干冒天威，待罪闕下。伏望聖慈垂察，矜而憫之，復臣姓名版籍，給臣弟妹，俾得收葬父祖，奉承宗祀，實陛下再造天地之恩，死生咸被，非啣環結草所能上報。陛下倘錄臣已試之微勤，仍通名仕籍，臣誓自服闋之後，至於有生之日，隨所任使，皆臣致身報國之秋也。雖於傅說、仲淹勲業之隆，不敢妄擬，然犬馬區區報効之誠，得於天性者，似亦有同焉。如置臣行伍，亦當効其智力所及，抱關擊柝，以圖報萬一。或退臣田里，猶能教率鄉族子弟，讀書為善，沐浴膏澤，歌咏聖化。惟陛下裁擇之。

薦舉　彭韶

竊聞名德之賢，成就甚難。儲之朝廷，關係實重。是以古昔聖帝明王，咨詢搜求，罔間遺逸，小或致之，大或起之。動則賴以成顯著之事功，靜則因以係士心之向慕。聲望風采，藹為國華。《大學》所謂『惟善以為寶』是也。切見廣州府新會縣依親監生陳獻章，心術正大，識見高明，涵養有素，德性堅定。立志願學，於古人榮辱，不足以介意，誠高世之儒也。往者成化五年應試春闈，偶失甲第。給假回還，杜門養志，沉潛聖賢之書，實窺體要。洞達事物之理，有見精微。才雖未試，行則可保。今年五十餘矣，讀書踐履，愈覺純熟。孝義著聞，人皆感動。臣等自度才德不及獻章遠甚，猶且叨食厚禄，顧於醇儒，反不見用，非惟臣等之心誠切不安，亦恐國家不及收用，坐失惟善之寶也。伏見天順年間，英宗皇帝聞撫州民人吴與弼文行高古，特加禮聘，處以官僚，奈緣老病，辭不供職，是以未見作用之效。今獻章年力盛強，大非與弼之比。伏乞聖明以禮徵召，量處以在京儒官職事，則必有以補助聖德，風動士類矣。

陳言政治終始　前人

伏聞邇者星變既發於歲暮，又形於正旦，此天心仁愛之至，欲陛下善始善終，而示於不言之表者也。蓋歲暮者，天道之終。正旦者，歲事之始。天象兩見於此，豈無意哉？昔唐太宗時，魏徵獻言，有言陛下志業比貞觀之初，漸不克終者十事，太宗嘉納，至今稱為盛事。臣愚，妄謂今日之治，不在他求，惟守成化之初足矣。茲於歲首廣開言路，禁止奢僭，斥逐異端，杜絕傳奉，次第施行，所謂漸不克終者，非有如唐太宗之多，然臣子之愛心無已，所望於聖明者，不止於前數事也。伏惟陛下嗣位之初，廢立中宮，特詔天下，正家之禮嚴矣。數年以來，聞諸鎮守内臣貢獻土物，於皇妃位下，或加中宮之上，又褒升其家，幾與先帝時后家相等，此陛下正家之禮，有未終者也。悠悠萬事，惟此為大。天意所以不豫，人心所以湮欝，殆為於此。臣伏見陛下至聖至明，若俯念四海為家之義，少納臣子家衆之言，以時裁正，俾彝倫攸叙，則陰陽不調，災害不弭，未之有也。成化之初，内侍近臣進用稀簡，防微之意，盖有在矣。至於近年，日有增益，聞今大小名數，將以萬計，求之於古，未見其比。利源兵柄，多付其手。違禁犯科，少有加罪。所求能得，所請輒從，此陛下慮防之意，未終者也。夫貴近之臣，人所畏憚，久預外事，便成重輕。臣伏見陛下臨御歲久，洞察事機，宜及此時，斟酌裁省，俾内外事務，各還職守，立爲定制，以傳於後，實萬世無疆之休。不然，異日故事已定，偏重之勢遂成，雖欲更張，不可得也。成化之初，天下貢獻，悉皆禁止，儉約之德著矣。至後數年，鎮守公差諸人爭求珍異，以充進貢。海内臣庶，實有憂心，茲者又詔鎮守内外等官貢獻方物，悉照天順三年以前例行，不許因而科害軍民。竊惟天順年間，當無事之時，今遇灾荒，乃警戒之日。古人遇有天灾，皆欲減膳徹樂，豈宜轉令貢獻？此陛下持儉之德，有未終者也。先儒謂好貨之心，乃天理之所有，人情不能無。然公劉好貨，與百姓同之，故國富而民足。今前項官員，不過剥取軍民之財，以充貢奉之名，豈有出自己物哉？而乃水陸勞擾，人畜疲頓，怨歸公家，恩被私室，誠無益也。伏望陛下畏天是圖，將此貢獻盡行罷免，則天下幸甚。成化之初，保傅六卿，未嘗輕授，用人之慎至矣。至於近年，邊方多事，内郡流移，而公卿輔臣，無故而加保傅。寺監衙門，多以高官兼掌。及其致仕恩澤，又月與之米，歲給之力，無非所以禮大臣也。然以是施於忠賢勞烈，使人有所感奮，若泛焉行之，則人孰不思阿順從欲，以圖日後之恩寵哉？此陛下用人之道，有未終者也。自古平治天下，責在大臣，苟大臣自任既輕，百司從而觀望，後進一律，世事將何賴耶？伏望陛下慎重任使，必忠賢而後優禮，有勞烈而後加官，不惟其官，惟其人，則群賢幸甚。《書》曰：『終始惟一，時乃日新。』又曰：『德日新，萬邦惟懷。』此真陛下大聖人事也。臣螻蟻微命，殞越妄言，不勝戰懼之至。

應詔陳言　前人

邇者節該欽奉勑諭：『自冬迄今，亢旱踰時，爾等宜痛加修省，革其背公循私之弊，警其因循怠惰之習，固其廉靜不渝之節。凡軍民利病、時政得失，有可以興革者，仍條奏來聞，欽此欽遵。』臣等除痛加脩省外，謹以四事昧死上陳，伏惟陛下留神裁處，庶幾少俾聖治之萬一。近該本部爲造意欺君，謀為不軌，交通朋黨，妄報宗枝，貧傜違法等事，覆奏欽差太監等官。韋寧等會本事情，至今半月有餘，未奉勑旨，及他奏請，間有旬日，方纔得旨者。臣等竊聞自古聖明之君，當無虞之日，周慮天下，無時敢忘。大小幾務，隨與裁决。豈好勞而惡逸哉？誠以制治乎未亂，保邦乎未危也。今海内雖稱承平，然山東、河南災荒相仍，陝西、貴州亦有邊報，正兢兢業業、一日二日萬幾之時，若優游少斷，不惟事見停滯，亦恐志生驕惰。群臣左右，安於故常，不敢有所論列矣。四方傳聞，甚非細故，此時政之得失一也。又該本部先為人命事節，問犯人王朋、苗通、高永，係内使、内官，犯該毆死妹夫等項絞罪，俱各累訴寃枉，荷蒙聖慈饒死，發充淨軍訖。臣等切聞自古帝王不能去刑而爲治，故有罪犯，雖貴近必刑，所以彰天討之至公也。況於人命所係甚大，若殺人不死，復何所畏？今各犯俱已發落，事在既往，無別施行，但乞後來勿輕縱爾。合無今後内臣若有毆死外人，犯該重罪者，果被誣陷，結勘明白，方可辯理。如情真罪當，朦朧訴屈，仍令監候聽決，庶得法度均平，人心悦服，此時政得失二也。伏望陛下畏天勤政，守法圖治，事至物來，隨即予奪。宫中外廷，視為一體。推廣他類，無不皆然。何患時政之不善哉？本部又先為人命事，問得犯人謝原招稱，弘治五年十月内管領隊軍何三等往昌國公墳上做工，何三脱逃，累原替納工錢不還，將何三脚踢身死，犯該鬬毆殺人絞罪，奏蒙發落訖。臣等看得世情艱難，財重命輕，殺人犯法，時常有之，固非為此一事。但聞道路傳言，今脩已故皇親昌國公張巒墳塋，比諸往年勳戚之家，相去懸絶。凡百制度，務為宏壯，差遣武職大臣，領軍萬數，輪流用工，計年不足，恐非人臣之所敢當也。計昌國公之在地下，豈能自安？是則雖曰愛之，非所以美之矣。上工官軍畏怕摇楚，不得已出錢顧人，中間貧乏者，隨到隨逃，而管工官員既少復討，前後展轉不得休息，豈能無怨讟者哉？此軍民之利病一也。本部又為違法科泒等事，問得犯人朱華、米志，招係東安等縣知縣各違例將長陵等陵之户，雜泛差役，不與優免，被神宫監官奏拿，問罪發落訖。臣等看得順天府所屬州縣人民有限，差使無窮，里甲正役頗易，應當雜泛差徭，實為浩瀚有等。丁多殷實之家，往往投充陵廟墳户及勇士校尉人匠各色身役，以避民差，致將見在人户重疊加役，富者累貧，貧者逃竄，村里蕭條，人無生意，何日可以息肩哉？《語》曰：『不患寡而患不均，不患貧而患不安。』合無將墳陵等户定與優免幾丁，餘者仍發州縣相兼，見在人户，均當差使，彼此之人，各得其所，此軍民之利病二也。伏望陛下畏天恤民，思前慮後，將昌國公墳墓減去工程，如式修造，俾得早完。仍勑該部將陵户等優免事例酌量定奪，以便遵守。推此及彼，由近及遠，何患軍民之不安哉？臣等不勝拳拳之至，伏乞聖明裁處。

弭災保治疏　陳音

臣聞災異者，天心仁愛人君，使之兢業恐惧，以興邦者也。雖堯湯之聖，不能免焉。自古君天下者，不患於有災，而患於不能弭災。宣王憂旱，周道勃興。文帝憫災，漢治日昌。今雨暘愆期，灾異疊見，臣願陛下修所當為，任所當用，則天變可消，盛治可保。臣伏讀宣宗章皇帝勑諭，有曰：『翰林處思論之地，必仁義是陳。』故謹竭愚衷，上塵睿覽，伏望寬斧鉞之誅，采蒭荒之論，則天下後世，不勝幸甚。今將所言事件開坐，謹具奏聞。一曰養君德。臣聞養德之要，莫先於講學。講學之功，莫要於好問。大舜之聖，猶好問好察。成湯之聖，仲虺猶告之曰好問則裕。今陛下雖日御經筵，以勤聖學。然勢分尊嚴，上下情隔。上雖有所疑而未嘗問，下欲有所陳而不得盡。臣願陛下退朝之隙，早膳之後，擇一二儒臣有學行者，日引對便殿。或從容賜坐，或旁立咫尺，搜求經典，有疑輒問。務使聖心渙然，如天開日皎，則以之正心，以之齊家，以之正百官，正萬民，而億萬年太平之業，具於此矣。二曰進人才。臣聞人才難得，自古為然。國家養士，百年于兹，求其可用者，亦不多得。而一二可用者，又未嘗用之，是可為長大息也。姑舉臣所知者，如致仕吏部尚書李秉侃侃公忠，忘身徇國。雖小過不能無，而大節則可許。如養病翰林院修撰羅倫、編修張元禎，皆抱經濟之學，齎不得施，故托疾引退，以免素餐之耻。如新會縣舉人陳獻章，所學醇正，所養充大，臣願陛下起李秉復為吏部尚書，起羅倫、張元禎復為侍從，徵陳獻章寄之臺諫，則賢才得用而治效日臻矣。三曰開言路。臣聞明目達聰，虞治以熙。從諫弗弗，殷業由隆。今朝廷雖置言官，多緘口不言者，以嘗言者有擯斥之辱也。臣願取回判官王徽等，評事章懋等，復其舊職，以彰陛下天地之量。仍勅自今臺諫，凡政事得失，生民利病，一切直言無隱。言雖狂背，不加之罪。則求言以誠，事無壅蔽，而邦家永太平之祚矣。四曰闢異端。臣聞異端者，正道之反，害道之大者也。當今號佛子、法王者，無寸善可述。称真人者，無一長可取。名位尊隆，賞與濫溢。臣願陛下降其位號，杜其恩賞，仍詔自今有請脩造寺觀者，悉置諸法，永為定制，則妖妄可絶，正道復明而民興行矣。

扶植國本　林俊

臣惟君人之德，莫大於聽納。臣子之罪，莫加於欺罔。今年以來，災異迭興，兩京地震，陵寢摇動，日月繼食，野熊入城，鑒戒之昭，莫此為甚。而醜虜陸梁，犯我北鄙。邊氓騷擾，戍卒咨怨，誠不可不為之慮也。臣愚，謂此尚手足之疾耳。陝西、山西、河南連年飢荒，陝西尤甚，人民流徙别郡及荆襄等處，日數萬計，甚者闔縣無人，可者十去七八。倉廩罄懸，拯救無法，樹皮草根，食取已竭，餓殍填路，惡氣薰天。道路聞之，莫不流涕，而巡撫巡按三司等官，肉食彼土，既知荒旱，自合先期聞奏，伏候聖裁。顧乃恝不加意，勢至若此，尚猶顧盼徘徊，專事蒙蔽，視民飢饉而不恤，輕國重地而不言。夫物極則變，草澤之中，禍深難測，是誠腹心危急之疾，治之當如救焚拯溺，不可少緩者也。乃者太學士萬安等具言，將生負人等納米，是固救荒之一策。然此等欲事輕齎則彼地空乏，買米無從，欲他方轉運，則困於劫掠，道里難進。臣恐緩不及事，為今之計，宜下寬恤之詔，重欺罔之罪，以收人心。即遣才力大臣，并科道部屬廉能等官，分齎内帑之財，星馳前往臨清等處，聽其地里近便，有運到官粮或鄰封積蓄，官為雇車裝運，兼程以行，隨在賑濟，則未死之餘民，猶或可及。然臣又有說焉。孟軻有言：死我所惡，所惡有甚於死者，故患有所不避也。臣說一行，則可洩天地神人之憤，快聖祖神宗之心，彰陛下爲聖明聽納之主，奠宗社萬億年無疆之休。萬一忤旨，禍止臣一身耳。臣何惜一身之禍，不為陛下陳之？臣聞脩養之說，怪誕無徵。佛民之教，幻妄無取。故其事不見於堯舜禹湯之世，其誣每見於唐宋儒先之論。史册所稽，不可泯也。謹按：僧繼曉本一憸險小人，市井無賴，曩者猥指邪術，欺誑楚府。及至事敗挨拿，却乃竄身逃罪，不圖自新，益加縱誕。潛住京師，多方夤緣，誤蒙聖眷，疊賜異恩。五尺兒童，切齒唾罵，敢復肆無忌憚，惑亂聖聰發内庫銀數十萬兩，盖大鎮國永昌寺。臣細思之，陛下聰明齊聖，斷不為此。是必繼曉小人，倡爲誕說，謂此寺一建，則聖壽益綿，國祚益昌，民命益永，邊境益寧，而以此啗陛下耳。

曾不知以有用之財，供無益之費，國計且日削矣。以陛下超三邁五之資，蹈唐憲梁武之轍，聖譽且日損矣。下人師師，爭先事佛，聖政且日壞矣。居民重遷，工役不息，人怨且日興矣。縱如繼曉之言，先王之政，斷不為此，況萬無是理，顧有大害者乎！臣謂不斬繼曉，異日之禍，未可言也。然縱之者梁芳也，梁芳傾覆陰狠，引用邪佞，排斥忠良，輔之者驟得美官，觸之者動遭竄逐。欺罔如趙高，奢侈似石崇，數年之間，假以進貢買辦為名，盜祖宗有餘年之府藏殆盡，家貲山積，尚銘不足多，所在風擾，汪直莫能過。乃復薦進繼曉，陰求蓋寺，虛耗内財，飛語外人，謂其極意不肯為是，被陛下再四逼脅，只得屈從。是畏天下議己，欲陛下專擅謗耳。夫臣善則稱君，過則歸己，今梁芳欲文己奸而以過歸陛下，即此一事，已不容於誅矣。臣斷謂粉梁芳之身，不足償其罪之萬一耳。臣德不足信，職非言官，熟知自默可以固位，顧乃不自揣量，與此二權奸抗可否，是猶蝸觸山，蛾赴火，已不可言智矣。然臣惟牛司耕，犬司守，走獸之微，亦以劳而食也。臣食於陛下且七年矣，近以年勞，復蒙增秩，感愧無地，中夜以思，涕泪交流。謂人主深居九重，利害豈能悉知？而祖宗在天之靈，亦望臣等以言進於陛下也。今内而大臣，次而百官，以及閭井之徒，亦皆痛心飢民之死，欲食梁芳、繼曉之肉，卒之不敢以此言進於陛下者，所惜者官，所畏者死耳。使臣不復言，則陛下終不寤。祖宗在天，謂臣等何如人。天下後世，謂臣等何如人。秉筆史官，必譏笑臣等，恐將及陛下矣。惟陛下留神聽覽，熟計而必行之，則祖宗之光，社稷之福，臣民萬世之幸。如臣言非是，甘受顯戮，以昭欺罔。臣不勝激切。

慶幸討賊永綏國祚　前人

臣在得漢軍中，聞賊臣劉瑾謀逆事覺，陛下特正典刑，以大洩天地祖宗臣民之憤，為我明萬萬年至計。臣驚喜慶幸祖宗在天之靈，陛下嗣大歷服之光，其有是盛舉矣。初，賊瑾無故駕朋黨之説，以戕賊大臣，挫殺言官，凌蠛同類，推剥羅織天下之人民。臣謂此奸臣弄權之故智，然由古無是甚也。比聞榮王之國修行宮，致陛下外寢。臣撫心出涕，謂此賊必反無疑。故事，太子未舉，舉未立，立未長，親王一位不之國，宋仁宗、高宗未有子，聽司馬光、婁寅亮諸臣之言，求宗室之賢，養之宫中，所以杜亂源，為國家深計。夫庶民忠奴，猶慮主人之孤立，況陛下為華夷民物之主，賊瑾容置之孤立耶？即榮王已之國，賊瑾當循司馬光、婁寅亮故事，輔陛下如仁宗、如高宗，擇宗室一二位十餘歲之賢，養之别宫，在國家謂之杜亂，在時俗謂之益子，俟皇太子誕生，生而立，立而長，遣之歸國未晚也。孝宗時，陛下為皇太子，已長，尚未遣榮王之國。今皇太子未生，賊瑾容徑遣榮王之國耶？其陰謀逆計，謂必致人主孤立，孤立則易圖。噫！聞亦寒心，況賊瑾舉此等事耶！自古君門九重，所以嚴人君之衛，非觀美也。庶民之家，高垣重户，夫婦夜同寢處，以防寇偷。我太祖夜起，竊聽四外無人聲，方就安寢，著之祖訓，非過慮也。夫物貴者誨盗，況天位至貴者耶？人間腹心，惟夫婦最為可恃。帝王之家，容庶民之家比耶？陛下所恃腹心僅三宫，豈能離深宫，就外寢，寄命他人，措身於孤危之地者哉？其陰謀逆計，謂必置人主淺便，淺便則易圖。噫！聞亦寒心，況賊瑾舉此等事耶！臣驚憂勃鬱，終夜不得睡，起草一疏，為急除大逆以御大亂，事既與御史陳茂烈私議，無一人可托齎進，無一人可托寫本，相對飲泣。及起四川，稍續所聞，令教諭范府謄淨，臣自分必死，家分必滅無疑，惟念川民久罹賊禍，方厪宸憂，擬俟平賊隨上此奏，又不知其私造御寶、御袍、宮牌、牙牌、火藥軍器，反形逆跡，若是其狂悖也！天幸假手張永，先發其奸，陛下神武英斷，立決此獄，為國家大幸。然徐思之，爲危亦至矣，固不得不自寒心預防而早辯也。昔叔沙衞殿國，楊思勗平亂，《春秋綱目》書之，謂功出閹寺，國為無人。今賊瑾謀逆，國勢如千鈞垂一髮，舉朝文武，無一人言之，猶幸内臣一永也。幸一永，傷文武之無人也。傷文武之無人，亦以見陛下信文武之臣之不如永也。信文武之臣之如永，容不有早發其奸，致板蕩土崩若是之危迫耶？此《春秋綱目》之深意也。臣僻遠不如永，請討瑾之後，曾請陛下如仁宗、如高宗擇宗室一二位十餘歲之賢，養之別宫，曾請陛下撤行宫，回内宫，倚三宫爲腹心，夜同寢處，使禍患消弭，福履蕃盛。其未然，是永尚未知杜亂之源也。抑永固未學，宜未喻也。文武之臣，無一人言之，無過耶？臣聞近文武大臣有缺，與二三内臣會推，誠有是，豈不以前是之腹心，專託一瑾，故致亂；今是而兼託諸人，以杜亂耶？不知前是之腹心專託瑾其致亂，顧今是之兼託，容保無瑾者乎？臣不敢遠引，竊就本朝論之。王振之後，保無有振也，而有吉祥。吉祥之後，保無有吉祥也，而有劉瑾。夫得隴望蜀，窺竊富貴，有何紀限？人心者，可盡信乎？《周官》六卿分職而百官統於冢宰，九伐掌於司馬。今吏、兵二部是也。使内臣應預，周制之矣。我太祖稽古建官，又制之矣。其未然，宜皆有說。弊之端，其未可自我始也。夫陰陽日月寒暑各有分職，而同成歲功，侵則災而不成歲。人君體天，其未可改也。臣又聞吏部取楊一清，當矣，其他或失舉正賊瑾之黨，當矣。宥二黨魁，猶失刑。夫爲户部，莫如韓文、許進。為内閣，莫如劉健、林瀚、謝遷、王鏊。《春秋》舉讎舉親，方撥亂反正之始，而不引忠亮端謹不可屈之人，徒取圓熟，治未可望也。黨魁弗正，亂何時用弭乎？累朝大臣不忍加罪，累朝厚恩獨忍忘耶？身任舊臣。甘心新主。狡狠回遹。贊逆賊以亂人國。睥睨神器。孰不可忍耶？《春秋》誅奸諛於既往，生未宜失賊也。誰為陛下畫數策者？非誠無識，則有所私。方是時，猶言官不言，文武大臣不言，輔臣不言，噫！可畏矣！觀治者未可以息憂矣。伏望陛下法古憂畏，慮遠而慎微，時時以專任賊瑾之誤為戒，循用孝宗舊人，修復孝宗舊治，正二黨魁，與吞舟而網漏者，則聖德日光，聖智日清，天位日固，人心日安，祖宗造明之盛業永以昌茂。臣雖死猶生之年，謹錄前奏藁隨本上進，非欲衒事後之贅詞，亦欲天下後世，知忠憤之激，雖久閒老病疎遠之臣，猶不能已。制治保邦之主，所以信文武之臣者不得不專，杜塞禍亂者不得不早，賊臣逆子，尚知憚而易意矣。無任慶幸愛助之至。

正大綱以存國體　陳茂烈

臣惟朝廷之尊，莫先於嚴體統。體統之嚴，莫先於正名分。故朝廷莫如爵，為政必先於正名，所關其重如此。我祖宗以神武戡禍亂，以文德綏太平，文武並用，名實相須。體統尊嚴，樞機周密，貽謀遠矣。洪惟陛下繼統，勵精圖治，法祖用賢，文武効力，天人協應，華夏蠻貊，咸仰陛下如天之尊，誠宗社萬年之慶也。夫何日者太常寺卿崔志端考滿，猥被尚書之擢，彼固非文非武，特一羽衣之流，諛佞之輩爾。不階尺寸，濫叨金紫幾二十年，榮幸極矣。若以其熟於典禮耶？郊祀省牲，復命失儀，典禮乖矣。若以其出塵而離俗耶？贓私之污，被人訐發，清規玷矣。陛下當對越之時，秉精明之德，自足以感天地而格祖考，何取於異端邪行之人哉？乃復昌此高爵，是以道士為天子之喉舌股肱，辱國之甚，何以加此？文武兩班，大小庶職，當其拜恩，咸失色而吞聲。及至退朝，皆私議而切齒。群臣耻與之同朝，六卿恥與之並列，賢者將有求退之心，邪黨將有希進之念。況近年以來，災異相仍，兵甲屢興，外夷之順逆，特窺中國之時勢爾。其使臣朝貢在玆者，豈不曰堂堂天朝，尚書極品，亦可以道士為之耶？寧不輕中國之無人，而起狼子之心也哉？伏願陛下以社稷為重，以祖宗為法，仰承天意，俯順人情，追回新命，則名分以正，體統自嚴，朝廷自尊，人心咸服，天意可回。若必憫其年勞，亦乞聖明別爲區處，雖天地有包荒之量，而彼犬馬當有滿足之心矣。豈可壞我國家之綱維哉？玆非細故、實關大體。臣忝耳目，若事蒙蔽，則天下後世，視臣為何如人？恐將上及陛下矣。伏望宸斷，天下幸甚，萬世幸甚。

陳情辭免資養　前人

正德五年，爲處置終養官員事，該吏部訪臣家貧，改臣晋江縣儒學教諭，以便祿養，親終，仍以原職起用，題准給憑前來。臣具疏辭免，仍舊終養外，近為優禮孝廉事，吏部題該福建布政司左布政使陳珂，并巡按廣西監察御史舒晟等，奏臣孝行及貧苦等情，本部覆奏，奉聖旨，『是。陳茂烈既清苦可嘉，著有司月給米三石，以資孝養，欽此。』欽遵移文司府支給，道路傳聞，仰頌陛下隆孝理之化，長清白之風，下逮微臣，亦荷收邮，皆相傳為快，豈獨臣一家之幸而已哉？第念臣家素貧寒，食本儉薄，故臣母自安於臣之養，而臣亦得以自遣其貧，非誠有及人之廉，盡己之孝也。古人行傭負米皆為親，臣之貧，尚未至是，而臣母鞠臣，因貧加寡，艱苦獨至。臣雖勉心力之養，竟未酬涓滴之恩，且年今已八十有六，來日恐亦無多。返哺至情，固欲自盡。臣輾轉思惟拜受前項資養月米，心竊不安，伏望聖明俯察愚懇，收回成命，以遂臣私推，所以邮臣之意，以惠天下。臣不勝感切慶幸之至。

還民財以消民怨　方良永

臣待罪承宣，自慚無補，偶有所激，不忍緘默。固知事涉權貴，言出禍隨，然竊計脂韋之罪，重於強聒，而一身之患害，輕於萬姓之荼毒，故昧死為陛下言之。誠以民者邦之本，財者民之心，國家財賦盡出東南，而浙居其半。故愛國必愛民，愛民必惜財，而浙之民之財尤當愛以惜也。陛下聰明天縱，豈不知此？若曰我有大臣可付託也，我有親臣可倚任也，臣則以爲有大臣而不能用，有親臣而不肯為用，雖謂之無臣可也。陛下環視左右，最親且信，莫如朱寧。寧也出自賊氓，甘為民養。陛下一旦假以義子之寵，擠諸公侯之列，勢傾中外，富擬封君，其親之也至矣。為寧者，粉身碎骨以圖報稱，尚不能萬分一，乃忍攫取陛下之民財，戕賊陛下之邦本，以自速其不臣之罪乎？臣於正德九年十月初二日到任，即聞朱寧鬻鈔害人，心甚惡之。無何，舊鎮守太監劉璟語臣及三司諸臣曰：寧堂鈔價意欲倍增，如何？臣茫無以對。細詢之，先是分發十一府，每鈔一塊易銀二兩。傳報朱寧怪其太輕，故欲增至四兩耳。次日復語如初，臣堅持不可，璟離席立誓曰：『我受朝廷厚恩，豈不知此事貽害百姓哉？顧勢不得不為耳。我即不為，他人必爲。百姓依然受害，而我之禍立至矣。』言與泪俱，至不能自禁。又次日，復語如初，竟增至三兩。計鈔一萬一千九百九十六塊，該銀三萬五千九百八十八兩。臣退而思之，有官守者，不得其職則去，心雖憤激，力不能捄，亦失職也。乃自劾求去。繼聞新有禁例，勢豪鬻鈔害人者必罪。臣竊喜此事徐當中止，故棲棲不去，以待其變。今既數月矣，例格不行，而有司追價，急於星火。或緣為奸，倍而又倍，推膚剥髓，民不堪命。新鎮守太監王堂知民怨且作，亦蹙然不安，乃出巽詞，謂寧堂好人，初不知鬻鈔之難如許，可以已完二萬四千兩截解，少慰其意。前頭太監既爲之歛，我不得不為之解。二臣所稱寧堂，指朱寧也，其勢焰之熏灼可知矣。臣反復思之，今四方群盜甫息，瘡痍未瘳，邊塞多虞，餽餉或不時繼。浙東西諸郡，自冬徂春，雨雹為災，蚕麥不利。此何時也，户部不能為陛下畫萬年長策，以去京師之冗食，乃遣官四出，坐索數十年之逋税，亦緦、功之察也。然豈得已哉？冗食不可去而奇禍隨之矣。臣故曰陛下有大臣而不能用，此猶可諉也。劉璟、王堂皆陛下腹心之臣，其在浙也，皆有愛民之譽，宜其却此無名横歛於談笑間，而二臣者，徒能涕泣蹙額，付之無可奈何。一則曰不得不為，一則曰不得不解，是亦豈得已哉？横歛不可却而隱禍中之矣。事勢如此，臣於此苟猶隱忍不為陛下言，則已歛之財，必入朱寧之手，而民心傷矣。心傷則本傷，本傷則枝干凋瘁，根柢蹶拔，陛下其能晏然於上乎？

今人有一飯之恩必報，陛下之待朱寧，豈一飯比哉？不圖報則亦已矣，反取陛下之邦本而動揺之，畧不顧惜，此臣之所未喻也。故跡其所為，在法所必誅無赦者也。臣所謂陛下有親臣而不肯為用者，此也。然臣惟朱寧席寵以來，陛下之賜予無筭，四方之餽遺不貲，篋笥之中，必不少此。又不病狂喪心，何忍為負陛下之賊，犯此必誅之刑？意必真愚而爲人所使，未可知也。伏望陛下割偏私之愛，奮獨斷之勇，廷詰朱寧以鬻鈔害民之故，如果愚不解事，誤聽人言而請罪祈恩之不暇，則剥奪官職，薄示懲戒，根究主使之人，坐以重罪可也。如其餙非護短，不肯服辜，是敢於欺罔也。下之詔獄，明正典刑，以昭示天下，爲臣子悖逆之戒也。仍乞急勑都察院，行巡按浙江監察御史，會同鎮守三司等官，將已歛鈔價盡給還民，未歛隨即停止，并查究奸吏影射多科侵尅之弊，悉置諸法，則民怨未甚，猶可慰解。邦本未摇，猶可培植。陛下誠如是，臣死且甘心。其他利害，固不遑邺也。臣不勝激切痛憤之至。

脩人事以弭天變

黄顒 附見《黄龍傳》

臣意人事之修，莫先於節財用。財用之費，莫先大於興土木。邇者司禮監太監鄧敏傳奉聖旨，皇親夫人金氏房屋年久不堪住坐，著内官監同工部便辦物料，修理盖造，欽此。夫以金氏誕生聖后，重延國本，朝廷待以殊恩，固不為過。但祖宗之待外戚，自有一定之制。大爵尊之，重禄養之，恩至渥也。至於陛下，特隆重，鶴齡、延齡，並列侯伯，視祖宗之爵已崇。欽賜庄田，動以千計，視祖宗之禄已厚。向壽寧侯張巒病故，既極葬祭之儀，夫人金氏給告祭掃，又出内帑之賜，死哀生榮，恩寵無比。今又有脩造房屋之舉，臣恐天下皆疑陛下於外戚過厚，於私恩過隆也。且今年變異迭出，四方災傷，加以二年之間，親王之國者三，近畿人民已不堪命。但以事出當然，雖勞不怨。目下萬春宫等處修造半載未完，當財用缺乏之時，修此不急之務，固已非宜。况張家房屋，欽賜未久，未至不堪住坐。縱有一二缺漏，亦宜自行修補，何必妄費朝廷之財，上累聖德，下困民力，以駭京師之耳目，以惑天下之人心。且此例一開，將來援例乞請者，不可勝數。財用將何以仰給？陛下將何以抑止之哉？天之生財有限，人之受福亦有限，鶴齡兄弟年未弱冠，已享極品之富貴。自今而後，但宜慎擇嚴師，訓之義理，儉以節用，仁以積德可也。宋太祖因公主衣貼綉，鋪翠襦，戒之曰：『汝生長富貴，當念惜福，豈可造此惡業之端？』陛下於鶴齡兄弟，曷不訓以聖人節用之言，示以宋祖惜福之戒，使之為忠臣，為孝子，而享此福禄於悠久哉？臣又訪得壽寧侯造墳之時，役久民疲已有不堪，造墳，國家舊典，猶且如此，况此房屋之脩，又出於意外之舉？制命一出，人心惶惶，罔知攸措。至興工之後，人心不知又將何如？臣恐於張家之陰德，未能無少損。陛下保全外戚之道，亦非所宜行也。昔魯人爲長府，閔子騫以為何必改作。漢文帝欲作露臺，惜中人十家之産而止。古人之愛民節用有如此，而况於非露臺、非府藏，獨不可止乎？臣反覆致思，不容自已，冒死言之，非惟為祖宗惜法，為國家惜財，而亦為張家惜福也。伏冀陛下俯察愚誠，下恤民隱，收回成命，即為停止。誠所謂益脩人事者矣。誠所謂不事虚文者矣。天意自此而可回，災異自此而可弭，修省之道，孰有切於此哉？臣不勝戰慄隕越之至。

惜老成宥狂直以全聖德　陳琳

臣切惟君之遇臣，貴盡其禮。臣之事君，貴竭其忠。故古之聖帝明王，於大臣隆師傅之敬，於小臣敦四體之愛。古之良相忠臣，必於官守效股肱之勞，於言責殫耳目之力，此所以上下相資而德業以成。臣竊見陛下臨馭之初，遵先帝之顧命，優禮大臣，下求言之明詔，樂聞忠讜。臣固知陛下必欲追縱古昔，躋世休明，而不以後世之盛治自足耳。比者内閣大學士劉健、謝遷欽蒙聖恩，准令休致。陛下之心，固憐其情詞之懇切而待以優老之禮也。然天下臣民之愚，則以爲顧命老臣，素無大過，一旦驟去，不無有輕遺壽耇之疑。邇者南京給事中戴銑等逺蒙駕帖差拏送問，陛下之心，固懲其言辭之狂悖，而震之以威也。然天下臣民之愚，則以爲論諫專職，宜赦小過，一旦獲罪，不無有杜塞言路之懼。臣伏見南京冬月之雷，非時屢震。來歲正朔之日，自天告兇，推數度理，咎徵匪微，修治禳灾，方今所急。陛下當此之時，正宜委心元老，圖維化機，博采忠言，深培治本，而老臣之不慭，狂直之不容，甚非所以回天變而固人心之道也。且如人之生也，必股肱完固，耳目聰明，然後身得安焉。今大臣不宜去而去，是自痿痺其股肱也。於諫官所宜容而不容，是自蔽塞其耳目也。欲求天下之安，何可得哉？伏望重柱石之寄，寬豁鋑之誅，追還劉健等復柄鈞衡，以來大臣以道事君之誠，屈宥戴銑等，得逃天憲，以作天下忘身事君之忠，則有以上慰先帝在天之靈，下副天下人心之望。天變可消，聖德可全，而宗社永固矣。臣督學南畿，叨竊微禄，日夜皇皇，隗無以報。適覩兹事，安忍忘言？惟望憫其愚而恕其妄，臣不勝感戴戰慄之至。

陳言圖治　黃鞏

臣等嘗聞人臣之事君也，以盡其心爲忠。夫苟有所見而不以言，言之不盡其心，皆非忠也。臣等叨登科目，承事陛下，以至于今。徒冒寵榮，曾未能少有分寸之報，常恐一旦猝填溝壑，以負此心。今者時事如此，若復隱默不言，更待何時？是終無以為報，是為負恩誤國，天下不忠之臣也，陛下將焉用之？洪惟陛下臨馭以來，祖宗之綱紀法度一壞於逆豎，再壞於佞倖，又再壞於邊帥之手，至是將蕩然無餘矣。天下知有權臣而不知有陛下，言者寧忤陛下而不敢忤權臣，陛下弗知也。亂本已生，禍變將起，竊恐陛下知之晚矣。試舉圖治六事，於今為最急者，爲陛下陳之。其一曰崇聖學。嘗聞先儒周敦頤有言曰：『聖人定之以中，正仁義而主靜，立人極焉。』又曰：『吉兇悔吝，生乎動。吉一而已，動可不慎乎？』蓋人本心之善，其體甚微，而利欲之攻，不勝其衆。是以靜常吉而動常兇也。故惟聖人為能主靜，惟君子爲能慎動。仰惟陛下聰明天縱，有古帝王之資，然其所以盤游無度，流連忘返者，無乃動之過乎？論思勸講之臣，職在格心，於是乎不能辭其責矣。伏望陛下高拱九重，凝神定慮，屏紛華，闢異端，遠佞人，招延故老，諮訪忠良，則可以涵養氣質，薰陶德性，而聖學惟新，聖政日舉矣。迂濶之論，世所厭聞，惟明主擇焉。其二曰通言路。嘗聞言路者，國家之命脉也。言路之通塞，國家之治亂係焉。切見近時臣僚奏牘間，或言及時政，往往匿不以聞。其或事關權臣，則又留中不出，而中傷以他事。夫古之明主，導人以言，用其言而顯其身。後世則不然，不用其言而反罪焉。今則又不然，不使其以言獲罪，而以他事獲罪，由是雖有安民長策、謀國至計，無因以達於九重之前。雖有必亂之事、不軌之臣，陛下無由而知之矣。天下烏得而不亂哉？伏望陛下以從諫為心，以聞過為明，廣闢言路，以作士氣。諒直者褒之，訐犯者義之，愚淺者恕之，狂誕者容之，過計者諒之，不責以出位，不加以好名。如此則忠言日進，聰明日廣，雖亂臣賊子亦將有所畏而不敢肆矣。天下幸甚，祖宗幸甚。其三曰正名號。嘗聞孔子有言曰：『名不正則言不順，言不順則事不成，事不成則禮樂不興，禮樂不興則刑罰不中，刑罰不中則民無所措手足。』夫民至於手足無所措者，凡以名不正之故也，厥係重哉！陛下近日以來，忽然無故自稱為威武大將軍、太師鎮國公，遠近傳聞，莫不驚疑竊嘆，以為怪事。陛下聰明智勇，上嘉唐虞，下樂商周，何所不至，顧乃自輕如此，奈宗廟社稷何？夫陛下自稱為公，誰則為陛下者？天下不以陛下事陛下，而以公事陛下，是天下皆公之臣，而非陛下之臣也。昔魯仲連有言：『則連有蹈東海而死。』胡銓所謂：『寧肯處小朝廷求活者？』臣等切實恥之。伏望陛下俯垂采納，謂戲無益，謂臣等之言有理，即日削去鎮國公等項名號，以昭上下之分，以明示天下之人，庶幾體統以正，而朝廷自尊矣。不然，古之天子，亦有號為獨夫，與欲為匹夫而不可得者，切爲陛下懼焉。其四曰戒游幸。嘗聞大禹曰：『罔游于佚，罔淫于樂。』周公告成王毋淫于觀、于佚、于游、于田。《春秋》譏觀魚終，《綱目》書巡者二十九，皆譏也。陛下始時游戲不出大廷，馳逐止於南内，論者猶謂不可。既而幸宣府，幸大同，幸太原，幸陝西榆林諸處，所至費財動衆，寓縣騷然，至使民間一夫一婦，不能相保。陛下為民父母，何忍使民至此？虧損盛德，貽譏萬世，陛下自視，以爲何如主也？近者復有南行巡狩之命，南方之民，爭先挈妻子以避去者，流離奔踣，敢怨而不敢言。即今江淮之飢，父子兄弟相食，天時人事如此，加以休息愛養，尤恐不支，況又重以蹙之，其何不流而為盜賊，速而為死亡也哉？奸雄窺伺，待時而發，變生在内，則欲歸無路。變生在外，則欲救無及。陛下斯時悔之晚矣。彼居位大臣，用事中官，親昵群小，皆欲陛下遠出而後得以擅權自恣，乘機為利也。其不然，則亦袖手傍觀，如秦人視越人，休戚之不相涉也，夫豈有一毫愛陛下之心哉？彼誠愛陛下者，獨忍使陛下馳逐蒙塵而莫之救止也？伏望陛下深惟往事之非，翻然悔悟，下哀痛罪己之詔，與民更新。罷南巡，撤宣府行官，示不復出。發内帑以賑江淮之飢，散邊軍以歸卒伍，斥不馭之女以各還其家，雪既往之謬舉，收既失之人心，如是，則猶尚可為也。惟聖明念之。其五曰去小人。嘗聞開國承家，小人勿用。自古小人用事，未有不亡其國而喪其身者也。謹按今之小人簸弄威權，貪圖富貴者，寔繁有徒。至於首開邊事，以兵為戲，使陛下勞天下之力，竭四海之財，傷百姓之心，至今紛紛未已者，則江彬之為也。彬本行伍庸流，兇狠傲誕，無人臣禮。臣等但見其有可誅之罪，不見其有可賞之功。今乃賜以國姓，封以伯爵，托以腹心，付以提督京營之寄，此養亂之道也。彬外挾邊卒，内擁兵權，騎虎之勢，不亂不止。天下之人切齒唾罵，皆欲食彬之肉，彬不誅，則天下之亂必自彬始。陛下亦何惜一彬而謝天下哉？伏望陛下大奮乾綱，乞將彬下諸廷議，明正典刑，以爲奸邪小人之戒。但如彬者，陛下信之，舉朝臣工噤不敢言，臣等亦知言出而身危矣。然使臣等不言，則陛下不知，陛下危矣。臣等危則陛下安，臣等亦何惜以一身報陛下哉？激切之情，惟聖明察焉。其六曰建儲貳。嘗聞漢人有言曰：『太子天下本，本一搖則天下震動。』夫有本而搖，天下猶震，况於無本，其何以安？洪惟陛下春秋漸高，前星未耀，祖宗社稷之託，懸懸乎無所於寄。方且遠事觀游，屢犯不測之區，此必危之道也。陛下徒知收置義子，布滿左右，獨不能豫建親賢，以承大業。臣等以為陛下殆倒置也。伏望陛下早及是時，上告宗廟之靈，兼請母后之命，將近時群臣建儲章疏通行檢出，宣付皇親勛舊及在廷文武大臣，并翰林、春坊、科道等官，共圖大議。即於宗室中遴擇親賢一人，養於宫中，使視皇子，以係四海之望。待他日誕生皇子之後，俾其出就外藩，如此則繼體有人，國本以固，實惟宗社無疆之休，惟聖明其留意焉。以上六事，皆為臣等一得之愚，以為方今急務，莫有出於此者。然此六事之中，而崇聖學又其要也。臣等芹曝愚忠，螻蟻微命，死生進退，不足顧惜。伏惟天下安危治亂之機，誠不忍使陛下自取覆亡，為後世笑。此臣等二人所以相對痛哭流涕，臨楮嗚咽，不知所裁者也。

奏為懇乞聖聽以絶邪妄

林有年字以永，由南京御史上疏，謫丞武義，今為州知府。

臣讀傳有曰：『明於天地之性者，不可惑以神怪。明於萬物之情者，不可罔以非類。』若佛老之流，乃神怪之甚，非類之尤者。陛下聰明聖智，洞察物理，其於異端神怪之説，宜乎絶而弗信，禁而不行。今乃不以夷狄為非，不以外國爲遠，不以有司供應為費，勑遣内臣迎取活佛於人所不到之地，不惟不拒，而且信之如此，是豈所以表正萬邦之道也哉？臣以陛下宵衣旰食，遑遑圖治之時，而輒為無益之舉，以驚駭天下，必以佛法神靈，必能福佑聖躬，綿延國祚，惟是疑似于懷，信惑莫置，而未之悟乎，臣不得而知之也。臣讀書有曰：『作善降之百祥，作不善降之百殃。』又曰：『惠廸吉，從逆兇。』則福善禍淫，天之道也。陛下若欲徼福於妖誕不經之事，孰若反之於身而致力於脩治之本也哉？夫陛下一身，實天地百神之主，國家安危所係。果能早視朝以向明出治，勤經筵以涵養德性，立儲君以安大計，去奸惡以振肅朝綱，重師保以講明治道。乃若宴安之適，聲色之娛，奇巧之玩，遊畋之佚，能為治之大蠹者，悉置之而不行，而所行者皆長治久安之計，無怠於心，無荒於事，則善積厥躬，德脩罔覺，百祥併集，天休滋至，用垂國祚於億萬年無疆之休者，亦惟曰作善惠迪而致然者爾。若曰妖誕佛老而能轉移禍福於國家者，非惟愚臣之不信，天下之人，略有知識者，亦必曰無是理也。昔梁武帝前後三度舍身為佛家奴，其後竟為侯景所逼，餓死臺城，國亦尋滅。事佛求福，而反得禍，佛之不足信也明矣。況聖朝頒律，凡師巫邪術及妄稱彌勒佛、白蓮社、白雲宗等會左道亂正之術者，治以重法。天下軍民遵守不敢犯，今陛下以天縱之聖，嗣大歷服，祖宗成憲，罔知所遵。夷狄佛教，反為所惑，抑獨何歟？伏望陛下明天地之性，察萬物之情，稽古正學，重絶妖妄，特敕該部會議。如以臣言是，即將原差内臣取回，供職内廷；其隨行番僧悉遣歸外國，則天下幸甚，斯道幸甚。如臣言謬妄，願受誅殛。臣待罪言官，悲憤填臆，言無倫次，不知死所。無任震惧殞越之至。

待罪上言

林大輅字以乘，以工部主事上疏，謫判夷陵，今為江西副使。

臣切見近奉内降，有南行巡狩之命。群臣咸進言，願留聖駕。昨蒙聖恩，將兵部武選清吏司郎中黄鞏等六人同下詔獄，及將吏部等衙門官員俯伏待罪闕下，獨如臣等不及，臣等竊實耻之。夫職雖各有所司，然食禄均有國憂。衆皆越職觸罪，危言敢諫，臣等何人，不能一言以效死耶？臣等誠有靦面目矣。臣謂陛下宜賞進言者，而罪不言者。蓋進言者忠君愛國，奮不顧身者也。言者雖出位，縱不賞，猶當宥之。不言者雖不罪，實當罷之，而邪正分而賞罰明，而國家定矣。臣竊以今日雷霆之威，震駭如此，雖京師小民，皆以為陛下自今決罷巡幸矣。然未賜施行，猶疑有所蒙蔽，而不知今既罪言者，則已明知衆臣皆以巡幸為不可矣，又豈得獨違衆以行耶？聖慮回，則是數臣雖死而使宗社獲安，天下受福。忠讜之心，真足以報祖宗於地下矣。臣等復何敢愛一身之命，而不與之同死哉？然諫官者，天下之元氣。元氣宜通不宜塞，人身之元氣塞則人病，國家之元氣塞則國傷。伏願陛下垂寛容之聽，廣忠直之路，將黄鞏等所奏俯加詳察，哀其懇懇之誠，特賜寛宥，毋使後世有殺諫臣之名，則幸甚幸甚。臣等不勝惓惓，出一旦之命，待罪闕下。

應詔陳言以荅天譴

黄體行字干進，以戶部員外上疏罷職，復為處州知府。

頃者上天示戒，災及寢宫。陛下憂惶，深用祗慎。勑諭群臣，詔告天下。其敬天之心，蔑以加矣。然必懇懇於求言者，蓋以變不自生，惟人所召。顧九重深邃，非博采群言不能悉知。大小臣工，祗承德意，誓竭忠誠，以圖報稱。於是大臣言焉，繼而科道言焉。捨民隱弗陳而指切陛下之身者，不謀同辭。此非有所諱而故揚陛下之過也，亦非天下之民舉安而陛下之身獨未盡理也。蓋陛下一身，天下仰望，其正與否，實天下之治忽所關。群臣有言，不歸諸陛下之身，而又誰歸哉？乃今旬月不見舉行，臣實愚昧，不察謂何。陛下御極九年于兹，五年以前，逆瑾竊柄，敢作亂階。百姓惶惶，懼無生路。幸而國祚猶篤，元惡成擒，噫，亦危矣！然危而有持，此可為一幾也。陛下其能為之乎？六年以後，逆瑾餘烈，滋熾未已。蓋取於民者既窮，則民不聊生，勢無所歸，自相率而入之盗。一旦劉六、劉七之徒，挺身以出，而亡命之人爭應之，北闕一呼，聚盗成丘。鼓星之熖，以燎南北之原者，幾不可戢。幸而國祚猶篤，天兵壓境，江神助順，而賊舸隨風以飄。噫，亦危矣！然危不終危，又可爲之一幾也。陛下其能為之乎？方今川江餘黨，猶未悉平，而劇寇之受招者，間或復叛，正陛下兢業勵精之時也。不此之啚，聽番僧義子邊軍之屬，遞相兒戲，而皇店、内市、打毬錢，無名之征，胥此焉出？而又信童竪數十人，扈從聖駕，潛出外市，移時始入。庶民之家，有千金之子，猶知自重其身而坐不垂堂，況陛下一身，天地祖宗之付託，萬方黎庶之攸歸，視彼千金之子，輕重不侔，可付童竪之手，以自召不虞者乎？即今幸免，所損已多，此臣深爲陛下惜也。此心既縱，凡百就荒，朝禮廢而不修，宫寢蹠而不行，威重損而不知，儲位虚而不慮，上天監臨，特示切身之戒。陛下始雖警悟，而畢竟受蔽。雖有大臣科道部屬之言，猶以為瀆亂聖聰。前有進者，報而不行。後有進者，留而不報。豈不以群臣皆外人也？勢隔情離，任意投擲，夫人之情，莫親於母子，莫密於夫婦。仁壽、坤寧兩宫，為陛下之親且密者也。群臣之言不足聽，兩宫之言獨不足聽乎？臣本一芥儒生，謬登甲第，在孝廟末年而竊祿，在陛下初年而錄官，其荷國之恩誠厚矣。始欲少効愚衷，顧八十歲老母在堂，賴以送終，理難許國。逮今老母不幸無祿，而猶顧戀蒙耻，不為陛下盡言，此身雖存，猶行尸也。伏望陛下特清聖慮，大回宸斷，念今日之天下，皆祖宗勤劳之天下，不可以或輕。今日之人民，皆祖宗勤勞之人民，不容以或易。出番僧，屏義子，遣邊軍，凡皇店、内市、打毬錢，無益於天下，無補於生民而非君上當為之事者，一切罷去。撤行殿而深居，以為誕育皇儲之地。息游幸而早朝，以杜潛移政柄之門。召親王而入輔，以絶奸邪窺伺之路。如是則群臣之言，次第舉行，而陛卜之身正矣。陛下之身既正，生民將有所恃以為安，川江餘黨聞之，自將息然解散，而劇寇之復叛者，轉為妥帖。陛下此時，可以奠居而收永清之治矣。借使不聽群臣之言，仍蹈覆轍，天下將來之事，未可知也。雖然，君之於臣，猶父之於子。父或有過，實子之責。陛下偶陷有過之地，而臣尸素之愆，亦有不容逭者。乞將臣放歸田里，以答上天之譴，萬萬無悔。干冒天嚴，不勝警懼悚慄之至。

莆陽文獻 2

（明）鄭岳 纂
吴伯雄 點校

廣陵書社

莆陽文獻（下）

（明）鄭岳 纂
吴伯雄 點校

莆陽文獻　梁陳　鄭露傳第一

鄭露字恩叟，其先出滎陽，過江入閩。遠祖昭嘗過泉之莆口，愛其風土，因遷祖墳於南山葬焉。至陳時，莆猶未為縣，人未知學。露與其弟莊、淑，自福之永泰徙莆，廬護墓側。據南山之勝，搆書堂以修儒業，時作篇章以訓子弟，自是莆人化之，始興學。吴四輔源謂露豪傑士也，業儒於比屋未為儒之時，事詩書於舉國不事詩書之日，而後之十室九書堂，龍門半天下，皆以湖山之絶響振之。莆之衣冠文物，實自露兄弟開先之也，後人因稱為南湖三先生云。出吴源《名公事述》

莆陽文獻　唐　林藴傳第二

林藴字夢復，曾祖元泰，瀛州刺史。祖萬寵，饒陽太守。父披，字茂則。書經目輒記，手抄六經子史約千餘卷。以明經擢第，授臨汀曹椽。郡多鬼，著《無鬼論》。刺史樊晃奏署臨汀令，以治行遷別駕，復以御史大夫李棲筠奏，授撿校太子詹事兼蘇州別駕，贈睦州刺史。子九人，葦、藻、著、薦、蘀、藴、蒙、邁、蔇，官皆刺史、司馬、長史，號『九牧林家』。兄藻，少有志尚，恥爲遐服農人，其言曰：『張九齡生於韶陽，陳子昂出於蜀郡，彼何人斯？』因戒諸弟以明經、進士各專其業。與歐陽詹讀書於龜巖，學成，乃負策而西。薦、藴相次明經及第，藻以詞賦擢貞元七年進士，省試《合浦還珠賦》，藁成假寐，恍惚見人語曰：『何不敘珠去來？』藻悟，援筆脩之，曰：『珠之去也，山無色兮。氛霧寘寘，海無光兮，空水浩浩。珠之來也，川有媚兮。祥風習習，地有潤兮，生物振振。』果中第。及謝，主司杜黄裳曰：『敘珠去來，豈有神助耶？』莆人第進士，自藻始。官至殿中侍御史。藴亦嘗應賢良方正科，其策曰：『臣遠祖比干，忠諫而死，天不厭直，復生微臣。』語大而肆，故不見取。貞元四年，以明經及第。西川節度使韋臯辟推官，臯卒，劉闢代之，有反謀。藴曉以逆順，不聽，復遺書切諫。闢械于獄，且殺之。將就刑，大呼曰：『危邦不入，亂邦不居，得死為幸矣。』闢亦惜其直，陰戒刑人第抽刀磨其頸，欲脅之。藴叱曰：『死卽死！我頸豈奴輩礪石邪？』闢知不可屈，捨之，斥為唐昌尉。及闢敗，藴名重京師。李吉甫、李絳、武元衡為相，藴貽書諷以國家有西土，猶右臂也。今臂不附體，北彌豳郊，西極汧隴，不數百里為外域。涇源、鳳翔、邠寧三鎮，皆右臂大藩，擁旄鉞數十百人，惟李抱玉請復河湟。命將不得其人，宜拔行伍之長，使守秦隴。王者功成作樂，治定制禮。今權臣制樂曲，自立喪紀。舜命契作司徒，今以臯佑鍔、季安為司徒，官不擇人。盧從史于臯暮，罪大而刑輕。農夫一人給百口，蠶婦一人供百身。竭力於下者，饑不得食，寒不得衣。邊兵菜色，而將帥縱侈自養。中人十户，不足以給一無功之卒，百卒不足奉一驕將。六事皆當時極弊。藴亦韋臯所引重，嫉其專制，感憤闢說，而宰相置不用也。滄景程權辟掌書記，權上四州版籍請吏，而軍中習熟擅地，畏内屬，挾權拒命，不得出。藴陳君臣大誼，諭首將，人人釋然，於是權得去。藴遷禮部員外郎，刑部侍郎劉伯芻薦之於朝，出爲邵州刺史。餘見《唐書·儒學本傳》

莆陽文獻　林攢傳第三

林攢字會道，披之從孫也。舉進士不第，從事塞垣。貞元初，爲福唐尉。母羸老，未及迎而病，攢聞，棄官還。母卒，每一痛哭，水漿不入口。舉葬事，自埏磚甓，與兄弟同負土作塚，未窆，有白烏來，甘露降。既窆，廬墓不去。州上其事，觀察使李若初遣官屬驗實，會露晞，里人失色。攢哭曰：『天所降露，禍我耶？』俄而陰雲四合，欻成甘露，移時不消，白烏復翔集。事聞，德宗降詔褒異，厚其祿，賜命立雙闕，表其閭曰『唐貞元旌表林氏門閭』，時號『闕下林家』。出《唐史》本傳等書

莆陽文獻　黃璞黃滔傳第四

黃璞字德温，其先光州固始人。晋馬南浮，隨徙候官。至璞始遷莆之涵江黃巷，登大順二年進士，調尚衣監主簿。乾寧初，改崇文閣校書郎。致仕初，黃巢剋建州，軍中謠曰：『逢儒則辱，師必覆。』及入閩，過璞家，令曰：『此儒家也，滅炬弗焚。』璞善於詩歌，一時著述，藩鎮無不傳誦。所著有《霧居子》見《唐書·藝文志》及《閩中名士錄》，傳于世。子五人，仁藻，著作郎。仁渥，太子正字。仁滔，御史裏行。仁渭，著作郎，與璞同時舘職，號一門五學士。庶子仁溈，擢武舉。出《方志》

黃滔字文江，璞之從弟。由候官遷莆之東里，號東黃。滔乾寧初擢進士第，除四門博士，尋遷監察御史裏行，充威武軍節度推官。王審知據有全閩，而終其身為節將者，滔規正有力焉。未幾，朱梁移國，足跡遂不復西。中州名士若李洵、韓渥、羅隱、崔道融輩，避地閩中，悉主於滔。其文字雖不顯於中朝，而僅見於閩中所為碑碣，然至今推論莆文章家，以滔為初祖云。雜出《宋志》《名公事述》等書有《泉山秀句集》，行於世。見《唐書·藝文志》

莆陽文獻　許稷徐寅傳第五

許稷字君苗，少因入關遇陳舍人詡等會飲，有輕稷語，稷投盃憤悱。入終南山。隱學三年，出就府薦，遂擢貞元十八年進士。工歌詩，嘗爲《江南春》三首，詞甚綺麗。後歷南省員外郎，終衡州刺史。出《名士傳》及《何志》

徐寅字招夢，博學經史，尤長於賦。朱温以梁國兼制四鎮，寅投所業，引見間，無雲而雨。温索詩，寅立成一絶。有『若教陰朗都相似，爭表梁王造化功』之句，温大喜。乾寧元年，第進士，授秘書省正字。時温欲移唐祚，屢稱夢韓信授以兵法，又與李克用讎敵。寅因飲醉觸温諱，懼，遂製《遊大梁賦》以獻。温讀至『千年漢將，感精魄以神交；一眼胡奴，望英風而膽落』，愈喜，令兵士諷之，一字酬一縑，不責前慢。寅得免歸，卜居延壽溪上。有詩曰：『賦就神都振大名，斬蛇功與樂天爭。如今延壽溪邉住，終日無人問一聲。』泉州刺史王延彬以禮招寅，一見如布衣交。日會諸名士，以詩酒爲樂。久之辭歸，以疾卒。有詩賦及《探龍》等集，行於世。出《何志》寅詞賦綺麗，不類古體。遭值唐亂，間關盜賊中，遯辭避禍，不可爲典則。七世孫鋭、鐸，同舉熙寧九年進士。鐸第，一時有『龍虎榜頭孫嗣祖，鳳凰池上弟聯兄』之稱。出《事述》鐸官終吏部尚書。餘見《宋史》本傳

莆陽文獻　翁承贊傳第六

翁承贊字文堯，父巨隅，榮王府諮議參軍。承贊乾寧三年進士，擢宏詞科，任京兆府叅軍。天祐元年，以右拾遺受詔，册王審知為瑯琊王。梁開平四年，復為閩王册禮副使，尋守右諫議大夫、福建塩鐵副使，就加左散騎常侍、御史大夫。因相閩，閩主賜其鄉曰文秀，里曰光賢，又賜漆林莊曰晝錦，有詩集見《唐書·藝文志》及宏詞等集行於世。孫鑑，宋景祐元年進士。建昌軍判官。載，熙寧六年諸科。希愈，紹聖四年特奏名。承贊從子乾度，左補闕，有子六人，處厚、處易、處朴、處廉、處恭、處休，相繼登宋建隆、開寳、雍熙進士第，時稱『六桂』。處厚孫損，天聖二年進士，終殿中丞。操亦登第，抃諸科。處朴子緯，景德二年進士，終新會令。有《翁氏父子詩》。雜出《何志》等書

莆陽文獻　鄭良士楊在堯傳第七

鄭良士字君夢，仙遊縣人。性沉厚寡默，博學善屬文。昭宗景福二年，獻詩伍百篇，授國子四門博士，累遷康、恩二州刺史，兼御史中丞。天復元年，棄官歸隱于白巖故墅。後閩王審知辟爲建州判官，累遷左散騎常侍，兼御史大夫。有《白巖文集》《詩集》，《中壘集》。見《唐書·藝文志》

同邑陳乘，乾寧初擢進士，爲秘書郎。後退居里中，每與良士及王延彬、徐寅輩以詩相唱和。良士子八人。元弼，初仕閩爲禮部員外郎。閩主昶遣元弼貢方物于晉，致書執政，辭旨不遜。晉祖怒，以元弼屬吏。獄具，引見，奏曰：『昶夷貊之長，不知事君之禮，得其善言，不足爲喜；得其惡言，不足為怒。陛下方敦示大信，懷柔四方，臣將命無狀，願伏斧鑕，以贖昶罪。』晉祖奇之，賜帛遣歸。後仕曦為諫議大夫。曦嘗欲杖御史中丞劉贊，贊將自殺，元弼諫曰：『古者刑不上大夫，中丞不宜加箠楚。』曦釋之，加禮部尚書，判三司。嘗以掃除不平為事。會朱文進殺曦自立，元弼抗辭不屈，黜歸田里，將奔建州依王延政，為文進所殺。弟元恭，秘書省校書郎。元素，官至別駕。元龜，第太平興國二年進士，官至司馬。

元禮，官至推官。元振，官至員外郎。元瑜，官至秘書郎。元忠，官至正字。兄弟俱博學能文，時號『鄭家八虎』。出《僊谿志》

楊在堯，其先自華陰入閩，居僊遊。登唐天祐二年進士第，終右補闕。有文集。子崇鼎，為陳洪進子婿。歸宋，授明州推官，終大理寺丞，知惠州。出《清源志》

莆陽文獻　宋　陳靖傳第八

陳靖字道卿，祖沆，梁開平進士。爲天雄節度巡官，知梁政必亂，以父喪在嶺表，棄官南走，負喪歸。王審知欲辟以官，堅不起。父仁璧，仕陳洪進為泉州別駕。宋初，勸洪進納土，太祖嘉之，授檢校膳部員外郎、泉州錄參。及洪進率僚吏入覲，仁璧獨以老辭。靖好學，頗通古今，授陽翟縣主簿。契丹犯邊，王師數不利。靖遣從子上書，求入奏機略。詔就問之，上五策，曰：『明賞罰、撫士衆、持重示弱、待利而舉、帥府許自辟士而將帥得專制境外。』太宗異之，改將作監丞。未幾，為御史臺推勘官。時御試進士，多擢文先就者為高等，士皆競浮華，尚敏速。靖請以文付考官第甲乙，俟唱名，或果知名士，即寘上科。遷太常博士。太宗務興農事，詔有司議均田法。靖議曰：『法未易遽行也。宜先命大臣或三司使為租庸使，或兼屯田制置。仍擇三司判官，選通知民事者二人為之貳。兩京東西千里，檢責荒地及逃民產籍之，募耕作，賜耕者居室、牛犂。種食不足，則給以庫錢，別其課為十分。責州縣勸課，給印紙書之。分殿最，行賞罰。候數歲盡罷官屯田，悉用賦民。然後量人授田，度地均稅，約井田之制，為定以法，頒行四方，不過如此矣。』太宗謂吕端曰：『朕欲復井田，顧未能也，靖此策合朕意。』乃召見，賜食遣之。他日帝又語端曰：『靖說雖是，第田未必墾，課未必入，請下三司雜議。』於是詔鹽鐵使陳恕，第各選判官二人與靖議，以靖為京西勸農使，命大理寺丞皇甫選、光祿寺丞何亮副之。選等言其功難成，帝猶謂不然。既而靖欲假緡錢貳萬試行之，陳恕等言：『錢一出後不能償，則民受害矣。』帝以羣議終不同，始罷之，出靖知婺州，再遷尚書刑部員外郎。真宗即位，復列前所論勸農事，又言國家禦戎西北而仰東南，東南食不足則誤國大計。請自京東、西及河北諸州大行勸農之法，以殿最州縣官吏，歲可省江淮漕百餘萬。復詔靖條上之，靖請刺史行春，縣令勸耕。孝弟力田者賜爵，置伍保以檢察姦盜，籍游惰之民，以供役作。又下三司議，皆不果行。歷度支判官，為京畿均田使，出為河南轉運使。極論前李氏横賦於民，凡十七事，詔為罷其尤甚者。又歷京西京東轉運使，知泉、蘇、越三州，以秘書監致仕。靖平生多建畫而於農事尤詳，嘗取淳化、咸平以來所陳表章三十餘通，目曰《勸農奏議經國集》。然其說泥古，多不可行。出《宋史·循吏本傳》靖嘗遜宅為興化軍治，居于橄欖巷，即今陳宅是也。致仕後，天聖三年，進顯州郡開國伯。熙寧元年，諫臣以靖勸農奏議進呈，神宗嘉獎，贈尚書左僕射。子六人，長甲，咸平三年進士，累官大理丞，餘皆以父任補官。雜出《何志》

惟德字微之，靖之孫，以靖任補太廟齋郎，為長樂縣尉。隣縣民有鬬自服毒死，檄惟德覆驗。惟德察屍色有異，内銀釵喉中，出之，若傅墨。鞫之，果得所服餘毒於其家，誣者得釋。知雷州，以公田歲入數百斛還之官。罷州採珠户，終其去，未嘗取一珠。遷大子中舍，知長洲縣。以法繩寓貴，并其子弟，一無所阿縱。轉國子博士，知連州。州之東湖，舊例入州守為圭租，惟德不取，歲收其息以抵公帑之費，以虞部郎中致仕卒。惟德清謹剛介，孝友儉約，先疇多以賙諸父昆弟之貧者。二子啓期、啓宇，皆擢進士第。出《方志》

中復字從道，仁璧之曾孫，靖之從孫也。祖端，大中祥符五年進士，太常博士。中復年十八，與兄孝純同登熙寧六年進士，調懷安尉，監建州茶務，植茶百萬本，國課立辦。呂嘉問、吳栻相繼尹京，辟為叅謀官，歷國子監丞，兩除提舉京畿西路茶鹽香事。時朝廷議行茶法，當塗有欲括利原者，以中復嘗任茶務令，悉陳利害，欲進用之。中復謝曰：『吾豈以身計為榷利作俑者乎？』累遷提舉廣西黔南常平事。黔南賊熾，師出輒敗，中復自提軍決戰，賊遂平。邊吏邀功者，奏奪蠻境，置從、允二州，築城防禦。中復以為得其人不可教，得其地不可守，徒靡費國用，爲他日禍胎，力奏罷之。歷廣南東路提舉刑獄事，屬劉花三嘯聚，潮、梅、循、惠皆騷動，又與連冦合勢。徽宗手札委規畫，不踰月平之。累轉中大夫，召還，卒。中復簡淡冲粹，言不妄發，篤族誼，重交契。所得禄賜，養親外，悉以給族屬之貧者。按察廣東，日為提學。戴安仁立後，以金帛遣役吏王獻歸潮就學，卒致通顯。凡八歷外臺，如張天覺、朱勝非諸人，皆其所獎拔者。及卒，有挽以詩曰：『南北建牙多故吏，東西開府半門生。』出《方志》等書

莆陽文獻　蔡襄傳第九

蔡襄字君謨，其先自光州固始，從王潮入閩，因家僊遊。至襄，又遷莆之城南，曰蔡宅。年十八舉進士，為開封第一。天聖八年，登進士甲科，為西京留守推官舘閣校勘。范仲淹以言事去國，余靖論救之，尹洙請與同貶。歐陽脩移書責司諫高若訥不言，由是三人者皆坐譴。襄作《四賢一不肖詩》，都人士爭相傳寫，鬻書者市之，得厚利。契丹使適至，買以歸，張於幽州舘。慶曆三年，仁宗更用輔相，親擢靖、脩及王素為諫官。襄又以詩賀，三人列薦之，帝亦命襄知諫院。襄喜言路開而慮正人難久立也，乃上疏曰：『朝廷增用諫臣，脩、靖、素一日竝命。朝野相慶，然任諫非難，聽諫為難。聽諫非難，用諫為難。三人忠誠剛正，必能盡言。臣恐邪人不利，將造為禦之之說，必曰「好名」。夫忠臣引君當道，若避好名之嫌無所陳，則土木之人皆可為矣。必曰「好進」。前世諫者之難，激於忠憤，遭世昏亂，死猶不辭，何好進之有？又必曰「彰君過」。夫諫臣司過，人主聽而行之，足以致從諫之譽，何過之能彰？至於巧者不然，事難言則喑而不言，擇其無所忤者，時一發焉。猶或不行，則退而曰吾嘗論某事矣：此之謂好名，默默容容，無所愧耻，躡資累級，以挹顯仕：此之謂好進。君有過失，不救之於未然，傳之天下後世，其事愈不可掩：此之謂彰君過。願陛下察之。』時有旱蝗、日食、地震之變，襄以為：『災害之來，皆由上下闕失，不顧聽斷，不攬威權，使號令不信於人，恩澤不及於下，此陛下之失也。持天下之柄，司生民之命，無嘉謀異畫以矯時弊，不盡忠竭節以副任使，此大臣之失也。朝有弊政而不能正，民有疾苦而不能去。陛下寬仁少斷而不能規，大臣循默避事而不能斥，此臣等之罪也。陛下既有引過之言達於天地神祇矣，願思其實以應之。』疏出，聞者悚然。進直史閣兼脩起居注。襄益任職，論事無所回撓。開寶浮圖災，下有舊瘞佛舍利，詔取以入宫。人多灼臂落髮者，方議復營之，襄諫曰：『非理之福，不可徼幸。今生民困苦，四夷驕慢，陛下當脩人事，奈何專信佛法？或以舍利有光，推為神異。彼其所居尚不能護，何有於威靈？天之降災以示儆戒，顧大興工役，是將以人力排天意也。』吕夷簡平章軍國事，宰相以下就其第議政，襄奏請罷之。元昊納款，始自稱兀卒，既又譯為吾祖，襄言：『吾祖猶云我翁，慢侮甚矣！使朝廷賜之詔，而亦曰吾祖，是何等語耶？』夏竦罷，樞密使韓琦、范仲淹在位。襄言：『陛下罷竦而用琦、仲淹，士大夫賀於朝，庶民歌於路，至飲酒叫號以為歡。且退一邪進一賢，豈遂能關天下輕重哉？蓋一邪退則其類退，一賢進則其類進。衆邪竝退，衆賢竝進，海内有不泰乎？雖然，臣切憂之。天下之勢，譬猶病者，陛下既得良醫矣，信任不疑，非徒愈病而又壽民。醫雖良術，不得盡用，則病且日深。雖有和、扁，難責效矣。』保州卒作亂，推懦兵十餘輩為首惡，殺之以求招撫。襄曰：『天下兵百萬，苟無誅殺決行之令，必開驕慢暴亂之源。今州兵戕官吏，閉城門，不能討，從而招之，豈不為四方笑？』乞將兵入城，盡誅之，詔從其議。以母老求知福州，改福建路轉運使。開古五塘溉民田，奏減五代時丁口稅之半。復脩起居注。唐介擊宰相，觸盛怒。襄趨進曰：『介誠狂愚，然出於進忠，必望全貸。』既貶春州，又上疏以為此必死之謫，得改英州。温成后追册，請勿立，忌而罷監護園陵官，進知制誥。御史吕景初、吴中復、馬遵坐論梁適解職，襄不草制。後每有除授，非當者輒封還之。帝遇之益厚，賜其母冠帔以示寵。又親書『君謨』兩字，遣使持詔予之，遷龍圖閣直學士、知開封府。襄精吏事，談笑剖決，破姦發隱，吏不能欺。以樞密直學士再知福州，郡士周希孟、陳烈、陳襄、鄭穆以行義著，襄備禮招延，誨諸生以經學。俗重凶事，其奉浮屠會賓客，以盡禮豊侈為孝，至有親亡秘不舉哭，必破產辦具而後敢發喪者，下令禁之。徙知泉州。距州二十里萬安渡，絶海而濟，往來畏其險。襄立石為梁，其長三百六十丈，種蠣於礎以為固，至今賴焉。又植松七百里以庇道路，閩人刻碑紀德。召為翰林學士、三司使，校天下盈虚。出入量力以制用，剗剔蠹弊，簿書紀綱，纖悉皆可法。英宗不豫，皇太后聽政，為輔臣言：『先帝既立皇子，宦妾更加熒惑，而近臣知名亦然，幾敗大事，近已焚其章矣。』已而外人遂云襄有論議，帝聞而疑之。會襄謁告，因命擇人代襄。襄乞為杭州，拜端明殿學士以往。治平三年，丁母憂。明年，卒，年五十六，贈吏部侍郎。襄工於書，為當時第一，仁宗尤愛之。製元舅隴西王碑文，命書之。及令書温成后父碑，則曰：『此待詔職耳。』不奉詔。於朋友尚信義，聞其喪則不御酒肉，為位而哭。嘗飲會靈東園，坐客誤射矢傷人，遽指襄。他日帝問之，再拜愧謝，終不自辯。為文章淸遒粹美，有《莆陽居士集》行於世。乾道中，賜謚忠惠。出《宋史》本傳等書

弟高，字君山，第景祐元年進士，調長溪縣尉。縣媪二子漁於海而亡，媪指某氏為讎，告縣捕賊，縣吏難之，皆曰：『海有風濤，安知其不水死乎？且雖果為讎所殺，若屍不得，則於法不可理。』高獨曰：『媪色有冤，吾不可不為理。』乃陰察讎家，得其迹。與媪約曰：『吾與汝宿海上，期十日不得屍，則為媪受捕盜之責。』凡宿七日，海水潮，二屍浮而至，驗之，皆殺也。乃捕讎家伏法。民有夫婦偕出，而盜殺其守舍子者，高亟召里民畢會，環坐而熟視之，指一人曰：『此殺人者也。』訊之，果伏。衆不知其以何術得也。遷開封府太康縣主簿，府尹吳遵路素剛，好以嚴憚遇下吏。高年少位卑，能不懾屈而得盡其事之詳。遵路獨喜，以高為能。未幾，以疾卒于官。高嘗與歐陽脩言，曰：『天子以六科策天下士，而學者以記問應對為事，非古取士之意也。吾獨不然。』乃晝夜自苦為學。及其亡也，其兄發其遺稿，得十數萬言，皆當世之務。踰年，天子與大臣講天下利害，為條目，其所改更於高之稿得其五六，因相與嘆高果天下之奇才也。高卒時，年甫二十八，其妻程氏，一男二女，皆幼。縣人哀其貧，以錢二百千為其賻。程氏泣曰：『吾家素以廉為吏，不可以此汙吾夫。』拒而不受。脩銘高之墓，稱其能以惠愛其縣人，而以廉化其妻妾云。襄三子，匀、旬、旻，皆蚤世。襄卒，朝廷錄其子孫，以旬之子傳守將作監簿。

時方二歲，母劉氏撫教，至于知書。六經、子史皆務貫穿，志在學古，務實以養。母卒，不遊場屋，而學行益力。歷朝奉郎、通判南京留守司，年四十三，卽上章乞致仕。著述頗多。見《藝文志》子三人，長𣚪，字子强，大觀三年，與從父佃同登進士。歷官朝奉郎、直秘閣、知泉州，乃襄舊治。𣚪為政得襄之家法，人謂有祖風烈。官至朝奉大夫。次樞，以政和五年同從父伸登第，歷官西京提舉學司，主管文字。御史常安民在黨籍，人多疏之，樞獨事以師禮。提舉湖南學事，時殿中侍御史張所教授潭州，未知名，會所白事，問曰：『時事如此，度今誰可任國事者？』所舉劉安世，樞瞿然曰：『自崇、觀來，禁錮元祐之學，子為教官，乃敢伸公論若是耶！』卽薦所，後果知名，年四十五。慨然嘆曰：『先公掛冠之年，吾已過之。時方多事，其可無功冒寵乎？』丐致仕。宣和末，興燕雲之師，主兵者欲引樞為謀議官，樞以書止之。子頔，孫師言、敷言，皆登第。次楙，字子堅，欽宗朝，以父任尉會昌。視事數月，遇贛賊犯境，楙領鄉兵數千人與賊相持，兵潰，楙力戰不支，遂遇害。贈承事郎官。其子籲，後贈朝散大夫。出《何志》伸字伸道，襄季子旻之子也。伸與兄佃、伷入太學，俱有聲，號『三蔡』。佃崇寧初進士第一，時從祖京當軸，力欲羅致門下，竟不能屈。會星異，上疏論宰相非人，宜舉漢汲黯故事以應天變，責監温州稅，官至朝奉郎。伸政和五年進士，遷通判徐、楚、饒、真四州。在徐州時，禁卒謀亂，約夜半舉火。伸聞之，部分他營密為之備，仍戒故緩更籌，叛卒火舉，則黎明矣，衆無應者，遂逃去。伸追捕，盡擒之。在真州日，火延燒千餘家，民露處雪中，老幼號呼盈道。伸闢寺宇、官廨分處之，且發常廩以賑給，守者不可。伸曰：『此國家所以備非常也，如得咎，請獨當之。』事聞，朝廷釋不問。未幾，移滁州，改知徐、德、安、和四州。初，伸與秦檜同舍又同年，後伸以趙鼎黨，丐祠者累年。檜一日訪伸，有念舊語，伸不肯干之，檜不樂，除浙東帥司叅謀官。建炎、紹興間，盜賊蠭起，伸嘗曰：『國步多艱，中原未復，豈能以書生餘技取爵禄耶？』時戚方既降而復叛，伸單騎至其麾下，說以禍福。方素聞伸威望，即出就招，一州賴以全活。官至左中大夫，卒，贈特進。子洸，居霅川，以父任補官，以襄未易名，請于朝，得謚忠惠。所得俸，每以賑親族之貧者，去朝之日，囊無餘貲，官至户部尚書、徽猷閣學士。從孫戡，居毘陵，乾道中，第進士，官終寶謨閣直學士。出《方志》等書

莆陽文獻　傅楫傳第十

傅楫字元通，其先自光州固始，從王潮入閩。數傳至高祖仁瑞，始徙家仙遊。楫少自刻厲於學，未冠，試廣文館第一，不第而歸。從孫覺、陳襄游。襄門人許安世、江衍之流皆以文藝冠多士，襄不之取，獨曰：『傅元通金石人也。』以其女妻之。治平四年第進士，調揚州司户。守遇僚屬暴甚，屢以難集事委楫。楫裁決如流，未嘗希意苟合，至捕其從者寘諸法。守内不能平，乃欲以煩劇困之。檄攝天長令，發摘隱伏，奸猾屏跡。轉福清丞，帥曾鞏負材，倨視天下士，獨與楫鈞禮。歷大谷令，帥曾布曰：『是吾兄所知者。』率部使者交薦，改知龍泉縣。孫覺爲御史中丞，語之曰：『朝廷欲用君，盍少留？』楫曰：『仕宦所樂居中者，免外臺督責耳。今俯首權門，與外臺奚擇？且外官，己所當得也。』遂去不顧，道除太學博士。居四年，未嘗一跡大臣門，既滿，徑赴銓曹。時曾布方執政，薦為太常博士。神宗時，議北郊，至是有詔復議，議者多持兩可。楫獨援經據古，損其車服、儀衛、賞賚之類，使得其中。上之。及施行，卒如其議。徽宗就資善堂學，擇師傅為說書，楫進侍講翊善。中人莅事于府者，多與官僚狎，楫獨漠然不可親，一府嚴憚之。五年不遷。鄒浩得罪貶，楫以贐行免官。徽宗卽位，召爲司封員外郎、權監察御史。論内侍郎劉瑗恃寵專恣，不報。累遷中書舍人。時曾布當國，自以於楫有汲引恩，冀為之用。楫略無所傾下，凡命令有不當用，人有未厭，悉極論之。雖屢却，不為奪，布大失望。帝以舊學故，多所延訪。楫每以遵祖宗法度、安靜自然為言。歸則削稿，雖至親莫得而聞。一日，李清臣勸帝清心省事，帝曰：『近臣中，惟傅楫為朕言甚詳。』然後人始知其所以啓迪君心者切至如此。楫在朝歲餘，見時事寖異，竊歎曰：『禍其始此乎？』聞者甚之，楫笑曰：『後當信吾言。』遂上疏丐去，以龍圖待制知亳州。卒年六十一。出《宋史》本傳等書子諒友、誼夫、謙受。

諒友字冲益，博學善詩文。第元祐九年進士，調吴縣主簿，歷膳部員外郎，知和州，未赴而卒。誼夫，元符三年進士，官至兵部侍郎。謙受亦博學能詩，以父蔭補承務郎，倅新安，鎮靜不擾。官至夔州轉運判官，從姪權、求、希龍同登元祐六年進士，號『傅氏三龍』。權任太學錄，時太皇太后高氏外家求師，有旨令太學選德行文藝兼著者，祭酒司業以權應命。高氏尊之，曰『傅夫子』，及登第唱名日傳宣，許特謝恩，太皇太后宴賚甚厚。希龍字廷允，知漳浦縣。時二蔡當國，不肯附。崇寧間，詔具元符上書姓名，入邪等籍，希龍與焉。從孫知柔字德滔，宣和三年，由上舍登第，調循州判官。有盜曾少龍迫境，知柔教民造弩及砲石之屬。寇至，乘城發弩，寇潰去。部使者聞于上，改秩，知龍巖縣。虔寇發，聞知柔威名，卒不敢犯。調泉州僉判，海寇林元仲猖獗，帥葉夢得檄知柔往，出幟示寇招撫，元仲遂降。官終朝請郎、福州僉判。出《方志》權子共，三薦奏名，亦以文詞稱，嘗註釋《東坡和陶詩》。出《僊谿志》

傅佇字凝遠，楫之諸孫也。年十八入太學，登重和元年進士第，授無棣縣主簿。會金虜陷全燕，乘虛南下，兩河皆震。郡檄佇餉軍，佇書生，不習兵事，初咸意其難之，而佇得檄，即行飛芻輓粟，軍以無乏。調南安縣丞，歲大饑，民棄妻子者相屬。佇請出常平錢米，設安養院，且糜粥食之，民不失所。明年歲豐，悉訪所親歸之。遷知晋江縣，會詔造戰艦，佇躬督其役，勞費半他邑，而事獨先辦。帥張浚聞于朝，特減磨勘二年，除茶司幹辦公事，轉南劍州通判卒。佇仕宦三十年，先疇無所增益，疾革，猶戒諸子曰：『吾平生無愧俯仰，歿後汝曹居官主清，治家主嚴，奉先主敬，敘族主恩，造次顛沛，必主忠信；能用吾言，雖貧賤，猶為有德君子。不然，蹴取光顯，奚為哉？』官至朝奉大夫，累贈金紫光祿大夫。子汶、淇，皆自有傳。出《方志》

傅汶字元魯，以父佇蔭補官。初，調清流縣尉，捕盜改秩，知將樂縣。時朝廷以軍興鬻僧，責之縣，他邑視民産均敷之。汶遣吏齎度牒往三山，減直而售，官出餘直以足數。劍、建之俗，生子多不舉。汶令里正籍記家給錢米，活者以萬數，多有以傅名其子者。尋倅廣州，帥司馬伋以捕盜賍滿三獄，申審覆奏，動淹數月爲慮，汶答曰：『容某以三日辨之。』帥以為喜，而未深信。汶退，召獄吏具見禁劫盜，分爲三類：一傷被主贓滿，一不傷被主贓滿，一無被主贓滿。次日引鞫，具得其情。遂白帥，惟以傷被主贓滿者申憲臺，餘皆減等分遠近決配。帥大喜，悉如其言。尋知貴州，郡僚月俸積壓，汶至，悉撥錢還之。帥張南軒聞之，曰：『秖此一節，便見施為。』遂率部使者交薦，而司馬伋召還，亦力薦之。遂除提舉江西茶塩事，繼知德慶府。所至以仁政稱，終朝請大夫。出《方志》

傅淇字元瞻，佇之子也。年十九，豫鄉薦，第紹興三十年進士，調潮陽縣尉。前後獲盜、登賞格者凡十數，未嘗自言。會叅政龔茂良提刑廣東，為上其事，改秩，之平陽縣，號難治。淇以豈悌中和為政，民有爭曲直者，徐以理開譬之，皆心服去。已而被檄校士漕臺，丞相虞允文方以經略中原為意，招徠豪傑，欲與共功。因以書見丞相，論天下事，言：『自古建功立事，必須非常之人。一時誕謾爭言富强者，其意不過竊取爵祿，非能為國家深長計也。』丞相大喜，秩滿，奏除幹辦諸司粮料院。淇雖官中都，足跡未嘗一造權要之門。適孝宗命有司具六院姓名，時淇以替去不預，上閱班簿，獨指淇名，命奏事。及入對，敷奏稱旨，即除監察御史。初，入臺六察官皆闕，止淇一人糾察庶務，風采凛然。上喜，謂近臣曰：『傅淇，朕自擢也。』于時上有汛掃河洛之志，常患儒臣謹畏，特崇奬武臣，以振起之。於是乘間倖進者，多以文階易武爵，驟致貴顯。淇嘆曰：『是豈可長哉？』疏論其事，上悟，即日出其疏於外，自是無敢求換武者。未幾，遷太府少卿。每因輪對，勸上擇端愿誠慤之士以備官僚。又言川、廣去朝廷遠，守臣不可輕畀。上皆嘉納。除中書門下、檢正諸房公事。時方擇專對材以使虜，廟堂進擬數人，中批特命淇為賀生辰使，未行，除宗正少卿。樞使王淮見淇曰：『此行盡出淵衷。』及還，上詢北事甚悉，淇具言河北河南之所以然。上曰：『卿言是也。』久之，淇丐外，上不欲其遠去，除浙東提刑。時兄汶亦提舉江西，母夫人年九十，更迭迎養，人皆榮之。甫一年，移節浙西。淇居官不求赫赫名，蒞職兩年，政平訟理。上嘉其功，除直龍圖閣。再任半載，改知寧國府。淇以母老樂閩中，力請便郡歸養，遂易知泉州。尋丁母憂，服除，無復仕進意。光宗即位，起為廣西提刑，復除知温州，竟以疾卒。官至中奉大夫、直龍圖閣、莆田開國男。出《方志》

傅誠字至叔，汶、淇從子也。幼知讀書，有雋聲。年十九，以書見泉之鄉先生黄維之，大奇之，後嘗從朱文公游。淳熙八年，第進士。誠平生自讀書外，它無嗜好。所與語者，率皆好學清介之士，非此弗與之交。初，調永春尉，力辨陳介珪之冤。與上官忤，因納告勑于憲臺求去，其冤卒得直。侍郎黄艾被旨使北，壯誠有守，奏辟以行。凡表奏之類，悉以委之。歸，除廣東監幹，改知青陽縣，尋除提轄文思院。時叅政張巖開督府于京口，奏辟戴溪與誠同幙。凡有著述，皆出其手。後歸朝，不一跡權門。累循常調，遷太常博士。真德秀時為正字，每數日輒相過，談論古今事，移晷方去。寧宗朝，輪對，其略曰：

『今日之事，奄奄如氣息僅續之人，略無一朝奮起之勢。寖有百年消微之憂，或有聞而嘆息者，或有聞而竊笑者。嘆息者，有憂朝廷之心；竊笑者，有輕朝廷之意。良由縉紳風俗之不振，脂韋留連富貴之心有餘，而感慨自立以身許國之意不足，顧光景而計陞沉，風迹淪胥，人心輕玩，其弊固至此也。』末及沽激阿諛之弊，言頗鯁切。先是，子彦卿博學能文，以疾卒，誠哭之過哀，輪對間，忽卒于殿下。縉紳咸悼惜之，相與請于廟堂，欲官其次子，而誠素與時相不合，僅以員外郎致仕。誠性甘清貧，俸入不殖産業，悉以置書，自號『雪澗閑翁』。弟諴，字友叔，少孤，母與兄督之讀書，至于成立。事其兄極恭順。淳熙十一年，以太學生登進士第，倅無為軍，召監六部門。寧宗以丙寅伐金之後，淮西民多流徙，知諴有材略，改除宗正寺簿，將命往安集之。還朝，又以諴熟於淮事，擢淮西漕，召為司封郎中，遷尚左郎中。尋被旨使北，歸，以疾卒。從子大声，字仲廣。淳熙中，以太學生登進士第，主福清簿。帥辛棄疾頗嚴憚，檄大聲往鞫問長溪盜囚。大聲釋其株連者五十餘人，僅留十數人于獄。邑令不樂其翻異獄案，凡諸胥券食及囚粮皆不給，大聲自質衣食之。及帥親詰問，皆如大聲言。調貴州教授，帥胡紘每稱之曰：『教授，古君子也。』禮部尚書黄由舉天下教官，以大聲為第一。改秩，知武平縣。催科不迫，而財賦自辦。遷通判循州，適冦發，守称疾，大聲調發諸軍，悉力鏖戰，賊皆潰去。未幾，餘黨復猖獗，諸司專委大聲督捕，乃上禦賊數策。漕使劉强學謂其句句可行，頒行于廣東十四州，遂劾守不職，以大聲攝州事，尋奏為真。闔城驩呼曰：『傅父再留，吾屬有依矣。』前數月，郡圃有老松數株，日出紫氣如雲，騰空而上。及大聲拜守，人以為德政所感。守上日，有例册錢千緡，悉卻之。郡倉米斛溽大，大声首減小之。在循四年，民樂其政，相率立副□□滿，力乞宫觀，無復有仕進意，官至朝奉大夫。子瑜，通直郎、通判静江府。出《僊谿志》

莆陽文獻　余象朱紱陳次陞傳第十一

余象，僊遊人。父積，守職方員外郎致仕。象第慶曆六年進士，歷官光禄寺丞。首奏王安石：『議論詭辨，名實眩耀。雖為一時之文人，終為異時之巨蠹。』安石憾之，因與左右傾象，出通判宜州。又奏安石：『小人終累大事，若果亟用，必至紛更。』一時出安石之門者皆惡之，得蔡襄、余靖力辨獲免。仁宗亦知其直，就加秘書丞，尋除太常博士。英宗即位，召見，特授屯田員外郎，謂近臣曰：『余象敢言，朕常畏之。卿等宜自謹，勿使之有言也。』憸黨咸側目。出通判宣州，與民無擾。州民至登聞皷院乞象領州事，英宗以問司馬光、吕公著，對曰：『余象乃陛下之汲黯，内則面折廷争，外則臥治，社稷臣也。』即授都官員外郎，知宣州。神宗即位，除屯田郎中，通判南劍州，遷禮部郎中。薦胡安定門人錢藻、孫覺、錢公輔、范純仁，遂力求致仕。象好為詩，尤耽書，於《論語》嘗著《集解》，《中庸》則有《大義》。吕公著薦其書於朝，神宗欲大用之而卒，范純仁狀其行。從子授，熙寧六年進士，初調候官縣尉，捕盗改秩。李清臣作告詞，有曰：『格盜忠勇，不孤所職。』遷校書郎，博學能文，官至京西提舉。出《方志》

朱紱字君貺，其先唐古田令璣，由光之固始，居莆之水南，三傳至曾祖玭，又遷仙遊。兄綖，字君與，元祐六年特科，終漳州司户。紱治平四年登進士甲科，元祐二年，以李常、孫覺、陸佃、曾肇列薦，除王宫大小學教授，尋外除。紹聖初，章惇當國，欲寘元祐諸君子于死地。紱被旨召對，首陳正心誠意、知人安民之説。除諸王宫侍講，再遷翊善。元符初，除都官員外郎。時鄒浩以論元符后不當立，竄新州，貧甚，紱率親舊出金贐行。上聞之，悉下臺鞫治，以紱贐金特厚，追一官勒停。徽宗登極，以藩邸舊臣召赴闕，累遷右諫議大夫、給事中。時范純禮、劉安世等屏黜於外，悉為論列。有旨後苑作所奏審山園陵，支過錢帛，更不供報户部。紱謂户部主財賦出入，豈宜有不預聞？陳師錫自潁移廬，自廬移蘇，吴伯舉自蘇移滑。紱謂監司郡守宜謹擇久任，不宜數易。馬涓送吏部，與合入差遣，紱謂涓任臺官兼進士第一人，無他過犯，送部非朝廷崇重臺官之體。蔡王府獄興，有司捕逮，株連甚衆，江公望論列頗切，黜外郡。紱封還制書，言：『公望杜塞間隙，以全陛下兄弟之義。今若以言罪之，雖篤信不惑之士，亦不敢以直道自任。况非其人邪？』論駁再三，以是忤大臣意，出知壽州。崇寧元年，上思其忠，進寶文閣待制、真定府路安撫使。二年，中丞石豫力肆詆誣，落職，提舉杭州洞霄宫，入元祐黨籍。五年，上以星變，凡隸黨籍者，悉蒙湔洗。起知福州。蔡京復相，紱遂罷。大觀元年，依舊落職，提舉洞霄宫，卒于家。官至左朝請大夫。初，紱在後省凡四月，論駁無虚日。政府遣人諭意曰：『上眷待如此，不日當在此地。』

紱不為動。時紹述說興，紱以書責京曰：『彼為紹述之議者，豈毫髮為朝廷計？特借是固寵位、復恩讎爾。自公秉政，中外屬望。今乃持之益堅，行之益峻。是知有私恩，不知有國恩。知肆情得意取快於一時，不知基禍於異日，為可畏也。』京得書大怒，始力謀所以去紱者。臺官喻意，始抉其細故，并以合黨王回、締交鄒浩罪之。建炎間，始復舊職，贈少保。姪寘，元豐二年進士，為秘書丞。以紱入黨籍，併罷免。政和元年，起知南雄州，辭不赴，尋卒，綖之子也。

子宗，字成德，以父任授長社尉，改秩，有薦于朝者，累遷吏部員外郎。時銓曹法廢，事皆留滯。宗視職之始，有士人在任被賞轉官，俾任滿赴部自陳，吏扼以須會問元任。宗索案視之，一時該賞五六人，立叱吏行賞。人服其果決，累除太府卿。徽宗尊寵潛藩之舊，併錄其[一]子，多超進大官，父紱亦舊學之臣，宗不自立，亦無為宗言者。太師蔡京同州里，持國柄逾二紀，宗未嘗造其門。靖康初，近臣薦宗才堪治劇，淵聖召見，欲用宗為開封尹，而宗奏事觸宰相，遂止。紹興元年，召為大理少卿。建安盜起，高宗勑制置使發兵捕誅，師屢無功，除宗直秘閣、福建路轉運使，且趣入對，宗曰：『愚民窮困無聊，弄陛下兵，將吏養寇弗除，誅斂益急，將盡驅齊民以為盜。陛下第追還制置使，付臣綏集之，可毋戰而平也。』陳便宜十事，上嘉納之。制置司方奏募兵檄取錢米數十萬，宗遺書責之曰：『擁兵彌年，州縣轉餉費百萬，

校記：

[一]『錄其』二字原刻模糊，據（弘治）《大明興化府志》卷三九補。

而誅責不已，民在壑矣，吾不能復為下石，公自為之。』會朝廷更遣它將而盜平，卒如宗策。官至右朝散大夫，累贈中散大夫。

宗子元飛，字希賓。仕官三十年，不營一金產，所得俸即買書籍，每部三本，分遺其三子。官至福州通判。初丞同安，時朱文公為簿，因通族系，子浣、涓、漑俱遊其門，所居有歸樂堂，文公為之記。家藏手帖猶存。浣官終廣東帳幹。出《方志》

陳次陞字當時，入太學，時學官始得王安石《字說》，招諸生訓之。次陞作而曰：『丞相豈秦學邪？美商鞅之能行仁政，而謂李斯解事，非秦學而何？』坐屏斥。既而第進士，知安丘縣。時州從事攝政，告以繫囚頗衆，當斥大獄屋。次陞曰：『子不教我期於無刑，乃教我廣獄耶？』未幾，從事行縣而獄空，於是歎服。轉運使吴居厚以聚斂進，檄尉罔征稅於遠郊，得農家敗絮，捕送縣。次陞縱遣之，居厚怒，將被以文法，會御史中丞黄履薦為監察御史。哲宗立，使察訪江湖。先是，蹇周輔父子經畫江右鹽法，為民害。次陞舉劾之，還言額外上供之數未除，異日必有非法之歛。願從熙寧以來創行封樁名錢，悉賜豁免。又役法未定，人情熒惑，乞速定差顧及均數之等，先為之節而審行之。提點淮南河東刑獄，紹聖中，復為御史，轉殿中。論章惇、蔡卞植黨為奸，乞收還威福之柄。禁中火，彗出西方，次陞請修德求言以彌天變。掖庭鞫魘魅獄，次陞言事關中宫，宜付外參治，今屬於閹寺之手，萬一有寃濫，貽後世譏。濟陽郡王宗景請以妾為妻，論其以宗藩廢禮，為聖朝累。初，惇、卞以次陞在元祐間外遷，意其不能無怨望，卞又與同鄉里，故延寘憲府，欲使出力為助，擠排衆賢，而一無所附。時方編元祐章疏，毒流縉紳，次陞言：『陛下初即位，首下詔令導人使諫，親政以來，又揭勑牓，許其自新。今若考一言之失，致於譴累，則前之詔令，適所以誤天下，後之勑牓，適所以誑天下，非所以示大信也。』又論卞客周穜貪鄙，鄭居中憸佞，由是惇、卞交惡之，使所善太府少卿林顏致已意，嘗以美官。次陞曰：『吾知守官而已，君為天子卿士，而為宰相傳風旨邪？』惇、卞益不樂，乘間白為河北轉運使，帝曰：『漕臣易得耳，次陞敢言，不當去。』更進左司諫。宣仁有追廢之議，次陞密言：『先太后保佑聖躬，始終無間，願勿聽小人銷骨之謗。』帝曰：『卿安所聞？』對曰：『臣職許風聞，陛下毋詰其所從來可也。』吕陞卿察訪廣南，次陞言：『陛下無殺流人之意，而遣陞卿出使，陞卿資性慘刻，喜求人過。今使逞志釋憾，則亦何所不至哉？』乃止不遣。次陞累章劾章惇，皆留中，帝嘗謂曰：『章惇文字，勿令絶。』次陞退，告王鞏，鞏曰：『君胡不云：「諫臣，耳目也；帝王，心也。心所不知，則耳目為之傳達。既知之，何以耳目為？」』居數日，復入見帝。申前旨，乃以鞏語對。帝曰：『然顧未有代之者爾。』訖不克去。京師富家乳婢怨其主，坐兒於上而嵩呼者三。邏繫獄，次陞乞戒有司無得觀望。帝問大臣何謂，蔡卞曰：『正謂觀望陛下爾。』誣其毁先烈，擬謫監全州酒税，帝以為遠，改南安軍。徽宗立，召為侍御史，極論惇、卞、曾布，蔡京之惡。竄惇於雷，居卞於池，出京於江寧。初，諫官鄒浩以言事得罪，親舊餽送多坐，次陞言：『聖朝仁明，親友恩義，烏可遽絶？合與改正。』中丞鄧綰嘗為王安石求賜第，薦安石子雱及其壻卞館職。神廟謂其持心頗僻，賦性回邪。今卞欲報綰私恩，褒餙妻父，故寘洵武於史院，令同脩正史。洵武豈能公心直筆以發揮神考之盛德，而不掩其父惡乎？』曾布許將轉官，告詞皆云叅顧命。次陞言：『陛下紹天命，承大統，發謀定策，盡出皇太后。今掠定策之美名，掩太母之盛德，其累非細。』上嘉納之。建中靖國元年，擢左諫議，獻『體道、稽古、脩身、仁民、崇儉、節用』六事，言多規切。會右司諫陳祐以言曾布解職，次陞入對，上章救祐，上不顧。左司陳瓘以書見布，極論其過，乞早竄黜。出知泰州。次陞上疏乞留，不報。尋出使契丹。曾布進紹述之説，於是上决意用京。及使還，以寶文閣待制出知潁昌府。奸言日至，降克集賢殿脩撰，屢移循州編管，入元祐黨籍。蔡京罷相，復寶文閣待制，累官朝散大夫。宣和元年，終于真州私第，年七十六。次陞三居言責，建議不苟合。劉世安稱其有功於元祐，人謂能遏吕陞卿之行也。他所言曾肇、王覿、張廷堅、賈易、李昭玘、吕希哲、范純禮、蘇軾等，公議或不謂然。姪孫拱之，廣州户曹；曾孫湯，撫州通判；曾姪孫塤伯，昭州法曹；立伯，泉州察推，竝登進士第。出《宋史》本傳等書

莆陽文獻　方黄吳林徐鄭方傳第十二

方儀，其先本歙人，至廷範，歷知長溪、古田，長樂三縣，居莆刺桐巷。六子皆仕閩王氏，仁逸，檢校水部員外郎，仁岳，秘書少監，仁瑞，著作郎，仁遜，大理司直，仁載，禮部郎中，仁遠，秘書正字。儀，仁岳季子也。咸平三年，與從子慎言同登第。初，興化軍未有學，儀伏闕上書，乞建軍學，立夫子廟。得旨賜地，儀入貲助成之。復與弟能及慎言奏請脩三禮堂、步廊、崇閣及學制之未備者，由是莆之學校日盛。歷官大理寺丞，遷著作佐郎。卒，郡學繪其象祀焉。

黄君俞字廷僉，璞之玄孫。父問，字公裕，博通五經，創上林義齋，以聚英俊之士。立為五規：一曰脩身謹行，二曰立志抗節，三曰潛心經術，四曰留意世務，五曰限日收功。卒，左丞皇甫泌誄之曰：『義成逸士。』君俞幼强學，著書一百卷，名動京師。試開封進士第一，四黜禮部。鄭獬、滕甫、王珪、陳襄交章論薦，歷官崇文院校書，改舘閣校勘卒。出《何志》

黄隱字仲元，璞五世孫也。與從父理同第治平四年進士。是歲，族父君俞先試開封第一，四黜禮部。上書乞以所得恩命命君俞，君俞遂得召試，除撫州司户。隱知無錫縣，以最聞。元豐中，遷殿中侍御史，剛直敢言，無所畏避。初召對，神宗問學術，時尊尚王氏學，而隱以司馬光對，不稱旨。及問福建茶塩利害，條對甚悉，上嘉納之。元祐初，守國子司業，力排王氏新語，取三經板火之，出守泗州。謝表云：『韓莊之風不衰，秦晋之患將起。』猶為王氏發也。歷監司、郡守，凡七任，坐尊司馬氏學，入元祐黨籍。臨終，戒家人毋得請致仕。徽宗聞而異之，與壹子官。五世孫黼，乾道五年進士，歷給事中，改殿中侍御史。慶元初，韓侂胄攻偽學愈急，黼上言：『治道在黜首惡而任其賢，使才者不失其職，而不才者無所憾。』名入黨禁，終權刑部侍郎。

黄顒字仲實，嘗從陳襄學于毗陵。襄愛其文行，置于經社。元祐間，舉經明行脩科。時天下弗就者二人，顒其一也。哲宗以弗至問，孫莘老為中丞，因條其學行以對，詔降袍笏，就其家起之。更三期，母促之，始調清溪尉，歷劒浦簿。郡守方全道以改官薦，顒力辭，請以畀同列，轉儒林郎，知長泰縣，脩治學舍，晨治邑事，日中與諸生講肄經旨，逮暮而歸。又以職田穀三百餘石與耕民，悉不取。尋權龍溪尉，卒，二縣士民賫金帛以賻其子公坦，一無所受。公坦，宣和六年進士，官終通直郎。出《何志》等書

吴世延，景祐五年進士，授朝奉郎屯田員外郎，知梧州。最為周濂溪所親重，常相與唱和，有詩集行世。出《岳志》

林緒，藻六世孫也。五代末，杜門避世。常慕陶靖節、嚴光之為人，窮索古典，脱屣於功名之途。大中祥符七年，詔舉草澤，州郡以緒應舉，詔書云：『朕網羅遺逸，崇奬風化，苟一善之可稱，俾釋巾而筮仕，以爾居閩越之俗，為鄒魯之儒，頗飭行藏，聞於鄉黨，宜覃麗澤，往教州庠。特授將仕郎、本軍教授。』中書侍郎向敏中之詞也。出《何志》

徐復字復之，一字希顏，寅三世孫也。幼遊京師，舉進士不中，退而學《易》，通流衍卦氣法，自筮知無禄，遂亡進取意。遊學淮浙間數年，益通陰陽、天文、地理、遁甲，占射諸家之説。他日，聽其鄉人林鴻範説《詩》，且言《詩》之所以用於樂者，忽若有得，因以聲氣求之，遂悟大樂，於八音十二律清濁次序及鍾磬侈弇、匏竹高下制度皆洞達。方仁宗留志於樂，詔天下求知樂者。大臣薦胡瑗，瑗作鍾磬，大變古法，復笑曰：『聖人寓器以聲，今不先求其聲而更其器，其可用乎？』後瑗制作皆不效。范仲淹過潤州，見復，問曰：『今以衍卦占之四次，無變異乎？』復尅西方當用兵，推其月日，後無少差。

慶曆初，與布衣郭京俱召見。帝問天時人事，復對曰：『以京房《易》卦推之，今年所配年月日期，當《小過》也。剛失位而不中，其在强君德乎！』帝又問明年主何卦，復曰：『《乾》卦用事，說至九五盡而止。』帝又問前年京師黑風何所應，復曰：『其兆在內，豫王喪，其應也。』明日，命為大理評事，固以疾辭。乃賜號『沖晦處士』，補其子發，按：《宋人物志》云『官其子晞』，無名發者。試秘書省校書郎。復性高潔，處世未嘗自異。後居杭州萬松嶺，出《宋史》本傳每與林和靖往來，杭人稱『二處士』。翰學沈遘榜所居曰『高士坊』。太守蒲宗孟題其舊隱云：『沖晦先生不肯官，布衣謁帝布衣還。尚嫌姓字騰人口，惟恐文章落世間。大隱不妨居市井，高吟何處問家山。平生寄意江湖上，雲自無心水自閑。』後十年卒。出《何志》晞，質直清慎，恬於分義，最為士林所推重云。

方漸，其先居游洋，後遷郡城北。諸父伯通、伯鎮、伯逄俱登第。漸政和八年進士，紹興中，通判韶州，知梅、潮、南恩，積官至朝散郎。平生清白，無十金之産。所至以書自隨，積至數千卷，皆手自竄定，就寢不解衣。林光朝質之，答曰：『解衣擁衾，會有所檢討則懷安就寢矣。』為小閣三間，以藏其書，榜曰『富文』。鄭樵嘗就讀其書，以詩美之。子林，鄉貢進士，孫其義，字同甫，與族子阜鳴齊名大學，博聞强記。嘉定七年特奏名，終從仕郎。嘗游江浙，舘于金壇名卿王遂，因授業焉。在學，一日心動，裹裝徑歸，未入門而母歿。篤好關洛書，工詩文。出《備志》

鄭伯玉字寶臣，露之後，後埭人。八歲時，叔父殿中丞試之曰『伐木斧聲聞谷口』，隨答曰『過橋旗影映波心』，叔父奇之。景祐元年，第進士，試秘書省校書郎、淮南節度掌書記。七年，改大理司直，充撫州觀察推官，韓魏公薦為殿中侍御史。為人峭直，不屈權貴。好為詩，所作有三百餘篇，名曰《錦囊集》。時人以與陳著作琪、方提舉孝寧詩類為一集，號『烏山三賢』。凡朝政得失，士夫臧否，皆託之詩。如欲輕賦歛，則製《老夫吟》；憫新法，則咏《莆田作》；嫉邪說，則著《閑居書懷》；恤民力，則作《豪家吟》之類，異己者多嫉之。年未五十，以親老棄官歸。郡守俞希孟扁其亭曰『緑野』。閑居二十餘年，卒。子叔明、叔僑，孫至道、亨道、事道相繼擢第，伯玉皆及見之，後贈通直郎。出《何志》

方惟深字子通。父龜年，景祐元年第進士，與蘇緘齊名，仕至屯田郎中，所著有《經史解題》《群書新語》。卒，葬姑蘇。惟深因居焉，舉進士不第，晚為興化軍助教。王安石最愛其詩精詣警絶，謂元、白、陸、皮有不到處。出《趙志》

莆陽文獻　方陳徐林傳第十三

方慎言字應之，廷範第五子，仁載之孫也。第咸平三年進士，知信豐、蘭溪二縣，號稱神明。祥符初，以殿中丞受詔往淄、青數郡均給蠶賦，使還，稱旨，許擇近地便養，通判福州。仁宗即位，改侍御史。屬丁謂貶崖州，遣慎言籍其家，得士大夫干請書問，悉焚之，人稱其長者。請便郡，知泉州。歲饑，大發官廩以貸民。又奏免丁税，全活者衆。父老相泣曰：『微方公，我輩無以生，又何有子孫哉？』自是生子多以方兒名。歷兩浙轉運使，浙河之漕，歲百萬石，頤指而集。景祐初，錢塘江決數十里，慎言親庀工授材，疊石列大木以殺潮勢。賜璽書褒美，改知潭州，處劇而裕，潭人像而祠之。入為諫議大夫。會擇重臣鎮南越，遂以朝請大夫知廣州。卒，贈開府儀同三司。慎言既貴，先推恩於從父昆弟，而後及其子。迨没，而孫尚白衣，人服其義。從孫适，元符三年，以特奏對策殿庭，乞復元祐皇后。上不加罪，命收寘後名。尋又上書，謂：『秦人緘口腹誹而享國日蹙，東漢宦官擅權而桓、靈以降，所存者位號。武王數紂之罪，在於臺榭陂池，侈服以殘害百姓。』所言皆譏切時政，銜替永不得改官。詔籍上書邪等人而适與焉。孫通，熙寧六年以明經第，歷遷親賢宅博士。徐邸福國夫人馮氏安康，即王孝騫母也，謫居瑶華。通語王惟勤孝，足以動天地，感鬼神，因為草奏，晞哀請命于上，朝廷為之惻然，遂矜宥。出知睦州，以最聞，除王府翊善。坐子軫上書論列蔡京謫官，以朝請大夫老于家。雜出《何志》等書

軫以父任太廟齋郎。蔡京復相，天下事滋壞。軫疏列其過千二百餘言，其略云：『京睥睨社稷，内懷不道，專以紹述為自媒之計。上以不孝劫持人主，下以謗訕詆誣天下。交通閹寺，納結宫禁，蠹國用則若糞土，輕名器以市私恩。尚書省，元豐所造，京惡其地不利宰相，蓋命毁之。建四輔郡，屯兵數十萬，遣門人為總管。又以宋喬年為京畿轉運，密諷兖州父老詣闕請登封，意在為東京留守。乘輿一動，投間竊發，呼吸群助，不知宗廟何所依倚乎？又建方田法，欲擾百姓，而鹽法朝行夕改，鈔為故紙，鹽為棄物，號泣籲天、赴水自縊者，不知幾千萬人。元符末年，陛下嗣服，忠義之士，投匭自見者，無日無之。京分為邪等，黥配縮置，不齒仕籍，則誰肯為陛下言哉？又遣子攸，日與陛下遊戲，惟以花石禽鳥為獻，欲愚陛下，使不知天下治亂。自古人臣之奸，未有如京今日之甚。陛下安可愛一國賊而忘社稷生靈之重乎？』詔以疏宣示京，京請付有司推究。於是命御史臺鞫治，獄具，詔貸死，編管嶺南。靖康元年，軫詣登聞鼓院上書陳訴，始得收叙。出《宋鑑》《編年備要》等書

方慎從字惟之，慎言弟也。景德二年登進士甲科，受秘書省秘書郎，歷知弋陽、懷寧、同安、懷安、

導江、蘭溪六縣，通判饒州、荆南府，知潮、漳、嘉三州，再知漳州，改都官郎中，以老歸，卒。慎從所至，有德於民。在導江日，有楠木連理、嘉禾九穗之祥，璽書褒異。守漳日，適慎言守泉州，旌麾相望，二州人榮之。及再至，漳人夾道歡呼，曰：『吾父復來矣。』子諫臣，侍官于漳，手斷合水孽蛟，死，漳人憐而祠之，封清水侯。孫价，初名儼，熙寧六年進士。大觀初，知安豐縣，用薦召赴都堂審察。蔡京以价不肯私謁，報罷。復知候官縣，已而掛冠，里居二十餘年，終。曾孫禧，為殿中侍御史。初，慎從在嘉州，手植荔枝于郡圃，賦詩有『留取清陰待子孫』之句。至大觀中，禧持節按蜀部學，嘉父兄擁車誦慎從詩為賀。族孫旬，紹聖四年進士，除太學博士，歷提舉廣東、京西學事，通判建州。時劇賊范仙桂嘯聚境内，旬躬督捕，揭榜許自新。賊徒殺仙桂以降。移衢州，卒，贈中奉大夫，有文集藏於家。

雜出《方志》等書

陳侗，其先潁川人，遠祖邁，唐武德初，令莆田，始家刺桐巷。曾祖正則，從陳洪進入朝，以詩為太宗稱賞。祖絳，咸平二年進士甲科，累遷工部郎中，知河陽府，移福州。先是，夏竦與絳同試制科，舉賢良，有憾於絳。及竦執政，絳展轉外任，卒。絳子動之、説之，同登天聖八年進士，官竝至秘書丞。侗與弟睦，俱動之子也。侗嘉祐二年進士，英宗朝，韓琦、文彦博諸名公交薦侗宜在舘閣。富弼守汝州，辟侗為從事。會弼歸執政，即召試，除舘閣校勘，出知陜州。蘇軾嘗送以詩，繼知潮州。劉摯亦送以詩，皆極推重之。睦，嘉祐六年進士第二，累遷史舘脩撰，判尚書刑部，進鴻臚卿，命草書慰問高麗嗣王，神宗稱美之。以寶文閣待制知廣州，卒，贈少保。睦子彥文，以職事登對稱旨，賜進士出身，歷户部侍郎、顯謨閣直學士、知慶、洪、楚、江四州。在江州時，盜張遇犯州城，彥文擊走之。建炎初，除江淮制置使，許入都堂議事，卒。侗之子彥恭。雜出《何志》等書。按：《蘇州志》謂『侗之祖絳徙吳』。

彥恭字子愿，元祐三年中進士乙科，調太平州司法，擢編脩勑令所删定官。以事忤蔡京，改宣議郎、通判保州，代還。京當國，復通判代、鞏二州。鞏被邊，官吏習用庫錢，彥恭獨守法，具條其宿贓十餘萬，其風為變。熙州姚雄請以弓箭手墾田實邊，宣撫使童貫忌雄，陰沮之，州縣莫敢忤。彥恭推行之，歲得米九萬斛。貫至鞏，守帥以下屬櫜鞬拜道左，彥恭獨朝服揖，貫滋不悅。會罷歸，除提轄河東坑冶鑄錢。京以其黨王桓兼之。桓欲增監鼓鑄，其數倍經。彥恭曰：『山澤之利不可竭，祖宗之額不可踰，以此病民，吾不忍也。』桓怒以聞，罷歸。久之，提點九路坑冶，地綿百餘州。前職率憚險遠，家居可否事。彥恭冒風濤瘴癘，周行萬里，至課贏十倍。知壽春。會金人寇京師，王室來告難，彥恭讀詔書泣下，悉禁旅而西。或曰：『世亂如此，空一府無兵，可乎？』彥恭曰：『陛下安在？而守臣欲留兵自衞耶？』既而叛將李安提兵及疆，劇賊李全亦竝城宵掠。彥恭單騎叩安營，諭令討賊。安聽彥恭，乃繫全。安以兵會之，斬全。師還，厚犒安等，趣其兵西，州以無事。歲餘，復請祠避地，至會稽請老。卒，葬平江。出《方志》等書徐確字居易，寅六世從孫。曾祖昌嗣，以明經除秘書郎，陳洪進辟掌書記。宋初，首勸洪進納土。洪進欲害之，遂走京師。及江南平，洪進始悟其忠，乃命其弟昌圖與陳仁壁奉表上版籍。確元豐五年試禮部第四，策丙科，尉永泰。俗喜屠牛，確嚴禁之。會令之子病，思啗牛心，屠者市一犢，將殺之。犢嘶刀奔尉治，確適造縣庭，犢走縣庭下，確令跡所往為驗，治屠者，送牛承天寺為長生牛，提點刑獄祖無頗刻石記其事。時蔡京以宮祠寓居，與確有鄉舊。確既改官，京入相，欲留置講議司，確辭，從吏部選知象山縣。久之，召為宗正丞。出使兩浙提舉常平。適大水歲飢，確考《禹貢》三江之說，得吳淞古江，以為太湖東注入海，吳淞江在下流，向者潮泥湮塞，水溢為患，請自封家渡古江開淘，至大通港，直徹海口，計七十四里。役徒百二十萬柒千餘人，以常平錢米一十八萬三千餘貫石充和雇之費，水道遂通。明年三月，詔以役人死亡者衆，水仍為害，百姓怨咨，皆坐貶降。事見《宋史·河渠志》後確守江州，中貴人使具舟載花石以貢，確拒之。司諫陳瓘方謫居，確時往來，且書抵蔡京曰：『瑩中久廢，宜平前冤，少伸忠義之氣。』入為尚書刑部員外郎，轉朝奉郎致仕，卒。子師仁、壽仁。雜出《何志》等書

師仁字從聖，幼敏悟，甫七歲，過外祖家。外祖讀《霍光傳》，疑光何以為不學無術，師仁曰：『伊尹放太甲而光不知，非不學耶？』外祖大驚。大觀二年，年十八，與從叔昭同登第，任泉州司法叅軍，

調袁州司曹，召為秘書省校書郎。時脩史極天下之選，得四人，倪若川、劉大中、汪藻，而師仁居其一。除編脩遺史檢討官兼次《崇文總目》。閱再歲，遷著作佐郎。在東觀，因得未見之書，晨夕披讀，文章益汪洋，落筆數千言，追配古作者，有集行於世。出《何志》等書

壽仁字子由，天資曠達，好讀書，搜羅今古，為文欲追古作，尤長於詩。嘗遊場屋不偶，遂束書遊四方，遇佳山水，必極興而後返。晚乃傍所居，築坡種菊，自號菊坡叟。中葺數椽，命其菴曰夢蝶軒，曰觀魚臺，曰漉酒。陳正獻俊卿、梁文靖克家、王龍學十朋皆有詠贊。年八十餘卒。出《彭志》

方偕字齊古，隋泉州長史叔達之後也。父鼎，太平興國初，從陳洪進入朝，累贈工部侍郎。偕十四歲能為文，二十及進士第，為温州軍事推官。歲飢，民欲隸軍就廩食，州不敢擅募，偕乃詣提點刑獄呂夷簡曰：『民近流亡，不早募之，將聚而為盜矣。』夷簡從之，籍為軍凡七千人。後遷汀州判官。唐肅使福建，以建安多訟，日數千百人，檄偕權蒞，旬月而訟清。縣産茶，每歲先社日，調民數千皷譟山旁，以達陽氣。偕以為害農，奏罷之。累遷屯田員外郎、御史中丞。杜衍判審官院，以偕唐肅所慰薦，必其才行卓於人，薦為御史臺推直官。澧州逃卒傭民家自給，一日，誣告民事魔驰神，歲殺十二人以祭。州逮其族三百人繫獄，久不決。偕被詔就劾，令卒疏所殺主名，按驗皆無狀，事遂辨，卒以誣告論死。御

史知雜事，麗籍薦為御史裏行，再遷侍御史。南京鴻慶宫灾，偕引漢罷原廟故事，請勿復脩。元昊冦塞門，鄜延副總管趙振逗撓不出救，詔偕往按之，法當斬。偕奏兵寡不敵，苟出以餌賊，無益也。振由是得不死。為開封府判官，奉使安撫江南東西。先是，轉運使第民産高下，給以乳香，令民輸絹償之。吏緣為奸，民輸絹者，率空手去。三司出錦綺下州郡鬻之，促期斂錢，而帛無所用。偕奏罷之。擢天章閣待制、江淮制置發運使、知杭州，遷刑部郎中。偕以吏事進治杭州，有能聲，遷光禄卿卒。雜出《宋史》本傳等書

林積仁字充美，藴之後。幼而傑異，身長七尺，豐額駢齒，聲如鐘。登紹聖四年進士，歷知甌寧縣。甌寧巖邑，民稍失職，則竄去為盜。積仁諭以人情，三歲益萬五千餘户。時以八最四善課群吏，而甌寧為第一。徙知北海縣。河歲決，積仁伐石障水，自是無患。民疾病轉徙無歸者，為之具醫藥。秩滿再留，凡伍年，尋改提舉河東路。河東歲惡，積仁發廩賑饑，流民存活者益衆。屬靈夏用兵，轉餉盡出河東，特轉中奉大夫，尋知平陽府。纔歷旬朔，革去蠹壞。及移京畿提點刑獄，人皆牽衣泣送之。靖康初，平陽父老走闕下，乞積仁為守。以中大夫直秘閣，再領平陽，望馬首而拜者合沓，至寫像家置之。未幾，以疾乞致仕。紹興初，起知筠州，封長興縣男。解去，起為廣南東路計度轉運使，卒于官。初，潮陽有健令楊耆年之獄，累歲不辯，逮至數百人。積仁過潮，一日而決。及是匶東下，潮人酹哭之甚哀。贈左光禄大夫。積仁天性彊直，若不可犯，與人交，必呈寫肺肝。僚屬或過差，未嘗輒加怒辱。婚戚之空乏者，悉分禄賙之。林艾軒嘗狀其行云。出《何志》等書

林之平字國衡，瞱十世孫也。崇寧五年擢第，累遷監察御史。建炎初，隆祐太后南渡，特詔臺官譏察州縣。之平乞降睿旨，存撫州縣，以彰主上慰安太后之意，深契上心。洎朝見太后，乃撫恤軍民，群情感悦。浙右州縣有非汎科率者，即按罷之。三年二月，車駕南渡，之平由海道徑赴行在。上以長江守禦之策遍詢群臣，議者陳招募海舟為不虞之備，復詔之平為福建廣南路招募使。之平歷閩、廣，募六百餘艘，由温、台赴行在。適移蹕永嘉，海道支費無闕，之平有力焉。時朝廷議福建行鈔塩榷酤之法，之平奏請全閩不過數郡，州縣藉塩綱以為供億之費，編民資麯糵以為伏臘之養。上可其議，悉罷之。召赴行在，除右司員外郎。時金虜犯浙右，朝廷以所募破賊推恩，轉朝散大夫，遷左司。上以防秋軫慮，欲選朝臣出守永嘉，執政薦之平忠力可倚，除直龍圖閣、知温州。至則奉安諸殿神御，戒嚴守禦。尋以疾丐祠，上念其功，特授泉州，卒于官，終左朝請大夫。出《何志》等書

莆陽文獻　方峻方嶠傳第十四

方峻字景通，廷範之後有名衡者，與其弟彬始居白杜。峻，衡之子也。天聖八年進士，為建安簿。景祐初，試秘書郎、福州左司理。嘉祐中，請老，分司南京，居于家，榜所居曰『植德堂』，堂之南曰『小隱』。聚徒講學，嘗於所居東北鑿井，既及泉，峻禱曰：『願子孫居官清白如此水。』初，峻官潤州，識程珦，及卒，珦之子頤既為狀其行，又托范祖禹為撰神道碑。子三人，士寧、子容、元寀。士寧字彦昌，少聰敏强學。時方習尚詩賦，士寧推究經史，尤工古文詞，凡四上鄉書，第慶曆六年進士。嘗為劒浦，有治績，三司使蔡襄薦其才，從而薦者十餘人，官至都官郎中。出宋僉事端儀《莆陽人物備志》

子容字南圭，皇祐五年甲科，歷守惠州。蘇東坡謫惠，日相與倡和。東坡嘗為點勘六經及書峻神道碑額。官終朝請大夫。出《方志》等書元寀字道輔，元祐六年特科出身，少與程伊川同遊潤學，至老書問不絕，家藏伊川真跡十餘紙，有『比得二書，皆有與世背馳、求合古聖賢之語。足下非混俗之流，其志道之士乎？頣愚無他能，斷斷聖人之道有年矣，非徒自盡其心而已。思欲天下之心，吾心也，故因足下之言，探足下之意，欣然不能已。願足下精心致志，期於至而後已。聖人之道，坦如大路，學者得其門而入，無遠不可到也。足下由經以求道，勉之又勉。異日見卓爾有立於前，然後不知手之舞足之蹈，不待勉而不能自止矣。」元寀官終威武軍節度推官。出《方志》等書

絢字君素，子容之子也。篤學力行，好為古文，尤工詞賦。壯年嘗一再至京師，然非其志。晚年，部使者以八行舉，辭不就。工於書篆，詩亦清婉，尤喜集古。嘗隱居西山草堂，門人號曰『濯錦先生』。出《何志》等書

略字作謀，子容之孫也。大觀中，由崇德尉召除删定官，累遷脩書局。請外，提舉廣東常平。宣和初，在京東，以不附燕雲之議忤王黼，貶知瓊州。先是，累政不治。略下車之始，恩威竝行，為文勸諭黎蠻，使不為民擾，民德之。改知潮州。建炎中，秩滿而歸，年方四十八，上章丐祠。平生居官廉貧，惟喜貯書，有萬卷樓。

弟昀，字文耕，以略奏補官。紹興中，知長溪，以廉謹聞。葉顒嘗對人稱其清貧。既而得替到京，

得潮州通判。未上，卒。初，昀無居室，寓華嚴寺中。及是，貧無以為喪，郡守鐘離松出俸三百緡給之，而族人復相與出貲助焉。出《備志》

翥字次雲，元宲之孫。父畬，與鄉書，終其身不至都下。翥六歲而孤，多所通解，書一過目即貫穿，下筆有軼語。其從兄略作萬卷樓，儲書千二百笥，語翥曰：『次雲才性，不出户，十年可移吾書入肝膈矣。』及登紹興八年進士第，調閩清縣尉。到官未一載，歸，闔户十八年，盡讀其書，無干進意。一第三十年，所書裁三考，有旨召對，除秘書省正字，凡九月。以風聞論事，聽外補，卒于家。初，翥、林艾軒俱在錢塘，艾軒喜李太白、石曼卿之為人，又愛晋人風度，不入俗調。翥曰：『此數人來孔門，恐一日著脚不得。』艾軒遂愧悟，以翥為先聞道，兄事之。盖楊龜山之學，傳之王信伯，信伯傳之塩官施廷先，翥與廷先居冣久。至是，艾軒亦定交焉。及翥歸，益與艾軒講明道理，以淑後進。雜出《艾軒文集》

耒字耕道，元宲之曾孫，少孤苦學。弟子來、禾，皆自教之，每歲輒具終歲之糧，兄弟杜門不出，親朋罕見其面。既而師事朱文公于建安。乾道中登第，調潭州善化尉，復謁張南軒。南軒深喜之，謂世之可與共生死、同禍福者，耒一人耳。後南軒帥荆南，辟耒及游九言為屬，曰：『是二人者，能攻吾過失。』耒感激知己，遇事無隱。改知攸縣，終宣教郎、知連江縣。禾字耕叟，亦登文公之門。文公告以

改過脩己之方，莫切於《論語》『弟子入則孝』一章，禾佩服之。出《朱子大全》等書

壬字若水，元寀之曾孫。淳熙中，遊太學，往返建安，必糸謁朱子。十四年擢第，除長泰縣主簿。朱子適守漳，請壬主學事。壬條上講説、課試、差補等十事，朱子令屬邑皆倣之。學舊取陂塘錢穀以廩士，壬以學校道義之地，不可納無名之賦，請於朱子，以廢寺租代其輸。又請蠲僧寺子斗錢，罷科茶錢，皆如其言。及朱子召還，出《大學章句》付壬，俾刊示學者。明年，龍巖有彎卒殺人，獄吏抑同行者誣伏。漳浦有僧斃於佃，而鞫驗者皆曰服毒。壬以郡委閲實，抵卒及佃罪。朱子聞之，與壬書曰：『龍巖之行，使無罪者不以冤死，有罪者無所逃刑，此非細事。』秩滿，除知寧鄉縣，未上，卒。壬性孝友，篤守家法，與弟申居，終始無間言。家人議析先世田廬，既具草，壬流涕不忍視而止。出《事述》

之泰字嚴仲，壬之孫，紹定五年第進士，歷英德府教授，課試略如中州，士習一變。方大琮為閩漕，辟幕府，與洪天錫、徐明叔號三賢幕。遷知長溪縣，以邑前輩楊楫、楊復及師儒黄幹竝祠焉。汰庠序冗職，增弟子員。民間糴米價重，取例錢盡蠲之，終袁州通判。嘗裒拾其外祖林光朝遺藁為二十卷。出《通志》

方嶠字次山，與兄峻皆贈金紫光祿大夫，世稱白杜二金紫。嶠景祐元年進士，初調平陽尉，改福州

司理叅軍。州民鄭以誣繫獄，守促令引服，嶠力辨其冤，守不能奪。鄭感泣，畫像祠之，遷秘書省著作佐郎、知山陽縣，移知循州，吏多狡悍不法，嶠廉得首惡數輩流之，郡中肅然。改秘書丞，就遷太常博士、知潮州。潮與循鄰，民熟知其治行，不待教而服。兩州皆為立祠，而潮以配韓愈，改屯田員外郎、通判淄、濰二州，遷都官員外郎。屬歲荒，安撫使命權密州，嶠撫循有方，密人德之。故相龐籍、學士孫沔交薦可用，余靖、韓宗彥又舉才行遺逸。會遣使寬恤諸路民力，迺以嶠使福建。嶠詢訪利病條上，多見施行。英宗即位，改職方員外郎、通判吉州。時汀、虔私鹽寇發，遷知汀州。嶠至，鉤得酋長三人，蠲其宿負，令捕賊自贖。未幾，各獲賊首以獻，嶠許其自新，給以袍帶，委之守捕，自是賊發輒獲。遷屯田都官郎中。汀有巡檢與賊戰死，其部卒懼誅，遂謀為亂。嶠諜知，取其首謀三人斬之，餘悉奏免，所活數百人。遷司封郎中，改太常少卿，被旨赴闕，方欲大用之，以疾求散地，得分司南京，尋乞致仕歸，卒。子六人，長伯騫，補候官尉。有盜殺人，追捕無驗，伯騫聚里民詢其姓名至曾忍者，熟視之，曰：『殺人者若也。』一訊而服。移建陽丞，適部使者行縣，欲摭令事，諷伯騫使言，且許薦之。伯騫謝曰：『斬人以自進，所不敢為。且實不知，知亦不當言也。』官終會昌令。次仲宇。少穎悟。日誦數千言、十二從胡安定學。諸生常千餘人。較藝屢居上列。擢治平四年進士。官至著作郎、知南安縣。次叔完，元豐中補候官令。民以築港瀦水害懷安民田，二邑交訟。叔完往按之，曰：『吾為令，豈私吾民耶？』乃命改築。以曾鞏薦，移知祥符。號繁劇，叔完治之，無留獄。官至廣東運判。次宙，熙寧六年進士，由京東檢法召對，除司農丞。恥為章、蔡所舉，乞補外，遂提舉京西常平。奏乞給還程伊川舊買汝州荒田，又以范伯撰、唐義問皆名臣之後，乞加獎擢。出《方志》等書

曾孫審權，初遊江湖，所至交其豪後，反歸，慨然罷舉業，超摇物外，有以自樂，與王邁、方蒙仲、劉克莊友善，性好吟咏，有《聽蛙集》。出《備志》

方會字子元，嶠之從孫，少頴悟，年十二為文賦十五通，經義十七首，鄉薦，第熙寧九年進士，調揚州司法条軍，移建州教授。學政大脩，八州之士群至。朝廷陞十帥府，遴選守臣，以會知越州，充兩浙安撫使。繕城隍，創樓舡，上所撰水戰法。其法方員縱横，用六六舟為陣，得六花八陣之意，以時肄習，進退疾徐，如在平地。會在越五年，杜私謁，簡厨傳，省追呼，人以不困。政和二年，召還入對。徽宗曰：『卿場屋程文，士人傳誦。浙東政蹟，列郡推先。』奬諭再四，累爵文安郡開國侯，卒，贈太師。會性孝友，為待制時，以郊恩奏季弟畬為登仕郎。子昭，崇寧四年銓試第一，官至駕部員外郎。暄，光州司法条軍。始會在壽春，愛羅山之境，因葬焉。建炎初，虜泊維揚，散兵兩淮，發人塚墓，暄恐會墓不免，號泣赴援，遂遇害。出《方志》等書

士繇字伯謨，會之曾孫也。父豐之，工詩，朱文公嘗稱其豪壯。士繇早孤，依母家邵武吕氏。屢試

有司不偶，已而徙家崇安，從文公遊，遂廢進士業，直以學古為事。薰陶涵養，日進高明。方是時，及文公之門者百千人，而士繇年甚少，學甚敏，不數年遂稱高第。六經皆通，尤長於《易》。聰明絶人而持之以孝謹，將之以謙厚，資産有無，一不掛口。其氣貌簡遠，涉世若甚疎，而講論治道，援古證今，瞭然明白。紹熙間，文公之門人有至行在者，公卿延致惟恐後。士繇在遠聞之，曰：『異時必為學者禍。』未幾，學禁果作矣。又嘗勸文公少著書，以文公教人讀《集註》為未然，其憂深思遠，多類此云。出《事述》等書

莆陽文獻　余黄吴李蘇林傳第十五

余祖奭字景召，初名祖禹，其先由下邳遷遂安，又遷建陽。至唐校書鎬始居莆之黄石。父振，贈金紫光禄大夫。祖奭幼穎悟絶人，未冠，補太學生，為學官鄭穆、范祖禹及同舍生胡安國、宗澤所器愛。登元符三年進士第，歷秀、福、清三州教授，再轉通判建州。鄉人林孝淵母老，遠倅于邠，慨然請易之。自邠移蘭州，會地大震，山崩，城郭廬舍盡陷。祖奭若有神扶護置之隙地者，亟拯傷殘，活數百人，瘞死賑饑，恩䘏備至，蘭人德之。代還，主管福建轉運司文字。時建卒葉儂叛，祖奭挺身諭以逆順，賊遂退，以功轉朝散大夫、知南恩州。屬海寇卓全高聚衆為暴，祖奭控制有道，賊不敢犯。召對，指陳時弊，忤秦檜意，遂引疾丐祠歸，封文安縣開國男。祖奭性至孝，母喪，廬墓。父喪，過時猶毁瘠。甘露降于塋林者兩月，因名其墳菴曰甘露。城東有白湖港，祖奭捐資，倡鄉人伐石梁空，釃為十道，行者便之。子武弼，紹興四年应法科中第一人，移福建檢法官。時臨汀嘯聚成禽，多武弼之策。轉承議郎、知南安縣，民甚戴之，至群禱蕺祠，祝其勿遽去。以父老力丐歸養。初，武弼三歲喪母，事繼母尤喪謹。居父喪，

哀毀羸薾，食不下咽，未及期而卒。林艾軒狀其孝行。雜出《方志》等書

黄琮字子方，璞之後，擢元符三年進士第，調長溪尉，戢吏便民。丁父憂，邑令憫其貧，鳩錢幾千緡以賻，琮却之，徒步護喪歸。知閩清縣。時方興道藏，安撫黄裳命屬縣歛民錢各數百萬，琮獨不應命，自詣郡，以己俸四月輸之，民立生祠。改知同安縣，民復祠之。繼以漕臺檄攝候官縣。縣有余太宰香火寺，倚勢不輸上供銀，每移增於諸刹。琮嚴加徵督，時謂其清廉無比，執拗有餘。除通判漳州，時鄉人為守，琮與之可否相濟，卒成美政。未幾致仕，給事中傅崧卿薦之于朝，曰：『政、宣間邑令以治行稱者，黄琮、陳麟、翁谷，閩部號三循吏，而琮為之冠，乞起用。』不報。居母喪，哀瘠不食，甘露降於繐幃，郡縣廉訪，琮曰：『豈敢以冥漠要人欺君耶？』歷官三十年，無一夫之田，五畝之宅，退休衡門十八年，處之泰如也。年八十，卒於家。出《何志》等書

黄彦輝字如晦，璞之後。少嗜學，弱冠已有俊聲，以伯祖隱名在元祐黨籍，禁錮不得應試。既而星變，黨禁解，始得貢太學。第宣和三年進士，攝候官尉。時方募兵，以衣糧不給作亂，監司促附城三尉捕賊甚急，彦輝獲七十餘人，而二尉一無所俘，當坐譴。彦輝乃分首級畀之，俱獲免。差知羅源縣。先是，邑有不逞者，冒衣冠子弟，請托紛然，官稍清嚴，則浮言噓扇。彦輝至，務清心守己，不問其他。偶首

惡者冒名投牒，輒加顯辟以警衆，其風遂息。宗室有不塾者，陵轢官長，豪奪民財。彥輝榜諸色人告不塾暴横事迹，申安撫使追還，自是無撓政者。轉奉議郎、差丞永春縣。會朝命濱海諸縣置造戰舡，州牒彥輝權知晋江縣事。彥輝至，令主吏曰：『民賦有定，不可加斂。』縣帑有所謂本錢者，盡刷出以充其用。縣例造九舡，其成獨先。差知同安縣，裹山表海，寇盗陸梁，彥輝申安撫司創築城壁，周環六里。安撫司奏保與減磨勘二年，尋以使牒監納軍倉苗米，剷除積弊，奸人不得逞，乃攟拾專斗詿誤，欲以汙彥輝。已而監司按覈，果於彥輝無毫髮瑕疵可指。卒，贈太中大夫。出《府志》

吴公誠字君與，大觀三年進士，調古田縣尉。政和初，林利等寇山谷，公誠擒利寘諸法，盡散其黨。改承奉郎，轉朝奉大夫[一]致仕。公誠清介，歷官三十年，凡衣服布帛，家人所須[二]，悉因鄉裡市致，未嘗取之民。奉祠日，計所受俸，自費[三]用之外，餘悉委於官，至千緡。死之日，家無餘貲云。出《方志》等書

校記：

[一]『郎轉朝奉大夫』六字原刻模糊，據（弘治）《大明興化府志》卷三七補。

[二]『布帛家人所須』六字原刻模糊，據（弘治）《大明興化府志》卷三七補。

[三]『計所受俸自費』六字原刻模糊，據（弘治）《大明興化府志》卷三七補。

李持正字季秉，少與諸父宗師，馳名大學，號大小李。宗師政和二年進士第二。持正五年進士，歷知德慶、南劍、潮陽三郡。在南劍日，適魔寇入州境，諸將督捕急，持正力爭，以愚民無知，戮其渠魁數人，餘悉令歸業。孫揆，以祖蔭為於潛尉，屬孝宗為高皇舉慶典，揆上《頌堯賦》，文詞奇古，有旨宣付史館，改知永春縣，轉承議郎、通判泰州。陳俊卿惜其有翰苑才，方欲大用，未之任而卒。家有依農亭，內闢一書室，朱文公書『敬義齋』三大字以扁之。出《方志》

蘇爗字天寵，與弟棫同入太學，聲華籍甚。元符三年，同登進士第，提舉成都府學事，乞便親移淮東。時棫適提舉淮西，至是父老，二子迭迎養，人為築華萼亭于兩淮界上。入為國子司業，所取程文與新經不合，補外，知泉、福、建三州及順昌府，召為禮部侍郎，丐祠祿。欽宗即位，再以禮部侍郎召。適時多故，乃戒諸子曰：『吾不能死君難而苟竊君祿，非吾志也。』乞致仕，加太中大夫，充徽猷閣待制，卒。

棫字公美，入太學時，以書謁蘇軾，軾喜而延之，與叙宗盟，官終國子司業，以文學清介為徽宗所獎眷。棫孫績，以遺澤補官知沙縣。時有黠浧者數十百操戈鼓譟而出，陌上無留行。績徐起束帶盛服，徒而往，令三數輩前導。衆知為績來，却立不敢動。績曰：『長官獨不可白，乃弄兵俱死耶？即汝一來，吾能更活汝。』明日自外來，無遽色，悉令言狀，得所為主者名，乃於庭下撾殺之，謂：『吾殺是，則

汝曹更活也。』林艾軒銘其墓，稱其為海内豪雋云。雜出《何志》等書

林仲字仲之，孝子攢之後。兄偉，天聖五年進士，承事郎、楚州録事叅軍，仲嘉祐二年進士。内侍程昉陳屯田實邊之策，欲閉舊河，開新葫蘆河於孟家口，滄、景、德、棣四州俱被其害。仲條以聞，昉劾仲，褫一官，知新會縣。民有以獲盜賞迎合其子者，仲知之，責其子曰：『朝廷數路求賢，汝不能讀書應選，乃欲陷我欺君耶？』竟寢之。邑多諸司職田，歲歉，仲放其租税十之九，吏持不可，仲曰：『不過為民一衝替耳。』後果符吏言，仲恬不為意。兄弟七人，其三貧不能自給，仲推俸入為畢婚嫁，族黨窘乏者，悉周之。以朝奉郎致仕。出《方志》

黄宣，政和二年進士，任辟雍博士，出知遂平縣。時李彦附蔡京，力助公田，脅制州縣。有奸民王時乞籍遂平之租，以供延福内藏，凡三奉御札，專委檢按。宣屢為執奏，至遣中使周詢到縣覈實。宣復以身扞之得免，由是蔡州十邑，惟遂平獨無公田。後召為太學博士，卒。出《岳志》

莆陽文獻　鄭濟方廷實王晞亮傳第十六

鄭濟字輿梁，露之後。未冠遊太學，文藝穎拔，第元豐五年進士，調潮州司理，就移端溪令。先是，縣官踵死，濟至，詢其故，曰：『縣廨有古木妖，當具牲牢禱之。』濟戒工伐木，妖遂絶。中丞石豫，蔡京客也，欲薦之臺職，濟力辭，居郎官不遷者四年。出知海州，移衢州，改亳州，皆出蔡意。亳境接陳，宿盜滿藪，濟推行保伍之法，道無拾遺。召赴闕，改提點荆湖南路刑獄。陛辭，徽宗曰：『湖湘多盜賊，卿以何道處之？』濟以元豐保伍為對，上曰：『神考此法，正為盜賊設也，卿其勉之。』濟至湖湘，力推行之，盜賊屏息。受代赴闕，上慰勞甚厚。除知泉州，尋得祠，請致仕，卒。出《何志》等書

方廷實字公美，長官廷範之後。由舍選，政和五年賜進士出身，累遷御史臺檢法官。時相秦檜方主和議，虜使張通方來議和，一時名士大夫皆以為不可，廷實疏言：『臣每論和議之無益，徒沮將士之氣，啓姦雄之謀。今使人以江南詔諭為名，或傳陛下欲屈膝受詔，則臣不知所謂也。嗚呼！誰為陛下謀此也！

天下者，中國之天下，祖宗之天下，群臣萬姓三軍之天下，非陛下之天下。陛下有祖宗積累之基，有長江之險，有甲兵之衆，群臣、萬姓、三軍皆一心欣戴陛下，陛下縱未能尅復神州，尚可保守江左，何遽欲屈膝於虜乎？陛下縱忍為此，其如中國何？其如先王之禮何？其如天下之心何？』除監察御史。時林師說餉廣東，與循州韓京交奏，事下御史，廷實抗疏言：『韓京有方面功，或易置，有乖兵民心，寧移林師說。』於是移師說廣西。京語及，則曰：『方非媚事於林者乎？心乃爾，佛地位人也。』尋以宗正少卿被旨宣諭三京、淮北，廷實至京西，先朝謁陵寢，見永昌陵而下，皆遇驚犯，泰陵至暴露。廷實解衣而覆之。比還，檜預使人戒之曰：『見上幸無言及他事。』且約以美除。廷實曰：『欺君之事，吾不忍為。』及見上，歷歷涕泣言之。遂求外補，不許，請益力，除直徽猷閣、提點福建刑獄。至則首疏請解官贖胡銓罪，檜益銜之。時海冦竊發，廷實謂必得習歷風濤之人用之，此以盜禦盜法也。有鄭廣輩由此途得武弁，廷實延見詢究，不以往事遇之，其人得自竭，盜相繼遁去。先是，福建有月輸列肆行户等第，謂之鋪例，亦曰免行錢。既入委府，又設為和買，廷實奏削其例。泉州未上，丁内艱，服闋，除廣南東路提刑。有挾檜勢為威福者，廷實廉得其實，案之，章再上不下，遂上章納禄，未報，卒于官。廷實負才識，善鑒裁，歷官所薦，多知名士，如林安宅、龔茂良、何大圭、傅自得、林孝澤、吴逵、宋藻、黃濬，皆一時選也。尤攻詩律，有集行於世。出《方志》

王晞亮字季明，莆田令保隆之後。從兄晞韓，宣和六年進士。紹興間，樞密樓炤宣撫關陜，辟為屬。還，改京秩。屬朝廷欲借兵西夏，掎角金虜，差管押生蕃三百余口，歸夏國道，無蹤虞。累遷大理少卿。方廷實宣諭陜西，嘗贈以詩，晞韓和之曰：『誰憐定遠不生還？驛騎翩翩出漢關。未肯西風回馬首，要傳飛檄過千山。』時秦檜方主和議，深疾之，誣以他獄，欲寘之死。上閔其勞，移潯州，赦歸，卒。晞亮宣和初貢入太學，連中九魁，陞上舍。紹興元年釋褐，賜同進士出身，歷建、汀教授、福州宗教。初，秦檜為太學正，晞亮為學録。及檜當國，冀為己助，晞亮歸然守正，檜知其不附己，罷授福建安撫司幹官，兩任。會山寇發，請兵于朝。帥委晞亮從軍，俾授諸將方畧。晞亮調護諸將，區處得宜，寇皆束手請命。諸司列薦，檜終憾之，復差通判台州。自居選調十九年方改秩，既又投閑五年，檜死，始以國學博士召。甫半年，除吏部員外郎，奏乞優取經義之士，詞賦人才不得過十分之三，遷工部侍郎、前國子祭酒。不四年，拜給事中。金亮渝盟，據淮甸，晞亮舉李寶於偏裨中，為水軍統制，卒焚虜萬艘。晞亮狷介，一時繳駁，聳人觀聽，尋以定奪朝士、忤權要，出知漳州，終更以秘閣脩撰致仕，卒。晞亮天性忠純，長身方面，為高宗所器。平日自謂立身當有本末，最惡進不由道，故多積忤。尤粹經術，所著述多取講解六藝是非而折衷之，前後裒集詩賦序記等文百五餘篇，號《過庭遺錄》。子五人，皆蔭補官。姪梀，淳熙八年進士，晞韓子也。出《方志》

太冲字元邃，晞亮曾孫也。擢嘉定元年第，為潮陽尉，歷湖北、浙東提刑司檢法官，讞議平恕不苛。知吉水縣，兵饉，按産敷糴，官不抑價，巨室樂從。從桂帥趙師恕辟經略司幹辦公事。會宜卒據城叛，以帥檄攝州事，併力夾攻，梟賊全城。知梅州，力爭不收浮鹽，改大宗正丞。輪對，言：『陛下何不以太平責宰相？以讜言責臺諫、侍從？以富强責主兵財者？』又言：『今君子屢招而不至，得無有後漢魏仲英之嘆者乎？《漢書》：魏桓字仲英，安陽人。桓帝時，數被徵。其鄉人勸之行，桓嘆曰：『今後宫千數，其可損乎？鹿馬萬匹，其可減乎？左右悉懽豪，其可去乎？』遂隱身不出。除考功郎中，以郎班對言括田榷契、遣使興利非便，兼禮部郎中，去，尋兼國史院編脩，官實錄院檢討官。輪對，言：『頃考太學秋試，条詳省闈，論體貴精圓而今矗踈，策體貴明整而今繁冗，賦亦引語録，殆類方言，宜有以變之。』理宗他日語大臣曰：『王太冲所論文体誠是。』以風聞罷，奉祠，除知汀州，需次，卒。太冲性方踈，俸入奉親外，與諸弟共之。自少擅聲律，多通古書，惟以理學為質俚而非之。有奏議等集凡數十卷。出《事述》

莆陽文獻　潘李陳游傳第十七

潘慎脩字成德，父承祐，仕閩，後歸江南，仕李景，至刑部尚書致仕。慎脩少以父任為秘書省正字，累遷至水部郎中，兼起居舍人。開寶末，王師征江南，李煜遣隨其弟從鎰入貢買宴錢，求緩兵。留館懷信驛，旦夕捷書至邸，吏督從鎰入賀。慎脩以為國且亡，當待罪，何賀也？自是每群臣稱賀，從鎰即奉表請罪，太祖嘉其得體，遣中使慰諭，供帳牢餼，悉加優給。煜歸朝，以慎脩為太子右贊善大夫。煜表求慎脩掌記室，許之。煜卒，改太常博士。淳化中，秘書監李至薦之，命以本官直秘閣，俄與直昭文館韓援使淮南巡撫，累遷倉部、考功二部郎中。咸平中，又副邢昺為兩浙巡撫使，俄同脩起居注。景德初，上言衰老，求外任，真宗以其儒雅，宜留秘府，止聽解記注之職。數月，擢為右諫議大夫、翰林侍讀學士。初，寇準數毀慎脩，及準守鄧，有告其不法者，詔慎脩驗治，乃密疏準才堪將相，所坐皆註誤不足罪，時称長者。慎脩風度醖藉，博涉文史，多讀道書，善清談。先是，江南舊臣多言李煜闇懦，事多過實。真宗一日以問慎脩，對曰：『煜或懵理若此，何以享國十餘年？』他日對宰相語及之，且言慎脩温雅不忘本，得臣子之操，深嘉獎之。當時士大夫與之遊者，咸推其素尚，然頗恃前輩，待後進倨慢，人以此少之。子汝士，官至工部員外郎、直集賢院。出《宋史》本傳等書

李欣字公愉，後埭人也。曾祖丹，唐宗室蔡王蔚八代孫，為虢州刺史，貶莆田令。咸通十五年，以金州刺史召還。方被命，卒，葬松嶺茅洋，遂家于莆。子崇，校書郎。梁改唐祚，崇嘆曰：『吾寧為劉國師耶？』棄官歸。欣，其孫也，第太平興國八年進士，歷階州推官。自知州以下，皆坐買馬得罪，欣獨免，由是以清謹聞。召對，擢通判耀州。時關輔盜賊充斥，欣陳討捕之策，踰月悉平。改知儀州。忽傳寇至，民將避去，欣登城顧瞻，笑曰：『何狂寇，敢犯我邪？』及探騎至，果渭州兵討虜還耳。拜屯田員外郎，出知解州。久雨壞鹽池，欣繕治溝塍，課大羡。詔留再任，以屯田郎中知福州，有善政，民繪像冲靈觀祠之。歷廣東、廣西、京西轉運使。始仁宗為太子，欣處師儒，及即位，賜璽書褒問，除衛尉卿，遷諫議大夫，卒。子八人，宗元、宗閔，相繼登第，餘以奏補入官。雜出《何志》等書

李德昭字子晉，其先自會稽徙温陵，至評，始遷莆之北郭，德昭之曾祖也。德昭第崇寧五年進士，歷兩浙提舉國子博士，除知和州。朝廷議選常平官，令赴闕，親諭遣之，諸路凡八人，而德昭提舉廣東，賜對稱旨，留除度支郎官。建炎初，差知建州。州卒三百人，先屯廣州，至是，聞葉儂賊平，徑還。郡

疑其從叛，或請殺之，德昭力言不可而止。三年，叛將苗傅、劉正彥敗走入閩，韓世忠追獲正彥而傅逸。德昭分兵守隘，獲傅，檻送京師。時提刑林杞爭功，朝廷不能決，僅論功轉朝奉郎。德昭尋謝病歸隱于北山，築庵名『待盡』。戒諸子毋得蔭敘占仕版。陳俊卿列其事狀於朝，而賞格竟不行。後建人思之，祠于白鶴山。弟德暉，字子光，政和八年進士，任陽江令。出《何志》等書

陳鶴字聞野，天資醇謹。宣和六年第進士，調海陽尉，授建安丞。秩滿，轉惠州僉判。惠俗僻陋，士風不振，守吳達老與鶴同志，大興學校。鶴親典教事，執經者歲數百人。鶴乃捐僉判廳所得鹽倉籮頭利市錢，置學田以增廪。又表置學官，自後文士彬彬，惠之倡學，實自鶴始。轉朝奉郎、廣州通判。海寇猖獗，帥遣鶴督捕，鶴斂兵示以無事，俄而掩襲，擒三百餘人。兵官貪功，請悉誅戮，鶴原其脅從者二百餘人。逾年，以疾卒于官。出《方志》又有游輔者，字宋卿，舉重和元年進士，歷任宣教郎、知潮陽縣。值梅州猺賊起，朝廷特除知梅州。輔威名夙著，比入境，群盜斂迹遁去，郡治肅然。未滿，以憂解官，詔起復，知象州，卒。出《何志》

莆陽文獻　林蘇王陳林傳第十八

林宋卿字朝彦，仙遊縣人，崇寧五年，以舍選登進士第。初娶三山鄭俠孫女，所獲奩資不為己有，寒畯出京者，例厚贐之。西歸，道出通州，與年友廖剛拜陳了翁求教，了翁徐曰：『頭項直。』宋卿言下領悟，所得為多。又嘗從楊龜山游，故立朝行已多遵二先生之榘矱。召試秘書省正字，權直翰林學士院，出知恭州。時邊臣多以開拓蒙賞，瀘南帥司因奏開溪費州，南通辰沅，西抵瀘戎，置一州二縣，夔、梓二路聽其節制。宋卿上疏反覆數千言，其略曰：『溪費州檢踏，切恐生夷疑惑，别致生事，大率得其地不足耕，得其民不足治，若不杜窒其源，則接武邊功者衆，寧不斲喪六十州生民之命脉乎？』徽宗覽奏惻然，詔罷其役，帥臣褫官，命宋卿兼提舉恭州、潼川府路兵馬都監，仍知恭州。時二漕皆出龜山之門，隨亦合奏開陳其不可。龜山聞之曰：『觀復、和卿、朝彦，三子學同方，真百鍊鋼也。』未幾，思州納土，夷官田，祐恭與弟祐祥為怨家告寄，憲臺欲寘極刑，朝命宋卿讞其獄。宋卿至，察其詿誤者，釋之。以事干邊防，乞從末減，奏至，上大喜。時尚書省令夔路十萬緡充燕山軍需，宋卿稟漕以保障藺絲，當權輕重，夔門至隘，人心易摇，末産下户當爲蠲削，故恭民德之尤深。官滿，運判張深與部使者薦宋卿治行，乞畀再任。上曰：『是嘗奏罷溪費州役者，姑與再任，以寬朕西顧憂。』宋卿蠲恭民宿逋二十萬八千四百五十餘緡，米十五萬四千三百石有奇，自受俸，非禄令所著者，一介不取，家繪生祠奉之。靖康中，以煩言得旨衝替，諸公賦詩祖餞，馮時行詩云：『並游英俊顔如甲，頌德蠻謡口即碑。假使當時頭項縮，了翁泉下也相嗤。』僑寓涪陵之朝亭，日與其士大夫唱酬歌咏以自適，涪人以宋卿才學出處與黄太史相先後，因號為『小涪尹』。和靖見之，曰：『溪費一奏，皆自養氣中得之。』後薦於張浚，浚以元樞宣撫川陜，辟宋卿条謀軍事，力辭。建炎三年，詔四川監司舉流寓之才能者以聞。涪守王擇仁薦宋卿學識純正，氣節剛方，可備中興任使，遂召赴闕。河北帥臣奏兵興，機密帥幕条謀以儒知兵，以節全城，無出於林宋卿者，得旨差充湖南帥司条議。浚復由相府出都督，衆復推宋卿赴督府稟議，嘗條《湖北事宜》及《兵籌五利》等集。浚視師江上，欲辟為宣撫判官，宋卿辭以家累寓涪，欲挈東歸。浚還朝，首薦之，蒙召，力丐祠歸里，終朝請大夫。弟宋臣、宋弼，皆宋卿自教導，後同時登第。出《何志》等書

有之字公佀，宋卿之曾孫也，嘉定十年第進士，授賀州司法。居民以茅竹為屋，有之請于州，代以土瓦，賀民之有棟宇，自有之始。再調肇慶司理，獄訟平允，郡守賢之，命攝教官。條陳修城、詆賴寮佐、受詞、蜑船稅重、脩火政、築舊壕六事以獻。守轉聞上，允之，劄示二廣，民蒙其惠。通判建昌軍，

攝郡總所，綱運不辦，有之積俸錢補發。秩滿，知南雄州，未至而卒。同邑有丘𪔂，字渭夫，少嗜讀書，尤明於《周禮》，繇鄉舉補太學，寶慶二年進士第五人，調昭慶軍節度掌書記，再調江東提刑司幹官，諸公交薦其賢，除太學録，尋除大理寺司直，卒于官。𪔂為人長厚，與同列無間言，鄉人葉大有尤敬重之，官至奉議郎。出《僊谿志》

蘇欽字伯臣，與莆侍郎燁同祖，自都統領軍使益入閩，子孫散處泉之屬邑，至欽始自德化遷居仙遊。宣和六年登進士第，歷惠州録參。時盜賊充斥，郡將務立威，捕至輒寘之法。欽白曰：『盍少須之？審讞得實，加戮未晚。』郡將怒，以為縱賊，將劾之，欽不慴。會審者至，果平，民得免。丁外艱，哀毁骨立，廬墓六年，不忍置墨衰。調知閩清縣。帥張浚嘉其廉退，且有治劇才，易治閩縣，與漕使賀允中交薦之。改知新建縣。時諸邑多積欠，郡責盡數催徵，欽獨争之曰：『民力告竭，一税分數及常歲足矣。若加箠楚責辦，為民父母，何忍為之？吾有去爾。』守不能屈，辟廣州機幙，攝倅事。會預押舶，例賞一資，遜之同僚，改江西帥屬。值贛卒叛，帥憲爭致之。寇平論功，以欽居首，擢守巴州，陛辭，高宗諭之曰，『巴去朝廷遠甚，卿到宜存撫百姓，務令鎮静。』欽奏曰：『臣當先布朝廷寬大之恩，期於不擾。』上首肯之。巴無迓兵，例出脚乘三千緡，欽悉封還以代輸賦。改知閬州，自俸給外，例錢互送，皆不受。尋除利路轉運使。時吴璘屯重兵於興元，知欽出張浚之門，深加敬愛，每行部至其州，輒厚禮

文學，割俸市田分給諸弟，扁其堂曰『富義』自爲記以示子孫，俾引而勿替云。出《方志》等書

迎犒，留舘於第，宴饗之外，饋遺甚厚，一無所受，璘愈敬之。尋以疾終。欽廉儉出於天性，政事基於

洸字澄老，以父欽蔭補官，調餘干尉。時令、丞、簿皆不事事，監司、郡守委送叢至，洸子決精敏，丞相趙汝愚，其邑人也，時方魁天下，喜洸廉介有守，折節與交。改秩，知臨川縣。縣有述陂久廢，洸勸富民分治之，民蒙其利。時經錢缺解，至捐俸代輸。秩滿，質錢治裝，倅賓州。張南軒帥桂林，知其父為魏公所知，且喜洸有父風，檄攝倅帥府，又攝高州。尋以廉吏舉之，經略劉淳繼至，又攝桂府。武弁陳姓者，以鬻爵爲邊吏，交通諸蠻，納賄巨萬，事覺，逮獄，當路有為之地者，觀望莫能決，屬洸治之，卒正典刑，一府肅然。除知雷州，時母碩人年七十七，聞洸治獄事多所平反，喜曰：『昔人以平反悅其親，今吾可無憂矣。』秩滿赴闕，面陳三劄，一乞折納徐聞丁米以便民，二乞籍海舟以戢奸盜，三乞戒約廣西軍寨不得差人回易。孝宗嘉納，除知新州。陛辭，賜對便殿，又陳二劄，一請易常平陳米，除豁耗折虛數，一請降旨經理邊江被水民田租稅。上稱善久之，趣之郡。比至，百姓歡呼迎之，歌曰：『蘇使君來何晚，使我夜不寐，朝不飯。』州賦額儉，帑無羡餘，月給廪俸，皆先属吏。去日，持空券出嶺。移封州，首請減放丁米及經制無額之數。丁内艱，服除，知辰州。辰舊無貢院，惟附常德試。至洸始試于州，士子便之。尋退休，扁所居之軒曰『止足』。親戚或有請托者，謝曰：『吾居官曾不以己狥人，

其可强人以狥己乎？』年七十八，卒。洸貿次坦夷，表裏洞徹，為政務興利除害，不以發擿為聰明，故所至民安，所去民思，稱廉吏云。出《方志》等書

權字元中，少侍父洸倅賓州，嘗從張南軒學，從父國學博士總龜爲鄉名儒，權復參扣焉，故其學問日積。繇太學登淳熙十一年第，調梧州推官帥蔡戡，聞權世有廉名，檄攝帥属調三山，教官訓迪不倦，改秩知餘干縣，洸舊治也，至官，卒，人多痛惜之，權子國台，從瓜山潘柄受學，從孫三英，早登洪天錫、徐明叔之門，克世其家學云。出《方志》

王回字景深，曾祖尋，駕部郎中。父惠，守大理寺丞。回少事親孝，第熙寧六年進士，累官松滋縣令。荆沔俗用人祭鬼，回捕治甚嚴，其風遂革，監陳留縣酒、提點刑獄。羅適以回不自表襮，率尹顧臨等共薦之，改知鹿邑縣。歲餘，邑人狀其治行，乞留者萬餘人，召為宗正簿，充睦親宅講書。回與鄒浩相友善，哲宗立賢妃劉氏為后，浩將論之，以告回，回曰：『事寧有大於此者乎？子雖有親，然移孝為忠，亦太夫人之素志也。』及浩南遷，人莫敢顧，回歛交遊錢為之治裝，往來經理，且慰安其母。事聞，逮詣詔獄，衆為之懼，回居之晏如。御史詰之，對曰：『實嘗與議，不敢欺也。』因誦浩所上章，幾二千言，獄上，除名停廢。徒步出都城，行數十里，其子追及，問以家事，不答。徽宗立，召還舊官，擢監察御史。數日，

以疾終，年五十二。侍從臺諫上章乞録其子，恤其家，以奬勸忠義，召除其子涣老郊社齋郎。蔡京為相，奪之，仍列名黨籍。出《宋史》本傳等書

陳開字發明，以太學生登熙寧六年進士第，調密州教授。時太守蘇軾深器重之，諸生力留，更七年而後代。密州儒風之盛，自開始。後入為太學博士。召對，進兩劄，其一排新法，其一去小人、進君子，言議激切，當國者忌之。出為雄州通判，尋除宗正寺丞，官至朝奉大夫，累贈金紫光禄大夫。蔡襄狀其行。子畢，元符三年登第。出《何志》等書

陳覺民字達野，柘山人，第熙寧九年進士。元祐間，詔舉賢良方正，林希、錢勰以其名聞。時方紛更神宗法度，人莫敢言。覺民陳役法則乞復顧役，邊事則乞勿棄地。其言剴切，時議欲罪之，并坐舉者，賴言者獲免。知建陽縣，以救荒得民心，家畫像生祠之。累遷宗正丞，將大用，覺民以母老乞補外，歷知漳、建二州，擢福建路轉運判官，移知福州。故樞密安惇舊與覺民為同舍生，情好甚篤。元符間，任諫議大夫、中執法，曾無片言援引。及謫守長沙，乃欲以覺民自代，令小史持文書為驗，意規厚利，覺民笑而遣之，惇由是不樂。及居政府，言者承惇意，劾罷。尋起知泉州，時有司建言，欲榷六郡酤。覺民陳五不可，且移書約他郡同論之，事遂寢。尋遷本路提刑，兼三路都轉運使，并提舉河渠。復知泉州、

廣州，所至有治行，兩為鄉部使者，凡過郡邑，未嘗與僚屬妄交一談，其風采嚴峻如此。官至中奉大夫。諫議陳瓘狀其行。子璘，大觀元年賜上舍及第，官至吏部郎中；宋輔，政和二年進士，因論二蔡，貶餘姚縣主簿。出《方志》等書

林豫字順之，熙寧九年登進士第，授惠安縣尉，改集慶軍判官。淮南賊嘯聚漣水軍，朝廷下外臺求部吏能措畫者，衆奏豫為本軍使，多設耳目，賊遂就擒。餘黨入海州，復檄豫攝倅事，尋亦殄滅。紹聖初，時相以豫善謀議，奏授内藏副使。先是，朝廷既棄地和戎，至是復冦麟州。豫建議謂宜先脩葭蘆、米脂、安羌、浮屠諸寨，通鄜延路以為麟州應援，後卒行其議。歷知保德軍邵州兩年，虜人撤霸橋深入。除豫河北沿邊安撫使，豫乃乘間興築，虜人無能爲也。後因陛對，哲宗褒獎再三。元符三年，除鄜延路兵馬，知鄜州。黄河北決，移守冀州，盡收老弱幼穉，廩以官粟，募少壯者築堤，厚與之傭，民賴以全活。崇寧二年，除真定府兵馬，知邢州。力議鈔面錢、陝西銅錢之弊。及朝廷下本路折糴，豫格不行，數忤時宰，期年罷去，徽宗終思之。大觀四年，知邵武軍，凡歷七郡，悉有遺愛。邢臺、邵武之民各畫豫立祠。初，豫受知於二蘇最深，軾嘗薦之，有云：『勇於立事，常有為國損軀之意；試之盤錯，必顯利器。』轍亦嘗薦之，有云：『吏幹强敏，長於應變；更試迭用，必有可觀。』及軾以作詩譏切下御史獄，豫適賜對，神宗問所薦謂誰，豫曰蘇軾。問何以識之，曰臣經由杭州，因會客

識之。又曰，是日所談何事？曰，臣子所言，無非忠孝。詞氣從容，略不避，李定輩側目。及轍貶惠州，軾貶雷州，章惇恨豫錢轍詞有『怒髮衝冠，壯心比石』之句，左遷雲騎尉。後竟坐二蘇所薦，入元祐黨籍。所著有《筆峰草錄》。出《何志》等書

師益，豫之次子也。兄師舜，靖康中以守職不肯避虜，全家死於難。官至中大夫。師益以父任奏補三班，借職授樞密院，宣差雞澤縣尉。上書論邊防利害，譏切時政，留京師聽旨。金虜深入，臣僚以師益所論多可采，有旨差充京畿第十四副將，累授武翼郎、閤門宣贊舍人、提舉京城四壁守禦使司、後軍統制。虜犯京師，侍從孫傅等薦舉差充京畿第一副將，訓練馬步軍，陳留縣駐劄。楊時在講筵，奏師益曉達軍政，使專督訓練，必有績效可觀，授京畿第一正將，守禦鄭州原武。虜至，不克攻去，既而虜自滑州渡河，再犯京師，諸將皆遁，惟師益孤軍守原武不動。劉鞈為丞相何㮚謀亟召師益兵入援，師益行次封丘，遇虜迎戰，大破之。明日，虜兵大至，師益謂其副曰：『虜衆我寡，誠不敵。然此吾致命之秋，尚何顧哉？』遂奮力戰死之。一男若淵，甫晬；一女九歲。妻葉氏及男乳母襁負南歸，流離道路凡五六載。抵家，若淵稍長，痛父暴骨原野，刻木招魂，葬歸僊嶺。後有留題於其墓亭曰：『虎踞龍蟠經幾春，靖康孤節照蒼旻。至今凜凜有生氣，愧死當年膜拜人。』膜，莫胡切。胡禮：拜即長跪也。弟師臯，通直郎，後亦死於王事，朝廷特官其一子。出《何志》等書

師說字箕中，豫之第三子也。少舉進士，知名，以父蔭屢當補官，遜於從兄師文及弟師龍，故入仕最晚。試銓曹第一，調嚴州司士。時青溪盜初平，作新寨，聚兵驕甚。郡請師說攝理官以經畫之，悍卒帖服。遷知德化縣，還道桐廬。會盜發支邑，民遮道乞留，郡白之朝，因改建德縣。賊平，倅新定。虜犯二浙，新定民大恐。師說入白郡將，請靜以待之，乃自擁十餘騎出城，遇虜騎諜，曰：『吾受命，主帥以城降者賞。』師說叱之曰：『吾聞國家命，不聞賊命。』擒斬于市。以故新定之民嬰城死守、累遷兵部員外郎、知建昌軍。丞相趙公力薦之，趙公，《舊志》不著其名，以其時考之，疑鼎也。拜廣東運判。韓京以武將立功。知循州。頗驕慢不可制，師說上其姦狀。後京謂人曰：『監司直須還此老，第於我少恩爾。』除浙東提點刑獄。山陰為畿內，貴人多肆豪奪，為民害。師說一繩以法，以忤權貴，力請祠歸。居九年，卒。林光朝嘗言：『林郎中出語大率如富鄭公徑截，無他，表裏只是一箇人。』其為先正所推許如此。出《何志》等書

莆陽文獻　葉陳林陳傳第十九

葉賓，系出吳都尉雄，由丹陽徙閩，因家仙遊之北岩，繼遷古瀨。賓景德二年進士。宋初，縣之登第者，自賓始。知南安縣，民有訴盜截牛舌者，賓陽叱去，陰令屠之，果有告私屠牛者。賓謂之曰：『截牛舌者汝也。』訊之伏罪。官至都官員外郎、南劍州通判。從子確，元豐八年進士。時鄉人蔡京當國，確與朱宗皆其内姻，知其必敗，未嘗一詣其門。後欲除確蘇州守，令人約一見，然後上請，確倏然掛冠以去。未幾，京果敗。終河北提舉。確曾孫立志，字仲愿，淳熙十二年進士，調南安縣尉。縣有死獄，檄往驗視，一屍無首，人皆難之。立志焚香告天，夜設榻屍側，夢神人曰：『死者之首，投於溪北，殺之者已遁於潮之小江矣。』明發急詣溪北，尋之，果獲。移文至小江捕之，見一人磨刃江側，捕者詰之曰：『汝非南安殺人者乎？』其人驚怖，刃堕地，於是就擒，一鞫即服，人稱其神。改知上饒縣，有廉聲，官至惠州通判。子衮，奉議郎、通判泉州。出《方志》

陳闠字伯通，皇祐元年登進士第，歷武平縣令。洞獠販塩挾刃，久為民患。闠立斥堠訓丁壯，境内晏然。知廣德縣，縣舊多滯訟，闠與民面議，可否立決。辟監建州豐國監。時廖恩嘯聚，閩嶺一路騷然。安撫司檄闠經畫。其置水口倉，立鎮港，均定八州塩估，以弭冦攘，皆自闠發之。在任六年，歲課增三十六萬緡，未嘗自言。知建州，歲饑，境内有競糴者，令疑為盗，以狀白于州者數十。闠曰：『一日之聚，至數百人，此何盗而遽如許邪？不過以饑故争食耳。』已而推驗果然。遂檄縣杖而釋之，促令出粟賑貸，衆遂復業。知萊州，郡人德之，相與繪像立祠，累贈金紫光禄大夫。出《方志》等書

林正字明輔，藻七世孫也，本莆田人。高祖文煥，太子校書。曾祖儻，恊律郎。父茂宗，為都官葉賔招致師席，遂家于僊遊之石碑。正以大觀四年釋褐及第，歷廣西提刑。先是，陳感稔惡高、雷間，擾沿海諸郡。正親至海上招諭，感聞正至，果出迎，遂盡散其脅從者數千人。親押首領數十人歸于桂林，及奏功，自属官使臣以下各遷官，正獨不肯受賞。遂除廣東轉運副使，移兩浙運判，累遷左司。卽卒，子一飛、一鳴，皆以父蔭補官。一鳴字聞卿，累遷樞密檢詳諸司文字，尋以煩言去國，與林彖為忘年交，講論倡酬，略無干進意。後梁克家當國，起一鳴知南雄州，以母老丐祠。未幾，丁母憂，服闋，知惠州。請發常平倉賑糶饑民，奏罷賣口、食塩、淹造塩鈔紙、官酤為民病者十數事。又為文諭民力學種麥，墾荒田，脩陂塘，去喪樂，禁殺牛等事。居民有殺牛者，方揮刃間，牛掣断縶索，奔至廳下，若有所訴。

見者驚異，一鳴命飼其牛，為治屠者，人以為仁化所及。官滿之日，惟有書數擔而已。改知常德府，卒，官至朝請大夫。姪一枝、一鶚。初，正既官其二子，及致仕恩則以叔氏二子皆白衣，遂奏補，人高其義。一枝後官至朝奉郎、潭州僉判。一鶚字雲卿，第紹興二十一年進士。父歿，衰絰廬墓三年。知南豐縣，頌聲載道。朝廷聞其治行，擢審計院，出通判江州，官至朝奉郎。孫澧，字同叔，一鳴子也。為建州幕職，以廉勤自持。朱文公喜其操行，刮目待之，書問往復，相期甚厚。知崇安縣，清靜不擾，士民爲之立祠。姪孫渙，一鶚子也，知都昌縣。出《方志》等書

陳可大字齊賢，父汝器，性友悌，貲産盡遜其兄，家居積善。一夕，飛錢滿其家，汝器與妻朱氏焚香祝曰：『願一子光顯門户，錢乞減其半。』可大其季子也。後果以政和二年登進士第，再調泉州工曹，兼右推。時龍嚴解上死罪强盜七人，可大明其非辜，得不死。知長樂縣，大脩陂塘，縣人立碑紀其德。後知肇慶府，民不忍欺，相與繪其像祠之。歸，囊無餘貲，惟衣衾書籍而已。始僊遊縣學自宣和以來頹圮殆盡，可大率族黨裒金新之，且以其餘貲買田為後日葺治之計。又於縣南溪流所會之地，造僊溪橋，以家貲為里人倡，且丐祠祿以畢其事，至今利之。積官至朝散大夫，累贈中大夫。子伯玉、仲珪，皆以父蔭補官。伯玉承議郎、邕州通判，仲珪朝奉郎、漳州通判。姪孫堯道，登端平二年進士第，奉議郎、國子監丞。出《方志》等書

莆陽文獻　張許郭許陳黄洪朱陳傳第二十

張式字景則，僊遊縣人。天聖五年登進士第，調將樂縣簿。縣有銀冶，坐歲課不足，繫者常數百人。式籍其人，使貧富財力相兼，亡者釋之，課更以羡。吕許公夷簡罷相，以許州觀察推官辟之。尋擇河北吏，當道者舉式知洺州，又以選知虔州。三司市舶絹十餘萬疋，非經數，拒而弗市。復知濠、壽二州。出《何志》等書

許積，兄程與從子章同登慶曆二年進士第，終尋州司户參軍。積第景祐五年進士，歷都官郎中、通判德州。仁宗朝，舉天下廉吏凡四十九人，積其一也。除監察御史，未造朝而卒，該致仕恩。國初凡該致仕者，差官未到，不敢歛。子巽曰：『人子不能自致功名，希致仕恩以累亡者，可乎？』鄉人賢之。積三子，巽、賁、異，孫堯夫、堯臣，皆相繼登第。章字潛道，歷官知建州，除屯田郎中。為政能治煩劇而不問苛細，所至有聲，由筮仕至郎位，薦之者凡五十二人。官終朝奉郎。出《何志》等書

郭琪，慶曆二年登進士第，試秘書省校書郎，歷官兵部郎中。有貴戚曾姓者，奪民田，累政不敢决，琪判歸之民，竟為其所陷而死。蔡襄以詩哭之，有『如山判筆心常壯，為國忠魂勢莫驚』之句，復銘其墓。姪孫嶢，紹興十二年進士，調廣州司户，禦賊，死之。從玄孫子力，字景行，以大學舍選開禧元年進士，授肇慶府教授。時郡守事掊歛，子力從容以言箴之，守感悟，且剡薦于朝，再調惠州教授。校文程江監，監試欲私其所親，以賄囑，子力正色却之，其人忿恨，置毒于酒。子力夜夢神人為滌其腸，其毒卒不行。官至漳州通判，卒，邑人王邁銘其墓。出《方志》等書

許懋字敏修，慶曆六年登進士第。元豐中，為兩浙轉運副使，衢民坐私釀繫獄，久不决。懋至，為明其冤，悉出之。民感泣，競詣佛寺飯僧祝壽。時甘露降于州，人謂德政所感，作《甘露頌》。出《方志》等書

同邑有鄭少連字儀魯，少力學能文，累舉不第。嘉祐二年特奏名，調劍浦主簿，歷攝五縣，民畏服之。改許州判官，以老乞致仕，有詩學。出《僊谿志》

陳大卞字仲循，父公言，皇祐元年進士、邵武司法叅軍，知上虞、長樂二縣。大卞第治平四年進士，歷宜興尉、武平令、汀州錄叅、知江寧縣，以廉潔称。嘗與章惇有舊，及惇當國，屢招以書，竟不往。

以明堂恩得封二親，拜且泣曰：『吾不能與時俯仰，黽勉仕宦者，正為吾親耳。今恩封既及，可以休矣。』遂致仕，時年五十六。友人游酢贈詩，其略曰：『即今年纔五十餘，脱去簪紱弊屣如。聖時搜選動空谷，策足要路争先趨。廟堂故人握重柄，僵者可植瘦可腴。惓惓風義數寄語，掉頭不顧甘如愚。』贈太中大夫。三子，安仁，元祐六年進士，官至江寧府法曹。性仁，大觀三年進士，官至奉議郎、知南城縣。顯仁，遷居莆田。紹聖元年登第，調古田縣尉。大臣有知顯仁者，以其文行可領袖諸儒，遂除教授嘉禾，士多成就。累遷朝請大夫，攝宗正少卿。初，大卞著萬言書，未及上而終。至是顯仁上其書，不報，屢乞外補。宣和九年，以直秘閣知潭州，官至朝議大夫。雜出《方志》等書

黄沔字朝宗，其先莆田人。唐季有曰巨源者，始遷于僊遊。從父顯，字景儒，登紹聖元年進士，不求榮進，太宰余深於榻前特薦之。改秩，歷提舉廣南西路學事、知儋州，凡四考，官至朝請大夫。沔元符三年登進士第，徽宗奇其才，嘗以江南豪士稱之，官至朝請大夫、秘閣脩撰。雜出《何志》等書

洪天賦字亡從，祖中，元祐六年進士，歷國子司業，甫中年勇退。天賦幼敏悟，通六經，應童子科，入太學。寶慶二年，登進士第，歷知陽江、古田、連江三縣，通判循州。居官所至，聽民之訟，不施鞭朴，諄諄然諭以理道，民胥向化，以循良見稱。出《僊谿志》從弟處厚，其初補大學内舍，以父範廕調欝林州推官。

時欽州守、倅互相詆訾，置獄禁勘，連年不決，干證一百七十餘人。處厚司其獄，審讞明允，悉得其情，盡釋之。憲使大喜，再任漳浦縣尉。弟處寔，淳熙二年特科。孫葉，以舍選登紹定二年進士第。出《僊谿志》

朱泳字子游，紱之族孫也。登乾道八年第，調連江尉，以捕盜改秩，知海陽縣。代者以月解虧減，拘留於州。泳篤交承誼，出私橐代償之。為政優撫字而拙催科，人感其德，賦不勞而辦。尋除福建運管，董試漕闈。當路囑私其子，泳正色拒之，竟被其捃拾，卒於官，士類悲慨。姪首諒、顥之，聯中特科。首諒調龍巖縣簿，汀寇衝突長官，巡尉棄縣去，招捕使陳韡喜首諒守職，悉以縣事委之。首諒感韡知己，身率士卒督戰，盡擒賊黨，縣賴以全。韡上其績，首諒無意榮進，力丐祠歸。顥之，歷知香山縣，以通直郎賜緋致仕。出《僊谿志》

陳夢烈，紹熙元年登進士第，調連江尉。海寇犯境，親登賊舟捕之，以功擢知尤溪縣。縣之財計，取辦於鬻塩，乃家給一牌，寬立限期，俾自輸納，民以為便。授兩浙運管，漕使薦于朝，除知建昌軍。陛辭，言州郡兵財利害，玉音垂問，奏對如響。卒于官，民甚惜之。出《僊谿志》

陳珙字子重，以太學内舍登嘉定元年進士，第歷復州教授、永春丞。時秤提楮幣，郡守真德秀檄珙行之，區處有方，人賴以無擾。德秀愛之，俾入郡幕。後試教官科，擢首選，授西外睦宗院教授，尋知永春縣。屬庚寅汀寇焚蕩之後，究心民瘼。初，朝旨蠲租，州縣以支吾窘迫，不克奉行。珙樽節月會，杜苞苴之費，為錢八千緡以補之，民不知其賜。遷兩浙路運管，卒。出《僊谿志》

莆陽文獻　方林陳黄董傳第二十一

方次彭字公述，興化縣人，偕之族孫也。父泳，叔父洞，俱以詩賦名。天禧間，創義齋于虎蹲岡，以來四方學者。泳再領鄉書，洞三魁鄉貢。次彭年十二喪父，哀毁如成人，悉以先疇付其兄，乃率二弟次臯、次夔刻苦力學。皇祐元年，兄弟三人同預鄉薦，次彭登進士第，調劍浦、福清主簿，遷合州叅軍。每與州將論辨疑獄，雖屢見折而氣不可奪。改知長樂縣。縣濱江，有渡舟人嗜利重載，多覆溺者。次彭始置官舟，限以人數，自是無患。移知望江縣。時有爲盜所殺者，尉捕其隣人鞫之，獄且具。次彭謂事起無情，命釋之。尉力争不已，旬日果獲真盜。改著作佐郎，知海陵縣。歲大饑，次彭悉心賑貸，所活甚衆。權知惠州，移梅州。首興學校，躬教導之。梅人始知學，登第者相繼。秩滿，士民乞留再任，凡六年，兩被褒詔。元祐初，上章致仕，嘗賦詩曰：『自顧衰齡七十餘，腰間方爾佩金魚。行囊羞澁知何有？床上兩封天子書。』次臯，元豐二年特科。次夔，熙寧三年進士。次彭子醇道，知南劍州，以清儉自持。孫畢，紹興十二年特科、潮州推官，鄭夾漈稱其文高於天下，行高於鄉閭。綰，紹興十八年進士，知海

豊縣，歷官俸入，悉以賙族黨之貧及女之不能嫁者。嘗買婢得少所從師之女，育之如己出，擇名族嫁之。出《方志》

公袞字汝補，次彭從弟也。元豐初，用薦者以布衣上殿，條奏十事，曰教太子、舉實才、奬清吏、擢恬退、禁鼓鑄、嚴茶商、恤民困、寛州縣、減丁錢、益户口，神宗嘉納，命以官為潮州教授。復登元豐二年進士，擢諸王宫教授，與韓魏公相從最密。魏公語曾公亮曰：『方公袞論事剴切，正而不阿，立己公忠，清而不撓，豈多得哉！』公袞嘗録韓言行，曰《魏公遺事》。年未五十卒。出《方志》

亞夫字幾仲，公袞從子也。三舉禮部，再擢第一。博士林自謂幾仲文章警拔，源流賈、馬，觀所著述，隱然有諷諫意。大觀三年，有司復以八行舉，遂以甲科賜第，與從祖彦回同榜，官終平江府教授。子宋賓，重和元年進士，官至縣丞。彦回之孫監，號需軒，嘉定十三年進士，潯州教授，有集五卷，王邁、劉克莊每推敬之。起萃、起學，皆中特科。從孫雷震，亦繼登第。出《方志》

林迪字吉夫，少讀書于香山，陳聘君易與為忘年交。稍長，兼通六經，工辭賦，再舉于鄉，遂人太學，登上舍優等，第紹聖元年進士，授福州左司理。古田縣上劫盜五人，迪曰：『此以年荒竊食，法不當死，縣吏文致其罪耳。』既而獄具，帥疑焉。再上再卻，迪持愈堅，帥竟從之。差知龍溪縣，平易近民，有古循吏風。縣人詣臺府，願留因任。九年，丞相蔡京，林出也，嘗欲因是內交於迪，迪以非同族拒之。歸自龍溪縣，請祠。建炎中，朝廷舉遺才，迪與秘監李朴列在文學之科。年七十有六卒。迪操履端方，甚為鄉人所推重。鄭夾漈與魏丞書曰：『向見宇文樞密言吉夫耆老碩德，在崇觀間仕不躐進，所在以治效稱。達夜窮年，卷不釋手，與人言，終日不及世事。居此邑者累年，曾不請托，門寒官冷，晏如也。』又與詹令書稱其風流灑落，器識過人，隱然揮洒之文而不示人以穎。令亦每言吉夫乃吾平昔師事者也。凡著詩文百餘卷，又詠唐史別為一編，皆寓褒貶之意，自為敘，以示子孫云。出《方志》等書

陳惟剛字公執，一字毅老，其先光州固始人。唐五代之際入閩，遂居于興化縣之谷目山。惟剛少補太學生，弱冠，由舍選第崇寧二年進士，知須城縣。燕薊之役，與有勞績，後提舉鼎澧路弓弩手。逆賊鍾相擁衆萬餘攻辰州，惟剛率衆鏖戰，掩捕無遺，官至朝散大夫卒。惟剛性喜賦詠，所著有《燕山集》。出《游洋志》

師立字可權，惟剛從弟也。天資穎悟，元祐中，西塘鄭俠見而器之。長游京師，章貢李朴文行高峻，非其人不及其門。師立師事之，第崇寧五年進士。嘗知連江縣，有妖僧自言其前知，人争趋之。師立曰：『我

為邑長，奈何縱左道以惑衆耶？』僧聞之，亟遁去。遷順昌縣，在官四考，民愛其政。師立入仕十五年，猶在選調。嘗獲刼盗十有七人，因愀然曰：『民貧為盗，豈其本心？忍速其死而優吾秩耶？』乃緩其獄，會赦得減死。建炎中，遷知官告院。未幾，請老，自號宜僊翁。師立於文無所不工，有集藏於家，五子皆仕，而昭度知名。出《游洋志》

昭度字元矩，少穎異不群。年十九，擢紹興五年進士第，為尤溪主簿部。使者移檄令捃摭屬吏細過，昭度憮然不悅，曰：『吾其忍為是耶？』乃拂衣去。閒居，以讀書著文為樂，十餘年不調，自號西軒子。鄉大夫林迪與為忘年交，艾軒林光朝、正字劉夙、方翥、著作劉朔皆嘗至其家，登堂拜母，誼均兄弟。既而教授藤州。藤去中州絶遠，俗尚庳陋。昭度至，勵以致知謹獨之學，繇是士競於學，知所指歸。改奉議郎、知福州長樂縣，未上而卒。昭度淵源濂洛之學，有所造詣，為文得古法，簡嚴閑淡，理致深遠。艾軒志其墓，謂其學不緣師授，視横渠為同時獨曉者，君子不以其言為過云。出《游洋志》

清選字道山，惟剛從子也。博學，善持論，為詩文有清壯秀傑之氣。入太學，為上舍生，未廷對而卒。孫詔翁、巖翁、槐翁，竝中童子科。出《游洋志》

黄鐘字器之，自號定齋居士，唐忠義司徒碣之後，評事寵之孫也。父脩，宣教郎、知韶州翁源縣。鐘從舅氏陳昭度學，得濂洛淵源，議論一出於正。擢乾道五年進士第，調德化縣尉。遲次問居，里之人率從之游，日相與稽經訂史，所以啓迪之者甚至。性喜著述，每出必以筆硯典籍自隨，谿三皇至五代，皆作紀傳，曰《史要》。又選集唐宋諸公文粹，曰《唐宋類文》。其他著述尤多，所作詩文，神閑思遠，有超然自得意。其詩尤為元樞鄭僑所稱賞。晚歲頗究心内典，又作《傳燈節錄》。鐘平生於逢迎請謁泊然不經意，德化秩滿，調漳州錄事叅軍以歸。丁内艱，卒。出《游洋志》

董公偃字安義，博物洽聞，操行純正。大觀中，轉運陳覺民表奏，以八行舉大司成考行如章。未及官，卒。公偃嘗作静和軒於家，鄉大夫林迪詩曰：『寂寂峯巒千古意，溶溶花木一家春。』聘君陳易游石所，題于軒壁，曰：『酒吸陽春入肺腸，茶罷清風生肘腋。安知石所洞中人，不是武陵溪上客？』觀此，蓋不俟身履其地，目擊其人，而其高風雅韻，已宛然在眉睫間矣。出《備志》

莆陽文獻　薛陳林吳鄭謝傳第二十二

薛利和字天益，興化縣人。祖巒，登宋太平興國伍年進士。時軍治在興化縣，而郡人登第，寔自巒始，官至殿中丞。利和第竇元元年進士，歷知春、潮、韶三州，累遷屯田員外郎。熙寧二年，王安石議搉茶，欲擢利和提舉廣東茶事，利和作詩謝之曰：『一路生靈陟頓貧，廟堂康濟豈無人？君侯若問茶租法，請把茶租乞與民。』遂就常調通判廣州，茶法卒不行。卒，贈金紫光禄大夫。子五人，皆由蔭補官。孫倞，字孝廣，為大學生，獨心非王氏新經，困躓二十餘年，終不肯作新進士語。金虜犯闕，生徒解散，倞正色昌言曰：『諸君平時蒙被教育，今捨此將安之耶？』從倞留者僅三人。建炎二年，從高宗幸維揚，以恩旨免舉擢第，自大理司直遷為丞，以獄空被璽書褒諭，出知興國軍，終朝奉郎。從曾孫璨，字卓然，該貫群書，文章雄偉如二鄭原注：謂鄭厚并弟僑。第紹興十八年進士，終永福主簿。嘗著《邊防十論》及《考古集》。珩字景行，少與弟璆力學，相為師友。既而聯鄉薦。珩紹興十二年進士，歷廣東湖北路檢法官。疑鼎州鞫盜華五等非辜，與憲臺争不合，欲投劾去。未幾，果獲真盜，憲臺交薦之。凡四為法官，平反者百餘人。璆字景徐，乾道二年特科出身，監廣州西南道場。有鬻私鹽至陸萬斤者，吏捕以告，法當得賞，璆嘆曰：『刑數十人，易一京官，吾不忍為！』遂諭吏以十之一聞官，餘悉投水中，皆得輕坐。終南恩州推官。雜出《何志》等書

季良字傳叟，珩之曾孫，廣東運判元肅之孫也。以祖澤補官，調廣州左司理。番禺民愬女為雇主彭選夫婦所戕，獄具，府檄季良審鞫。季良密使人廉之，得大赦舊主家。摧鋒軍叛，叩城，帥臣曾治鳳逃，崔與之委季良招諭。事平，以勞績免磨勘，歷知閩、南安二縣，通判漳州，所至有聲績。帥漕交薦，召赴都堂審察，輪對，乞脩實德實政以回天意，永天命。除登聞檢鼓院，奏言檢院乃肺石路鼓遺意，今民庶以為嘗試，州縣視為具文。臣謂凡進狀宜索案予決，虛者反坐。遷司農寺丞，丐外，知潮州。慨郡計窘乏，專以廉儉節縮為事。塩使疑潮鹽有遺利，欲增筴。季良抗論，寢其議。嘗自扁其居曰『廉村』，所著詩文，號《千林謾藁》。出《備志》

陳鑄字師回，第天聖五年進士。康定初，知南雄州。秩滿，以母老不復請郡，求通判福州以便親。一時名卿大夫皆作歌詩以重其行，蔡忠惠為序，謂足以勸夫為人子者。鑄至福州，贊其守延良師，增腴田，以教育後進，而文風遂盛，忠惠復紀其事。再通判陳州。會直水患，悉力拯援，全活者甚衆。部使者上

其勞，朝廷嘉之，歷知潮州、登州，以恤刑被勑書奬諭，官至朝散大夫，守光禄卿開國伯。卒，葬宣州。雜出《方志》等書

林成材字擇之，父國輔，以諸科為將作監主簿。成材早入太學，以文行名，第元祐六年進士，擢國子博士，歷祠部吏部員外郎，轉國子司業。學校之法多建明。歷知明、濟、汝三州，卒。出《備志》

吳珏字仲玉，少游鄉校，嶷然有俊聲。淳熙十四年特料出身，尉南海縣，以捕盜應格，改承務郎，知龍巖縣。節浮費以益學廪，郡僚有建議增諸邑轉輸者，珏力争罷之。會有詔造戰艦，州下取材，珏拒以非故例，不獲免，則高其直以市，不以擾民。簽書寧國軍節度判官。有婺婦無子，或以户絶告，將歿入其貲。珏曰：『利毫末以絶人將墜之緒，仁者不為也，請聽其立嗣。』通判漳州，未行而終。珏天性孝友，勇於為善，其官龍巖時，奉兄以行事之曲盡其謹。鄉人梁林店溪，珏曰：『是雖非吾往來所經，然利己利人無間也。』助錢十萬。縣人由進士特恩官至丞郡者。惟林兖與珏。人以為榮。出《游洋志》

鄭廷芬字國華，早以詞藝試漕臺第一。游上庠，月書季考，率在高第。陞上舍生，詔賜進士出身。廷芬願就廷對，登大觀三年第。自太學博士提舉漳州路常平，加直秘閣，歷成都路轉運副使，卒于官。

廷芬為文華贍雅正，自成一家，有《易索隱》等書，藏于家。出《游洋志》

謝洪字範卿，父穆，倜儻有大志。嘗市書甌越，建經史閣藏之，列畫漢晋間隱君子，自圖形其間，號鰲軒主人。力學教子，人目之為書笥。洪聰悟絶人，自其童卯時已有文名，鰲軒嘗以事忤縣令，洪亟走救之。令指庭中梅，謂曰：『能賦此乎？』洪操筆立就，詩云：『朔吹颼颼著古梅，寒枝冷落俟春回。可憐雪萼無人問，乞借陽和早放開。』令異之。後擢紹興三十年進士第，主海豐縣簿。時督賦，吏多取於民，曰鈔頭錢。洪亟除之。調信州未豊縣丞。時林枅為守，以莊厲臨僚屬，獨引洪到幕下。一旦偶有所不樂，遂浩然引歸，乃賡徐寅《人生幾何賦》以見志。有文集，藏于家。出《游洋志》

莆陽文獻　陳俊卿傳第二十三

陳俊卿字應求，幼莊重不妄言笑。父死，執喪如成人。紹興八年，登進士第，授泉州觀察推官，服勤職業。秩滿，秦檜當國，察其不附己，以爲南外睦宗院教授，尋添差通判南劍州。未上而檜死，乃以校書郎召。孝宗時爲普安郡王，高宗命擇端厚靜重者輔導之，除著作佐郎，兼王府教授，講經輒寓規戒。王好鞠戲，因誦韓愈諫張建封書以諷，王敬納之。累遷監察御史、殿中侍御史，首言人主以兼聽為美，存心必本於至公。人臣以不欺為忠，論事必達於大體。御下之道，恩威並施。抑驕將，作士氣，則紀綱正而號令行矣。遂劾韓仲通本以獄事附秦檜，冤陷無辜，檜黨盡逐而仲通獨全。劉寶總戎京口，恣掊尅，且拒命不分戍，二人遂抵罪。湯思退專政，俊卿言冬日無雲而雷，宰相上不當天心，下不厭人望，詔罷思退。時災異數見，金人侵軼之勢已成，俊卿乃疏言張浚忠藎，因請對力言之，上始悟。數日，以浚守建康。又言内侍張去為陰阻用兵，且陳避敵計，摇成算，請按軍法。上曰：『卿可謂仁者之勇矣。』除權兵部侍郎。金主亮渡淮，俊卿受詔，整浙西水軍，李寶因之，遂有膠西之捷。亮死，詔俊卿治淮東堡砦屯田，所過安輯流亡。金主雍新立，申舊好，廷臣多附和議，俊卿奏和戎本非得已，若以得故疆為實利，得之未必能守，是亦虛文而已。今不若先正名，名正則國威强，歲幣可損。因陳選將練兵屯田減租之策，擇文臣有膽略者爲糸佐，俾察軍政，習戎務，以儲將材。孝宗受禪，言為國之要有三，用人、賞功、罰罪，所以行之者，至公而已。願留聖意。遷中書舍人。時孝宗志在興復，方以閫外事屬張浚，以俊卿忠義沈靖有謀，以本職充江淮宣府判官，兼權建康府事。奏曰：『吳璘孤軍深入，虜悉衆拒，戰久不決，危道也。兩淮事勢已急，盍分遣舟師，直擣山東，彼必還師自救，則璘得乘勝定關中，我及其未至，潰其腹心，此不世之功也。』會主和議方堅，詔璘班師，亦召俊卿至，奏陳十事，定規模，振紀綱，勵風俗，明賞罰，重名器，遵祖宗之法，杜邪枉之門，裁任子之恩，限改官之數，蠲無名之賦。隆興初元，建都督府，俊卿除禮部侍郎、糸賛軍事。張浚初謀大舉北伐，俊卿以爲未可，會諜報敵聚糧邊地，諸將以爲秋必至，宜先其未動舉兵。浚乃請于朝出師，已而邵宏淵果以兵潰。浚退保揚州，主和議者幸其敗，横議搖之。浚上疏待罪，俊卿亦乞從坐，詔貶兩秩。諫臣尹穡附思退議，罷浚都督，改宣撫使，治揚州。俊卿奏浚果不可用，別屬賢將。若欲責其後效，降官示罰，古法也。今削都督重權，置揚州死地，如有奏請，臺諫沮之，人情解體，尚何後效之圖？議者但知惡浚而欲殺之，不復為宗社計。願下詔戒中外協濟，使浚自效。疏再上，上悟，即令浚都督，且召為相，卒為思退、穡所擠，遣視師江淮。俊卿累章請罪，以寶文閣待制知泉州。請祠，提舉太平興國宫。思退既竄，太學諸生伏闕下，乞召俊卿。乾道元年入對，上勞撫之，因極論朋黨之弊，除吏部侍郎，同修國史。論人材當以氣節為主，氣節者，小有過，當容之。邪佞者，甚有才，當察之。錢端禮起戚里，為糸政，窺相位甚急。舘閣之士上疏斥之，端禮遣客密告俊卿，己即相，當引共政。翼日進讀寶訓，適及外戚，因言本朝家法外戚不與政，有深意。陛下宜謹守。上首肯，端禮憾之，知建寧府。逾年，授吏部尚書。時上未能屏鞠戲，將游獵白石。俊卿引漢桓靈、唐敬穆及司馬相如之言，力以為戒。上喜曰：『備見忠讜，朕決意用卿矣。朕在藩邸，知卿為忠臣。』俊卿拜謝，受詔舘金使，遂拜同知樞密院事。時曾覿、龍大淵怙舊恩，竊威福，士大夫頗出其門。及俊卿舘伴，大淵副之。公見外，不交一語。大淵納謁，亦謝不接。洪邁白俊卿，人言鄭聞除右史，某當除某官，信乎？詰所從，邁以淵、覿告。具以邁語質於上，上曰：『朕曷嘗謀及此輩？必竊聽得之。』有旨出淵、覿，中外稱快。金移文邊吏，取前所俘。俊卿請報以誓書云：『俘虜、叛亡是兩事，俘虜發已多，叛亡不應遣。且本朝兩淮民上國俘虜無慮數萬，本朝未嘗以為言，恐壞和議，使兩境民不安，或至交兵，則屈直勝負有在矣。』鎮江軍帥戚方刻削軍士，俊卿奏内臣中有主方者，當併懲之。即詔罷方，以内侍陳瑶、李宗回付大理究贓狀。十一月，當郊而雷，上内出手詔，戒飭大臣。葉顒、魏杞坐罷，俊卿糸知政事。時四明，獻銀鑛，將召冶工，即禁中鍜之。俊卿奏不務帝王之大而屑屑有司之細，恐為有謀所窺。從官梁克家、莫濟俱求補外。俊卿奏二人皆賢，其去可惜。於是劾奏洪邁姦險讒佞，不宜在左右。罷之。減福建塩鈔，罷江西和糴，廣西折米鹽錢，蠲諸道宿逋金穀錢帛以巨萬計。於是政事稍歸中書矣。龍大淵死，上憐曾覿，欲召之，俊卿曰：『自出此兩人，中外莫不稱頌。今復召，必大失天下望。臣請先罷。』遂不召。殿前指揮王琪被旨按視兩淮城壁，還，薦和州教授劉甄夫，得召，俊卿言薦兵將官乃其職，教官有才，何與琪事？會揚州奏琪傳旨增築城已訖事，俊卿請於上，未嘗有是命。俊卿曰：『若許傳上旨，非小故。』因奏言人主萬機，豈能盡防閑？所恃者紀綱號令賞罰耳。不誅琪，何所不為？琪削秩罷官。先是，禁中密旨直下諸軍，宰相多不預聞。内官張方事覺，俊卿奏自今百司承御筆處分事，須奏審方行。從之。既而以内諸司不樂，收前命。俊卿言張方、王琪事，聖斷已明，忽諭臣曰禁中取一飯一食必待申審，豈不留滯？臣所慮者，命令之大，如三衙發兵，户部取財，豈爲宮禁細微事？臣等備數出納陛下命令耳。凡奏審欲取決陛下，非臣等欲專之，且非新條，申舊制耳。已行復收，中外惶惑，恐小人以疑似激聖怒。上曰：『朕豈以小人言疑卿等耶？』同知樞密院事劉珙進對爭辯激切，忤旨，既退，手詔除珙端明殿學士，奉外祠。俊卿卽藏去，密具奏：前日奏札，臣實草定。以為有罪，臣當先罷。珙之除命，未敢奉詔。陛下即位以來，納諫諍，體大臣，皆盛德事。今珙以小事獲罪，臣恐自此大臣皆阿順持祿，非國家福。上色悔久之，命珙帥江西。俊卿退自劾，上手札留之，且曰：『卿雖百請，朕必不從。』四年十月，制授尚書右僕射、同中書門下平章事，兼樞密使。俊卿以用人爲己任，所除吏皆一時選。奬廉退，抑奔競，或才可用，資歷淺，密薦於上，未嘗語人。每接朝士，及牧守自遠至，必問以時政得失，人才賢否。虞允文宣撫四川，俊卿薦其才堪將相。五年正月，上召允文爲樞密使，至則以為右相，俊卿爲左相。允文建議遣使金，以陵寢為請。俊卿面陳，復手疏以為未可。上御弧矢，絃激致目眚。六月，始御便殿。俊卿疏曰：『陛下經月不御，外朝口語籍籍，皆輔相無狀，不能先事開陳，虧損聖德。陛下憂勤恭儉，清靜寡欲，前代英主所不能免者，皆屏絶。顧於騎射之末，猶未能忘。臣知非樂此，志圖恢復，故俯而從事，以閱武備，激士氣耳。願陛下任智謀，明賞罰，恢信義，則英聲義烈，不越尊俎，固已震慴敵人於萬里之遠，豈待區區騎射於百步間哉？陛下一身，宗社生靈之休戚係焉。願以今日之事，永為後戒。』曾覿官滿當代，俊卿預請處以浙東總管，上曰：『覿意似不欲為此官。』俊卿曰：『前此陛下去二人，公論甚愜。願損私恩，伸公義。』覿怏怏而去。樞密承旨張說為親戚求官，憚俊卿，不敢言，會在告，請於允文，得之。俊卿聞勑已出，語吏留之。說皇恐來謝，允文亦愧，猶為之請。俊卿竟不與，說深憾之。吏部尚書汪應辰與允文議事不合，求去。俊卿數奏應辰剛毅正直，可為執政。上初然之，後竟出應辰守平江。自是上意向允文而俊卿亦數求去。明年，允文復申陵寢之議，上手札諭俊卿，俊卿奏：陛下痛念祖宗，思復故疆，臣雖疲駑，豈不知激昂仰贊聖謨？然於大事，欲計其萬全。俟一二年間，吾之事力稍充，乃可。不敢迎合意指，誤國事。即杜門請去，以觀文殿大學士帥福州。陛辭，猶勸上遠佞親賢，修政攘敵，泛使未可輕遣。既去，允文卒遣使，終不得要領。曾覿亦召還，建節鉞，躋保傅，而士大夫莫敢言。俊卿至福州，政尚寬厚，嚴於治盜，海道晏清，以功進秩，轉運判官陳峴建議，改行鈔鹽法。俊卿移書宰執，極言福建塩法與淮浙異，遂不果行。明年，請祠，擬舉洞霄宮。歸第弊屋數楹，怡然不介意。淳熙二年，再命知福州，累章告歸，除特進，起判建康府兼江東安撫。召對垂拱殿，命坐賜茶，因從容言曰：『將帥當由公選，聞諸將多以賄得。曾覿、王抃招權納賄，進人皆以中批行之。贓吏已經勘結，而内批改正，將何所勸懲？』上曰：『卿言甚當。』朝辭，奏曰：『去國十年，見都城穀賤人安，惟士大夫風俗大變。』上曰：『何也？』俊卿曰：『向士大夫奔覿、抃之門，十才一二，尚畏人知，今則公然趨附已七八，不復顧忌矣。人才進退由私門，大非朝廷美事。』上曰：『抃則不敢，覿雖時或有請，朕多抑之，自今不復從矣。』俊卿曰：『此曹聲勢既長，侍從臺諫多出其門，毋敢為陛下言，臣恐壞朝廷紀綱，廢有司法度，敗天下風俗，累陛下聖德。』命二府飲餞浙江亭。俊卿去建康十五年，父老喜其再來，為政寬簡，罷無名之賦。時御前多行白札，用左右私人持送。俊卿奏非便，上手札獎諭，除少保、判建康府如故。八上章告老，以少師魏國公致仕。十三年十一月薨，年七十四。方屬疾，手書示諸子云：『遺表止謝恩，勿祈恩澤及功德，勿請謚樹碑。』上聞嗟悼，輟視朝，贈太保，命本路轉運司給葬事，賜謚正獻。俊卿孝友忠敬，得於天資，清嚴好禮，終日無惰容。平居恂恂，若不能言，而在朝廷正色危論，分別邪正，斥權勢無顧避。凡所奏請，關治亂安危之大者，雅善汪應辰、李燾，尤敬朱熹，屢嘗論薦。其薨也，熹不遠千里往哭之，又狀其行。出《宋史》本傳

子守、定、宓，俱從朱文公學。守字師中，寬弘剛直，用蔭補官，歷太府寺丞、工部員外郎，凡六受郡符，三持使節，俱以廉靖介特稱。晚爲將作監以卒。定字師德，蚤秀異，年十二三已知為己之學。

林艾軒許與特甚，及見文公，告以聖賢之學，必自近而易者始。定遂反而求之，旋以苦思感疾。平生未嘗應舉，以父任爲右承奉郎，性至孝，事父母曲盡愛敬，於昆弟尤友愛。卒年二十五。文公銘其墓。雜出《大全》等書

宓字師復，號復齋，少登文公門，長從黄榦遊。以父任，歷泉州南安塩税，知安溪縣。嘉定七年，入監進奏院。時無敢慷慨盡言者，宓上封事，言：『宫中宴飲，或至無節，非時賜與，為數浩穰。一人蔬食而嬪御不廢於擊鮮，邊事方殷而椿積反資於妄用，此宫闈儀刑有未正也。大臣所用，非親即故，執政擇易制之人，臺諫用慎默之士。都司樞掾無非親暱，貪吏靡不得志，廉士動招怨尤，此朝廷權柄有所分也。鈔鹽變易，楮幣稱提，安邊所創立，固執己見，動失人心。敗軍之將，躐躋殿巖。庸鄙之夫，久尹京兆。宿將有守城之功，以小過而貶。三衙無汗馬之勞，托公勤而擢。此政令刑賞多所舛逆也。若能交飭内外，一正紀綱，天且不雨，臣請伏面慢之罪。』奏入，丞相史彌遠不樂，而中宫慶壽，三牙獻遺，至是為之罷却。尋遷軍器監簿。九年，轉對，言：『人主之德，貴乎明。大臣之心，貴乎公。臺諫之言，貴乎直。陛下臨政雖勤而治功未舉，奉身雖儉而財用未豐，愛民雖仁而實惠未徧。良由上下相蒙，務為欺蔽。匭奏囊封，有懷畢吐。陛下付近臣差擇，是有意於行其言也。而有司惟取專攻上躬與移咎牧守之章，騰播中外，以答觀聽。今赤地千里，蝗飛蔽天，如此其可畏，猶或諱晦，以旱不為災，蝗不害稼，其他

誣罔，抑又可知。臣故曰人主之德貴乎明，大臣施設，浸異厥初。凡建議求言之人，則以他事逐。諫官言事稍直，則以他職徙。忠憤者指為不靖，切直者目曰沽名。衆怨所萃，則相繼超陞。物論所歸，則以次疏外。某人之遷，是嘗重人罪以快同列之私忿者。某人之擢，是嘗援古事以文邇日之天變者。直節重望，以私嫌而久棄。老姦宿贓，以巧請而牽復。使大臣果能杜倖門，塞邪徑，則舉措當而人心服，臣故曰大臣之心貴乎公。臺諫平居未嘗立異，遇事不敢盡言，有如金人再通，最關國體。近而侍從，下至生徒，莫不力爭，冀裨廟算，獨於言責不出一辭。輦轂之下，乾没巨萬，莫之誰何。州縣之間，罪僅毫髮，摭以塞責。大臣所欲為之事則遂之，所不右之人則排之。仁宗時，有「宰相奉行臺諫風旨」之譏，今乃有「臺諫不敢違中書」之誚，豈祖宗設官之初意哉？臣故曰臺諫之言貴乎直。三者機括所係，願陛下幡然悔悟，昭明德以照臨百官，大臣臺諫，亦宜公心直節，以副望治之意。』指陳敝事，視前疏尤剴切焉。宓遂請罷歸。在告日，擢太府丞，不拜。出知南康軍，詣史彌遠别。彌遠曰：『子言甚切當，第愚昧不能行，殊有愧耳。』至官，歲大侵，奏蠲其賦十之九。會流民群集，宓就役之築江隄而給其食。時造白鹿洞，與諸生討論。改知南劒州。大旱疫，蠲逋賦十數萬，且弛新輸三之一，躬率僚吏，持錢穀藥餌，户給之。創延平書院，悉效白鹿洞之規。改知漳州，未行，聞寧宗崩，嗚咽累日。聞理宗即位，遂請致仕。寶慶二年，除提點廣東刑獄。章復三上，迄不就。除直秘閣，主管崇禧觀。宓拜祠命而辭職名。卒，進職一等致仕。三學諸生以起宓為請，而没已閲月矣。初，宓之在朝也，寺丞丁焴往使金，宓嘆曰：『世讎未復，何以好爲？』錢詩有『百年中國豈無人』之語。復數年，聞關外不靖，以書抵焴曰：『蜀口去關外雖遠，實如一身，近事可寒心，皆士大夫之罪，豈非賄道不絶之故耶？』焴服其言。宓天性剛毅，信道尤篤，嘗爲《朱墨銘》，謂朱屬陽，墨屬陰，以驗理欲分寸之多寡，自言居官必如顔真卿，居家必如陶潛，而深愛諸葛亮身死家無餘財，庫無餘帛，庶乎能蹈其語者。端平初，殿中侍御史王遂首言宓事先帝有論諫之直，而不及俟聖化之更，宜褒其身後，以勸天下之為臣者。帝為感動，詔贈直龍圖閣。所著有《論語註義問答》等書，並文集藏于家。出《宋史》本傳從孫均。

均字平甫，不溺貴習，力學好古，足不出書室，口不及世事，雖預薦書，肄業太學，及以累舉恩，當大對，不屑就。嘗糸稽《宋史》及司馬氏《稽古録》、徐氏《國紀》、李氏《續通鑑長編》諸書，用朱文公《通鑑綱目》義例，輯成《宋編年舉要》《備要》二書。《舉要》猶綱也，《備要》猶目也，起太祖建隆庚申，迄寧宗嘉定甲申，凡數十卷。端平初，有言于朝者，下福州取其書，勑賜迪功郎，不受。所居容膝，妻啼兒號，處之泰然。郡守楊棟時枉顧諮問，帥王居安延請至閩，甚禮遇之。年七十餘卒。鄭性之題其墓曰篤行君子鈍齋陳公之墓。出《事述》

莆陽文獻　葉顒傳第二十四

葉顒字子昂，賓之玄孫也。登紹興二年進士第，調南海縣主簿，攝尉。盜發，州檄巡尉同捕。巡撿獲盜十餘人，歸其勞於顒，顒曰：『掠美、欺君、倖賞，三者皆罪，不忍爲也。』帥曾開大喜之。知貴溪縣。時詔行經界，郡議以上中下三等定田稅，顒請分為九等，守從之，令信之六邑，以貴溪為式。知上虞縣，凡繇役令民自推，貨力甲乙，不以付吏。民欣然，皆以實應。催租各書其數，與民約，使自持户租至庭，親視其入，咸便之。帥曹泳令今歲夏租先期送什之八，顒請少紓其期，泳怒。及麥大熟，民輸租反爲諸邑最，泳大喜，許薦于朝，顒固辭。賀充中薦顒端方靜退，遂召見。顒論國讎未復，中原之民日企鑾輿之返，其語剴切，高宗嘉納，除將作監簿，知處州。青田令陳光獻羡餘百萬，顒以所獻克所賦。湯思退之兄居處州，家奴屠酤犯禁，一繩以法，思退不悅，屬常州逋緡錢四十萬，守坐免，移顒知常州。金犯邊，高宗視師建康，道毗陵，顒賜對舟次，因言恢復莫先於將相，故相張浚久謫無恙，是天留以相陛下也。古人謂天下安，注意相。天下危，注意將。臣謂天下危亦在注意相，蓋非蕭何無以知韓信也。

臣聞進亮死，虜之諸將統二三十萬人馬北歸，帖然而無異變，是虜將未可輕也。今日爭言進取，更在陛下審之。上曰：『卿言極是。』顒初至郡，無旬月儲米。及一年餘，緡錢二十萬。或勸獻羡餘，顒曰：『名羡餘，非重征則横斂，是民之膏血也。以利易賞，心實恥之。』召為尚書郎，除右司。孝宗即位，詔求直言，顒上疏，謂陛下以手足之至親，付州郡之重寄，是利一人，害一方也。時秀王伯圭為台州，故顒及之。除吏部侍郎，復權尚書。顒言典選一事，衣冠清濁之所由出也，而吏胥得以操其柄，是使之入銓曹，與吏為市。出銓曹，與民為市。可不思所以革之乎？乃與郎官編七司條例為一書，上嘉之，令刻板頒示。皇兄居廣，請以初除儀同應得親屬占射差遣恩例畀王若純。顒爭之曰：『啓一若純，則百若純至矣。』僉樞洪适請以已覃恩二官貤高祖父母，顒言：『追秩高祖，禮經所無。』皆格其請。乾道初，召對便殿，因問鄉當官，何以為先。對曰：『真宗皇帝所製文臣七條盡之矣。清廉固臣子之本分，臣每以公忠為先。』上曰：『卿無忘此言。』時上好鞠戲，顒奏曰：『竊聞陛下以萬乘之尊，為鞠擊之戲。有如馬驚，為之奈何？』上曰：『無他，但欲不忘鞍馬爾。』除端明殿學士，拜叅知政事兼同知樞密院事。武臣梁俊彦請稅沙田蘆塲，帝以問顒，對曰：『沙田乃江濱地，田隨沙漲，而出没不常，蘆塲則臣未知詳也。且辛巳軍興，蘆塲田租並復。今沙田不勝其擾。』上曰：『誠如卿言。』顒至中書，召俊彦切責之，曰：『汝言利求進，萬一為國生事，斬汝不足以塞責。』俊彦皇恐汗下。是日，詔沙田蘆塲並罷。時有上白劄者，顒言事若可行，彼胡不顯其名，示人以公？乞勿行之。莆郡苦輸猶剩米，顒因守臣張充蹈之奏，乞歲減其半，後盡除之。江陰軍判官受賕，上曰：『貪吏，朕欲用漢法誅之。』顒曰：『本朝自祖宗以來，未嘗殺一士大夫。史册書之，天下以為美事。臣願陛下以唐虞三代為法，漢法安足道哉？』户部侍郎林安宅請兩淮行鐵錢，顒力持不可，安宅不能平。及擢諫議，果論顒之子受宣州富人周良臣錢百萬，得監鎮江大軍倉，御史王伯庠亦論之。顒乞下吏辯明，乃以資政殿學士提舉洞霄宫。上下其事臨安府，時王炎知臨安，上令炎親鞫。置對，無秋毫跡。獄奏，上以安宅、伯庠風聞失實，並免所居官，仍貶安宅筠州，召顒赴闕入見。上勞之，曰：『卿之清德，自是愈光矣。』除知樞密院事，未拜，進尚書左僕射兼樞密使。上以安宅向者章疏得之鄭昺，欲加責。顒曰：『大恩未報，務修小怨，實非臣事陛下之本心。』帝曰：『不念舊惡，卿有焉。』顒遂引薦汪應辰、王十朋、劉珙、陳良翰、周操、陳之茂、王佐、王秬、芮燁、林光朝等可備執政侍從臺諫給舍之選，又與上論自古明君使賢使愚使奸使盗，惟去太甚。上曰：『虞有禹、皋，亦有共、驩。周有旦、奭。亦有管、蔡，惟在用不用耳。』顒言：『今在朝雖未有如共驩管蔡，然有竊弄陛下威福者，臣亦不敢隱。』時方召見，鄭聞啓擬，除右史，而外已傳播。命未下，陳俊卿以語顒，顒問所從來，俊卿云聞之洪邁，邁聞之龍大淵。顒乃於上前極論大淵、曾覿竊弄威福。上曰：『朕不憚去此輩，後有事大於此者，卿當極言之。』是日，大淵、覿俱被斥，中外相慶，上以國用未裕，詔宰相兼國用，使叅政同知國用事。顒乃言今日費財養兵為甚？兵多則有冗卒虚籍，無事則費財，有事則不可用。雖曰汰之，旋即招之，欲足國用，當嚴於汰、緩於招可也。孔子曰：節用而愛人。蓋節用則愛人之政自行於其間，若欲生財，祇費民財爾。上曰：『此至言也。』殿前軍帥王琪每於上前妄薦人材，一日，上問顒胡與可可用否。顒對曰：『陛下何以識之？』上曰：『聞之王琪。』顒言與可奴事諸宦官，朝士切齒。琪之職，將也，應薦武臣，何預與可？臣不敢奉詔。顒退，逮與可至中書，令條具本朝故事，何人受將臣薦，得何官。與可無以對，蹴踖遁去。大將戚方剥軍士，結宦官，上欲窮治，顒曰：『方之罪固不容誅，然有主之者。』上曰：『陳瑤、李宗回其尤也。』二人皆責。既而御筆籍戚方家財三之二以勞軍。顒又言諸將若此者衆，恐人皆自疑，不若止籍其所白放散官錢之數，則邦刑可伸，物情亦安。明日，上見顒曰：『卿所議戚方事，深得體。』上又曰：『建康劉源亦嘗賂近習，命王朴廉其姦。』顒對曰：『臣恐廉者甚於姦者。』乃止。上嘗謂顒曰：『朕思祖宗法度，創之甚難，壞之甚易。』顒曰：『臣見元祐三年進士第一人李常寧廷試策，其首曰：「天下至大，宗社至重，百年成之而不足，一日壞之而有餘。」當時以為名言。蓋壞者非一日遽能壞也，人主一念慮之間，不以祖宗基業為念，則事事不省，馴致敗壞。』上稱善。顒每除吏，上必曲加咨訪。顒嘗啓擬王秬左司郎官、胡元質右司，上曰：『胡元質固佳士，王秬曉事否？』顒曰：『秬極有才。』及退朝，與諸公言上求治核才如此，無不聳懼。三年，日南至，上有事于南郊，雷雨偶作，顒引漢故事上印綬，乃除左正奉大夫、提舉江州太平興國宮。顒即日出關抵莆，一夕就寢，忽覺，整衣端，坐而薨，年六十八，以觀文殿學士致仕。遺表聞，上追悼久之，贈特進，累贈少師，謚正簡。

顒為人簡易清介，與物若無忤，至處大事則毅然不可奪。每言當官不可不明，明不可察。馭下不可不嚴，嚴不可刻。又曰：抑強扶弱，為政之道。然尋事以抑之，彼必怨。示機以扶之，彼必驕。驕且怨，如為政何？與林師說、高登氣槩相高。登嘗上書譏切秦檜，檜捕之急，顒與同邸擿令逸去。登曰：『不爲君累乎？』顒曰：『以此獲罪，固所願也。』與同年林宋弼厚善，約以兒女為婚。既而宋弼死，家單弱，而顒仕寖顯，然必踐前約。自初仕至宰相，服食童妾田宅不改其舊云。出《宋史》本傳等書

顒之兄顗，政、宣間與顒徒步入京師，並隸太學博士弟子員。金虜入寇，朝廷始設武藝謀略科。顗平日尚義好謀，習騎射，至是首中其選，授承節郎，隨大將劉延慶為京城東北守御官。然是時天下事壞已極，金兵攻圍日急，顗度其勢必不可，召顒謂曰：『吾兄弟被義方之訓，當勉於忠孝，然是不可兩全，吾以受命當登陴死戰，以盡臣節。爾其歸養父母，以供子職可也。』顒曰：『兄言及此，吾亦何憾？』因相對涕泣而別。顗遂登陴力戰死之。出《何志》

棠字次魏，顒之孫也。以祖澤授承務郎，累遷知邵武軍。陛辭奏事，首乞法孝宗。上問法孝宗何先。棠奏孝宗二十八年之治，不出仁孝勤儉四字。棠人物魁偉，奏對詳緩，上和顏納之，遷太府丞，丐外，知台州。紹定元年夏大水，城幾圮，棠冒風雨，極力防衛，期與城相存亡，而城卒賴以全。選委屬僚撿禾蠲放，既及分，又增放一分損公錢，遣官糴米浙西，以充濟糶，民愛之如父母。尋擢浙東提舉，

明年九月，台城陷於水，朝廷以棠得台民之心，亟發常平錢米遺棠措置振卹。至即請于朝，乞撥紹興府官會五萬貫、米二萬石給濟，仍乞放免本州茶鹽酒醋雜税一年。續有旨令棠兼權州事，仍撥降安邊所官會二十萬貫、儲倉米七萬石，以助不給。至於五縣冬苗夏税，盡數蠲放，上供諸色綱解並與住催，乃分遣僚屬，選委寓公，隨鄉煮粥以活饑餓，優用資遺，以撫流移。既告糴隣郡，以濟急缺。復招誘客販，以備接續。拯救尫羸，埋瘞遺屍。病患者施藥治療，露居者資助葢造。於是重築城堤，堅牢高厚。越歲再水，莫能衝突。台民德之，迺相率立二生祠，繪像以祝其壽。朝廷嘉之，增二秩，直寶謨閣兼權紹興府浙東安撫提刑。未幾，除本路提刑，以金部郎官召。會山陰謀帥，廟堂將有啓擬，上曰：『葉棠在浙東，甚鎮静，無以易之。』進直徽猷閣、知紹興府，充浙東安撫使。要地有不相樂者，乃屢上祠，請改知太平州。未幾，提舉成都府玉局觀，以將作監召，命下而殁，自號萬竹。子彦昞，歷司農寺丞，知邵武軍。

出《僊谿志》

大有字謙夫，顒之從曾孫也。以《春秋》應紹定三年卿試。五年省試，皆中第一，授英德府教授，大新郡學。秩滿，除國子録。輪對，上首以國計諸務為問，大有歷歷指陳，玉音褒奬，累遷秘書郎，出通判徽州。召赴闕，丁外艱，服闋，歷著作佐郎，除正言兼侍讀。力辭，上批：『擢卿言職，出自朕意。益殫忠藎，自結主知。』猶懇辭，上面諭：『自卿初對，朕已識卿。』乃拜命，首疏論儲嗣紀綱人材為國家命脉，反覆數百言。又乞救民饑，寬民力。遷左司諫，奏抑内降，保直臣，罷外戚授官。因奏事，乞歸。上曰：『留卿主臺綱，即當異擢。』遷殿中侍御史，奏：今日根本之慮，一曰惜名器，二曰惜財力，三曰惜民命，四曰惜天時。不可以有警則畏，無警則玩。尋監省試兼知貢舉，遷侍御史。因侍經筵，御筆大書教忠等字賜之。《周易》徹講，錫衣帶鞍馬及賜詩，皆異寵也。大有獻備邊三策，薦浙東憲臣蔡杭可大任，遷右諫議大夫，辭，除刑部尚書，累辭。御筆云：『卿性質醇雅，議論和平。擢之大常伯職之大司寇，所以示優寵也。朕之待卿，有加無替。』大有力以母病辭，除寶章閣學士、知温州。上又批諭云：『朕之用卿，以其中和。』又云：『朕之念舊，難釋眷懷。』大有不獲已，奉母之官。未幾，丁母憂感疾，終于家，年四十七。遺表聞，上為不懌者累日。大有出入舘閣言路，凡十餘年，前後敷陳，百二十餘奏，皆士論所歸，但其排擊程公許、黄師雍、年子才諸人，議者不以為然。出《僊谿志》等書

莆陽文獻　龔茂良傳第二十五

龔茂良字實之，紹興八年登進士第，爲南安簿、邵武司法。父母喪，哀號擗踊，鄰不忍聞。調泉州察推，以廉勤稱。改宣教郎，召試館職，除秘書省正字，累遷吏部郎官。張浚視師江淮，茂良言本朝禦敵，景德之勝，本於能斷。靖康之禍，在於致疑。願仰法景德之斷，勿為靖康之疑。除監察御史。江浙大水，詔陳闕失。茂良疏曰：『水，至陰也，其占為女寵，為嬖佞，為小人專制。崇、觀、政和，小人道長，內則愉腐竊弄，外則姦回充斥，於是京城大水，以至金人犯闕。今進退一人，施行一事，命由中出，人心讙然，指為此輩。臣願先去腹心之疾，然後政事闕失，可次第言矣。』內侍梁珂、曾覿、龍大淵皆用事，故茂良及之。遷右正言。會內侍李琦沒，贈節度，謚靖恭。茂良諫曰：『中興名臣如趙鼎，勳臣如韓世忠，皆未有謚。如朝廷舉行，亦足以慰忠義之心。今施於琦，為可惜。』竟寢其謚。嘗論大淵、覿姦回，至是又極言之，曰：『今積陰弗解，淫雨益甚，熒惑入斗，正當吳分。天意若有所怒而未釋。二人害政，甚珂百倍。』上諭以皆潛邸舊，非他近習可比，且俱有文學，敢諫爭，未嘗預外事。翼日乃疏言：『唐德宗謂李泌：「人言盧杞姦邪，朕獨不知，何耶？」泌曰：「此其所以爲姦邪也。」今大淵、覿所為，行道之人能言之，而陛下更頌其賢，此臣所以深憂。』疏入，不報。即家居待罪，章再上，除太常少卿，五辭不拜。除直秘閣、知建寧府，自以不為群小所容，請祠，不允。上後知二人之姦，既逐于外，起茂良廣東提刑，就知廣州。即番山之址建學，又置番禺、南海縣學。既成，釋奠，行鄉飲酒以落之。城東舊有廣惠菴，中原衣冠没於南者，葬之。歲久廢，茂良訪故地，更建海會浮圖，菆寄暴露者，皆揜藏無遺。召對崇政殿，左丞相陳俊卿欲留之，右丞相虞允文不樂。會俊卿亦罷，除直顯謨閣、江西運判兼知隆興府。上以江西連歲大旱，知茂良精忠，以一路荒政付之。茂良戒郡縣免積稅，上户止索逋，發廩賑贍，以右文殿脩撰再任。疫癘大作，命醫治療，全活數百萬。進待制敷文閣，賞其救荒之功。召對，奏潢池弄兵之盗，即南畝負耒之民。今諸郡荒田極多，願詔監司守臣條陳募人從便請耕。民有餘粟，雖驅之為寇亦不從矣。除禮部侍郎。上亟用茂良，手詔問國朝典故，有自從官徑除執政例。明日即拜叅知政事，奏事賜坐。上顧葉衡及茂良曰：『兩叅政皆公議所與。』衡等起謝，上從容曰：『自今諸事毋循私，若鄉曲親戚，且未須拔引，朕每存公道，設有誤，卿等宜力争。君臣之間，不可事形迹。』茂良曰：『大臣以道事君，遇有不可，自當啓沃，豈容迹見於外？請詔有司刊定七司法。』淮南旱，茂良奏取封樁米十四萬，委漕帥賑濟。或謂救荒常平事，今遽取封樁米，毋乃不可？茂良以為淮南咫尺敵境，民久未復業，饑寒所逼，萬一嘯聚，患害立見，寧能計此米乎？他日，上奬諭曰：『淮南旱荒民無饑色，卿之力也。』潮州守奏通判不法，得旨下帥臣體訪。通判，茂良鄉人也，同列密以省吏付棘寺推鞫，欲及茂良。奏事退，同列留身，出獄案進上，茂良不知也。上厲聲曰：『叅政決無此。』茂良遜謝不復辯。葉衡罷，上命茂良以首叅行相事。慶壽禮行，中外覬恩，茂良慨然嘆曰：『此當以身任怨，不敢愛身以弊天下。若自一命以上，覃轉不知月添給俸，與來歲郊恩奏補幾何，將何以給？』宣諭奬用廉退，茂良奏朱熹操行耿介，屢召不起，宜蒙録用，除秘書郎。群小乘間讒毀。未幾，手詔付茂良，謂虛名之士，恐壞朝廷。熹迄不至。錢良臣侵盜大軍錢粮累數十萬，茂良奏其事，手詔令具析。俄召良臣赴闕，駸駸柄用。其後茂良之貶，良臣與有力焉。茂良之以首參行相事也，踰再歲，上亦不置相，因諭茂良史官近奏三台星不明，盖實艱其選耳。淳熙四年正月，召史浩於四明，茂良亦覺養衰，因疾力求去。上曰：『朕以經筵召史浩，卿不須疑。』時曾覿欲以大資禄其孫，茂良以文武官各隨本色蔭補格法繳進，覿因茂良入堂道間，俾直省官賈光祖等當道不避，街司叱之，曰：『叅政能幾時？』茂良奏：臣固不足道，所惜者朝廷大體。上諭覿往謝，茂良正色曰：『參知政事者，朝廷參知政事也。』覿慚退。上諭茂良先遣人於覿，銜替而後施行，茂良批旨，取賈光祖輩下臨安府撻之。手詔宣問施行太遽，茂良待罪使人宣諭委曲，令繳進手詔，且謂：卿去，雖得美名，置朕何地？茂良即奉詔。謝廓然賜出身，除殿中侍御史。廓然，附曾覿者也。中書舍人林光朝繳奏不書黄，遂補外。茂良力求去，上諭曰：『朕極知卿不敢忘，欲保全。卿去，俟議恢復，卿當再來。』是日除職與郡，令内殿奏事，乃手疏恢復六事。上曰：『卿五年不說恢復，何故今日及此？』退朝，甚怒曰：『福建子不可信如此。』謝廓然因劾之，乃落職放罷。尋又論茂良擅權不公，矯傳上旨，輒斷賈光祖等罪，遂責降安置英州。父子卒于貶所。覿與廓然死後，茂良家投匭訟冤，遂復通奉大夫。周必大獨相，進呈復職。上曰：『茂良本無罪。』遂復資政殿學士，謚莊敏。茂良平生不喜言兵，去國之日，乃言恢復事。或謂覿密令人訹之云：『若論恢復，必再留。』茂良信之。廓然論茂良，亦以此為罪。茂良没數年，朱熹從其子得副本讀之，則事雖恢復，而其意乃極論不可輕舉，猶平生素論也。深為之嘆息焉。出《宋史》本傳

弟史良、友良，皆進士。子晏、晸，皆陞朝。晸值史彌遠當國，修先世故，怨屏不用。晸亦安於退處，最後除知汀州，不赴。孫曾、堪、頊等，皆殖學有名云。出《事述》等書

莆陽文獻　鄭僑傳第二十六

鄭僑字惠叔，興化縣人，唐右散騎常侍兼侍御史積之後也。僑初上禮部，為舉首，與兄萬卿同陞，及自太學再薦。弟僩亦貢于鄉。乾道五年廷試進士，有司奏僑策居第二，孝宗覽而異之，擢第一。簽書鎮南軍節度判官。歲洊飢，佐帥守講求荒政，凡數十事，後以為法。轉著作佐郎，兼國史實錄院屬官、吏部司封。介然以靜重自守，不一至執政之門。以《左氏春秋》侍講東宮，爲陳大義，而尤拳拳於父子君臣、君子小人之際。請外，提舉江南西路常平茶鹽。振綱剗弊，不嚴而肅。淳熙八年，淮浙歲凶，遴選常平官。孝宗以淮東昔處宗室貴戚，多不得人，必擇一士為之。僑方丁内艱，未終禫而命下。服除，過闕奏事，首勸孝宗責躬求言，遂請米，得四萬石，以繼常平之乏。既入境，宣布上意，令民皆知有恃以活而無轉徙之思。倒廩勸分，增廣諸郡舉籍，循行州邑，損益其未盡善，而督課其不如法。淮鹽賦入甲天下，歲久積弊，本錢益朘，所負數十萬，亭户重困。先之以身，弊蠹自除。踰歲，所給累三百九十萬緡，疲瘵以蘇。濬治漕渠五百餘里，凡所罷行，一於便人利物。孝宗詢知僑風績，召欲以為言官。數對宰輔問其來期，僑以有妻之喪，累丐祠。未幾，復提舉江東，入為禮部郎中兼太子侍講。天少雨，應詔上封事。孝宗以僑言面戒大臣。會高宗崩，孝宗欲行終喪之制，僑與聯事者參稽古今，以求其當。時孝宗在德壽宮，大臣欲先表請還内，又表請聽政者。僑曰：『喪不離次，禮也。今雖不克如古，詎可專以此請？第以聽政為詞，則意自及之矣。』除起居舍人，館伴金吊祭使。奏言：『陛下追復古制，欲縞素三年，而吊者不易服，請詰之。』孝宗曰：『夷狄禽獸，何足與争？』於是太子參決啓擬宫僚，孝宗曰：『鄭僑自好，故遷。』侍從者皆罷兼職而僑獨以太子請，留為左庶子，尋又兼權給事中。適婉容陳氏父以墨詔遷官，僑封還之，孝宗為寢其命。殿前副指揮使郭棣交通值貨，朝無敢言。僑因其進秩及于請，數四論格，嘗直前奏事，孝宗曰：『卿屢獻忠讜，朕甚開納。』遷中書舍人，六押制勑，悉由僑手。訓詞有體，天下誦之。差充金國賀正使，至則虜王已寢疾，其下匿不以告。將入門，宣徽使傳言感冒，未能視朝，令使人就東上閤門進書。於是館伴使十餘輩趣入，僑捧書屹立，徐曰：『東上閤門，臣寮進表章之地。某等恭持皇帝書來，乃於此投進。他日使還復命，失職之罪，首領不保，不若死守，以全職分。』虜知不可屈，即密告以其主病篤之意。僑守益堅，自朝至于日中，聲色愈厲。久之，宣徽使復來，曰：『使人且歸館。』及暮，復遣吏怵脅，且謂書不進，何以得歸？僑曰：『若固强我，微軀且不足顧，何歸之云？』元日將昏，傳命遣回，至中山，聞虜喪。至境，光宗已受禪，道除給事中。入見，光宗嘉獎他日，從官同對重華宫，孝宗顧僑曰：『卿守節不屈，舉措得宜。』兼侍講修撰實録。僑在門下，諫官左遷，降胡建節，隨龍人、醫官、內侍横恩，論駁不遺餘力。疏姜特立之姦，罷添差總管，除命權吏部尚書。光宗曰：『卿在瑣闥，所論公正。銓曹繁劇，今以付卿。』進兼侍讀。僑每以畏天進德、孝敬問學、親君子遠小人、開廣言路、謹惜名器、脩政重令、愛民節用為光宗言，光宗常嚮納之。先是，僑請更迭外任，光宗不許，曰：『潛藩舊人，宜在班列。事有缺失，得相裨補。』閲半載，又一再伸懇。除顯謨閣學士、知建寧府。平決無留事，以公使錢為下户代夏輸，而力請損諸縣版帳之太重者。移知福州，尤以簡靜致理。罷義倉和糴之需，減古田偏重之賦。改知建康府。過闕，召見勞問。僑舉時事之大而可憂者，反覆以諫。再命賜對，所言益切。光宗方虚副樞以待，而僑竟以直不果留。至建康，久旱之餘，歲仍不登，講求荒政，參以所宜。蠲賦招商，公私融廪，所活甚衆。召還吏部，辭，不允。三上祠請，詔復任以畢荒政。進龍圖閣學士。寧宗即位，復以尚書趣召，恨來之晚。即日命侍讀，尋知實録院脩撰。日已晐，再御書筵，拜同知樞密院事。明年，參知政事。僑登二府，愈益感奮，不市恩，不干舉，不立黨與，不私好惡，欲以清靜和平輔天子玄默之治。既而屢以疾求退，寧宗亦屢諭留之。又明年，進知樞密院事。選將練兵，討論軍實，謹防邊備，操執紀綱法度，以抑僥倖。頃之，復懇求辭位。寧宗數遣使趣入，詔有司毋受章奏。又還所上劄子，猶請不已。寧宗手書牘尾曰：『忠誠重厚，朕所倚毗。累丐退閒，殊咈眷意。』且面諭以將大用。甫三月，再上章求退。除資政殿大學士、知福州。辭日，寧宗猶示以復召之意。僑請平國論而無偏聽，嚴邊防而無輕信。移知建康府。僑先已兩上祠請，及是還里，固辭，提舉洞霄宫。三疏告老，以觀文殿學士致仕，卒。僑孝友端重，簡澹無他嗜好。平生所為皆有常度，故受知三朝，見稱忠實。或以僑常扳援韓侂胄，指為韓黨云。子守仁、寅、守正。出《事述》等書寅最知名。

寅字子敬，號肯亭，僑游洋之潯陽人。晚居郡城東，子孫遂為莆人。寅以父任補官，歷知吉州。召對，言濟邸冤狀，指斥權臣。端平初，召爲左司郎中，兼權樞密院副都承旨。又請為濟邸立廟，且言三邊無備，宿患未除，宜正綱紀，抑僥倖，汰冗兵，以張國勢。竟以執法守正，出知漳州，卒。寅靜重博洽，藏書數萬卷，名賢真德秀、李燔、陳宓皆與為友。燔嘗薦海内名士十二人于朝，寅其一云。出方大琮等集

莆陽文獻　林劉陳黃卓傳第二十七

林光朝字謙之，少有聲場屋。再舉禮部不第，不復以得失為意。聞吳中陸子正嘗受學於尹焞，因徃從之游。自是遂專心聖賢踐履之學，通六經，貫百氏，出入起居，必中規矩，稱為南夫子。四方來從學者歲亡慮數百人，其為教，不專於詞章為進取計，蓋以身為律，以道德為權輿，故自紹興以來，四五十年，士知洛學而以行義修飭聞于鄉里者，光朝作成之也。平生未嘗著書，其於聖賢微旨有得於師傳者，惟口授學者，使之心通理解。嘗曰：『道之全體，存乎太虛。六經既發明之，後世註解固已支離。若復增加，道愈遠矣。』孝宗隆興元年，光朝年五十，始以進士及第，授左迪功郎、袁州司户叅軍。未上，乾道三年，龍大淵、曾覿以潛邸恩倖進，光朝與劉朔以名儒薦對，頗及二人罪。由是光朝改左承奉郎、知永福縣，而大臣論薦不已。召試舘職，為秘書省正字兼國史院編修官、實錄檢討官。六年，《四朝會要》書成，遷著作佐郎，進國子司業，兼太子侍讀史職如故。九年，張説再除簽書樞密院事，光朝不往賀，遂以直顯謨閣出為廣西提點刑獄。淳熙元年，移廣東。茶寇自荊湘剽江西，薄領南，其鋒鋭甚。光朝督二將遮擊，連敗之，賊宵遁。帝聞之喜，曰：『林光朝儒生，乃知兵耶？』加直寶謨閣，召拜國子祭酒兼太子左諭德。四年，帝幸國子監，命講《中庸》，帝大稱善，面賜金紫。不數日，除中書舍人兼侍講。是時吏部郎謝廓然由曾覿薦，賜同進士出身，除殿中侍御史。命從中出，光朝愕然，曰：『是輕臺諫、羞科目也。』立封還詞頭。天子度光朝決不奉詔，改權工部侍郎。請外，以朝散郎充集英殿脩撰、知婺州。引疾提舉江州太平興國宫。年六十五，卒，謚文節。光朝老儒，通練世務，負士望甚重。在後省久，未有建明。吕東萊私謂所知曰：『未知此老若爲收殺？』及繳駁謝廓然除命，乃喜曰：『此舉過江後未有也。』光朝既歿，朱文公嘗嘆曰：『某少年過莆，見林謙之、方次雲，説得道理極精細，為之踴躍鼓動。退而思之，忘寢食。及後來再過，則二公已死，更無一人能繼其學者矣。』光朝所著文詞，有集二十卷，陳宓序之，謂其森嚴奥美，精深簡古。上忝經訓，下視騷詞，他人數百言不能道者，先生宜數語雍容有餘。劉克莊亦謂高處逼《檀弓》《穀梁》，平處猶與韓並驅，世亦不以其言為過云。姪成季，從朱文公遊，有學行。嘉泰中特科，終興國軍判官。雜出《宋史》本傳并《名公事述》等書

劉夙字賓之。莆自林光朝倡聖賢踐履之學，夙與弟朔師事之，得其傳。夙擢紹興二十一年第，調吉州司户忝軍，添差建州教授。以弟朔爲温州司户，迎母游氏就養，因乞與温州教授莫沖兩易，以便親。從之。作養人才，多所成就。孝宗即位，召對，除秘書省正字，移樞密院編修官，以親老屢求去。無何，

兼國史院編修官。夙曰：『求去以便私也，美職可因而得乎？』力辭不就。除著作佐郎。輪對，首論馳射、近侍、備淮三事，又以江浙水，奉詔陳得失，乃上疏曰：『陛下與曾覿、龍大淵輩觴咏唱酬，罷宰相，易大將，待其言而後決。嚴法守，裁僥倖，當自宮掖近侍始。又及黄門溢格、宰相、臺諫不振職，及謹邊防、辨才德，凡六事。丐外，章再上，以爲荆湖北路安撫司叅議官。以興化猶剩米病民，請盡蠲之。乾道元年，以親老丐祠，主管台州崇道觀。三年，差知衢州。期年，政平訟簡。會曾覿副賀金正旦，道衢謁夙，不納，復求去。徙知温州。明年，引疾歸，甫一年卒。是歲王龍學龜齡、芮司業燁俱卒，而夙復繼之。吕祖謙悼以詩曰：『今年襟上淚，三泣萬夫雄。』林光朝答士友慰吊之書有云：『賓之愛君，均於愛親，憂國過於憂身。古有遺直，今難其人。』其爲一時名賢之所推重如此。餘見弟朔傳中。夙二子，彌正、彌邵。

彌正，淳熙八年進士。嘉泰初，爲考功郎，嘗爲朱子定謚曰文。韓侂胄兵禍有萌，使彌正如兩淮。還言無故而先發，天理不順。無豫而輕舉，人謀不從。侂胄怒，官終吏部侍郎。子克莊。雜出《名公事述》等書

彌邵字壽翁，夙方盛年歿，家貧，有書數厨。彌邵慨念先澤，卧起其間，不爲舉子業，惟以學古爲心。

自六經以下，莫不抄纂考論。古今斷制，義理一以洙泗關洛之語爲法。事必求通，理欲實踐，自童至耄，確然不移。少以貧食於學，後棄去。郡博士俞來致學俸，卻不受。郡守楊棟創尊德堂於學宮以處之，亦不久留。及棟提點福建刑獄，復論薦于朝，未報，卒，年八十二。子宬，由科第知古田縣。遇禋霈，例授彌邵京秩。誥已下，憚不敢白。彌邵性狷介，嘗質經於陳宓，評史於鄭寅，問《易》於蔡淵，自是之外，罕與人接。臨卒，猶爲諸孫講張栻集解《孟子》一章。所著有《易藁》《漢考》等書，藏於家。出《事述》

克莊字潛夫，少有異質，日誦萬言，爲文立就。嘉定二年，郊恩補將仕郎，調靖安簿，以宣教郎知建陽縣。新考亭祠，祀朱、范、劉、魏四賢于學。糴賑糶倉二千斛，方以邑最聞，而言官李知孝、梁成大箋其所詠落梅，有『朱三鄭五』之句，以謗訕摭其罪。鄭清之力爲辨釋，得通判潮州，改吉州。端平初元，有旨都堂審察，除將作簿，爲閩帥真德秀叅議官，改宗正簿。二年，除樞密院編脩官，兼權侍右郎。輪對，言服天下莫若公，今失之私。鎮天下莫若重，今失之輕。又言權臣壞朝綱，開邊釁，兵驕楮賤，貪饕僥倖之俗不可回，諸賢起而當之，天人未應，願堅凝初意，無使邪說摇正論。又言苕川之事，出於迫脅，向止議其罪，不原其情。近雖復其爵，未雪其冤。皆人所難言。尋除知漳州。嘉熙元年，改知袁州。坐先言濟王事，爲御史蔣峴所劾，與方大琮、王邁同罷歸。既而予祠，遂擢江西提舉，改廣東就陞漕攝舶，奉給例券，皆卻不受。買田二百畒，以贍仕於南而以喪歸者。淳祐四年，除江西提刑，訪求民瘼，讞釋獄覔。除將作監，改直華文閣。因舊任六年，令赴行在奏事。道除太府少卿。既至，面對三劄，首言委任之失，次言謀謨之誤，次言當上法祖宗，使善類常合，言路常通。御劄劉克莊文名久著，史學尤精，可特賜同進士出身。除秘書少監，令與尤焴同任史事。次日，兼權國史院編脩、實録院檢討官。又三日，兼崇政殿説書。轉對，言今日之深憂，莫如國本未建。援引甚詳。暫兼中書舍人史嵩之服闋，御筆除職，予祠，令克莊行詞。克莊奏嵩之有無父之罪四，無君之罪七。舊相致仕，合有誥詞，今臣行嵩之之詞，未知爲褒爲貶。論奏不已，爲殿中侍御史章琰劾罷。七年，除直龍圖閣，主管明道宫。八年，除宗正少卿，尋依舊職，知漳州，就除秘閣脩撰、福建提刑以便養。甫及月，丁内艱。方禫，除秘書監，有旨趣行。既至，兼太常少卿、直學士院，兼崇政殿説書、史舘同脩撰。時事多内出，克莊言祖宗盛時，内降絶少。今中外除授，不由大臣啓擬，求者、予者，奉行者習以爲常，臣竊惜之。言忤當國，尋除起居舍人，復兼侍講。進言愈切，力奏不草史宇之答詔。十二年，除右文殿脩撰、知建寧府，改福建轉運副使。以鄭發疏褫職寢新命，提舉明道宫。景定元年，賈似道還朝，歷遷權工部尚書兼侍講，以年迫壓乞納禄，除寶章閣學士、知建寧府。五年，除焕章閣學士，守本官致仕。度宗咸淳四年，特除龍圖閣學士，仍舊致仕。明年，年八十三，卒，謚文定。克莊學問充積，尤長吏事，而爲文名所勝。真德秀嘗以學貫古今、文追騷雅薦之，守官舉職，不負所知。晚年爲賈似道一出，君子惜焉。所著《後村居士前後續新四《集》，行於世。雜出《名公事述》等書劉朔字復之，紹興三十年試禮部第一，廷試甲科，調温州司户叅軍。與夙俱不輕許可，學者輻輳其門。屬歲饑疫，火焚千餘家，守袁孚以朔董其事，饑者與粟，病者與劑，寒瀕死者與褚被。爲坊二，命僧主醫療。日一至，以藥囊粥釜自隨，所活數萬人。收道傍棄兒，募乳飼及聽無子者擇取。孝宗初立，與林光朝同召，對曰：『陛下何不兼納憤激敢言之士而聽訐直難堪之言？』因以自考察成敗得失，且及曾覿、龍大淵罪狀。改宣議郎、知福清縣，以至誠待民，聽訟無留滯。市食掛錢於門，民當其物持錢去。會病作，請祠歸，再召入對。於是虞允文贊孝宗恢復，士多嚮之。朔極諫，以爲宜選兵將，廣儲峙，責成於端重堪事者，從容以待其變，不可憑虛蹈空，過爲指料，決天下於一擲。孝宗竦然。免試，除秘書省正字，以疾丐外，除福建安撫司叅議官。行至信安傳舍，卒。朔與其兄夙皆爲時望所推，夙性挺特，不以色假人，朔則濟以和易。至於輕禄位而重出處，厚名義而薄勢利，盡言於朝，盡心於官，飭廉隅，公是非，殆不相讓云。朔二子，起晦字建翁，擢淳熙五年第，知貴溪縣，召試秘書省正字兼益王府教授。蔚有時望，識者謂其材行不忝於其父，而言官指爲僞學，劾罷之。起世擢慶元二年第。雜出《名公事述》等書

起世之字希仁，嘉定四年進士，因郊有雷雨雹之異，應詔謂付授非材，處置失當，輕動干戈，憂起蕭墻，上誤國家，下誤蒼生。天威警戒，抑在是歟？且摭七事以獻，於人才尤致意焉。又曰：『論事之

臣，惟知攻上躬。任事之臣，惟知舉權要。』所言皆磨拂貴近，時論壯之。在仕途六十年，進爲之日少，閑散之時多。所薦士如徐鹿卿、皮龍榮輩，多貴達，而希仁乃屢以謗退，官止中大夫。平生每遇遷擢，必有論建。身雖屏處，猶上箴闕失，惓惓忠愛畎畝不忘君云。出《備志》

陳士楚字英仲，少篤志問學，長從林艾軒游。乾道八年，登進士第，調臨江户曹，攝新喻縣。政大治，改秩調候官縣。丞相周必大薦之，以國子監簿召對，孝宗獎其誠實。十六年，差樞密院編脩官。紹熙初，兼司封郎，除宗正丞，兼嘉王府直講。一日，百官已趣班，雪大作，宰相索表稱賀，士楚援筆立就，朝士皆稱嘆。青宮開經筵，士楚講《周書·無逸》『知稼穡之艱難乃逸』一章，其説曰：『百穀麗于土，荄萌既敷，方有實。三農力于田，莠草既除，方有秋。』以喻小人有妨君子之意，壽皇傳諭曰：『陳直講説書，議論精詳，理致深奥，誠得師儒之道。』賜以金樽、玉甌、金錢。歷軍器少監，提舉江南東路茶鹽公事。歲儉民饑，不憚巡訪，全活者衆。再除侍右郎右史。退葺御書閣扁、陽春堂、楫壺樓、觀稼亭，皆宸筆揮洒。慶元改元，除侍講。四月，以疾卒，賻儀甚厚。林希逸守莆，祠艾軒、綱山、樂軒于城山，後人以士楚侑享云。雜出《何志》等書

黄芻字季野，少從艾軒學，志行高古，同遊士自劉夙、劉朔、林亦之而下，皆推讓焉。一第而夭，

僅止懷安縣丞。

卓先字進之，少從艾軒游，年十五，拔鄉解。屢試南宫不利。紹興四年，年四十，以特科調龍溪主簿。歲旱疫，施藥多所全活。遷永慶軍節度推官，郡倚以治。爲建寧軍節度推官。歲亢旱，松溪、政和、建陽、浦城四邑，仰食下流客米。府禁米舟出城，先爭曰：「四邑非建民耶？」守史彌堅以是重之。後以倦遊歸里，卒。先平生居官廉靖，言論據經是古，與人寡合。陳宓、鄭鰜許與特甚，而傅伯成尤器重之。

出《備志》

莆陽文獻　鄭厚鄭樵傳第二十八

鄭厚字景韋，興化縣人，唐右散騎常侍兼侍御史積之裔。四歲讀書，一覽千言輒成誦。七八歲通解經旨，稍長，下筆成章，援引古今議論。時舍法行，士子惟通一經，厚獨兼之。自太學歸，講學薌林，從游者衆。與從弟樵倡物理之學。宇文虚中一見異之，嘗貽以書曰：『士弊於科舉久矣。安知亦有淵源深渺、不爲俗學所漬如二公者乎？』紹興五年，再舉禮部，奏賦第一，廷對六千言，指陳無隱。高宗聞厚姓名，有詔特循兩資，與陞擢差遣，授左從事郎、泉州觀察推官。嘗上奏三事，曰國勢、治體、兵備。紹興八年，以趙旿薦，召對，因言御將固本攬權之方，高宗嘉納。會鼎去國，詔任滿日，改合入官。明年至泉，適鼎爲泉守，事皆屬厚。尋以郡吏决死獄，誤以甲爲乙，與守佐皆連坐解去。踰年，除廣東路茶鹽司幹辦公事，歷昭信節度推官，與守將討平齊述之亂，掩骼埋胔，賑給流離，郡賴以安。改左承事郎、知湘鄉縣。縣號繁劇，厚臨之以公，吏民畏愛，郡守、部使者皆待以賓友，與之談論經理，未及代，卒。

厚器局宏遠，學問該博，尤善屬文，以左氏爲法。嘗著《存古易》，去彖象、文言、大傳，以爲皆後之學《易》者所作。又嘗著書號《藝圃折衷》，指湯武放代，爲亂臣賊子之首。論伊尹放太甲，周公相成王攝政，爲啓後世簒逆之禍。詆孟子誦仁義而賣仁義，爲儀、秦之雄。其他立論，與古聖賢相悖者尤多。當時蓋嘗坐是爲臺官所劾，十年不調云。雜出《事述》等書

鄭樵字漁仲，厚之從弟也。父國器，太學生。嘗鬻己田築蘇洋陂，人食其德。没于姑蘇。時樵年拾陸，盛夏徒步護喪歸葬，自是謝絶人事，結廬越王山下，閉門誦習。既又築草堂夾漈山以居，久之，乃遊名山大川，搜奇訪古，遇藏書家，必借留讀，盡乃歸。晝理簡編，夜觀星象，飲食寒暑俱忘，專以討論著述，不爲文章，自負不下劉向、楊雄，一時名人若李綱、趙晰、張浚皆器重之。初爲小學經旨、禮樂文字、天文地理、昆蟲草木方書之學，皆有論辨。紹興十九年上之，詔藏秘府。復還草堂，益厲所學，從者二百餘人。尋丧母，哀毁廬墓三年，部使者舉孝廉者三，舉遺逸者二，皆不就。紹興二十七年，以侍講王綸、賀允中薦應召。明年，上殿奏言：『臣處山林三十餘年，脩書五十種，皆已成之。書其未成者，臣取歷代之籍，始自三皇，終于五季，通脩爲一書，名曰《通志》。糸用馬遷之體，而異馬遷之法。謹摭其要覽十二篇，名曰《脩史大例》。帝曰：『聞卿名久矣。敷陳古學，自成一家，何相見之晚耶？』授右迪功郎、禮兵部架閣。力乞還山，自監南岳廟。還家論著，閱四年，《通志》成，紀傳、世家、載記用舊而以年表爲譜，以志爲畧。十五畧不涉漢唐諸儒議論，五畧雖本前人之典，亦非諸史舊文，蓋平

生所考論者，弘綱機要，皆聚於此。乃詣闕請對，上之。會車駕幸建康，戒嚴，樵未得見，以為樞密院編脩官，尋兼權檢詳諸房文字。時虜勢張甚，樵言歲星分在宋，金主將自斃，後果然。明年春，高宗至自建康，命以《通志》繳進。會病卒，年五十九，學者稱夾漈先生。

樵於學無所不通，其論《書》則先按伏生孔壁之舊，與漢儒所傳、唐世所易，以辨其古今文字之所以訛。傳《春秋》則首考三家之文，參以同異，而斷其簡策傳寫，於口耳授受之互有誤。說《詩》則辨《大小序》之文，别風雅頌之音，正二南王化之地，明鳥獸草木之實，類皆信而有證。居鄉累歲，不一詣守令。門人束脩，一無所受。筆劄雖詔從官給，未嘗取也。見人寸善，推譽如不及。有來質問者，苟可告語，為之傾倒。數於當路薦林光朝、林彖，增築蘇陂，以紹先志，作永實橋、過來菴，苟一有利於人，必力爲之。詩文之屬，有《谿西集》五十卷。子翁歸。雜出《宋史》本傳及《事述》等書

莆陽文獻　鄭黄方黄傳第二十九

鄭可學字子上，號持齋，露之後。少孤貧，由鄉薦兩浙漕試，再貢禮部，皆不利。道武夷，見朱文公從學。自以禀性卞急，於懲忿工夫尤力久之，最稱得文公精要。文公守臨漳，賓禮可學以教其子弟。晚年删定《大學》一編，曰：『此書欲付得人，惟子上足以當之。』凡四方學者疑問，多使可學是正，而士友之南者，必見可學而後行。當代聞人如曾逢、曾逮，與爲忘年交。吕祖儉、李孟傳、廖德明皆敬禮之，前後三奉大對。嘉定四年，始授忠州文學。是歲，廖德明帥廣，招致郡齋。湖南漕使曾槃檄攝衡陽户曹，道卒。所著有《春秋博議》。出《事述》等書

鄭耕老字穀叔，父安正，少負才學，篤志訓諸子。嘗築書堂，率閭里子弟講學，一時名士多從之游。耕老登紹興十五年進士第，主懷安縣簿。母喪，調温州法曹，改明州教授。四明自女真焚蕩之後，學陋教弛。耕老更營學區，爲講説科舉之外者，侍從多以通經術薦。召見，奏言：『太祖嘗問趙普曰：「天

下何物最大？」曰：「道理最大。」知道理爲大，則必不以私意而失公中。』孝宗悦。親擢國子監主簿。添差福建安撫司機宜文字。滿秩，徑歸南陂。素厭聲律浮靡，讀《詩》《易》《庸》《範》《語》《孟》，味其深微，皆有訓釋，榮利澹如也。兄箕老，特奏名。出《莆陽比事》等書

鄭獻翁字帝臣，伯玉之裔也。少從鄉先生黄績學，嘗與朋儕私自較藝，一日作三十餘論，衆皆驚服。第咸淳元年進士，終漳州推官。至元改物，故官例起叙用，而獻翁以老病免。爲人豁達，表裏洞然，偉容貌，眉目踈秀，鬚長至腹，見者拭目。方是時，前輩舊德多已淪謝，後生頗習胡俗，獻翁獨以所學傳於人，故家子弟，猶賴之不墜其業。顧長卿兄弟皆出其門，復與黄績之子仲元及其徒林應成輩倡仰止之學，續東湖之祀，鬻田數十畝，爲春秋釋奠之費。年七十餘，卒。出吴源《王正近記》

黄士毅字子洪，自莆徙居吴，不忘故鄉，因號壺山。幼知嗜學，爲向上事業。方慶元詆排道學，士毅徒步趨閩師朱文公。命日覾一書，夜叩所見，文公嘗告以静坐勿雜，唤醒勿昏。居數月，授以《大學章句》，終其身從事於斯。著述甚富，類註《儀禮》，譔次文公《書説》及《文集》。又因《語録》成書分門序次，爲《語類》。嘗言孔孟之道，至周程而復明，至朱子而大明，識者以爲知言。出《通志》

方大壯字履之，廷範之裔。少穎悟，操筆成章。艾軒、二劉咸推重之。年長，不事場屋，專心求道。朱文公至莆，舉所學就正焉，得其親傳之懿，日與同志講明，自號履齋，文公爲書其扁。大壯性孝，執父喪，三年不出户。臨没，勉子姪養其母，戒治喪無用浮屠冠衣，束帯而没，學者稱履齋先生。子大東，字東叔，弱冠文藝絶流輩。年五十，始與二子洧孫、澄孫同拔漕解。明年，第進士乙科，調泉州永春縣主簿，卒。雜出《事述》等書

澄孫字蒙仲，以字行。少能文，落筆若宿構者。淳祐七年，廷對，萬言終始，欲聚君子以續國氣脉，明公論以強國精神。又請立涪陵後，錮秦檜子孫，竄史嵩之以謝天下。擢甲科，爲邵武軍學教授。賓禮耆宿，作成俊秀，會學廪贏錢及校官例券置貢士莊。秩滿，監激賞所酒庫，以慈去。辟淮西制置司幹官，入爲國子監庫官。校藝南宫，坐商論去取不能下氣，去添差通判南劍州，改泉州，辟淮西制置司叅議官。適虜渡江，治法征謀，悉咨之而行。虜退，知邵武軍。邵武歲三易守，蒙仲撙節以繼乏絶，拊柔獷俗，表倡儒行，請立樵川書院以廣教養。郡最聞，增一秩，尋以秘書丞召，卒。蒙仲初年挾才乘氣，既乃務爲謙和，一時諸賢皆折節與之友。方大琮、王邁、劉克莊尤愛厚之。始以文字見知賈似道，及似道相，蒙仲獨求外補，自效終其身。子公權，字立道，以遺澤補將仕郎，擢咸淳元年第。先是，蒙仲臨終以世業勉公權，果以詞賦魁福建漕試，歷廣州教授、太常寺主簿以歸。景炎間，興化再被元兵，甫罷屠戮，

故官遽變衣冠求見元帥唆都，公權獨以大義責之，唆都反降勢禮遇，然公權竟不仕。卒。平生著述甚富，時稱石巖先生。出《事述》

方符字子約，大壯兄子。少授學於叔父，以鄉試上春官，道考亭，拜朱文公於精舍，留語累夕，爲作《字說》。第慶元己未進士。文公以書賀大壯云：『符清苦自勵，窮達得喪，惟命之安。』歷潤、衢二州教授，知瀏陽縣、通判徽州。未上，卒。出《備志》

黄補字季全，號吾軒，滔之後。父端，第紹興十二年進士，歷惠州教授，終安溪縣令。補侍宦惠州時，永嘉陳鵬飛適謫居于此，因得師友之。其爲學專用心於内，而世間利達不少動其心。已而以其學教授于鄉，及門者數百人。時林光朝講學城南，補在城東，幾與齊名。乾道八年，登特科，授高州文學，調高要縣尉。卒，有《九經解》等書。出《八閩通志》

黄績字德遠，滔之裔。兄縝，寶慶二年進士。績少凝重，稍長，棄舉子業，慨然有求道之志。始遊淮、浙，遍參諸老。中年還里，聞陳宓、潘柄從黄幹得朱子之學，遂師事之，與同志十餘人集陳氏仰止堂，旬日一講。宓、柄卒，績與同門友築東湖書堂於望仙門外東畔，請田于官，春秋祀焉。讀約聚講，如二師在時，向之同門友又皆相與就正於績，故績雖布衣，然爲鄉先生三十年，門人著籙牒，以數十百計。郡守、佐、博士皆加敬禮。先是，郡守楊棟即學宮建尊德堂，以處劉彌邵。暨彌邵卒後，虛其堂，無敢居之者。至是邦人相率推績繼之，涵江書院始賜額，又以績兼其山長，然皆非其好也。晚聞趙以夫作《易通》，與之上下其論，以夫謂爲益友。績兄弟皆與劉克莊善，克莊目縝曰愛友，績曰畏友。績以獨不懼名齋，克莊爲記。所著有《四書遺說》等書，藏於家。平生不喜作韻語，時有感興，亦自得風人之趣云。績前卒，有星隕書樓之西。及卒，又有雷雨之變，君子謂績匹夫而垂死之際，天變若是，殆異於衆人耶？

出《事述》

仲元字善甫，號四如，績之子也。少刻志讀濂洛關閩，及父績所傳潘、陳二師之書，抄拾唐宋名人之文，凡二百四十二家文，學爲時推重。第咸淳進士，前後五除官，最後除國子監簿，皆不赴。宋亡後，更其名曰淵，字天叟，又併改四如之號，而以韻鄉聱翁、彥安為稱。怡然窮居，深入理奥。學文必《檀弓》《穀梁》，學詩必《三百篇》、陶、韋、柳州。推廣先志，凡其口講心授，莫非仰止傳習之懿，而尤嚴東湖之祠，晨必謁，朔望必參。二仲釋菜，暇則課守者洒掃，風雨則視其蓋障，雖老不少廢。年八十二，卒。仲元說經，間與先賢異同，其為文亦類艱深，至於奇古處，殆不可句云。有《四書講稿》等書，藏於家。

出《事述》

莆陽文獻　張林余林鄭謝傳第三十

張弼字舜元，僊遊縣人。性恬淡好學，尤刻意於《易》，以爲《繫辭》者，聖人所以翼《易》，始意其大例當在於此，乃置諸家之傳註，獨執經誦之。凡三十年，忽有所悟，久而益信，乃以所得大例幾百條，推明爲書，根象數，原義理，得與民同患之實用，雖與前此談《易》者異同，而用於爻象之辭，一字皆有所本。出黄裳《序文》是以上極道德性命之理，下及昆蟲草木之微，禮樂典章，法度可指。吉凶悔吝，動静先知，有漢晉《易》家所不到者。出黄穎《序文》紹聖初，丞相章惇以其名聞，并上所著書賜號葆光處士。三年，朝奉郎林伸等百五十三人列薦于守帥，部使者轉以上奏，勑授福建司户叅軍，充泉州州學教授。弼鬱鬱然，若有不樂者，未赴官而卒。出《事述》等書

林彖字商卿，幼孤，隨母鞠於外祖陳次陞家，以故得盡讀六經百氏之書，多聞元祐名臣出處大節，與宋累朝典故。後遷居真州，又得事劉安世、任伯雨、陳瓘諸公，而與任申先、象先兄弟爲忘年友，所

得益加於前。紹興初，嘗爲簽樞徐俯禮致而終不肯受其薦，奉母歸閩，菽水盡歡。母没，終喪，不謀婚娶，曰：『吾有弟，不至絶先人世。』不問家事，曰：『吾以付二弟，若復以家事相關白，安能遂吾志哉？』寓跡龍華寺、法華菴，榜所居軒曰『聽雨小園』，曰『意足』，曰『怡然於其間』。縣官希見，其氣味或可語者，時一見之，非其所好，扣門不納也。處之四十年如一日，平生身不接俗人，口不談世務，足不踐舉場，隆興元年春，監司帥臣列薦，有旨召赴行在，力以疾辭。其秋，丞相陳康伯、樞密黄祖舜再取旨，令監司、郡守敦促之，復引疾不就。於是陳孝則、林孝澤皆泉、莆偉人，適以憲漕會閩中，相繼率三數百人，以彖名聞。叅政周葵以重望鎮泉山，即以孝則、孝澤之狀上，孝宗爲再促召，亦不赴。乾道四年，詔特與進士出身，添差興化軍教授，未一考而卒，年七十，自號萍齋。出《事述》等書

林肅字恭之，淳熙三年，登進士第。少有文名，從游艾軒之門，試教官科，中首選，調臨安府學教授，卒。同邑有傅蒙者，字景初，少亦從艾軒學，工詞賦，兼五經。孝宗朝，嘗著萬言書上之，退而講學龍池，以淑後進，自號與軒。後以子矩恩，封從政郎。出《僊谿志》

余元一字景思，淳熙五年，以詩學魁南宫，登進士乙科。娶勉齋黄幹之女弟，而幹則朱文公壻也，因得親灸於文公。始見之，日以仁義禮智信分作五論，及自著文集為贄，文公頗敬愛之，嘗有《答余景

思書》，見文公《别集》。歷官知同安縣，號稱清嚴，終池州通判。同邑有林德遇者，字若時，性質頗鈍。一日，忽發憤齎産裹糧走武夷山中，拜文公求教。令日誦《論語集註》，久之，覺有所開悟，發於文辭，亦明暢可觀。文公卒，復往赴葬。家居，與貫齋陳沂相友善，切磋漸磨，卒為鄉名士云。出《僊谿志》

林磻字豈獻，嘉定十三年登進士第。少負雋聲，從游者衆。臞軒王邁嘗師事之。官止海陽縣尉。同邑林蒙亨字宿西，其學於天文地理諸子百家之書無不該貫，莆、泉學者多從之遊，而邁尤敬焉。兩預鄉書，不第，後以子有之恩，贈朝請郎。出《僊谿志》

鄭鼎新字中實，先世自建之浦城遷于僊遊，以太學生登嘉定十六年進士第，知晋江縣。建問政堂，輯《論語》繫於政者二十四章，書于壁，以便省覽。又建縣學文宣王廟，闢一堂，扁以尊道。時真德秀守泉，頗敬重之，邑民相與立生祠于紫澤宫。尋通判處州，監右藏東庫，遷國子書庫，授都大提管。卒，遺命治棺衾，一以《儀禮》從事。鼎新少授業黄幹之門，咨問甚詳。嘗考究禮書成編，名曰《禮學舉要》，亦參質於幹及楊復諸先生。又撰《禮學從宜》一集，居家好義，有家塾義莊，德秀嘗爲之記。出《僊谿志》

謝陞賢字景芳，少篤志義理之學，以太學生登端平二年進士第，調溶光縣尉。會教官闕員，守委攝學事。廣州濂泉書堂新成，帥漕方大琮檄爲堂長，提刑楊大異又檄爲桐江書院堂長。其後大琮、大異皆薦于朝，乞充師儒之選，官至興寧縣令。所著有《太極西銘説》《易通》《庸學語孟解》，大意皆推本朱文公之書。嘗曰：『欲遡道之所出以究其終則，必先三書而後四書。欲窮道之所入而反其始，則必先四書而後三書。』自號恕齋。出《僊谿志》

莆陽文獻　方信孺傳第三十一

方信孺字孚若，儀七世孫。父崧卿，擢隆興元年進士，知上饒縣，以政績聞，通判明州。秩滿，知南安軍。律身廉，蒞事勤，平易得民。移知吉州，罷米運力勝錢歲萬餘緡，減放諸邑月斛錢歲六萬八千緡，作六一堂於郡治東北隅，祀歐陽文忠公，搜遺墨八卷，刻石其中。除廣西轉運判官，改定鹽法，奏罷歲解鄂靖錢十一萬緡，採訪鹽課利害，編爲書十二條上之。崧卿自治嚴，接人一團和氣，平居常以『寧人負我，無我負人』之語戒飭子弟。所得禄賜，半爲抄書之費，家藏書四萬卷，皆手自校讎。嘗校正《韓昌黎文集》，又譜其經行次第，爲《韓詩編年》凡十五卷，刻南安郡齋。出《何志》等書

信孺有雋材，未冠能文，周必大、楊萬里見而異之。以父蔭補番禺縣尉，盗劫海賈，信孺捕之，盗方沙聚分鹵獲，惶駭欲趨舟，信孺已使人負盗舟去矣。悉縛盗，不失一人。韓侂胄舉恢復之謀，諸將僨軍，邊釁不已。朝廷尋悔，金人亦厭兵，乃遣韓元靚來使，而都督府亦再遣壯士遺敵書，然皆莫能得其要領。開禧三年，近臣薦信孺可使，自蕭山丞召赴都，命以使事。信孺曰：『開釁自我，金人設問首謀，

當何以答之？』侂胄矍然。假朝奉郎、樞密院檢討文字、充樞密院參謀官，持督帥張巖書通問于金國元帥府。至濠州，金帥紇石烈子仁止于獄中露刃環守之，絶其薪水，要以五事。信孺曰：『反俘歸幣，可也。縛送首謀，於古無之。稱藩割地，則非臣子所忍言。』子仁怒曰：『若不望生還耶？』信孺曰：『吾將命出國門時，已置死生度外矣。』至汴，見金左丞相都元帥完顏宗浩，出就傳舍，宗浩使將命者來，堅持五事，且謂稱藩割地，自有故事。信孺曰：『昔靖康倉卒割三鎮，紹興以太母故暫屈，今日顧可用爲故事耶？此事不獨小臣不敢言，行府亦不敢奏也。請面見丞相決之。』將命者引而前，宗浩方坐幄中，陳兵見之，云：『五事不從，兵南下矣。』信孺辯對不少詘，宗浩斥之，曰：『前日稱兵，今日求和，何也？』信孺曰：『前事興兵復讎，爲社稷也。今日屈己求和，爲生靈也。』宗浩不能詰，授以報書，曰：『和與戰，候再至決之。』信孺還，詔侍從兩省臺諫官議所以復命，衆議還俘獲，罪首謀，增歲幣五萬，遣信孺再往。時吴曦已誅，金人氣頗索然，猶執初議，信孺曰：『本朝謂增幣已爲卑屈，况名分地界哉？且以曲直校之，本朝興兵在去年四月，若貽書誘吴曦，則去年三月也。其曲固有在矣。如以强弱言之，若得滁、濠，我亦得泗、漣水。若誇胥浦橋之勝，我亦有鳳凰山之捷。若謂我不能下宿、壽，若圍廬、和、楚，果能下乎？五事已從其三，而猶不我聽，不過再加兵耳。』金人見信孺忠懇，乃曰：『割地之議姑寢，但稱藩不從，當以叔為伯。歲幣外別犒師可也。』信孺固執不許，宗浩計窮，遂密與定約。復命，再差充通謝國信所參謀官，奉國書誓草，及許通謝百萬緡。至汴，宗浩盡變前説，怒信孺不曲折建白，遽以誓書來，有誅戮禁錮語，信孺不為動。將命曰：『此事非犒軍錢可了，別出事目。』信孺曰：『歲幣不可再增，故代以通謝錢。今得此求彼，吾有隕首而已。』將命曰：『不爾，丞相欲留公。』信孺曰：『留於此死，辱命亦死，不若死於此。』會蜀兵取散關，金人益疑。信孺還言敵所欲者五事，割兩淮一，增歲幣二，犒軍三，索歸正等人四，其五不敢言。侂胄再三問，至厲聲詰之，信孺徐曰：『欲得太師頭耳。』侂胄大怒，奪三秩，臨江軍居住。信孺自春至秋，使金三往返，以口舌折強敵，金人計屈情見。然憤其不屈，議用弗就，已而王柟出使，定和議，增幣函首，皆前信孺所持不可者。柟白廟堂，信孺辨折敵首於強愎未易告語之時，信孺當其難，柟當其易。柟每見，金人必問信孺安在，公論所推，雖敵人不能掩也。乃詔信孺自便。出《宋史》本傳尋通判肇慶府，復奉議郎。峒寇竊發，被旨同廖德明措置收捕。就命知韶州，至郡，即封崇張九齡、余靖墓，擒赤水峒賊首戮之。轉承議郎、知道州，首竄不檢士號十虎者，飾濂溪祠，作太史闕，表元次山遺跡。俄提點廣東刑獄，奏縱屬郡久不決之訟數百千人，前政所發摘竄繫，守令考罪虛實，多奏釋之。轉朝奉郎、轉運判官，遂踐其父世職。深知鹽筴利害，操斡裁撙，自出新智，以漕計之餘，新學宮，增士廩，創類試院。又蠲諸郡鹽逋二十六萬緡，歲舉必先孤寒，小校裨將有不幸者，必歸其喪與孥。遷淮東轉運判官兼提刑、知真州。即北山匱水築石堤袤二十里，人莫知其所為。後金人薄儀真，守將決水匱以退敵，城乃獲全。山東初內附，信孺言豪傑不可以虛名駕馭，武夫不可以弱勢彈壓，宜選威望重臣，將精兵數萬，開幕山東，以主制客，以重馭輕，則可以包山東、固江北，而兩河在吾目中矣。坐責降三秩，再奉祠，稍復官。信孺性豪爽，揮金如糞土，所至賓客滿。其後車使北時，年纔三十。既齟齬歸營，居室巘竇，自放於詩酒。後貲用竭，賓客益落，信孺尋亦死矣。

雜出《事述》及本傳

莆陽文獻　陳居仁宋棐林枅傳第三十二

陳居仁字安行，父太府少卿膏，娶明州汪氏女，因家焉。膏初為汾州教授，佐守臣張克戩捍金人。後知惠州，單騎造曾袞壘，譬曉降之。鄞僧王法恩謀逆，事覺，或請屠城，膏方為御史，力論多殺非聖世事，脅從者悉寬宥。居仁紹興二十一年舉進士，秦檜與膏有故，有勸以一見可得美官，居仁曰：『是有命焉。』終不自通。詔脩《高宗聖政》，妙選寮屬，與范成大並充檢討官。淮甸交兵，魏杞以宗政少卿使金，辟居仁幕下。時和戰未決，金兵駐淮北，人情恟懼。突騎大至，彎弓夾道，居仁上馬，猶從容舉酒，屬杞天寒，且釂此觴，觀者壯之。乃諭金人開道入，卒成禮，減歲幣而還。及杞秉國柄，居仁忍貧需遠次，未嘗求進。虞允文欲引以為用，不就。允文欲與論兵，謝不能，退而貽書，謂有定力乃可立事，若徒為大言，終必無成。幸成，亦旋敗。允文為之色動，嘗轉對，言立國須定規模，陛下非無可致之資，而規模未立。孝宗初頗不懌，曰：『朕未嘗不立規模。』居仁奏，陛下鋭意恢復，繼乃通和。和、戰、守，三者迄今未定，孰為規模耶？允文曰：『此正前日定力之論，某今益知此言之當也。』進秘書丞，入對，論文武並用，長久之術。陛下奬進武臣，深得持平救偏之道，然未必得智謀勇畧之士，或多便佞輕躁之徒，將復有偏勝之患。帝嘉納，權禮部郎官。嘗言臺閣宜多用明習典故之士，帝問其人，居仁以李燾、莫濟對。甫數日，召燾，居仁力請外，乃知徽州。帝令陛辭，慰諭遣之。至郡，告以天子節經費，以惠儉瘠，不能推廣聖德，吏則有罪。乃招三衙軍，植二表于庭，有輸納中度而遭抑退者，抱所輸立表下，親視之。人無留滯，吏不能措手，輸税者恒裹羸以歸。鄰州有訟，多詣臺省，乞決於居仁。秩滿，邦人挽留，由間道始得去。入對，帝舉新安之政奬之，請編類隆興以來寬恤詔令，有曰法久則易玩，事久則易怠，惟申加戒飭，有以儆其觀聽，則千萬年猶一日。帝曰：『名言也。』又言：歸正忠順過於優渥，而遇戰士反輕。此曹出萬死策勳，今老矣，添差已罷，廪稍半給，至丐于市，軍士解體，乞加優恤，以全終始念功之意，堅後生圖報之心。帝覽之嘉歎。會駕大閲白石，即命再添差兩任，衣糧全給，三軍為之呼舞。留為户部右曹郎官，命未下，朝方推《會要》賞，帝曰：『陳居仁治行為天下第一，可因是并賞之。』特轉朝議入夫，會樞屬闕員方進擬，帝曰：『豈有人才如陳居仁而可久為郎乎？』即授樞密院檢討文字，尋爲右司，遷左司，又遷檢正中書門下省諸房公事，歷兼左藏諸庫。居仁親視案牘，嘗謂有罪幸免，則冤者何告？誣枉者七人皆當叙復。執政難之。居仁退疏其冤狀上之。帝曰：『居仁精審，尚復何疑？』詔以旱求言，居仁乞命公卿務行寬大，假吏部尚書，使金還，兼權中書舍人。泛恩濫賞，封繳無所避，因言恩惠不及小民，名爲寬逋負，實以惠頑民耳。名爲赦有罪，實以惠奸民耳。願盡放天下五等户身丁、四等户一半。從之。安定王子彤乞封妾爲夫人，居仁繳奏，帝喜迎，謂有補風教。又論君人之道，貴在執要。今陛下親細故而忽遠猷，事末節而忘大體，願舉綱要以御臣下，省思慮以頤精神。詰旦，令清中書之務，權直學士院。帝曰：『内外制向委數人，今陳居仁一人當之，不見其難。』乞詔大臣博議，絶浮費，汰冗兵，計當省之數，定蠲除之目，此富民之要術也。以集英殿脩撰知鄂州，築長隄扞江，新安樂寮以養貧病之民，撥閒田歸之。進焕章閣待制，移建寧府。歲饑，出儲粟，平其價，弛逋負以巨萬計，代輸畸零藴税。有因告糴殺人者，會赦免，居仁曰：『此亂民也，釋之將覆出爲惡。』遂誅之。觀察推官柳某貧，死，不克歸，二子行丐于道。聞而憐之，予之衣食，買田以養之，擇師以教之。鎮江大旱，又移居仁守鎮江，請以緡錢十四萬給兵食，不報。爲書以義撼丞相，然後許發。時密徃覘之，間遣糴運於荆楚商人。商人曰：『是陳待制耶？』争以粟就糴。居仁區畫有方，所存活數萬計，因饑民治古海鮮界港，爲石磴丹徒境上，蓄泄以時，以通漕運。治江陰姦僧。加寶文閣待制、知福州。入境，有饑民嘯聚，部分迓兵遮擊之，首惡計窮，自經死。治宗室之暴横，申蠱毒之舊禁，再進華文閣直學士、提舉太平興國宫。卒，贈金紫光禄大夫。居仁風度凝遠，處己應物，一以誠信。臨事毅然有守，所至號稱循吏，皆立祠祀之。有議奏、制藁、詩文行世。子卓，字立道，紹熙元年進士，其後知江州，移寧國府。丞相吴潛以故欲其一見，卓謝不往，潛益器之。在詞掖，草褫叛臣李全爵，詔書至，淮人益自厲。又草太廟災罪己詔，京師爲之感動。端平初，簽書樞密院事。未幾，丐祠，以資政殿學士還里。平生不營産業，以贊書所酬金，築世綸堂。閒居十有六年，卒，年八十六。葬事不能具。潛聞之，貽書制置使以助。其孫定孫力請謚于朝，乃謚清敏。出《宋史》本傳

宋棐字材成，後埭人。政和五年登第，建炎初，知餘干縣。盜張遇方蹂躪旁郡，驅掠向餘干。棐率民臨水植幟聲鼓，若將出迎敵者，盜疑引去。徙知邵武縣。鄰郡寇范汝為、毛湼龍始出就招，所過需丁壯負擔，殘虐甚。棐先寇令民遁去，寇既剽掠無所獲，群譟持兵，乘夜入卧内，棐諭之去，不為調一夫，民得全活。去邑二十年，有語及輒涕下者。紹興中，入為金部員外郎。扈從幸建康，時方用張浚、韓世忠圖恢復，棐請詔中外臣僚，採訪勇力權畧之士，不時舉薦，以備採擇。從之。因留總大軍錢糧。適有司窘用度，兩軍號百萬，棐為調度，兵食不擾而辦。秦檜專政，頗忌棐。棐奉祀者再，及起知通州，以治最聞。用薦累遷主管淮東安撫公事，召為太府少卿，充金國迓送正旦使。還，錄其語以聞。上嘉其有專對才，遷太常少卿兼史舘、直學士院。顯仁太后崩，斟酌典故，一出棐手，遂權禮部侍郎。會朝廷謀帥，以棐為集英殿脩撰、知紹興府，兼浙東安撫使。明年，虜入淮甸，聲摇近輔。或欲調兵積粟，嚴備非常。棐鎮以無事，一方晏然。力祈去，除敷文閣待制、提舉江州太平興國宮。凡五年，上章納禄，詔以通議大夫致仕，卒，贈少師。

弟椿，紹興五年别試第一，衢州教授。子煜，歷知循、賓、惠三州，皆有惠政，官終朝議大夫、

直徽猷閣。曾孫翊，以祖蔭入官，歷知程鄉、歸善二縣，遷通判汀州。史彌遠當國，罷歸。端平初，起通判廣州。摧鋒軍士作亂，帥臣曾治鳳棄城遁，翊力備禦，且以聞。有旨命崔與之領州事，翊佐之。賊奔他境，與之薦翊綿歷已深，廉介有守，擢知循州，進直煥章閣、知潮州，未上，卒。出《方志》及《事述》等書

藻字去華，棐之從子也。弱冠兩貢辟廱，舍法改復，與從父椿預計偕。紹興初，同試禮部，時號『二宋』。尋進《中興十君論》，高宗語執政云：『藻所進篇篇可採。』遂以布衣召見，占對如響，高宗悅，欲爵以京秩，試編脩官。政府以上書不先白阻之，注廬陵尉，登八年進士，改邵武軍教授，添差福建轉運司幹官。藻以汀、虔、循、梅山賊嘯聚，進銷冦六策，被旨應辦大軍錢糧，兵食不乏。詣闕上書，指陳時政，牴牾故相，累年不調，久乃補英州學官，改秩知益陽縣。連丁家難，進時議二十篇，除江南西路轉運司主管文字。會金亮渝盟，朝廷分遣屯戍，以藻充湖北、京西招討司機宜，與主帥分畫形勢，西屯襄陽，則覦登州。東屯德安，則向蔡州。中駐郢州，則上可赴唐城，東西可援蔡鄧。主帥如其請。及虜犯信陽，果一衂而退，不復窺漢上，乃悉引兵瞰瓜州。藻言於主帥，奏乞盡發戰艦防江面。虜既殺亮以還，朝廷遣五招討使分路追襲。藻至楚泗，廗伺虜班師有律，恐我軍昧利深入，為所掩，乃馬上占奏上之，高宗即命班師，擢藻知江陰軍。金兵繼擾淮甸，居民日夕渡江，藻勞來安集，至者如歸。督府分

屯義兵五千人，藻為營室廬，峙糗糧。金兵既退，諸州米價翔湧，疫癘盛行，獨江陰無恙。父老守闕上書頌治狀，孝宗即位，除提舉浙東常平茶鹽公事。陛辭，慰勞甚悉。至官未期，重造明、越、梁、湖，廢堰更創三衢義倉，罷猾胥六百六十九人，永嘉有風濤之變，藻被旨賑恤，躬行阡陌，瘗死骸七千餘，發粟寬租，捐竹木之稅，便民興造。又奏以絶户之産分恤孤惸，勞績上聞，四膺召對，所敷陳無不開納。坐彈劾温州守臣，為權貴所擠，力丐休致，得祠而歸。藻自布衣窟主，以忠鯁自奮，剛毅寡合。其在家雖妻子不見笑容，居官以身臨民，未嘗少自恕。後除守漳州，又除提舉江東，皆不拜。結廬囊山先塋之側，以讀書自娛。比没，告諸子曰：『余平生操履無負所學，今老矣，復何恨？但《易解》未成耳。』年八十二，卒，贈太中大夫。出《事述》等書

鈞字茂洪，藻之孫也。幼警敏精厲，長博涉經史，過眼不忘。登紹熙四年進士，調晋江尉。瀕海多盜，鈞捕有方，以能賞改承務郎，授荆門軍簽判，移廣德軍。討究征賦源委，告部使者裁其額。知南海縣，考核精明，丁口登耗，陞降必以實，民不能賕吏為奸。教育秀艾，薅鋤奸強，政聲奕起。通判饒州，楮幣更，列郡過於奉行，告訐滋熾，鈞抗疏極言展收换之期，寢編籍之科。召為太府寺主簿，尋知嚴州。首疏乞蠲淳安經總制錢五千緡，次第蠲損他邑無名征斂，起義役，買腴田，以贍其用。課最，累遷右曹郎官，改左曹、總領淮東軍馬錢糧。寇入光州，鈞策虜無能為，當下詔進討，重賞以招降附，清野以待

饑勞，分兵迎敵，東擊西應，毋專守地分，人自爲謀。又言宜籍江淮之篙工，罷温福之防托，别造防江輕艦數百艘，上下采石、瓜洲間，以備策應。多見采納。就遷司農少卿，後以朝奉大夫直敷文閣，再知泉州。泉舊随歲產敷納，台、信、建昌、邵武上供銀，大為民病。鈞手疏乞泉與四州從初賦，從之。創局講荒政，乞借撥樁積及通放平江糴舟，小商貸本，巨家勸分，而米大集，斟酌便宜，分等糶濟。幼薦乳，疾與醫，道恙者續粥藥，所活萬計。除海苔、蠣房、葵葉、鹽鮭等稅，蠲閣諸色逋賦，捐俸代輸畸零之户，民畫像祀之。以父喪罷歸，服闋，直顯謨閣、經略廣東，進秘閣修撰。急民隱，盡下情，以蜑族悍戾，刺爲櫂卒戍壽昌。南人善水，既除境内之盜，又免番更之勞，一舉而三得。會虜擾淮甸，朝廷以鈞暢曉邊事趣還，未行，卒，年五十八。鈞性孝友，其學問以行己爲本，濟時爲用，三國六朝得失成敗之數，歷歷如身履。凡江淮攻守大勢，援古訂今，具有本末。以實學圖實政，君子惜其所施未竟其藴云。子應先，朝請郎、通判泉州。出《事述》等書

林枅字子方，孝子攢九世孫也。伯父孝淵，崇寧五年進士，歷秦州、南劍教授。王黼當國，以同年屢遣堂吏屈一見，曰：『要職可得也。』孝淵曰：『有命。』竟由選格歷建州通判，改泉州。時福建二州殺其守將，泉卒亦習亂，屢犯郡守，而信孝淵一言，不敢暴。提舉舶事，邵邦建以其材術疏通，吏事詳練，有綏靖兵民之功，特薦之。嘗按收舶貨歸，吏循例取一匣腦以納，孝淵斥反舶庫。父孝澤，宣和

六年進士，歷知南康軍、提舉廣東市舶。有番嫗蒲持珍異以賂禁掖，爲子求官，中人助之。孝澤曰：『他日三佛齊以非時請入貢，明主猶謝遣之。今以一賈婦使朝廷廢二百年互市成法，可乎？』上書力争，固持不遣。就除轉運判官、知漳州。清介特甚，至不用官燭於私室，遷提點廣東刑獄，力辭，除直秘閣，與祠。朝廷每選守，重藩名郡，必及孝澤，以老不欲勞之。年八十餘，卒。枅擢紹興二十一年第，召對，首言持禄固寵之臣，似無過而緩急無所用。骨鯁戇直之臣，似無用而大節不能及。又言兵强財豊未足恃，所恃者得人心。得人心者，脩德而已。翼日，孝宗語宰執曰：『林枅儘忠實。』除秘書省正字，與脩《中興會要》，遷校書郎。求補外，知信州。陛辭，論清議者忠臣節士之所慕，而權倖讒諂之所憚也，奈何惡之？又言祖宗之法，不用武人爲大帥，必用文人爲經略以總制之。今内郡之守，百里之宰，皆用武臣參之。則方面專制，又將付之，何異唐之季世乎？枅至郡，裁驕兵以法，斥公帑代輸物力錢，民德之。提舉廣東常平茶鹽，就爲轉運判官，移使江西發漕司緡錢三萬六千助諸縣歲計。瘞豫章疫死者浮柩三千，爲塚六百九，骨函五百餘，窆其士大夫貧不能自窆者三百柩。會泉州缺守臣，孝宗於班簿中求一風力之士補之，遂以授枅。泉爲會府，訟牒盈庭，剖决無留。舉行荒政，條其病民者剗之，立三賢堂，祀姜丞相、秦隱君、歐陽四門。召除直秘閣、福建路轉運判官，申豁汀州無額經總制錢，等第减放寧化、泰寧兩縣苗米，論漳州子斗司收諸絶産，爲除豁諸縣税色。有旨兼領泉州。光宗即位，召拜吏部郎中。未幾，除直焕章閣、江東轉運副使，奏鐫廣德建平和買多取之額，改知慶元府，直徽猷閣、知福州，甓

城四千丈。卒於福州。枅官雖不登禁從而持節分閫，所至有聲。剛方廉介，濟以仁慈，吏畏民懷，爲當世所稱道云。雜出《何志》等書

莆陽文獻　方呉李丁林傳第三十三

方大琮字德潤，慎從七世孫也。祖萬，擢紹興三十年進士。大琮以詞賦爲開禧元年省試第三人，授南劒州學教授，首封羅仲素墓。為江西轉運司糸議官，決獄平允，改知將樂縣。式楊時廬，祀八賢于學。丁外艱，服除，知永福縣。值兵饑守隘，立栅禁港，發廪無虚日，時延名士講論文義。丁内艱，起復，累遷太府寺丞。蘇民競圍田，久不決。張椿年爲王府攙佃，堂帖下所給據，大琮曰：『椿年直欲奪百姓飯盌耳，惡知愛國愛王府哉？』持不可。歷秘書郎、著作郎，除右正言。首疏曰：『霅川之事，向也天地宗祖猶察陛下之不得已，今威福自己出矣，而元年御筆有曰：「立嗣一事，難以輕議。」二年御筆有曰：「衛王功茂，深欲保持其家。」一則如待深讐，一則如撫愛子。』又曰：『秦王子孫蕃盛，今麥飯無主。檜死，勒熺致仕，今班橐賜第。』又曰：『通天地間，一氣耳。二相不咸，諸閫不協，叛卒之變，殿旅之鬨，皆盭氣之流注激射也。誠能宣明洞達，此歉不留，將見精誠感召，此盭自弭矣。』别疏言故王之冤不雪，他日所屬意者皆可保乎？權奸之罪不討，他日豈無貪功者乎？因極論天下大勢。適理宗不御殿，封上之。踰月八對，理宗曰：『擢卿言官，論當體國。』大琮曰：『臣所言無非體國。』出，疏奏之，有曰：『理亂安危，自君心始。格其非者，在大臣。捄其源者，在諫臣。』又以女寵侈費爲戒。遷起居舍人，直前奏事，且曰：『淮南之封，尚稽輪臺之悔。不聞陛下何不自爲其所易，然後責群臣以所難？』兼國史院編修官、實錄院檢討官，奏乞還魏了翁以重朝廷。兼直舍人院。先是，有諫言綱常者，竄謫相望。及理宗親政，大琮敢言復故王爵，召用諸老，於是言路稍開。殿中侍御史蔣峴惡之，疏劾王邁、劉克莊等，以大琮爲魁傑，請置重辟。大琮遂罷去，主管紹興府千秋鴻禧觀，尋起知建寧府，中寢。嘉熙四年，除秘閣修撰、福建路轉運判官。時歲荒，首發常平倉，賑糶自鄉郡始。上四州委寓士蔡抗措置糴事。淳祐元年，改集英殿修撰、知廣州、廣東經略。四年，加寶章閣待制，并陞使。六年，進直學士，因任。大琮在廣五年，百度具舉，以兼司俸盡送三學，用朱子所定，更造冕服、爵俎、樽罍、籩笠、簠簋，鑄編鐘以足其數，取英韶石爲磬，行釋奠、鄉飲，以禮義化人，期盡變其故俗。增摧鋒軍春衣錢，給借水軍出戍糧米，改創清海軍門樓。改知隆興府，命下，卒，謚忠惠。

大琮外温和而内方嚴，平居抑畏，言不出口，至立殿陛，争是非可否，雖賁育不能奪。弟大鏞、大輿，蚤卒。大琮經紀孀幼，恩義兼盡，有奏議、外制、雜著若干卷。子演孫，字景行，弱冠與其群從十一人同拔甲午胄薦，調建康府粮料院，從王野辟制置司幕官，以秋苗例入返府，爲脩倉之助。添差通判南劍州，剖決滯獄如流。攝邵武軍。屬江閩告警，外鎮内撫，人情帖然。增郡帑舊儲二十倍，創學田百餘畝。

景定更化，除諸司審計。當對，傷父大琮坐言濟王事老死遠方，乃疏曰：『舜有有痺之封，周公有蔡仲之命，陛下之聖，豈愧古人？三十年間，因循未行者，存亡繼絶之一事耳。』反覆數百言，累遷太府丞。請外，知建昌軍。度宗即位，陛辭，爲上言皆關繫新政之大者。復申繼絶之請。至郡，首尊李、曾二先生之學，以表厲其風俗。革關社結集，新推排圖帳，計所復賦入及積鹽酒息，得楮三十五萬，以代四邑下户之輸，并補前此預借之數。孽婦張氏倚勢，爲一方害，亟聞于朝，盡籍其産。移守贛州，爲張婦擠罷，然張卒抵罪。演孫歸奉雲臺崇道祠，俄而蕪湖潰師，國事不可支。演孫雖家居，猶運粟以助京師，集民丁以固鄉邦之守禦。即家除工部郎官。廣王襲位福州，召除軍器監司農少卿，進大司農。演孫權宜措置，以輸危急，用是病日亟。景炎元年九月，卒，年六十四。演孫律身蒞官名，能守家法，侍父大琮跬步不離。大琮鎮廣，命演孫入京銓注，既發，大琮卒，演孫走回扶柩悲號，哀動行路。至於置義倉，建義學，爲時所重云。出《名公事述》

吳叔告字君謀，水南人。曾祖翊，成忠郎、建州都作院使。父元度，累贈中散大夫。叔告與兄伯脩同貢于鄉。端平二年，理宗始親政，策士于廷。叔告以發强密察爲言，理宗覽而異之，擢爲第一。簽書威武軍節度判官廳公事，累遷秘書郎。輪對，首言今虜冰合未來，交口談清野之效，裸享偶霽，動色稱格天之祥。大臣百執事循默容身者多，慷慨許國者少。又言邪封曲徑，借曰御筆。奏篇束閣，報曰旨依。

室垂磬而襲承平之用度，家四海而事藩邸之繕營。四年，差考公試，遷著作佐郎，兼權都官郎官。以親老丐外，知撫州。其治以正風教、扶善良為先，稽簿書、覈隱漏，以佐羅本。造官舟代募舟，以貲爲郎者代郡胥部押，言者以爲罪。叔告丐祠，不允。尋除刑部郎，以不善迎合，爲中外所攻，寢新命，貶一秩。淳祐三年，復元階。六年，差知袁州。明年，召奏事。十年，再除刑部郎、知漳、衡、常三州，改嚴州。自臨川罷歸，食祠者三，召者再，予郡者五，皆不果行。景定二年，始召除尚右郎官。入對，言：『天下萬事，其本在人主之一心。心不一於我，則二於物。向湖、廣、淮、蜀四面皆敵，今瀘城歸，漣海復，山東版圖，再入職方。儆戒之意，得無因是少怠？欒身之事，得無有切於心乎？』兼國史院編脩官、實錄院檢討官，差殿試覆考官。四年，除大理少卿，丐外，除直寶章閣、提舉浙西常平事。有仕者挾權貴求辟舉，叔告曰：『冗員不可增，某人不可舉。』是冬，召奏事，再祈免，得請，歸裝瀟然。明年，卒。叔告性狷介，少和寡合，器重之者多而仇疾之者亦不少云。出《名公事述》

李丑父字良翁，德昭從曾孫也。父宗之，通判邵武軍，以文名。諸史百家，口荅疑問，人以書厨目之。丑父幼穎悟，讀書迎刃而解，出語輒驚人。既授室，獨寢夜誦達旦。善屬文，劉克莊、王邁、方大琮見大奇之。年四十一，始領鄉薦。端平二年擢第，調邵武司户糸軍，添差通判福州。丑父嘗攝福州教授，士聞其來，皆喜，遂兼領學事。丁大全當軸，丑父忤其意，遂罷予祠，遷著作郎，權禮部郎官。踰月班對，草兩疏，首言苛征、戚畹、黷貨、聽讒四事，次言競侈二習，皆切時弊。理宗悉嘉納之。請外，提舉湖南常平義倉。務存繼絶户，决嫠婦久訟，條社倉舊規。桂陽有王媪者，虜禍時八口爲豪龔所殺，丑父爲直其冤。方謀欲劾西全、寶慶兩守貪虐，事露，為臺疏劾罷，畀祠，卒。丑父篤實清脩，温良和易，胷次灑然，與人無新故，一語必用情。所得禄賜僅自給，而銖積其餘為義廪。與弟姪共詩文，温潤清新，有集，藏於家。出《事述》

丁伯桂字元暉，祖彦先，景祐五年進士，官終秘書郎、知縣事。伯桂兄弟八人，伯林、伯韡、伯梅有聲場屋，皆貢于鄉。伯杞卒於太學生。伯桂擢嘉泰二年進士，累遷樞密院編脩官。端平改元，拜監察御史。二年冬，除秘書少監。三年，遷監，遂爲起居舍人兼中書舍人。嘉熙初，除權吏部侍郎，遷給事中，皆兼史職。方史彌遠當國，陳宓、鄭寅之流皆不安於位，於是朝無莆人。彌遠使伯桂始爲御史，在言路二年，諫疏盈篋，皆力扶世道，切中時弊。後雖出臺，然轉對奏事，指陳愈峻。韃靼入寇，伯桂言不宜徬徨動色，宜凝定以應事變。又言陛下本好賢受諫，近者言官忤旨，至形詞色。疏多留中，易置諫官、御史如奕棊，此致異之大者。又言韓休后戚，除節度使致仕，議者謂曷不移此募戰士以取韃酋之首。閆美人進封，親屬奈何加恩至百餘人？咸人所難言。未幾，卒。出《后村文集》

南一字宋傑，伯杞子也。少爲伯桂所奇，平生頓挫場屋。寶祐元年，年五十七，始奏名别院廷試，以累舉恩，陞兩科，調福州懷安尉。公族有僦居以婦墮胎告屋主者，南一辨胎以藥墮，坐誣。民有負逋自經者，子訟債主。南一曰：『汝父縊死矣，誰斷其舌？』搜其家，得舌於圊。民有溺死者，父訟主家，南一曰：『兩手有泥沙，自溺也。』人皆服之。然以介特忤外臺，改東莞監税。帥使謝子強曰：『此非所以浼儒者。』欲處以他職，力辭。尉卒捕盗，盗兄以爲辱己，捶弟至死，誣失主殺之。南一辨盗與失主未嘗交手。篙師曬衣墮水死，母誣舡主，南一視衣，果在手。子強薦之于朝，復以忤外臺劾罷，貧不能出嶺。嶠南士人率子弟行束脩師事之，漕使鄭協辟爲廉泉書院山長，洪天錫至，檄攝海陽州學教授，兼文公、元公兩書院山長。潮州方喜得師，而南一以悼亡歸矣。自號斗軒，嘗彙伯桂諫草爲若干卷。出《備志》

林彬之字元質，其先福州人，徙居莆。彬之少與王邁、方大琮齊名。端平二年，擢進士第，擢監察御史兼崇政殿説書。首疏天命人才民心，次言括田之害，曰：『今興利於利源既竭之後，立法於法意將盡之餘，主以一樞，翼以群小，恐利未興而害先及。』又誦皇祐中太常博士張述請立皇嗣語，且曰：『今陛下春秋過於仁宗皇祐時，决大議，立大本，尤不可緩。』又言彌遠用鄭損棄關，而基蜀漢之禍。嵩之召北兵入城而兆襄樊之變。今主兵之臣，以閉門自守為上策，運米浙江，以餉兀坐之兵。竭財大農，以守不耕之野。徒曰虜來自去可以苟安，豈不中其減水困魚之計？九年春，雷霆大作，積陰彌月，彬之以爲必有召怨於民者，民怨釋則天意回矣。遂極陳科抑、榷法、括田三害。其夏四月朔，日食。彬之又抗言扶陽抑陰三事。十年，遷左司諫。會仲冬雷，又言一陽方復，内卦爲震而有雷聲之異，豈天以此示警，爲國本計乎？理宗曰：『朕志已定。』十一年春，將有事於明堂，史嵩之規爲相，彬之力言乞扶公論。讀疏未畢，上曰：『嵩之斷不復用。』十二年，除殿中侍御史，仍侍講。首疏攻臨安尹擅利病民，卒移尹越州。又言繼尹余晦不當以私意辱右庠士，致三學捲堂而去。罷之。後言戚畹數人，除權工部侍郎，徑出關，上遣都司論旨，乃就職，爲殿廬詳定官。每緣經義以規切君德時政。會遣余晦諭蜀，彬之言晦不可遣。丐外，以集英殿脩撰知婺州。景定三年，以先朝耆舊，即家除寶章閣待制。命未至，卒。彬之事繼母孝，始終無違言。居家有檢束，立朝無附麗。平日謙信，若無異同者。及至榻前、階下，爭辨是非，寧忤不辱，安於清貧，食不重味，身無鮮衣，自少至老，不輟披讀云。雜出《名公事述》

莆陽文獻　王陳丘許余傳第三十四

王邁字實之，自號臞軒居士，僊游縣人。父鑑，擢紹興元年第，終古田主簿。邁幼穎悟強記，俶儻有奇節。年十一二下筆已驚人。既冠，以文謁鄉先正傅誠，誠嗟異，謂他日必以文名世。嘉定十年進士第四人，授潭州察推，再調浙西帥幹。考廷試，詳定官王元春欲私所親寘高第，邁顯擿其謬，元春怒，嗾李知孝誣邁在殿廬語聲高，免官，調南外睦宗院教授。真德秀再守泉州，邁竭忠以裨郡政。召赴都堂審察，丞相鄭清之曰：『學官掌故，不足浼吾實之。』屬德秀知貢舉，邁為初考，德秀以邁讀快見快，凡予奪陞降多咨焉。俄召試學士院，策以楮幣，援據古今，考究本末，謂國貧楮多，弊始於兵。乾淳初，行楮幣止二千萬，時南北方休息也。開禧兵興，增至一億四千萬矣。紹定有事山東，增至二億九千萬矣。議者徒患楮窮而弗懲兵禍，姑以今之尺籍校之。嘉定增至二十八萬八千有奇，用寡謀之人，試直突之說，能發而不能收，能取而不能守。今無他策，核軍實，窒邊釁，救楮幣，第一義也。又言脩內司營繕廣，內帑宣索多，厚施緇黃，濫予嬪御，若此未嘗裁撙，徒聞有括田榷鹽之議者，向使二事可行，故相行之久矣。更化伊始，奈何取前日所不屑行者而行之？又因椿以及時事，言君子之類雖進而其道未行，小人之迹雖屏而其心未服。德秀病危在告，謂陳塤、劉克莊曰：『實之策好，進德未已。』數月，喬行簡再相。或傳史嵩之復用，邁上封事曰：『天下之相，不與天下共謀之，是必冥冥之中有爲之地者。且舊相奸憸刻薄，天下所知。復用則君子空於一網矣。』又言鼻知古、陳洵益撓政。輪對，言人主不可欺天，人臣不可欺君，陛下亦嘗自省，惡旨酒果如禹乎？不邇聲色果如湯乎？戚里果皆陰興乎？北司果皆呂强乎？抑猶未也，非欺天歟？又言陛下厚權臣之恩，而恝然於同氣之念，此欺天之大者。邁由疏遠，見帝空臆無隱，帝爲改容。言者劾邁論邊事過實，改通判漳州。會禋祀雷雨求言，邁應詔畧曰：『天與寧考之怒久矣。麴蘗致疾，妖冶伐性。初秋蹕旬，曠不視事，道路憂疑，此天與寧考之所以怒也。隱刺覆絶，攸、熺尊寵，經綸法斁，上行下效。京率外兵，狂悖迭起。此天與寧考之所以怒也。陛下不是之思，方用漢災異免三公故事，環顧在廷，莫知所付。遥相崔與之，臣恐與之不至政柄，他有所屬，此世道否泰、君子小人進退之機也。於是臺官李大同劾邁交結真德秀、魏了翁、洪咨夔以收虚譽，削一秩免。蔣峴劾邁前疏妄論倫紀，請坐以非所宜言之罪，削二秩。久之，復通判贛州、福州、建康府信州，皆不行。淳祐改元，通判吉州。右正言江萬里袖疏榻前，曰：『邁之才可惜。不即召，將有老不及用之嘆。』帝以爲然，有尼之者，遂止。知邵武軍。在郡，詔以亢旱求言，邁驛奏七事，而以撤龍翔宫、立濟王後爲先。時清之再相，以左曹郎官召，立辭。以直秘閣提點廣東刑獄，亦辭。改侍右郎官。諫官焦炳炎論罷，予祠。

卒，贈司農少卿。邁以學問詞章發身，尤練世務，易祓戒潭人曰：『此君不可犯。』奪勢家冒占田數百畝以還民。李宗勉嘗論邁，然邁評近世宰輔，至宗勉，必曰賢相。徐清叟與邁有違言，邁晚應詔，謂清叟有人望，可用。世服其公云。出《宋史》本傳等書

陳讜字正仲，祖驥，字德純，少與直講張讀、叅政李邴相厚善。元符三年，以舍選登進士第，歷官宗學博士。時附蔡京者皆得美官，驥與京同里，不肯一見。外除通判温州，以清白聞。父豐，字宜中，以父蔭補官。少工文詞，嘗作《蟠桃賦》贄見李柄，柄大奇之。初調建州户曹，既而以詞賦魁福建漕薦，第紹興十八年進士乙科，又中博學宏詞科，差泉州教授。丞相陳康伯薦其學識高明，足以通達國體，文章典雅，足以潤色皇猷。除删定勑局。方有所纂修，或勸豐供職即得改秩，豐不欲躁進，以疾辭，廟堂高之。次冬書成奏上，改宣教郎，累遷國子博士。時宰執皆知己，豐每進見，必推引寒畯，未嘗少及私。孝宗登極，令諸路監司各舉循吏二人，豐居其首。朝廷處以湖北提舉，豐不欲遠去，俯就南恩守自效。莅官清儉，無絲毫擾。適歲旱，瀝詞禱雨，有云：『願俾微臣特損數年之壽，乞今闔境普沾三曰之霖。』天果大雨。是歲，卒于官，民爲巷哭，立祠祀之，累贈特進。讜年十二，爲山寇掠去，露刃脅之，不爲動。官軍至，賊驅迫以前，讜伺間投峻崖下以出，無毫髮傷。賊平而歸，宗族鄉黨皆壯之。弱冠入大學，力辭父捧表恩所得官，以予其弟諒。隆興元年，登進士第，主甌寧縣簿，調泉州教授，累遷右司郎中。寧

宗知其誠實可用，除殿中侍御史，因事而言，不許人過，不獲已有所論擊，亦但直指其事，不傍及私慝。以論劾忤時相陳自強意，徙太常少卿，猶兼侍講，俄遷起居舍人，力引退，直寶謨閣，奉祠而歸。居半載，起家江西提刑，召爲太常卿，尋除兵部侍郎。與權臣書，權臣，舊志不著其名，以其時考之，疑韓侂胄也。極陳用兵利害，大畧謂虜勢雖弱，未可輕視。故疆可念，未易立取。方今之計，莫若先守禦之備，後攻取之圖，庶幾有萬全而無一失。不見聽，遂乞補外，以集英殿脩撰知寧國府。未幾，除敷文閣待制、提舉江州太平興國宫。嘉定初元，再乞致仕，封清源郡侯，食邑一千一百户。年八十二，卒，贈通議大夫。讜於群籍無不該貫，賦詩屬文，不爲險語，而雅有典則。尤工書法，其大字遒勁處不減蔡君謨。與人交無隱情，而樂道人之善。家素清貧，有田數十畝，兄弟共之。力成安利、石馬二橋，以惠行者。自少至老，士林推重，惟嘗攻僞學，爲世所少云。弟諒，字友仲，以父蔭補官，調永春縣尉，改僉書清海軍判官，遷知古田縣。一意撫字，不忍苛取，人號爲佛子。及解歸，帑藏無贏餘。司財賦者以此沮諒，朱文公言於帥曰：『陳宰，廉吏也。若以此過遛，何以爲爲善者之勸？』通判循州。慶元初，改知潯州郡。舊無貢院，士冒江灘之險，附試于藤。諒至，始爲申省部立貢院，潯士德之。帥李大異嘉其能，辟知象州，卒于官。出《名公事述》

丘奐字明遠，祖惟溥，嘗勸陳洪進納土。叔祖隨，慶曆中，蔡襄將漕本路，舉八行，不就，勑授將仕郎，守本軍助教。奐倜儻有大志，嘗過紹興，守李光舘之。一夕，有告州卒爲變者，光倉皇咨所以處之。奐告以急取兇酋二人首標置城門，諸營帖然。紹興初，詔舉山林遺逸有謀議可裨國事者，赴都堂議事，郡以奐充選。進書數十萬言，皆恢復大計。得旨堂察見丞相吕頤浩，乞留諸軍於鄱陽、池陽，兼引淮東全軍退保鎮江、建康、太平諸軍，及論上流軍募、防秋、虔、湖賊利害二十餘劄，頤浩大奇之。屬淮甸有警，頤浩都督八路，奐以布衣入幕，有功，奏授迪功郎，除湖北安撫使司幹辦公事。丞相張浚辟充都督府營田司幹官，改秩，除三京宣諭司幹官。時逆虜王威寇掠郡縣，乃請於宣諭方庭實，單騎造威寨。諸賊露刃以俟，奐撫諭有方，威即擁衆羅拜曰：『生我者宣諭也。』後劉錡帥荊南，奏辟幙下，嘗與論兵，錡喜曰：『吾生長兵間，知兵者惟子。子蓋天授，非紙上語。』一日，沅州解降囚四十七人，闔府咸謂宜殺，奐曰：『溪洞嘯聚，間或有之。既降而戮，永絶招懷之路。信者，萬世乾坤也。此而失之，何以立大事？』錡感而聽焉，曰：『衆議當於古人中求之。』奏貸其死，分隸諸軍，後多立功至顯官者。除登聞鼓院，因言事忤權臣，出守真州，累贈中大夫。孫微之，字夢錫，登乾道二年進士第，授廣州番禺尉。嘗有監扶胥鎮者，以榷稅苛取爲豪，民訴于臺[一]，漕臺命微之廉其事。微之謂武人舉事，動觸典憲，理在可恕，委曲具上。漕使謂其屬曰：『丘尉，君子長者人也。』廣多竊發，凡三獲强盜，未嘗希賞。及調肇慶，校官湯邦彦謫新昌日，以啓遺微之，有『高若子貢不受賞，清哉鄭虔爲廣文』之句。

校記：

[一] 于臺，原作『丁』，據（弘治）《大明興化府志》卷四二改。

官至循陽通判，以朝奉大夫奉祠。出《僊谿志》

許巽字少陽，以禮學魁鄉薦，第乾道五年進士，知歸善縣。尉有捕民爲盜者，巽驗問非實，不爲理。尉囊橐上下，必欲成賞。太守入其説，廷詰巽，巽曰：『行法在太守，執法屬有司。』守不能强，調提點坑冶司主管文字。泉使宋之瑞欲薦巽，以書令條上泉幙利害。巽曰：『某書生，安敢言利？』之瑞敬嘆。秩滿，累遷秘書郎，力請補外，知滁州。時監司及鄰郡皆有互送，每月不下三百餘緡。巽以非法所當得，盡歸之公帑。胥吏畏服，有以白金餽吏，亦不敢受，曰：『秘書知之，措身何地？』除成都提點刑獄，固辭，乞郡，改知漳州。縉紳高之。未上，召赴行在，卒於建安道中。巽嘗曰：『居官之要，清字作根本。鶉衣鷇食，便了一生，何暇積聚爲子孫計？』人號爲耐貧翁。官終朝散大夫。子彦爲，嘉定元年登第。出《僊谿志》

余崇龜字景望，與兄元一同年登進士，歷官司農丞，賜對便殿，除秘書丞兼權工部郎官。時韓侂胄專權，蘇師旦寄聲邀崇龜一見，欲處以要津。崇龜嘆曰：『呈身御史，古人所耻。今日言路不得行志，况一登厮役之門，則遺臭百世，歸潔吾身可也。』莅職甫兼旬，進書恩賞在即，力丐補外，知江州。歲旱，舉家蔬食，爲民祈禱，已而果應。累遷樞密院檢討文字。侂胄敗，丞相史彌遠奏曰：『自權臣專政，士夫趨附，中立不倚，在朝士中獨崇龜一人。』即日除監察御史。入奏，其畧曰：『名器，天下之公共也。比年以來，率以私壞。權臣奴隸，官或至於建節，内官家奴，寵或至於僭踰。有自權郎不歷州縣，徑尹天邑。有自初官不歷外任，徑登内地。名器冗濫，有如此者。士夫風俗之倡也。私意一起，廉耻道喪。伺候於權要之門庭，廢職事，賂典客，冀得一見以爲榮。歸投於權臣之厮役，稱門生，呼恩府，敗壞風教而不恤。或身叙譜系，或願結姻連。士氣卑陋，有如此者。』上可其奏。嘉定改元，令侍從臺諫禀議北虜議和要求韓侂胄函首事。廷臣盡主其議，崇龜獨以爲侂胄之罪固不可逭，然函首送虜，辱國甚矣，遂不豫議。尋除兵部侍郎兼權給事中。卒，年六十一，贈通奉大夫。子日華，字君賓，第嘉泰二年進士，歷官知潮陽縣。以除强宗不勝，爲其所陷，邑人惜之。日華平生嗜讀書，尤工文翰，所居有擷英閣，藏書萬卷，雜以法書名畫，日坐其間，繙閲吟詠，以自娱樂云。出《僊谿志》

莆陽文獻　姚宗之薛元鼎傳第三十五

姚宗之字元仲，興化縣人。早歲以文學爲鄉先生鄭厚所稱許，第紹興二十七年進士，授吉州司户參軍。諸司知其才，交章論薦，乾道五年，擢國子學録，稍遷太常博士，兼權吏部郎官。請禁援例乞陳之弊，惟一遵成法，進將作少監。輪對，上言三事，一論今日法令貴嚴而不貴寬，制度貴質而不貴文，任相貴遠業而不貴其細謹，用將貴成功而不貴其無過，試人貴職事而不貴其空言，謀事貴十全而不貴其欲速。二論節度之官，祖宗未嘗輕授。今之將帥，爵極欲滿，一旦有事閫外，處高堂大廈者，難於行陣驅馳，溺歌童舞女者，難於士卒甘苦。願陛下以奔走豪傑爲用將之術，無極其爵而滿其欲。三論國家方經畧中原，泛使必時遣焉。用非其人，徒辱命耳。乞特置奉使一司，選擇堪任者儲之，以備緩急之用。上稱善再三。左司張栻兼侍立官，聞其奏對語，稱其議論剴切，有古争臣風。宗之以親老求外，遂提舉福建路常平茶事，復改東淛。嘗承詔覈實常平米，因建言平糴廣儲，乃所以賑貧乏，救水旱而追呼箠楚嗟怨之聲，上干和氣，或至於召水旱。昔號爲仁政，今轉成弊法。願以新易陳，每歲兑易支遣，庶幾實數常存，以爲荒政之備。上可其奏，移江南西路提點刑獄。以母老，請祠便養，未遂而母卒，宗之尋亦卒。宗之剛方廉直，事親孝，與人忠，嘗與時宰書，以爲鱗次沓番，蠅頭細字，繆爲恭敬，去忠信逾遠，頗以此取怒於人，宗之略不之卹。有戚里進位樞筦，慶者盈門，而宗之獨未嘗至。每語人云：『事惟公故明，惟勤故敏。』運使方崧卿稱其言可以爲蒞官之範。子槼，建州錄事叅軍。㮣，潮陽縣尉。出《游洋志》

薛元鼎字叔雲，祖蕃，宣和三年特科。元鼎幼警敏，四歲日誦《論語》數百字，十二三歲能屬文。鄭厚嘗命之爲文，嘆曰：『此郎學根於道，後來之俊也。』第紹興三十年進士，調惠州教授。以母老請祠，歷兼權户部左曹郎官。轉對，上面諭之曰：『聞卿頗留意職事，民户詞訟，一一料理，書生能如此，可喜也。』元鼎奏謝，進陳民事利害，劄子五上。上又曰：『卿不惟留意職事，議論亦自疏通。』翼日，有旨薛某留意職事，昨日輪對，觀其議論，不似閩人。遷秘書丞，除軍器少監，兼太子侍講。是時，泰安在東宫，泰安，光宗爲太上皇所居宫名。元鼎講解卦大象，泰安首肯之，喻元鼎曰：『講解甚明，深有開發。』淳熙元年，兼權國子司業。元鼎力援更迭之制，乞先外補。踰年，除提舉浙西路，加直秘閣。上喻元鼎曰：『以卿勸講東宫勞甚，特畀道山寓直之寵。』被旨相視太湖。元鼎親御舟，沿江上下，盡得江流曲折壅遏之狀，奏開運河五十四里，爲公私之便。役成，轉朝奉郎。元鼎曰：『吾以利民耳，豈敢以勞希遷乎？』除户部左曹郎官。時有長户部者，獻貢籍之説，元鼎被旨往秀州，欲以一州歲計綜覈其贏縮，以爲天下準平。諸公皆難其行，議者以爲此法果行，民受其病。元鼎至秀州，還，以其所詳究本末源流敷奏，曰：『但見郡縣窘束，不見有餘。』於是上可其請，曰：『卿真實才。』而物議亦愈歸重。頃之，除吏部尚書左郎官，遷起居郎兼太子左諭德。上益嚮用之，而元鼎復求補外。上曰：『卿何故求去？』元鼎對以母老，上曰：『朕方欲用卿，母老必須有福。』由是不敢言。五年，暫兼權給事中。一日，直前奏事，上云：『卿真直諒多聞。』甫旬浹，有母之喪，上聞嘆惜，曰：『朕方欲大用之。』即遣中使傳宣，有『仰薛某節哀自衛，以俟他日擢用』之語，異眷也。元鼎護喪歸，將及境，以病卒。有講義并詩文集，藏於家。

出《事述》等書

鸞字君立，元鼎次子，甫晬而孤。母鄭氏，携依外家教養。幼有志略，工文詞。嚴州教授李天隱器之。至元中，值亂，失母所在。鸞號泣禱于神，得吉卜，遂裹糧出訪，母果無恙。已而户外事殷，征繇趣迫，勉受鈔庫使。尋以母老辭。母喪，服闋，遂不復仕，因號鐵耕道人。有故人航海被害，鸞間關瘴區，期在復讎。果獲寇抵罪，竟以是冒暑發瘡，卒。見《黄仲元集》

莆陽文獻　黄公度翁點黄艾陳煒鄭鑑傳第三十六

黄公度字師憲，唐御史滔八世孫。紹興八年省元，免御試，賜進士第一人。初任簽書平海軍節度判官，兼南外宗簿。有流民數百輩自汀、虔下，守將疑其變，繫之。公度力辨其非，悉縱之。代還，除秘書省正字。時秦檜當國，公度坐與趙鼎往來，又貽書臺諫，譏切時政，檜銜之。居數月，以言者罷，主管台州崇道觀。十九年，差通判肇慶府，攝南恩守。增學廩，擇秀民，與之登降揖遜，學者用勸。南恩自唐貞觀置郡，至是始有梁作心者登第，邦人像而祠之。二十五年，檜死，高宗更化，始召還，因詢以嶺外弊事。公度曰：『廣東小郡，有十年不除守臣者。權官苟且，郡政廢弛，民受其弊。』高宗曰：『若卿歸吏部，當無此弊。』遂以公度爲考功員外郎，兼金部，官終左朝請郎，累贈正奉大夫。公度工詩，效杜甫古律格，并雜文凡十二卷，號《知稼集》。雜出《文獻通考》及《方志》

翁點字沂伯，乾道二年登第，歷湖南轉運判官，盡弛本道酒榷。提點江東刑獄，常平使者行役法，饒户多貧，下民不謂便。黜貽書諭意，亟止之。開禧初，有旨召赴行在。御史徐柟，韓侂胄黨也，劾黜貪黷嗜進等事，寢召命。黜聞之，上章自辨，謂柟私托不行，所以貽怒。且侍郎楊輔、秘書劉起晦，皆今之望也，方籍以爲國家元氣。楊輔赴召，已到夔府，值漲未能出峽。起晦向與柟作縣相隣，職事相關，一旦報怨，併及兩人，皆論罷之，中外無不失望。臣恃與柟有平昔之舊，遂宛轉以言勸之，由是大不相樂。侂胄見其章，大怒。於是追三官，送新州安置。已而黜卒于貶所，人皆傷之。出《泉州志》及陳均《續編宋兩朝綱目備要》

黄艾字伯耆，乾道八年廷對第二，累歷清要。朱文公知漳州，奏行經界，朝議未定。艾轉對入劄子，言今日以天下之大，公卿百官之衆，商量一經界，三年而不成。使更有大於此者，將若之何？光宗卽付出行之。淳熙末，以秘書丞充嘉王府贊讀。已而補外，王即位，召爲右正言兼侍講，遷左司諫，改權工部侍郎，仍兼侍講。會朱文公罷講筵，艾因進講，問逐熹之驟。寧宗曰：『始除熹經筵耳，今乃事事欲聞。』艾悃請再三，不聽，除中書舍人。明年，充金國正旦使，還，改刑部侍郎，以待制終。方盛年，人咸惜之。出《宋史》等書

陳煒字光仲，淳祐中，爲監察御史，首論不才執政。有令換疏者，煒答以頭可斷，疏不可換。除太

府少卿，不拜而行。召奏事，力辭，除廣東轉運判官。出《通志》

鄭鑑，官著作郎。立朝敢言，孝宗謂其直出於肺腑，非矯僞者。後卒，朱文公祭之以文，謂其有古争臣之風。出《一統志》

莆陽文獻　許歐王方傳第三十七

許摶字公執，建炎三年進士，調泉州教授兼宗教。以叅政謝克家薦，召對，改秘書省正字，累遷監察御史，檢察無苟。南渡後，典籍文物十無一存，歲當科舉，故事無所於考，欺偽者衆。時以摶多所諳練，特遷禮部員外郎。摶辨决真偽，士流清肅。初，宣和間，嘗以事忤秦檜，至是檜得政，丐祠，以宣教郎終。時同郡方擴、林廷彦亦有聲。擴字端立，登紹興二年第，歷知閩、平陽二縣。部使者上治状，有旨增秩，特授臨安府判、知岳州。居官奉養如布衣時，惟以周貧恤舊為急。廷彦字朝美，本路類試第一，登紹興二年第，調連江縣尉，改永春縣。當官俸餘，不入私室。屬草寇猖獗，代者辭難，凡四書考，百里按堵。民祠之。雜出《何志》等書

歐陽直卿字温叟，四門詹之後。詹，晉江人，來莆讀書於靈巖精舍，後其子孫皆居莆。直卿少嗜學，能屬辭，調劍浦縣簿。張魏公出鎮福州，檄直卿决長樂縣滯囚，材之，薦為惠州軍事推官。白郡守以河

源餘菽麥，令輸送，而海豐瘠土，聽輸直，歲率以為常。自清漳以南，山谷多剽鹵，守將尸居龍川，卒有警而他郡分屯者不即下。直卿數走龍川，歷阻隘，見將校道勞苦，自是多感慨為之擊賊。遷海陽令，改知漳浦縣。直卿素有能聲，所至號為易治。弟清卿，紹興二年進士，終建寧府教授。出《艾軒集》

王悅字習之，與晞亮同族，第紹興十二年進士。為人性直，孝宗即位，嘗召見，極論不可講和。上喜，謂好議論。遂除官歷國子監丞，兼權吏部郎，出知衢州。乾道四年七月，因禱旱憂瘁而卒，衢民德之，為立廟。事聞，贈直龍圖閣。雜出《宋史》等書

方應發字君節，高祖漸，南恩守。藏書最富，扁其書樓曰富文。子孫相傳，為富文方氏。應發幼孤，感奮自立。稍長，有文名，第淳祐庚戌進士，授臨江軍教授，累遷宗學諭、史舘校勘、差主別頭試。時相丁大全有密客，力囑以子，峻卻之。除太學博士。董宋臣方用事，應發與學官徐庚金等六人伏闕言之，且曰：『宋臣不死，臣等無生。』不報，補外，添差通判建寧府，召除國子監簿。復申前請，語益峻切。遷國子監丞、秘書郎。時賈似道為相，遣其幕客諷應發為文以獻壽，不答。坐以言者罷去，起知潮州。適潮陽盜起，應發急赴郡招撫，皆帖服聽命。召入，兼權禮部郎官、國子司業，出知漳州。漳賊尤猖獗，聞應發威名，皆投戈效順。吉賊鍾先久窟漳之礬山，及是遁去。應發遂爲定南寨於其地，聽民取利礬山

不禁。龍巖巨賊闞維石亦聞風遁汀界。會除應發江東提舉，未行，亟聞于朝，劾戍將老繆者易之，薦有威望者爲統制，督兵以捕之。雖爲所擠坐劾，予祠，不爲動。卒成擒，乃歸，奉祠里居。而僊遊石手梃諸賊方熾，應發身任招捕，傾囷出帑廩犒兵士，登陴指揮，悉就俘馘。德祐初，除國子司業，累擢右文殿修撰，出爲浙東提舉。景炎時，爲刑部侍郎，累陞禮部尚書，以端明殿學士充福建招捕使。宋亡後十年，卒，年六十六。應發以文章進身，而排難折衝，尤有過人者。平居孝友仁恕，恩意藹然。當事剛果決烈，有奇男子風。獨鄉人鄭鉞記陳文龍事，謂文龍以閩、廣宣撫繕守興化時，元兵攻圍急，應發勸文龍降，文龍手劍逐之。司業吳源著《莆陽名公事述》，亦載其事如此。出《事述》

莆陽文獻　鄭茅林陳蔣尤陳傳第三十八

鄭昪字元舉，淑之後也。淑自莆之南湖遷于僊遊，其子孫遂爲僊遊人。昪登皇祐元年進士第，試秘書省校書郎，終循陽理掾，莅官有能聲。昪自少刻苦問學，於書無所不讀，而尤深於《易》《春秋》，皆有著述，以發其疑義。詩文亦工致可觀。

可復，昪孫，字彦脩，嘉定七年登進士第，調東陽縣尉。縣人喬行簡方處要路，族黨恃勢撓法，可復屹然守正，不少屈，行簡深器之。官至朝奉郎。可復性儉朴，他無所嗜好，惟喜古書。嘗修《爾雅》及刊戴氏《禮》。禄俸餘貲，悉以市書，手自編録，晚年積至數千卷。出《僊谿志》

茅知至，操尚介潔，不求聞達，博通墳典，倡六經孔孟之道，以開明人心。漕使龎籍疏其德行，薦于朝。景祐四年，勑補國子助教，知縣皇甫當記其事，蔡襄書之。出《僊谿志》

林大有字亨之，自號紫陽翁，江州倅一鶚之孫也。年十六即棄舉子業，千里求師授六經，不爲章句之學。招捕使陳韡將聞于朝，授以官，大有摇手，止勿破戒。咸淳初，以子雷龍預薦，賜迪功郎。命書下，僅一御，冠裳拜於庭，退即易褐。他日語子孫曰：『生稱善人，死表於墓曰處士，吾願足矣。』及卒，四如黄仲元書其墓曰隱君子云。出《人物備志》

雷龍，大有子，字伯雨，魁梧坦易，博通經史，天文地理，貫穿融液，甚爲陳韡所奇。咸淳初，預鄉薦。僊遊寇起，逃難郡城。北山方應發檄爲録事叅軍，遷莆田令，尋以宣教郎通判興化軍。至元改物，以治中署郡事，安集流離，震撼以定。年餘棄去，自號清逸處士。長於詩，有《耕吟前稿》《醉吟》《漫吟後稿》。又工字學，有《春山草韻》一百有六，字一萬七百有奇。出《備志》

陳高字可中，闡之從子也。少遊湖學，補太學生，登元符三年進士第。召試，除大學録。祭酒龔原、司業傳揖薦其潛心經術，尤深於《易》，遷太醫學司業。時有紫芝對産於北堂之左，應制撰《雙芝記》，累上封事，以切直忤鄉相蔡京，慨然力請休致。卒，官至朝奉郎。出《方志》等書

蔣雝字元肅，少博學强記，於書無所不覽，爲文若不經思，援筆輒數千言。鄉先輩宋藻以經傳書疏

扣鼪，隨問隨答，每以南方夫子稱之。設席郡庠，户外履常滿。與林光朝同時十人俱知名，號莆陽十先生。紹興十四年，試詞賦，兼《春秋》，舉于鄉。越六年，罷兼經斛，以詞賦再薦登進士第，教授泉州。守王十朋見其文，大加賞識，遂與定交。鼪因作《夢僊賦》以獻，十朋稱其詞新意古，蓋長卿賦大人、太白賦大鵬之比。嘗撰《時政十議》，十朋見而嘆曰：『經世之文也。』泉舊無貢院，鼪白守，即郡西創焉。後知江陰軍，乞將歲科綿絹本色内下户畸零端兩疋數，並無估折，細民便之。知通州，以郡人張次山坐與程明道、邵康節同好惡得罪，及陳瑩中、任德翁嘗遷謫于此，合爲堂祀之，以厲風俗，扁曰三賢。秩滿，入覲，首言江東鹽課，較之淳熙七年出入之數，虧二萬緡。時主鹽筴者方以衍課增秩，上矍然曰：『某人欺朕。』因訪本末，鼪口誦指畫，應對如響，上曰：『卿材通練，當以藩郡處卿。』鼪拜謝，上目其背曰：『方面材也。』將除贛州，爲執政所沮，遂退居樸鄉十餘年，凡四請祠，以壽終。子祈，字子舉，以父任補官。倜儻有大志，博洽有文才。嘉定元年，借朝奉郎，充持書金國軍前副使。三至虜帳議和，請還淮、陜侵地。既而和議成，朝廷方推賞，而祈即世矣。祈所與交游者，皆一時名士，而方信孺、王居安尤相親密云。從子有秋，字力父，嘉定十年登進士第，與王邁同年，最相友善。居官所至有廉名，終朝奉郎、知末春縣。出《僊谿志》

尤彬字叔文，家貧苦學，攻詞賦，有聲。一時名士如知崇安縣林澧特延爲館賓。葉棠、王邁皆與之爲友，陳立伯、損伯、傅澄皆師事之。端平二年特奏名，調真陽主簿，卒于官。同邑有喻峙者，字景山，紹定五年特奏。未老即掛冠隱居大飛山中，以詩與郡人陳宓相唱酬。出《僊谿志》

陳冲飛字季翼，經學該貫，尤精於《易》。紹定二年特奏名，調寧德尉。帥曹豳器其才名，不敢以屬吏目之，號存軒。從子尭道，登端平乙未第。出《僊谿志》

陳之亮字漢傑，長於詞賦，有聲場屋，與臞軒王邁爲友，後學多宗師之。舉于鄉，累試禮部，不第。淳祐七年特奏名，調歸善主簿，卒。出《僊谿志》

莆陽文獻　方林柯趙余鄭傳第三十九

方秉白字直甫，號草堂，隱居教授。林光朝、方翥、劉夙、劉朔諸名士皆其友也。孝宗朝，憲臣以孝廉薦，不起，傳家惟書數厨而已。郡守趙彦厲嘗辟脩《莆陽志》，後以子阜鳴恩，贈朝散大夫，有《草堂文集》。同時翁亢字柔中，一字子西，號荔枝臺，隱居漆林，教授後學，亦嘗與脩《莆陽志》。出《通志》等書

阜鳴字子默，嘉定元年由特奏名調泉州僉判。時真德秀爲守，阜鳴嘗言滅門刺史、破家縣令，此衰世事，古人惟曰『愷悌君子，民之父母』而已。德秀擊節嘆賞。改鎮南軍僉判。阜鳴宿儒，而兢畏抑損特甚於他人，性清儉，居官秋毫不苟取。德秀每以其仕晚用小爲恨云。出《通志》

方汝一字清卿，曾祖秉俟，與其群從秉白同時有隱操。父碩子，登端平二年第，爲南海尉。汝一幼

奇逸，考古著書自娱，所著《易論》二十篇，《江東將相論》十篇，《評兩漢史贊》若干篇。又有詩文號《小園僻藁》。嘗袖所評班書謁劉克莊，克莊曰：『《范史》罕讀者，僕欲稍添注脚，病眊未能，君有意乎？』汝一遂接讀《范史》。著《新評》，甫脱藁，卒。出《備志》

林大鼐字梅卿，藴九世孫也。登紹興五年進士。秦檜薦用之，由諸王宫大小學教授兼秘書省校勘書籍官，遷太常寺簿，兼尚書郎。歲率一遷，由簿爲丞，由丞爲監察御史，又擢殿中侍御史，俄拜右諫議大夫兼侍講。率歲中再遷，遂權吏部尚書。檜以高宗且屬意大鼐，亦頗忌之。間一歲，遂出知泉州。丁外艱，服除，以左朝散郎提舉江州太平興國宫，尋卒。大鼐初識林艾軒於逆旅，艾軒方感暑疾，陽結胸滿，纍纍然。枕席視之者，毛竪不自定。大鼐獨取藥囊，日一再往，爲之執劑餌，無厭去意，士多義之。平生好書卷，奇篇隱秩，衍辭要語，悉能道之。劉著作夙狀其行，謂公與鄭湘鄉厚皆爲場屋業嶄有名稱者。湘鄉出語險處視蜀道，易處抵秦川。公乃抉奇摘怪，窮討極取，枝枝相亞，自以爲王勃、吴融如可作，未應獨步也。艾軒亦謂建炎之初，元祐聲律翩翩然復起。當其時，諸老先生散落無幾，有以蟲鳴卉木、樓臺煙霏、尺校寸量、珠旋玉積，眡杜牧、吴融若不足道，惟公爲然耳。子四人，寳慈、寳儉，皆以父任補官。出《林艾軒集》等書

柯夢得字東海，屢上春官，不第。嘉定七年，以特科入官。一生苦吟，古詩學孟東野，有《抱甕集》及《選唐絶句》行世。出《通志》

趙廉夫字仲白，舉進士不第，以宗子取應得右選。平生志業無所泄，一寓於詩，嘗自删取五百首。既殁，劉克莊擇百篇爲《山中集》，屬趙以夫序而傳之。子時願，擢進士甲科，仕至工部侍郎。出《趙志》等書

余謙一字子同，祖奭之玄孫，師魯之子也。謙一與弟士明連中江西漕試，而謙一第咸淳元年進士，士明亦以進士得官。按：《事述》不言其第進士在何年，而《科名志》不載士明之名，姑缺之。謙一調泉州石井書院山長，召爲國子監書庫官，除太學博士，改宗正寺簿，差知化州。元至元後，不仕。士明亦知泉州南安縣。謙一好爲古學，辭語渾成而警切，名文章家。其言曰：『七日之文，易了而易腐。千古之文，難工而難腐。』著述數十藁，兵後多散逸。出《近記》

鄭鉞，一名少偉，字夷白，號雲我，露之裔也。咸淳中特奏名，與黄仲元、郭隚俱閩中之望。仲元號四如，自有傳。隚，長樂人，元時爲興化路教授。宋末陳文龍守興化軍，鉞其門客也。嘗記文龍遺事，其言甚痛憤激烈。

詳見《文龍傳》入元，不復仕，嘗與陳子修讎校《通志略》，盡復夾漈聯比銓次之舊。詳見《陳旅傳》入元，著《孔子年譜》，仲元序之，謂是譜首以卿大夫二事壓卷，前書所未有。謂儀封人請見爲由魯適衛時，謂魯公問政及答季康子數問，皆歸魯以來事，此見又確。謂夫子未嘗師剡子，謂行乎季孫、三月不違斯言，非知夫子者，此論又高。又鈙所著詩文，有《雲我存稿》，亦仲元爲序。

莆陽文獻　陳文龍陳瓚傳第四十

陳文龍字君賁，高祖宋卿，與丞相俊卿為初從兄弟。陳至俊卿始大，文龍濡染先訓，厲志殖學，工文詞，負氣節。初名子龍，咸淳五年廷對第一，度宗易其名文龍。丞相賈似道愛其文，雅禮重之。由鎮東軍節度判官歷崇政殿說書、秘書校書郎。數年，拜監察御史，皆出似道力。然自十數年，似道所置臺諫皆闒茸。臺中相承，凡有所建白，皆呈藁似道始行。至文龍為之，獨不呈藁，已忤似道，知臨安府。洪起畏請行類田，似道主其說，文龍上疏，以為不可。似道怒寢其疏。襄陽久被圍，似道日恣淫樂，不少加意。時陽請督師而陰使其黨留己，竟失襄陽。文龍上疏極言其失。范文虎總師無功，似道庇之，以知安慶。又除趙溍知建康，黄萬石知臨安。文龍言文虎失襄陽，今反見擢用，是當罰而賞也。溍乳臭小子，何以任大閫之寄？萬石政事怠荒，以為京尹，何以能治？請皆罷之。似道大怒，黜文龍知撫州，旋又使臺臣李可劾罷之。未幾，吕文煥導元兵東下，文虎首迎降，與文煥俱東。似道兵潰魯港，溍最先遁，以故列城從之皆遁，始悔不用文龍之言。起為左司諫，尋遷侍御史。時邊事甚急，王爚與陳宜中不能畫一策，而日坐朝堂，争私意。潜說友以平江降，臺臣請籍其家，爚以為可，宜中以為不可。張世傑諸將分四道出師，而大臣不監護，臺諫論之，爚請行邊下公卿雜議，宜中請出督師，又下公卿雜議。文龍上疏曰：『《書》言：「三后協心，同底於道。」北兵今日取某城，明日築某堡，而我以文相遜，以迹相疑，譬猶拯溺救焚而為安步徐行之儀也。請召大臣，同心圖治，無滋虛議。』其後宜中與爚終不相能而去，至十月始來，事已不可為矣。是冬，累遷文龍至叅知政事。於是張世傑之師敗焦山，文天祥之師敗獨松關，朝廷急徵二人入衞，而元兵已進至杭北關外。文龍請身督殿旅，合江下義丁決一死。議不合，張世傑等遂以益王、廣王趨閩。衆議降元，文龍乃上章乞歸養。既出國門而悔之，復上疏求還，不報，乃歸。五月，益王稱制于福州，改元景炎，復以文龍叅知政事。八月，漳州畔，以文龍為閩廣宣撫使討之。文龍以黄恮前守漳，有恩信，辟為參謀官，按兵泉州，使恮入招撫之。恮至，民皆頓首謝罪。興化有石手軍者，能擲石中人，議者以其不足用罷之。石手軍亦畔。復命文龍為知軍，平之。十一月，元董文炳、阿剌罕等以兵至福州，益王趨廣州，命文龍依前官充閩廣宣撫大使。於是殫家財，募萬兵，即興化軍開閫。已而降將王世強復導元兵入廣，建寧、泉、福皆降。知福州王剛中遣使徇興化，文龍斬之，而縱其副以還，使持書責世強、剛中負國，遂發民兵自守，製『生爲宋臣』、『死爲宋鬼』兩大旗，植軍門，巡城則命持以前導。十二月，太學生盧澤喻命諭降，文龍斬候卒，注其頭槊上，徇軍前，澤逸去。叛將陳淵、林華潛附于元軍，爲之嚮導，詭文龍援兵至，開關納之。計議官李珙首倡軍民迎順，小校黄泰躍馬突至設廳，稱有太皇太后詔，逼驅文龍出，併其家盡俘以去。按：《宋史》本傳云：『時城中兵不滿千，元兵來攻，不克，使其姻家持書招降之。文龍焚書，斬其使，乃使林華偵伺境上。華即降，且導兵至城下。通判曹澄孫開門降，執文龍與其家人至軍中。』此與《事述》所載微不同，蓋記有詳畧也。文龍至福州，見董文炳等，不屈。左右凌挫之，文龍指其腹曰：『此皆節義文章也，可相逼耶？』尋命左右引就館。元帥唆都往來諭意，且以母老子幼感動之。文龍曰：『宋無失德，三宮北狩，二邸深入瘴煙，何必窮兵至此？我家世受國恩，萬萬無降理。母老且死，先皇三子，岐分南北，我子何足關念？』情詞慷慨，唆都愀然改容，乃械繫送杭州。文龍去興化即不食，至杭餓死。其母繫福州尼寺中，病甚，亦不肯服藥，左右視之泣下。母曰：『吾與吾兒同死，又何恨哉？』亦死。衆嘆曰：『有斯母，宜有是兒。』為收瘞之。按：《事述》云：『董文炳等為送其母歸莆。』與《宋史》本傳及《家狀》不合，蓋誤也。蒲壽庚以泉州降元，告其民曰：『陳文龍非不忠義，如民何？』聞者笑之。始文龍答侍郎許自書曰：『國事至此，惟當決一死以守。』又曰：『不愛一身死，不愛一家死，但欲存趙氏一脉。』又復唆都書曰：『平生讀書，但識孟子「效死勿去」句、《左傳》「有殞無二」句，他非所知也。』又有風其納款者，文龍曰：『諸君特畏死耳。不知此生能不死乎？』文龍死志素定，故卒能以身徇國而無少係累焉。後訃聞，行朝詔謚忠肅，賜廟號昭忠。雜出《宋史》本傳及《事述》等書元至正間，朝廷特遣宣使李文虎齎詔至郡，尋訪文龍子孫，將錄用之，而卒無一人應之者。蓋其流風遺烈，傳至其子若孫而猶未艾云。郡人鄭鉞，號舒堂，文龍客也。嘗著《文龍遺事》，大概俱已見本傳有曰：『初，蒲壽庚以泉州降，宜中督贊方應發有異志，勉公少屈。公責以大義，手劍逐之。及林華等詭稱印家兵赴援，公開關延之。小校黄泰躍馬至，稱太皇有詔，公朝服西向，再拜曰：「臣得死報陛下矣。」瞑目叱泰曰：「奴敢殺我乎？」遂抽刀欲自裁，而肘已為左右所執，有奪刀以去者。遂擁公上馬至營，二十五大將擐甲出。公下馬，據胡床瞪視，忽民間火發，公延頸進曰：「速殺我，無害百姓。」甲者愕，傳令偵縱火者斬之。既明，盡室俘以行。先是，杭人夢兩街騶閧，傳言岳武穆代者至，密視之，則公也。及至杭，謁岳王廟，一慟幾絶，語監者曰：「吾病矣。」留宿廟下，以其夕卒，時年四十六。』又曰：『公負六館盛名，魁天下士。不八年，起登政府。時事且急，惟以皇帝所賜馬自隨。每控轡，輒於邑淚下。及被執羇，馬亦尋斃。公為人敦信義，初授蔭補，不以澤其子而以澤其弟。繼執政推恩，不以恩其門舘，而以恩其故人。即之謙謙若甚懦，及當事，乃更不草草，亦天性自爾。景炎，公入覲，督相文天祥自金陵來會，相與慟哭國事。首議分重臣出督，不報。既而北警傳至，即報可而國事去矣。公竟不屈死杭，文公竟不屈死燕，宋三百年其末造也。江、閩兩大魁出，俱以節死。嗚呼！公死國，予負公！予負公！因記憶述公遺事如右，使予幾年不死，假有物色前代逸史者，使我遺事得白公大節，吾不死又何待哉？推書撲速，『東』恐當作『按』。淚下沾土。』

陳瓚字瑟玉，太府寺丞，宓之孫，叅政文龍之從叔也。瓚少有大節，宋末知必亂，無仕進意。於是散粟帛以濟饑寒，曰：『吾家世受國恩，當為國收民心耳。』及賈似道潰師蕪湖，起文龍執政，瓚語文龍曰：『今天下之勢已危，列郡皆團兵自守，此不足以討賊，適足以餌賊也。爲今之計，莫若勸上盡召天下之兵，屯聚沿江要害，擇賢王與文武才幹之臣分督之。敵若來戰，併力齊奮，則國猶可爲也。』文龍憮然曰：『叔父之策固善，然柄國非人，恐不能用。是行也，某必死之。』德祐丙子五月，張世傑等以益王即位福州。八月，廣州亂，以文龍充閩、廣宣撫討之。十一月，帝趨海，命文龍開閫興化。瓚率家財三百萬緡，航海以助張世傑贍軍。世傑欲授以官，瓚曰：『吾爲忠義所激而來，豈買爵耶？』不受，辭歸。十二月，叛將林華、陳淵與通判曹澄孫以城降元，文龍被執北去。瓚曰：『吾侄不負國，吾當不負吾侄。』即陰部署賓客，募民義。景炎二年二月晦，以兵攻林華等，誅之，復興化軍，以其首告于祖廟，遂獻于朝。端宗嘉其忠義，命以通判，權守興化，且令乘勝與世傑掎角，復福、泉二郡。九月，元唆都以兵攻興化，瓚號令嚴整，每巡城必南向號慟，士皆感奮。十月既望，元兵蟻附登城，瓚力不能支，又率家丁民義五百人巷戰，元兵死者千餘。瓚被執，唆都欲降之，瓚罵不屈。唆都大怒，車裂於五門以徇。屠城三時，血流有聲。張世傑以其事聞，贈兵部侍郎，謚忠武。子二，長若水，張世傑辟爲督府架閣。次景濟。出《事述》

莆陽文獻　林阮陳宋方林卓傳第四十一

林冲之字和叔，係出晉晉安太守禄。其後自晉安徙居莆之長城，至唐殿中侍御史讜又析居刺桐巷。兄深之，熙寧九年進士，調松溪尉、南劍州録事參軍。侍御史張汝賢察訪閩部，見建、劍訟牒堆積，委深之理之。時他郡連起大獄，追逮相屬于道，二州獨賴深之以免。及爲福建觀察推官，其使無鉅細事，一聽深之處裁。以朝奉郎致仕。冲之元符三年進士，調邵武軍司户參軍。崇寧中，詔群臣舉中外學官，冲之以諸名卿交薦，得杭州教授。秩滿，諸生復請留之，在杭六年，乃代去。出《何志》等書歷御史臺檢法官、大宗正丞、都官金部郎，以不能阿當路，滯省寺者十年。出守臨江南康，靖康初，召爲主客郎中。金人再來侵，詔副中書侍郎陳過庭使金，所厚者咸危之，勸使勿行。冲之曰：『人臣事君，生死以之。此何時？而可辭王事耶？』遂行，同被拘執。初猶給乳酪，迨宇文虛中受其命，金人亦以是邀之，冲之奮勵見詞色，金人怒，徙之奉聖州。既二年，過庭卒，金人逼冲之仕僞齊，不屈，徙上京。又不屈，置顯州極北沍寒之地，幽佛寺十餘年，漸便飲茹，以義命自安，髭髮還黑。病亟，語同難者曰：『某年七十二，持忠入地無恨，所恨者國讎未復耳。』南面一慟而絶。僧窆之寺隅，洪皓還朝，以聞。詔與二子官。出《宋史·忠義本傳》鄭樵哭以詩曰：『官似馮唐能老去，節如蘇武不生還。』蓋深悲之。

子郁，從子震、霆。郁，宣和三年進士，調解州司刑糸軍。州兵以衣賜不均，訩訩謀爲變，郁言於部使者均之，乃定。咸曰：『生我者司刑君也。』再調福建茶司幹官，靖康初，建州勤王卒自京師還，求卸甲錢。郡守張動持不與，曰：『事屬計司。』衆恚，取庫兵爲亂，殺轉運使毛奎、判官曾存、主管文字沈昇。郁聞變，急入諭卒曰：『爾不見江寧錢唐事乎？周德輩今皆安在？爾等自父祖隸禁軍，衣食縣官，國家何負於爾？危急不能立尺寸功，尚不知爲性命計耶？』衆業已殺轉運官，徑前取郁。郁且罵且叱，至死不絶聲。事聞，詔各與一子官。震父溴之，官至朝奉郎。震累官左正言、權給事中，以論諫不得其言，遷太常少卿，除直秘閣，歷知鎮江府。時蔡卞王夫人得請賜地建閣儲御書，因取素所不快者腴田，并有其禾。震俾償之，王恚，上其事。朝廷移震守汝州。部使者祝林受中人旨，籍魯山民田五萬頃入御府，以爲冒耕官田。民誘亡命，謀爲變。震遣錄事于講諭以禍福，令輸租佐御府。列上其狀，詔部使者履畝定租。召入，除起居郎，遷秘書少監，卒。震志在攻京、卞，多論列，自號介翁。霆父澤之，沖之弟也。霆登第，太宰余深、侍郎許將皆欲妻之，霆曰：『若人之女，安能事吾母？』兩辭之。累調烏江丞。縣舊有河，歲久湮蕪，權貴墾爲田，霆斥而導之，無所畏避。溉田數千頃，歲以大稔，邑人祠之。靖康初，從父沖之被命使金，霆三上書請代往，不報。還里，不復仕。紹興中，秦檜以霆有庠序之舊，召爲詳定司勑令所删定官。霆見檜曰：『公忍以二帝置萬里外易一相位乎？』力辭去。檜死，轉承議郎、通判衢州，遷湖州。以二寡姊年垂八十，不欲遠宦，告老而歸。霆篤行義，未嘗干進，入仕四十年，歷官五任而已。在南陽時，與趙不群同僚，有監司逞私憾，以事囑趙，趙謀於霆，霆曰：『吾人初委質，行己之道，當自此始，其可以一生名節而徇他人乎？』及趙知建州，與霆書曰：『不群終身不墜小人之域者，頼公南陽之一言。』霆博學，深象數，人謂邵堯夫之後，惟霆得其傳。與鄭樵爲金石交，林光朝嘗師事之。聚書數千卷，皆自校讎，謂子孫曰：『吾爲汝曹獲良産矣。』莆人稱其忠義林氏。寶慶三年，即其所居立祠。寶祐中，又給田百畝，使備祭享，以勸忠義。雜出《宋史·冲之傳》及《何志》等書

阮駿字千里，祖遵，慶曆進士，節度推官。父之才，元豐特科，知南雄府。駿紹聖元年進士，監台州税。方臘犯台州，守委以防禦事，駿率兵射賊，踣死五百餘人。賊亟引退，璽書褒奬，轉朝散郎。建炎元年，除河南少尹兼西京留守。是冬，金人南寇，駿與孫昭遠率兵拒戰，不利，駿以神御在府，亟收兵護神御殿，以餘兵再戰，又敗。乃抱神御，指賊大駡，死之。事聞，朝廷褒贈三官，進朝議大夫。雜出《宋史》本傳等書方臘之難，金寇之禍，死事者又有葉居申、徐溉。居申，元符三年進士，通判睦州。賊臘方起，居申不避難而前，到官，與戰不利，死。事聞，官其二子。溉字叔清，奉議大夫鋭之子，以世賞入仕。高宗幸維揚，虜騎侵逼，臣僚奔潰，溉以國子監丞護駕渡江，殞於難。紹興初，特授將仕郎，官其一子。雜出《比事》等書

陳淬字君鋭，紹聖初下第，挾策西遊。時吕惠卿帥鄜延，淬戎服往見，惠卿問相見何事，淬曰：『大丈夫求見大丈夫，又何事乎？』惠卿器之，補三班，奉職，與西人接戰于烏原，手殺十餘人，擒其呰主。奏爲左班殿，直鄜延路兵馬都監，累遷武經郎。丁外艱。宣和四年，召赴闕，授真定路分都監，兼知北呰河北第一將。尋拜忠州團練使、真定府路馬步副總管。七年，金人入真定，淬以孤軍禦之，妻孥八人，皆遇害。建炎元年，辟諸軍統制宗澤命擊金人於南華，敗之，兼大名府路都總管兵馬鈐轄，擢知恩州。王善者，金之種落也，擁兵十萬，長驅兩河，遂襲恩。淬與長子仲剛拒戰，賊飛刃及淬，仲剛以身蔽刃，死之。明年，善復圍陳州，淬大敗善兵，拜宿州安撫使。李成叛，詔以淬爲御營使、六軍都統、淮南招撫使，討之，三戰三捷。未幾，金人犯采石，又檄淬回援建康。淬將中軍，戚方將前，王瓔將後。淬曰：『彼衆雖多，然止有二十艘，一艘不越五十人，每至不過千人。吾伏兵葭蘆翳薈間，俟其旋濟旋獲，前後不相知，訖濟，當盡獲矣。』杜充不從。金兵遂犯板橋，諸軍皆潰，淬獨與戰，勢窮力盡，據胡床大罵，刃交於胸而色不動，與其從子仲敏俱死。詔贈拱衛大夫、明州觀察使，官其一子一婿。出《宋史》本傳

宋旅字廷寶，第大觀三年進士，累官奉議郎，知剡縣。方臘既陷歙、睦、杭、衢、婺五州，且犯越，越盗亦起應之，縣吏多遁。旅獨與民據守，以忠義激勸，部勒隊伍，爲豫備計。俄而盗衆大至，躬率壯

銳冒矢石，雖頗殺獲，終以力不敵死之，剡人悲哀，爲立廟。帥劉斡上其事，詔贈朝散郎，錄其四子。出《宋史》本傳等書

方喜字良翰，提舉臨之孫，辟燕山工曹掾。燕雲陷虜，令一時陷没者悉易告。喜南望霣涕，盡取出身文字焚之，惟留承奉郎告置衲衣中。道梗不得歸，給與講好，防禦少弛，喜變姓名，携數稡間道逃歸。抵廬江，邊守以聞，得旨特轉一官，改差泉州監税。比還家，鄉人環視嘆息，以爲换世人。形之謌詩，至比蘇屬國，言其在燕十九年。後通判廣州，終于官。龔參政有詩云：『八千里外望歸雲，十九年間送落曛。書至上林無别語，孤臣有死不忘君。』出《比事》

林興宗字景復，父叢，乾道二年進士，知横州。興宗以門蔭補官，調泉州節度推官。李全既降，命興宗爲淮安州法曹，遷淮安令。未幾，全復叛，已而兵敗，其妻楊氏俘南官以去。興宗流落梅州、膠西、青社十餘年，採梠拾橡以充饑，或賣卜教小童以自給，家人不知其存亡。淳祐中，趙葵在淮閫，遣間物色得之。興宗屢以帛書報虜機事，庚子，遂自拔而歸。葵驗其縣印告身如故，奏乞旌擢以勵臣節。喬行簡等議置之朝列，不果詔。改宣議郎、通判海州，改淮安州。乞解官追服母喪，服除，改通判廬州。吕文德辟淮西安撫叅議官，改叅議湖南、知南恩州。在郡三年，境内稱治。擢知韶州，清約而豈弟，以積

勞致疾，卒。興宗豪爽磊落，嗜義輕財，平生不爲身計，例應轉秩賞，皆耻自言。喜爲詩，在兵火不廢，自號全壁，有集若干卷。出《備志》

卓得慶字善夫，號樂山。五世祖厚，游洋人，熙寧進士。崇寧間，修樂書，厚與討論，卒，官吏部員外郎。祖成童始徙居莆，得慶登紹定五年甲科，教授道州，歷秘書著作郎，兼沂、靖、惠王府教授、左曹郎官。以忤賈似道，出知漳州，平畬寇。次年，嘉禾産一莖九穗，最上，賜詔褒寵，召還，授兵部郎中，兼國史院編修官、實錄檢討官。不拜，提舉雲臺觀。德祐丙子，以大理卿趣行，辭以疾。景炎二年，便旨除右文殿脩撰、户部尚書兼福建制置司叅謀官。是冬十月，元兵逼城，得慶與家人訣曰：『柱傾維絶，雖千百年何益？寧前一尺，毋却一寸。與其藏溝瀆而生，曷若守家廟而死？』俄甲士至，執得慶并二子規、權，殺之。黄仲元銘其墓，稱爲忠孝父子。得慶早以詞賦名，晚深於《易》。丞相江萬里深器之。仲子準，承直郎、監福州海口鎮。出《彭志》

莆陽文獻　鄭勳陳吉老傳第四十二

鄭勳字景周，僊遊縣人。嘉泰二年第進士，知博羅縣。將改秩，熊喬部下回，戍卒焚掠惠城，直抵其邑。邑人驚遁。或勸勳避其鋒，勳曰：『吾去，如百姓何？』正衣冠坐廳事以待之。寇至，諭以禍福，不聽。賊首迫以白刃，勳不為動，罵賊不絶口，遂死之。時丞相崔與之、侍郎李昴英奉命招討，以勳殁於王事，聞于朝，乞旌之以勸忠義。贈朝奉郎，官其一子。邑人思其遺愛，為之立祠，靈跡甚著。漕使以聞，勑賜額惠澤。出《岳志》

陳吉老字子州，先世許州人。有名魯苗者，為福州招討使，遂家候官，繼遷僊遊。祖浩，父無逸舊名宣，相繼登進士第。吉老以父任補官，少通《春秋三傳》，學《孫吳兵法》，慨然有志事功。紹興初，虜騎寇淮、汀、贛，群盜竊發，辟吉老清流丞。贛寇萬餘侵掠郡境，吉老整衆而誓，士皆感奮，大破之。後以胡保、鍾花之寇，長子希造先登，死焉。吉老忍痛悉衆長驅，竟殲其黨。比還，郡將以下迎勞，為之惻然。吉老笑曰：『馬革裹屍，南八男兒，古人所慕。大丈夫死患不得其所耳。吾兒報國死，又奚足悲哉？』自是賊徒遠遁，不敢犯汀界。六邑爭像其父子祠之。陞本州别駕，召除京東提刑。收復宿、亳、徐、海四州。入對，陳練將卒，廣儲蓄，修城堡，紓民力，嚴策應五事。高宗諭曰：『且爲朕綏懷京淮之民。』尋除楊州安撫使，賜鞍馬金帶、御前大刀，以寵其行。吉老始至，嚴關渡之禁，創策應之法，撙節郡計，大修州城，捐俸以助其費。又遣仲子希錫取延陵私租千緡，市汀布以爲軍裝。時韓世忠守楚州，與吉老相厚善。吉老奏乞命世忠來相其役，詔從之。不數月而事集。嘗書白太夫人尹氏曰：『渾家飽煖，盡是國恩。萬一總師恢復，自當效節。』又書付希錫云：『吾萬一死於邊，汝他日出官，不得取俸外錢，謂之有例。上負君父，下辱祖先。』秦檜當國，力主和議，吉老累疏爭辯，其略曰：『講和之辱，是陛下爲劉豫，舉國爲陪臣。所約兩宫來期及許還關陝諸路，皆狡獪相調引，決不可信。乞罷斥奸檜，專責臣以恢復之期。』御筆褒答云：『卿奮武淮壖，國勢增重，鄰壤震懾，朕實賴焉。』未幾，卒于官。高廟聞之，嘆息不已，累贈中散大夫。出《何志》

希造字賢御，以父蔭補官。吉老教子詩書之暇，必令讀《百將傳》，習騎射。每曰：『今中原擾擾，正臣子捐軀報國之秋，非文武兼資，未易了此。』虜陷京口，希造年十六，被虜至北庭，令其牧馬。一日，比師南向，希造擇平時所調御最良馬乘以歸，父益奇之，每目為定亂器。調揚州掾參。紹興初，侍父官臨汀，每戰必居前鋒，屢奏凱捷。明年，賊又入寇，希造乘勝而前，策應不至，戰没于乂竿口。朝廷稱其忠節，告詞曰：『朕憫失忠義之士，殞身賊手，不得終於牖下。』肆加恤典，并及其孤，特贈承事郎，累贈奉直大夫。出《何志》

子光祖，字世德，以父歿王事補官。好儒重禮，知英德府。日上供泛輸幾倍，光祖奏蠲第四户，以寬民力。湞陽渡湍惡，舟多覆溺，更創巨艦以濟。廖德明行部，嘆曰：『陳公可謂依本分君子也。』尋改知邕州。州歲市蠻馬給邊，其峒有奉議坊者，先為措置官擅移其利於他峒，遂開釁端，互市不通。光祖以恩信招徠，綱至溢數。峒首李萬雄覇一方，久為邊患，光祖密遣思明州誘而擒之，梟以徇，諸峒帖息。事聞，特除廣東提刑。光祖作《欽恤編》以戒僚屬，新濂溪祠以崇教道，又捐故錢三千緡以代給邕兵之廩。而凡一切無名之征，悉蠲除之。積官朝奉郎。子沂，自有傳。同邑又有陳大亨字文通，紹興三十年進士，為人清勁，歷五任，貧無居室，惟寓僧舍。官至泉州通判。出《僊谿志》等書

沂字伯澡，以父光祖蔭補官，調新州推官。郡倉受納監官例取斛面，沂笑麾之。會州有梁竈從等冤獄，太守必欲寘之死，沂力為爭辯，因得不死，竟獲譴罷去。沂自弱冠侍官南遊，始篤志紫陽之學，徧參劉爚、廖德明、李方子、楊至諸先生之門，而陳淳又沂所終身卒業者。凡一時及門之士，皆推沂為嫡嗣。

繼復受《書》《易》於蔡淵、蔡沉，若陳宓、潘柄、蔡和、劉彌邵、蔡模則皆其交遊也。平居以禮法自將，喪祭一遵《朱文公家禮》。淳嘗為名其書室曰貫齋，且為之記云。出《僊谿志》

莆陽文獻　薛林陳傳第四十三

薛奕字世顯，興化縣人，利和之從子也。熙寧九年武舉第一。是年，徐鐸以進士第一，神宗御製詩賜之，有云『一方文武魁天下，四海英雄入彀中』。授鳳翔府都監，遷正將。元豐中，銀川寨之役，奕死之，贈防禦使。子安靖，以奕死事補官。靖康元年，假河北制置使。京城失守，安靖降金，知海州事。紹興初，乘間殺其守將王企中，舉郡來歸。高宗遣吏部侍郎傅崧卿賜以璽書，其略曰：『身雖屈於羯胡，心常存於王室。總領義師，擒滅醜類，凡陷没之郡，聞風響應，各籍土地，奉上本朝者，實汝有以倡之也。』賜會稽田十頃，以宗室女妻之。紹興五年，除武節大夫、業州刺史、閤門宣贊舍人、知全州，兼充本州沿邊溪洞事都巡檢使，卒。雜出《方志》等書

林子立字伯與，甫弱冠，通經學，為士類所推。陞貢辟雍，凡十二試俱中第二。同舍贈以詩有云：『博陵公子真文虎，占斷儒官第二人。』登政和二年進士，再調知茶陵縣。靖康元年，詔諸道以兵勤王。

子立募集民兵二千餘人，率赴南道總管司。至荆門，遇胡騎，接戰，衆寡不敵，中流矢卒。帥司上其事于朝。出《岳志》

陳自仁字克廣，七世祖德，字敏功，仕唐為員外郎。自仁第宣和六年進士，調吉州永豐縣尉，屢捕盗有功，不肯自陳，以廉節著。建炎三年，金虜犯洪吉州，隆祐太后護衛兵叛，所過殺掠。楊世雄、梁世美等遂犯縣境。自仁集尉卒，調民兵，激以忠義，戮力拒討，兩分其兵，一自間道繞賊後，一據險要以寡誘之。見賊則僞遁至所據，與之合戰，伏發於後，夾擊之。轉鬬逐北，其衆披靡。會賊别將繼至，兵疲援絶，自仁與知縣事趙訓之皆戰死。郡上其事，制贈通直郎，官其子褐孫。出《岳志》

莆陽文獻　郭徐彭龔鄭劉吳傳第四十四

郭義重《宋史》無重字，蓋誤。字處仁，早遊太學，以操尚稱。年四十餘，客錢塘，聞母喪，徒跣奔歸，每一慟輒嘔血。家貧，其故人有所饋，不受。聚土爲墳，手蒔松竹而廬于其傍，甘露降于墓上，烏鵲馴集。郡上其事。紹興十三年，詔旌表其閭，於所居前安棹楔，左右建土臺，高一丈二尺，方正下廣，上狹餙白，間以赤，仍植所宜木。《宋史》本傳義重貌古心不雜，視不過尋丈，口不及時事。其旌孝時猶未婚與仕，紹興二十一年，始以特科奏名補官右迪功郎，潯州司法叅軍，調德慶州錄事叅軍。年六十始娶，以高年終鄉，士大夫為立孝子祠，而私謚爲孝節公。出《事述》四世孫道卿。

道卿母徐病劇，哀泣籲天，祈以身代。母尋愈，後母以高壽終。景炎元年，元兵至，旁盜亦起。道卿日抱母柩泣曰：『兒在此，無恐。』俄卒入至殯所，失跌墮刃，知其為孝子也，為白大將，遺一矢爲後卒戒，俾無毀其家。又因盜至，居人竄匿，道卿與弟佐卿獨守義重孝子祠不去。遂俱被執，盜將殺佐卿，道卿泣告曰：『吾有兒已長，弟弱子幼，請代弟死。』佐卿亦泣告曰：『吾家事賴兄以理，請殺我。』

道卿固引頸請刃，盜相顧曰：『汝孝門兄弟如此，吾何忍害？』兩釋之。道卿年八十，子廷煒，字景文，為建寧路平準行用庫使。歸侍養。時兵禍猶未解，廷煒扶道卿出避賊，倉卒相失，哭水滸一晝夜，有裨校心哀廷煒，為迹道卿舟歸之。道卿嘗病疝，危甚，廷煒憂悴扶護，一夕髮盡白。道卿卒，疑死者兩日，苫塊中偶夢道卿並枕睡，汗浹寤，呼燭視之，左頰生二黑子，與道卿肖，號慟幾絶。每夜三鼓，即炷香悲哭，烏亦群集哀鳴，芝産園中。事聞，武宗勑有司旌其門閭。雜出《元史》本傳等書

徐膺字思文，弱冠登名於禮部，不報。退念其母年高，不忍離，因閉門讀書，定省温凊，無違禮。俄而母病，躬侍湯藥不鮮帶。既殁，摧毀骨立，卜葬于虎嘯巖，負土為墳，廬其旁，蔬食三年。時陟巖顛焚香籲天，哀號震地，虎為遁去，烏亦翔集，甘露一再降。既卒，從父狀元鐸題其墓曰『有宋孝子徐公之墓』。出《彭志》等書

彭受，為太學士，親殁，廬居墓側，有白鵲之祥，郡表其居曰『孝行卓異坊』。又有黄希閔，提舉國鎮之子。父殁，廬墓，人號孤廬黄家。出《比事》

龔垍，初為泉州銅塲從事，調福建提舉司屬官。父疾，不解衣帶，不入房闥，連丁家艱，廬于墓側

者凡六年。日食自鹽菜外無他嗜，婦病還舍，命醫自於户限外視之。戴星還山，亦未嘗自言。莆之善居喪，自鄭閩清爚後，鮮有及之者。出《備志》

鄭褒字成之，希閔之孫。應進士舉，至輦下，會詔罷去。遇王元之，留褒俟秋而行。褒曰：『褒有老母，向之去數千里、别數百日者，欲干于名而顯。親故雖遠且久，若在母左右。今詔下將及閩，吾母必計程以待，遲一日即貽母一日憂。』元之曰：『生有純孝，足警世之爲人子者。』為之泣而賦詩曰：『褒也甌閩士，文高所益修。干名逢詔罷，歸計逼親憂。鷗鳥終相狎，公卿謾欲留。刺桐花下宅，蘭蕨奉晨羞。』後登咸平第，判福州以便行養。出《比事》

劉洵直字子浩，年十二，父亡。十六，失母。時已知苦學，篝燈几筵之旁，號慟即誦書，率至夜分。嘗一夕族父聞哭聲甚哀，問故，曰讀《馬周傳》至其言少失父母，犬馬之養無所施，為之悲感，不能自止。諸父奇之，兩以鄉舉，試禮部爲第七人，登紹興二十一年第，調永春縣主簿。秩滿，授漳州教授，終通判平江府，贈金紫光禄大夫。子槼、棠，皆登進士第。出《比事》

吳稟字可中，父世寧，客遊西蜀，卒於渝川。稟年未冠，家居聞訃，日夕悲悼。沿峽扶柩以歸。舟危於旋渦，若有物負之者，時號孝子。出《何志》

莆陽文獻　陳傅郭黄許傳第四十五

陳亨運字俊民，仙遊縣人。性最孝，父母繼殁，廬墓三年，常倚墓木而哭，木爲之枯。鄉人張谹有詩曰：『生芻淨潔全清節，老栢焦枯為孝思。』乾道間，朝廷舉孝廉，谹率鄉人白之，縣令陳景肅以其名應詔，亨運臥廬不起，令不能奪，餽粟帛以旌其孝。出《僊谿志》

傅孝明字起敬，嘉定己卯秋，母蔣氏疾篤，孝明刲股，粥以進，疾遂瘳。陳侍郎讜書孝感二大字名其堂，作詩以紀之。令許伯翊偕同官載酒宴其母子，盡歡。族姪知循州大聲記其事，王少卿邁為跋。出《僊谿志》

郭濟，家貧至孝。寶祐五年父病，刲股以進，病遂瘳。庶母病篤，亦刲股者再，鄉人以其事白之令趙與泌，給錢米以旌其孝。出《僊谿志》

黄廓字大器，興化縣人，太常博士中庸之曾孫，平江令徹之子也。事親孝，芝産于廬者三，鄭夾漈樵爲文紀之。出《比事》

許天麟字仁甫，崇福里豪林人。父應祥，喜佛好施。天麟家甚裕，病族人貧富不均，闢居仁堂以處之，又與共爨。平生事父甚謹，會父疾，憂鬱百方，冠衣不脱，及卒，苫塊三年，葬而廬墓側。又三年，扁墓亭以永思。嘗刺血寫佛經，集千僧誦經以資冥福。是日雷電四方，其繞壇五里，天朗日明，人以為孝感。竹圃柯舉白郡守，將聞于朝，天麟曰：『彼雨此晴，偶然爾。吾何德哉？夫求聞于上者，慕名也。吾將爲名乎？』乃寢。後生母蔡氏卒，送終，廬護一如父死之日。至正中，年七十四，一日，召子姓與語，沐浴更衣，書偈端坐而逝。出《備志》

莆陽文獻　吳李林方傳第四十六

吳興，屯田員外郎祭之從弟，時號長官。唐神龍中，以家貲築延壽陂，溉田萬有餘頃，復塍海為田，築長堤以障海水，開溝大小六十餘條以導其流，為泄六十餘所，以殺其水。時有蛟為孽，堤數潰。興毅然誓衆，欲除其害，遂携刃入蛟潭斬之，卒與蛟俱死潭中，鄉人建祠祀之。宋咸平初，進士鄭褒為之傳。紹興十九年，郡守陸渙奏封義勇侯，至今莆田稱水利，北洋曰吳長官，南洋曰李長者云。雜出《趙志》等書

李宏，有唐裔也。其先有因安史之亂避地來閩者，遂卜居候官之福星坊。世雄於財，宏輕財好施，人稱為長者。初，永春、仙遊二縣水合趨于莆入海，言利者謂横而堰之，可灌田數萬畝。治平間，長樂錢氏女提金大如斗來，據溪上流築陂，甫成而壞。繼而進士林從世捐貲十萬緡，築溪下流，亦壞。熙寧八年，宏應詔而來，有僧智日者，為相地於木蘭山下。宏乃率衆錢七萬餘緡為之陂，遂成。乃開溝大小

百有餘條，以導陂之流。作斗門，以啓閉諸溝之水。設涵泄，以疏通斗門之所不及者。復築塘為田，由是莆南洋之田萬有餘頃，皆賴以灌溉。民食其利，立廟於陂上，春秋祀焉。景定三年，詔封惠濟侯，降璽書褒諭。郡人夾漈鄭樵、尚書林大鼐皆有記。今子孫居於廟之左右，食宏之田，以奉祀事，官仍復其家。又有吳諏者，莆田人，唐屯田員外郎祭之後。初宮司選土著大家食陂之利者，輪差正副以司財穀，以時巡視而脩治之。時在選者十有四人，而諏與焉。十四人者，余氏三人，朱氏七人，陳氏、林氏、吴氏、顧氏各一人，皆莆田人，吳即諏也。子孫繼是役者，年有酬勞，日有食錢，蓋以先世有功於陂，故特加優厚，迄今猶然。每歲春秋祭宏，其十四人者，皆得與享云。出《岳志》弘治間，邑人御史周進隆疏於朝，檄下本府縣，春秋致祭。

李富字子誠，唐游擊將軍尚炅之裔也。避武氏亂，由泉州南安徙游洋，後復遷于莆之洋尾。富好施與，嘗於郡境内造橋梁，凡三十有四所，出南郭五里許，建亭以憇行者，凡二所。又助郡庠之役，築瀕海之隄，前後捐金錢累鉅萬，以祈母壽。母享年九十有八而終，人以為施與之應。建炎初，粘罕犯順，富率義兵，隸韓世忠麾下，授承信郎。宣使張淵聞富材略，辟充殿前統制司幹官，弗就，辭歸養，年七十八卒，至今莆稱樂善之士，必曰李制幹云。子三人，廷輝，保義郎。廷耀，承務郎。廷麟，將仕郎。出《岳志》

林國鈞字公秉，早嘗游場屋，率不利。自三舍法罷，遂不復有仕進意。高宗朝，以其子嘗由里選，版授迪功郎，加承議郎，賜緋衣銀魚致仕。國鈞為人好施與，務以積陰德爲心。聞鄉鄰之貧乏者，取貲財遣人投諸暗中以助之，不使其或知也。嘗建紅泉義學，延族子光朝爲師，置義田以贍四方從學之士。白湖去城三二里，舊有浮橋。紹興初，更造石橋，一時有力者又欲移建於木蘭陂下，謂是處江流且縮而兩隄突起。國鈞以為此說正相反，惟江潤岸平，則無喧豗撞擊之患。遂傾貲倡衆，以相其成。又伐石砌抵城之路，凡二十餘里。年九十，齒髮落而復生，作亭名曰回年。陳俊卿為書其扁，因以自號。既殁，光朝銘其墓。子二人，充，南安軍司户条軍。褒，建寧府司法条軍。孫恂如，少嘗從光朝學。後選莆舊家十四人為木蘭陂正副，而恂如與焉。詳見《李宏傳》持誠秉公，以民事為己事。陂南岸隄決數十丈，恂如傾貲殫力而修築之，水以無患，至今與十四人者並配饗李宏之祭，而子孫亦世食酬劳之利云。出《岳志》

方祐字天貺，慎從之曾孫也。為人恭約好禮，嗇己厚人，高價買産，賤價糶廩。值荒歲則傾囷無吝色。每幅巾野服，徜徉道旁，野叟村童，歡喜出迎，曰長者來矣。饑食寒衣，病藥死棺，人人滿意。有持疏以橋道請者，靡不遂其求。若延壽、迎僊二橋脩建，皆厚施之。其孫萬，少時讀書，至『己所不欲勿施於人』，祐語之曰：『此吾平生受用得力處，小子識之。』祐之存心如此，故時人以長者稱之。葬福平山，後人又因以福平長者為號云。出其玄孫大琮所記《遺事》

莆陽文獻　元　陳朱顧黄傳第四十七

陳旅字衆仲，父子倚，號博古，時朝廷遣使購鄭樵《通志略》，得寫本鹽使方廣翁家，廉訪使孫澤屬子修與同郡鄭鉞共校讎之，盡復樵聮比詮次之舊，上於朝廷，鋟於學官。兄震，亦有文行，由教官歷泉州路經歷、同安縣尹，終福清州知州致仕，卒。出《名公事述》旅幼孤，資禀穎異，其外大父趙氏學有源委，撫而教之。旅得所依，篤志於學，於書無所不讀。稍長，負笈至温陵，從鄉先生傅古直游，聲名日著，用薦者為閩海儒學官。適御史中丞馬祖常使泉南，一見奇之，謂旅曰：『子舘閣器也，胡爲留滯於此？』因勉游京師。既至，翰林侍講學士虞集見其所為文，慨嘆曰：『此所謂我老將休付子斯文者矣。』即延至舘中，朝夕以道義學問相講習，自謂得旅之助為多。與祖常交口游譽於諸公間，咸以為旅博學多聞，宜居師範之選。中書平章政事趙世延又力薦之，除國子助教。居三年，考滿，諸生不忍其去，請于朝，再任焉。元統二年，出為江浙儒學副提舉。至元四年，入為應奉翰林文字，遷國子監丞，卒。旅於文自先秦以來，至唐宋諸大家，無所不究，故其文典雅峻潔，必求合於古作者，不徒以徇世好而已。有文集十三卷。旅平生於師友之義尤篤，每感虞集為知己，其在浙江時，集歸田已數載，歲且大比，請于行省，親奉書幣，請集主文鄉闈，欲爲問候計。乃衝冒炎暑，千里訪集于臨川。集感其來，留旬日而別，惓惓以斯文相勉，慘然若將永訣焉。集每與學者語，必以旅為平生益友也。一日，夢旅舉桮相向曰：『旅甚思公，亦知公之不忘旅也。但不得見耳。』既而聞旅卒，集深悼之。《元史》本傳

鄭杓字子經，僑之玄孫，寅之曾孫，與陳旅為文字友。嘗著《春秋解義》《表義》《覽古編》《次夾漈餘聲樂府》，又有《衍極》五篇、《衍極記載》三篇。《衍極書》專評字書，吳康齋與弼謂考論文字之學，此為最正。尤善大字。辟南安縣儒學教諭，福建宣撫使齊伯亨嘗采其所著《衍極書》上之。子燁，字宗晦，至正末為福清州龍江書院山長。洪武中，辟興化縣儒學訓導。天才逸出，八分書能世其學云。出《備志》

朱文霆字元道，登至治四年進士，授建寧縣尹，有惠政及人。遷汀州路推官，陞福建等處儒學提舉，以泉州路總管致仕，卒。文霆居官行事多有可稱，尤博學善屬文，有《葵山集》，宋景濂為序，稱其言醇而理彰。子潚，洪武初進士第，任兵馬大使。出《舊志》

顧長卿字子元，祖孺俊，與兄孺履同第宋嘉定四年進士。長卿少有志，經傳子史無所不闚，人目之爲書厨。應部使者薦，歷安溪、南平兩縣學教諭，福州路教授。長卿雖居官，不廢脩讀，所得俸專為著述費。移書助教陳旅，責其不作《遼》《金》《宋》三史。旅以書示學士虞集曰：『江南有此秀才，大不易得。』既而長卿恐旅未能任此，遂自為之。及謁選京師，會朝廷開局脩三史，長卿即以所著藁上中書，得辟史屬。以議不合，移疾出。又以朝廷郊祀，禮成，進《南郊慶成頌》一十五章，不報。所著三史頗希世，不嚴華夷正閏之辯，而書遼金之事，皆與漢唐宋並例，故其書竟無傳云。出《事述》

黄方子字潛剛，滔之後，慨然以家訓世德為念。博學強記，汲汲於其所欲為者。嘗攝武城縣學職，禮部尚書宋本以使事至莆，見之驚喜，還朝，將論薦之。會本病卒，不果。方子好著書，有《東家書目》，載所著書數十種，然所說多異朱子，故不為人所尊信云。出《近記》

莆陽文獻　陳劉方林傳第四十八

陳紹叔字克甫，唐御史大夫稜之後也。其先世居大浮山之西，曰西陳。後有析居金沙者，故紹叔為金沙人，而猶以浮丘為號，學者因稱為浮丘先生。紹叔幼好學，博覽群書，洞達性理，終日危坐一室，俯而讀，仰而思，有得則喜而不忘。或中夜起炙燭書以識之。從游日衆，則教以篤行謹信為先，文辭問辯為後。嘗為學者說《書》璣衡，遂揉木爲儀象以示之。既而鑄銅倣古制，又別制器象天體，虛其中而髹之。上刻周天度數，而以鈿螺填之。揭南北二極，凡天河星宿，皆列其名，其色絢爛，使夜視之，與天象合。圍四尺五寸有奇，極其精微，名曰小天。由是名重當時。有欲白之郡府表章于學，有勸達于朝者，紹叔皆謙不敢當。至於《河圖》《洛書》《太極通書》、律曆制度，靡不研究。有外集百餘卷，題曰《浮丘集》。《歷代紀年》《大元官品》《競辰切字擇日》又若干篇。諸子百家之書，咸覽誦而考訂之。圖《中庸》《大學》《周易》於東西壁，浮丘書室之左為尊經閣，以虔奉先聖。身未嘗衣絲帛，深衣大帶以為常，所居僻陋，處之澹如也。有田數十畝，供饘粥而已。母家不振，有喪莫能舉，紹叔負土立石，表以鄭塚，有詩曰：『土堆埋玉起愁雲，立石栽松洒淚痕。敢效大夫題鄭塚，竟遺一女嫁陳村。石田茅屋誰爲主，麥飯茶盃外有孫。寄語耕犂莫相及，免教過客見銷魂。』孝友之心，類如此。其居鄉與人言，必稱孝弟忠信，言語平易，使人易曉。忽一日，思其親友，遍至其家，既而得疾，越七日卒，年七十有一。出林以順所著《墓誌銘》

劉有定字能靜，其先與夙、朔同出元豐進士仫之遠孫也。少貧，性狂直，不嗜榮進，沉潛志學，與温陵趙伯暐遊，而陳旅、鄭杓輩皆其友也。工於詩，嘗著《原範吟》三十七章論《易通》，學者因稱爲原範先生。司業吳源謂《原範吟》推聞圖書之秘，發揮象畫之妙，究極先後體用之所以然，乃知此老胸中有一部全《易》也。又作《泮宮嘆》百韻以譏議路教葉應禮，又嘗箋解杓所著《衍極書》五篇，皆梓行于世。出《人物備志》

方德至，初名臨生，以字行，公權之孫也。擢元至正十一年第。為人敦厚，不妄言笑。家甚貧，教授生徒以爲養，而與其妻廖氏相安於窮苦澹泊之中。後廖氏雙盲，父母欲去之，臨生慼然婉諫，曰：『婦無故，奈何去之？』其他行事亦多有足尚者。授官永嘉縣丞，代歸，不及再叙，卒。出《事述》

林以辯字子泉，積仁之後。祖應成，字汝大，嘗受學於黄績，得潘柄、陳宓之傳。咸淳中，與長子棟同登第，歷官宗正寺簿、宣撫司機宜。宋亡不仕。父栖，贈曲陶郡伯。以辨通《易》《書》《春秋》，尤善説《詩》。皇慶中，詔以科目取士，以辯不苟求合，究心程朱之學，福、泉之士争聘為師。方在泉山，一日促歸，未浹旬，卒。朱文霆稱其明死生之際云。出《事述》

弟以順，字子木，擢至治元年第。廷對不諱，幾黜。左丞張士瞻直之，收寘榜末。除海寧丞，調慶元縣尹。縣有弟殺兄，陰以賂免，以順發其獄，誅之。移浦江尹。平反死獄，新作夫子廟。秩滿，改台路推官。總管焦鼎建招安海寇之議，以順沮之，慮以姑息亂天下，後果如其言。陞江西儒學提舉，改知福清州。時元政失經，豪强横起，海港中劫殺尤多，以順漸收除之。亦思巴奚之黨監福清州，為衆所殺，其酋賽甫丁擅省政，因以順。酋敗去，乃得歸。尋除同知福州路總管府事致仕。出《事述》

莆陽文獻　國朝　吳源傳第四十九

吳源字性傳，曾祖鳳舉，博學多才，第宋咸淳元年進士，歷官貴州司法、封州教授，至宗學博士。入元，故官例逼授府縣之職，鳳舉亦強起知興化縣。數月辭歸，扁其堂曰修初以見志。源早孤，自知力學，通諸經，尤深於《易》。惇禮好義，學士大夫皆推下之。至正末，舉泉州路訓導。太祖皇帝洪武三年，復以明經授興化教諭，遷府學教授。十三年，以薦特賜詔徵之，其略曰：『朕聞君天下以圖治為本，安黎庶以得賢爲先。故令百司各舉所知。今中書舍人林延綱薦爾學精德邁，智志過人，特遣使齎符，命有司禮送至京。朕當試用焉。』於是與杜斅、龔斅、趙民望、李祐俱應召至，命為四輔官兼太子賓客，位列公侯都府之次。屢降制諭，欲其均調四時，繼令各司春夏季上中下旬，而源則司夏季中旬。每講明治政，必以得賢才、敦教化、養黎元為圖治之本，甚見嘉納。上間遊東苑，命五人侍，相與聯句，為七言近體詩一章。上先倡首句曰：『踞盤龍虎肇豪英。』五人者遂繼之曰：『五色卿雲炫日明，臣杜斅。王氣瑩然垂景象。臣源。民風樂爾見昇平，臣龔斅。山河百二金陵最。臣民望。宇宙千秋帝業成。臣祐。』上復繼之曰：『暗憶六朝興替事。』臣杜斆遂足之曰：『禎祥未盡又加禎。』詩成上呈，恩禮優裕，冠于一時。源尋以老歸。明年，上念其賢，復賜詔曰：『曩者朝臣薦卿學行，是用召卿至廷官，以四輔而卿告年老，難於步趨，遂命還鄉。今者朕選公侯子弟入國子學，司業缺員，生徒無所矜式。其為朕一來，講道授經。無筋力之勞而有成就後學之益，亦儒者之素志，其速來勿有所讓。』源復赴京授國子監司業。未幾，卒于官。出彭從吾《莆陽續志》姪陽保，舉鄉薦，為國子博士。陽保之孫昭，成化戊戌進士，官終廣西按察副使。

莆陽文獻　林圭陳賢傳第五十

林圭字信玉，曾祖楝，與其父應成同第宋咸淳進士。祖岡孫，與其弟以順聯登元延祐至治進士，稱為聯桂林家。父師說，蔭授縣尉。洪武初，圭舉明經，為莆庠訓導，陞寧國教諭。滿九載，以科第不及數，復教其邑。勤於為教，風雪不廢。其去也，諸生塑像學宮祀之。居儒官三十餘年，前後六為考試官。永樂間，應召脩《大典》，以老，請賜冠帶致仕。圭治經有師法，工古文詞，推重一時。達官至莆者必禮其廬，鄉後進多問業焉。平生篤倫紀，敦道誼。元季兵起，祖母方避難山中，與兄璜、珌、璲繼没。圭辛苦負葬，并葬其從父兄、外父母凡幾喪，孤幼盈室，撫教成立。及致仕歸，視其子教諭乾於如皐，經蘇杭，遇道殣，善視之，與同食飲，其人賴以全活。年九十四而終。雜出《一統志》等書林為莆望族，久而可徵者，惟忠臣藴之後最盛。岡孫之孫琚、珩、琥，皆起儒術。珩為桂林知府，琚、琥並郡縣學職。諸孫泰，吴川知縣以順之孫。曾，洪武甲戌進士，官終廣東僉事，有廉名。圭之孫宗、越，皆舉鄉薦。宗蘄州學正、揚州教授，有師道，蘄人祀之於學。宗之孫俊，成化戊戌進士，歷官刑部尚書，今以太子太保致仕。其學行風節，別當立傳。侃、僖，同舉鄉薦。侃終南雄通判，僖終壽州知州。俊之子達，正德甲戌進士，今為南京吏部郎中。

陳賢字廷傑，靖之後。兄觀，陝西叅政。賢洪武末舉儒士，為興化訓導。秩滿，遷南康教諭。永樂中，召入館閣，預修《大典》。改任湖口致仕。賢為人嚴毅方直，安貧好古，其學以躬行為先，雅志恤物，勤心職事。及門弟子成就者衆，號為古道先生。湖人塑像於學。没，因以祀之。泰和楊文貞公士奇為墓表，稱其士行可質於神明，盖實錄云。出《彭志》子淮，以孝行稱。

淮字巨淵，幼有至性，在父母側，必親視膳服，有疾，侍湯藥，頃刻不離。永樂間，賢官南康，淮隨任。每日鷄鳴而起，孳孳承志，所須皆先辦。洪熙元年，賢告致仕，卒于京師。淮迎柩歸，至寧化，次于河滸，夜宿柩旁。岸多虎，或使避之，淮曰：『吾父在此。』竟不去。夜大雨，懼河溢柩且歿，撫柩呼號，雨忽止。姊，嫡母方出，有贅婿方欲析居。淮重違其情，涕泣引咎，遜姊腴田美器而取其棄餘，母乃悅，復許同爨。淮後為國子生，值限年例，衆謀為減年籍。淮曰：『籍可減，心不可欺也。』寧黜而歸，置義塾訓鄉子弟。』家門肅睦。遠祖僕射靖墓被人侵毁，淮焦苦十餘年，百計陳愬上官，卒復之。縣上其孝。卒，年八十三。子大同，亦有孝行。出《彭志》林司冦見素題其居曰『述孝里』。

莆陽文獻　方徵林仕敏林長懋傳第五十一

方徵字可久，大琮六世孫。洪武五年，中鄉試，遂授給事中，兼齊王府録事。莅官恒思效職，志節甚偉。太祖皇帝一日晚朝，謹身殿退，顧徵問知有母在，次日賜白金五十兩，給驛歸省。嘗奉旨廣西微行，改監察御史。月餘，陞懷慶知府。時因星變求言，徵條上數事，首言風憲官以激濁揚清為職，今乃計其事績多寡定為優劣，故不聞旌拔廉能，專務羅織人罪，多徵贓罰，此大患也。又言朝廷賞罰明信，乃勸懲之道。去年各行省以用空印罪其官吏，而河南叅政安然、山東叅政朱芾俱有空印，反皆陞為布政使，其何以示勸懲哉？其餘皆關係時政。上諭旨：安然率齊東海軍民内附，朱叅政鄉里舊人，有才幹，故議功議能而擢用之，且爾言羅織人罪者何人？多徵贓罰者何官？宜具實以聞。徵言如河南僉事彭京，不坐被告知事于觀，而逼令招贓，攀人出金二十兩、銀一百兩代納，此臣所知者。坐是降沁陽驛丞。十三年，以事逮至京，卒，年三十二。嗣子璿，舉鄉貢，任諸暨訓導。出《彭志》

林仕敏名世懋，以字行，枅五世孫也。父善同，工詞賦。弱冠魁堂試，尋領鄉薦第七，授泉山書院山長。元社既屋，遂不仕。洪武初，例起間良官，以祖母年老辭，既而復起之，行至建州，寄所作顧氏義妾詩有『有妾猶知遵禮義，此身那肯負綱常』之句，竟死於道。仕敏幼端重闓爽，善詩文。洪武二十六年，領鄉貢，入太學。明年，署大理少卿，尋授户部郎中，以言事貶南丹衞軍吏。永樂改元，擢拜南康知府。寒暑衣服，取給於家。屬郡蝗，仕敏率屬罪己懇禱，翼日蝗盡飛去。以母憂去官，服闋，改知淮安府。清介愈厲。時部臣至淮御，仕敏與之抗禮，乃以不防水患劾之，貶南寧府鎮鄉巡檢。以捕盜功，不願陞遷，改宜興縣教諭所，著有《芹邊集》《匡廬小稿》。子勤，由鄉貢歷任奉新教諭，以學行稱。出《彭志》

林長懋字景時，蘊之後。父獻中，泉州府學訓導。長懋永樂三年舉鄉試，除南昌教諭，陞青州教授。十八年，擢翰林編修，侍皇太孫讀書。洪熙時，轉春坊中允。長懋以老成自處，凡小愆違多所匡救。仁廟崩，從臣扈從東宫赴京，長懋不便鞍馬，乃以舟行。既至，宣廟已即位，從臣皆進官，長懋陞知鬱林州。因上言官僚遷擢同異者數人，且言二弟一為部屬，一為監生，路遥母孤，願降繁難京職。積忤下錦衣獄，一繫十年，温習不廢。英廟登極，遇赦。之官以恩信撫下，自奉清儉，朝夕食惟鹽菜，人因呼為林鹽菜。年六十，卒於官。無子。長懋為人剛嚴狷狹，非其人不交往。僚友間少不合，輒面斥其過。族人户部郎中定以吏胥進，絶不與通。性耽書，手不釋卷，為文質而有味。出《彭志》弟遒節，永樂乙未進士，授刑部主事。長懋下獄，時調平樂通判，遷知瀘州，以賢能著稱。奉勑陞鶴慶知府，以母喪解官，卒于家。

出《一統志》

莆陽文獻　陳繼之陳彥回傳第五十二

陳繼之，涵頭人，革除庚辰進士，授户科給事中。以江南僧道多占腴田，蠶食百姓，乃奏僧道人給田五畝，餘以賦民。從之。時靖難師起，繼之間有建白，輒肆指斥。洪武三十五年六月，京師平，與太常寺卿分宜黄子澄、兵部尚書溧水齊泰、户部侍郎定遠郭任、翰林侍講寧海方孝孺等俱族誅。出《彭志》

陳彥回，龜塘人，父立誠，洪武初舉秀才，再除歸安縣丞，以罪被刑，家屬謫戍雲南之臨安。至蜀遇赦，無資以歸。時同縣黄積良知定遠縣，收彥回為其家人，因改姓名曰黄禮會。閩中教諭嚴德政以彥回明經，舉保寧訓導。九載，考績，太祖親擢為平江知縣。洪武戊寅，高廟晏駕，彥回捧香進京師，給事中楊惟中等舉彥回文學廉幹，宜加擢用，陞徽州知府。丁祖母郭氏憂。徽民汪侃等百餘人詣闕奏留，未報。庚辰春，彥回乃疏其改姓歷官情罪，首實于朝，乞正名籍，得宥為民。尋有旨復其原官，留治郡事。明年三月，復涖徽。逾年，會北兵起，彥回召募義勇赴援。壬午，詔械送京師棄市。出《府志》

莆陽文獻　林環楊慈傳第五十三

林環字崇璧，後塘人，唐九牧葦之後。幼倜儻不羈，聰慧過人，凡閱書多成誦，下筆成章。方在泮時，文章已為人所重，求者相踵。永樂四年，廷對第一，授翰林修撰。明年，陞侍講。預修《永樂大典》，為《書經》總裁官。兩考禮會試，聲名籍甚。十三年，扈從巡幸，卒于北京，年四十。環負材學，曉世務，特爲文廟所器，一時儒碩亦厚望之。迨没，無不悼惜焉。弟珪，亦有文行。舉泉州府學訓導。出《彭志》

子繼，舉鄉貢，為考城教諭。珪子思承，第景泰五年進士，選為御史，辭弗就，除冀州知州。州有蕪田二千頃，歲賦如常，民益流徙。思承率同官奏蠲其半。漳河數為州患，增築堤堰以禦之，延袤百餘里。選部郎中陳雲之弟佐冀，屬邑毆殺平民，思承被委驗治。或為祈免，歎曰：『以人命媚人，惡在為民父母？』卒正其罪。滿九載，民詣闕留之，不果從。遷淮安府督粮同知。年未六十，引疾致仕。歸，幾二十年，年七十九，卒。彭司寇從吾銘其墓，稱其為廉退君子云。孫偃、伋。同舉鄉貢。偃，黟縣教諭。伋，國

子助教。思承子茂達，弘治十五年進士，今為四川布政使。伋子禋、禛皆舉鄉貢。禋，瑞金知縣，禛，宜春教諭。出《府志》

楊慈字惠叔，城右人。伯父賨，壽陽知縣。慈少孤，性穎悟，不甚讀書，為文間有論辯，夐出人意表。凡所賦作，操筆立就，蓋天才絶高，非學力所能至也。永樂六年鄉試第一，明年會試第二。九年廷對第四。選翰林庶吉士。是年七月，卒，年才三十。慈軀幹豐偉，志氣軒昂，恆以科第文詞為儒者末事，人惜其早夭。有文集五卷。孫元，以鄉貢授休寧教諭。雜出《一統志》等書

莆陽文獻　黄壽生陳用陳道潛傳第五十四

黄壽生字行中，東黄人，滔之裔孫也。兄和中，行在禮曹郎中。壽生莊重孝友，洪武末舉鄉薦，以親老求歸侍養水南，諸賢率從之學。若會元陳中、進士徐資用輩，皆門下士也。親終，入太學，再試京闈第一。永樂九年，登進士第，選翰林庶吉士，預修《性理大全》諸書。成，授檢討。九載，將滿考，試禮闈，得疾，卒。雜出《一統志》等書于時故官類焚殖以歸，壽生子子嘉獨負柩還葬。安福教諭徐安祖聞其孝行，舉為其學訓導，用薦知東鹿縣。正統己巳之變，胡冦焚掠畿甸，子嘉率衆保障，縣賴以完。初邑户不滿二千，後乃至三千餘户。滿九載，邑民保留，加六品俸，復任三載乃歸。長子深，字仲淵，景泰二年進士，拜監察御史，卒。次仲昭，自有傳。深之子乾亨，成化十一年進士，任行人，奉使滿剌加，遇海禍，朝廷遣官諭祭，贈行人司副。子如金，字希武，弘治十八年進士，選庶吉士，授御史，提學南畿，終廣西提學副使。希雍舉鄉薦，自壽生至乾亨、如金，三世解元，為科目盛事。彭司冦惠安公謂自乾亨而上，居官立身，皆廉約恭慎，學問文章世濟其美，爲莆名族之冠。出《彭志》

陳用字時顯，城右人也。舉鄉試第一，登永樂九年進士第，選翰林庶吉士。時行在開東舘，徵天下名儒纂修《五經四書》及《性理大全》諸書，用預焉。書成，授本院撿討。丁外艱，起復留南京。宣德間，秩滿，陞脩撰。正統初，轉侍講，凡掌院事二十餘年。用為人質實醇厚，言動不苟，身後竟無一息，士類爲之盡傷云。出《彭志》

陳道潜字孔昭，東洋人。革除庚辰進士，授給事中，調夷陵州判。永樂初，復為監察御史，預脩《性理大全》諸書。于時脩書諸儒，翰林春坊多不得預，部屬寺監亦無幾人，御史獨道潜以行己恭慎、學問該博在選。道潛與兄道亨相友愛，兄以子少讓財產，不受。會元陳中嘗稱其家仕者可爲居官之法，隱者可為族里之法。道潛孫岳，字孟申，成化丙戌進士，授户部主事，卒。孟稠，上饒教諭，輪廣州教授。曾孫元綱，衢州教授。出《彭志》玄孫文滔，弘治己未進士，終江西按察僉事。文淮，舉鄉薦磁州學正。論者謂道潜與陳繼之同舉進士，同居給舍，靖難之師至，繼之族，道潜但薄謫而已，盖不能無憾云。

莆陽文獻　陳方李王傳第五十五

陳中字舜用，黄石人，大卞之後。永樂十八年鄉試第二，明年會試第一，賜進士出身。資性簡率，才思豐贍，登第後歸家，嘗與諸名士遊壺山真浄巖，次盧希韓詩律一韻二十首，頃刻而就，詞致清新，人服其敏。文章健直，類其為人。正統初，自南京户部主事就留史舘，預修文廟仁廟《實録》。成，陞本部員外郎。滿九載，無意榮宦，遂致仕。幽巷貧居，吟咏自樂，公門關節，終身未嘗及之。卒，年八十三。姪孫璲，舉鄉貢，威縣教諭，陞國子學正。璲之弟琬，為邑庠生，兄弟俱有文行，而相繼夭卒，士林惜之。出《彭志》

方澥字源深，仁岳之後，以諸生貢入太學，舉應天府鄉試第七。正統四年登進士第，授行人。澥時年出五十，隱然老儒，猶執經講説不已，扣問者紛如。酧告罔倦，尤邃《禮》學。動止語默不少苟。嘗嘆《文公家禮》一書，諸儒註釋而去取或晦，朝代遷改而冠服不同。於是著旁附列圖於首，條析於下。其高第殿元柯潛嘗序行之。未六十求致仕歸，抱經固窮，未嘗輕入城府，學者稱為柳東先生。卒，年八十二。莆俗自水南徐資茹先生家冠、婚、喪、祭依約《家禮》而行，著為規範，質文可觀，至瀨又篤好是書，考究服誦，春秋家祭，不事浮屠。吉凶慶吊，抑奢從儉，鄉人亦多化之。弟新，韶州府同知。子和叔，領鄉貢，為石康教諭。孫岳，有文名，成化五年進士，亦為行人，瀨猶及見之。後轉南京監察御史，以言事左遷泰州判官，陞常州府同知。山、嶠，及新之孫宜賢，皆鄉貢士。嶠，景州訓導。出《彭志》山，雷州府同知。宜賢，吳川知縣。宜賢子一桂、一蘭，同第嘉靖二年進士。

李廷脩，鄭莊人，曾祖允實，武城知縣，伯父璣，萊州知府，有廉直名。廷脩登宣德八年進士第，除中書舍人。性穎敏，每厭時俗，不務讀書，嘗曰：『《後村先生文集》今日全不識，終日咿呀程文，如何得長進？』故於為學多通強記，詩文清麗。正統末，陞太僕寺丞，天順改元，陞少卿，皆以滿九載而遷。莆自洪武以來，登朝士大夫未有秩正四品者，自廷脩始得之，人以為榮。出《彭志》

王偉字士俊，第永樂十六年進士，授大理寺評事，陞雲南府知府，以仁厚為政，夷民悅服。嘗遇歲旱，禱雨有應，兵部尚書王驥征麓川，道經其郡，美以聯句，曰：『三旬亢旱黎民悴，一兩滂沱太守功。』鎮守雲南都督沐昂尤重其為人。及卒，民哀慕之。偉邃經學，工文辭。宣德正統間，莆諸老在翰林者凋謝已盡，惟偉與陳會元中並以文章擅重一時云。出《景泰志》

莆陽文獻　鄭方佘何林傳第五十六

鄭雲字行從，伯玉之後，登洪武二十一年進士第，授監察御史，陞湖廣僉事，改山西。以事左遷兖州府同知，復陞廣東右叅議。為人廉慎仁恕，詩詞文采亦有過人者，年未五十，卒。出《彭志》

林時字學敏，唐侍御史讜之後。永樂十三年進士，除陝西按察僉事，巡歷邊荒，辨反疑獄甚多。寧夏甘涼，地寒少布，歲發鳳翔、延安等府粟以餉卒。時奏聽民與戍卒自相對輸，大布一端抵粟一斛，中布三端抵粟二斛，至今便之。又奏設武學，令軍中子弟得由科目進用，於是禮部推行，天下皆設衛學。秩滿，陞貴州按察司副使。莆進士釋褐為方面，時與佘文、林坦三人。文由山西僉事轉知常州府，坦歷湖廣、廣西僉事，陞貴州按察使，然風概皆不及時。弟祥敏，道州訓導。子純，内丘教諭。姪纘，潼川州訓導。出《彭志》曾孫世明，安平知縣。

方鯉字廷訓，大琮之後。永樂十六年進士，授南京監察御史。南宋諸名臣家自遭元世以來，皆零落不振，獨鯉能邁往超俗，以紹前芳，郡人推仰。性資剛果，遇事必為。居六察日，風采凛然，號為材御史。遷知彰德府，丁内艱，服闋，改知紹興府。相、越皆大郡，鯉以嚴明蒞之，吏畏民愛，號為良二千石。以疾致仕，卒。孫瑶程，鄉訓導。出《彭志》

鄭述字季述，少貧乃學。永樂十九年，登進士第，授刑部主事。宣德中，公事坐累，調惠州府通判。郡負山濱海，有鹽鐵之利。兵民商竈，淆雜難治。述有精力，為政端平，清訟牒，均徭賦，禁暴繩亂，民不敢犯，政聲大著。他郡有難决事，亦以委之。擢知南雄府。地狹民貧，且苦役繁，述榷鹽商定馱取息，息輕積衆，舉以雇役，餘代民雜需。民既安業，乃重新郡縣廟學，每五日輒一戾學宫，視諸生所業而激勸之，士風爲之一變。郡舊有淩陂，溉田五十餘頃，久廢。述重築之，民蒙其利。又郡自張九齡奏開庾嶺，植松數十餘里，久多摧枯。述補植之，人懷遺愛，比以爲棠陰云。及致仕，郡民乞留，不果從。兄子儒，龍川知縣。出《彭志》

佘耀字叔炫，登永樂十三年進士第，知進賢縣。爲人勤敏廉介，力正上官和買之弊。九年，秩滿，行李蕭然，民思之，爲立德政碑。吏部考最，例當陞職，待次間，以母老告歸省。宣德十年，少師楊文貞公薦之，馳傳赴召至，授吉安府通判，掌泰和縣事。文貞，泰和人，以其劇邑，故特薦耀。事無巨細，一斷之以義，主之以公，雖富勢不可奪，人目之為沉水舡，邑以大治。母喪，解任，服闋，改通判饒州，部運京糧，卒于裏河。出《彭志》

何誠，永樂末貢入太學。正統間，拜虹縣知縣。廉正愷悌，每詣村落，教民版築植桑，久而民賴其利。後以疾卒，囊橐蕭然，虹人共買棺殮之。其妻南京人，舁其柩，欲即父家葬之，虹人懷其德不忘，乃遷柩葬於縣之山川壇右，復建祠焉。出《通志》

林和字致雍，前埭人。洪武中，登鄉貢，授博羅知縣。爲政寬恕，不尚鞭朴。增修武村堤以防水患，民受其利。出《一統志》官終户部郎中。

莆陽文獻　林文陳音傳第五十七

林文字恒簡，號澹軒，與環同出。宣德五年廷對第三，授翰林編修。正統初，預修《宣廟實録》，成，轉修撰，時年已五十。官將九載，僅循常調，不爲優叙，不計也。丁内外艱，服闋，復除舊職。景泰三年，陞春坊諭德兼翰林侍講。四年，修《歷代君鑒》，成。七年，修《天下郡誌》，成。陞庶子，仍兼侍講。天順元年，英廟復位，罷康定時官僚，文改尚寶司卿，兼職如舊。時翰林應轉學士者七人，上疑其多，兵部尚書陳汝言進曰：『唐有十八學士，是不爲多。』遂拜學士。四年，請老，上謂内閣李賢曰：『林文老成忠厚，不可放去。』仍留供職。八年，憲廟即位，以舊講讀官陞太常寺少卿，兼翰林侍讀學士。再乞致仕，歸。文雖年逾七十，然神觀清爽，應對精明，安靜守禮。接人無大小，皆以誠意。朝野士大夫踵求詩文，酬之無倦色。體格温淳，自成一家。縉紳推爲醇儒，咸自謂不可及也。兩考會試，一讀廷試卷，學者稱為上林先生。卒，年八十七，贈禮部左侍郎，遣官諭祭營葬。子載，孫釗，曾孫渠、希範，皆舉鄉貢。載，中書舍人。釗，金華知縣，遷錦衣衛經歷。出《彭志》渠，建水知州。希範，漢陽同知。

陳音字師召，別號愧齋，涵江人。宋明州觀察使淬之後。天順八年進士，選為翰林庶吉士，授編修，與修《英廟實錄》，成，進侍講，擢南京太常少卿，命兼掌南京翰林院事，陞本寺卿，卒。音為人和易坦率，細事無可不可，至分別義利，則界限截然。在翰林時，嘗上疏陳時政數事，剴直不阿。權瑺黄賜有母喪，省、寺、院、監罔不吊祭，翰林亦有倡議欲行者。音奮曰：『堂堂翰林，相率而拜内豎之門，奈天下笑何？』議遂止。西厰初建，太監汪直方用事，勢張甚。其爪牙韋英者，夜率邏校入兵部主事楊仕偉家，收縛仕偉，并掠其妻。衆悚汗莫測，音與比居，亟乘墉大呵曰：『爾何人？乃擅辱朝臣！』其人曰：『爾何人？』音曰：『我翰林侍講陳某也。』其人為之少戢。大學士劉吉之起復也，音移書止之，其後當路有缺吏部，欲擬音，吉曰：『陳某腐儒也，不可用。』其為少卿滿九年，乃進卿。音問學深博，學者至席不能容，登高第顯名于時者甚多。為古文肆筆而成，率平實有理致，求之者無虚日，遺藁累數十卷。弟員，子舉、華，俱領鄉薦。華登進士第，員，嘉興府通判。出《府志》

莆陽文獻　柯潛呉希賢傳第五十八

柯潛字孟時，號竹巖。自幼警敏嗜學，十歲喜賦詩，十五能爲舉子業，弱冠領鄉試，入太學。景泰二年，廷對第一，授翰林修撰。益自淬礪，學行日以進。明年，陞春坊中允，兼脩撰，預修《歴代君鑒》《天下郡志》，成，累受賞賚。七年，陞司經局洗馬。天順元年，例罷官僚，潛改尚寶司少卿，兼職如故，充東宫講官。八年，陞翰林學士。成化元年，修《玉牒》。三年，修《英廟實録》，成，陞詹事府少詹事，兼翰林學士。四年，命日侍經筵。未幾，丁父憂。踰年，母歿，既葬，詔起復爲國子祭酒，懇求終制，不拜。九年，服闋，將赴京，忽得疾，卒，年五十一，遣官諭祭營葬。潛質貌俊偉，容止雅飭，爲文章平妥整潔，詩尤清婉，接人外若樂易而内實狷介。鄰郡有中貴人寵冠一時，士大夫欲求速化者，争趨其門，潛獨不往。其人素慕潛文詞，屢欲屈致一見，將有所求而潛卒不往，天下學士大夫仰之，以爲異人，期以大用。天順中，李文達公欲引共事，以資尚淺而止。成化初，吏部屡薦入内閣、南宫，皆不果從。考兩京鄉試者一，禮部會試者再，所著有《竹巖稿》。弟江，通州學正。子宗文，以蔭授

中書舍人。出《彭志》

吳希賢，舊名衍，以字行，更字汝賢，别號靜觀，唐屯田員外郎祭之後。希賢幼敏異，登天順八年進士第，選為翰林庶吉士。時同年李東陽號稱神童，希賢才思敏贍，獨與之相角逐。拜檢討，預修《英廟實録》。時有貴家子冦姓者，密以賄丐希賢，致半詞於其父。希賢厲色拒之，曰：『苟爲此，他日何以見董狐諸公於地下耶？』進修撰，陞左春坊左諭德、南京翰林、侍讀學士，卒於官。希賢性豪邁，負奇氣，於人少許可。為其所可者，恒頌不輟口。兩考會試，所得多俊偉士。為文章意新語壯，詩亦清俊奇崛，每僚友宴集，或聯句，或分韻，倉卒累數百言立就。弟希達，姪彰德，俱領鄉薦。希達，常州府教授。彰德，湖廣按察司僉事。出《府志》

莆陽文獻　翁世資傳第五十九

翁世資字資甫，號冰崖。父瑛，舉鄉貢，官至翰林檢討，掌國子監助教事，累贈户部尚書。性喜酒樂易，姻黨無小大，咸恩視之。世資幼穎敏，自其遊鄉學時，器識已如老成人。侍父官京師，因乞入太學，應正統陸年順天府鄉試，七年禮部會試，俱中第七，授户部主事。政暇輒繙閱舊案，究其利弊，涉躐廣記，且明習國朝典故。凡條例因革，悉所諳練，大為部堂諸卿佐所敬禮。嘗以部檄往通州監收軍士冬衣布花，因奏言所以貯庫藏轄於通州諸衛，宿弊極多，宜改屬有司，則其弊可革。從之。丁外艱，歸。景泰改元，本部尚書金濂以時方多艱，求可以裨謀議者，因奏起復，世資固辭。終制，明年，服闋，復除户部，遂委世資專典各司章奏，有大議必與商確。未幾，陞署本部郎中。適江南水災，部以屬世資勘驗，因奏免應天、太平、寧國、安慶、廬州等府及建陽、宣城等衛税粮五十餘萬石，芻束倍之，且檄所司賑恤。英廟復位之元年，充會試同考試官。時大臣多罷，上謂姚夔、翁世資俱可大用，遂擢夔禮部，世資工部，俱右侍郎。三年，命往淮、徐督運大木回内織染局，上言先遣官往蘇、杭等五府提督織造上供文綺七千疋，未完。今計各項賞賜等用，又合別遣官督併，加造七千疋。世資謂東南水潦，民苦艱食，宜當撙節以甦疲困。與尚書趙榮、左侍郎霍瑄議減其半，榮、瑄皆有難色，世資曰：『倘得罪，某請以父子三人當之。』疏進，上疑其要譽，推主議者下世資錦衣獄，貶知衡州府。先是，郡有疑獄數十人，世資至，悉爲直之。治郡汲汲，以革宿弊、厚風俗爲務，新廟學，修石鼓書院，立便民倉，凡郡政所不可少者，皆以次修舉。衡衞帥有不循理法者，世資稍抑之。遂誣世資怨望，逮至京師，上不直衞帥，削兩階，調任，復世資官。成化初，陞江西左布政使。適廣東寇發，王師南下，有獻計欲令江西轉餉，計當用十萬人，世資議齎銀就廣中糴穀以餉，民以不擾。屬大旱，軍民多轉徙，乃大發倉廩賑之，且爲奏蠲民賦百七十餘萬石，仍免一應雜泛差科，境内以安。五年，陞都察院右副都御史，巡撫山東。明年秋，東土大饑，世資日夜講求荒政，發廩勸分，遣官分道賑恤，民賴以濟。八年，遷户部左侍郎。十三年，奉敕提督京、通等處倉場。明年，進本部尚書，職掌仍舊。十七年，召掌部事。世資久處計司，財賦出入，劑量盈縮，罔不懸合事宜。以年及再上疏懇求去，遂加太子少保致仕。行至儀真，卒，年六十九，贈太子少傅，遣官諭葬營葬。世資居官四十餘年，謙約和厚，善兄弟，廣交友，家無餘貲。所著詩文有《冰崖集》若干卷。兄世用，正統戊辰進士，官終貴州叅議。莆人父子兄弟同時登朝，自世資家始。世用之子溁，孫機，皆舉鄉貢，任知縣。世資子洪，第進士，爲工部主事。泳，舉鄉貢。雜出《彭志》及《家傳》

莆陽文獻　陳俊傳第六十

陳俊字時英，號愚庵。父珪，舉鄉貢，為文昌教諭。俊少負才厲志，中正統丁卯鄉試第一。戊辰，登進士第，授户部主事。父珪卒，解官迎喪，海南富，土物一無所取。服闋，仍除舊職。景泰甲戌，差督天津等衛。舊欠秋青草束，俊上言採取舊有額已難徵辦，況歲增耶？漁不可以竭澤。朝議是之，得減增數三十五萬束。蘇松諸郡負上供銀七十餘萬兩，復受委往徵，不數月告完，部長貳奇其才，俾典閩部章奏，轉郎中。兩廣用兵，遣俊督饋餉，假以便宜處分。時廣中鹽利甚夥，鹽商往往越界以規利。俊令凡越界鹽每引輸米二斗以餉兵，公私俱便。丁母憂，乞守制，不允。師還，始奔喪。總兵監軍合百金爲賻，却之。成化紀元，復任郎中於其部。未幾，陞南京太常寺少卿。時郎官久無拜卿少者，俊以賢譽得之。戊子，召為户部右侍郎。俊於户部號素練，至是邊事動，四方奏災傷文移遝集，諮議旁午。尚書楊鼎以剛許自任，俊佐之，凡所裁處，悉合事宜，部屬相謂：諸稿有陳公，筆如簽金然。其重之如此。京師饑，奉詔平糶太倉粟百萬斛以利民。俊慮權貴乘時射利，乃請石以下許糶，多者禁不與。壬辰，命總督邊餉于陝西。時邊庾空竭，歲且不登，芻粟價湧，而榆林、延綏糧道險遠，輸者病之。俊乃請出内帑銀助邊，且修西安韓城、同官徑道，以便飛輓。軍興無乏，諸將成功凱還，俊加食從二品俸，改吏部，轉左。滿九載，拜南京户部尚書，改兵部參贊機務，轉吏部。丙午，又滿九載，赴闕請老，憲廟不允，賜羊酒寶鈔，俾還任。與子天敘入胄監，俊復乞休，遂加太子少保致仕。逾年，改元弘治，以疾卒，年七十。訃聞，遣官諭祭營葬，賜謚康懿。俊為人沉毅簡重，孝友畏慎，蓋終身之行也，故哀榮特異云。出《彭志》姪孫應之，正德丁丑進士，任南京户部員外郎。

莆陽文獻　彭韶傳第六十一

彭韶，字鳳儀，自號從吾，父思孝，為鄉耆儒，累贈都察院右副都御史。韶幼莊重警敏，少長，趣向已端。景泰七年，領鄉薦，明年，改元天順，會試第七人，拜刑部山西同主事署員外郎。時有張岐者，自外臺擢都察院右僉都御史，協管院事。韶以其人非才，疏論其不可，且願收召王竑、李秉、葉盛，以伸公論。忤旨，下錦衣獄，都給事中毛弘等上言：『韶持論雖過，心實懷忠。』得宥復職，尋進廣東司郎中。是司素稱繁劇，所按事多涉貴近，韶屹然持正不少屈。外戚周邊者，與畿内民争田，詔擇公正法司官往勘，衆推韶，韶至田所，環視周匝，徑歸，上自劾之奏曰：『田本民有，雖其籍報未盈管業之數，然地有高下，歲有旱潦，細民頻年出賦以給公上，旱則資汙下以補高仰，潦則資高仰以裨汙下，豈可以民田給貴戚，重傷國本？』復下錦衣獄，科道交章言其無他，得釋。俄而復有請荒田者，上顧左右曰：『彼不見周邊之事，奈何又請耶？』六年，陞四川按察副使。開縣有劉姓者，户先析為二，一徙一留。後徙者復業，與留者争里役不得，遂陰嗾安岳扈氏兄弟焚滅其家，凡二十一人。有司以事無證，佐尼不行。韶行部至邑，聞之大駭，捕得扈氏并其徒十餘人，一訊款服，置於法。定遠縣民一日忽聞盜至，空邑而逸。有曾姓者，弟乘機入兄室掠其貲。兄迹知之，訴於官。弟夜聚群不逞，盡殺其家十有二人，乃偽為不知，持狀訴於韶。韶鞫之，得兇黨七人，斃於獄。十一年，陞本司按察使，疏乞各王府祭葬省差内官及行人等官，以免勞費，從之。十四年，陞廣東左布政使。時農民捕吏，率視其房，分高下，令納銀有差，名曰『公堂』。韶嘆曰：『取其財而責以不貪，可乎？』乃選俊秀善書者充之，積弊遂革。鎮守内臣顧恒歲有貢獻，韶疏言：『自古明王不寶遠物。廣東民力竭矣，守土之臣以此事上為恭，不知凋傷國本，遺害反大也。』監舶内臣韋眷請以均役，餘剩六十户，隸舶司以辦貢獻。韶疏言：『今之官民，富強不及於昔者，蓋因害財之多故也。使及今加意撙節，猶恐無以為繼，況又益以雜用，其何以善後哉？眷所奏餘户，乞暫與一年，以後停罷。』有詔減其半。廣人陳獻章以學行有聲于時，韶抗疏薦之。凡廣南一時名士，皆加敬禮，以激勵後進。太監梁方有弟為錦衣衛千户，在鄉國私探禽鳥諸物進貢，官民俱罹其害。韶復上書言狀，忤旨，調貴州布政使。啓行之日，廣父老泣送河下，如去慈父母，至有追送數百里外者。蒞貴藩僅九閲月，因俗為政，貴人安之。擢都察院右副都御史、巡撫蘇松嘉湖等處。惟鎮以簡靜，而吏自不敢犯科。召為大理卿，未上，坐論鎮守内外等官貢獻非宜，道改左副都御史、巡撫順天等處，兼整飭薊北軍務。陳時政以弭天變，議糧運以便軍民，累有所建白。孝宗登極，臣僚交薦，召為刑部右侍郎。屬浙西不靖，勑韶巡視。至則誅其渠魁數人而劾罷守臣，一方晏然。既而户部言兩浙鹽法久壞，因命韶以本官兼左僉都御史留治之。詔蚤夜講究利病，陳便宜數條，取旨行之。又憫煮海之氓貧苦，以其山塲草蕩、晒淋煎熬、折閲征陪之狀，略分八節，具圖以進。還朝，轉吏部左侍郎。弘治三年，彗見天津，詔群臣言軍民利病、時政得失。詔言軍民利病有二，曰厚根本，曰減役錢。時政得失亦有二，曰正近侍，曰慎官爵。時左右侵權者聚，詔於正近侍條有曰：『内臣出入左右，言語輕重，能為禍福，人所畏憚。今兵馬錢粮、人匠柴炭盡付其手，分例相沿，更相傚傚。虚名實支，遮搶外觀，誰能詰之？比見凡有章奏，無不先充而後下於該部。該部承行，不復審處，是失政體也。及至有犯，多從寬免。有殿人至死者，竟不提問。或有提問成獄，旋復宥之，是失刑威也。耗財妄費，不惟不禁，而反助之死者，或有給還葬銀八千兩在者，或有許其蓋祠覔地、第宅踰制、服食求奇，於斯極矣。聲勢移人，望風震懾。伏望陛下靜思及此，大公至正，以服其心。充勤克明，以折其氣。上法祖宗，乾剛獨斷，褒良善而親忠良，遠佞媚而斥奢縱。事務歸於所司，威福必由己出，則萬世永圖也。』終篇又言：『臣獲隨午朝，竊念日奏尋常起數，於事無補。臣願自今午朝，惟議經邦急務，如吏部有大陞除，禮部有大災異，户部、兵部有緊急錢粮邊報，工部法司有緊關工程囚犯之類，許令先期開具事由，奏乞聖駕定日出御左順門，侍衛一如午朝之儀。事該各衙門會議者，各官就於御前公同計議。如吏部陞除大臣，明言某官才德堪任，某官資望未可之類。内閣輔臣亦同議可否，事體既定，就行口奏，取旨奉行，次日補本備照。若係本衙門自行者，亦就御前遂日陳説，有無故事。兩疑情由，請旨定奪。若事體重大，一時難決者，聽各官先行博議於下，候至朝時再議奏行，仍乞温顔俯詢曲折。如此，不惟世事日熟，聖明耳目，而群臣高下邪正，亦自可見。則凡時政得失、軍民利病，自可次第張弛矣。』上嘉納之。五年，陞刑部尚書。安遠侯柳景總戎兩廣，都御史秦紘發其贜鉅萬。韶抵景于法，奏被其爵。景挾戚畹于内降，欲破公議以擠紘，韶執奏不易。後景贜追及八百兩，有旨免其餘欠。韶復言景應追贜數十未及一，乃盡行蠲宥，此匪直祖宗時未有，雖前代亦未之見。唐宣宗時，元舅鄭光官租不入，京兆尹韋澳械其莊吏，將寘于法。宣宗欲寛之，澳謂如此是法獨行於貧户，宜候徵足乃釋之。彼唐宣宗時尚能如此，豈以聖明顧反不及耶？況景既無元舅之親，贜銀又非官租之比，監追未久，遂得寛釋，是臣等守法有愧於澳也。左右有不樂韶所為者，摘其官屬細過以休韶，韶坦然由之，終不為疑沮。會亢旱求言，韶復因事納忠，條陳四事，以本部為刑庶人事。會本覆奏已踰半月，未奉勑旨。及他奏請間，有旬日方得旨者。内使官王萌苗通高永，犯該较罪，俱各稱冤貸死，發充净軍。臣聞自古帝王登古近必刑者，所以彰天討之公。若殺人不死，復何所畏憚？伏望勤政守法，事至物來，隨即予奪。宫中外庭，視為一體。推廣他類，無不皆然，何患時政之不善哉？道路傳言，今脩皇親昌國公張巒墳塋，比諸往年勛戚之家，相去懸絶。凡百制度，務為宏壯，計巒在地下，豈能自安？順天府所屬州縣，丁多殷實之家，往往投充陵廟墳户及勇士校尉等役，以避民差。致將見户重疊加役，富者累窮，貧者逃竄，村里蕭條，人無生意。伏望畏天恤民，將昌國公墳塋減去工程，依式脩造，俾得早完。仍勑該部將時户等役優免事例，酌量定奪，以便遵守。推此及彼，由近及逺，何患軍民之不安哉？皆時所難言者。以疾在告，方起視事，而二子三孫相繼夭亡，坐是憂欝，疾日浸加。遂上疏乞休，上勉留再三，疏復連三上，始得俞旨，命乘傳以歸。家居歲餘，卒，年六十六。訃聞，贈太子少保，謚惠安，仍遣官諭祭營葬。詔蒞官忠誠懇至，在外臺則務平冤滯，剔奸蠹，敦風俗，恤民隱。在内臺則謹於守法，不為利疚，不為勢回，而亦常有法外之意。其事親至孝，友于二弟甚篤，教養其子同己子。至於處己待人，一於誠敬。暮年名德益尊，而其自處退然，如無所有。是以上則九重知之愈深，下則賢士大夫望之愈重，以至行旅走卒亦皆知名云。所著有《名臣録贊》等書，行於世。出《府志》子濬，舉鄉貢卒。

莆陽文獻　楊吳黄方傳第六十二

楊琅字朝重，黄石人。天順三年鄉試第一，八年，登進士第，拜監察御史。初，憲廟登極，詔各處鎮守内臣俱停罷不復設，一時民情大悦。成化元年，傳言有内侍貢獻，希復差鎮守者，琅即上章，反覆言内臣不可以預政，倖門不可以輕啓。疏留中不出，然鎮守亦不復差。兵部尚書馬昂隨時浮沉，翰林學士倪謙以罪去官，經營復入。琅累與同官陳選等言之，前兵部尚書王竑素負重望，齟齬於時，因引疾家居，琅上言宜起用之，以奬恬退。給事中王徽等以直言斥邊，方修撰羅倫以正論補外職，琅亦上疏乞留之，俱不報。其他所論列尤多，時號敢言御史。二年，差清軍江西。四年，復差巡按浙江。皆寬簡行事，不吹毛索瘢以沽名。六年，擢山東按察司僉事。未幾，改提調學校，斟酌教條，寬嚴適中，而一以至公行之，士心悦服。適歲歉，癘疫大作，巡撫大臣遣藩臬佐貳分道賑恤。時以地廣民飢，恐緩不及事，因并遣琅以行。盡心竭力，無少顧避。行至東阿，染疫，自起更衣冠端坐，卒於舟中。諸生哀感，厚賻其喪以歸，年四十六。琅居家以孝友稱，居鄉以長厚稱，居官以端介稱，人無間言。尤篤學善文，攻書法，所著舉業、經義，世傳録以為程式云。從弟鐸，弘治庚戌進士，官至知府。從子清、渤，皆鄉貢士。清，訓導。渤，知州。雜出《彭志》

吳智字宏哲，第景泰二年進士，授南京户部主事。丁外艱，改工部。以學行簡陞四川僉事，提督學校，端楷範，嚴考校，公去取，其鄉宦有居政地者，人爭附之，智一無所私，士論帖然。陞湖廣副使，仍董學事。其教法不異在蜀時，以老乞致仕。歸，囊橐蕭然。蜀門人有為御史按莆者，時智已病，御史即卧内拜之，屢叩以所欲言。智卒無所干，乃嘆息而去。没後，家計益落，其清操有足尚云。出《府志》

黄璉字汝器，别號求我，第成化二年進士，授南京户科給事中。丁外艱，服闋，改南京禮科。滿九載，陞浙江布政司右叅議，巡視温處銀塲。弘治五年，上慮各處銀塲礦脉或微或絶，歲課未免取盈於民，乃詔所司體究裁豁。凡官為是設者，俱調别用。璉於是改雲南，其屬衛粮儲多，衛僚攬之，輸不以時。巡撫大臣乃以屬璉，因嚴設禁限，桀驁者寘之於法。自是七八年，逋負悉輸納。轉貴州叅政。璉以其地夷獠雜居，鎮以簡靜，撫按交章以操履端方、政事脩舉薦之，陞本司右布政使，尋轉左屬。普安夷叛，朝命大臣率兵征勦，特委璉總督粮儲。璉處置有方，饋餉賴以不乏。賊平，方將論功，而璉以疾卒于官。璉天性淳實且有量，在浙時，年勞當遷，適巡按御史張文意不滿於璉，敘考有貶辭，遂不果遷。後璉在貴州，文以他事，謫本司照磨，璉略不介意，且薦其才於當道，識者多之。所居里東南諸村落，土田歲常苦旱，璉乃白諸郡邑，發民鑿渠，由金墩抵巖沁數里，引木蘭、延壽餘水溉之，遂變磽瘠為膏腴，鄉人德之。居官三十餘年，不以生産為念，自奉極儉約，死之日，家無餘貲，遺孤奔官所，扶柩歸，未免稱貸於人，庶幾清白之遺云。出《府志》

方守字宜約，年十八，舉鄉薦。成化己丑進士，授户部主事，累遷郎中。嘗兩奉勑督理薊、永及延寧二處邊餉，出納無絲毫汙，例當擢京堂，僅出雲南叅政。其部長不能平，以質太宰三原王公恕，荅曰：『吾豈不知方邪？顧雲南萬里外，官邪賂章，用若人以剗滌其弊耳。』時林見素俊亦為其地憲副，二人相與修明要束，以拊循其人。土酋争官奪印，歲相讎殺，撫以恩信，卒以寧妥。修堡立學，遣夷兒就業，其風一變。以連歲出入瘴鄉，耳漸失聰，轉湖廣右轄。未幾，以母喪歸，貧不自給，常稱貸于里人、親舊。强起就道，疾加重，遂致仕。御史宗彝給以田，不受。既卒，見素言於官，助其葬事。官二品而一貧至是，世所謂清白吏者，非邪？弟憲，成化庚戌進士，終知縣。子彦舉，鄉薦，今為溧水教諭。《補遺》

同時有林渶者，任江西饒州通判，以清介自厲。勢家有占湖田者，上司委勘，渶據法奪還之民。勢家啣之，屬以考察，落其官。憲使侯某抗言曰：『林渶去江西，官無可留者。』竟去，朝論大譁，饒民號泣，追送之境上。家居清約，以壽終。《補遺》

莆陽文獻　林黄顧方周林傳第六十三

林嵒字魯瞻，藻之後。洪武末，舉鄉貢，授蘇州訓導。九載秩滿，諸生願卒業，詣闕乞留。又九載，陞程鄉教諭。丁外艱，改仁化，移疾歸。嵒為人簡儉自得，冬一裘，夏一葛，飯蔬一味，遇良辰美景，携朋四出，悠然吟賞，家無甑石之儲，不計也。弟子業成，或以金帛為束修，亦不受，曰：『我職然耳。』每歲大比，交聘文衡，赴者以得人為賀。詩文敏速，信手而成。妙書法，凡名家屏障、士夫卷軸不得嵒書，相誚以為俗，其為人所重如此。冢宰魏文靖公驥與嵒同職教，同考文，交遊三十年，每多其有益。子祥鳳，亦舉鄉貢，為鄆城訓導，重義善教。正統十年，擢監察御史。十四年，扈從北狩，死於土木之難，詔與一子入冑監。嵒弟講，天台教諭。康，京衛經歷。出《彭志》

黄謙字益甫，祖思永，洪武初以明經薦，授福安教諭。謙登永樂二年進士第，授魯府伴讀。朝夕勸講，因事納忠，恐其好獵，則有諫獵之書，見其作字，則誦筆諫之言。嘗曰：『使吾王無愧於東平、河間，則謙亦可以無忝於董、賈矣。』謙詩文平妥，字書尤清麗可觀，與林教諭嵒並以辭翰為士林所重云。所著有《願學齋稿》，藏于家。出《府志》

顧文字在中，別號在軒，長卿之姪孫。幼穎敏，日記四五千言。及長，該貫經史，時稱博學。為文章簡朗秀整，有長卿機軸。洪武中，以儒士薦為興化訓導。秩滿，遷教諭，歷任將樂、金華、九江三邑，典文衡于江西、湖廣，皆名得士。宣德初致仕，正統間卒。祭酒李時勉為作小傳。族子孟喬，正統四年禮部會試中式，引病告歸。善治經學，遠近聞者，皆造門受業。七年，方赴廷試，志在早退，於登科錄官年多占十餘歲，授刑部主事。丁内艱，改户部。秩滿，遷郎中。求歸省，改南京刑部致仕。方仕時，雖處刑名錢穀，不廢傳習，經其指教，多所成就。若吏部尚書尹公旻，乃其家食日親炙者，士大夫咸仰其善教云。出《彭志》孟喬子叔龍，亦領鄉薦，入太學，授廣州府通判。未兩考，部使者疏其治才薦之，陞肇慶府同知，掌德慶州事，卒于官。出《府志》

方熙字孟明，鯉之族叔。宣德五年進士，選翰林庶吉士。方會試時，熙當為次卷，主司以其語奇，置第五，示與諸經魁齊。熙才高志大，群試翰林，屢居優等。然言議英發，人頗憚之。出為潮州府通判，因目疾致仕。熙既仕不得志，益以文章為事，晚歲尤加意於古詩賦，有《東軒集》。出《彭志》弟杰，姪臨、以順、以嘉，孫師禹，臨子璐，皆舉鄉貢。杰，澄邁教諭。臨，章丘教諭。以嘉，潛山知縣。

周瑩字次玉，號鶴洲，少有文名。正統十年進士，拜南京工部主事，陞撫州府知府。不數載，解官歸閑，居幾三十年。莆之詩學，舊有師承。正統間，漸失其傳。瑩力以興衰復古為任，居官不廢吟咏。音調清灑，書法亦流麗，有《郡齋新稿》行世。出《府志》姪轍、軫，俱第進士。轍，户部主事。軫，以《詩經》魁禮闈，為人質訥無害，不能與時偃仰。嘗進疏，為用事者所忌，任户部主事。九年，遷郎中，陞山東運使，進江西按察使致仕。

林庭芳，先世福清人。父震，徙居莆之横塘。庭芳永樂十六年進士，知新會縣，罷歸。敦朴能詩，尤善《選》體，柯殿元潛早從之學。姪棨，天順元年進士，終廣東僉事。子敷，成化二年進士，終韶州知府。棨子沂，博學強記，十七年，進士，終貴州叅議。莆人父子登第者十數家，庭芳一門居其二。其他若翁世資子洪、黄深子乾亨、乾亨子如金、譽子穆、林輝子誠、誠子近龍、思承子茂達、元甫子有孚、俊子達、堪子應驄、鄭紀子生敬、瑗子登高、陳音子華、周瑛子大謨、彭甫子大治、高昂子江馬、思驄子明衡、柯英子維熊、維騏，姚永子炤，稱為衣冠盛事。《補遺》

莆陽文獻　曾黄林鄭陳傳第六十四

曾景修名生，以字行。在泮歲久，屢試不利。為學好深沉之思，持辨博之論，以實踐為功，不事浮靡，嘗著《大學中庸詳説》行於世。永樂三年，應貢入太學，授玉山教諭。秩滿，陞德安教授。與諸生處，情同家人，篤意講解，終日不倦，故出其門者，才質高下，各有所成就。宣德元年，浙江鄉試，聘考試官，卒。葬德安。出《彭志》

黄譔字聲叔，兄䎛，第正統元年進士，為户部主事。譔以明經薦授仙遊訓導，惇義篤教。有知縣王彝者，嘗以白金二百兩寄譔，雖愛妾莫之知也。彝病死，譔呼其子授之。陞廣元教諭，與僉事董應軫同入蜀。董船覆，呼近岸小舟，莫肯前，譔曰：『是欲得財耳。』乃自出囊中金以招之，衆乃亂流而進，董獲免。廣元爲蜀北鄙，學政久廢，譔以義倡其人士，相與修學舍，建文廟。每日衣冠坐堂上，授諸生以《詩》《書》，背誦覆講如法。諸生有貧無資，則解衣推食以助之，故廣元人樂從其教。及譔致仕歸，乃即學宮之旁，立祠肖像以祀之。出周布政瑛所著《廣元祠堂記》姪綸，舉鄉貢，順德教授。孫顒，弘治庚戌進士，授户部主事。戚畹有請拓其賜第者，費甚鉅，顒疏止其役，不報。顒爲人有志識，篤於倫紀。居官所至有治績，終廣東叅政。綸之孫待顯，正德丁丑進士，官户部郎中。

林永齡，初名齡，以字行，莭之裔。天順二年，以郡庠弟子員選陞國學，授翁源教諭。以興學作人為己任，嚴立課程，貧者助粟，病者給藥。邑之令丞事有齟齬者，得其一言而決。滿九載，翁源父老疏其學行堪任民牧，守臣以英德縣僚俱缺員，檄永齡往攝縣事。先是，嶺南巨盜黄蕭養作亂，列郡俱被荼毒，英德尤甚。永齡至，乃招狹散亡，賑恤貧窶，蠲貸征賦。不數時，邑復舊，乃募義民築城垣，徙廟學於城内。暇則集生徒講學，以疾卒，父老哭之慟，為歸其櫬於閩。翁源生徒尤念之，二處俱建祠祀焉。出《府志》

林智字若濬，藴之裔，領正統九年鄉貢，授宜興訓導。每蚤作燃燭坐齋中課諸生，至夜乃息。歷九載，以為常。遷銅梁教諭，以憂去。比起復，適宜興教諭缺員，前諸生德其教者，又相與薦智補之。南畿提學御史陳選薦智自代，吏部格於例，擬注縣令，智力辭。少宰葉公盛高其行，特以蘇州教授處之。滿九載，諸生群白巡撫，懇留再任，而智請老歸矣。智司教幾三十年，作人爲多。若太學士徐公溥、王公鏊其尤顯者。子季瓊，弘治己未進士，授監察御史。出《府志》

鄭循初字子初，領正統十二年鄉薦，授餘杭訓導。循初嚴條約，以身先之，雖祁寒暑雨，必衣冠端坐，為諸生講解，竟日無怠容。滿考，英廟詔吏部選教職中學問老成、動止可法者一人，為駙馬周景府學録，吏部合試，得循初以應詔。人有以莊田獻景者，重賂循初為通，循初峻拒之，且戒景毋輕聽，其後果有貴近請是莊而獲譴者，景由是益敬重之。秩滿，遷南京國子監博士，尋陞魯府右長史。啓陳六事，内一事言肅宫闈以清内治，頗忤王意。未幾，以外艱歸，王竟坐是事得罪，乃深悔不用循初言。及起復，王特奏乞還循初舊任，而循初先已拜秦府右長史矣。隨事匡正，多所裨益。居五載，以老懇求歸，進階中順大夫致仕。卒，年八十一。循初孝友簡靜，家居十六年，讀書著文，足迹不輕至公門，士論重之。子嘉祐，登鄉貢，卒知縣。出《府志》

林大猷字子道，仕敏之曾孫也。舉鄉薦，授新建教諭，勤於啓迪，待諸生有恩，遷國子監學錄。關洛晉魯之士，執經從游者，無慮數百人，齋舍至不能容。大猷為之編次，俾輪番聽講。又以一日通集在監諸生聽講，謂之普講。祭酒耿公裕待以賓禮，進監丞，盡剔宿弊，新舊規，而與諸生講學益勤弗替。諸生有貧者，授以衣，病者給以藥，死者則躬詣哭殮之。或屬其鄉人挾其喪歸，或捐俸為買地京師以葬，久而力弗能給，又以疏告于好義君子，俾出貲助焉。滿九載，陞翰林檢討，仍掌監丞事，以疾卒于官。出《府志》大猷士行端謹，學問該博，而慕古好義，若嗜欲然。議論懇惻，奬與後進，有前輩之風。居大學久，規範嚴而一歸於正。卒之日，六舘諸生咸哀悼之。子夔，有雋才，第弘治庚戌進士，終户部員外郎。同時太學有林祥者，字世祥，始由鄉薦為博羅教諭，誠心教人，視諸生如子，諸生亦終身佩服不忘。滿九載，為立生祠祀之。遷饒州教授，其教一如初。滿考，諸生立去思碑，淮王為之製文刻之。遷大學助教，與舘下士講解不倦。會淮府缺長史，王奏乞祥補之。未幾王薨，世子幼，祥盡心匡輔，以年勞陞四品服色。告老歸，所居闤闠，斗室靜坐，人莫見其面。祥存心惇慎，言動必以禮，事叔如父，待姻族有恩，庶幾古君子也。在大學，與大猷及學正陳璲皆以學行推重。璲字子佩，舉鄉薦，爲威縣教諭。改高陽，以身先諸生，每晨陞堂授書作課，午後講書，夜讀盡二鼓乃休。諸生始苦而終化之。束修節儀多謝却。奔父喪歸，率諸弟一從《家禮》。服闋，二邑人士爭欲得璲終其教。太宰王端肅公賢之，特遷國子學正。從學者户屨常滿，名重六舘。璲立志高古，於義利界域甚嚴，今師儒中求如璲輩，蓋絕少云。《補遺》

陳鉞字廷威，號古崖，大卞之後，會元中之從姪。高祖牗元，興化教諭。曾祖祥，洪武初浙江試僉事，左遷合江主簿。鉞以邑庠弟子員應天順八年歲貢，入試大廷，中高第，授麻城教諭。師道嚴正，作人為多。每嘆近時為郡縣者，多拘於文法，無前輩風韻。乃勸縣大夫倣文潞公在洛故事，建耆英堂，遇節假日延致縣中諸老為會，以敦薄俗。又考求前輩德行文章政事可爲師法者二十有一人，各為之傳，使學者有所考據取法。滿考，遷瑞州府教授。其為教如麻城時。未幾，以疾卒於官。鉞於舉業外，汎濫諸家書，積蓄渟潴，詩清曠微婉，序記銘誌諸作亦博雅。其在學淹滯最久，至今莆人蹶于科者，多以鉞自解云。性行孤潔，一言一動不苟，士林以是尤推重之。有《古崖詩選》梓行于世。出《府志》

莆陽文獻　鄭紀傳第六十五

鄭紀字廷綱，號東園，仙遊人，淑之後。天順庚辰進士，選庶吉士，授翰林院檢討，與同年洛陽劉健、南昌張元禎為莫逆交。劉嘗稱之曰：『鄭廷綱有經濟之才。』未幾，以親老移疾歸。倣浦江鄭氏家範，闔門聚食，種樹治生，冠婚喪祭，悉從《文公家禮》。延孝子劉子賢雲洞講肄，歲給穀數十斛以賙其貧。往時縣官科率無藝，紀為立定規，裁省冗費，率鄉人修復諸處橋梁。家食凡二十年，再起供職，遷浙江提學副使，令諸生兼讀五經白文，行鄉射禮。召入為國子祭酒，教規甚嚴，杜絶干請。監有膳餘銀，不例取，同僚以紀形其短銜之。紀以前輩自處，遇科道官，不能折節為禮，因相與攟摭其事論劾。孝廟謂紀到任未久，未宜有此，令條析以聞。改南京通政司左通政，陞太常寺卿、户部右侍郎。適南畿災，紀以漕米權宜水兑積出餘米二十餘萬石賑濟，又將月糧放支本色以平米價。奏革京儲冗食鹽鈔攬納之弊，皆有惠利及人，然竟以前被論，踵襲言之不已，紀亦屢疏乞休。時劉公健在内閣，重其才，固留之。最後進南京户部尚書致仕。邑舊無城垣，紀力請于官修築之，人賴以安。卒，年七十六，賜祭葬如儀。仙之人才，宋時與莆埒。入國朝，科目常乏，官亦不顯，獨紀歷清華，至八座，為其邑之冠。詩文清新敏贍，有《東園文集》《吟稿》《歸田録》、奏疏若干卷。子主敬，正德戊辰進士，授户部主事，卒。《補遺》

莆陽文獻　黄嚴朱方林傳第六十六

黄譽字廷永，叔父宧，南安教授。譽少有志操，剛果自立。正統中，科場文體散緩，譽獨變為新奇簡淨，一時翕然宗之。甲子，舉鄉試第一，登戊辰進士，授南京監察御史，遷浙江僉事。所至摧奸去暴，號括地黄，喻除草盡絶也。材高氣烈，人敬憚之。擢浙江叅政，改湖廣，卒。三子穆、秀、秩，皆舉鄉貢。從弟謹，宧之子也。景泰甲戌進士，亦為南京監察御史，陞湖廣僉事，卒。兄謹子鐸，成化乙未進士，授刑部主事，頗有志尚。穆登丁未進士，選翰林庶吉士，授編脩。為人侃侃，有父風。俱早卒。穆孫大經，第正德辛巳進士，授户部主事。出《府志》

嚴洤字宗源，先世戍籍于莆。洤領鄉薦，入太學。時柯殿元潛在太學擅名，因相與刮劘，造詣日益深。一時太學之士以詩書名者，皆取正於二人，而莆二經之傳，因益有聞。登景泰五年進士第，改翰林庶吉士，同脩《寰宇志》，拜御史，督學南畿。嚴考校，絶請託，權門要路，謗懟雖多，弗邺也。陞浙江憲副，仍理南畿學政，以不便行事，改湖廣。撫流民，復提學。秩滿，陞廣東憲使、湖廣右方伯暨轉左。命下而洤卒矣。洤性狷毅，涖官守法，與人不苟合。先輩曾景脩以《書經》倡莆，教授德安，父子繼歿，僅一孫隨母改適。洤物色得之，資其歸，以奉曾祀。出《府志》

朱寬字宏裕，璣之後，第天順元年進士，拜南京禮科給事中。成化改元，同官王徽與寬等五人陳言五事，内一事言保全内官，貴近銜之。繼而太監牛玉有罪，黜居南京，寬復與徽等上疏論玉有當死之罪四，宜梟首街市，且謂内閣大臣阿狥不言，亦有黨惡欺君之罪。末復申前疏保全内官之説，一不許與聞國政，二不許與外官私相交結，三不許弟姪在外任事并置立産業。反覆千餘言，尤為切直。用事者因媒孽之，欲寘之極地，特貸左遷潼川州判官。既至官，興教勸農，舉利剔蠹，被省檄進賀表京師，取道歸省，還任，道卒。出《府志》

方珪字純潔，第成化五年進士，拜御史。嘗巡督蘇、松、常、鎮及兩浙鹽課。時有錢學士之子鬻販私鹽，巡撫都御史檄蘇州府為之給民，倍收其價。事覺，珪寘于法，因劾其父貪利蠹法，都御史附勢剥民，知府朋奸不職。自是元豪宿猾，歛迹避去。巡按真定諸郡。其地密邇京師，號難治。珪巡歷所至，擊貪吏，剗弊政，無敢干以私者。卒，年三十三。出《府志》弟璋，第進士。珊，舉鄉貢。

林正字克全，成化二年進士，授監察御史，勤敏有風力。嘗巡視山東，直抵儀真河道，葺鋳濬湮，令兩涯植柳以固堤岸，以庇行人，往來舟楫便之。沿河舊設淺鋪，夫出椿蒭而以耆民掌之，率受賕欺蔽。正令民視蒭價減半折納，弊遂革，又措置造橋一十二所。巡按蘇、松、常、鎮四郡，繩違雪枉，持法甚嚴。丹陽蔡知縣者，善交結權要，正按其不法事，權貴交口為之救解，竟奪其職。巡按廣東，首詢民瘼，輒形於詩曰：『鳳鸞自古為鷹隼，郡邑于今尚蠒絲。』豪黠之吏方聞風歛迹，忽遘疾，卒於行臺，年四十一。珪與正皆有志操，時稱名御史，而相繼夭卒，士論惜之。出《府志》又同時御史林誠，嘗因星變上言内閣大學士商輅當康定易儲時，不能執節，宜策免。憲廟謂商輅時有諍言，外人不及知。誠復疏論之，下詔獄撻于朝而釋之。誠既忤當道，遂引疾歸，養母居家，凡十餘年。成化末，起復職。性聰警，精於吏事，以疾告致仕。祖英，兵部員外郎。父輝，永樂二年進士。誠天順八年進士。子近龍，正德三年進士，授南京監察御史，陞廣西按察司僉事。出《府志》

莆陽文獻　林元甫吳繹思楊瓚傳第六十七

林元甫字秉仁，藴之後。成化乙未進士，選爲工科給事中，詔充册封占城使。以建言罷遣，後代使者俱得重禍。又一日，内出言官數人姓名，付吏部外叙，元甫以内艱獨免，人以是知其爲大授器矣。服除，改注南科，又以外艱去，補禮科，尋陞都給事中。嘗請建國本，斥遠物，及省費恤患之類，皆切於時政。遷山東布政司左衆政。值歲儉，議者欲税額石加五陞，以備賑濟。元甫謂加賦害民，不如勿賑。宗藩妃葬，欲大拓塋域。元甫以非制，且奪民田，堅持不可，以是東人咸德之。遷雲南右布政使，尋轉左。陜西虜酋火篩寇邊，餽餉繁重，元甫隨宜調度，軍以無乏，民不爲病。陞都察院右副都御史，巡撫四川。蜀寇作，設策平之，有銀幣之賜。松潘不靖，劫殺防禦官。元甫督捕過當，而渠魄未獲，言者以爲緩賊，乃與貴州巡撫兩易之。未幾，移撫雲南，將召入，以末疾乞休。太宰鈞陽馬公重其爲人，奏留之，疏三上乃許。俟疾愈起用，竟卒。元甫豐頰美髯，脩偉玉立，表出班行而儀度閒整，存心厚而容物弘。居官不苛細立名，有大臣之度焉。弟哲甫，桐廬教諭。子有恒，蔭授都察院都事。有孚，監察御史。姪有禄，瑞州。有年，衢州，俱知府。一門衣冠最盛云。《補遺》

吳繹思，初名敷，以字行，更字思周，祭之後。第天順元年進士，授饒之德興知縣。凡賦税、差科、聽訟，一處之以公。政暇輒戾學，集諸生親課督之，士風爲之一變。遷瑞州府同知，德興民爲立德政、去思二碑。陞惠州知府。屬邑有巨蠹怙勢虐民，繹思繩以法。守禦軍政，爲上官所更張，卒伍忿其不便，將爲變。繹思往，諭以禍福，皆羅拜。丁内艱，起復，適饒缺守，饒人乞繹思守饒，不允，乃補潮州。海冦竊發，繹思躬率吏民，激以忠義，遂殲其渠魁。捷聞，有賓鈔羊酒之勞。滿考，陞浙江叅政，尋轉右布政使。繹思丰神秀整，處心樂易，於宗族親舊情義最篤。早以經學名，及門多所造就，若户部尚書周公經、工部侍郎張公憲、都御史汪公奎，位遇通顯，猶終身不忘其教云。繹思同年進士楊瓚，字宗器，初授吏部考功主事。時冢宰王公翺性剛烈，屬僚多曲意取容，瓚獨持正，初不甚見知，終遇以殊禮。進本司員外郎、郎中，乃作歲寒亭以寓晚節。嘗語人曰：『楊震以郤金名世，吾竊憾焉。夫舉茂才而得懷金之人，其智或有未盡也。郤金而存四知之畏，其廉或有未誠也。』遷湖廣叅政，改河南，以不能徇時歸。瓚歷居要地，田不增畝，敝廬風雨則略葺之，亦可謂貴而能貧者矣。出《府志》

莆陽文獻　鄭照顧元陳爕陳遷傳第六十八

鄭照字孔昭，僊遊縣人。性梗介，不苟阿隨。正统間，由太學生授安遠令。未幾，以憂還，起復，改德安。爲政以節用愛人爲主，一錢不妄費，一民不輕用。有大事必屬耆老商確可否，議定然後行。故終照之任，邑無失政，無冤民焉。持身皎如玉雪。時都御史韓雍巡撫江西，沙汰屬僚，十去八九，獨稱照爲廉官第一。年五十三致仕，歸。郡人柯内翰潛遺之詩，有云：『閑因投笏早，貧爲守官廉。一瓢顔子樂，三韭果之賢。』人以爲實録云。鄉大夫士私謚之曰清介先生。出《僊谿新志》

顧元字體仁，正統間，貢入太學，授長沙府通判，有能聲。巡撫都御史劉廣衡奏旌異之。時長沙府知府缺員，藩臬奏補元，不報。滿九載，陞高州府同知。時高州賊環其疆，用兵無虚日。藩鎮檄元管運糧秣于外，城守失陷，家殲焉。元還，遂無意世事，請老而歸。到家，行李蕭然。出《僊谿新志》

陳爕字廷輔，本莆田人，至父顯始卜居僊遊羅峰山之下。景泰元年，領鄉薦，卒業太學。會兩京御史多缺員，有詔嚴考胄監而拔其尤者，與進士相兼補之，爕名在優等，遂拜南京監察御史。嘗巡視在京及鳳陽倉儲，剔蠹剗弊，豪強不得逞。乃託鄉人謝瑚等行百金求寬縱，瑚等紿其人而遂没其金。爕發其奸狀，置瑚等於法，由是爕之清操益白。江以南有劫盜當路，檄爕捕之。爕晝策剿獲無遺，吏部上其最，遷廣東僉事，憲度益謹。廣東地瀕海，番船互市，諸司皆有例錢，爕獨不受。未三載，卒於官。爕質貌魁偉，資性穎異，自其少時，治舉于業，已有聲稱。及入太學，執經從遊者甚衆。若冢宰倪公岳，其尤著者。所著《四書經義》，習舉業者争傳録以爲式。出《府志》

陳遷字漢崇，號倦飛，少以經學鳴。天順甲申進士，歷南京户部主事郎中、江西布政司右叅議。以外艱歸，遂不復出。遷有意慕古，善持論，閒居幾三十年，未嘗輕跡城府。嘗著《僊谿新志》。《補遺》

莆陽文獻　周瑛黄仲昭宋端儀傳第六十九

周瑛字梁石，號翠渠，以鎮海衛學生應景泰癸酉鄉試，主司聶大年得其文，大奇之，置《詩經》第二。屢上春官，不第，乃益汎濫群籍，務鈎深探賾，與南海陳公甫、遼左賀克恭上下其議論，且相期以退隱爲高。第成化己丑進士，知廣德州，倣古爲治，興文教，絶淫祠，表死事之忠，而嚴不舉女之禁。教民有録，祠山有辨。廣德人為立生祠祀之。滿九載，陞南京禮部儀制郎中。又三載，陞撫州知府，興水利，著《政本》，第輸納，著《政均》。力行保伍之法，權右或以爲不便，調知鎮遠。因俗爲政，不鄙夷其民，以書滿歸省母。孝廟初，三原王端毅公為吏部，即家起爲四川叅政，尋轉右布政使。丁母憂，服闋，乞致仕。給事中楊廉、吳世忠交章以學行薦，吏部覆奏起用，瑛堅以引年請，乃進階資善大夫致仕。瑛丰神臞古，其學不專於該博，而於天文地志、造化物理皆嘗究心體索。為文章，渾深雅健，有根底。詩格調高古，字畫初學晦翁，變為奇勁，應酬至老無倦意。所著有《經世管籥》《律吕管籥》《字學纂要》《詞學筌蹄》《地理耆龜》。晚年尤注意《周易參同契》，作《本義》，屢加删定。詩文有《翠渠類稿》

若干卷，所修有《廣德志》《蜀志》《漳州府志》，又與黄未軒同修《興化府志》，議論間有不合，自謂莆陽拗史云。卒，年八十九。先是，壺山石墮，意必有名士當之，既而瑛卒。平生急義，禄入以給内外期功之孤貧，葬其不能葬者十數喪，不計其家有無。没未幾，家益落。子大謨，博學能文，以《詩經》魁禮闈，告歸終養，亦繼卒。《補遺》

黄仲昭名潛，以字行，號未軒。祖壽生，見前傳。仲昭成化二年進士，選庶吉士，授編修。甫三月，被命翰林官，各賦《元宵烟火》詩，且出舊製，令擬述以進。仲昭以其詞多鄙俚近俳優，非儒臣所宜爲，與同官章懋、檢討莊泉共疏論之。調補外，仲昭得湘潭知縣。時有翰林三君子之謡，言官交疏，請復其官，乃改南京大理寺評事。不例收隸卒顧直，有富室弟訴其兄，匿先世遺貲者，計所匿多違禁物，法當没官。富人廣行賂求免，仲昭持不可，卒没之。有盗劫一婦共汙且鬻之，法司以盗未得財，止坐首惡一人。仲昭謂盗汙良人當死，且鬻而得直，非財而何？卒從其議。陞署寺副，連丁内外艱，遂引疾家居。會廣東提學員缺，太學生簡進等乞起仲昭補之，不報。弘治初元，御史姜洪等言仲昭學問淵源，恬退可嘉，令所司以禮敦促。三年，赴京，陞江西提學僉事。拳拳教人，以行實爲先。值額例行，簡汰太嚴，物論譁然。仲昭亦自以與時不合，再疏乞致仕。仲昭前後所居官不滿三考，家居之日最久。儒雅醖藉，爲鄉邦儀表。平生刻苦爲學，於書無所不讀。精於校閲，嘗修《八閩通志》《延平》《邵武府志》《南平縣志》。又與周翠渠共修《興化府志》，文詞雅正，有《未軒集》若干卷。孫希英，與從孫如金同第進士，今爲都勾知府。希韶、希濩，俱舉鄉薦。希濩，今爲保昌知縣。《補遺》

宋端儀字孔時，號立齋。祖勸，以太學生授沐陽訓導。温厚沉默，訓教諸生，條約不煩而真意勤懇。以母老解官歸養。父汝勤，舉鄉貢，授安州學正。學政久弛，汝勤一變之，人才遂盛。嘗考江西鄉試，時莆令江西人也，重賂求私其子，汝勤峻卻之。父喪解官，服闋，改濮州，終國子監助教。出《彭志》端儀自幼莊重簡默，不與群兒伍。年十三四，雅志慕古，舉業之暇，輒取鄉郡先輩，考論其世，其於賢否邪正悉録之以爲法戒。時郡守潘侯琴以郡學所祀鄉賢或濫，因發策詢諸生，端儀所對，品藻詳明，大爲潘所嘆賞。成化戊子，小試偶不利，衆咸爲稱屈。其祖舅學士林先生文，欲為書白之當道，端儀曰：『出處素定，奔走乞哀，吾耻之。』識者已知其爲遠大器矣。歲甲午，鄉試第七人。辛丑，舉進士，廷試第六人，拜禮部精膳司主事。丁内外艱，服闋，改本部祠祭司，遷主客司員外郎。端儀三任禮部，持身清慎，且諳練國典，甚爲部堂諸公所器重。公暇惟以校讎著述爲事，其家人生産，略不加意。官主客二年，四夷朝獻之使多奉贄以見，一芥無取。其或有所求請，則歷舉故典以開諭之，其人亦往往心服以去。弘治丙辰，陞廣東按察司提學僉事。至則躬歷列郡，較其行藝，課其勤怠，雖瘴鄉海島，無所不至。其教人務欲以身表率，而痛抑其浮誕奇險之習。考較黜陟，一以至公處之。在廣五年，未嘗立赫赫之威，而列郡之士，翕然知所嚮方。年甫五十六，卒於官，今祀於學。端儀居家孝友，動循禮法，内外無間言。性淳靜，無他嗜好，惟一意耽學，稽經訂史，汎濫渟蓄，而於程朱微言緒論，無不究極旨歸。平生不作韻語，間有議論，皆根據義理，關涉世教，不規規藻麗之工而已。所著有《考亭淵源錄》《莆陽人物備志》《鄉賢考證》《莆陽遺事》《莆陽舊事偶録》《立齋間録》《祠部典故》《高科考備遺錄》，藏於家。出《府志》子元翰，弘治乙卯鄉試第一，授潮陽知縣。

莆陽文獻　鄭黄陳吳傳第七十

鄭瑗字仲璧，前埭人，露之後。父儀和，歷吳川、六合二縣訓導。瑗少穎悟過人，書過目輒成誦。年十三四，援筆作古文詞，識者交薦於部使者。遣入郡學，一時名士多出其下。成化十三年，領鄉薦第三人。十七年，會試廷試俱第七人。未幾，丁外艱歸，足不踰户限，雖親舊罕接其面。服除，赴銓曹。當道聞其名，欲處以禁近。瑗以羸弱畏寒，自請南都一官，乃拜南京禮部儀制司主事。滿三載，陞署本部郎中，以疾卒于官，年僅四十有一。瑗天賦淳静，於物無所好，惟一意嗜學。自六經諸史下至百家之書，無不涉獵。或談道古今故實，鑿鑿如身履而目擊者。爲文詞，渾雄深粹，略無贅語。詩亦穩潤有唐人風致，在稠人中，恂恂若無能者。一時名公鉅人，咸敬重之。及其殁也，惜其學未盡用而位不滿德云。

出《府志》子登高，正德辛巳進士，今爲户部□□。

黄瀾字源續，號壺陰。少治經業，工力倍人。於諸經子史無不獵涉，論筆尤長，與鄭瑗爲文字友，齊名膠庠。提學僉事周孟中於人少許可，得瀾文，亟爲延譽。中成化庚子鄉試，卒業太學，爲祭酒丘文莊公所器，名益重，從之遊者常數十百人，傳録其口授語，彙而成帙，名爲《資講》，傳布四方，於後進多所成就。第弘治癸丑進士，選庶吉士，授翰林編修。以母老告歸十餘年，母終，復起供職，轉國子司業，遷南京翰林侍讀學士，以疾乞致仕，卒。瀾學問淵永，儀度閑雅，平生寡慾，無媵妾，於仕進亦不數數然。子肯堂，中鄉試第八人，有敏名，早卒。《補遺》

陳仁字子居，號三渠。少從其從父兄翰林庶吉士邦瑞治《書經》，多所通解。任提學彦常按莆試士，摘史命題。時莆人專治經，通史者尚少，仁援據精博，議論層出，任公得之大驚。成化癸卯解第一，丁未第二甲進士，授户部主事，歷江西司郎中。在部久，明習條格，部堂有大事輒與咨議，洪洞韓公文尤倚任之。屬陝西邊餉繁急，因奏調仁爲陝西司郎中。未幾，逆瑺劉瑾擅政，深忌韓公，因摘其屬官細過。仁坐降鈞州同知，轉汝州知州，遷南京兵部員外郎、掌武學事。瑾誅，擢浙江提學副使。浙俗喜生謗，仁按試不以吏胥從，手自披閱，去取惟公，士論大服。轉本省叅政，以疾乞休。吏部奏言本官久歷中外，學行有聞，例應加秩。詔進本司右布政使，准致仕。命未下而仁卒矣。仁質重沉敏，議論向正，嘗疏止給事中林廷玉外謫，追復御史彭程官，闕里及禮部災，條陳時弊，言多剴切。政暇輒討習文事，晚年造詣益深，文章奧美有機軸，時譽歸之。陳氏自邦瑞舉進士，以經學擅名，弟邦器亦舉進士，官至雲南副使。仁之子懋，舉鄉薦。《補遺》

吳仲珠字純夫，後吳人。少精舉業，中鄉試第三人，再上春官，期必得魁元，竟以第三甲進士出宰義烏。仲珠涉世甚踈，居官懵於吏事，以公錢助喪，為御史所按，乃嘆曰：『士何往不自得？』即家居授徒，亦足自給，遂歸。每歲從游，常數十人，遠方亦往往有來學者。經傳奧語，衆不能講解者，仲珠體貼分析明白，發之為文，語新意到，嘗自謂詩不如古文，古文不如經義。所著有《詩經》《四書講說》刊布，士之攻舉業者資焉，以故海内多知其名云。子文忠，舉鄉薦，今為温州通判。《補遺》

莆陽文獻　方郭伍黄吳朱傳第七十一

方楼字時舉，初名槐生，次彭之後。少資稟過人，長通《詩》《書》《春秋》。元至正末，行省以隱逸薦，不起，授北溪書院山長、泉州路教授，俱不赴。方與其友郭維貞、宋貴誠輩作壺山文會，以進修爲事，而文名益著。洪武初，舉興化府學訓導，推所學以淑髦士，不以位卑為意。謹慤有禮，平居未嘗去衣冠。與人交，薰然和。聞人善，揚之不置。先賢蔡忠惠、林文節、劉文定墓久圮壞，皆陳於上官葺完之。郡丞李景齊素敬禮。時舉民有怨丞者，誣訟于憲司，詞連時舉。既白遣歸矣，御史疑其獄有賍，復逮之。時舉不能再辱，乃辭孔廟先祠，夜沉于井，年四十八。嘗修《莆陽人物志》，未卒稿，人咸惜之。出《岳志》等書詩文清峻有法度，文會諸人皆推下之。

郭完字維貞，自號滄洲，宋武翼郎彦華之後也。完言信行謹，學術純正，工五七言古近體詩，以雜於許渾、薛能集中，未易辨也。當元至正之季，隱約於壺山泉石間，與方時舉輩二十二人結壺山文會，以氣節相高，詩酒自娛。家甚貧，無子，惟以教授生徒爲業。疾且革，會友方用晦、王孟寬、釋清源輩許爲營葬，完乃自爲壙志，陳誠中哭之以詩，曰：『有妻正斜被，無子紹殘編。東野詩名在，樊川誌稿傳。』吴源爲跋於壙志之後，所著詩文，惟間出於壺山文會集中，盖無全稿云。出《人物備志》

伍衡字時敏，學博氣淳，工古文詞，尤工古近體詩。其文平實穩順，時出新意。詩七言歌行麗縟奇崛，頗有温庭筠、李長吉之風。律詩充贍華美，不爲雕鏤語。要其歸，盖已自成家，非近世規規模倣剽竊以爲奇者比也。元末兵亂，依同知柳伯順入國朝，始以薦起爲增城知縣，其出處亦未聞有玷缺云。所著詩文多散逸無全稿。出《府志》

黄約仲，涵頭人，永樂間，以楷書選赴行在，預修《五經》《性理》等書。詞臣有薦其能詩者，試中優等，授翰林典籍，陞檢討，卒。子謙，舉鄉薦。出《彭志》約仲之詩，語意清婉，音調和適，得唐人門徑，至今人傳誦之，有集藏於家。國初，徵前代繁縟之敝，文尚簡易，其流遂至淺俗，讀之無味。時有余師孔者，下余人，由儒士舉為本府訓導，善於教迪，工文詞，一時撰述多出其手。又有鄭彦成者，東庾人，由明經舉為閩縣教諭，學精於《易》，詞賦亦豐蔚可觀。《補遺》

吴稔字時耕，水南人，叔告之後。性穎悟，嘗賦《廬山瀑布》詩，有『入雲聲作雨，映地色涵秋』之句。初，從黄檢討行中學《詩經》，復從盧縣尹質中學《書經》，講習之下，皆能逆意而解。嘗試鄉闈不利，遂不復應舉，後進迎以爲師。舉業詩課，立爲改定，諸生以其學取科第者甚衆。中年，以知者兩薦爲訓導，以毋老辭，不就。同里有朱煜者，字體光，龍巖縣令鍵之曾孫也。煜始育而聲嗄，及長，自分不堪世用，乃閉户讀書，以脩身善行爲事。年十七，輒爲鄉人師，經其指授爲顯官者甚衆，若太子少保翁世資、侍講學士吴希賢、布政使周瑛、条議朱文環、按察副使丘山、僉事楊琅皆出其門。里嘗有疑獄，太守潘本愚以書請曰：『先生盛德厭人心，願得一言而决。』煜陳説無隱情，潘守深然之，繼又以事請，竟以疾辭。後以子愷貴，累贈南京户部郎中。愷與弟悌同領成化戊子鄉薦，愷乙未進士，卒官馬湖知府。爲人樂易誠篤，雅有父風。涖官所至有勞績。悌戊戌進士，拜行人，遷南京監察御史，陞浙江按察僉事。其為御史時，有真武土木、銅皷、畫工諸命，悌率同官疏乞罷之。京尹同僚不協而閧，疏論去之。選曹簠簋不飾者，復疏論出之。士論稱快云。出《府志》往時水南鄉塾有詩課，士大夫結為詩社，近如縣丞魏時敏、處士張元紳，白首不廢吟咏，時有佳句，今此風頓廢。《補遺》

莆陽文獻　林長清林淮傳第七十二

林長清，宋紹興進士，瀛八世孫。正統乙丑進士，歷行人、户部員外郎。天性廉儉，未六十致仕。母鄭氏，八十餘歲嬰疾，輾轉床褥者數年，長清設榻於其側，嘗視湯藥，不離左右。一夕數起，皆親扶持之，爲操溺器。家不甚裕，遇有美味，具以養母，奉身糲食而已。每歲母生日，輒夙興代母梳洗，背負出中堂，與家衆上壽行禮。母閔其勞，謂之曰：『我既不良于行，何須如此？』對曰：『使長清歲得以為常，豈非大願耶？』及母歿，哀毁骨立，士大夫見其老而篤孝，咸嘆仰以為不可及云。出《彭志》

林淮字長深，藴之裔，成化十一年進士，拜刑部主事，即奉母入養京師。旦就郎署，必戒婦飲食盡恭。久之，母念家鄉切，遂引疾歸，日相與周旋桑梓。既三載，官府趣淮供職，淮以京師苦寒，非母高年所宜居，乃疏乞改南京刑部，遷員外郎。弘治初元，陞雲南僉事。淮曰：『吾所以棄北就南，為養母也。今雲南去京師萬里，吾母豈宜往？』乃陳情願為近地學職以養母，朝議謂此風教所係，宜從淮請，乃奏淮為常州府教授。親終，復注僉事如初，以慰淮之子母，以勵臣子忠孝。制曰可。居二年，母以病卒，淮哀毁，扶櫬到家，亦卒。淮初入刑部，永平有疑獄，一家十八人坐死，前官持兩端不決，淮一訊立辯，人服其明允。嘗當盛暑提獄，令人汛掃臭穢，及剪剃老囚髮，日煮艾湯與浴。彌月，囚無瘐死者。淮有女弟，適人，母愛之，每迎養，必挾與俱。大槩淮操行於倫理為最重云。出《府志》

莆陽文獻　李苾陳睿傑劉閔傳第七十三

李苾字叔英，城北人。幼謹愿好學，長而多聞。元季隱居不仕，與友人方時舉等為壺山文會。平居恂恂，言若不出口。及與商確古今，沛乎不窮。其父早卒，事母盡孝。母卒，哀毁盡禮，獨居三年，紈綺不至身，酒肉不入口。司業吴源嘗作《述孝》以美之。洪武初，舉僊遊訓導，卒，無子。出《彭志》

陳睿傑，早失怙，事母盡孝。母嘗病，睿傑稽顙籲天，刲股肉和粥以進，病隨瘥。母老患目疾，雙淚淋漓，醫弗效。睿傑每旦以舌舐之，終母之身不怠。母年既耄，睿傑左右扶持不少離。所御衣被或污穢，必躬滌之，至於溺器亦然。母没，號慟幾絶，水漿不入口者三日。既而歠粥蔬素，以終其喪。忌晨及生日，極其悲痛，終日不食，蓋其年雖老而哀慕之情不衰，一時鄉大夫士咸稱其孝云。出《府志》

劉閔字子賢，幼有至性，少長知學，即絶意科舉，求古聖賢提身訓家之法，率而行之，動循古禮，造次不苟。家甚貧，極力養母，定省温清，疾不解帶。母或恚怒，則衣冠跪床下，竟夕不敢起。以父早亡，與祖母二喪不克葬，遂斷酒肉，遠房室，訓徒隣邑，朔望歸則號哭於殯所，如是者三年。隣族憐之，為助其葬。母歿，哀毁骨立，廬護墓側，衰絰蔬食，終其喪祭。祀必齋沐，率男婦奠獻，一如《文公家禮》。閨門嚴肅，妻失愛於母，出之，終身不復娶。林晃素起留臺，疏于朝曰：『劉閔學行高古，雖詞藻不逮，而德宇道風，人自難及。宜徵侍青宫講讀。』不報。御史宗彝、知府陳效又薦之，詔授本縣儒學訓導職銜。前後按部大吏及守令率與鈞禮，時致餽以賙其乏。予嘗謂閔之約身苦行、敦尚倫紀，雖張湛之矜嚴好禮，江革之貧窮養母，元魯山之不近女色，殆不能過云。所著有《家禮考註》《昭穆圖》《宗子説》《五倫啓蒙》《孝經刊誤》等書，藏于家。《補遺》

莆陽文獻　陳茂烈黄鞏傳第七十四

陳茂烈字時周，號如賓，先世浙之瑞安人。曾大父伯洪，以軍功注興化衛總旗，遂居郡城之梅峰。茂烈髫年喪父，繼戎役，厲志邁俗，不與群兒伍。晝入公署，夜歸讀書，祖母憐其孱弱，亟止之。乃韜燈默誦，不少輟。年十八，慨然嘆曰：『善學聖人者，莫如顔、曾。顔之克己，曾之日省，豈非學之法歟？』乃作《省克録》以自考。登弘治丙辰進士，奉使廣東。所司以故事致贐，乃謝曰：『吾窮時，嘗授徒兩臬司，尚不欲規利于人，況今日邪？』於是往拜白沙陳公甫，願執弟子禮。白沙與之語累日，甚喜，且告以爲學須主静一。退而作《静思録》，終身佩服其教。初授吉安府推官。吉俗健訟，一詞所逮，多至百十人。乃下令曰：『告者不出，則詞不行。逮者事有干則至，無則免。』及訊鞫，親召至膝前，以理辯折，不妄施敲朴，民亦往往輸情服罪以去。吏部考其治行，為理官第一，召入爲御史，恪慎共職，冠服淡素。借人一牝馬乘之，時大臣有縱子受賕者，言官交劾不退，茂烈申糾其罪，勒致仕。崔志端起道士爲尚書，再疏論之，不報，乃以母老乞歸終養。所居無廳事，增搆尋丈，田歲入甚薄，養母甘旨。外與家衆共蔬食，畜一蒼頭，採薪給爨，出則挾一傘自隨，臥榻不備布帷，其清苦無與為比，而處之裕如也。充養沉粹，與人不為崖異，見之者自然愧慕，交際取與，一毫不苟。官府事閉耳不聞，終日危坐一室，以讀書窮理為事。嘗語人曰：『儒者有向上工夫，詩文土苴耳。』吏部以茂烈養母清苦，奏改為晉江縣學教諭，資其祿，疏辭不拜。既又援侍郎潘禮事例奏給月米，制曰：『陳茂烈清苦可嘉，著有司月給米三石以資孝養。』又具疏辭。制又曰：『朝廷以孝治天下，陳茂烈既家貧親老，持給月米以資養贍，不准辭。』茂烈以母年九十，未有嗣息，日夜以為憂。方抱疾而母卒，強起號哭，寢地疾轉亟泣，謂岳曰：『吾平生所事見素，所友吾弟，如不可諱，惟身後是託。』見素為治殮具，立其族子遠揚為後，海內大夫士聞而傷之。御史王應鵬以府衛所列事狀上聞，詔賜坊牌，用表宅里，扁之曰孝廉，祀於鄉賢祠，仍優恤其家。《補遺》

黃鞏字伯固，號后峰，後黃人，唐刺史岸之裔。弘治乙丑第進士，初筮德安府推官，法理有聲，部使者交薦之，以考績留為刑部主事。清勤共職，部堂咸遣子就學，令掌一部奏牘。尚書何公鑑轉兵部，奏調鞏為其部主事，倚任尤專。正德甲戌，進員外郎，充會試同考官，得今吏部馬理等三十餘人，皆知名士。歷車駕、職方二司郎中，以母喪歸。服除，時武宗北狩，人心危疑，或尼其行，鞏題其書室曰：『茅屋石田，為生太拙。鴟夷馬革，自許何愚？』蓋有志於殉國也。至京，補武選郎中。己卯春，有旨南巡。時寧藩蓄逆，上下以為憂。大臣科道交疏，不聽，諸部寺司屬咸起而諍之。鞏以其事出於邊將江彬誘惑，彬方席寵擅權，生殺出其口，無敢及之者。鞏獨疏六事，曰崇聖學，通言路，正名號，戒遊幸，去小人，建儲貳。言極痛切，海内爭傳誦之，詳載《奏議集》中。其去小人之條，專指彬為亂，首法所必誅。車駕員外郎陸震見其疏稿，願同署名以進疏。既入，自分必死，為書別知友，託以後事。及收拾遺文，彬果大怒，欲必置之死。乃下詔獄廷跪五日，杖百餘，除名。陸竟死，鞏體極修羸，幸得甦，以詩遺弟曰：『不用汝謀方至此，須知我道固當然。』蓋萬死不悔也。自是杜門著述，家素貧，客至留款，貸米隣村。日中未舉火，亦不以屑意。於官府無絲毫干。今上登極，以南京大理寺丞徵，處法明恕，廷中稱平。屬議禮未定，鞏進疏，大略謂：陛下既承孝宗之嗣，當明為人後之理。既承天下之重，則當明二親之嫌。反覆千餘言，皆關係綱常。嘉靖元年秋，南京九卿例須一人持表入賀聖旦，鞏當行，忽病作，稍愈，強就道。既至京，縉紳慕其名，延接無虛晷。病復作，竟不起。自公卿而下，無不傷悼。其平生知友若門生爭厚割俸金為賻，南都士夫亦然。見素與予既治其喪，且合諸奠賻約三百金，為歸買田立嗣。給事中劉世揚、御史黄國用疏其忠節，請加卹典，詔特贈大理寺少卿，與祭一壇，蓋異數也。鞏嘗言曰：『人生仕宦至公卿，大都不過三四十年。惟立身行道，為千載不朽。世之人往往以彼易此，何邪？』其素志如此。沉敏好學，雖疾病支離，手不釋卷。詩文清粹和婉，幾自成家。莆一時人物，鞏與茂烈名行相次，惜未究其用，又皆無子，而鞏年尤夭。雖然，觀二人所樹立，亦可與天壤俱敝矣。《補遺》

莆陽文獻　附鄭山齋公傳第七十五

鄭岳字汝華，號山齋，南湖先生露之後。先世自桃源徙蒲坂，高祖以貲雄於鄉，被訟戍甘州，因之破家。一再傳，益落。父朴菴，徙入城，僦居金橋。岳七歲而孤，賴母林兄㒳食貧而撫教之。岳踰弱冠，登弘治癸丑進士，授户部主事。考績貤恩，遂移疾歸葬其父。起補刑部主事，錦衣千户張福同監市因。福恃勢越坐，岳奏論語涉中貴，孝宗怒，下詔獄，堂官疏救以免，轉員外郎。時邊事孔棘，侍郎許進督師大同，貴近惡其剛方，議代。前副總兵趙杲僨事坐廢，謀復起京軍，屢出無功，又議再遣。岳抗疏論列，人咸稱允。擢湖廣按察僉事。宗藩侵民田，奏勘不决，岳竟歸之民。施州夷民忿爭讐殺，衛帥以亂聞，岳勒首事數人，餘悉諭遣。他若辨盜鑄土官印信，及追獲縛賣客民男歸百餘人，皆異政。荊岳歲饑無備，設法以賑，全活甚衆。常德守刑貨濆濫，捕其信任者，寘之法，守解印綬去。南原十三道，會薦天下方面官十七人，岳與焉。武宗初，擢廣西兵備副使，征里松洞奏捷，及撫諭土酋岑猛，連受褒賜。築足灘、廣運、昭平三堡，屹爲府江巨鎮。調廣東副使，滯獄爲空，治稱第一。尋擢江西按察使。宸濠結逆瑾，復護衛，諸司承順，勢益熾。岳至，力振風紀，爲濠所忌，連擢本省左右布政使。宸濠橫奪民田億萬計，民設寨聚守，濠諷總制以兵剿，岳沮止。李副使夢陽、江御史萬實相訐奏，下藩臬會勘。岳欲平其理而夢陽務求勝，致其怒，濠從而嗾之，乃執岳。察司舊役門隸誣用公堂銀鍜，詞送濠，禁錮。事聞，下鎮巡勘，報濠左右夾持成獄，家人擒捕殆盡。子泓未冠，亦被執，人心憤惋不平。科道暨撫臣交疏其枉，於是遣大寺卿燕忠、給事中黎奭覆勘濠收質事。證妻子，脅無異詞，衆環泣曰：『王府費萬金陷公，公必欲白，我輩無噍類，卽公亦禍叵測。』岳乃自誣服，坐罷。濠反事敗，内外臣工交章論薦，起岳四川左布政使。以母喪未終制，不赴。嘉靖初，制滿，陞都察院右副都御史，巡撫江西。至則民擁道聚觀，手額相慶。岳奏賑恤受兵，郡縣定次討逆軍功及贈祀死事之臣，皆報可。甫三閱月，擢大理寺卿。輔臣以擁立世宗功，議封伯。岳遺書内閣所厚蔣冕，勸其辭避。林見素俊以司寇召至，協衷守法，一無所假。勘事陝西正總兵官李隆罪，蓋隆與都御史許銘不協而嫁其禍也。道見北人不知水利，乃相度還奏，爲定國之計，前後凡四上疏，皆切時政。陞兵部右侍郎，無何，轉左侍郎。大同兵變，赦而復叛，岳主議管軍官各報首惡姓名誅之，事可立定。乃密令總兵桂勇斬首惡數人，主兵者奪其功，與奏帶大璫弟姪。御史王官輒爲覈實，岳署部事，駁行改正。内侍崔文方用事，其姪指揮崔昂欲躐陞裨將，岳又執不用，權倖由兹側目。岳嘗議大禮忤旨奪俸，及是群小媒蘖，眷浸衰。會寧夏總兵种勛行賄求調，爲東廠捕追金幣。勛嘗失事被岳劾，禮帖獨無岳名，言官風聞論之，岳上疏自白，因力乞休致。世宗聽之歸。歸凡十五年，薦起者六，竟格弗大用云。岳事寡母甚孝，念兄鞠哀恩，罄官俸以報。逮罷官，兄割償産之半，搆蒲坂祖祠，益祭田，又與族子公奇等別創南山始祖祠，暨脩治先世諸墓。至於開渠、造橋、遷社，有利於鄉族者，概不惜費。倡逸老會，以登臨酬唱爲娱。好禮劬書，老猶不懈。爲詩文暢達醖藉，所著《山齋浄稿》《吟稿》《奏議》《駁稿》《莆陽文獻》《莆陽志略》。尤喜奬掖後進，士夫家食者勸其著書爲不朽事業，聞者有所激厲。享年七十二，卒。泓字士流，初為寧濠所陷，充戍。赦回，蔭授詹事府錄事。疏終養親，終不出，享年七十三，卒。逸老會倣古真率，腆則罰飲大斗。預者七人，皆鄉國之望。林都憲茂達，年七十五。林處士嘉績、吴副使希由，俱年六十七。林御史季瓊、宋知縣元幹，俱年六十五。林副使有年，年六十四。鄭司馬，年六十三。七老繪爲圖，司馬爲記，謂老成典刑，風教之助，豈但讌遊爲耶？最後預者二人，林侍郎富、李寺丞廷梧。諸老多享壽云。

邑人南京戶部主事柯維騏撰。

（明）鄭岳 纂
吴伯雄 點校

莆陽文獻

3

廣陵書社

重刻莆陽文獻序

嘗覽宇內郡志風教
固殊人文間值莆邑
濵海何獨與鄒魯比
稱以名賢足多故也

由梁陳迄宋元逌我明興百餘年間弘治郡志所載詳且悉矣第文獻闕焉弗脩嘉靖甲申少司馬山齋鄭

（明）鄭岳　纂
吴伯雄　點校

莆陽文獻

3

廣陵書社

公始任其責觀其自序史筆之難乃不狥物情參與論而品隲之允矣一郡之典刑萬世之實錄也壬戌

倭變書燬無傳給諫黄雨石君家藏一部重鋟而布之予少愛是書常置案頭每一展卷則忠孝清恬之

攄宏情明徹之詞在
在得師即千古英踵
六經芳潤恍然時覿
面焉五十年来所欲
尋繹而不能致者一

旦重邁譬隋珠和璧離而復合于霄照乘神采煥然其欣快何如盖山川靈氣發洩於人文者積數百年

得司馬而其盛始傳奇書秘寶神物護持又越數十年得給諫而其傳始久鄭黃家學淵源最號長遠梁

陳間讀書於衆人未讀書之時者南湖鄭恩叟先生也唐貞元間吾鄉已有舉進士者乃若文章名家為

莆初祖則御史黄文
江先生也編録者司
馬則鄭先生後重興
者給諫則黄先生後
揔之克繩顯祖章往

貽来有功於維世均
也觀人者於其所發
而所存可知予貢曰
進賢賢哉予亦曰録
賢賢哉山齋公直氣

勁節
天子嘉之曰貞臣林貞
肅公以元老而亟推
重其品可想也兩石
慊慨有大志嘗請于

朝復單除統紀謚仗節
諸臣真可以扶植名
教林居嗜學户外事
若浼惓惓先哲表章
文獻與昔日疏彭惠

安公改謚蓋不勝高山仰止思矣今天子久道化成莆縉紳聯翩蔚起道德勲業當有不媿前修者文

章抑其餘耳予耄年自揣謭陋久荒筆研特嘉兩石是舉僭掇數言并以伸吾黨興復之志云

萬曆四十四年歲次
丙辰孟秋朔旦鳳山
九十一樵人原湖侯
清書

原湖

莆陽文獻序

莆文物起於隋興於唐而充盛於宋海濱鄒魯至今焉而紀述遺缺紹熙時始有郡志洪武時始有事述郡志弘治時也文獻之備尚缺千百年光嶽之氣彙鍾于元人者爲道德爲節槩爲勳烈文章爲四儒道學以茂贊皇猷輝發聖蘊如景星卿雲霽靄而消滅以盡其不深可慨與然有甚難者夫記誦鴻博則根放漏遺升落無章亦準量决擇有所未至畫以發受惡其間與欲借雙詞而不遂者則吠聲咣嘵市虎三告故退之不作史子瞻病文選無法而文鑑去取亦

之憾於晦翁事述郡志同撰自相詆訾文獻之筆其未易操也乃以累吾鄭公山齋取立齋手錄萃以詒家遺文并述志而類萃之人取其尤事取其最詩文取其純整無畔道后峰間商校必東士遠間刪削焉閱數歲始克就編屬余爲序余未見成書要自公出賢者也三君子又賢者也書固足信矣第不知有佺雙詞不遂否乎吠聲之屬其不謂終無也道也者求諸我爾矣盡不書吾知之信不信又胡從而知之同馬遷史記雄向稱良史才子由兄弟微疵深病焉柳無害遷也纂輯定監戒昭爲甫立赤幟今之視宋猶

宋人之視唐人也人文之盛有大書特書不一書者
矣
嘉靖甲申十月既望見素林俊書于雲莊青野

林氏

二

林氏

莆陽文獻後序

莆之地始闢于秦至漢武帝以其阻險易變也盡徙其民而墟之晉亂中原衣冠避地而南於是有所謂八姓入莆者自後徙居日益衆休養衍庶遂稱上國然當其時人猶未知學也吾祖南湖露公始以其學倡之歷唐而宋遂有海濱鄒魯之稱浸淫至於今日盛亦極矣歷代既久遺文散落顧未有蒐裰而會粹之用備一郡之典豈非大缺事歟鄉望見素林公松泣方公暨后峰伯固嘗相與閔惜因授受於予俾從事于編帙焉謭陋大懼弗任爰考郡乘所列諸家著述

甚多求之今惟忠惠芝軒後村三四遺集在其散見文稡文鑑諸書者僅數篇雖當代近裔亦或佚其先世手澤而亡之可嘆也已立齋宋公嘗手録先輩遺文六冊得以爲據若藏底所編陶鳳集則又病其太濫於是更加延訪採擇閲數歲始克成編凡詩賦銘賛序記題跋若雜著奏議之類列爲若干卷庶幾其可傳者既又仰而嘆曰文以載道也文不本於道藝焉爾矣而深於道者固不屑於文也文可獨傳乎哉廼復取郡乘所載人物事蹟略加芟潤且爲補遺叅用班馬氏義例類編爲傳若勳德若文學若忠孝若

惠之類列爲若干卷其家庭之濟美師友之淵源或英畯而特起班班可攷以是而參校夫文上下數百年間山川宇宙之精英庶於是乎見噫亦盛矣魯穆叔謂太上立德其次立功其次立言後世所就要不能如古然惟其一長亦足名世而垂之不朽況兼之乎鄉邦前哲後進軌範有志尚友者不於是而求之將不謂東家丘者類歟或曰予之輯是其用心亦勤矣若掎摭星宿而遺羲娥得燕石輙以爲璞又寧不爲是輯病歟予曰唯唯是謭陋之罪也然失今不錄則後益至於泯滅無傳矣輯之弗善固猶愈於已乎

若夫因略致詳由粗致精搜補缺漏而正其訛謬使
吾邦文獻汞汞足徵固將有待於後之君子

嘉靖四年歲在乙酉夏四月朔鄉晚學山齋鄭岳謹
書

重刻莆陽文獻後序

夫自文獻名立而郡國皆藉以爲重自三不朽説起而文獻又以次第分馬班列傳若天人治安諫獵長楊皆因人附文豈當時重

在廣川雒陽而文采葳蕤即當盧校閣亦不以其故靡傳也迨後漢於列傳之外別加文苑南齊文易以文學然文苑則以狂疾稱正平與至孝黃文彊并稱

惟傳其事不錄其文而文學則游夏所得與於聖統者亦令飲酒不羈之靈鞠放誕任氣之檀超厠名其間獻乎文乎合則爲馬班分則爲後漢南齊互有得

失甚哉文獻之名重而文
獻之實未易覈也吾鄉
鄭司馬山齋公輯郡内梁
陳至今著作凡十三卷又
取名公事蹟爲列傳七十
四卷名曰莆陽文獻公清

嚴雅望蹇諤孫忠冠冕朝紳羽儀世道乃是書尤眞所自任爲鄉邦折衷者蒐采鑑衡殫心極慮商訂三氏數歲始成列傳儼之馬班而文非合標之殊於後

漢而傳非分其有玄珠又沉於赤水五色尚存於丹穴則或論世而闕其文或因文而紀其名議論義例較之前史且什伯蓋巳陋長卿子雲更何有正平而

下乎真可謂一郡大觀千年勝事矣然而龍所欲起公於九原而與之相質正者則以翁諫議錯趾梁庭徐著作脩潤道史林侍講梯榮策答皆宋立齋公所

責備侍御楊朝重林貴實
二公風采凜然則彭惠安
公所心折者弁不載其諫
草而林只附傳林克全侍
御故尤難解林艾軒黃四
如二先生以經學知名林

易解尚書語錄雖云煨燼
然其說詩論語猶見於趙
子直宋去華李泉州簡牘
黃四書六經講章燗然日
星郭孝子祠記墓表尤裨
風教胡均未得表章豈公

於林之去取別自有見而
於黄未覩其集與大抵是
書銓次有方琳瑯會稡雖
翼經之作猶鈌疏議不能
無漏着增以林黄窮理楊
林奏事諸篇令鄉邦得覩

續聖正脉經

國讜謨質諸古立言之旨庶
幾不朽公如可作也且然
龍言乎哉嗟夫人材難得
千里比肩比屋可封元愷
為倡莆獻彬彬流光史冊

則南湖講學實濬其源後
進聞風久而彌奮道德勳
烈節槩至宋益盛我
朝教化翔洽諸名公項背相
望不但以文章顓頏宇內
故其時風俗學宗經官賀

貧冠三加昏擇耦喪闢佛

祭用仂酒尚玄服疏布土

大夫躬行於上庶人則效

於下地不大曹滕俗已幾

鄒魯昔人所稱諒非溢美

自

國初百五十年則鄭山齋公脩文獻時矣再五十年則柯希齋公續文獻時矣再四十餘年則今日矣文明蔚起紳珮聯翩時勢漸趨河流東注撫今追昔同有

維風之責者安得不爲是廪廪故論文獻雖不敢妄意夸父之逐日論風俗亦未必爲杞人之憂天矣是書遭嘉靖壬戌兵燹僅存一部龍思歷代人文之盛

懼鄭公手澤之湮遂付剞
劂以廣其傳因述所聞
國初風俗以俟夫好古挽回
之君子謹叙
萬曆四十四年歲次丙辰
孟秋下澣鄉後學黃起龍

書于印水之恬養軒

莆陽文獻凡例

一文獻獨名莆陽者本莆口之地古名莆中舉莆則仙遊興化二縣可兼之矣

一採輯詩文以年代為先後作者姓名各列本題之下有傳者則曰見本傳或附見某傳無傳者則詳其字號爵里

一詩文散在翰墨全書等書及各家譜牒者尚多製作未工亦不盡錄此錄嘗經黃后峰朱必東陳士遠三君子商確去留期以垂遠

一歐陽四門本泉州人讀書于莆子孫遂為莆人

今泉州已梓行其文此不復入

一人物列傳府志各分門類今用班馬例取其大槩相類者合為一傳或各為一傳

一仙遊興化人物各自為傳傳首必書某縣人其不書者皆莆人也

一府志人物或父子兄弟散見各門今系而書之亦史家法也

一府志人物各有論斷今不暇錄覽者自當參考

一府志之脩距今二十餘年矣賢哲繼謝尚未及載今作補遺凡十六傳

重校文獻紀略

是書字多亥豕，版沒劫灰，既授重鋟，爰加勘訂。如鄭昇之孫可復、林大有之子霄，龍傳作鄭孫林霄，此訛之大者，業已改正。林誠附林正傳，失於標目，亦已增補。餘悉仍舊，惟附刻鄭山齋公傳，此係柯希齋公特筆。公沉靜卓識，不輕許人者，讀斯傳亦可論鄭公之世已。

萬曆丙辰孟秋東里黄起龍謹識

甫陽文獻目錄

卷十一
記十五首
卷十二
記二十四首
卷十三
奏議三十篇

列傳共七十四

許稷　徐寅

傳之六

翁承贊

傳之七

鄭良士　子元弼　楊在堯

傳之八

陳靖　父仁壁　孫惟德　從孫中復

傳之九

蔡襄　弟高　孫傳　伸　佃　曾孫楠　樞　楙　洸

傳之十

傳楫 從子權 稱說 從孫譽 傳竹 子汝洪 汝□ 大畝 從孫浩

傳十一

余象 朱紱 子宗 陳次升

傳十二

方儀 黃君俞 黃隱 黃顗 吳世延

林緒 徐復 子□ 方漸 鄭伯玉 方惟深

傳十三

方慎言 從孫遂 孫謙 曾孫藻 方慎從 陳侗

子彥恭 徐確 子師仁 壽仁 方偕 林積仁

林之平

傳十四

方峻 子上寧 玄孫之泰 子容 元宋 孫翊 曾孫昭 霖 玄孫來 壬

方嶠 子蕭 孛 完 甫 從孫必 從曾孫 玄孫士璘

傳十五

余祖與 子武翊 黄琮 黄彦輝、吳公誠

李特正 孫樸 蘇燁 弟枝 枝孫漬 林仲

黄宣

傳十六

鄭濟 方廷實 王晞亮 曾孫太中

傳十七

潘慎修　李欣　李德昭　陳鶴 附游儲

傳十八

林宋卿 曾孫衎之　蘇欽 子洸 孫權　王回

陳開　陳覺民　林豫 子師蔵 師說

傳十九

葉賓 從子確 確曾孫立志　陳闡　林正 子一鳴

經一鶚 孫潛　陳可大

傳二十

張式　許稹　郭琪　許懋　陳大卞

子顯仁　黃沔　洪天賦 從弟霞亨　朱泳

陳夢烈　陳珙

傳二十一

方次彭 從弟公衮 從子亞夫　林迪　陳惟剛

從弟師立 師立子昭度　黃鐘　董公偃

傳二十二

薛利和 孫倞 曾孫璪 圻 圻曾孫季良　陳鑄

林成材　吳珏　鄭廷芬　謝洪

傳二十三

陳俊卿 子守 宄 宓 從孫均

傳一十四

葉顒 兄頫 孫棠 從曾孫大有

傳二十五

龔茂良

傳二十六

鄭僑 子嵩

傳二十七

林光朝 姪成季 劉夙 子彌正 彌邵 孫克莊 劉朔

子起晦 孫帝仁 陳士楚 黃鈞 卓先

傳二十八

鄭厚 鄭樵

傳二十九

鄭可學 子東叔 姪符 孫荣仲 曾孫公權 鄭耕老 鄭獻翁 黃士毅 方大壯

黃補 黃績 子仲元

傳三十

張弼 林彖 林爾 余元一 林硂

鄭鼎新 謝升賢

傳三十一

方信孺

傳三十二

陳居仁 子卓 宋棐 從子濂 濂之孫茁 林枅

陳文龍 陳瓚

傳四十一

林冲之 子郁 從子霆 阮駿 陳倅 宋旅

方壽 林興宗 卓得慶

傳四十二

鄭勲 陳吉老 子希造 孫沂

傳四十三

薛奕 林子立 陳自仁

傳四十四

郭義重 四世孫道卿 徐膺 彭受 龔埍

鄭褒　劉洵直　吳稟

傳四十五

陳亨運　傅孝明　郭濟　黃卯　許天[illegible]

傳四十六

吳興　李宏　李富　林國鈞　方祐

傳四十七

陳旅　鄭杓　朱文霆　顏長卿　黃力子

傳四十八

陳紹叔　劉有定　方德至　林以辯

傳四十九

吴源

傳五十

林圭 陳賢 子淮

傳五十一

方徵 林仕敏 林長懋

傳五十二

陳繼之 陳彥回

傳五十三

林環 姪思承 楊慈

傳五十四

黄壽生 陳用 陳道潛

傳五十五

陳中 方澥 李廷修 王偉

傳五十六

鄭雲 林時 方鯉 鄭述 佘濯

何誠 林和

傳五十七

林文 陳音

傳五十八

柯潛 吳希賢

周瑩 始齡 林庭芳

傳六十四

曾景修 黃嶷 孫碩 林承齡 林智 鄭循初

林大猷 林祥 陳璲 陳鉞

傳六十五

鄭紀

傳六十六

黃謦 嚴淦 朱寬 方珪 林正 仲茂同傳

傳六十七

林元甫 吳繹思 楊楷

林長清　林淮

傳七十三

李苾　陳睿傑　劉閔

傳七十四

陳茂烈　黄鞏

傳七十五

鄭岳見續文獻今增入

兵部左侍郎山齋鄭岳編定
南京吏科給事中後學黃起龍重校梓

賦

館娃宮賦 以驚上空濠色池碧草為韻

黃滔 見本傳

吳王叕地兮吳國蕪城，故宮莫問兮故事難名。門外飛其玉弩，座中委其金觥。舞榭高臺，朝為宮而暮為沼；英風霸業，古人失而今人驚。想夫桂殿中橫，蘭房内創，冊楹刻桷之殊制，鈿砌文軒之詭狀。如從渤澥徙蓬關於人間，若自瑤池落珠宮於地上。繡柱雲楣

飛蛟伏螭基高巒崖鈎栖參差碧樹之珍禽夏語綠
窓之瑞景冬曦吳王乃波伍相輦西施珠翠族來居
玉堂而頫洞笙簧擁出登綺席以遙遊觸物窮奢含
情徧感欲移楚峽於雲際擬鑿殷池於檻側花顏繚
繞欺樹裏之春光銀焰熒煌卻城頭之曙色殊不知
敵國來攻攢戈耀空虎怒而拏平雉堞雷訇而擊碎
麒麟邢馬萬蹄卷飛塵而滅沒瓊樓百尺爆紅爐之冥
濛悉由脩袖舞殃朱唇唱隳瑤堦而便作泉壤玉楚
而旋成鮮石恨留山鳥啼百卉之春紅愁寄壠雲鏁
四天之暮碧悲夫往日層構茲辰古墟香逕而同歸

寂寂稽山而杳自高高遺堵壓空幾殘群遊之鹿滄渊月在寧消怒濁之濤已而西日忽忽東波浩浩松楸而駢作荒燧車馬而輾通長道彼雕墻峻宇之君宜臨丘墟於茂草

蠹賦

劉克莊 見本傳

余既倦遊退老于鄉五畝之園手自鋤荒封植群木位置衆芳桃柳易蕃次則海棠密密疎疎稍已著行曾不數年類為物戕疑此三者盛於春陽如人發進理不得長橙柚冬實而華絕香梅至高寒桂尤堅剛俄亦復然不可測量余靜觀之樹固如常忽有小蠹

僅若鍼鍤淺深不止穿穴其傍叩之空空望之憧憧其拂簷出屋者可代而薪絫天合抱者可伐而偃也余周行四顧嘆息傍徨客曰嘻有蠹蟲焉爲樹之殃先齧其心伏於膏肓如入內潰發爲疽瘍以小喻大可得而詳由身言之蛾眉伐性豹胎腐腸尸蟲胴腄說於上蒼雖有老彭化爲小殤由天下國家言之鼠食郊牲雀耗太倉群狐隳城聚螘決防彤綿不察以至敗亡蠹身也天下國家也皆未免有蠹乎能憂樹之枯朽而不憂身之危脆與天下國家之趍於季漢末唐是猶小智見哂大方有佳禽焉擇木深藏性尤

憎蠹求索皇皇且鳴且啄或集或翔醜類蕃滋莫損
毫芒譬之精衛欲填瀰茫力微黨孤抱志未償曾不
如傍邑之種橘者用功甚簡歲歲大稔千林凍倆萬
顆弄黃主人深居初不下堂命挑蠹者以時埽攘視
蠹所在猶探諸囊雖絫萬株無一夭傷余矍然起謝
曰古有所謂貫虱之射手承蜩之痀僂客所稱道非
若人否幸客介余往造其宇同載而歸北 面學圃

莆陽文獻卷之一 終

明 莆陽文獻卷二

莆陽文獻卷之三

五言古詩

題將軍岩　蔡襄 見本傳

赤日正亭午，解衣嵒石下。石泉殊甘凉，野籟亦蕭灑。驚猿度嶺雲，遺果墜庭瓦。披軒忽永嘆，幽抱不可寫。

題夾漈草堂　鄭僑 見本傳

杪秋尋遠山，幽懷鬱冲冲。草堂跨層崖，夕陽山影空。高人辭天祿，結交杖藜翁。遊氛暗九土，歲晚余曷從。泠泠夾漈水，謖謖長松風。思之不可見，淚落秋雲中。

寺中別林謙之兼寄詩鄭　方翥 見本傳

遊從忘朝晡尊酒輕招呼笑語恣玩狎翻覆雲雨殊
我友數君子古心相與娛每見輒賓敬衣裳儼而趨
惡石寓規諷美疢疾佞諛深山足風雨零落梅花株
亭亭岩上松霜姿一何孤感茲各努力勿以歲事徂

送別湖北漕李秘監仁甫燾　林光朝　見本傳

文字恥煙雲過眼徒浩浩所有未見書惜哉吾已老
子雲客長安陳迹一如掃同叔向來人我生苦不早
白玉來西崑一見自應好縱譚百代前至竟非枯槁
黃鶴有高樓恍如事幽討攬轡逢道州聽書下下考
周南勿留滯掇拾供史藁分手重酸辛璠璵衆所寶

十日不得面何為太草草

紫極宮誦李白詩及坡谷和篇因念蘇李聽竹時各年四十九今予五十九矣遂次其韻

劉克莊

翰林兩仙人偶來聽風竹蕭蕭玉千竿采采綠一掬少時負不群中歲乃見獨嗟予長十年所至戀三宿徑當還笏歸奚俟楪著卜夜郎與儋耳老大背往復宜州殿其後路險車又覆山中採芝去舍下炊粱熟

次韻寄太乙宮上官師一首　陳旅 見本傳

端居感流序階樹日摵摵凉風起高城上有南飛翮

楊雄不徼名拓落循遠容美矣陶徵君欲裳衣去彭澤我居城東南西北有珠庭病久嘶冲霄懷哉松桂青曼倩諒奇士夙受火珠經雲河瀉秋夕泰時明三星

題楊顯民采詩卷後　　前人

夢游洞庭野斜月映踈星軒后來張樂伶倫吹鳳笙夢回憶其音幽眇有餘清截竹學向人世人皆不聽南州有高士洗耳臥巖扃涼風鳴松林石澗磬瑽琤何日即與語聽焉千古情

原範吟　　劉有定 見本傳

天地不愛寶出此圖與書至哉百奇耦誰我何勤渠

十為夫婦始九爲君臣初龜龍發天賾萬化皆權與
禹圖順而實義畫逆以虛知來豈損益數往寧乘除
皇極即太極合散由卷舒云胡三代下讖緯徒紛挐
太玄用踦嬴潛虛置元餘去之二千歲此道今何如
乾君倦于老家事當誰傳豈無一索者庶孽不可言
大明出乎震繼照行中天坎者離之對內助稱其賢
主器必長子故遣司春元所配非少女生育何由蕃
震移艮斯代兌去巽以遷乾居少陽位坤退西南偏
如何反對者次序乃不然連山既首艮歸藏亦坤乾
安知後天位不在文王前

吾觀七廟制乃與後天會易中有太極生此覆與載
巍然正東向太祖取諸兌三昭與三穆以次各相配
乾坤具純體天地交乃泰泰美哉文武功世室莫敢廢
坎離得中道水火本相逮親盡或以祧功成則身退
艮者震之反巽者震之退親親故近東尊尊故居外
震為孝曾孫主祭祭如在至如宗有德于以昭後代
十六三十二不在七世內若以後天求位次必有礙
設位固面東三廟必依背所以都宮成太廟乃居北
先天即後天體用不相悖四時祫之小三年祫之大
悉陳祧廟主于以盡敬愛由八而八之三畫加一倍

又如祖自出天造方草昧太極本無極無廟祫於太

我思古人心萬世宜永賴祫法非不知夫子有深誨

雲林一閒　方時舉 昭休林模序

大道本無爲至人樂幽閒所以出世士適性雲林閒

微飈度好雨白雲在林端我牧莊已長日長但高眠

澹然已忘我安知道為玄茫茫大塊間汩汩蟻磨旋

蠢蠢各有役營營良足憐乃知物外貴如如真始全

白雲諒匪遠矯首長悄悄

感寓　前人

蕭蕭北風涼槭槭木葉下獨客耿無寐披衣坐長夜

饑梟鳴喬林鼯鼠穴崖𡸸而我胡不歸飄颻在中野
昔別暑載途霜露忽飛洒豈不懷故居西郊尚戎馬
世無傳介子冠蓋混夷夏匪忘濟時志躊躇不得寫
棄置勿復言吞聲淚如瀉

真率會　劉性存（洪武中以薦為南海知縣）

炎靈運玄化衣冠集芳辰皤皤斯達尊濟濟凡七人
琴瑟既在御豆登亦復陳旨酒式燕樂大美濟肥珍
登歌間行葦稱觴壽千春德將諒無醉既醉不失真
陶然宇宙間蟪蛄焉足論光風泛蘭蕙好鳥鳴及晨
江漢日云遠道義日益親覽圖百載下安得風再淳

願言繼遺響遥睇洛水濱

方士志耕隱　郭維貞 名完 見本傳

雨衣製青荷雨笠編新篁斯人沮溺流日晏循耕作
今年擬有秋東皋禾黍先稰招我食力徒斗酒聊取樂
酣歌擊瓦盆昨晚牛生犢

古洞閒雲　林長楙 見本傳

崖傾人跡少谷轉蘿薜深古洞俯林藪白雲生夕陰
起伏變萬態出岫寧有心其間棲遯者相與忘升沉
采芳侶馴鹿珈趺對鳴禽何當驟格澤日夕同招尋

文峰春曉　林岀 見本傳

群鴉報天將春色開林落光塵透竹窓山影疏簾箔葉露滴循響花光照經閣殿宇正幢幟金碧明丹艧

金臺七夕陪魯侍講于啓彭修撰汝器諸公宴集分韻得斗字　林珏 附見林琛傳

池館迎早秋蕭條宿雨後涼聲落高梧灝氣淡疎柳雲斂河漢清迢迢望牛斗離思不可攄況茲感物候幸接心所懽惜無樽中酒於焉寫幽素我琴時再奏杳杳烟際鴻沉沉禁中漏零零遂盈襟坐來亦已久裵徊未成寐殘月在西牖

秋江別意送林廷著應舉　林文 見本傳

湛湛長江水，上有楓樹林。風高木葉下，天寒江水深。美人戒晨發，祖餞江之南。一觴未及盡，青驄逝駸駸。慷慨一爲别，惻愴傷我心。君材富詞藻，琛玕間球琳。積久發必舒，物理固相仍。請看高飛隱，寥寥守孤岑。陽鳥展其翅，大振瑶華音。

和燕歌行　方熙 見本傳

四座且勿歡，聽我為君歌。生來少讀書，自負膽氣多。逢人好陵轢，安能守謙和。朝廷募死士，奮身赴交河。筋力盡鞍甲，歲月竟蹉跎。羊腸九折坂，險阻常經過。雖云身不遇，幸不嬰禍羅。斂脱贈知己，囊空買秦娥

窮老守顛危時乎將奈何

古別離　前人

愁心將何聊撫我孤桐琴絲桐感人情絃急無好音
拂衣起嘆息逍遥獨行吟遠望別離處江空烟水深

冬日遊覽　前人

咸陽城東門風景光奪目遠嶂開青蓮原田滿阡陸
邯鄲屬清渭驛路通函谷百貨集舟車曠野多樵牧
康莊平若砥車馬相馳逐金張遊俠兒華蔣皆世祿
何事茂陵人卧病衡門宿

送謝文祥御史謫南陵丞　彭韶　見本傳

零露一以墜原野生微涼金風轉蕭索四壁吟螿
夜長不能寐攬衣起傍徨仰視天宇澗素月揚輝光
奄忽浮雲馳肅肅鴈南翔一啄諒易謀豈不足稻粱
窮海纍臣書藉爾遠見將羽毛尚摧落愴惻未能忘
云胡抱孤影悠悠岐路長願言隨陽歸以慰朝夕望

送邦紀弟赴通州學正　柯潛 見本傳

旭日耀層漢輕風吹碧漪行程渺何許征馬焉可羈
常時送歸客中懷亦凄其況此骨肉親胡能不傷悲
強持一尊酒為汝陳諷規去去登泮學冠裳肅威儀
展席坐清晝橫經講軒羲粱肉何足嗜飲水足忘飢

七

勗哉崇令德庶以慰我思

送別顏大尹

陳鋮 見本傳

南國有佳人早歲事機杼織成雲錦章間以鸞鳳侶
自從嫁夫婿流落向西土西土多樓居綺窗映深戶
歌舞當踏衢夜飲不知曙而我長廊下白日自操杵
西風吹芙蓉濟然傍洲渚有姝美清揚乃是名家女
相見合心素解佩以相與情意正綢繆驪歌動闢宇
仰觀西流景滔滔水東注人生如風萍一散寧復聚
車轄鳴閶闔欲訴情覶縷去去終離別鬱鬱傷懷緒
願身化飛鴻遠送凌霄羽

感興四首　　周瑛 見本傳

有客學舞劍自謂術通神雷霆護宇宙蛟龍飛繞身
我亦有劍術未敢輕告人詎信隨陰陽指顧天地春

提瓶去汲井為君解宿酲不意綆中斷瓶墜不能升
君恩手中綆妾身井底瓶相望不相即此心誰能明

青天尚有涯滄海尚有底云胡人心微倏忽渺千里
人心不在遠祇在腔子裏夜半靈臺虛默默看元始

持刀斫月明月明月明何曾斷縛帚掃樹影樹影依前滿
人皆惡樹影礙此月明多樹根苟不拔其如月明何

寓意　　鄭瑗 見本傳

我有徑尺璧蘊質自崑岡拂拭見光彩皎絜如截肪玉人試磨錯製為璠與璜珍愛不忍佩什襲藏諸筐攜之宦南北道路阻且長筐中忽悲鳴啓視化爲盂悵悵獨不見鬱鬱意難忘

凝古用韋蘇州韻　林俊 附見林圭峰

出門有所適驅車長林端蔟蔟躋古道登陟阻且艱綠陰下啼鳥夕陽在空山有酒不得將芳賞良獨難抱飢坐孤石流雲渺無迹谷泉逝暗聲筋遥稍棲息緬懷千古心僅此一間易迴策忭人語虛堂澹月白鄒孟世不作魯風日頹靡荀揚後文軸決潰氾[illegible]

董生闖門戶昌黎亦後塵卓哉元晦翁大成集諸子扶輿夙有鍾混沌良未死

南莊別野　前人

塵事日窈冥息山趣還好漁歌錯昏晝沙石淨如掃舫舟散素襟文字時探討寢迹衡茆下生計亦草草愧乏東平瓜獨有安邑棗開春理薄田即事起常早寨樓村烟夕滄海白浩浩好爵不自縻名聲此中老

和蘇子卿效體寄守溪元老　前人

役役歲云暮俛仰時徘徊長鴻何冥冥失侶難因依和鳴豈不念知音良獨乖撫樹動遥感秋至無好懷

繁華變蕭索時過寧不悲野陰日西夕寒蛩送餘哀
不見盛年好秖見容顏摧試問東逝流到海何時歸
洞庭今夜月一觴為誰揮願附雙長翼吳山來去飛

莆陽文獻卷之二終

七言古風

城山國清塘　林光朝

燭龍醉倒不開眼遮空萬里雲張繖小舟塘外日溶溶漁歌忽斷荷花風倚巖僧舍扃深户我來跋涉拳肩股喘停更促短節上怪石周遭臥萬鼓況是秋風到此山惟有孤鴻時往還勞勞百年共纏縛不似青山長自閑古人古人嗟已遠長歌商頌歸來晚

和前韻　陳士楚見本傳

山光一洗紅塵眼長松夾道搖青繖回頭下瞰百川

融亭梟小立凌剛風傑閣玲瓏朱綠戶何年蓬萊後左股山僧見客不飲眉梵唄琅琅應魚鼓欲攜三尺彈龜山淳風一去不復還似增草長童逢少幾百年來風月閒嗟我賢聖遠復遠天高地下日易晚

長夏歎　陳宓 見本傳

六月不雨暘烏驕飛蝗更剪深田苗農夫抱衾覆一畝背裂口焦如火燒農夫農夫莫怨怒更有無田可耕處昨日長淮禾稻區白骨成堆今莫數金繒百萬去安邊城壁不修唯壞垣人言大羊盟誓堅我願夏日長如年

武夷丹崖　方伯謨 名士繇 見方伯傳

丹崖石氣凝高秋碧溪上引天河流金堂石室不可到玉舘苺苔生古愁俛人昔乘紫雲去白馬珠鞭在何處茫茫塵世那得知幔亭空記當年事君不見茂陵松栢已蕭疎乾魚猶祭同亭祠

穀城山松隱巖　鄭樵 見本傳

青嶂迴環畫屏倚晴窓倒入春湖水村村叢樹綠於藍歷歷行人去如蟻新秧未插水田平高低麥隴相縱橫黃昏倦客忘歸去孤月亭亭雲外生

清明林下　鄭伯玉 見本傳

遊絲百尺飛到池野蝶尋春有狂意一番輕雨洗梨
花啼出玉真無限淚老夫不入少年場直向南軒亭
午睡覺來歷省夢中事却憶邯鄲枕中記

四快圖　方大琮 見本傳

一人筅耳手不住一人袒背抓癢處一人理髮虱擒
獲一人噴嚏虎驚去余鼻久塞耳聚聲虱無附麗頭
已童惟背負疆覺奇癢麻姑之爪不易逢吾問氣涌
如隄潰枕高唾遠道家忌且留眼讀養生書莫將身
試快意事。

謝氏祖孫創灃陽橋　前人

涔陽極目雲氣香衝風揚波鼉窟翻湘妃抱琴望虞
舜日暮江竹多啼痕木蘭為舟不可渡誰幻曾淵作
平路天潢夜靜牛渚長海市朝晴蜃樓吐祖孫移山
山可移昔人不信今見之千年猶有召伯埭白面聚
歛嗟何為

為趙敬叔賦漢海獸葡萄鏡蓋鄭夾漈家故物
也　一　前人

尚方老冶收精銅金膏玉水開膧朧未央曉月低青
桐六宮秋井生芙蓉當塗妖鬼負神器銅人登車數
行淚竇奩偶落長安市來與人間照珠翠凝陰空祭

江心龍海雨夜入閑王宫一朝愁殺滌上翁破屋日夜穿晴虹西苑野露堪作酒中有駒涂活欲走趙侯得之莫失手龍女駮童侯之久

歌風臺次韻

前人

歌風臺前野水長王媼賣酒旆屋凉酒邊老父説劉季頭戴竹冠還故鄉山河霸氣已銷歇颯颯老柳吹斜陽臺前小兒手擊筑筑聲更似三侯章

採桑婦

方時舉

朝採陌上桑暮採陌上桑採採不盈掬新葉苦不長東家練新絲西家理春機妾蠶未上箔妾衣知何時

妾身凍死不足惜良人遠戍天一涯良人一別長參商堂上何人事姑嫜賣絲奉甘旨織絲供衣裳妾心亂絲亂妾貌桑葉黃去年陌上採桑女今年嫁與黃金郎

觀蔡忠惠墨蹟　前人

宋朝書法誰第一端明蔡公妙無敵百年遺蹟落人間片紙猶爲人愛惜公書方整八法俱茘譜茶錄絶代無當特石刻今已少況復筆蹟真瑶與此書飄逸尤絶品風度不殊僧智永紛披剥落神氣全夜夜虹光穿藻井蔡公乃是莆名臣慶曆四諫才無倫堂堂事業在青史詞翰聊以娛心神公今九原不可作三

徵遺編淚交落荒祠華表倚空山月明定有歸來鶴

沉香亭　陳觀 附見陳賢傳

咸陽宮殿凌紫清珠簾翠幕春冥冥太平天子歡未足內園別作沉香亭沉香迢迢隔海水輸貢何時來萬里亭成馥郁滿京華椒桂無顏蘭蕙死東風淡蕩雲曈曨遲遲步輦隨六龍匍匐出甕琥珀瑩牡丹倚檻臙脂濃詞臣獻辭有深意儼稜月上君王醉妖鳳一起萬本腥沉香應落長安市君不見古來聖主稱陶唐土階三尺茅茨長

讀陳忠肅公傳有感　柯潛

胡塵捲風天地黑胡騎長驅滿南北崖山孤主知存
亡一夜愁心頭偏白文夫恥作貪恩生隻手擎天天
已傾孤城如斗猶百戰蒼蒼不遣勳功成龍虎可騎
不可攖怒氣吹人山亦倒君臣大義心自明白日青
天懸皎皎嶺海間閑草樹寒四顧無人空淚彈國破
家亡惟一死首陽有薇那忍餐節義文章埋不爛萬
丈虹光燭霄漢我懷往事悲復歌烈烈英風鬢絲亂

魏孔淵太守送岑嘉州集書數韻復之

彭韶

岑嘉州真名流生平浩氣橫清秋詞源須洞傾枚鄒

春江曉漲蛟龍浮從班解秩不復收從軍直到海西頭胡沙三載路驊騮長安萬里空悠悠間關西赴五馬侯郎官御史青幕遊蜀嘉山水增清幽夜夜文光煥斗牛嘉州嘉州知不憂遺文淪落人重脩當時衣手勢莫儔至今寧有姓名留

古塚行　陳鉞

昔人此塚初成日春雨嶻碑土花碧清明歲歲拉親朋釃酒封羊酹苔石一朝無主漸榛荊隙地猶付居人畊陵遷谷變作城邑千門萬戶皆朱甍古黃學宮在高處桃李成陰瞞玉樹宮前數仞夫子墻墻下誰

知古人墓地中神物雖久埋清宵變化乘風雷怒濤捲地墓門裂石碑斷落銅棺摧可憐枯骨已成土沙瘞金釵留半股甕甌古雅明如玉寶鏡無光苔色古呼童磨洗尋紀年背無款識飛鸞旋嗟爾英雄九泉隔滔滔逝水無回源古來荒塚狐兔穴此塚今爲蛟龍得狂夫感慨悲復歌歌罷凄風淚沾臆百年有酒且啣杯莫待後来人嘆息

涵江送別　　王偉見本傳

涵江自昔繁華地桑柘連陰百餘里笙歌搖曳樹底鬧甲第巍峩空中起人事變更非昔時荒烟落日青

徒悲豪華意氣今安在，惟見江流無盡期。南州文學東魯客，歲晏迢迢赴京國。紛紛冠蓋餞江湄，醁酒長歌吊遺跡。酒酣分袂各贈言，事業相期追前賢。風帆向晚去如瀉，天涯極目空雲烟。

赤龍歌

周瑛

赤龍攪海海水渾，巨鱗細鱗亂紛紛。大風播蕩幾寒暑，餘腥猶自滿江瀆。上帝聞之一發震怒，不使淫威徧下土。飛符直取赤龍歸，投彼遐荒御豺虎。春雲布滿東南隅，疎疎密密雨聲徐。桑麻蔽野雞犬靜，遥聞擊壤歌唐虞。

竹雪齋爲提學戴冀公乃兄誠菴賦

前人

小齋種竹只十個雪壓竹梢寒欲墮蒲簾高捲層雲破二釣新月入當座老夫肝腸鐵石做一生甘作衡門臥東鄰獻捷西鄰挫滿城簫鼓紛來賀老夫騎驢雪中過

臨汝書院成次潘水部見贈韻

前人

大冶鑠物搏陰陽青春去我何堂堂西偏小構亦頗良不施黝堊橫白梁正對五羊岡樹木拂簷交

青蒼祥煙紫氣相迴翔，坐令白日迷晶光。文采瑚彪來省郎，爲我藝苑芟穢荒。鏗然制作稱大方，利觜長距獨擅場。嗟予苦學未成章，點綴攙尊青與黃。六經窟穴漱餘香，拍拍春意覺滿腔。與君對織雲錦裳，著向風前聊倘佯。欲驂麟鳳游帝鄉，又笑目眩心未忘。小吏抱牘來蒼皇，謂耽文字頗有妨。廣陸無車川無梁，出門萬里道路長。使君局面宜更張。

有所思　吳希賢見本傳

蘭荃無香蕭艾長，美人別我忽孤往。誰憐百萬億蒼生，蛾蠓紛紛在盆盎。吁嗟美人天一方，蒹葭秋水遠

相望東門丧狗老見逐浪說鳳歌真楚狂君不見空
桑耕夫隱莘野志在匡時雨天下束帛不為三聘勤
堯舜之樂那忍捨又不見鼓刀老子釣渭濱白髮婆
娑照烟水後車不載非熊歸肯為孟津濟師起我知
美人自樂求弗過佩紉蘭芷衣製荷誰為傳語兮西
山有薇不可食空谷采芝休作歌
九重明聖方側席子若不起將奈蒼生何

獨不見　　鄭瑗

東飛伯勞西飛燕我所思兮獨不見歲云暮矣多霜
霰日月推遷玄髮變氣氣處郭誰與斯高山無蹊河

無津車轔轔馬駪駪車馬喧横遍城闉獨不見意中人

偕邵文實王叔武戴伯絅劉惟馨謁鈎深堂

林俊

生離死别何足憂涪陵少頃諸公留眼面風塵化烟水昨日草橛今山遊窄徑支藤歷萬竹宛轉高栢柴門幽易洞吟壇久陳迹鈎深燈火時春秋當時當避兩大老一祖白甫宗軻丘譙公門徒復地主尹公流寓亦至此三喪變臧又滄桑增重溪山還四美我不敢竊道脉又不敢忝詩流雲物盼盼如有求蔵身幸

在烟霞裡再拜先生一杯水

讀宋丞相陳忠肅公傳有感用先輩柯竹巖韻

前人

朔風吹沙白晝黑王孫天南復天北山河破碎幾時收馬頭生角烏頭白宮門銅駝荊棘生陸沉海覆天為傾謀臣漫浪夫大計三京之復成未成蜀漢江淮日雲擾閩浙雷崩廣風倒孤城獨手容支持志決身殲日皦皦歲栗秋高胡月寒眼枯有血城上彈精魂一付乾坤老骨肉任飽烏鳶餐南山飼牛白石爛昳畝遙心重江漢徹桑隙穴備陰睛板板蒼天誰念亂

題松雪山水　前人

山水何人稱絶奇吳興松雪老画師鄭虔祁岳不足數前身合是病王維與可胸中有成竹此老林壑故不辱輕綃落筆百態生奇形遠勢相追逐長松自青參天材踈髯碧淨無氛埃居然茅屋二三子衡門靜掩荒蒼苔袒跣無營百事拙竹裡漁舟臥秋月壯歌激越遊空翠散亂白波舞晴雲素子家住雲水鄉披圖見画心如往藤蓑穩着賦歸去倚天一笑江茫茫

端硯用后山韻　前人

刷絲舊失奎房器黃眼黑眉紛俗贅虛中起拜即墨

庚王質金聲才貫備虬蟠隱約羅星斗玄洋滿咽烟
霞氣文章重柄抜殊尤詔書夜下採訪使蕭輪從役
走萬卒西坑上巖若平地晁後斧柯得真本奇寶迷
藏方命世同時客卿白刺史遭際晚不交一賑元銳
中峰美少年嚴冷粗能識風致香酥氷髓潤精血火
齊懸黎落時貴酬工翔涌不作難十家一飽中人貲
石走江翻雷電繞及到啾啾鬧鬼異靈丘合有神明
護兹事須煩博物志銅雀人間多事土浪竊浮名渫
清惠高低鴝眼豈若痏六一春秋含至意勿輕投贄
屬長公貯月發雲書佛偈

蒲陽文獻卷之三終

莆陽文獻卷之四

五言律詩

旅次寓題　徐寅 見本傳

胡爲名利役，來往老關河。白髮隨梳少，青山入夢多。途窮憐抱疾，世亂恥登科。却起漁舟念，春風釣綠波。

弔崔補闕　前人

近來吾道少，慟哭愽陵君。直節巖前竹，孤䰟嶺上雲。搢紳傳確論，丞相取遺文。廢却中興策，何由免用軍。

寄鄭縣李侍御　黃滔

古縣新煙火，東西入客詩。静長如假日，貧更甚閒時。

潛借松蘿住人將雨雪期三年一官罷獄石看成碑

退居　前人

老歸江上村孤寂欲何言世亂時人物家貧後子孫
青山寒帶雨古木夜啼猿惆悵西川舉戎裝度劍門

遊東林寺　前人

平生愛山水下馬虎溪時已到還嫌晚重遊預作期
寺寒三伏雨松偃數朝枝翻譯如曾見白蓮開舊池

高田院橋　鄭良士 見本傳

到此溪亭上浮生始覺非野僧還惜別遊客亦忘歸
月滿千岩靜風清一磬微何時脫塵役杖屨願相依

和王太傅遊國清塘　　鄭伯玉

寒日一觀眺四天雲色稀水風迎棹起沙鷺背人飛

玉縷鱸新膾金膏蟹正肥斜陽促歸旆那得戀漁磯

和李侍郎移竹　　鄭將字元夫任國子監

仲夏竹迷日長竿帶筍移地生宜雨潤根淺畏風吹

斵破沿階蘚添成宿鳳枝子猷清洒意應與渭川期

和御製觀三聖御書　　蔡襄

聖業薦功德宸毫冠藝文勢開千里浪光動九天雲

法駕乘時至仙都與世分皇心欽寶訓求治益精勤

過溪南韓氏宅　　陳讜見本傳

曾覽溪南勝重來四十年樹如人老矣山共水依然香玉紛堆奈睛虹對跨川吾廬今咫尺來與且盤旋

題夾漈草堂　陳俊卿 見本傳

流水三間屋公曾半席分帝嘗招此老天未喪斯文人去留青竹山空只白雲升堂時想像金石恍猶聞

靈源庵　龔茂良 見本傳

遲回不忍去復作抱衾留斷續雲間雨蕭騷木末秋勞生那有此漸老欲相投最愛千山暮鍾鳴處處幽

往行都至嚴州烏駐館阻水留二日、陳宓

村舘通宵冷江鄉五月秋蜀海酸味足隴麥餌香浮水滿迷行徑瀾揚過去舟亭衢如可待莫厭小淹留

郭璞墓　　劉克莊

先生精數學卜宅未應疎因將虎鬚死還尋魚腹居如何師鬼谷却去友靈胥此理憑誰詰人方寶葬書

黃檗山　　前人

出縣半程遥松間認粉標峰排神女峽寺創德宗朝鶴老巢高木僧寒晒墮樵早知人世淡來住退居寮

張麗華　　前人

臺上栢蕭蕭空堂閉寂寥芳魂三尺土往事幾廻潮

墮翠尋難見埋紅恨未銷猶勝江令在白首入隋朝

鶴食　　趙庚夫 見本傳

鶴食從妻給花寒課子鋤絕粮緣買硯止酒為耽書

野服迎人懶禪心涉世疎丹爐添火候建似十年初

送陳信仲泉州教授　　陳旅

南國多春水桐花滿故園君歸典鄉校我獨客橋門

別浦征帆小高堂講席尊歲時宴諸老醲酒錦田村

題羅稚川畫卷　　前人

雨氣通林壑江光動野航道人巖下去茅屋樹邊涼

斷岸入秋水遠山留夕陽登臨莫作賦遊子未還鄉

風雨既定星月皎然輾轉不寐有感

吳源 見本傳

不眠知夜永無語覺心清慷慨思時事沉吟見物情

賈生危論政趙括易談兵家國憂方大憑誰訪老成

過滸洋留宿吳原輝后定山居

郭維貞

妙畫延陵子冥心今幾年溪雲移榻坐山雨下簾眠

李愿今盤谷王維舊輞川滄洲吾亦愛那有此林泉

次韻答方用明就簡王伯明

前人

庭空山宛宛客去雨纖纖乳犬眠深戶慈鵶戲短簷
故交貧亦咸新曆歲還添試就神巫卜家人報吉占

山中即事　前人

數日別江渚抱琴過竹溪山深黃耳遠日落畫眉啼
識字今何補懷家計亦迷明年與妻子春雨學扶犂

普覺堂　方時舉

普覺有何好秋來事事幽風簷落柏子榕葉覆溪舟
隱几山當戶翻經月到樓誰為姑射牧茆屋隔滄洲

哭郭滄洲　方用晦 名炯處士隱於醫

破屋滄洲上清貧獨可憐書存無子讀詩好有僧傳

塋卜中元夜墳鄰北淙邊窮交空白首莫賄買山錢

石門清憶　　方坦 字履道號壬

鄭子石門隱石門長晝開了無俗客到時有白雲來谷煖耕春雨窓陰聽瀑雷徵賢有明詔林下豈遺材

宿鵝湖寺　　前人

鵝湖清勝地兩度振衣塵踏入珠林曉山環碧殿春碑存多宋刻僧老半閑人訪久鐘聲絕松房掩白雲

老圃書堂　　黃思永 附見黃誥傳

瓜地書廬僻柴門臨碧流波光搖席冷山色入簾幽琴撫聽黃鵠樽開近白鷗芳鄰有如此宜爾賦歸休

綠野耕叟　林環 見本傳

負郭有先畬南東百畝餘閒雲常繞舍流水自分渠
白髮身宜退紅塵跡已疎誰知城市裏還似鹿門居

南平張明道蔡梓圖　陳中 見本傳

不到南平久西風役夢魂樹聲秋入屋溪漲夜臨門
白鳥磯頭釣青山菊下樽覺來仍在夢喬木自荒村

送檢討莊孔陽桂陽判官　柯潛

鐘聲催曉騎寒色上重裘笑別鵷鷺侶遂臨山水州
直言非不用高志自難酬公暇閒吟處風清月滿樓

遊囊山寺　前人

下馬松關外行行過虎溪鐘鳴知寺近雲暝覺天低
澗底流泉滑簷頭古木齊何時謝塵鞅此地卜幽棲

與陳希明　　宋戢

青衿年少日曾過鄭公鄉蜃氣噓高閣榕陰覆短墻
别來江國晚夢落海門蒼泮水逢君話清尊夜正長

不寐　　前人

世事皆塵鞅乾坤亦轆轤流年雙鬢短永夜一燈孤
歸計算方熟詩腸吟未枯推窗看天色凉露滴青梧

菊坡為單大尹宇賦　　周瑩 見本傳

解印歸來早黃花尚故坡理荒鋤蔓草習靜偃垂籬

籬下寒香滿山南佳氣多此中真趣遠何必向岩阿

出郭　周瑛

騎馬出東郭茅簷遍村循吏需寧候民俗可留淳

簫鼓雲中社桑麻雨後村漢家循吏傳慚不鉟劉昆

縣背和賀汝易韻　前人

四海誰同縣半簷吾自分背溫如挾纊私腹欲蒸雲

瘦影倚梅見新篁隔竹聞愛君思有獻點宸列生文

弔吳聘君　前人

富貴踏方熾山林跡漸稀誰能非白屋君獨謝黃扉

學古雖為用名高易嫁非百年泉壤下全溪有光輝

別顧高州　鄭紀東文憲

曉出東郊路繞山翠欲流客從今日別我亦及春遊
花下停征騎江頭問去舟行程幾千里雲樹共悠悠

新晴　前人

天際微風起溪雲過短墻山容環榻近草色入簾蒼
古樹藏殘雨歸鴉背夕陽飛花如有意亂逐馬啼香

會任思順太守　林俊

短髮愁看暮丹砂未可憑三山五夜夢雙塔十年燈
魚鷹音還阻煙霞話豈曾草堂花在眼何日共支藤

和翠渠題洒軒韻　前人

幽偏良爲地低小亦吾軒樹老藤欺屋溪廻水抱門
浮生謀竟拙春事理仍繁桂索誰能過箪瓢得細論

竹　前人

斷霞横天外青山落水中林稀行野鶴笋熟過溪翁
索莫無諸事蕭疎又一風炎歊移處薄被寫此君同

買舟遊雲莊　前人

雲物秋來澹風情老去消野亭心一寄僕馬路成遥
嶽氣開晴雨漁聲荅晚潮十錢供買榜水月淨氛囂

晚步　前人

倚牀延薄暮秉炬訊花期地煖春來早山幽月上遲

怒浪喧暗壁倦羽寂甲枝天意存榜樹重遊或在茲

入秋偶成憶寂菴　前人

踈樹留殘暑平蕪帶夕曛摩蔽初下葉峰影暮歸雲
野笛隨漁唱遊鳧雜鴈群草莊時看雨相憶紫芝薰

翠庭草堂次韻　前人

鳥寂斷春夢亭虛繫物華山林到城郭雲水會人家
暝落窓前葉香傳竹外花一區遺世在悠悠托烟霞

寄劉憲副　林燮 [illegible]

雉堞全天險鱗符控上游魚鹽通小市燈火列高樓
寄重咽喉地權分將相籌官衙留客坐籬下晩香幽

八

送方莘卿子吉歸　　前人

憑秋動歸興別意合誰知伯仲吾師友庭闈子夢思
方壺消永日閒注億良時莫向朱明問丹成更有期

紀遊邊地　　前人

時控龍荒險山連鳳塞雄鼓分秋月白榆柳晚霜紅
一帶華夷限千年頗牧功天驕猶未滅長劍倚崆峒

遊武夷　　黃㽦　見本傳

真境非人世平生夢見之杖藜來徜晚月雨看尤奇
九曲將窮處一春欲盡時風飄吹客袂臨發故遲遲

莆陽文獻卷之四終

七言律

黄校書閑居　　徐賁

取得驪龍第四珠退依僧寺卜貧居青山入眼不干禄白髮滿頭猶著書東澗野香添碧沼南園夜雨長秋蔬月明掃石吟詩坐諱却鄰無儋石儲

憶山中友　　前人

憶得當年接善鄰苦將閑事強夫君闘開碧沼分明月各領青山占白雲近日藥方多繕寫舊來詩草半燒焚金門兇欲言西上惆悵關河正用軍

寄富洋山禪者　鄭良士

畫破青山路一條走鞭飛蓋去何遥礙天巖樹春猶冷鎖院溪雲晝不銷雪上茗芽因客煮海南沉屑為齋燒誰能學得空門士冷却心灰守寂寥

過建陽別舊識僧亞齊　翁承贊見本傳

瀟瀟風雨建陽溪溪畔維舟見亞齊一軸新詩劍潭北十年舊識華山西吟魂昔向江村老空性元知世路迷應笑失乘軺青瑣客此時無暇聽猿啼

使華亭　翁緯附見翁承贊傳

走青奔碧月潺湲勢與晴江遠接連沙草翠侵驪馬

路岸花紅濕釣魚船烟生遠店收寒雨風起高梧咽暮蟬徐氏舊居人識否渡前溪下白雲邊

遊興化西門上谿　蔡襄

尋溪因過上溪遊雨後溪渾水亂流獨傍堤松卻飛蓋爲閒山鳥轂鳴騶平田穲稏青雲合滿屋芭蕉碧玉怕開濟無功須發去故時瓜隴有通侯

遠亭　鄭伯玉

亭勢孤高映小池盤盤一道出林霏平詠岩腹草茅盡直望海門煙火微樹石滿前供勝賞溪山無處隱清暉宣城麗句人爭誦珍重陽春和者稀

和周楚望紅梅韻　方子通（名惟深興化字別號）

清香皓質世稱奇試作紅粧更自宜紫府與丹來換骨春風吹酒上凝脂直徼臘雪無藏處祇恐朝雲有去時溪上野桃何足種秦人應獨未相知

共樂堂　陳俊卿

共樂臺前花木深登臨當暑豁衣襟紅垂荔子千家熟翠擁筼筜十畝陰老退已尋居士服清歡時伴醉翁吟憑欄四望豐年稼差慰平生憂國心

冬夜憶譙之　方翥（見本傳）

忽憶夫君阻笑言出門南望欲飛翻孤城隔水初侵

夜書夢角因風自入村短句有時隨意得古心逝日與誰論未除習氣君應哂月冷梅香易斷魂

幽化浣　　龔茂良

書寢招提最上頭飢禽亡賴故喧啾領雲西去欲成暮山雨比來渾似秋娩娩如今真是夢經從似舊絕堪愁昔年陳迹鶴窓下日落鍾鳴山更幽

∴前歲過真陽初識子欽今道出曲江不忍遽分手偶成長句以志兩處山川人物之勝亦少慰别來耿耿耳　　林光朝

秋崖一夕卷炎蒸那更揮斤為新冰碧落舊尋燒藥

窓白首長對讀書燈相期大庾何多日似出浮屠向上層縱有分張吾未老定從臺閣看飛騰

次韻賀丘國鎮致仕　前人

桃花流水是家鄉洛下才名四十強自有赤松堪辟穀那能白首更為郎案頭貝葉忘言久江上蓴羹引興長邂逅却成香火社好將詩句細商量

送夾漈先生赴召　前人

别墅生涯富古今凝旒夢卜若追尋一封細札三家市萬卷新書四海心北闕龍吟清晝永東皋徒嘯白雲深滿懷經濟今休靳閑道蒼生渴傳霖

到九座寺　陳宓

想像精藍九疊前青鞋今得踏雲烟霜潺澗水多成王嶺上人家半是仙伏蟒千年無動意老松何日不幽禪可憐倚馬思歸客有底區中未了緣

哭黄直卿寺丞　劉克莊

久在文公几杖旁暮年所得最精詳貧廾香火辭符竹病整衣冠坐簀床壯士軍中悲亮死先師地下惜回亡法雲破寺三間屋卻有門人達赴喪

題趙山中祠堂　前人

端平聞說建祠堂白首繞熏一炷香早有埋辭哀錫

耀脫爲盡贅須東方秋風浩蕩吹墳樹落月依稀照屋梁千古行人來下馬陳詩不必奠椒漿

謝趙憲副使憲建茶　陳壎敏後翀之後知句容縣

貢餘自合到侯王誰遣芽芳入莧腸野客驚看龍鳳夸家人學試蟹魚湯題來諫議三封印分到尚書八餅綱盡洒從前醒腐氣時時澆取簡編香

使金　傅至叔名誠見本傳

霜明玉節映寒流馬渡蘆溝向上頭萬里河山覩古塞百年荆棘嘆神州要臨瀚海銘燕石莫上新亭作楚囚多少遺民思舊俗可憐金帛歲包羞

城山國清塘　余謙一 見本傳

湖光山色酒杯中此會那知一笑同風㨗空巖落松子雨晴新漲没鳧翁隔林村落微茫見一逕禪房曲折通老艾當年題品處斜陽無語想高風

同僧遊瀨陽塘上生院　趙庚夫

沿堤上下看沙鷗得句支筇自點頭風露高時將鶴伴溪山好處載僧遊老無志願惟漁艇閒有工夫上寺樓歲晚淵明須自笑督郵未至合歸休

被執至合沙詩寄仲子訣別　陳文龍 見本傳

斗壘孤危弱不支書生守志誓難移自經溝瀆非吾

事得死封疆是此時須信纍臣堪釁鼓未聞烈士樹降旗一門百指淪胥北惟有丹衷天地知

送朱蓮峰著書得官南歸　陳旅

城東有客過吾廬揮麈高譚逸氣舒金馬豈無方朔伎石渠今取夏侯書沙堤老屋秋楓合海浦歸航暮雨疎我亦草玄官拓落江南無地可耕鋤

和連汝信　伍時敏（名衡見本傳）

習靜幽齋絶外思景深情曠雨相宜風薰花氣情侵夢雨漱溪聲寒入詩魚近碧闌人郤見鹿眠香逕容來疑時時懸榻需君至此興旁人未必知

懷士方　前人

松邊分袂歎秋涼又是西風老素商海國雲深無過鴈雨窓燈寂有鳴蛩清尊誰共黃花酒自愛先分紅葉霜兩地相思應不異他時試與撿吟囊

遊華巖寺　柯舉　庶士號竹園

舊遊曾記此山川萬事回頭一夢然早歲不知人易老晚年方信世無禪棋柯牧唱千村暮鶯語花香二月天人境了然猶不就山僧對我更談玄

和韻答雪巢病中見寄　方時舉

文盟深喜得過從苦憶翛然一病翁離亂曾同僧寺

雨笑談還醉橋岩風花邊藥果時時晒竹裡詩囊句
句工擬報平安消息近雪巢深處早梅中

和陳廷中避地南泉　前人

思君時復上寒岩十月林巒尚翠嵐溪竹將成絲王
杖石橋拄過白雲庵客懷最與山僧似時事難從野
叟談卻憶當年杜陵老卜居正近浣花潭

西庵謾興　方垣

留宿西庵歲又除橋梧擄坐一僧如暖妹竟作堂堂
別懶性空為咄咄書垣竹紫侵寒雨重野梅香難晓
烟疎山中酒熟應歸去數畝園蕪帶雪鋤

爲黃原清賦綬溪漁隱　郭維貞

漁郎家住清溪曲買斷徐潭作釣鄉自製蓑衣猥別渚故移茶竈上輕航荔支林塢水烟淺鸂鶒桃花野岸長日暮醉歸魚滿筥樵青敲火倚踈篁

和方晦齋韻兼簡陳以靜　前人

佳人自古多薄命笑殺無鹽乃盡眉鏡裏雪霜憐我鬢燈前風雨誦君詩餘生亦擬歸兜率三樂那能學啓期最憶溪毛侑村醑秋期煩報鹿門知

莒溪耕隱　方用晦

莒溪環翠入瓢湖古木雲莊即舊居每種秫田秋釀

酒剩收桐子夜觀書雪晴度嶺開騎憤客至沿溪旋打魚老我塵中無隱處借君餘地著茆廬

送别賦得東渡春瀾　林士敏 見本傳

長堤楊柳綠娑娑二月江南春水多送客又經桃葉渡逢人還唱竹枝歌沙明翡翠藏芳草日煖銀魚戲碧波正好尋幽同載酒東風爭奈别離何

九鯉湖　黄孟良 洪武中以薦為松陽主簿

人已昇僊鯉化龍伊誰湖上構僊宫石遺丹竈潺湲裏烟鎖瓊臺縹緲中青鳥去來循夜月碧桃開落自春風此行非為邯鄲夢擬向橋頭遇石公

壺山歸隱爲宋允聞題　　鄭雲　見本傳

三秦羈旅十年心故里歸來白髮侵人苔徑落花春欲
適柴門流水雨初深耕餘北壠隨孫鶴吟罷南軒撫
素琴亦有舊居鄰水石他時許我重相尋

和胡學士冬至後六日遊牛首山佛窟寺　　林環

松下禪扉晝不關垂蘿應許世人攀黄龍說法諸天
在白馬馱經幾日還近戸泉聲晴雪後隔林僧影夕
陽間不須久住煙霞樂暫得尋幽即是閒

和山行侶圖爲隴西彭子玉題

黄約仲見本傳

吳烟越樹共依依，候館驚心一鴈飛。三徑秋隨芳草盡，亂山人向故關歸。碧雲拂曙迎征旆，黄葉從風點客衣。閩道滄浪多應召，明時莫遣宦情微。

送揚叅政歸閩藩　前人

金臺相送思依依，霜落關河鴈正飛。萬里獨承行在召，一麾仍向大藩歸。舟移越渚孤雲遠，路入閩山古木稀。況是黎民懷惠久，陽和又到省中微。

送方濬源教諭歸宣城　黄壽生見本傳

古戍遥臨野水邊，幾家籬落帶人煙。夕陽激灔垂楡

合暝色蒼茫雉堞連歸思謾從何處寫客心偏向此中懸宛陵山色看來近不用回頭重惆悵

題小景　　林文 見本傳

數間茅屋倚岩阿石徑縈迴出薜蘿翠碧空飛鳥沒一林紅雨落花多舟橫野渡無人喚屐響溪橋有客過天外斜陽催夕景滿懷詩興欲如何

題濯纓亭　　周瑩

平湖渺渺混隂晴湖上名亭舊濯纓兩岸好山澄爽氣四簷芳樹帶寒聲坐來白鳥情偏狎唱徹滄浪興更清何待臨流洗塵垢此身久已謝浮榮

送行人司正邵震使安南　柯潛

天王出震繼虞唐宇宙重新化日長要使車書歸一統遠頒正朔到殊方碧天盡處通容管瘴雨晴時過富良珍重平生清苦節莫將薏苡載歸囊

寄愚庵陳冢宰　彭韶

勒就功名上冕旒乞骸累疏達金扉鴻恩此日加宮保鶴算來年已古稀開結耆英尋舊侶新裁野服稱初衣鄭櫳紫氣銷沉久喜見清風太宰歸

送鄭啓善掌江都教　李仁傑　[illegible]

故園桑梓舊連陰京邸相逢喜不禁尊酒又爲千里

別篇詩聊寫十年心波光渺渺隨舟去柳色依依向客深明到維揚如見鴈慇懃無惜寄佳音

嚴溪舟中見月有懷知巳　陳鉞

陰雨連旬惱客悰偶因月色自推篷十分霽魄此時滿萬里清輝到處同烏鵲夜棲驚未定魚龍秋睡沓難通故人懽笑知何在詩酒小樓閩海東

自悼呈柯孟時學士　前人

閑調綠綺操猗蘭轉覺人生適意難幾處好山吟謝眺一庭深雪臥袁安芳隣有酒頻留飲孤館無書謾借看堪笑昨宵清夢裏猶排閶闔獻琅玕

奉陪瑞州守李公清風亭小飲

前人

九日郡侯饒野趣登高直到洞山尖任歷翠壁題詩句醉摘黃花插帽簷萍水衣冠千里會風流儒雅一時兼不須細把茱萸看折取年來白髮添

登擬峴臺讀魯南豐碑次潘水部韻

周瑛

摩挲苔刻讀殘文往事悠悠付夕曛野艸未收前洞雨山風遥送隔溪雲霸圖馭世應多術王道驅民不掩群臨汝依稀同漢沔魯無垂涕到裴君

都齋賦別送鄭御史還貴溪用聯句韻

前人

短箔疎簾風雨深一壺濁酒夜談心青山何處尋同調白髮此時逢賞音徐穉到門應下榻管寧鋤地獨揮金懸知別後相思憶兩地停雲向夕陰

題九鯉湖　鄭紀

一自冊成入九天只今山水畫名仙鸞驂鶴馭三千界貝闕瓊宮幾百年物外已忘生死幻人間未斷去來緣使車暫卸紅塵跡來借清風一榻眠

寄題寇萊公祠　方岳附見方謝傳

鈞衡獨運殿巖廊徽徽胡塵起朔方日轂親扶行斧鉞天威遠播靖封疆北門共借賢朝晚南粤誰知去國長氣節如公天下少故令枯竹感雷陽

題鶴洲延綠亭　吴希賢

信手栽花香可拈緑陰啼鳥在危簷湖光向晚斜浸竹野色經春迥隔簾水落瀛溪分一脉天垂壺嶠露雙尖輞川浪説多奇勝何似鼓亭吏隱兼

和無題二首　張元紳　附見吴給事

銅魚雙鑰夜沉沉十二瓊樓禁苑深九曲柔腸千種恨一天明月萬家砧舞衣謾著重重錦歌袖空閒縷

縷金自笑不如紅錦帳尚垂雙帶繫同心

花枝嫋嫋顫春裴幾度含情强笑看盡日不聞來玉輦一春空背倚闌干垂簾不放雙飛燕偷傷獨舞鸞多少渴心消不得金莖誰說露盈盤

松門書院　魏時敏 附見吳於律

松門直上與雲齊梧竹陰森路不迷誰向南山歌白石更看午夜照青藜雨餘一水當溪落嵐擁千峰入戶低只恐明時徵詔起却教猿鶴鎖幽棲

夏日偶成寄高知州　前人

二春卧病掩荆扉静眼風光又葛衣江郭雨晴榕葉暗山庄地烧豆花肥厭騎羸馬聽鷄出喜買扁舟載鶴歸欲把長竿釣明月白雲占断子陵磯

送僧還牛首山蘭若　前人

懷人飛錫向南天石上相逢話夙緣蕉葉藤花兜率寺灘聲月色建溪船途中施食曾留偈篷底跏趺不離禪更説故山多法侶共看松檻舊房前

寄黄處士　林釗　附見林文傳

半月池邊老謫仙松篁一徑護茅椽遠懷夜雪山陰棹生計春風谷口田慷慨詩章追古作風流文采冠

時賢相思幾夜看星斗一點晴光太白躔

厓山次陳白沙韻　　顧叔龍附見顧赤方傳

我來還約白沙翁夜雨蒼茫一棹同山路至今多勁草海濤終古起悲風君臣魚水魂猶在胡虜腥羶跡已空鐵纜江頭三片石前身端合是三公

送方壽卿入京　　林俊

委巷陰森竹樹斜隻藤支老大方家醉移錦瑟絃中雁看拂青衫袖裏蛇歲晏相期自心事君行獨贈一梅花出門奈懶吾先別偃臥江天數落霞

再起感懷　　前人

重是雲居欠穩眠蚖殘凡骨未能仙西南文字江山債老大風塵大馬年絶域孤屯銅柱外荒祠古栢錦宮前出門二表肝腸在刻鵠功疎一悃然

丞帝寫懷　前人

老忙愁疾轉焦煎撥遣訶呼借畫眠幾地烟霞淹日月百年文字欠山川洞門白右乗牛處華表青峰化鶴年欲往桃源訪遺跡小舟閑坐武陵仙

靖安即景　前人

結約春還又客先馬鳴小隊出盆田雙峰雲動雨溪雨乜井星回百竈烟政急閭閻思解網月明湖海夢

歸船簡書頗亦爾前意多在空長去鳥遥

藹窩成　　前人

一窩山藹結重霞斷葉吴楚是此家短與西風元亮菊浮生新雨邵平瓜飛回别谷雲偏懶流過中天日易斜心迹古人痴未放草窓蓑易送年華

全節祠二首　　前人

大息橋山事不還却留羅襪試間關决天毋子風濤外如檀君臣俎豆間骨冷尚煩春草緑淚枯真帶石厓斑翟與褘服莊嚴在可是男兒有愧顔

手携塊肉淚相看志決身殲力許難舊內已須元曆

日行朝終少漢衣冠汴潰到海流方盡宮骨凝秋氣
作寒燭倚厓門弔興廢野陰風雨杜鵑殘

再乞侍養書懷 前人

卽辰三沐更三薰滿紙平生重上闢天閽正如無繫
鳥林深容有不歸雲山高月小蘭吹夢住然依戀
悵文進止乾坤自情事話長燈影記臨分

初秋 前人

忙盡乾坤一歲華石榴今子菊將花秋江合作鷗群
地社日空辭燕子家力薄壯心慵看劍野清邊燧垂
閭閻廣庭四壁蛩聲今碧落高低到鴈斜

烏江項王廟　方良節　字介[illegible]

落木蕭蕭江景空，江頭有廟祀重瞳。殘碑零落寒煙外，遺像荒涼夕照中。關内望遥秦父老，淮陰坐失漢英雄。可憐身死東城下，決戰猶誇斬將功。

送將良醫致仕　林夔

不將漫刺謁朝官，依舊滄浪一釣竿。官味便從今日淡，交情轉覺別時難。藥爐午熟初嘗火，竹院朝暉未整冠。却憶進方親御床，鼎湖弓劍雨聲寒。

約羅志仁鄭汝華出曾湾中　前人

雨外宮牆惜睽違春晚關河一棹歸楊柳暝煙啼頰
重闌干踈雨落紅稀故人氣味真玄酒遊子心情又
彩衣十里官曹頻在望竹爐煮茗待朴聯

落花次韻二首　陳伯獻（[illegible]官至廣西按察副使）

銅槃燃燭夜無懽十日春凝九日寒斜閣秋千閒院
落亂斷叱撥遍長安流光冉冉欺人易時事悠悠適
意難誰說穠華偏擇地五侯池館總摧殘
綠肥紅瘦繡簾前如雨沉陰咽管絃隋苑林空仍綴
絲洛陽檐弛不論錢蝶衣曬粉傷新緒燕寢凝香結
舊綠縈落乘除還宿數臨風無用一愀然

落花次韻二首　吳晧（字見吳源傳）

春事闌珊思轉悠，偶因掃徑喚蒼頭。誰家短笛風輕度，何處長橋水亂流。苔濕有香黏屐齒，月斜無影上簾鈎。却思割錦纏頭地，虛負歌兒字莫愁。

春來春去太匆匆，群品居然付一空。作勢漫飄千里雪，隨緣祇恨五更風。江城遷客頭應白，野店吳姬酒自紅。惟識獨憐玄鳥在，啣香還入書堂中。

對菊次韻　徐元稔（字叔微淳祐十年進士 [illegible]）

暝色寒威傍晚齋，小齋獨坐看洪纖。秋光過眼推枯老，世事驚心白髮添。別久思家無雁到，憂深知易得

[illegible]　一六

龍潛風塵擾擾歸何日濁酒幽香意未燃

莆陽文獻卷之五 終

莆陽文獻卷之六

五言絶句

壺公山　翁承賛

井邑斜連北蓬瀛直向東秋高岩溜白日上海波紅

題蘭　郭維貞

澄浦生蒼玉幽徑得露多採芳將有贈不柰遠人何

杏林先生自山中歸　前人

五月沖溪雨題詩心緒違天寒一樽酒吟社故人歸

哭羅應魁狀元二首　周瑛

人心皆孔孟世道皆商周此意無人會西風吹古丘

白日金牛洞青雲丹鳳樓思君不可見新月上簾鈎

七言絶句

梨嶺 詩之　　林藻 附兄林蘊傳

曾向嶺頭題姓字不穿楊葉不言歸弟兄各折一枝
桂還向嶺頭聯影飛

一斛珠　　江梅妃 東華民家女姿態明秀善詞賦唐明皇時入宮最寵幸為楊貴妃潛承遷上陽東宮明皇思之封珍珠一斛密賜妃妃不受作此詩謝

桂葉雙眉久不描殘粧和淚汙紅綃長門自是無梳
洗何用明珠與寂寥

方直甫見示次雲乞豫章集數詩成二小絶　　林光朝

脩水佳人白玉欄花前何似舊容顔從來未省傷春
意猶自樓頭畫遠山
莫怪騷人大顛顛曾聞阿母語劉郎神仙本自無言
說尸解由來最下方

詠史二首　劉克莊

虜入中原力不支洛陽名勝浪相推可憐揮麈人如
璧半夜排墻猶未知
保惜金甌未必非臺城至竟亦灰飛隱侯老任梁朝
事卻爲閑情減帶圍

九座閒詠　林彖 見本傳

短短桃花點綠淡輕輕，鳥下晴波宛然西塞江邊路，只欠能詩張志和。

木蘭陂 昔有鄭耕老書堂，耕老時分教四明。

龔茂良

木蘭春漲與江通，日日江潮送曉風。此水還應接鄞水，爲誰流下海門東。

熙寧橋

鄭叔僑 附見鄭伯玉傳

千尋水面跨長橋，隱隱晴虹臥海潮。結駟直通黃石市，遼艘橫斷白湖腰。

舟下建溪

方子通

客航收浦月黃昏野店無燈欲閉門半出岸汀楫欲
死繫舟猶有去年痕

題班婕妤題扇圖　陳旅

層城栢館重徘徊坐見瑶堦長綠苔紈扇秋來定無
用君王方築避風臺

題古木幽篁圖　前人

蕭蕭木葉落欲盡渺渺洞庭生白波虞帝不還秋竿
晚幽篁斜日倚湘娥

興化縣尹馮西美歸三山　郭維貞

橋仙岩下曾相見沙合橋頭杜宇啼白髮故人空滿

去一簑寒雨上春犁

哭郭滄洲　　陳許之

能詩東野名偏著愛酒陶潛貧不憂今日牛眠三尺
土寒潮依舊落滄洲

題墨竹　　林環

曾記吹簫學鳳鳴碧雲深處度秋聲誰移一片瀟湘
影寫作江南萬里情

閨怨　　方熙

深閨有泪濕羅衣萬里沙場音信稀滿地落花春又
去雙雙紫燕認巢歸

晚過晝錦巷　陳鈇

瓦礫平鋪石磴斜棘枝藤刺倚桑麻老翁閑說當年事指點東鄰是相家

次陳白沙韻送賀克恭歸遼左　周瑛

故國溪山病裏還半生心事語人難林頭舊有匡時跡不許傍人來借看

爲葉左參題寫騷亭　前人

藝苑開荒歲月勞幽蘭香近雜江皋白頭心事無人識風雨滿庭自寫騷

沈石田畫次韻　　林俊

蘋藥苗齊竹又孫綠蕪歲月是煙村貼山墻短雞登樹背路花深鹿卧門

蕭陽文獻卷之六終

銘

彭祖觀井圖銘

陳靖 見本傳

淳化中于將命之狄丘道由彭門有客得彭祖觀井圖以爲既中有臺榭人物山水森森然萬狀其佳家幽致繪事之工于無取所慕者唯彭氏面井而履之以輪背樹而纜之以繩凭几杖斂躬跼蹐而迎視兢兢然若將墜也嗚呼古人臨事而懼有若是檢身遠害有若是後之君子得無效歟因銘于座右曰至哉古人遠害全身戰戰兢兢恒若履氷朽索之馭納隍是

慮　天子則之鴻圖永據存而懼亡繫于苞桑諸侯則之其國必昌若舟弗濟夕惕而厲大夫則之其家孔熾直躬惟清執虚如盈君子則之其道元亨不爭在醜無愢屋陋庶人則之其食孔阜吾省于行吾慎予守竊比老彭式介眉壽

山路銘　劉㙉 字仲則古郡 尚書謚文肅

自游洋山行九日抵延平之西芹萬山索紆一路如線僕輩負戴穿沿躋攀未始有失既得驛路時蹶而踣者莞尔而爲之銘曰

遇險則恐居夷乃肆恐故無虞肆實多隊予胡不懲

天下萬事易之則難思難則易越栖會稽吴亡可待

燕丘色矜會者四解毫釐失操霄壤成敗嗚呼戒哉

無有細大

箴

律已以廉　王邁 見本傳

惟士之廉猶女之潔苟一毫之點汙為終身之玷缺毋謂暗室昭昭四知汝不自愛心之神明其可欺黃金五六馱胡椒八百斛生不足以為榮千載之後有餘戮彼美君子一鶴一琴望之凜然清風古今

撫民以仁

古者於民饑溺猶已心誠求之若保赤子於乎入室笑語飲醲啗肥出行鞭朴曾瘠瘼之不知人心不仁一至於斯淑問之澤百世猶祀酷吏之後今其餘幾

誰甘小人而不為君子

存心以公

厚姻婭近小人尹氏所以不平於秉鈞開誠心布公道武侯所以獨優於王佐故曰本心日月利欲蝕之大道康莊偏見室之聽信偏則枉直而惠奸喜怒偏則賞僭而刑濫惟公生明偏則生暗

涖事以勤

爾服之華爾饌之豐凡縷絲而顆粟皆民力乎爾供居焉而曠厥官食焉而怠若事稍有人心胡不自愧昔者君子靡素其餐汗流洽背日不韙雖警抗計功

夜不違安誰為我師一範一韓

主靜箴　　劉閔見本傳

太極之體惟貞而靜其在人心是之謂性惟感而動
五氣順行其在人心是之謂情至虛至明不偏不倚
乃性之德惟靜之理率性而行毫釐不差乃情之德
惟動之和體立用行動根乎靜根得其培支達斯盛
主靜之要敬以持心不覩不聞必戒必欽屏慮不生
一疵無萌儼然若思對越上帝事物之來必精其思
隱微之際必慎其發無過不及斯情得正酬酢萬變
主翁常定事應既過鑑空衡平動靜循環一理運行

乾乾不息馴致聖境伊顏何人在乎自說

贊

老人星贊 應制　　吴希賢

按志老人星在弧星之南一曰南極常以秋分之旦見于丙見則治平主壽昌故常以秋分候之南郊案年月日是星寔見臣某謹拜手稽首而作贊曰弧南之虛秋分之旦候者告言明星有爛稽之占書曰茲明星其瑞匪他惟壽之徵厥徵伊何 天子萬壽朝有老成民有耆耇茫茫壽域八荒一區天監在下而壽豈徒書曰介壽曰攸好德德焉而壽斯謂平格皇有顯德天命用休明星之應匪力之求匪力之求爲

國上瑞小臣作貸敢告有位

雄著

噫二篇　　黄滔

或謂聾者曰師曠也瞽者曰離婁也無不悖其辭之戲或謂魯儒曰顏閔也蜀儒曰楊馬也無不喜其辭之美是何彼視聽之亡而苟能自鑒此以耳目之貌而反不自知噫

芝蘭草也松桂木也喻於君子而榮之桀紂君也李斯大臣也盜跖華胄也喻於小人而恥之則知蛇克銜珠而奚蛇龍苟醞身而匪龍噫

帝王伯　　鄭厚 見本傳

東鄰嘗亡牛，褁糧迹之，七日得之岩巖之中，纍纍然一羸牛耳，舉家喜讌，皆有德色，其比鄰且慶之矣。雖羸履之餱糧糗之費，筋力之疲，失吾故牛之肥澤，不恤也。西鄰之牧者，日出而駈散之，夕而佸之，無履粮之費，筋力之蠢，牛濯濯然日滋矣，牢而涂之，閫戶而入。牧人與其家若無所有。是故堯舜性之而人不知，湯武身之而人不疑，五伯假之而天下賀

豫齋說

陳宇 俊卿從子知梧州

昔周茂叔每令學者尋顏子樂處予讀易至豫之九四每思此爻為豫主欲尋其所以豫者而未得及觀兌之大象有曰君子以朋友講習始知豫之所謂朋盍簪者亦此意蓋豫卦除下一畫則為艮而九四正當艮之上篤實而有光輝宜其大有得而且勿疑也艮次兌有兌之朋友講習而後有艮之篤實光輝此四之所以為豫主也此衆爻所以必由之而後豫也天下之豫又孰有大於此者乎一日訪阮初菴目其

齋扁曰豫始焉未悟其易初爲豫之意久之乃若有得於心蓋初則雷在地中復之時豫則雷出地奮豫之日有所存發於中而後有所發見於外此可以見阮君之所學也予因以前之說而質正阮曰比因朋簪之所以盍也他爻亦可得而聞歟予曰豫卦除四爲豫主初之鳴三之盱上之冥以豫爲豫者也二之介于石五之貞疾不以豫爲豫者也孔子於二則曰中正也於五則曰中未亡也不言所豫大矣哉此則吾儕之所當講習者也天下之豫又孰有大於中正之道乎阮曰然乃筆其說

鬼說　　周瑛

有鬼乎曰無鬼也色如削瓜[illegible]膚如植鰭[illegible]身如斷菑腡首如蒙倛（孔子以上與見荀子）此其人死且數千年鬼犹怪形人無見者無鬼乎曰有鬼也介而行被髮而踊豕立而人啼執弓矢向王以射王伏弢死其事甚怪也然則鬼有無何居曰人之生也泊乎氣耳氣聚而生氣散而死散而未盡而祟與焉蓋氣盡而死者魂歸于天魄歸于地矣祟何從興故皐陶傅說周公孔子死不為怪者氣盡也氣未盡而死者魂升而沉魄降而滯故鄭伯有趙同公子彭生周大夫杜伯死而為

怪者氣未盡也然則無鬼者其常也有鬼者其暫也
雖曰暫有終化而無若于鬼之無鬼可也

震雷說

前人

成化癸巳春州民有震死者或問曰雷有形乎曰無形也無形而震者何也曰陽決也陽動而陰靜陽闢而陰翕二者其性相反也惟其相反而不相入故其勢相持如仇然於是動者欲出而為靜所制闢者欲散而為翕所拘故陽挾陰以行飛走挾迅動盪盤薄或左或右勢無定在久而陰負則陽決矣陽決剛之至也遇木則木折遇石則石裂遇人與獸齏粉矣雷

何擇於木石人獸也哉遇其洪耳曰雷無形而人拾得雷斧者又何與邵氏謂星與雷皆石氣也星殞于天而化為石雷震于地而化為斧皆石氣也雷何形哉

文昌祠說　前人

今天下郡縣學多建文昌祠祀所謂梓潼帝君者守正之士嘗撤其祠矣然未有明白著說以辯之者考天文志斗戴筐六星曰文昌宮一曰上將二曰次將三曰貴相四曰司命五曰司祿六曰司災占天者謂文昌六星乃天六府主集計天下事又司祿主賞功

進士考周禮大宗伯掌天神以槱燎祀司中司命說者謂即文昌第五第四星也由是觀之則所謂文昌宮者指天星而言所以祭者則隸于大宗伯也今夫文昌祠正中而坐者為梓潼帝君帝君左右二童子曰天聾地啞相傳以為帝君判天祿二籍職貢舉天聾口得言而耳不得聞地啞耳得聞而口不得言故其事密秘又有九十七化書謂帝君所作大都竊昔儒之緒論飾異端之邪說詞人學子不知其妄爭祀之吁亦惑之甚矣夫道莫正於孔子而人之為學莫先於孔子孔子曰死生有命富貴在天所以教人定

心志也又曰言寡尤行寡悔祿在其中矣所以教人修人事以聽天命也漢董仲舒對江都王曰正其義不謀其利明其道不計其功論者以舒為學得孔門正路以其知聖賢所用心也今方建學校以講明孔子之道將欲使學者翕然趨之顧乃祀怪誕無稽之神而導以奔走利祿之路其可乎愚謂得全璞當毀碔砆種芝蘭當鋤荆棘孰謂孔氏門墻而此淫祠可無撤也

林孝子傳

黃璞 見本傳

林孝子攢泉州莆田縣人初舉進士不第仕塞垣後仕不擇祿為福唐縣尉奧遂迎養未果聞親有疾弃還其家行不俟餔而失哺及罹難疾殆至殞絕漿不濡口往往三日或五日自埏磚甓營丘壟及踰塟期獨廬墓側飛走助哀神祇薦祉故白烏再集甘露聯降泉州申使府時貞元癸酉歲李若初廉使玆地深所嘉嘆遣從事親往視驗會天久暵乾露彩融釋攢拊膺大哭曰自盡於其親人子常道貞符之降本非

所望向者所降其福我耶其禍我耶今使車將至苟無所驗非餘骸足顧抑將殃乎州里矣逡巡愁雲四合異香中來觸物氤氳紛成甘露煥然五色餲然甘味移時不消千木同色靈烏素質翩翩來翔闔郡共觀無不從驗以是侍者知敬悍者知馴既圖其狀李公錄以上奏德宗敦勸孝道降制褒異命立雙闕於其墓旌表門閭舉宗皆蠲征徭學加爵餼迨今號為闕下林家歐陽詹曾序甘露述備詳其事黄子曰天道不遠感而遂通林生因心之感上達乎天眾降祥符坐獲旌表是謂天爵豈下萬鍾之貴遂登名此書

以聳孝道云爾

題跋

跋趙忠定公朱文公與林井伯帖

劉克莊

某爲童子時受教於先友井伯林丈初筮主靖安簿辱授印焉卷中諸帖昔皆嘗見後三十餘年復從君孫陳君見之蓋先友卒上之木已拱而其家亦益落矣感今念昔不勝悲慨當乾淳間艾軒先生與忠定相君同館井伯丈以艾軒猶子爲忠定上客所交皆當世名人而於朱張呂三君子尤厚忠定帖雖家事瑣碎亦謀焉文公帖如黨論之興與大愚之貶衡陽之

薨皆當時大變故士大夫掩耳不敢聞公獨諄諄然赴告於井伯丈一太學生未冠常布而隱然任世道之隆替受諸老之付屬可不謂賢哉初餘干縣尹有憾於忠定謫命下祖昔人憾萊公元城故智張皇特甚井伯丈適在吳中先馳書以報忠定賴以自安嗚呼使遇良史筆之豈減於陳仲弓郭有道耶昔太史公書傳楊惲蔡中郎書傳王粲韓吏部文傳李漢不必其家子孫也君保其善藏之

跋朱文公與陳丞相帖　前人

文公上受孝皇深知當時元老大臣多敬事公下為

天下學者尊師惟不為時相王魯公所喜或言因按
發唐台州而然夫為天下之宰當平其心顧以一鄉
人芥蔕胷中乎文公與陳福公帖云除書朝下劾章
夕聞者亦足以見其不容於時之大意蓋曰主眷曰
人望曰公論至此皆不足恃而相權亦可畏矣若夫
上無人主之知次無元老臥之助下無天下之譽又
值王魯公輩當軸秉鈞止有山林一路可入別無他
法林君善藏此帖非我輩人勿輕出

跋許教一鷄廷對策　前人

友人許君孟琳春對大廷語直屈居第七聞者壯之

予曰言之不出耻躬之不逮也君策既痛斥清臣祖洽他日所立必有以愧二人之面而伏其心者否則天下後世將以我之所以責人者而責我豈不甚可畏哉或曰科舉之士志於得而已李葉之罪不在於少壯應程度之初而在於老壽已貴顯之後余觀二人仕宦最久皆磨礪所善洗濯前非之日也迺迷而不復流而忘返終其身而後止兹其所以為可罪歟昔張安國對策譽檜既魁天下大悔之後交游朱張為紫巖公上客亦安國也蔡嶷應舉時師了翁及貴欲殺了翁亦嶷也然則初節似文饒未足為君喜晚

節似安國君可不勉哉

跋詩家道山集

鄭南吉 字升伯號溪邑齋

作詩難編詩尤難古人編詩多矣往往病於體格不備或人非本色未爬到癢處或所作體墮一偏只編得自家詩雖前輩諸賢有所未免余少讀詩惟喜呂氏麗澤臨川曾氏選唐絶句今得林君德明所編詩家道山蓋畧祖呂而詳於曾又善推原昔人命意之本造語之法摘其微妙以示學者詩之關鍵具是矣然君循謂初學啓蒙其縱横變化出乎規矩之外所謂神而明之則存乎人丹爐鷄犬白日羽翰亦自夫

吸新吐故鍊形導氣中求之君自著有敝帚集所謂此到癡處不墮一體出乎規矩若君其得之矣

跋李仲元畫晋諸賢圖　　陳旅

晉人清虛宏遠仲元可謂得其韻度者矣當時取人先白望後實事司馬氏不作職此之由茂弘豊功雅量在江左無與倫儗然不能用陳頵熊遠之言以革曠誕之弊安石有期功之服不廢絲竹士大夫習以成俗此謂可惜也餘數公皆一時名人然皆未免有如圖中袒跣之態君子於此有所興起而亦有所創艾乎

跋許益之古詩　前人

右國子博士吳正傳氏所藏金華許先生古詩十三首先生不喜矜露人罕見其辭章今寫此以遺正傳豈非將相知之深相好之篤而然歟旅嘗病夫近世有儒者詩人之分也深於講學而風雅之趣淺厚於賦詠而道德之味薄要之皆非其至焉者烏乎無儒與詩人之分也先生沉潛載籍大而聖賢心學之蘊細而名物度數文字句讀音義之詳靡不究極隱居終身不以自外至者易其素守討其平日之所以用其心者追若未遑他及而此詩沖澹醖藉音節跌宕

而興致高遠乃若專攻於為詩者是豈可以向所謂儒者目之哉其庶幾吾之所謂至焉者耶觀其詩想其為人蓋亦一世之豪傑而不見於用者耶旅學不進而志未衰欲受教於淛河之東而先生已矣三復遺墨不勝悵惘而歔欷也

跋方詩境叙長官遷莆事始　方大琮

大琮曩見鄉人凡諸姓墓誌皆曰自光州固始來則從王氏入閩似矣又見舊姓在王氏之前者亦曰來自固始詰其說則曰固始之來有二唐光啓中王審知弟兄自固始攜諸姓入閩此光啓之固始也前此

晉永嘉亂林王陳鄭丘黃何胡八姓入閩亦自固始此永嘉之固始也非獨莆也凡閩人之説亦然且閩之有長材秀民舊矣借曰衣冠避地而來豈必一處而必曰固始哉況永嘉距光啓五百七十餘年而來自固始前後脗合誠切疑之及觀鄭夾漈先生集謂王緒舉光壽二州以附秦宗權王潮弟兄以固始之衆從之後緒拔二州之衆南走入閩王審知因其衆以定閩中以桑梓故獨優固始故閩人至今言氏族者皆云固始以當審知之時貴固始人其實非也然後釋然知凡閩人所以牽合固始之由嘉定辛巳游

宦江西有清江同姓人携寺丞叔所辨長史自固始遷莆之非曰此寺丞客清江日所傳也益知長官因官入閩遂家於莆猶在唐世援据明白其為祛惑信矣敬錄于前

文安公帖跋　　　　余謙一

右先文安公遺墨一紙於里巷學童剪裁故紙中得之雖不甚完僅得五十八字蓋宦游他鄉與母家延陵氏所作也方承平時公之真蹟懸金莫能致況兵火後乎吟笏舊墨誠吾家至寶此紙為家書內幅不過候問㬋恭爾然篤實忠厚藹然見於情文自其本

求之孝之所推也端方嚴重凜然見於翰墨由其內觀之敬之所形也書法心法也心法家法也艾軒先生論公父子嘗婉之萬石君家一言以蔽之亦曰孝謹而已烏乎後之人其勿替之哉

讀韓柳蘇黃集　林光朝

蘇黃之別猶丈夫女子之應接丈夫見賓客信步出將去如女子則非塗澤不可韓柳之別則猶作室子厚則先量自家四至所到不敢略侵別人田地退之則惟意之所指橫斜曲直只要自家屋子飽滿不問田地四至或在我與別人也

讀柳文

顧長卿 見本傳

大德壬寅夏余以事趣福唐寓所卑濕欝蒸悒悒如墮甑閒既簡出入又倦應酬益無事搜故簏得柳文數帙與客詠誦以醻日客曰河東文刻削多織詞間未脫駢儷習聞又好為浮屠代作慧語去韓迥甚乎曰二公生相好文筆相軋輒然柳非抑懟韓者毋輕訾讀宋清傳客曰余謂刻削多織詞非耶至李赤傳曰甚矣又讀謫龍說曰為尚書郎例貶後懟筆也累讀蝜蝂傳罷鹽鼠戒愀然同予學以諭怯妄尊而儕人類於是蠢蠢者抑又甚矣最後讀何間傳曰嘻

君臣之際尚忍言之是不可以訓撫卷唶唶好夜若不能平者乎曰是惡足為之懲忿而唶唶若邪夫始貞而終凶倏合而乍棄飽食厚貲徇非其類以是非好惡遷其神卒歛愧死以取訾於世世或有之若子厚之飾說寱牛世切寱言也語峻文醜詆則適足以為己之訾而烏足以訾人乎厚踵世業躐高科躋膴仕廡悖自表襮其禮節猶未改也一旦勢利挑[illegible]挑之也於前意不能無動伍柢力媚切文陰詭險詖鬼蜮之雄其並緣以為名高者群惡少無賴男子兩頑囂沓蹝跲也貪權賄重輕曾涸胡用切決也則不若顧乃詭笑側視

以為是我良友過矣又謂可以共立仁義裨教化安元元豈任易病惑耶利帝之昏抑太子之明雅盱淴忍（淴徒登切忍乃登切淴與忍為淴惡貌也）盜暴萬狀以為直飽飫無禍也重離繼天陰類惡物棄隱處而子厚亦頻躋蘄於越楚之郊脫坐夢得玄都語又例徙卒讀仆不能起悲夫子厚與持不自韻賴遂厄窮以斥其才高其負詬重又不自緘默顧欲以文墨語言之技戕囊隔角懸懸（丈罪切果敢也）然取勝於人至死不悟噫失身撓節貽笑干祀文雖文無益也然則畢之為涸溺極之為荒淫下之為市人反之為異類是皆不足以皆人而適足

以為己之訾也果矣客曰唯唯是足以為戒

書鍾馗夜獵圖　　楊慈 見本傳

楊子嘗與越客觀鍾馗夜獵圖于莆陽郡傅先生之冷軒既撤卷客乃攘袂整冠翼拱而前曰鬼有之乎予曰有陽而為人陰而為鬼有陽斯有陰有人斯有鬼何謂無乎客曰吾聞之人之死魂歸太清魄歸太寧化為野土如水之氷靜聽之不聞其聲熟視之不見其形其或為妖為孽騰躑陵或嘯于梁或遁于庭躁觸于人莫之敢攖抑何怔耶而莫之知也予曰居吾語女夫大鈞播物萬象化成生有食色死歸

窈冥罔其理也然或生不得其正死不得其平揣䁾𣏌散紿為陰靈咒以澤有委蛇戸有雷車黄熊為玄鯀大豕為彭生山夔一足彳亍以行倂諸載紀言具詳聽予何疑於是焉客曰茲則然矣乃有一士天挺之英猛鬚鬛列戟怒目流星圓笠覆首蹇驢宵征百鬼前驅以將以迎兵膠戈戛弓矢弸彋洄颮閙之而股栗颮慄覩之而心驚予則莫知其所以能也頗為告焉予曰斯人也重金為姓九首其名棱魂諡阿垂帷閑窈貲輝熒雪刻意汗青揮毫如散霧吐辭如建瓴是所謂終南先生者也方其時孽婦窈窕佉祥以傾

群小跳踉沸如糜羹先生思圖匡復汛掃搶攘欲梟
二張於藁街軼五王而獨稱柰何抱藝三試弗獲一
桀觸階以沒流血濺纓憤懣之氣人殆莫之勝也夫
生有所發死有所與在帝左右一降一升東符試劍
麾除妖精蓋能使群神而呵護是猶上將之驅強兵
也寫真繪象俱得其情予猶我惑則史氏可徵客乃
從而謝曰愚蒙重蔽醯鷄在甕微徹吾覆焉知日星
而今而後乃可言夫幽明雖然子不語怪吾嘗質諸
孔氏之經

跋夢丹圖

林環

范忠宣麥舟事古今掛人牙頰而紀傳不載論者或焉且謂其有父兄在不禀命而行爲反傷於義噫何其厚望之甚耶于是嘗爲詩以辨之其畧曰東吳仙客美城主家有三喪愁未舉睢陽東來美少年逆旅相逢泣相語世無元振空嘆嗟意氣激烈當何如麥舟五百豈足惜一旦委贈寧躊躇歸從便道獨徒步懇懇趨庭道鄉故片語相逢唯諾間千載令人長慨慕噫公盛德天下聞當朝柱石稱元勳麥舟義高非所重後來議者徒紛紜後於近代名儒集中獲覩韓明善陸子方諸賢論議如日盡日趨庭言底事高風

不在付舟時此韓詩也若夫謂范高平清規懿德卓冠當代奏舟事不足伐則陸説也於是益信予前所辨者爲允而深嘆范氏父子世德之盛也今忠宣之幾代孫某持奏舟圖卷來索予題余嘉其能心祖父之心且於是爲得其實故併書或者之説與余曩日之所辨復質諸近代諸儒之所論附於圖左以白忠宣父子之心且使裔其後者知乃祖功業之偉有未可以一事求之也

題紹興戊辰登科小録後　宋端儀 見本傳

登科録不過録一時榮遇故易代之後多弗傳茲録

之傳以有大儒登名其間爾由今視之是時夷狄制命禽獸逼人秦檜方持國柄挾虜勢以挾君父臨軒之間專及光武抑臧宮謝西域之事大抵皆檜意也凡一時繁銜藩端以有事貢獻如巫伋余堯弼沈該湯思退詹大方之流類多檜黨蓋至是趙忠簡張忠獻李大發胡邦衡范太史諸賢或斥或死或竄飛五湖之上而宗忠簡岳武穆亦已啣冤九泉久矣雷燄方熾和議方堅群儉瀹訛衆口一談至於大對之策令人人已無復完篇惟宋史編年畧書董德元陳孺王佐三人皆譽檜功德深淺夫前代用兵失計必以

自治寬和為說遂遁居高選而方與志載徐履南省
第一檜欲牢籠之期妻以女履徉任不荅一字得附
第五甲末時啖有駁牓若還顛倒掛徐履依前作狀
元之句原履之心蓋實恥言和之一字不欲附麗非
人而為是舉則一時端人莊士持正論之幟如履者
想必多收寘後名焉錄中如蕭燧李彥穎尤袤韓彥
直胡元質芮燁莫汲王師愈諸公多名士惟葉衡至
相亦不免遭史氏貶議若王佐始雖譽檜其後交遊
朱呂大賢為世名從稟德元乃傾心附媚躐躋政府
遺臭萬年矣然則是錄雖錄棠遇流傳至於三百載

善觀者既於此考求一代科目規制而當時用人之非行政之失與夫榜中多士賢否咸可以槩見焉其於政教亦或有所關繫云爾偶同年友鄒侯元吉取徽本翻刻高郵鄒齋出示於余因題于後以歸之

題崔清獻公言行錄　　前人

宋至寧宗末韃靼日强金虜南徙而李全又叛附不時宋人立國錢塘僅僅支撑以免亡滅使當時繼統正傳授明繼彼腥羶之氣逼人崛起之勢可畏而我之民彝物則固自若也奈之何黠后權臣相倚為奸利子竑廢而理宗立旋又擠竑於死地三綱淪人紀

壞國之所伏以爲精神氣脈者至是蓋已斲喪無遺雖當時名士往往隨世以立功名而大賢君子則有的知其不可而嘆息痛恨焉思欲完其名伸其道以求無怍於心而扶植乎倫紀者南康李公燔莆陽陳公宓與南海崔公與之輩没齒不肯輕拜理宗除命其意固有所主然李公曾露諸言論間陳崔二公則未嘗斥言以著形迹是以淹淹二百餘年其事猶昧晦弗彰夫君子尚論古人因時以考其行據事以原其意張子房終始爲韓之心楊龜山始能得之勿謂古人心術卒不可得而測也予初讀宋史陳公傳捄

公所以堅臥不起意實有在於茲來南乃得崔公言行録觀之蓋公嘉定末自蜀帥罷歸及寶慶後召帥湖南不起帥江西不起端平中再除吏部尚書又不起值權鋒軍士作亂薄廣城公登陴撫諭　朝廷聞之即家除帥公既平賊遂謝閫寄徒以不忍鄉邦荼毒黽勉一出而帥臣六閱月俸給悉還公帑已而除參降麻前後辭免凡二十疏雖祠祿衣賜亦不受此公微意之所寓也昔魯宣公為弑君者所立公弟叔肸非焉終其身不食兄祿與之財則曰我足矣公之心乎其叔肸之心乎近世評公者或謂其清風高節或

謂其洪度雅量或謂其知幾知微要之皆淺乎其知公他書載公有菊坡文集與夫所謂嶺海便民榜海外澄清錄今皆亡失子孫所傳寫不過榮辭告奏咨告勅咨詔及遺文詩歌一二而已又皆與言行錄參錯無倫緒予既略為更定而併以所知者增益焉因揣公心事之微以自附於莊見至隱之君子而就正于有道云爾

題靈棊經　　鄭瑗

靈棊經上下二卷其為卦二體備者六十有四具二體者四十有二具一體者十有二無體者一合之為

百二十有五不著作者名氏相傳黃石公授張子房書又云東方生用以射覆者又云淮南八公傳之淮南王其說不一要之皆無稽之言也按其中有商山四皓之語四皓入漢而名始顯下邳老人安得反據之為故實乎又按朔傳載其射覆數事亦與此書無相涉者淮南王安特以好道術故以是書託之尤無所據及考其辭韻非先秦兩漢文字明甚大抵近代好事者欲神其術往往假托怪神皆不足信南史載江謐占得金盌玉杯之兆自謐以前不見史傳蓋東都末造或南北朝術數之士為之也然細研其理則

似非知易者不能作昔楊子雲作太玄其文與古幾逼彖象而不免為儒者所詆為其僣也此書雖簡質無華而朱張大儒反有取焉者以其雖不求似而理致獨冥會於易也其占法頗簡於易以十二木而當其五十策以一擲而當其十八變以百二十五體而當其三百八十四爻其陰陽奇偶老少吉凶消長之理猶夫易也蓋精於理數者約易而為之觀者取其可取而闕其可疑政不必借重於前哲可也晉駕部郎中顏幼明宋御史中丞何承天本朝誠意伯劉伯溫皆有註釋以愚觀之顔何之註凡近無理決非其本

書否則近世無稽瞽史妄加竄入以亂之耳惟劉公之解兼用夫子贊易朱子本義之體簡切明備可謂深得其歸趣若此本愚見之廬陵王先生氏愛其使於稽疑因假歸手録之其間舛訛尚多以無善本可訂姑仍其舊卷首有揲法祝辭尤煩褻不經因略倣朱氏易筮儀僭為更定擲卦之儀如右原本每卦别有五七言斷詩頗涉俚今皆删去類何註以其間有可采者姑存之觀者自當玩其象占而參以劉公之解庶不為二氏所惑云

論辨

擬辛伯諫周釐王　　鄭瑗

曲沃武公既并晉使上卿載其重器以賂于周辭曰曲沃臣稱使下臣敬布其私于王之下士昔先臣成師分國于沃於今六十有七年奕世載德以逮于稱晉宗寖微鬼神弗享黎民咸貳今稱祗畏天命底定翼都撫有晉國獲守唐叔之祀願徼于文王武王以事　天子不腆敝器敢致諸下執事若　天子不遐我棄寵靈晉國俾使一介行李照臨敝邑以鎮撫其社稷俾奔走職貢以從諸姬之後豈惟稱獨受貺其

自成師以下實嘉賴之釐王詢諸公卿皆曰仲虺之志有之推亡固存國乃其昌是啟所以興也晉自昭孝鄂哀不君久矣桓叔莊伯世有施于其民晉人之無斁而有沃也厥惟舊哉臣聞唐叔之封也箕子曰其後必大其將由沃乎人心所繫天實建之從人順天不亦可乎必許晉使辛伯諫曰不可許也夫晉武王之穆也實受大路密須之鼓闕鞏姑洗九宗五正以處參墟匡有戎狄與周匹休永世無斁幽王之難文侯與鄭伯入定平王王室之不隕繄晉是賴平王錫之秬鬯圭瓚彤弓一彤矢百玈弓一玈矢百命之

曰父義和女多修扞我于艱也自昭侯于王之典以甸侯建國王吏弗問晉於是乎末大而本小自是以來曲沃日尋干戈戕賊其君又不能正失刑甚矣今晉侯緡桓王之所建也而稱寶虐之又肆其罔極顛覆其宗國獲戾于天天實厭焉王而爵之是違天也何謂順天凡有血氣誰無君親賊君滅親人誰與之王而右焉是弗人也何謂從人違天不仁弗人不義仁義不修何以在上夏書曰天命有德五服五章哉天討有罪五刑五用哉今王易之是與篡也夫國有民社焉有兵賦焉其誰無覬心闚王將與篡將效尤焉

效而討之彼則有辭效而不討篡者衆矣昔先王之制九伐之法大司馬掌之曰敢有賊殺其親則正之放弑其君則殘之先王以是臨諸侯而正邦國是以萬邦震疊九夷八蠻莫敢不來王及周德下衰諸侯不享於是乎司馬弗職而篡臣獲逞于誅周之不西則職此之由詩曰殷監不遠在夏后之世王不是監周室之卑其何日之有王曰曲沃因而睦別僭地焉若之何圖之昔莘桓之世虢公虢仲再以王命有討于其國無損於寇祗羆師徒今我師實嫁而以臨勍敵不亦難乎乃辭辛伯使虢公命曲沃伯以一軍為

晉侯錫之鸞冕之服武公為之賦無衣君子謂周室王於是乎不君矣君奉天罰罪者也尊卑九有將四海是富何患無財甫刑云獄貨非寶惟府辜功吏而粥獄循聚罪焉王而為之何以奉天周雖東也與刑未文若拒其賄而聲其罪王靈既張方伯修職群后協從夫誰敢不承之今不唯大義是昭而彊弱是較恨誄文非以淫縱其福威淪天紀矣何君之為

擬延陵季子諫吳子餘祭　前人

吳伐越刖其俘以為閽吳王餘祭殪焉延州來季子諫曰不可先王祇慎其躬建立師保以將順其墜匡

拂其過道之教訓傳其德誼保其身體輔弼疑丞疏附先後繩其違而糾其慝啓居寢食惟正人是親刀鋸之餘各有常守故以墨守門以劓守關以髡守積以宮守内以刖守囿唯啓闔芟除是司比于輿臺牧圉弗齒于卿士棄守奸政毆有常刑周書曰昔在文武小大之臣咸懷忠良其侍御僕從罔非正人出入啓居無不敬也發號施令無不臧也今君嗣有吳國不聞令德之建而隣國是馮驟登其僕從而變焉無乃不可乎夫小人何饜之有怙寵將恣恣將肆侮侮而制之祇召怨焉鬭之鳳不比鴟蛟不腽蟥非其匹

也君棄其尊而刑人是亟數典爽威民何則焉且越俘吾伉也我陵其邦又殘其支夫其包藏禍心伺釁而動久矣卒有變也若社稷何弗聽使守舟五年夏五月王將觀舟季子復諫曰諺有之曰深海可測人心罔極君不戒焉禍其至矣禍不可玩諫不可咈安不可徂怨不可邇玩禍為闕咈諫為愎徂安不祥邇怨不智今茲具矣能無虞乎君必悔之又弗聽王乘舟闔以刀弒之君子曰詩云我即爾謀聽我囂囂其奚于之謂矣視爾夢夢我心懆懆季札有焉

鄭巨辯　　林俊

巨埋兒有諸曰慈孝一道也世無虧慈而能孝者參養晳每食必問所與與孫尤人情母愛之矣咈所愛非順也況忍之遠之已過矣況埋之耶母繼有孫之問歟可乎告之可乎雖爲巨之詞矣使母痛其孫以吾故恨死悲巨貧不食死雖爲巨之書矣春秋以趙盾正卿不討賊書弒巨弒母矣母固無恙巨不得厚孝以絕父子之倫列無後亦禮所謂不孝否失之矣殺子事君殺子事母歸一也巨與鄧攸事頗類議者不以右攸則不得右巨矣曰然則何以紀曰巨孝有之得金容亦有之掘地非埋兒也曰然則冊書足信

乎曰尤無謂好事者將神巨於孝不知說之邪陷巨
於惡教天下蔑倫巨始也作郭巨辯

祭文

路祭端明李尚書　　林光朝

嗚呼涉世故多是謂華髮處世故多斯見其節公仕淳熙主知自結大編兩進補史之闕　先帝曰俞乃寘于列中更紹熙值天降割言者踵至公留之切歷舉綱常幾至流血開禧弄柄風濤洊裂嘉定更化天曰昭揭雍容其間亹曰明哲如栢斯勁如玉斯潔帝眷世臣寵之睿札召棠蔽芾荊湖閩浙惟信惟忠罷衆誦說貞元朝士日就衰歇嗟爾老臣有談貧決煌煌紫殿王之喉舌二十七疏期於屣脫問訊泉石卑

未逾月胡慘彼蒼一老竟奪曰福之脩曰壽之違曰名之全何愧碑碣某等同仕通德適名問僅見典刑巋然故筯送輦千兩遮道執紼何以寓哀蘋蘩泉冽

祭李文靖丞相　　前人

嗚呼世壞極矣如苴漏舟忽檣摧而柁折誰同[illegible]驚憂實紹之餘痼熱未裂久居忽宣元氣一髮公如和聲既力言乎戰之非端嘉以來通國吹虀鯛縱虞喝聽命於夷公如着蔡又直攻乎和之害　天子察公忠實不欺與神為謀舉國聽之公既無矜心亦無

憚色顫瞻四方戰戰慄慄痛撙浮費嚴杜倖門貂冕
袞衣所欲不存行之朞年把握稍定君倚其誠人服
其正內修百度外撫四夷徐徐條理吾國庶幾天道
好乖人事叵測大星晝隕千古一息亢重震悼百僚
齎咨四海流涕知與不知縮相唐宗不滿百日司馬
當朝九月而卒撫今懷昔令人涕洟身歿名立公則
何悲所可悲者天下大勢智者復生未知攸濟上敎
左右日視其家公身雖亡公心未泯精神所遊當訴
于帝亟回帝心降福斯世受恩源厚孰如我哀茫茫
九原公尚歆哉

祭方鐵菴文　　王邁

壺山之陽烏石之麓鍾英孕奇方爲巨族一經堂中
有書連屋兄生其間德溫如玉方在妙年登文字籙
擢第而後無書不讀大肆於文韓膏柳馥榮進澹然
雅不欲速三十年間下僚沉伏迄于端平賢相當軸
戔帛賁園白駒出谷兄至是時始官輦轂後村與我
並班朝籍見必相規謹勿進熟毋卿而圓毋侯而曲
我出任言先被竄逐兄立言坡張聰明目冷語氷人
見者項縮雖爲虺蛇磨牙播毒一笑而歸幅巾野服
日相過從坐必更僕整整四年紉蘭餐菊文清當軸

我官先復自分踈慵潛深伏隩兄持綱節維繫若沃
徃師羊城閱歲凡六仁政春熙風濡露沐德量汪汪
陂停淵蓄吐辭出令牖民醫俗戒戢凶殘勸相婣睦
龍戶相安左饟右餉鯨波不驚接艦連舳天雨飛粟
倉腐紅粟家家瓣香旦旦以祝聯元老堂顯允方叔
領言亭此如天之福豈謂倏然去騎黃鵠比年以來
幾經換局大老元夫云胡不淑西山鶴山悅齋天目
穹車方駕誰脫其輹蒲坡李杜人望所屬台鼎方調
誰折其足袁曹劉徐從班耆宿名雖長存數則何促
兄留于外方立於獨大廈將顛又壞一木視天茫茫

四方蹙蹙旱連江淛兵拏淮蜀失此偉人謀國者孰維天無情維民無禄幸兄有子碧梧翠竹坍之異時前燈可續我念平生情同骨肉去我傳書連紙數幅方寄筒郵酹命之辱忽聞訃告哀淚盈掬繫爵招提置位以哭桂酒一觴生芻一束寫此哀詞靈其洞照

路祭西山先生文　劉克莊

烏虖先生屬疾聞者齋沓上對近臣玉色不怡丞相移書千里迎竪下至閭巷婦女童兒皆曰哲人必介壽祺云何一夕去而騎箕在昔范公方古爲變晚登政府不至冢司學者至今致恨於斯然其謨畫略已

設施先生視彼則尤可悲平生修方未試刀圭謂天無意斯文在茲謂天有意一老不遺太平之望竟復何時禮樂之興百年侍誰烏虖昔者之來大帶深衣都人聚觀公歸何遲今者之還丹旐素帷都人相吊公去安之矧二三子久從吾師要經執紼於禮則宜儻畏簡書僅至江湄霣此一觴慟哭以辭嗚呼哀哉

祭余子壽尚書文　前人

嗚呼早客閫幕方議進取嗟我與公扣閽四五流涕請侯根立勢舉衆指而笑兩生不武晚掾省闥值建督府繇名駁議條畫縷數曰此虛形不可制虜衆譁

且怒二氏實沮惡後諸事略如前語鋒挫泗城局結滃浦二十餘年世論出處雖異形骸實同肺腑公久顯融我獨齟齬端平之元徵至在所於朝孤立惟公相予昔離今合歲月如許其合幾何僅一旬矣公先我後散如風雨時事益急潰決莫禦意公復用收拾宜補西風吹訃老懷悽楚我嘗評公金根玉叱王謝復生倒授之璧及乎臨事精練勤苦誰其似之彷彿陶庾竟復奚為齎志千古士無統盟國無謀主欲往哭公身縻郡組覆此一觴公來歆否

祭湯仲能文　前人

烏岸阜艳存齋中文海靜晚喜遺公珠璧輝映四海
所稀一門而並近參周朱洙泝淵孟祖而事物妙而
性命先儒疑義下語未瑩前輩緒論開端未究專思
明辯博考精討餘力及文上下馳騁論事條達析理
確訒森嚴之言如造律令痛快之作若摧鋒陣離騷
之亂國風之興邈還古雅掃去哇鄭詵詵逢掖沾丐
後曁蕃以深厚持以誠敬行以平實發以剛勁給札
之召加璧之聘謂言媿合隨起譏評或云名高見忌
豈定又疑語直遂忤文靖垂登諸梯忽落于阱孰能
容之顂　陛下聖端嘉以來屢易宰柄士居其間群

馬旋濘緋君屹然鐵壁萬仞寧夷折銷骨傾陊就九
冠一壑衆醉獨醒杙杙枚擱壘蕭蕭雪髮瑩屏觥豆庭
絕筈榜辨香為胃鳴鼓攻鄧無侯嵩然有儕苦硬未
嘗之興特不獻剌自吾儕君慨氣頗振從容叩紫宮
動商應所同者心不同惟姓譜牒書至府吊傾盡首
叙契闊未言疾痰上閉君節士聚相慶于寧一月小
休三徑彼使來譣此介往詗筆墨鮮健體力佳勝豈
陛無車豈川無航方思劇談詎意長暝嗚呼君背在
列昌言時政流涕納忠易蹙痼病俯仰十年方未對
謚曷不講讀曷不諫諍曷不柱下否寧詠俟倘不槁

文鳴國之盛若古有訓維人無競三良繼殲一老不憖先漢廉吏有唐卓行繄古冠冕亦國龜鏡屢摧棟梁航失纜矴平生清貧室如懸磬西風吹訃心折涙迸強作君誄辭事不稱豈無友朋不敢假倩往此束芻君倘來聽烏虖哀哉

莆陽文獻卷之七終

莆陽文獻卷之八

書啓

上安邑李相公安邊書　林藴 見本傳

愚嘗以十分天下之事知其弊者大半冬輙獻書思相公正而行之嗟無位而言輕相公猶未爲行其切者

國家有西土猶右臂也臂之附體豈不固與臂之不存體將安舒愚以此輙敢重陳利病幸相公念而行之當昔漢室彼爲內府囊賧走馬曾不虛日咫尺萬里煙塵不動是以司馬遷班固得弄刀筆夸大漢功德炳然與三代同風洎房杜佐　太宗剗革凶

孽天下廓清姚宋相玄宗啟明文物照耀殊俗後之
輔弼不能嗣守我疆理陷於犬羊嗚呼今所殘者惟
北抵幽郊西極汧隴不數百里則爲外域可不痛哉
可不惜哉且馭馬者必右執策左執綏恐其有非常
之患也倘若臂不勝力體不安坐則蹶躓立至豈惟
泛駕乎此事雖小可以諭太相公得不念之乎愚竊
出國西抵于涇原歷鳳翔過邠寧此三鎮得不爲右
臂之大藩乎自畫藩維擁旄鉞者殆數十百人惟故
李司空抱玉曾封章上聞請復河湟事亦旋寢功竟
不立爾來因循誰復尸之故朝受命而夕寢行日富

貴而月驕慢跨廣衢而羅甲第指長河而周流嗣士
卒窮年不離饑寒以月繫時力供主將死則已矣賞
終不及故死者飲恨於地下生者吞聲於邊上五十
餘年無收尺土之功者豈　朝廷不以為慮乎命將
不得其人耳愚以此竊知不惟土地未可復且慮犬
戎馳突不一日二日則彼三鎮强者閉壘自守弱者
棄壁而逸豈暇為　國家以却戎慮乎愚所謂脣之
不存體將安舒今刀斗不聞煙塵不飛盡　宗社之
靈也豈禦守者之有功乎且食租則可以備飢衣稅
則可以禦寒衣食足然後可以教攻戰　朝廷既切

念邊軍不遑終夕飛芻輓粟常恐後期然而荷戈負戟者終歲而餓其來已久時莫能更雖度支有廪知之名節度有營田之目皆以貨利相誘斗粟必欺於尺素一言可致其贏金如此則士卒不得不飢寒將帥不得不奢侈欲其攻戰其可得乎此所謂借寇兵而齎盜糧也其可謂之禦戎乎伏料相公亦已垂意矣愚竊謂弊既久矣可革而化之化之之術在相公斡廻頃刻之慮思之思之得人則如班超之儔不難得也相公命將必取其封錫已榮者封錫已榮彼復何求以此戰不克攻不得何莫不由斯人之徒與固

此言之則又不惟安避之未得人也相公必以為人不易知倘斷然有一介之士敢露肺肝相公復能特達獎拔俾為千夫之長得以自置於秦隴之外接彼犬戎之域三歲考績能則優獎否則孥戮此貫生終童感激於前跡其慷慨不為不至蓋時之不見信也不知相公以愚此言為率爾乎以其斷然一介之士亦能成功立事乎且天下岩居谷隱之人悉皆有心但用與不用也假如晉奉常之第者未必盡能文章為牙門之將者未必盡能威敵況漢之為漢多有異材豈唐之為唐獨無奇士也伏惟圖之

與王雄書　黃滔

蒙示盛文拜納之日焉可無言某不業文誠可儷偶其辭以贊方寸既再而思夫儷偶之辭文家之戲也焉可齎其戲於作者乎是若楊優喙干諫舌啼表態脩婦德得不為罪人乎是乃掃除皷律直寫一二強名曰書幸垂聽覽頃越之苧工遊蜀之錦肆錦工以之示肆人皆哂越工曰誠紵雪之與梭霞巽諸然其經緯之如此文章之若彼咸言其極其今獲閣下之文雖莫我知亦庶幾於越工之言蜀錦至如典謨之比寧敢辄言若復韓校書兩寓沈先輩永崇高中丞

安邑劉補闕已上十篇書指陳時病俗弊敘述飾弱處已講論文學興廢指切知己可否雖常人俗士聞見之亦宜感動況吾曹乎則知綿十舉而未第者抑有由也夫以唐德之盛而文道之衰嘗聆作者論述日場中或尚辭而鮮質多閤下能揚元次山韓退之之風故天所以否其道窒其數使若作騷演易皆出於窮愁也復何疑焉今之人皆謂番禺騈寶貨進者或務所獲某之來也閤下之文為至寶奇貨竟所獲豈不厚於他人哉願閤下脂轄躍纓荐計貢闈高取甲乙第然後使人人知斯之寶貨異於是也元次山

韓退之之風復行於今日也無令鄭滌孫泰李瑞閔廷言陳嶠數公寂寞而已幸惟志之不宣某再拜

答趙内翰書　蔡襄

伏蒙示下舉薦黄晞奏草晞閩人與之游甚久以書自喜不苟與人誠高世懷道之士足下薦之於朝庶乎戚時無有遺材足下之存心不特為晞發也然其奏曰石介在國子監時請晞表率生徒晞以介詐善不直為事非是遂拒之弗往乃晞之先見知人識慮高遠也襃以謂斥介而引晞意所未喻介好論議當時人物故衆毁叢至原其所以為心欲君側無奸邪

人人為忠孝百姓無疾苦教化明白信周公孔子之言謂太平可立致而不度世務行之難易此介之所以脩誠立節之大略也所抵梧者夏竦當軸耳一旦介去朝奸詐巧僞百端妄造謗毁必欲赤其族然後快意賴　天子聖明辯是非故介久而自白嗟乎謂介詐善何也夫詐善者將圖富貴取名譽也介生不免寒飢而死幾斷棺子孫流離詐善者固如是耶守己信道而不顧世俗者伯夷叔齊是也且數百年孔子稱之其論遂定若介信道而守死者也其亦有待於後世乎昔介之存襄以同年進士兄事而友之自

介之亡未見有如介之自信者介復生當師事之不暇以苟容無所自立爲貴況敢毁之睎避介聘爲學正不肯爲介下耳此特小小者豈足爲睎高識遠慮哉足下與介疎知之不至然天下公議固當有聞足下語論衆所瞻望詎可雷同今毁介之人滿　朝廷其箝口固不爲少雖開口明介介豈遂明然賣死友以合貴權此衰所不爲而足下所見知之者也近爲寒風薄中日再食粥者七矣奉教不知疲憊感歎顛倒不宣

與朱編修元晦　　林光朝

前此數得來書祝耕老有五夫使人去令來取書因循如許言之愧甚去年過黃亭只相隔得三二日所欲道者亦何敢唯耿耿比承除書之下此在公論以為太遲不知賢者出處自有時直道之信善類增氣見教恭而安數語乃是從根株上說過來別後對此如一對面語但所謂與虞仲達及此一節更記憶不上是日說數件語當不止此耳林用中間以館舍處之得質正所聞而求所未聞甚善復之到官已三月偶疾唾中有血雜出令人憂懸也

與查少卿元章　　前人

離騷去風雅爲甚近一篇三致意此正爲古詩體非如太史公所謂也又返復周頌不見蹤由却悟離騷爲太苦嘗意取周頌沉之汨羅即千古滯槩可以凌蒼霞出紫氛如其意謂所在耳我思古人實獲我心

與楊次山　前人

某授徒三十年不過爲場屋舉子之習學問一事雖稍涉其涯而所以作語及所以傳授於人唯是一律豈敢輒出場屋繩尺之外也某年近二十未知龜山所遺後來者爲何書及隨計走都下此說一歷耳又二三年中乃得之是時有周先生尹先生諄諄然入

九十歲人乃文靖公一輩流也王信伯得之於龜山施廷先得之於信伯廷先吾友也廷先每說洞庭之野有一人吾所畏當買舟同一見之不及見此人廷先死矣傷哉廷先每對人道說必為之出涕廷先乃吾亡友方正字次雲之友某以次雲六兄之故遂定交某幼歲聞李太白石曼卿之為人即踴躍道其事又初讀晉書見一樣人物如寒蟬孤潔不入俗調此心甚樂之一日對次雲說古人如此終是不俗六兄云此數人來孔子之門恐一日着脚不定某乃悟夫子之門為人物準的千歲人物要入得此窠樣中乃

為無愧耳

上宰相書　　鄭樵

十一月十二日興化軍布衣鄭樵以衰老之年病不任道途謹再拜遣書獻于鈞座樵𡉏為天地間一窮民而無所恨者以一介之士見盡天下圖書識盡先儒闔閾山林三十年著書一千卷以彼易此所得良已多而斯心所不能自已者其說有三投老入京華載書謁相府其一為樵暮齒餘齡形單影隻鉛槧之業甫就汗簡之功已成既無子弟可授又無名山石室可藏每誦白樂天恐君百歲後滅沒人不聞願以

藏中秘百代無湮淪之句未嘗不嗚咽流涕曾茲矣
理不負夙心仰荷鈞慈果得就秘書投納蓬山高邃
自隔埃塵芸草芬香永離蠹腐百代之下復何憂焉
其二爲兵火之後文物蕩然共惟相公撥灰燼而收
簡編障横流而主吾道使周孔之業不墜於地士生
此時寧不奮發樵也願討理書以圖自效使東南之
遺書已盡古今之圖譜無遺金石之文鼎彝之志莫
不畢陳于前前年五月十三日投納是月二十七日
伏蒙提省之辰特與嘉歎既而又蒙傳示鈞誨之勤
舉行求書之說既而又蒙歲終會計措揮收入校讎

之籍與先儒之書等嗟乎伯牙之琴爲審音而鼓馮驩之鋏爲知己而彈此棋所以甘心焉其三爲修書自是一家作文自是一家修書之人未必能文能文之人未必能修書若之何後世皆以文人修書天地之賦萬物也皆不同形故人心之不同猶人面凡賦物不同形然後爲造化之妙修書不同體然後爲自得之工仲尼取虞夏商周秦晉之文而爲一書每書之篇語言既殊體制亦異及乎春秋則又異於書矣襲書春秋之作者司馬遷也又與二書不同體以其自成一家言始爲自得之書後世之史家初無所得惟

自同於馬遷馬遷之書遷之面也假遷之面而為己之面可乎使遷不作則班范以來皆無作矣按馬遷之法得處在表用處在紀傳以其至要者條而為綱以其滋蔓者釐之為目後之史家既不通馬遷作表之意是亦未知遷書之所在且天下之理不可以不會古今之道不可以不通會通之義大矣哉仲尼之為書也凡典謨訓誥誓命之書散在天下仲尼會其書而為一書舉而推之上通乎堯舜旁通乎秦魯使天下無逸書世代無絕緒然後為成書馬遷之為書也當漢世挾書之律初除書籍之在天下者不過書

春秋世本戰國策數書耳遷會其書而為一書舉而推之上通乎黄帝旁通乎列國使天下無逸書世代無絶緒然後為成書後之史家據一代之史不能通前代之史本一書而脩不能會天下之書而修故後代與前代之事不相因依又諸家之書散落人間靡所底止安得為成書乎樵前年所獻之書以為水不會於海則為之水途不通於夏則為窮途劇論會通之義以為中興之後不可無修書之文修書之本不可不據仲尼司馬會通之法去年到家今年料理文字明年修書若無病不死筆札不乏遠則五年近則

三載可以成書其書上自羲皇下迄五代集天下之書而為一書惟虛言之書不在所用雖曰繼馬遷之作凡例殊途經緯異制自有成法不蹈前修觀春秋地名則知樵之地理志異乎諸史之地理觀群書會紀則知樵之藝文志異乎諸史之藝文觀樵之分野紀大象略之類則天文志可知觀樵謚法運祀議鄉飲禮系聲樂府之類則禮樂志可知觀樵之象類書論梵書之類則知樵之所作字書非許之徒所得而聞觀樵之分音類韻宇始連環之類則知樵所作韻書非沈宋之徒所得而聞觀本草成書爾雅註詩名

物志之類則知樵所識鳥獸草木之名於陸機郭璞之徒有一日之長觀圖書志集古系時錄校讎備論則知樵校讎之業於劉向虞世南之徒有一日之長以此觀之則知樵之修書斷不用諸史舊例明矣在前小人豈敢厚誣君子然樵跧林下野人而言何散落人間往往家藏而戶有雖雞林無貿易之價而鄉校有諷誦之童凡有文字獨思之剛已為人所知未終篇之間已為人所傳況三十年著書十年搜訪圖書竹頭木屑之積亦云多矣將欲一旦而用之可也嗚呼功業難成風波易起深恐傳者之訛謬擅修國

史將無所容焉

與真西山書　　陳宓

某恭以春序平分東作惟時伏惟躬行古道導民以仁列邑蒙幸神明勞相台候起居萬福某去夏承禱雨疚心失於求誨之便迨今未嘗不恨秋間拜狀後僕僕道途十月望始到官自江州德安入境旱歉在目權官不敢檢放某亟委官下縣覆視星子放七分三釐都昌八分一釐建昌五分九釐通放七分以上廪無兼月之積田里嗷嗷即申省乞給助米來既後時亟於去臘具奏援文公淳熙七年例借上供折帛

錢為糴本米既不可猝得即以官券先自下下戶濟之此月初始得倉司應副米斛九千五百從省劄所報又荷憲司申省得度牒三十道漕司亦助千斛此月建昌一邑方能施行星子都昌則自臘月已先濟糶流民饑殍幸不至多中間粳於倉使見疑今始孚信幸不至缺事但軍食白撰二萬石為緡六萬有奇申請於朝尚未報以此日夕憂懼邊事方殷總所戶部文移不絕雖八年所欠綱米朝省以下運司體究當蠲者猶且不免追督則目前之欠何時可平以此欲遣一二人至家中晏作書屢輟以至於今時事宦途

如此豈不可畏今歲救荒錢米不及八年三之一不敢不覈實支散竊荷譙憲於兩司及番陽兌官券萬六千緡以應目前百姓因思八年之惠得賢部使者竱心叶力民賴以生豈非一路之福今茲施行多循成式但錢粟不多未免以戶計不以口計草去偽濫須及困窮百謫在前非所敢顧期少稱 聖天子選侯牧民之意耳何繇數數以書請激勞劇尊仰乞為一世保重以慰桐城父老之心至於善政善教不復諛誦下情至扣

李丞相宗勉

方大琮

某屛居絶不聞外事自縉紳傳誦政地辯和兩疏後又見邸狀言宮府事尤切百尺竿頭此豈嘗智力處留者欲堅偪者欲進遠者欲入獨凝然其間不阿意以爲悅不買譽以爲容端月二日揚庭播告超冠首台則內之宦寺宮妾不知名者外之兒童走卒無不知名者朝野相慶同然一辭此豈人力所能爲哉上意也天意也惟至誠無僞可以感動人主惟至公無私可以悅服天下惟至定不惑可以鎭重國勢大丞相皎然之心上知而信之天知而佑之人皆曰今之最難者內楮外韃也然三聖在天之靈有望焉億兆

姓生靈之命有賴焉千萬世之汗簡有光焉某謂焉何足與斯世有無之數仰蒙大丞相先生登庸之始以不肖爲啓擬初義上猶記其往瞽之言雖命不果下而中外聞報皆曰昔者探主意所欲罪者今乃極力薦進之丞相之事偉矣昔有追雠盡言者今不惟不怒之而又生全之　聖上之恩大矣某聞之爲之感泣者累日粉軀碎骨何以酧大德自伏讀麻制其喜不在人後其賀不敢在人先惟大丞相亮其心而赦其不敏顧猶有欲言者丁酉秋某與劉克莊潛夫王邁實之同被劾未幾某與劉皆得祠王尤貧獨未

之得其人本為大丞相所愛不能妥帖乃其自取是亦教之之意其後一鐫又兩鐫則人或以為太過若蒙齋復而畀之廩尤見海涵春育之量劉潛夫素為大丞相所器非獨其文字今世鮮比而通古今熟典故可裨廟議而吏事尤長特文掩其才耳區區竊謂丞相宜自收而用之王友也劉親且友也非固私之也姚瑤貴叔投袂赴建於焚燬略盡之餘反側未定之際辛勤三年郡人德之罷歸已久未復職未得祠亦廟堂所當知某素與之疎得之公言云耳王幼學郡丞若使之立朝似有淮南復謀氣象　朝廷豈不

能著一骨髓之士以自壯乎更在鈞念某巳灰心斯世而猶耿耿有未能忘輒復及此強聒死罪又有欲言者鄭覲文端平初不可謂無一變之功不可謂無收進諸賢之功獨輕舉一誤亦功過不相揜者其時徐直翁一二人未入臺前已明非之不害其為直臣最是一項人面獻諛語又退誦於人纔見其解政則向之誦於人者轉而為罵有上書攻之者未免以遷除之滯速為言大凡當國者以天為心固不計此而士風則薄矣今亦有不肯言端平諸賢者亦有言其時之賢而責其時之相者然其時之賢是誰致之則

今之攻者可少止矣不知退傳近况何如惟大丞相
念之某又復及此強聒死罪

曹侍郎豳　　前人

某之愛弟涓孫坐春風中三閱月歸前一旬問其所
得於東畎先生者道德性命之微議論出處之正文
章法度之要政理設施之序皆能領會其略舉似其
凡對牀之夕歷歷不遺如某之有得於親炙也至於
慨世道之消長念人物之離合而遠外廢放之人尤
致其拳拳豈特一方朋友聚首感歎而已涓弟出示
誨墨二百餘言莊誦竦敬始里兒之几下者以其標

置者議之今觀公之所謂高者乃曰自強為善曰行
已有恥此則平實工夫也而高莫甚焉今世孰能之
若此論行於世則虛矯之說破而踐履之德進人才
可成而風俗厚矣因思前日鄭尉亦得寧拙毋巧之
誨且曰今之士不可不存樸拙意思尤為深切往往
後進之來謁者隨其器質皆有以箴切而點化之其
加惠學者之意甚厚矣某杜門絕不知近事有傳新
遺補切義讀者皆以為狹區區獨有隱憂時艱極矣
若股肱常得重臣耳目常得吉士則大法小廉相與
汲汲扶持猶或庶幾若更起迭仆倏憂驟喜非國之

福故凡群情之一洪皆元氣之一傷也二府虛實中外屬意於侍郎皆無異辭蓋其心平其量寬其守正坐乎廟堂則使為善者有所恃而無恐不善者有所化而不敢為公道常明大勢常定各以其材智思慮用之於扶世運捍外侮之際而不用之於相傾軋互反覆之私則元氣固而縉紳與　宗社俱受其福矣惟閣下留意

復姻家福清許侍郎書　陳文龍

文龍為理宗太學生度宗狀元九箇月越州窮僉判八箇月撫州衰太守享　朝廷祿食僅八年尚能自

決他人受用大宋幾年富貴各要保家計養子孫略不思大主人家祭祀無所附子孫無所托彼蒼者天此何人哉孟子曰效死弗去賈誼曰臣死封疆國事至此不如無生惟當決一死以守來書謂同舍之義布衣之交此朋友之倫也君臣之義如之何其廢之文龍不愛一身死不愛一家死但欲存趙氏一脉若以區區之守義為不然或致殺身覆家鄙意則以雖闔門磔屍數段亦所願也請從此訣勿復多言

復唆都元帥書　　前人

來書謂我名蓋天下何書不讀覧盡興亡榮辱過當

我平生讀書但識孟子效死弗去左傳有隕無二字如此而已但謂天数如此何必固執不能嘿嘿宋三百年天下列聖相承無有失德未至天遽厭之柄國非人不幸至此譬如大家不幸破敗如何亦留破屋荒田與其子孫我

太祖造宋柴氏俱有分地閩廣數箇破郡存趙封疆豈非盛德事乎不然從最爾小州把作田橫島有何不可昔微子之宋聽其自存聊循以東置而不問惟執事圖之若弗獲命磨礪以須

莆陽文獻卷之八終

序

送馬承之通判儀州序　蔡襄

唐末失御外方將帥臣闞覬輒發籍土地聚貨財招倈驍勇士務攻擊爭鬬以為强甚者格逐天子法令専逐帥臣盜有其衆患日寖長梁朱氏卒乘此以取天下其後五十餘年易四姓大率廢興由是武人綰重兵收天下安危大柄在掌握間更世移祀若操持飲器東西左右耳於是軍中氣凛然騰在人上躬儒者俛首隱舌不復奮起闢說古先王治道而爲之節

制勢久而變理固然也國家既平四方追鑒前失凡持邊議主兵要內宥密而外方鎮多以儒臣爲之任武人剟去角牙磨治鮮壯戾安處行伍間不敢亢然自較輕重然則今天下安危大計其倚重於儒臣乎獨不知決然自當其所倚重建立經久之制者果誰哉承之以文稱於交遊喜自樹立茲有邕鄙之行思以竭材慮而後愜焉予觀承之之文之言未始離乎忠也使力足而勢大者咸以是而爲心惟國之計而徹躬之念事罔不濟且使世之人知儒者果可以天下安危大柄倚重之也

送史炤赴邠州幙序　前人

陸生有言曰天下安注意相天下危注意將載之漢諜寂爲警語某竊謂陸生一時之辯非極論也夫將相者文武之事若手足之左右捨一不濟豈待安危而注意哉必安而後相必危而後將譬諸舟横中流指山木以爲檝曰不殆者豈謂智乎今國家奄宅天區文昭武震耆酋繼好諸侯順命然而天子詒慮生民癈財者豈不以邊兵乎四方大本在於邊精卒良械遍實隩墟方輸里賦徑及天下而四十年間卒老于屯伍械弛于戲樂司是者刲羊釃酒蓄以驩愛國

舉異禮必先計兵開府庫委金帛而均施之乃至反唇相稽圖目相視較分銖薄厚曰我固當得也將恩而不感兵驕而不戢時之深恨近者已來北諸侯愈難其選或取文儒加武號而長之大抵尸之謀而正者則為長利推此而度之天下雖安將可忘乎將不可忘則陸生之談謂悠也果矣某嘗欲北遊以觀邊事勢不及往而中輝受邠諸侯之辟今行矣當世之首務四方之大本可得而知也於是朝之文士咸作詩以寵其行衡陽參某文曰送史從事往邠州序

系聲樂府總序　　鄭樵

古之達禮三：一曰燕，二曰享，三曰祀。所謂吉凶軍賓嘉，皆主此三者以成禮。古之達樂三：一曰風，二曰雅，三曰頌。所謂金石絲竹匏土革木，皆主此三者以成樂。禮樂相須以為用，禮非樂不行，樂非禮不舉。自后夔而來，樂以詩為本，詩以聲為用，八音六律為之羽翼耳。仲尼編詩，為燕享祀之時用以歌，而用非以說義也。古之詩，今之辭曲也。若不能歌之，但能誦其文而說其義，可乎？不幸腐儒之說起，齊魯韓毛四家各為序訓，而以說相高。漢朝又立之學官，以義理相授，使嚴歌之旨湮沒無聞。然當漢之初，去三代未遠，惟經生學者不識詩而太樂氏以聲歌肄業往往三百篇瞽史之徒例能歌也奈義理之說既勝則聲歌之學日微東漢之末禮樂蕭條雖東觀石渠議論紛紛無補於事曹孟德平劉表而得漢雅郎杜夔老矣久不習肄所得於三百篇者惟鹿鳴騶虞伐檀文王四篇而已餘聲不得太和末又失其三尤延年所得惟鹿鳴一篇每正旦大會太尉奉璧群臣行禮東廂雅樂常作者是也古者歌鹿鳴必歌四牡皇皇者華三詩同節故曰工歌鹿鳴之三而用南陔白華華黍三笙以贊之然後首尾相承節奏有屬今得一詩而如

此用可乎應知古詩之聲為可貴也至晉室鹿鳴一篇絶後世不復聞詩矣然詩者人心之樂也不以世之汙隆而存亡豈三代之時人有是心心有是樂三代之後人無是心心無是樂乎三代之詩絶矣繼三代之作者樂府也樂府之作究同風雅但其聲散佚無所紀系所以不得嗣續風雅而為流通也按三百篇在成周之時亦無所紀系有季札之賢而不別國風所在有仲尼之聖而不知雅頌之分仲尼為此患故自衛返也問於太師氏然後取而正焉列十五國風以明風土之音不同分大小二雅以明朝廷之音

有間陳周魯商三頌之音所以侑祭也定南陔白華華黍崇丘由庚由儀六笙之音所以叶歌也得詩而得聲者三百篇則系於風雅頌得詩而不得聲者則置之謂之逸詩如河水祈招之類無所系也今樂府之行於世者章句雖存樂聲無用崔豹之徒以義說名吳兢之徒以事解目蓋聲失則義起其與齊魯韓毛之言詩無以異也樂府之道或幾乎息矣樵今取而系之千載之下庶無絕紐一曰短簫鐃歌二十二曲二曰鞞舞歌五曲三曰拂舞歌五曲四曰鼓角横吹十五曲五曰胡角十曲六曰相和歌三十曲七曰

白苧歌五曲八曰清商八十四曲凡百七十六曲而得百九十一篇系之正聲即風雅之聲也一曰郊祀十九章二曰東都五詩三曰梁十二雅四曰唐十二和五曰晉十二成六曰周十二順七曰建隆十二安凡八十四曲而得四十八篇系之正聲即頌聲也一曰漢三侯之詩一章二曰漢房中之樂十七章三曰隋房內二曲四曰梁十曲五曰陳四曲六曰北齊二曲七曰唐五十五曲八曰皇朝十九曲九曰熙陵二曲凡百十二曲而得十五篇系之別聲而非正樂之用也正聲之餘則有琴琹五十七曲而得十五篇別

聲之餘則有舞舞二十三曲而得九篇古者絲竹與
歌相和故有譜無詞所以六笙在三百篇但存名耳
漢儒不知謂爲六亡詩也琴之九操十二引以音相
授並不著辭琴之有辭自梁始舞與歌相應歌主聲
舞主形自六代之舞至于漢魏並不著辭也舞之有
辭自晉始今之所以系正聲別聲總四百五十二曲
而得二百七十八篇以詩系於聲以聲系於樂樂三
達樂行三達禮庶不失乎古之道也復有古調二十
三曲征戍十七曲遊俠二十三曲行樂十八曲佳麗
五十曲別離十九曲怨思三十曲歌舞二十三曲絲

竹十三曲觴酌七曲宫苑二十三曲鄉邑三十九曲道路七曲時景二十七曲人生四曲人物十二曲神仙二十二曲梵竺四曲蕃胡五曲山水二十七曲草木二十二曲車馬八曲魚龍六曲鳥獸二十二曲雜體七曲總四百六十曲而得四百四十六篇不得其聲則以義類相屬分為二十五門謂之移聲移聲者逸聲之流也庶幾來者復得其聲則不失其所系矣

昔唐人修官制之書不成乃準周官為六典而後成書以樵觀之何必準周官也若源流出於周官自與周官合節今之所纂樂府非敢準古詩也及乎成篇

自與詩同條亦源流之所出也規成負矩成方者自然之形也鼓宮宮動鼓角角應者自然之應也然三代既沒漢魏嗣興禮樂之來陵夷有漸始則風雅不分次則雅頌無別次則頌亡次則禮亡按上之回聖人出君子之作也雅也艾如張雉子班野人之作也風也合而爲鼓吹燕歌行其音本幽薊則列國之風也煌煌京洛行其音本京華則都人之雅也合而爲相和歌風者則鄉人之用雅者則朝廷之用合而用之是爲風雅不分享大禮也燕私禮也享則上兼用下樂燕則下得用上樂是則風雅之音雖異而享

燕之用則通及明帝定四品一曰大予樂郊廟上陵用之二曰雅頌樂辟雍享射用之三曰黃門鼓吹樂天子宴群臣用之四曰短簫鐃歌樂軍中用之古者雅用於人頌用於神武帝之主樂府采詩雖不辨風雅至於郊祀房中之章未嘗用於人事以明神人不可以同事也今辟雍享射雅頌無分應用頌者而改用大予應用雅者而改用黃門不知黃門大予於古爲何樂乎風頌通歌猶可以通也雅頌通歌不可以通也曹魏准鹿鳴作於赫篇以祀武帝准騶虞作巍巍篇以祀文帝准文王作洋洋篇以祀明帝且清廟

祀文王執競祀武王莫非頌聲今魏家三廟純用風雅此頌之所以亡也頌亡則樂亡矣是時樂雖亡禮猶存宗廟之禮不用之天明有尊親也鬼神之禮不用之人知有幽明也梁武作十二雅郊廟明堂三朝之禮展轉用之天地之事宗廟之事君臣之事同其事矣樂之失也自漢武始其亡也自魏始禮之失也自漢明始其亡也自梁始禮樂論亡之所自學士大夫不可不知也謹序

泮林討古集序　　林光朝

以沙礫之細爪髮之微故衣壞革游塵聚垢合之爲

本草以鱗介之奇形模之混合之爲山海經以釋詁釋言釋訓合之爲爾雅以燕代之北汝潁之南車軌所交爾汝雜出合之爲方言以一札累數行雖或斷裂且不忍棄去合之爲法書淵明達者豈欲以詩自名而甲乙次第出其手李太白杜子美羈遊酒狂槖中無他物所貯篇什如貯珠玉人心之同然也乃如是我有一長必欲使天下共之此泮林討古所爲作也予曾子人品爲甚高由宜春過湘潭終於廬陵凡歷三州教授讀書討古自宋之丁氏而下凡百件其言高帝蕭何此非爲偶合者以宋昌折太尉勃滑橋

請間之語爲見綫以賈誼欲更定諸法令絳灌之屬盡害之以爲非必疾賢也亦誠駭於其說爾以文帝知亞夫可以爲將軍以遺景帝終之破吳楚則其威斷有所不施施亦無不中矣以公孫弘三逢人主之意不少變不可謂無所守者以董仲舒非繁煩之器直可爲侯王傅也有是數條可以不朽讀其書見其人當如孟子之知樂正子者聞之曰見善如不及見不善如探湯子曾子爲如是則其所可聽者必非肝鬲語也子曾子發字信道南豐人其于樵嘗於吾叙同年莆田林某序

宋丞相李忠定公奏議序　陳俊卿

國朝祖宗以仁覆天下而不右武享然垂二百年更夷狄之變者三皆得人以任其事景德契丹之變寇萊公任之康定元昊之變范文正公韓忠獻公任之靖康金虜之禍尤鉅而丞相隴西李公亦慨然以身當其變蓋天之祐宋不于其兵而于其人是數君子者之事君不于其躬而于其國其事之濟否則有命與數存焉要之皆忠烈英特士也予既敬服數公之行事因欲覽觀其遺文萊公他文不甚見于世獨其詩傳蓋百有餘篇辭健而格高旨深而思遠文正忠

獻則家集具在其文字奏議或簡重而壯偉或詳明
而剴切蓋與其謀謨勳業稱惟李公近與予耳目接
私以不得其文爲恨淳熙丙申予帥三山其子秀之
裒集其文以示予求序蓋表章奏劄至八十卷而詩
文不與焉予讀而嘆曰詳哉其言之也世之有其學
者常患乎無其材有其材者常患乎無其節三者備
矣然使其辭之不達則不足以動人主之聽言之不
文則不足以永後世之傳是以君子貴其全也公學
本于經才見於用節著於論水灾贊禪議之日是其
章較蓋天下之所共知焉予竊惟方虜騎臨城之際

在廷之臣爭為講解遷避之說公孑然孤忠殆未易以口舌爭卒能感悟萬乘為堅守之策以何道而致然及觀公之奏議明白條暢反覆曲折其敘成敗利害灼然如在目前宜乎感悟明主之聽而亟從之也使公之謀盡用則胡騎必無再下之禍而其勳業可以絕寇萊韓范矣惜乎其奪於讒而不之竟也光堯中興因天下之望而首相公十議所陳規摹宏遠劉麟之役公雖在外且畫三策六條以獻王倫之使公儃憤惋抗疏以爭之與時論不合不顧也嗚呼其可謂忠也矣然則公之勳業雖不克大就然其所奮立

陳述足以暴於後世況又其言之文哉昔東坡先生謂諸葛孔明不以文章自名而開物成務之姿綜練名實之意自見於言語出師之表簡而盡直而不肆而鄭亞謂李衛公蘊開物致君之才居丞弼上公之位建靖難平戎之策垂經天緯地之文嗚呼若公者可謂兼之矣予既諾秀之之請奪於多事未暇綴思後三年歸自金陵乃始書而歸之某月某日序

艾軒林先生集序

陳宓

莆陽艾軒林先生文爲世所宗而藁不多見學者好之如嗜欲然没五十年始傳於世藏之深固以久一

出大肆理必然也先生行古道言動為時取式教授生徒非禮不行四方翕然嚮應來學者亡慮數百人道尊德盛年五十擢第春官不數年拜大司成淳熙間天子幸胄監命講中庸玉音嘉嘆擢寘近侍出使入朝循義忘私無田無宮以遺妻子獨富於書至死不釋卷故其文森嚴典美精深簡古上參經訓下視騷詞他人數百言不能道者先生直數語雍容有餘非學博識高義精理到能如是乎初先生諸孫成季裒其稾不輕以示人近族子同叔樓羅畧備得詩文若干首為卷急於埀後不暇求序於名公猥以屬某

顧惟愚陋妄測弘深得罪君子又將何辭昔揚子級
四十年而法言始行韓集歷五季至我朝始大振某
於先生之文亦云

朱子語類後序　　黄士毅 見本傳

右語類成七十家除李侯貫之已刊外增多三十八
家或病諸家所記互有重複乃類分而考之蓋有一
時之所同聞退各抄錄見有等差則領其意者斯有
詳畧或能盡得於言而首尾該貫或不能盡得於言
而語脉間斷或就其中粗得一二言而止今惟存一
家之最詳者而他皆附于下至於一條之内無一字

之不同者必抄錄之際嘗相參校不則非其間而得於傳錄則亦惟存一家而注與其人同爾既以類分遂可繕寫而畧爲義例以爲後先之次第有太極然後有天地有天地然後有人物有人物然後有性命之名而仁義禮智之理則人物所以爲性命者也所謂學者求得夫此理而已故以太極天地爲始乃及於人物性命之原與夫古學之定序次之以群經所以明此理者也次之以孔孟周程朱子所以傳此理者也乃繼之以斥異端異端所以蔽此理而斥之者任道統之責也然後自我朝及歷代君臣法度人物

議論亦畧具焉此即理之行於天地設位之後而著於治亂興衰者也凡不可以類分者則雜次之而以作文終焉蓋文以載道理明意達則辭自成文後世理學不明第以文辭爲學固有竭終身之力精思巧製以務名家者然其學既非其理不明則其文雖工其意多悖故特次之於後深明夫文爲末而理爲本也然始爲妄易分類之意惟欲考其重複及今而觀之則夫理一而名殊問同而答異者淺深詳畧各一目在前互相發明思已過半至於群經則又足以起或問之所未及校本義之所未定補書說之所未成而

大學章句所謂高入虛空畢流功利者皆灼然知其所指而不爲近似所陷溺矣誠非小補者故嘗謂孔孟之道至周程而復明至朱子而大明自今以後雖斯道未能盛行於世而通遺書私淑艾者必不乏人至於千五百年之久絶而不續反後斯編抑自信云

李廷仲毛詩解序　　方大琮

三山前輩以經行稱自周陳鄭諸先生始亦世道嘗昌儒學浸盛陳博士伯中著禮樂書中興後禮樂每王侍郎而講經授徒者益衆廷仲詩以顓門學者日誦手抄往往成編余少讀李先生解說凡毛傳鄭義

孔疏若國朝劉歐張蘇及同時陳少南鄭漁仲一章之旨一事之義皆有取焉王氏說可存者亦不廢而諸所援据自易書三禮春秋傳國語語孟爾雅逸周史荀韓氏書許氏說文之類亦錄焉不待徧覩衆說博閱群書而三百篇之蘊具是矣何其富也蓋訓說備而體認審事證該而辯訂確猶恨未見其家藏善本後四十年與其孫用之秘监同官南海出以相示間系道釋其後余竊惟古今言詩者不知幾家大率惑於時王所主之傳講師相傳之說蓋久之而諸儒訓釋漸明然彼此迭興莫相統一不有大儒先生推

本旨粹出張長而演以己說後學何所適從世言呂氏讀詩記多李氏說若推須已二百一十餘條而諸說見取於李氏者亦多從之吁乾淳前此編行世久矣呂記後出自公劉首章以前凡一再更定寖趨精約而講聞之舊意旨之合可考如此譬朱氏論語則李解猶詳說呂記猶集註也通釋則又繹其餘意義味淵永冠以心詩自得於訓詁之外家庭所講可知已後前淑後豈特有功於其鄉哉抑聞之清性固萬世所共有理義至諸老而大明紹興閒洛學方興胡氏已有孤立之嘆此書獨能推衍程張遺說濂溪於詩

無訓解直引其論古樂數語爲大序矣教化移風俗之證李氏淵源粹於是矣近年學無統盟談經而曰吾不隨人脚跟始爲趨向詭異極則論建邪僻唱爲載籍所未有之說甚可懼也昔龜山攻荊舒學術直以釋鳧鷖言之蓋誣經飾說迷國誤朝他罪特其細耳幸早衰歇李氏之學有本其傳也奚疑

陳敬叟集序

劉克莊

寶慶初元余有民社之寄平生嗜好一切禁止專習爲吏勤苦三年邑無關事而余成俗人矣然少走四方狂名已出邑中騷人墨客如陳敬叟劉圻父游季

儀華往往參與之游主人詩律父廢不復有一字常
命小史設筆硯觀衆賓賦詠以為樂嘗評諸人之作
圻父得之沖淡而失之槁乾季僊得之深密而失之
遲晦惟敬叟才氣清拔力量宏放險夷穠淡深淺密
疎各極其態不主一體至其為人曠達如列禦寇莊
周飲酒如阮嗣宗李太白筆札如谷子雲行草篆隸
如張顛李潮樂府如溫飛卿韓致光余每歎其所長
非但一事既解銅墨歸臥山中五六年豁上故人獨
敬叟書問不絕其交誼又過人如此一旦緘其藁來
曰為我序之嗟夫余何足以知君哉追念昔者會集

諸君銳甚頗哀余衰猶能鼓旗助譟其旁今志氣銷磨由衰至竭敬叟未知其然顧方俟麾挑戰余遠望之悲傷感慨殆如伏波夷足土室中矣嗟夫余何足以序君哉敬叟名以莊穀城黃子厚之甥故其詩酷似云

瓜圃集序　　前人

近歲詩人惟趙章泉五言有陶阮意趙蹈中能為宮體如永嘉諸人極力馳驟纔望見賈島姚合之藩而已余詩亦然十年前始自厭之欲息唐律專造古體趙南塘不謂然其說曰言意深淺存人胸懷不繫體

格若氣象廣大雖唐律不害爲黃鍾大呂否則手揮雲和而鶩颷駭電猶隱隱絃撥聞也余感其言而止卜友翁應叟尤工律詩集中古體不一二見無乃與余同病乎然觀其送人去國之章有山人處士踈直之氣傷時聞警之作有忠臣孝子微婉之義感知懷友之什有俠客節士生死不相背負之意處窮而恥勢利之合無責而任善類之憂其言多有益世教凡敖慢褻狎閨情春怨之類無一字一句及之是豈可以律詩而槩少之耶盖應叟晚爲洛學客游所至必交其善士尤爲西山真公所知其詩有自來矣既沒

數年子元儒始請于序其集夫作詩難序詩尤難小序最古最受攻至朱文公始盡掃而去之而詩之義自見詩之顯晦不在乎序之有無也決矣嗟乎作詩者何人歟鴟鴞七月周公也棠棣召穆公也頌史克也祈招祭公謀父也黍離周大夫也皆古之聖賢也謂小序不足以知古聖賢之意則有之矣至於寺人傷讒女子自誓蝃蝀譏偸碩鼠況貪與其他比興諷刺往往出於小夫賤隷之口塗之人猶知之而況子夏孔門之高弟衛宏漢世之名儒乎以高弟名儒之學問而有不能通匹夫匹婦之情性若余者其敢自

謂知朋友之意乎雖然交游三十年一死一生問其人則曰未詳也問其詩則曰未達也其又可乎乃述所見於篇首顧余文未必能重應叟之詩應叟之詩或足以重余文也應叟名定別字安然氏圖其自號云

艾軒先生集序　　前人

以言語文字行世非先生意也先生乾淳間大儒國人師之朱文公於當世之學問有異同惟於先生加敬于時朝野語先生不以姓氏皆曰艾軒晚爲中書舍人中批某人賜出身除殿中侍御史先生封還曰

輕臺諫羞科目矣天子知先生决不奉詔改授工部
侍郎不拜而去其學問名節如此以言語文字行世
非先生意也然先生學力既深下筆簡嚴高處逼檀
弓穀梁平處猶與韓並驅在時片簡隻字人已貴重
今其存者如岣嶁之碑岐陽之鼓矣初先生爲布衣
已負重名後貴顯于朝愛先生者皆以晚節爲憂及
西掖去國然後呂成公喜曰過江以來未有也烏虖
修而至於先生而前輩責備之嚴如此則凡修而未
至於先生者其可以無日新之德乎其可不畏晚謬
之譏乎向使先生希旨書行必根着不去爲[illegible]

張説先生一奮壯決遂爲李綱爲袁高義利前於一念芳臭分於千載故余讀先生之書重有感焉先生殁六十年徵言散軼復齋陳公宓所序者僅十之二三外孫方之泰訪求裒拾彙爲二十卷勤於李漢趙德矣東陽范侯鎔欲鋟梓會迫上印不克就毗陵張侯友乃緒而成之余二大父實率鄉人以事先生者也序非通家子弟責乎敢不敢辭

季父易藁序　前人

易學有二數也理也漢儒如京房費直諸人皆舍章句而談陰陽災異往往揆之前聖而不合推之當世

而少驗至王輔嗣出始併尋經旨一掃漢學然其弊流而爲玄虛矣本朝數學有華山陳氏河南邵氏今邵氏之書雖存通者極少理學有伊川程氏新安朱氏舉世誦習衆說幾廢余嘗恨程邵同時不相折衷曰傳曰皇極經世圖譜遂判爲二書而不可合天下豈有難通之書亦豈有理外之數哉噫易更三聖說易者非一家程氏排臨川之學者及教人讀易必先輔嗣介甫朱氏尊伊川之言者至本義則多程子所未發議論以難疑問荅而詳義理以講貫切磋而精此李父易纂之所繇作也初余爲進陽令李父訪余

縣齋因質易疑於蔡隱君伯靜後二十餘年而書成大旨由朱程以求周孔由周孔以求羲文其篤守師說雖譙天授袁道絜無以加視世之高談先天經造微妙彼虚而此實矣季父名彌邵字壽翁中歲棄科舉閉門著書動必由禮行義為鄉先生家貧食于學晚舍去併學俸郊之太守眉山楊侯棣郡博士括蒼俞君來即學為堂示舍蓋之意季父僅一至焉後楊侯使本道又論薦于朝不報卒年八十二俞君乃取昔所郡俸為刊易藁而授簡其猶子克莊序之

政經序

王邁

西山先生眞文忠公心經一書行於世至徹禁中端平乙未夏五公薨後兩月從臣洪公舜俞咨夔在經筵上出公心經曰眞某此書朕乙夜覽而嘉之卿宜爲之序洪公退嘗與邁言至相顧隕涕既而洪公亦告殂不知是書嘗序與否也今所謂政經者乃先生再守溫陵日所著邁時分教睢邸鄉友趙時棣宗華爲法曹朝夕相與親炙琴瑟書冊之側遂得此經寘在四方門人之先而四方門人亦未盡見之宗華令大庾鋟梓縣齋以一帙見畀且俾序于帙端邁竊謂天下之書多矣然有之無所補無之靡所闕者亦多

先生所著之書鑿鑿乎麻穀菽粟之不可闕者也惟心經所以爲開天理迪民彝之大本惟政經所以爲續天命救民窮之實用心經可以接伊洛之正傳衍朱張之遺學政經則自體以達用舉而措之事業小則爲程純公晋城縣譜次則爲富文忠公青州郡譜大則爲韓忠獻公司馬文正公嘉祐元祐之相譜嗚呼國步斯頻民亦勞止有民社者當求心政二經佩服而力行之則民瘼庶其有瘳乎國脉庶其有永乎淳祐二年月正元日門人王邁序

朱文公別集後序　　余師魯

文公先生之帥長沙也先大父衡陽史君實以小侯事大國辱知焉先生之所與書帖毋慮數十巾襲惟謹爲子孫藏往歲偷兒入室意其爲寶也竊之交訊一啓直當時吏牘以故離度書中今存此紙耳第一思輙使人愧恨不能已其後隨牒四方多獲與乾淳故家子弟遊暇日眎以先生真帖則曰六丁下取之餘是特蠹若爾因道前事相顧皆嗟嘆息以爲証先生没未幾何歲而散失湮沒已如此況後千百年之久且遠乎先生一言一話門人弟子必錄以傳然得其言而有不得其意者若翰墨真跡即先生寶心之

所寓精義之所存使毫芒之僅不失者而復失之詎
非通家子弟之責乃眎集中所缺者俾見曹筆藏之
以俟成編而壽諸梓竭來丞郡適在先生里而所得
者益多鑿為十卷噫富矣先生之曾孫市轄見之慨
然曰建安精舍有所謂大全集矣書當成一家言且
鈞考羸餘猶足供鋟費而敢壓吾子乎於是精加讎
校近似而致餐錢薄少以相茲役云先大父諱秀實
字穎叔治衡之政前帥周益公論薦甚力其受先生
知蓋亦曰益公之所與者

始祖唐校書鎬公祭田序　前人

自大夫士以上皆得立廟其名義器數則有祭法其所祭之主則有宗法徵諸禮可覆也惟墓祭古無之僅見於冢人一語而止廟藏主墓藏體魄固非所以求神而先王亦從而許之者緣人情所不忍故也古禮散亡家各有廟自始祖而下皆得私祭不專於宗子則既病於瀆而墓之為祭其親盡者逾遠逾亡則又病於簡夫墓猶廟也皆以昭穆次禮所謂族葬族墳墓者是已雖其親盡或未盡所祭則殊至於展省洒掃宜無所不及古人事簡慮周蓋如此而後世以拘忌失之吾之族數其上五世以至校書公皆世世

異處祭亦世世無敢台。或曰親盡而瘞，奚分惧不可以久也。於是聚族而謀，近代之祭曰合私助者得錢餘三萬，每歲至日次第祭拜，因以附冬至祭始祖之義。蓋累年草刱而畫為定制，自今始祭之之日，凡族之諸孫咸在，某則出於某祖之昭也，某則出於某祖之穆也，某與某皆自吾祖出，孝敬心可以生矣。既祭而飲，則老者少者尊者卑者皆坐序列，獻酬有容，藹然忠厚之風焉，睦愛之心可以生矣。酒行既命少者書祭之條流于籍，以諗後之子孫。其少者請曰：祭之意宜有述也。遂揭諸其端云。寶祐初元癸丑長至日

族老人序

徐擇齋文集序 擇齋名明叔字仲晦

余謙一

往歲莆有后村劉公福有竹溪林公泉南有擇齋徐公陽岩洪公皆吾閩文章宗匠竹溪後村集既板行家藏而人誦之矣陽岩擇齋后卒不幸與壞劫會嗣子門生伏匿奔踣不暇遺集久之莫克會稡有志於斯文者歎息焉一日擇齋之子籌老奉先集以授門人余謙一俾為之序謂編伏讀則公年耆老官顯榮之日所作蓋公平生槀就輒棄嗣子少長始從旁抄

錄得之茲特太山之毫芒耳謙一既喜於成編而又懼不敢當序筆辭不獲乃稽首而言曰昔之人論著多矣少壯之氣銳而老則衰窮苦之辭工而貴則墮呂紫微周平園猶未免此病而公年益老官益高作爲文章略無一毫頹墮衰竭之態此其故何哉蓋不以老壯窮達爲進退者氣實爲之天地間有所謂至剛至大者是爲浩然之氣故孟氏之學以養氣爲先是氣也賁育失其勇儀秦失其卞良平失其智眉山蘇氏亦以是稱昌黎公然後知孟子韓子之文純粹明白汪洋而大肆者氣之所充也豈特韓孟爲然蘇

氏之文亦然故欲論公之文者不于其文而于其氣公爲人剛方嚴峻一介不以取予人意所不可雖當路有權勢者不肯以辭色假借之開口論時事若不知有諱忌以故憚顯疾固者多入輒斥召輒寢所謂諫書講卷綸言史筆皆公所宜擅留不得一出其所長山林歲月之外塵節于鈇竟展轉外服以老德祐初元嘗以第一人起之而公老且病矣昔人之言曰氣盛則言之長短聲之高下皆宜今觀公之論著詩則聲之高下者也文則言之長短者也文與詩大抵尚妥律不尚奇恠尚典雅不尚纖巧陽嵒舜稱仲瀞

之文最宜臺閣人以爲知言公於書無所不讀料飽而思斂毋下筆娓娓千百語不能休視之若不經意實則槧生墨客冥搜苦索有所不能加西山眞公之守泉也公以翰墨受知遂付以斯文之事淵源所漸有本固如是夫因竊嘆西山爲南渡歐蘇門人經指授者多以文名于世四十年來凋零殆盡巋然靈光獨東澗與公耳二公歿文章之統紀遂絶而奎運終焉烏乎斯文興廢豈非天邪讀斯編者將必掩卷而流涕矣

國朝文類序

陳旅

元氣流行乎宇宙之間其精華之在人有不能不著者發而爲文章焉然則文章者固元氣之爲也徒審前人制作之工拙而不知其出於天地氣運之盛衰豈知言者哉蓋嘗考之三代以降惟漢唐宋之文爲特盛就其世而論之其特盛者又何其不能多也千數百年之久天地氣運難盛而易衰乃若此斯人之榮悴槩可知矣先民有言曰三光五岳之氣分大音不完必混一而後大振美哉乎其言之也昔者北南斷裂之餘非無能言之人馳騁於一時顧往往囿於是氣之衰其言荒粗萎苶無足起發人意其中有若

不爲是氣所囿者則振古之豪傑非可以世論也我國家奄有六合自古稱混一者未有如今日之無所不一則天地氣運之盛無有盛於今日者矣建國以來列聖繼作以忠厚之澤涵育萬物鴻生雋老出於其間作爲文章龐蔚光壯前世陋靡之風於是乎盡變矣孰謂斯文之興不有關於天地國家者乎監察御史鎭陽蘇天爵伯修慨然有志於此以爲秦漢魏晉之文則收於文選唐宋之文則載於文粹文鑑以國朝文章之盛不采而彙之將遂散軼沉泯赫然休光弗耀於將來非當務之大缺者歟乃蒐摭國初至

今名人所作若歌詩賦頌銘贊序記奏議雜著書説議論銘誌碑傳皆彙而聚之積二十年凡得若干首爲七十卷名曰國朝文類百年文物之英盡在是矣然所取者必其有繫於政治有補於世教或取其雅製之足以範俗或取其論述之足以補翼史氏凡非此者雖存弗取也夫人莫不有所爲於世顧其用心何如耳彼爲身謀者窮晝夜所爲將無一事出於其私心之外至有爲人子孫於其先世所可傳者漠然曾不加意遑及他人之文與天下之事哉覽是編者不惟有以見斯文之所以盛亦足以見伯脩平日之

閣公吳伯脩學博而識正自爲成均諸生以至歷官翰苑凡前言往行與當世之所可述者無不筆之簡册有國朝名臣事略與是編並著定論以文類猶未流布於四方也移文江浙行省錄諸梓伯脩使旅書所以纂輯之意于編端庶幾同志之士尚相與傳采而嗣錄之

送劉粹衷赴旌德令序　前人

劉君粹衷之爲旌德令也客有過于言曰粹衷名進士其爲人也和而易宜在館閣爲文章從容縉紳間柰何治縣縣難治也必有疆明之才而後可以剸劇

粹衰奈何治縣乎應之曰子以後世之吏求粹衰乎世以彊明稱者未必良吏也彊而無以養之必嚴刻明而不善用必苛察以嚴刻苛察而施諸政亦難爲下矣大抵若是者皆急於近名近名非良吏也古之君子未嘗有心於治人而人未嘗不治於君子誠以待物則物無不孚公以涖事則事無不當君子之身禮樂之器也政教修禮樂之用行焉禮樂之用行民將不治而化矣是可與嚴刻苛察者言哉孔子曰斯民也三代之所以直道而行也蓋民不難治後世無善治之吏於是乎有難治之民及其難治而又急之

則所治者與治之者俱困矣詩不云乎豈弟君子民之父母孰謂和易者不足以治縣夫麟儀鳳師師不鷙不獰飛者走者莫不為之先後麟鳳亦何用鷙與獰哉粹衷方將為麟鳳於旌德旌德之人方將先後之不暇而于以向者之言惑之無乃不可乎客唯而去明日粹衷來別因述與客言者為粹衷道之

送孔彥明教授建昌序　前人

孔氏世世得為衍聖公古之有國家以傳其子孫者未有盛於此矣然自宋建炎中四十八代曰端友者以襲封從高宗渡江因家于衢至五十三代曰洙者

始内附我朝會曲阜有爭立之訟廷論謂洙寔宗緒之正宜紹爵如故而洙乃力辭南歸爵遂弗及其後君子盖深惜之五十五代曰公俊曰公溥皆洙之孫也公溥字彦明醇厚莊謹將爲建昌儒學教授求言於余余告之曰彦明子兄弟必襲封而後爲能世其家乎盖能傳夫子之道以教人者誠世職也昔舜命契爲司徒以敷五教是孔氏之祖以教爲職矣成湯著降衷綏猷之訓箕子陳洪範爲武王之師至夫子遂以大成之聖垂憲萬世子思又能推明其道從其徒傳至於今日是天專以教事屬孔氏則彦明之爲

教授也得其世職矣又何必襲封之爲能世其家哉雖然教授之責甚重也人曰孔子垂憲以教人今教我者孔子之孫也其所爲必異於衆人矣以孔子之孫與孔子之教而無異於衆人則人將又曰如是而謂之孔子之孫乎烏乎教授之責在衆人已甚重以孔子之孫處之又益甚重矣

來榆百和詩集序

朱文霆 見本傳

夫詩言志歌永言聲依永則五聲五言即詩之有韻也帝作歌而皐陶賡歌則歌而載賡即詩之有和也然和其意不和其韻漢唐以前皆然蘇李河梁之倡

和杜子美和賈至朝大明宮之詩猶不和其韻至若先命之以韻而爲之詩若競病二韻是已分命以韻而爲之詩若韓集得前字秋字是已其體製則又非古矣唐人尚律詩律賦若明水與披沙揀金二賦皆以八字爲韻而律詩不以命韻者蓋當時官自命題以爲詩俗號省題詩而律詩不以試士也大抵古之言詩者不以韻爲詩言之所至而聲成文焉後之言詩者始以韻爲詩韻不妥則詩不工是詩由韻而後得焉況欲愈出而愈工不其尤難與吾里長城蔡君道賓獨用心於律句每什必限以頭蓋愁休四字爲

韻非若競病前秋不過兩韻而已也歌而爲百首又詠歌之而成三百餘篇非若律賦八韻不過一篇而已也其用心亦良苦矣使其達而在上當爲明良喜起之賡歌其肯爲羞愁之詞乎予於此蓋深悲紫岩之不遇也

莆陽文獻卷之九終

序

送憲史林晦叔之廣東序　吳源

昔周官以九兩繫邦國之民三曰儒以道得民七曰吏以治得民所謂儒與吏皆指其人而言然儒之得民以道而吏之得民以治判焉不可合而一之也漢史謂董仲舒公孫弘倪寬皆儒者通於世務明習文法以經術潤飾吏事既皆謂之儒則周官所謂以道得民者也而通務習文法則又兼吏治矣豈漢之儒賢於周之儒歟抑漢所謂儒者竟以經術潤飾吏事

而已至於以道得民猶不能無愧也然自此論一出而儒與吏混然無別道與治亦兩失之則後世不復見成周之盛者豈無其故哉楊子曰儒者在朝則美政在位則美俗卒于調一然後謂之大儒之效嗚呼儒之以道得民固如此視以經術潤飾吏事遂使儒效卒不自於天下而吏治亦不及周漢遠甚此吾於林晦叔氏之為廣東憲吏不能無多望也晦叔平日儒乎道而已儒乎經術而已今為憲史則贊佐長官提綱挈維表廉華污以清一道維事務之煩文牘之煩亦可以道揆之乎若果有所牽制不能皆如其志

則亦可以文法世務裁之而一傳之以經術否乎雖美政美俗調一天下未敢遽責之以大儒之事然道者立治之本而經亦所以載是道也本之以道推之以經術其於美政美俗調一天下亦何所不可乎廣東與閩接壤其賢否固易知也憲繩庶府稍可以行志吏贊佐長官行事稍可以行吾所學晦叔勉之所試將有大於是者毋徒曰平日惟知事訓詁業文詞而已他非所能也予與晦叔親且故故於其行僭以規

壺山文會藂序　　陳觀

己未冬既望觀於友人楊君原吉家見一舊編遺墨剝落蠹食者過半迺壺山文會稿也披閱久之不覺愴然追念是會始於至正丁未終於洪武庚戌雖兵戈易代猶十有九會所賦詩文迨二百餘首今閱是藁僅得八十首會之友二十二人僅存者十有三人耳會蓮峯日揮石壁以紀一時之勝會蘆江日隔簾踈雨五侯山之趣慨不可得矣雖然死生聚散人所不能無士君子則有不死不散者存焉若劉性存之令南海也邑民道之即淚宋貴誠之倅福唐也稱爲愷悌君子又若方時舉之豐才懋學深爲閣老宋公

所推郭維貞五七言詩評者謂雜許渾薛能集中無以辯他如慱學則李叔英明經則黃性初又如陳維昂陳必大葉原中皆不失爲鄉之善人視昔會中以道德經綸相規之言幸亦無媿矣今我輩後死者一息尚存此志不容少怠則是會將續香山洛濵之微響於千百載之下也又何悲夫遺墨剥落死生聚散者乎繇是裝束成編復綴會之規言申而序之于編首庶乎與我同盟之君子不如此感慨則會雖散而規不墜云十三人者朱德善丘伯安吳原善蔡景宸方用晦陳本初楊原吉鄭德孚黃孟仁陳虛中方履

道釋源清及于陳觀也

皆山樵者詩集序

林環

余居家時聞吾閩之長樂有王先生恭者以詩鳴先生時遁于樵自號為皆山樵者不欲與世接余以故未及見及來京師獲與長樂人士通籍于朝者交閒於篇牘中獲覩先生所作及有人能傳誦其一二者恍若聽張樂於洞庭之野而閱武庫中所藏不覺茫然自失已而嘆曰風雅輟響大音不完光嶽氣全英儁間出則如先生者天固將使之鳴國家之盛豈終窮餓其身使自鳴於山顛水涯與樵歌牧謳相倡和

而已我永樂四年　朝廷方開石渠廣延天下士先生以薦至相見於玉堂之署觀其神清體癯鬚髮雪葛巾野服脩脩然如孤鶴振鷺知為風塵表物得造化清氣蓋多也因坐與之談詩其論五七言長歌律絕句則一欲追唐開元天寶大曆諸君子而五言古選則時或祖漢魏六朝諸作者而爲之宋元而下不論也余喜曰朝陽之鳴待先生久矣無何果以詩名徹　宸聽得拜翰林典籍余益信天之所以昌先生之詩者有在而又信詩之果不能窮人也退直之暇因得先生全集觀之有所謂白雲樵唱草澤狂歌

有所謂鳳臺清嘯凡若干卷其談道理致則天地造化性命道德無不臻其妙其模寫物景則山川風月蟲魚草木無不極其形容其叙人事則興衰得喪戚愉悲樂無不委曲盡其情高而不浮深而不僻清新而不巧古雅冲淡而有餘味信能合諸家之長而泛濫旁出者也先生問以集徵爲序余謂詩以道性情者也近世學者多不先以理性情爲本而徒區區於筆蹊墨逕之間至或竊古人之陳言成說而掇拾補綴以爲工是以作者愈高而聲愈下也若先生始自放山水之間不以勢利嬰其心其志趣冲淡襟度寬

谿固已默契道妙而又得肆力于學以充乎日之所養故能流坎隨寓不碍於物蓋由先生見道明而涵養性情者得其正也是以形之詩一皆渾涵忠厚之發不繩削而自合是豈尋常雕章鏤句者所能彷彿哉先生之詩不患世無知者第患雖知先生之詩而不能盡窺先生之藴是亦未知先生也故書其素行之槩于編端庶覽者得有以考其實云

八瀨丘壠圖序　　前人

曩予家居時樂為山水之遊凡莆之境南有八壺北有九華西有石室天馬雖崖壁嶮絶林壑森邃往往

有子足跡毎酒醒歌闋四顧寂寥但見丘壠纍纍漫
沒於深榛蔓草間為狐兎所穴樵童牧竪躑躅其上
白楊瀟瀟悲風四來未嘗不為之流涕曰彼其世有
才臣志士烜赫當世者一再傳無後至此亦可悲矣
旣而曰豈其然乎孔子少孤不知其墓問於郰曼父
之母而後合葬於防焉知不有世遠人更莫知其所
者乎不然則為恐亡其親視其所藏徜荒墟廢址曾
不一覜之以至於此其亦不仁甚矣余友文淵鄭氏
佳子弟也奉其先無所不用其心一日語于曰吾祖
府君之沒吾先人嘗奉其柩於城西八瀨之原以葬

於今宰木不勝拱矣吾懼世遠而忘也嘗請善書者圖之俾吾子若孫有所考而猶懼其慢也更蘄吾友言之俾吾子若孫有所警不亦可乎予曰嗟乎人本一而已祖吾親之所出吾子若孫又豈不托吾以出是雖世有遠近顧豈二本哉爲酒者不知幾千百年飲者祭之爲食者不知幾千百年飯者祭之不忘本也烏有身之所出而可忘其本哉嗚呼俗之偷久矣先世所遺美田廬人皆知而有之至於先人所藏則莫之顧不亦異矣古者墓而不墳孔子云丘東西南北之人不可以弗識也於是封之高四尺盖識之也

弗識之前人之罪也識之而弗省之後人之罪也仁矣文淵其夫子之用心哉鄭氏之子若孫觀是圖弁予言念之尚其繼志前人時焉而修嵗焉而祭而不至死亡其先則文淵之心可慰異日倘有如予者過焉庶不爲之增慨矣

鄭氏三誥勑序

方熙

古者建德有册命焉于以示敎誠致褒美而慎重之也書之説命微子之命蔡仲之命是已後世誥勑之作或擧賢而授能或推恩以勸忠其原盻於此矣余觀鄭先生三誥勑而有以知宋之待士也其一則景

祐元年勑進士鄭伯玉授將仕郎試秘書省校書郎判官信州軍事也其一則寶慶元年郊祀大禮成贈知肇慶軍事鄭起沃故父鄭興國朝請郎也其一則告從政郎鄭渙也左右丞相掌之尚書侍郎給事中宣奉之審之以參知政事其不輕而重也如此然以朝廷之重如此内外官使無慮千百人豈人人皆冊命焉而於三君子其不輕所授者矣三君子者果何如有以副之觀伯玉任是也後歷節度書記大理司直觀察推官在在有聲爲時相韓琦公薦加殿中侍御史動觸權貴有勁直聲典國雖晦迹丘園然克生

賢子如起沃者尉會昌安揭陽歷廣東提舉居官清介轂已俸以補軍需移私財以供公用其子如此榮及其父也宜矣源之令處寧調永興救荒恤民發官倉不待上報全活萬計歷廣東憲使所至常祿之外無餘資清白之閒炳炳也之三君子者皆無負所職其册命也宜矣此宋之得人而治為近古鄭之有人於前為望族豈偶也哉雖然自景祐至今不知其幾稔而勑之龍章篆刻如故無他有賢子孫也昔房杜為唐相遭不肖子一再傳後蕩盡無餘狄梁公子孫以公誥身十通慕貴顯以獻狄青寧能寶故物如鄭

子孫乎今士若君裴潢而珍襲之可謂不忘祖德而知所寶矣雖使大玉夷玉天球河圖得而尚之耶

送兵部尚書王公還河州序　柯潛

兵部尚書轄菴王公年方五十二以病乞歸河州跡五上上始賜俞允且謂疾已當復來命下薦紳大夫共惜其志而其中有爲國家愛重賢才且知公者惜之尤深海內之士游學於都下者多踵門投詩誦其賢高其節以寫平生傾慕之意至於武夫悍卒庸人孺子聞公之去亦皆齎咨涕洟欲挽留之不可得獨險邪佞巧之徒爲公所摧抑奄奄側目思欲起而不

能者知喜而相賀曰公去吾屬可無患矣又相與言曰貴勢之圖去公誰復我阻蓋公自少負氣節讀經史以古之光明磊落者自期正統己巳舉進士為戶科給事中輙言事無所顧避風采英英動人庚午土木之變廷臣抗疏論權奸誤國之罪又擊死徐黨三人公寔倡之既而虜騎薄都城公督兵拒守彰知有備隨遁去尋陞右僉都御史守紫荊居庸二關又督修關南北三城相山之高峻者為墩臺數處分兵守瞭皆足為經久之計景泰辛未奉命往淮揚總督漕運兼巡撫之任風清弊絕國用足而民不擾淮徐

之間嘗連歲水災且大疫公大發官廩及歛富人所輸之粟厚賑恤之又爲病坊處疾病之無歸者擇良醫四十輩屬以視藥食令無失所活垂死之民餘二百萬其死而有子孫來告者予棺暴骨於野者使在處隨收瘞之時朝廷聞民飢餓遣使助公理荒政至則公已經營綏輯而民皆得所矣使還奏公之績乞賜褒崇公且馳疏自劾不能恤民患又言謹天戒當以進君子退小人爲先還朝 上念其功陞爲左副都御史仍涖淮揚 上疏陳致治保邦十二事其言多諷權貴人 上嘉納之天順初元權貴人陰中其

事罷歸里居無慙色悉謝絶賓友閉門讀書時出展先隴不復他往辛巳秋虜寇入莊浪起公仍舊職叅贊軍務寇平復奉命理漕運公至徐百姓扶老携幼迎候水次歡聲徹遠邇比就館衆擁入羅拜歌呼連三日乃止至淮亦然而漕運之政久廢於是復經理如初去年以廷論擢公爲尚書公收用才良擯棄姦佞思脩舉廢墜以佐 聖天子興太平之治而早夜究心屢至忘寢食及以病在告猶懇懇然以邊事夫寧爲念此其忠義剴切自始仕迄今未嘗一日忘于懷所謂頹嵩岱而不能壓者故其去也君子以爲憂

而小人以爲幸也然公有恩於民有功於國家天報之以福蓋未艾而勿藥之喜將不旋踵見矣公當促駕而來使憂者以樂幸者銷沮其心而與傑士戮力國事以畢懷忠抱義之志頎然後退而休焉以收知止不辱之完名此予與天下士之所共望也因書以爲送行序

送陳伯陽分教黄岡序　陳俊 見本傳

伯陽先君郡推公與予先主事府君遊學同時契分親密予與伯陽實有世講之好向時伯陽齒壯氣豪進取甚鋭視其志若天下事不屑爲者然論議講明

思索取舍恒小心巽入不極不止而執禮卑退又過之以予有一日之長繆相推從授經顧予強顏豈能益伯陽而因之起予者抑多矣予意伯陽不久當偕出出則名四方既而予舉進士遊宦兩京聞伯陽方負痾坎壈屢厄塲屋不得少自見於世未嘗不為之慨然也今年夏伯陽膺貢來京得會于官舍予視其鬚容猶在泮時而清削骨立有加焉伯陽於是亦自計無意天下事矣乃援例願就文學官遂有黃岡司訓之拜予既勉留之不可則文徐嘆曰昔人有言不患無位患所以立仕亦觀所以立之而已況予二人

者將夙夜不辱先人不辱有道是務豈拘拘位序崇卑間乎伯陽之見是也予蒙恩擢任少司徒且二年比者中原赤地千里民力卒殫寢食爲之不遑然竟未臻來效其爲尸素何啻背芒而伯陽從數十諸生誦詩讀書修明禮義祿入雖薄足與勞等吾心安而道得爲視予之負重無措其爲得失多寡何如耶予又聞胥安之郡二程生焉王蘇諸君子亦嘗居之其流風餘烈邦人所慕但世遠教弛無從而振發之耳伯陽之往誠先示之以二程之教以立其本繼以王蘇之學以暢其文豈無一二豪傑之士由之而興以

濟國家之用者乎此其爲功又不但勤一職立一事而已也若然豈徒郡推公有後而予亦與有榮矣第恐伯陽繼有異擢又不能不蹈予之愧也因其行序以道意

送嚴宗源之湖廣序　彭韶

成化庚子春三月廣東按察使同邑嚴公宗源陞湖廣右布政使其左盱江何廷秀也予與公舊同舍廷秀實舊同寅學博行高政事精容當有世道之責將來任重不可辭焉予近馳書問動止宜厚自愛廷秀復曰不有箴言而加褒奬非所望於知己且時又非

吾責吾焉敢及嗟乎人之賢者責必備況處表臣之極人之望何如哉世道輕重終必係之何可問吾於彼預與否也茹納汙濁而量不可以不洪鎮定震撼而志不可以先擾勸協文武介不立異正處權近和不苟同內不愧于妻子果一硯而不持身不恤於得喪雖瀕死而不悔虛懷聽納不以聰察爲明錄人棄瑕不以己長格物人也副之以識治之才而善應變焉是固萬夫之望矣一旦登庸廟堂善類增氣道揚休德彌縫衍遺至治茂功斯可仰以瀰成而世道有攸賴焉以時望之賢將來之責焉可不自重公與廷

秀同年也同官也又同道也自愛自重焉可以不同
尚宜修所以遠且大者於己以俟焉鄙無似兩辱知
愛是以因公而及廷秀又因廷秀而與公也昔歲公
提學湖湘而正憲嶺南政化之及於人也深茲焉進
秩重臨仕途一奇偶也僚友之間縉紳之士皆賦詩
爲贈夸喜惜畱蓋兼有之予又以其私願爲之序焉
不及頌美者戒褒獎也

西疇常言後序　　前人

刑部侍郎盱江何廷秀遺詔帙書曰此常言九篇乃
喬新九世祖西疇老人直閣文定公所著也昔嘗刊

行至于今無傳焉近日方求得之惟何氏實寶爲大訓以世守茲將續刻以示于家鄉鏡川楊學士先生已序其端頗有以識於後於是反覆閱其所謂九篇者知其所以行爲學即所學爲言故以自名歟如言講學必先致察於常行言律己也戒矜名而畏譏敬恕以應世不欲掩人所不及議擬以明道而欲開人以自新張嚴之辭行覽之實察失而後立防其涖官審矣立政造事圖惟久遠不在襍方俱試其原治確矣評古而悲近代之苛政用人而慨上下不相值至於正弊又拳拳於風俗之後且耗氣象儇側議論簡

篤要皆退步近裡之言而有已試獨得之驗與世之揣摩好異放言高論者不侔信乎其為恒言也以此從事充然輝光則退者乃所以為進近者乃所以致遠恒言之効不亦大乎若講學篇稱水道曲折立岸者見而操舟者迷于履其境不勝懼焉三復而不能已然則斯書也豈獨一家一鄉之言哉

贈亞參方公廷臣考績歸江西序

前人

天下之事成於群賢者易成於獨賢者難此事勢之必然攷諸古今可知矣盖官聯之法有正長之有佐

貳之正誠獨賢乎則庶務之分理吾不可以代行佐
或獨賢乎彼偃然肆於吾上者吾安得而制之徒淪
胥以敗而已故必同心一德彼此交孚然後可以慮
事而圖成也漢唐之後在宋號稱多士而莫多於慶
曆之間當時諸監司未暇攷見然政本之地則群賢
畢集歐陽脩之言可稽也脩之言曰杜衍爲人清慎
而謹守規矩仲淹則恢廓自信而不疑雖爲性不同
而皆歸於盡忠二公俱具瞻如此而章晏又皆同事
故仁宗世邊將無功吏治不能庶幾三代之風焉哉
國家治平百年人才雲興臺省森森俱在充閭獨表

臣各守分局無能盡援其人然意其猶吾見聞而亦未果也往歲使江右獲拜藩司二三公然後信群賢之多也蓋方伯吾邑翁公明銳曠達風韻近仲淹天台林公嚴厲端毅氣象類杜衍亞參淳安方公老成樸茂實周旋之不剛以和林之毅不柔以濟翁之達而皆無逆於心得不既賢耶惜乎其他諸公多不獲遇然三卿為主亦可謂衆矣雖然所貴於范者以其有不和之節所見各異而不苟同也使皆苟同則於賢何取乎今二公旬宣之政未必皆可亦未必皆不可公力爲贊畫毋不可其可而可其所不可則何疏

事之有哉况江湖千里連歲荒歉外寧內憂之慮識
者不能安寢公其爲我謝二公幸先事而圖萬全之
策也公以六載書最歸江右諸大夫請言爲贈某不
敢辭

贈司訓鄭瑞登之分水序　前人

國家圖惟治源崇重教事郡縣學置教授教諭又置
訓導二之訓導於學政凡鞭朴之威錢谷之數皆不
得與其職爲至清教諸生凡九載黜陟視中式一人
或否其務爲至約學諭在一命之外而訓導出其左
月食廩三釜加二焉其祿爲至薄職之清疑於冷落

志者弗屑也事之約疑於屈己才者弗安也祿之薄疑於簡賢通者弗利也由是上之人不暇擇才而處之其失之也泛下之人恒自處以不足爲其失之也輕豈設官崇重之初意哉君子蓋交病之夫事非人不立人非教不成而教之又在乎師儒所謂師道立則善人多善人多則天下治是也其所寄如此今泛且輕鄙考亭之學今爲國是教者學者皆不能外也分年治諸經子史時務之法則貢舉私議詳矣大學明體適用之方則集註或問與舊問答備矣門戶分明條法具在世之爲師者誠無先以彼三者横於胷

中而日從事於此爲諸生率使上不戾科貢之規下不失爲己之意則學有實得材有實用而人才其庶乎師而能然則卑而不可踰惡乎冷約而施之博惡乎屈身立而道充又奚擇區區之祿入哉分水司訓鄭君瑞澄始以貢入成均假予友人周梁石所者將期月不遂遂於舉業之文乃與梁石考校文公語類至日夜不休梁石聞人也慎許可而獨於瑞澄不置其殆知師道之重而不自處以不足者歟於其行也梁石偕諸知已咸賦詩贈之

贈何憲副之閩序　前人

成化戊子春冢宰李公莅政之初謀士於少宰崔公尹公知秋官郎中盱江何君廷秀之賢累薦于　朝遷副閫臬士大夫相知者皆賦詩爲别退部序其後大率詩之意以爲如廷秀者一時不數人奈何别去即别去繼自今麗澤之益將日以疎德器誰與成就疑義何所剖析而吏治之間扞格舛漏者如蝟毛又何所咨而弛張乎故既喜其擢用而又朗其速來自人情不能已者而部於斯情又實兼之獨能已於言邪廷秀生相門而文行之懿卓絶流輩夫人能道之部何敢贅况辱在僚友有切磋之義焉謏詞熏耳亦

非廷秀所樂聞也請得更端可乎竊惟知己難酬知尤難前輩諸名公以意氣許人每多失之誠以始焉期之太重終之其人或不能勉副故也此非知己之罪乃不能酬知之罪耳今自冢宰而下至士大夫之論皆曰何廷秀云不可謂不知己也使萬有一之不酬吾恐其有所懲創則好賢之心由是而怠士君子之公論亦無所執持矣夫由我而怠好賢起惑志君子以爲何如哉揆衆人之知廷秀必謂弘大剛毅勝重遠到無事則虛懷容納足爲善類之依歸有事緩急則招不來麾不去伏節死義而後已固不貴廉隅

自守號稱狷介也沉酣六籍涵泳道腴探禮樂之大本會同異之攸歸嶄然爲一世宗儒固不貴記誦詞章傲睨自雄也視消息盈虛之理爲吾政變通之宜培植基本以長我王國又不在乎區區簿書之精法理之能也之三者廷秀因其所已然擴充其所未然宜無不至矣異時入秉鈞軸追配前人如純仁之於仲淹公著之於夷簡世濟其美流芳無窮則非徒足以酬一時群公之知而　國家亦隱然有世臣之重矣夫然後知上下人己之各盡其道也

送知事鄭文振致仕歸靖安序

前人

幕官鄧文振氏來言曰紀年六十有四宦遊兩幾積有歲月茲隨牒入蜀又四載矣疾病侵尋壯志衰謝願告歸田里予進之曰子之官幸無他責盍持祿乎曰非不欲竊升斗而終事大夫也誠畏來歲無幾而家指日衆勤不能勝簿書偸無以勤饘粥早夜以思惟去之宜予又曰古者士有常産壯而仕老而歸授教里塾子弟化焉傳家於子洗腆具焉後世多以官爲家罷則無所於歸故隱忍苟祿殆不得已子之歸也其亦有以爲藉乎曰先人居家嘗爲萬石長兗州

教授府君我伯父也皆年幾九十而卒薄有田廬於豫章之墟而詩書手澤尚存無恙倘徼大夫之靈東歸故里則率諸子姪勤力其中壯者務農畝秀者事詩書庶幾得有所憑藉而保先業於不墜紹簪組於他日矣予察其自處素定乃白于當道而許之然竊因是重有感焉我聖皇仁覆天下加意吏治未嘗用一淫刑行一虐政士生斯世真千百載奇逢孰不有共惟帝臣之願乎柰之何蜀去天萬里長吏偷安自恣墨以敗類者多於是乎民皆有疾視之心而上之人亦寖爲法網而操切禁錮之吏始難爲矣吏既爲

之也難則民視之也易威權日輕豪猾得志凡吏之不能固心安意於職也明矣高者引年以決去卑者肆欲而一擲如是而望治效豈可得哉予忝司風紀思欲重長吏之權以固士心以善民俗而未得其方寧不於吾幕賓之行而興無涯之慨哉文旅諸歷世事盡諸有年觀其自陳之言可謂知止而審處矣宜善自愛以厚風俗

名臣錄贊序

前人

昔晦菴朱文公脩宋名臣言行錄凡其立朝事君之節施政行事之宜與夫議論荅問之大關繫無不具

載至潛溪宋先生作元名臣頌則取其功業學行撥入韻語雖詳畧不同然皆所以述當時得人之盛寓景行仰止之私而因以示乎後人也我 朝長治久安名臣繼作功德之盛不讓古昔獨未有序而述之者夫雅欲私淑固不在於是然諸臣事行秘在國史學者失今無徵將歷世久而相去遠豈能盡得夫見聞之眞哉部生也晚膚淺無似每誦爲臣不易之語想像前輩不可企及屢欲錄而贊之未能成就蓋不惟不敢亦不暇也比者解憲西川將之廣藩寓舟東下荆江因記憶遠近名臣凡三十人人爲之贊具列

其誌銘狀傳等類於後以編附大儒先生之意庶幾言行如在贊誦無忝所以師于後人有餘地矣嗚呼三十八人者皆百年之英也建立於天造草昧之時遭逢乎重熙累洽之世或美功業或全名節或以德行顯或以文章著或紓國難而濟時艱誠萬世之不可無者也部不揣輒易成之僭擬之咎掛漏之質無所逃云其他名卿碩輔弗能盡知俟後求知而續焉非有去取也

文訣類編序　　周瑛

予以習文藝若不得其門路嘗博採諸家論說而類

編之以自執範容有見之者曰文猶兵也吾試與子言之左右定位奇正異用法也或左或右或正或奇幾也幾出無窮勢無定在若不乘其機而推法是拘吾將見子為人所擒矣子曰乘其機而不拘于法上也守其法而求合於幾次也上焉者兵之神次焉者兵之精神兵無敵于天下精兵天下未易與為敵子素怯安敢廢法以論兵客笑而去書此冠于篇首

贈周僉事入閩提學序　前人

成化戊戌歲　朝命以南京吏部主事周君時可為福建按察司僉事降璽書開諭君俾督諸郡縣學其

同年戴與戴君產於道關者故實以贈之關之山發於天台而折而南趨其勢北高而南俯矗矗如蟻聞如蜂屯如萬騎驟馬馳自天而下關之水隨山而出與山相爭繞山盤旋水益駛每舉舟順流而下也如雷奔電掣舟務瞬左右不可以瞬然而漁者終日而不投一竿者是何也水勢暴悍鱗介之屬徙而去之矣及乎山盡水緩廣兩涯相去數千里水匯為巨浸東合滄溟舟楫衝風或匪宿半程或三程然而黿鼉蛟龍魚鱉生息蕃殖于浩瀚而收其利者盡幾千百家矣又何也水勢深廣不震撼衝激而鱗介集之矣君子觀夫

水而知爲政之道乎閩爲東南大州自唐常袞爲觀
察時敎民間子弟以文學而科目相傳至今益盛然
而縉紳德色負帝許語便賈生生於今日又不但爲
漢庭慟哭而已也君可不察之乎玦閩學校者鄉邦
之式也身家者學校之本也君宜脩諸身以敎諸家
脩諸家以敎郡縣諸學由郡縣諸學以風動吾鄉邦
之人則人皆相觀而爲善矣此其效不可朝夕致然
所獲者大譬如水勢深廣鱗介畢集收其利者不啻
千百家而已也苟或立已於峻持威以繩其下今日
考其文字明日考其字畫苟不如意則飭厲而罩籠

之此其效可以立新然不足爲國得人是猶水勢暴悍鱗介不游吾見漁者終不爲下竿也君起謝曰吾入閩觀夫山水而思子數言三年之後當有以役諸子

皇華使節詩序　　前人

古者行人使於列國列國之君饗之則相與賦詩以見意大而解紛息爭戢戎紓禍小而通情結好承教拜嘉其所賦詩皆取諸三百篇以其宜於事者為賦故當時遣使必擇其習古能文者為之不文不遣也後世此禮不講凡有燕饗優談伶語妄相訴譏如孔

道輔使金虜以宣聖為戲此其失在主也陶穀使江南南人遣驛妓歌穀所賦詞此其失在客也凡此既不足以息爭紓禍又不足以結好致嘉稽諸古禮是為使事之累君子蓋羞道之　皇明御世天下一統以詩書禮義陶化人心士使其間多習古能文而勵廉耻之節弘治六年秋蜀惠王薨　天子有事於其國命保定侯梁公往諭祭又擇通曉典故者相之時盧陵王君壽以進士拜行人司副　天子若曰喪禮之相壽也可與是君副梁公以行其冬抵蜀自始諭祭以至卒祭無違禮國中每祭必有宴宴必侑以幣

君皆辭之明年春禮成藩臬諸大夫餞之及旅君起求誨言諸大夫皆賦唐人雜體諸詩爲贈瑛曰非古也於是左方伯韓公爲四牡君曰豈不懷歸王事靡盬公所以悉鄙懷也敢以爲謝右方伯鄭公爲賦皇華君曰載馳載驅周爰咨諏公所以教使臣也敢申以爲謝憲使洪公又賦杕杜之首章及大東之卒章君曰兵疲於戍守民困於徭役大夫之憂也使臣歸當以上告　天子然則論使事於三代之後若王君者可謂習古能文者乎可謂行已有恥者乎而吾藩諸大夫所以處君者可謂慎於禮而不瀆乎衆謂君

行宜有贈瑛因謀次其事以爲君贈

送常熟知縣鄧君考績序　前人

蘇爲縣七常熟最大常熟爲里若干爲戶若干爲財賦若干民多習匿陵學用以章制上下一不得所欲則掛鍵抵巇以集旣故蘇諸縣重爲常熟吾閩鄧君洪中以丙戌進士而出知是縣命下人難之君慨然就道旣入縣迺考圖籍計戶口定賦稅均徭役之數月民大悅繼而修學校治官府造橋梁築圩岸行之數月民大悅繼而扶寡弱鋤奸宄親良善行之數月民大悅他日邑大旱民相與言曰惟尹可以得雨君

爲走赤日中望山川以拜汗披面如雨雨大至禾幾太湖水溢壞民舍漂流牲畜田卒汚萊民又相與言曰惟尹可以奠吾居君爲延圖蓄荻問閭民疾苦皆家慰而戶給之民賴以活太守嘗責君逋慢君曰治民如治絲棘則棼邑民以秀麥來獻君曰造化偶爾吾何功焉余嘗笑經生爲政每以詩書故迹而加之時孰能審其本末察其緩急如君者哉又孰能以誠格天以勤愛民如君者哉又孰能責之不怒謟之不悅如君者哉初君爲政滿三載當考績去常熟民皆走御史臺借留之至是始行縣教諭黄君體勤乃疏

君政以來且告予曰尹爲政多類此願與之言余乃比類書之使人知常熟雖難治而不難於鄧君科目稱得人而得鄧君爲尤信也

錦官賦别序　前人

御史大夫梁公撫蜀之三年　天子下詔拜公南京吏部侍郎將行衆謂瑛宜贈言瑛聞天下人皆謂蜀樂土其人讀書知禮義易於爲治今觀不然盖蜀地廣民繁爲俗龐雜與中州弗類其地踰雪山以西與土番相距山壁立如削驚湍怒濤走其下間爲棧道緣山腹行僅一線若統御者無以制吐番死命則往

徑據高扼險挺木插石關絕我糧運或呼群挈黨擐甲彎弓來攻我城堡我謀大舉則進退坦塞不可以逞數年來軍勞於戍守民疲於供餉賦稅殫竭人力重困可憂也公來未嘗一日安枕而卧公以爲守邊莫先於養軍卹民譬如東垣論治病反覆以養胃爲言蓋胃理則五臟皆理五臟理則百病不治而愈矣公嘗發數萬銀分布郡縣令積穀以備荒儉又發數萬銀東路積穀于江油于安縣南路積穀于灘口將募羌民轉輸以實于邊又議掣餘鹽以歲可得若千凡沿邊城堡倉庾及棧道斷續皆欲以漸修理無非

爲軍民計也其意以爲軍安民裕則虜在吾目中矣此即東垣治病而先養胃之法也近有狂生憤吐蕃侵暴乃上書請　天子發兵致討廷臣移公議公曰已之不治而謀以伐人非計之得也盖公非不爲也不遽爲也不遽爲而爲乃可以有爲也吁公意遠矣公嘗愛瑛書見所謂海闊從魚躍天空任鳥飛詩句公爲説曰海闊矣從魚之躍然魚亦不能出於海之外也天空矣任鳥之飛然鳥亦不能出於天之外也據此而言則公襟懷冲曠無不包覆而中間消息盈虚之理操縱予奪之機又豈人所能盡識哉今公應

詔而往矣規畫深而業未究恐喜事者不知東垣巷
冒之可據而下峻剛以爲險又非地方之福也故因
公行述公所以治蜀之意以爲公賦贊以告諸國稱
與吾人之籌邊者若公自西徂東凡道路所經心目
所感中間可驚可愕可喜可念則有諸公分題賦詩
在

送林文華之南雍助教序　楊琅見本傳

昔吾郡有歐陽詹上者開先閩士闓于中唐貞元間
爲國子監四門助教至今郡人稱鄉先生余友林君
文華尚論詹爲人而效慕之者頃由瑞郡文學終更

造　朝得助教南雍余喜其學詹而其官又適與詹同按詹平生只一命為太學考之史集皆未有言其所以教者韓吏部若何蕃傳載蕃為諸生不為非義葬死者而字其孫又叱止六館士使不從朱泚之亂詹高蕃卓行特昌言明為仁勇余最愛詹此舉能彰善而表賢是雖其教法已不傳而立教要領於此亦足以觀矣君今涖南雍也南雍群士如林必有學成行尊如蕃等輩人君能求若人而推先褒獎之使生徒知自激勵則為教亦由是可同於詹焉昔人稱詹事父母孝與朋友信義而又以為愷悌謙儒動不踰

節君孝友施於家既無愧於詹信義孚於友又不欺於詹而其文雅溫淳沖讓居禮又多有似於詹者即既往而占方來考今日以合夙昔君茲行其終同於詹也必矣余以官同於詹而乏詹之道者久矣抗顔師席未能如君之善學詹因君行道其所以為送行序

送劉叅政廷信之山東序　吴希賢

山東大藩也北控圻甸南枕淮海東南諸郡湖湘江浙以暨閩越交廣之遐凡以歲事至京師者川浮陸走率道于此以達不然則否余嘗謂京師之有山東

猶人身之有喉咽喉咽受病飮食且弗克四體雖精強將不可恃以安矧欲高枕而臥乎比歲山東郡縣雨暘弗若生民告饑流離轉徙道殣相望故以父兄妻子之戚亦不相保愛至有以餧而相食者夫民無食則饑饑則計出無聊意外之患將因以生今之喉咽之地不亦以病乎哉於是　天子宵旰二三大吏相與戮力施舍已責務穡勸分以鳩其民而紓其患猶未已也復出內帑給犂牛與種食天未悔禍方及有秋淫雨蝗蝻交相爲瘉傳曰人衆勝天天不可勝如此將厭棄此方之民俾之辛苦墊隘而困以斃之

邪抑者人事之有未盡然邪今年春吾閩劉君廷信繇戶曹郎中出為山東參政是時　天子念民瘼未瘳特詔吏曹簡擢以行夫喪亂之歲官必擇賢循疾疢者之於醫必擇其良斷斷乎不可以或易也君才高而行潔學邃而識閎曩在戶曹夙夜悉勤恒出其身以當難處之事利有所弗趨勢有所弗撓時稱賢郎署者必曰劉君劉君然而盛名之下必無虛士盤錯之節方別利器茲行為賢方岳於山東不亦可豫卜乎且君嘗為我言拯荒之道當如拯溺蓋凡仁人君子之拯溺者憫其濱於死往奔盡氣雖濡手足弗

憚方歲凶萬人之死命寔制于我當道者能人人如君弗憚於濡手足天鑒不遠雖或厭棄其民將無不可勝者況天之於民猶父母之於子詎忍終棄之而不可勝乎哉又況我　朝百年以來清穆之上愛民事天未嘗少有罪悔吾於是又知天以國家故於民有不終棄而無不可勝者去阽危即吉康俾京師安然得以高枕將不於茲行又可硃卜之乎余壹君別故張之而觀其成且寓訊諸有位者相與勉焉

送雲南憲副林侍用序　　前人

林君侍用在北京時與余居同巷時新筮仕為刑曹

主事貧甚退食暇恒邀余過其家命酒觴余食惟肉一槃無他品每仲秋斷壺其家人輒修之爲茹及是出以餉客凡聚會直至夜分爐寒炭弗繼輒傴僂拾殘薪爇之以温酒用是余有戲壺爇爐之作蓋紀實也鄉故閒或饋小苞苴亦謝去弗受其清修苦節有如此者語及時事嚬蹙見于顔面成化閒妖僧繼曉巨璫梁芳相與爲熒惑築永昌以祈福時待用官副郎乞斬僧與璫以謝天下既下獄人謂禍且不測待用獨怡然如平常時賴天監其忠遂有雲南姚安之貶未幾得賜環補南刑曹副郎余來金陵以地寒煥

不時恒病公署閒然惟待用時過從相慰藉又余性悻直多過待用乃不鄙時加箴砭賴匡捄者爲多然則待用詎非余之所畏者耶　今上嗣位當道者請獎直言敢諫之賢以開言路待用裒然居首於是遂有雲南憲副之擢夫旌直以官固宜寘之　天子左右而乃出之夷獠之鄉當道者之意吾固罔敢知也雲南去國萬里朏徵還而今復往豈食祿有恒所人罔敢致力耶將天欲遠夷知　朝廷有直臣而故俾之往耶然而待用於此有不介之意焉於戲人之叢宦必先有所試而後可觀其成待用之成吾寔有所

誇矣昔人有言保初節易保晚節難信斯言又不能不為侍用懼焉侍用年未四十緋衣金魚位列藩臬其晉晉者未可涯涘念相慰藉相揖視以過茲別有不能已於嘅者詩有之無金玉爾音而有遐心侍用其尚誦斯言哉

送大理彭公序

陳音

成化甲辰秋吾鄉彭公鳳儀以副都御史巡撫南畿至則不以搏擊為能吏自不敢犯而民樂于時雍越明年乙巳夏有大理卿之　召檄至遂自龍江登舟北上鄉邦仕南都者冢宰陳公司徒潘公而下相率

具酒殽餞公于江滸俾音執爵獻言以爲公贈音惟自古名臣有學術則有氣節有氣節則有動業是三者不足縱使位極卿相亦何足取重於天下後世哉公少穎悟於書鮮有不讀而學術高邁及拜秋官遂上疏極言時事嘗　詔下獄備荼毒出復言事下獄以至于再至三既而司臬西蜀司藩東齊復屢屢言事其心惟欲保國衛民而不爲身圖至遷官還敝簀以薄謫自怡海內士大夫莫不壯公之爲人引領顒望若太山北斗頃蒙簡在擢任都臺付以巡行重寄曾不旋踵復起爲大理而置諸左右是則公之氣節

勳業可謂無負於所學而當時物論可謂無負於公
聖朝簡任忠良又可謂無負於物論之公此可以書
之竹帛而為天下後世道也大理以審刑為職刑乃
自古聖王之所慎者我　聖天子寬仁大度欲敷祥
刑以寧寰宇比年以來司刑大吏不能祗承　德意
怵威黷利民多顛于非辜而罪逆滔天者顧噤不敢
發一語以詰用致天渝地震歲凶民殍深貽　宵旰
之慮然則今日之召乎公不為無意而公之處此亦
必有道矣若夫捐壯志徇時好糊心俛首此則學力
不固者之所為曾謂公之賢而有是哉率爾任言知

不足爲公贈而公亦豈待言贈也夫

劉職方遺懷唱和詩序　前人

職方郎中劉君時雍頃嘗課屬吏懲其弗恪不便者構飛語以聞　詔並下于獄越三日刑曹覈獄辭上　詔復時雍官而繩誣者以罪方時雍之入獄也嘗賦詩二首以遣懷京國諸薦紳聞而和之者若干什彙成巨卷予與時雍同登進士第同入翰林爲庶吉士素辱愛不遺間嘗獲覩是詩因作而嘆曰是非天下之公也君子惟守其是者以防乎身未嘗以所遇之夷險而二其心人之於君子亦惟取其素行之是而

未嘗以寵辱爲軒輊今觀時雍獄中之作雍容清暢
不逾乎日而其自守之孤介亦隱然自見諸君子屬
和之詩往往扶陽抑陰亦不以時雍之屯坎而改其
平生景仰之素持己取人之道於是乎兩得之也時
雍產于楚楚人善歌蓋有自來矣然陽春白雪之歌
和者絕稀屈原放逐行吟至設爲漁父相問荅亦未
免有孤知寡和之嘆鍾儀囚于晉操琴而鼓南音亦
未聞有和之者今時雍所歌有陽春白雪之調而和
者甚衆暫入于獄不信宿遂復其官與屈原終身廢
放者懸殊唱和諸作皆渾乎大雅而無復南北之音

之辯　聖明在上君子滿朝物論惟　公而至治之音奏焉此其可慶蓋不止文詞之盛而已予屬另不能和徒並復咏嘆而序以揚之

送監察御史陳君序　　前人

皇明莅天下百年于茲道化昭融民物康乂　天子罔盈厥功宵旰圖治曰格汝冢宰惟茲御史秉憲度以釐百工肆簡多方多士行負過者用宦厥官以毗予治冢宰祗承稽于衆得士之名氏以厥進士能撲陳惠啓順與焉　天子曰斯任匪輕知人孔艱姑試厥猷為允若茲然後任之踰年冢宰又簡厥臧否以

聞啓順在賢選始得拜　命命若曰愊員既長予耳
目有所不逮汝蔔于朕心凡茲股肱臣隣庶邦冢君
暨小大百執事有能輸忠效悃以靖共于有位惟汝
迪知其或肆凶干亂厥法怙終罔悛亦惟汝迪知知
罔不言朕奉若天道彰之以五服董之以五刑罔或
僭濫于一人能守成憲與或叢挫怠荒亦究于爾衆
用獻替以佛予仔肩嘉乃丕績用錫爾祉嗚呼謹始
匪難慎厥終如始斯不易汝往欽哉啓順拜稽首曰
敢不夙夜惟寅以對揚　天子休命既出邦人諸友
咸舉手加額曰吾子夙著徽聞今新服　寵命毋黷

于貨毋怵于威毋脅以循毋默以容毋許以為直毋
察以為明惟公惟斷永底令譽以逆承天　既啓順
曰所有上負吾君下負吾友若有如此天爰召僕夫
命載以行

釣臺集後序

鄭紀

炎祚改符新都易號南陽宗室圖復舊物天造草昧
漢之為漢未可知也海內英雄聞風奔附皆欲效勤
王討賊尺寸之功以垂竹帛今漢啚已定延訪幽隱
粉飾中興正抱道君子雲龍魚水相逢之日也先生
物色故人三徵而後至何耶伊之耕莘傳之築巖呂

之釣渭時未嘗與終身之念也一旦帶礪之勳繪圖
之肖夢兆之徵遂翻然而起各成一代之業後世未
嘗有非其故節者今先生雖應聘而起終不爲所屈
何歟此無他光武少與先生游學其知先生者必深
討先生者必熟矣自莽地皇壬午起兵至漢建武巳
丑而後下詔十七八年之間身跡存歿略不往來于
懷其與抱薪進飯卒狀門遇之殷勤者有間矣豈先
生儒腐不足與談兵歟湯以伊爲阿衡丁置傅於左
右文師呂爲尚父光武於先生撫之以咄咄目之以
任奴官之以諫議其處先生也亦藐而易矣豈先生

特孤高一節之士於師傅之道或有未聞歟不然必先生之知光武者亦深計光武者亦熟又用是之故蚤見預料而不敢以商周諸君待之乎嗚呼先生之自處與光武之處先生者不必深論矣但此集一出不知世之奔走權幸之門夜行不休者讀之以為何加噫予又恨其出之少晚也然自茲已往亦不為無益也故書之

釣臺詩序

吳仲珠　見本傳

是歲予舘於城郡司訓程先生出釣臺詩示予為言釣臺蓋嚴子陵釣遊處也以非耳目所及之地悵悵者

久之偶有遺吾釣臺集讀未徹卷恍如身立臺上揖子陵於千餘載之下心與境會神與若人遊遂自用韻兼用前人韻成諸體詩一百五十首不自知辭意之複篇什之多也執事往時宦遊曾過臺下能為我詩印證否乎予聞終身疲道路者或不盡知其險要而指山畫谷多得之未出戶之儒昔有私淑武夷翁者而曰我讀精舍詩夢作山中客從公夜不眠寒燈款白石未嘗不嘆古人景仰往哲之深雖未遊武夷已有山中歌白石之句則先生一讀釣臺集而百詠鏗然亦以遐思子陵之清風高節不能自已無非根

於性發於情之正也且子陵披羊裘而坐釣臺不少俛首乎光武之招說者謂其節義秋霜重漢九鼎有大功於名教今先生倫堂餘暇獨取釣臺集而唱和之予謂此詩一傳頒表海角當有聞子陵風而興者先生有功於名教亦大特以先生未識釣臺而有此詩人將謂先生作夢中語又不以質諸耳目親者而以語予人又將謂予模寫故迹十不能一二亦說夢也然以當時過釣臺樵鹿南柯之夢方酣安知能作夢中語與夢後說夢者皆為非夢耶謂予不信請致此詩於書郵往問釣臺主人

送王時暘知南康府序　　鄭瑗

揚瀾左蠡之陝有郡曰南康所轄僅三邑其在有宋元公晦翁兩大儒皆嘗知其軍事遺跡存焉弘治元年夏四月南京儀部郎中崍邑王君時暘擢為其郡守既治行李顧謂諸寮采曰某幸與公等同仕于茲今將出為人牧諸公寧有啓發我乎於是人各以其意屬辭贈君子雖蹇訥義不容默也則告之曰君之理所前瞰彭蠡請即以是為君言夫彭蠡修廣凡六百里合江東西數州之水匯而為澤東南之言巨浸者莫加焉盖其地勢視諸州獨卑故百川趨焉又弘

俾而有容故衆流納焉古至于今舳艫之去來相銜
也輕飈麗日則脩然而濟不俟崇朝間遇惡風怒濤
駭騰慄涚則或翩然而旋或凝然而膠或蕩然而覆
或黯然而没歲不知其幾何也然而濟者不知恩旋
膠覆没者不知怨何邪庸非適然遭之出□於無心
也哉予謂此可以況夫人牧者故退乎自卑則德可
積廓乎有容則人易親因民之善而加賞因民之惡
而加罰在我無容心焉則所謂殺之不怨利之不庸
者矣是何以異於水乎柳子又聞彭蠡賈我
高皇帝與僞漢陳氏決其雄雌之所昔陳氏賊虐其

主僭擬淫名倔強江漢間方是時也南康之民屬離持戟日事戰攻其知有仰事俯育之樂否邪及我師致討既不肉袒牽羊以送款乃悉其艨艟驅其吏民肆行旅拒大戰湖間鯨鯢送死民歸職方然後兩儀奠而萬物遂蓋自阪泉涿鹿之後武功之盛未之有也去今百二十餘年遺民故老皆已澌盡而湖山龍戰之跡尚可考尋君治政之暇率官寮攜尊俎陟廬阜之顛而瞻眺焉慨然語其父老曰吾民之所以男耕婦饁樂生而送死者誰之賜歟自今其嗣而股肱守而彝憲以無忘

皇祖伐暴之功以無忘　列聖覆庥涵煦之德然後傾榼以共酌浩歌以弔古思起千古豪傑與遊以蕩滌磊磈之懷抱不亦壯哉不亦快哉

送張君良弼赴福建憲僉事序　前人

祖宗官人之制初不限於所職邇來執銓枋者以人之器能各安所習而鮮能兼通也於是超遷之格率視所職故牧守多援諸司農廉訪多索諸司憲然此以處庸材小器可爾若夫豪傑闊達之士在所咸宜初不可以偏長目又可以是限其職守哉作虞之益

或佐征典禮之吏或播刑迪後世如狄梁公賑所支矣亦出而巡察江南韓魏公知審院矣亦出而安撫益利厥後二公之勳業磊落掀揭與羲娥並耀嵩華爭高是豈一職所可拘耶然亦豪傑閎達儻指無幾與其破榘矱而僨事率循軌轍爲無爽是以雖或病之而卒莫之或更也留都諸曹病於常格久矣茲者民曹員外郎張君良弼乃有閩中屯田僉事之擢衆皆贊羨以爲數十年來始見茲舉蓋君之器能卓異無適非宜初非可以常格拘故在廷之議亦不復以常格處君也嗟乎自兵農既分王者因農爲兵迭

耕迭戍之遺法循隱然於屯田見焉然古人止行之塞下而今則遍中國矣吾聞屯卒錯處八郡其疆畛之辨糧粒之輸耕守之宜競訟之決必有專其事而司其平者今皆於君乎屬璽書委任之意勤渠委曲良非輕矣是廷議固不可以常格處君君其肯以常材自處哉彼韓之勳名虞益之事業載在往牒可覆視也異時將有責備於君者幸毋讓

衍極書重刊序

宋端儀

衍極凡五卷鄉先正元南安教諭鄭杓子經閩字學之衰絕而著其友郡庠齋長劉有定能靜注釋之板

行于世方百五十有年而風聲氣俗最近之邦乃彦
有藏之者其篇名僅見於陳衆仲鄭氏先朝記及世
傳書目中所謂見名不見書者余嘗效昔人求以八
道求能得須者能靜玄孫正隆德甫典教樂平從吳
康齋門人受寫本以歸蓋自蒼頡迄于蒙古氏凡古
文篆隸以極乎書法之變皆在所論議潛心獨詣參
驗稽決陶鎔歷代之偏駁會歸一藝之純粹要之未
嘗不本於古人而其中若九德若正邪若四時餘閏
之說之屬又其所自得焉者其字學之指南乎竊嘗
聞之先民有言備萬物之體用莫過於字又曰契兩

象之運該萬彙之理無踰於六書則字書也者乃至理所寓而不可不講者若昔周官大司徒教民道藝而書居其一又有外史掌達書名于四方書固同文矣自秦而下法雖不能不與時變而爲小篆爲隸爲八分爲正爲楷爲行草爲飛白之紛紛然皆轉相祖述間亦頗有肯尋篆籀之緒上追科斗鳥跡而得其遺意者顧九歲之誦無章舉劾之典未嚴或者騁其私智競趨妍媚而偏傍點畫浸以失真其品題之者又復鮮識與妙言人人殊所以不能不起于經之嫺嘆也予經嘗古博識尤工於書乃寓書著述以攄其

素蘊而佑啓我後人其用意遠矣昔右王軍讀蔡邕筆法書遂大進衍極之書非直論筆法而已志於字學者能得其要領而知所向方於以博其理義之趣於以端其心畫之形則所謂自末以求本由藝以達道因小學之流而泝乎大學之源者可幾矣遠可誘日本之則無而不必精其能乎德甫方將重鋟于木願考訂其魚魯之一二因併書以貽之

贈興化府推官鄭公致政歸養序　前人

上饒鄭公堯臣為興化府推官甫歲餘坐積思致微

恙自謗不堪吏責忽告于部使者祈解所居官狀既上治行李不書牘閭郡聞之譁然言于太守之庭曰公臨民存撫字於催科而寓教化於刑罰儒吏哉病已當視事如初願得申白當路毋遽舍公以歸而公志已堅竟不可回沮於是兩庠師生相率命以言贈惟公學明行尊所師友皆海內名儒最留意於當世之務其佐守臣裨郡政用以圖報國恩者寔公初心爲然而眷眷慈親越居千里頃緣門戶多故侍養乏人公之誦陟屺思倚門毋切於一日十二時間則其必必然圖歸焉者又所謂烏烏私情焉云耳昔者屏

山劉子翬蚤歲宦遊邑而以親故致疾棄興化軍通判當世高之至今傳于青史而誌諸郡乘三百年來又復於公乎見之海邦從此添一故事其於名教亦不為無所關焉然屏山既還武夷與籍溪胡原仲白水劉致中往來講學薰陶善良者彌衆公歸邑養之餘合二三同志上下其論尋繹乎潭溪之緒以行其鄉以淑其徒則所以同符於屏山者又匪直引疾一事而已公名夔堯臣其字自號愚菴由太學生領薦以銓試高等舍褐拜官云

莆陽郡學鄉賢祠諸賢考證序　前人

郡學故有先賢祠宋紹定中定祀唐侍御林公藻至宋元樞鄭公僑凡十有六人類多名士惟方著作以始建廟學與後人因其他無所考見遷而祔諸常觀察之傍似矣鄭湘鄉著藝圃折衷其言有詆孟子者大儒君子至有病風喪心之誚則亦迂謬矣今以林艾軒所撰墓誌考之蓋其少作晚而著存古易其所詣抑又高焉列之一鄉之善士未為甚不可若宋季若元以及　國初累有躋升爰至宣德間增至六十二人至正統間增至七十四人其中可以參錯昔人無愧色者固多然承贊朝唐暮梁正歐史雜傳之儔

徐鐸擠排元祐在編類章號之列卓厚方寧宗講議
財利以才在選中而大樂修書預討論蓋吳居厚劉
昺之流匹也乃使之俎豆其間不知當時評者何所
取於斯人也夫大節不可不謹大義不可不明勿謂
有其舉之莫之廢也若乃王回方軫徐復陳遹宋旅
倧吉老林震林霆林豫方士繇黃艾鄭耕老王悅余
崇龜鄭寅陳沂諸賢或遺直或遺愛或事功或戰功
亦有潛心聖賢之學若是固與群公先正之翹楚者
頡頏回視徐師仁倚潤道史林大鼐附麗秦檜以及
徐寅陳絳鄭厚劉克莊顧長卿與　國朝一二大夫

士間可責備又疑若過之然或以其子孫衰替或以其遷徙他郡顧不與焉於此不無遺憾故今序次已祀諸賢銜名謚號因併着其履歷行能爲卷者四其應祀未及祀者亦摭其行實而别爲一卷凡此皆稽諸傳志取諸公評非區區一人之私抑余編集此書特因昔日已成之事而道其所以然耳若論其至則表異其尤如詹如櫕如襄如次升如光朝如俊卿可學必文龍數公爲後學景仰足矣又不必如是多其人也

愧齋陳先生文粹序　黃淵見木傳

鄉先生愧齋陳公以博學雄文鳴於時以敦朴愷悌稱於朝成化弘治間累官南京太常寺卿先生既沒而遺文未行于世孫經歷咨忠大懼散逸無以稱先人意一日抱遺文請予請曰先人自著文字及一時應酬所作甚多愧不能盡刻乃屬郎中黃君伯固編選其充粹者得一百一十四篇釐為十卷將鋟梓以傳公宜有言以為序予忝鄉曲子弟承乏南院實尊先生後則於先生之文予信不可無言故不敢以衰老才盡不足以自劾辭乃連日披閱盡得其槩因作而嘆曰孟子有言誦其詩讀其書不知其人可乎是

以論其世也公忠厚長者貌如其心而至性過人與物無競平居吃吃言若不能出口至臨利害及大節所關乃更奮肆敢言而義槩凜凜如秋霜烈日不可玩狎嘗上疏論時政叱錦衣卒不媚中貴數事尤人所難先生生平大致見於李西涯諸名公之所稱述類不勝紀予無容多贅也然而言以蔽之所謂木訥近仁外柔內剛先生以之故其發於文也亦如其人焉文字協從辭勢穩順而義理燦然態度橫生往往出新意於題目之外寄豪放於典則之中讀之令人亹亹忘倦至於雕蟲篆刻以為工叢錯彩繡以為[illegible]

艱深怪澁以爲奥險峻峭削以爲奇先生無一言焉
蓋其心明白而俊偉故其言簡易而易知其量含弘
而光大故其體雍容而不迫其節磊落而崢嶸故奇
麗秀絶之氣終不可泯然則先生之文與先生之德
可謂協矣乃充乎内而發乎外者也豈偶然之故哉
其足以傳於後無疑也自先生没于今二十餘年世
遠人亡而風俗與化移易世之君子日趨於智巧便
利而文體亦不勝變求其靖恭持重悃愊無華温潤
典雅淡而不厭如先生之人與文者於今不可多得
觀世君子於此不能無憾嗚呼先生九原之下固不

可作而文未嘗不存文存則君子長者之遺風餘烈猶可想見而熄浮鎮躁端有所賴然則斯文也其可少也夫其可少也夫先生諱音字師召別號慨齋世居莆之涵江云

木蘭陂集序

林俊

行水之道因利害而順逆之耳夫水溢而上則下民其魚順疏以熄其害若導河積石岷山導江者是也水趨而下則上田不毛逆壅以收其利若鄭國渠堰鉗盧陂者又是也然順之勢易逆而壅難小猶難者以人之力而與水爭也逆其怒則不可禦矣木蘭

之溪源永春流德化歷仙遊趨莆而注之海不為不遠匯三百六十澗之流不為不多引以溉南北二洋萬餘頃之田不為不利以傳溪而不陂容無蹈西門豹之議者乎然李氷疏蜀終深陸海之思河伯循崖徒切望洋之嘆以郡而無奇男子賢士夫良守令不信也而錢媛僅女人林從世僅進士李長者僅富民皆自鄰郡而至捐金濟物不待一命而然俱偉以烈矣私惜者急義同而役智各異故長者獨垂無右之功嘗蹟故陂論之行水行兵道一也兵法得地者勝錢之始築將軍巖下右堅左脆水薄其脆林繼築溫

泉之口上急而下湍水襲其湶其取敗固宜長者重
有創馬木蘭相基天假神授兩山夾峙左右翊以當
其衝伐石海洲卧牛抛馬横縱牙互而鈎鎖以固蓋
以人之力助其中堅水不得不循我渠道以行支川
走二洋歸斗門以溉以宿以節而入海陂成而利莆
世世命脉在此也夫財貴能散者也長者之義與卜
式同而助邊助陂殺人養人異耳公非劉氏七廟之
記謂賈濞攻城野戰殺人以取王封而信堰水溉田
興養人之利僅羨頡侯今長者與信同功而祀義廟
食侯封沐我

孝宗敬皇帝歲祭之錫信不及矣陂有誥文記傳諸記其裔孫郡庠生熊瑞而集之請序於予拙宦委散未能買田卜室以托老是陂簞耕硯蒔閒嘗一觴泂水自潤斯序也其容衰落厚辭

方忠惠公文集序　　前人

宋自晦翁朱夫子起建安以上集四儒之成四方學士師宗之閩為盛莆又宗之方為盛復齋若水伯謨尤著者也逮尚書忠惠公祖尚真源沾溉醇發于西山鶴山二大老而追慕元城公為烈鐵庵之疏見志也公弱冠擢南宮詞賦第三人不祈速化沉酣下僚

者餘三十年亦遐矣端平初鄭性之當國搜進名士擢致諫垣危言正論進親賢遠聲色杜倖幸以襄之失蜀之敗為恥荆淮之援為懼及繳駁數事尤忠戇所難言公無諱焉申大義以雪濟邸之冤追罪奸相之彌遠屢言之臨安火又言之為其黨蔣峴所中予祠鴻禧噫是無遺直者與公終寶章學士廣東安撫使為治尚風化崇正學表先賢薄官征卹民隱谿行晦翁家禮社倉諸法利關人國為之力無沮以故生有祠歿致薦享舉扶梅竹以奠請贈謚而梓行其遺文皆廣人德公之報也噫是無遺愛者與公歿淳

布汀未至是二百六十有七年公族孫雪鷗良節嗣
豐家學大衆廣播因舊本緝之爲若干卷複梓以傳
厥舉也公後村同時人平時著述甚謹尺楮片翰刊
落陳言辨博雖間不及後村而粹縝過之命詞運意
以心術爲根抵氣節爲枝幹義理爲華實名賢爲標
格澄潤豐潔而手神自適爭先覩之爲快亦名作矣
太常謚議謂源流晦翁係驗之晦翁及公仕籍俱餘
四十年晦翁在朝不滿四十日公亦僅一年幾半其
出處槩自相類莆先正自端明蔡公謚忠惠繼之亦
僅公一人而已端明慶曆四諫溫陵海橋之鼓贖天

攘俱澈可也而亂嗣凉落遺文晦蝕逺之今無幾公舊本無恙玆復煥然以新梓行又適在廣是固德門子姪錫類之賢文獻足賴抑公之精神在廣與故民相糾結不渙散以黙運之令耶不能不為名德幸也俊郷閉晩出前哲景行序文大参之請抑亦俊之責也公諱大琮字德潤累贈銀青光禄大夫

湖南道學淵源題辭　　前人

盧陵陳先生文鳴總學政湖南也崇右正學而課程詞語督詔之又蒐采元公二程考亭胡文定張南軒六先生事行成是録以標的諸子其立義首元公不

曰舂陵曰湖南亦猶紀吾夫子孕聖之地含曲阜而稱東魯遺意概之後群聖而生吾夫子實集大成後諸儒而生吾朱子實集大成夫子祖三皇宗五帝父三王故叙皇帝三王道統之傳以及夫子本而盛之也元公子二程孫朱子故叙元公二程道學之傳以及朱子推而盛之也胡張則元公旁派亦猶帝之有稷契王之有伊尹萊朱云爾然則收程朱而遺橫渠收胡張而遺廣平上蔡勉齋九峯可乎哉曰序備之矣生於是學於是遊於是是斯錄矣橫渠關中人未嘗至湖南游謝黃蔡伊洛考亭之淵源固系之湖南

國未得治該之也嗚呼夫子而後有孟子濂洛關閩行遞繼盛道未嘗絶也二之儒靜修于畏也一二先正時有致私憾其間者剥久而復宜亦有繼之者繼必自湖南始元公開道之先是録又吾道之托之地也考時揆世諸士子崛起而承之斯總學盛心亦予小子俊願士之意

忠經序

陳仁 見本傳

是書篇章條貫發辭援古大抵擬孝經而作何以不别爲經傳曰孝經之有經傳後所更定書也兹所擬乃秦火之餘漢儒之所掇拾所謂存十一於千百者

也然則善學孔子歟曰孔子述而不作其書皆出於門人之所記如天地生成器物不假雕琢自然可以傳之悠久是書則微露斧鑿矣然則其亦有所因乎自子思孟子皆嘗有作子思作中庸程子所謂筆之於書以授孟子者也孟子作七篇朱子所謂筆勢如鎔鑄而成非綴緝可就者也但商敦周彝雖假人力而為萬世之寶是書則作為利祿之具竊效公輸以求其近似者爾然則其亦有裨於世乎曰古人著書多矣如老聃莊周列御寇荀況揚雄王通輩皆名大家而涉浮駕誕害理亂真者多有之如國語戰國策

說苑諸書又皆馳騁縱橫偏辭詭異雜以刑名術數
之說正如作爲器玩足以供人耳目而非資身之具
古所謂虛車是矣是書則人家日用常器雖制不逮
古而亦不可廢焉其曰馬融所著鄭玄所註二人皆
漢經生史言融著春秋三傳異同註孝經論語詩易
三禮而無所謂忠經玄受學於融所著周易尚書毛
詩儀禮禮記論語孝經尚書大傳亦無註忠經云云
豈二人不能自信隱而不衒故在當時無所見今可
傳乃後人表而出之耶史又言融達生任性不拘
儒者之節奢樂恣肆黨附成議意者言雖善而將這

故弗傳爰及後人未暇責備不因人廢言而其書始傳焉是皆不可得而知也但云二人皆註孝經而蓮信是固如是也其擬之才是作或者其然歟玩其詞意太畧淺文字與魏晉以下蓋不相似夫漢儒專門訓釋前輩謂世不可無欲學者中心有主而知所擇竊以為所著之書亦然則學者由是而學而又參之他書以究其同異得失以定取舍之端則資之以脩身而以事其君以及夫立政用人亦多聞擇善之一助也

弘治庚申秋予奉　命治儲天津兵備副使金君舜
舉以志典未備顧為假筆因念天津為我　朝圻內
重地
太宗文皇帝建都形勝爲重馭輕設立三衛於古直
沽去京師二百餘里以爲東南屏蔽百川會流條而
爲三至此合而為一縈回吞吐以逆于海澄海鯨鯢
鼓躍上游戲之未遠必且搖毒漕舟商船道路少梗
識者以爲憂百餘年來坐享寧謐其薪以一丙之亟
而金湯倚之矣自城設既備繼而學校爲修又繼而
貢士解額最後兵備因設官綱紀漸張儒風亦漸盛彬

彬與上國菑獨記事之書尚關進黄髮詢以開造始
事擇子孫考問祖德已不能舉其詳況遠踈乎誌其
可以終無耶遂忘固陋慱倣近所謂郡邑志叅酌論
敘而從其善其有不合則繆起義例間亦附以已意
故城市宮室食貨學校官秩之類昉自我 朝而土
地人物古跡則遠及前代戶部分司所治别為一集
以致其詳其他有關風教可以廣見聞而立程式者
雖非專地之事亦附集之以備考究漸特始筆落頗
及代柬稿北歸正有道冗奪因仍幾歘廢之明年舜
舉亦以憂去適黄岩施君彦器以河間守擢是兵備

副使下車先意文事价而徵乃閲前稿楷以遺之昔孔子謂文勝質則史志非史也其記事不可不信與史同也稗官小說史資其善志亦可以備史之遺先儒廣漢張子謂修志不可不載人物正以其景行仰止而有資於展卷思齊之益但有之不可遺無則不可强求者為生諛死文致巧飾以植恩避怨如之何其不藉籍口騰也予竊病之生長是邦者所祖父百戰勤勞膺重城之托其不仕者亦給自公食三農之力而受若直有秀而穎則養之學宫視其成又設憲臣擇賢有才者長治以鎮靜之則文教武備為所有

事而講藝閑習讀法飲射不可時廢務相與守法勤事以宣 國威勸德規過以學風俗絃誦詩書以復先王之治嗣是而書當有大者始此産端以俟之無窮焉

送陳侍御疏允終養還鄉序 前人

吾莆當 國朝文治之盛先正閭望如林濟菴公翁氷崖公陳康懿公柯竹岩公彭惠安公楊朝直公俱文章事業可名世彭與楊尤以風節稱又有貴求我公宋立齋公端學朴重厥靜儒碩亦今世所難者諸公皆天下士也天下人知之人能言之當有直書其

事則後世人知之人能言之至於知而洞其隱言之無所勦附則惟産於其地與[illegible]持其時者爾始時周每與予論古今事輒扼腕幾於盡信書不知無書之說至論人所以為賢則曰必務實務實云以其可以利用安身而取之於己為有餘也非謂其必能有傳是雖有激而云其亦有所取驗自信之深為可以焉故自入臺即慓慓若不勝踰時以敢諫名臺端倚為重時　聖天子方厲精化理矣不自逸以衙頤有老毋焉封孺人張氏早寡撫己之孤今年七十有七矣為貧羈祿遠離膝下誠非得已者上終養疏得　俞

旨以行昔人謂少則慕父母仕則慕君以為周物有
邃然則惟理之至故物弗能遷其輕重本末分數較
然他日推而極之則內外先後俱可無遺憾矣即此
二者立身大節而其廉靜簡朴與物無忤斐然成章
說者謂吾邑壺山端重秀拔不在泰華下時周得所
仰止而非劖說億見者卓爾景行注標的於百步外
固不宜有毫髮爽雖然古有之遒跡不堅南嶽獻朝
與終毋之年糜好爵頗飾輿服如史氏所譏者吾不
為時周疑然於時周之行而及之因以規夫為人子
為人臣者

贈山齋都憲巡撫江西序　方良永字壽卿弘治庚戌進士今為[illegible]御史

士之仕也有其具而已乎有其具無其時孔孟且需而弗進也剝盡而復否極而泰上有　聖明下列壽俊內無疵政而外絕釁端矣是之謂時然際其會者蓋寡矣吾友山齋鄭公之際亦奇哉當左轄江西將逆濠肆虐擊斷無諱轉移大柄以死生禍福有位人其應如響公從容其間屹不為變而媒孽之禍作以文致于罪卒落其官而怒猶未解也林見素擬巡視貫湖東辭相位去亦已矣猶百計偵伺胡永清先幾而遁卒致詔獄遼左之戍性命幾不保公既落官人猶

公危雖公亦自危也迨反狀既露逆兵猝起皖城拒其北陽明之旅已鼓行而西濠進退無據驕首就擒當是時也已有訟公之冤即其家而起之者　飛龍利見　天命維新反弊政而還之舊以與天下更始顧以江西甫定之邦非老臣宿望以拊循鎮壓之不可而公巡撫之　命下矣公之遭人固公奇公亦自以為奇也故再起非難而時之遭際為難時循濠時也公固無此起濠死而中外之奸尚在公亦無此拜拜亦無能久於其位今則無是矣簡修進良繩惏推恭以弘大新政保釐西人如書所謂不剛不柔詩所

謂不吐不茹公固有以自副也柳善作者不必善成得於憂患者恒失之安樂易曰樂則行之確乎其不可拔公孝友貞諒論事侃侃不詭以徇文章刊落葩藻根據理要無諛詞既得之涵養之素而復危歷險衡慮困心於八年之久以日見其至以曉其成於所謂不拔云者非獨公之自信人亦信之無疑也予不佞與公素莫逆既慶公之遭且知公固不負此時也因書之以爲行贈

贈節推傳君榮擢常州郡倅序

前人

是歲疋德己卯夏六月吏部擢吾郡推傅君美政通判常州府事報至民皇皇如失所依知不可留也謀立石道左以系去思俑大夫士相率贈以言比十月部檄至君捧之色若不懌然者松厓子訊之曰時不可為耶曰否大懟初平聖心感悟更化善治此一機也奚為而不可無亦負有資望而晉秩滯且恡耶曰否升沉遲速命也而半刺端寮倅車分乘又得大郡如常亦足矣敢滯與恡左哉若是奚為其不懌也曰官易地而政未諳民或異俗士夫或異向而心未易孚惴惴焉勛名損於作推時是恩爾松厓子作而解

之曰官信易矣而官政未始可易也民俗信異士夫意向未必人人同而善善惡惡之心未始不同也君嘗再蒞蕭一蒞杭杭之民與其士夫君既能兼信之而無間於與今何獨疑於常襲君之故以無變于物常之人有不信耶予嘗見君禔身矣氷蘗自持不矯激以自衒又見君施於政矣峻法弛而惠愛滋浹下隱而闢其迷必小大不究乃已又見君之與人矣遇以禮而接以誠事有弗直輒爲理而戒干以私則峻而拒之以是民依依不忍舍士夫之樂於頌美也與與杭既爾顧於常有弗爾耶而猶退焉若怯惴惴焉

以爲惡亦過矣君再拜謝曰微公言吾將無以自慰今釋然矣亦安敢變其平生哉於是邑大夫雷君孟升與三庠文學蔡君希淵輩來乞文予無他說以張之乃文第所與君語者授之俾書爲贈行序

武康縣志序

陳琳 字廷用弘治丙辰進士今爲南京兵部侍郎

古防風氏國於封隅爲今武康之地攷之記傳足徵也嘗疑堯舜之世江以南未盡闢而封國不宜至是及覩禹會塗山防風氏後至塗山今會稽豈其地相近而皆列於荒服之內耶漢以後地運漸南故其山若增而高水若駛而清人物土產習俗亦漸以熾遂

入
國朝而武康遂為浙東巨邑絲纊織縞衣被海
內則其他可知已舊時有吳興續志又有餘英志我
朝會粹為一統志然皆縣舉湖州一郡而襍書之而
武康未有專志豈非其邑之缺典也哉衡陽易君來
令是邑政事之暇乃倣一統志凡例摘其事蹟分類
而書以為武康縣志既又訪其遺跡廢之故若補其
缺而訂其謬凡古今沿革人物土產習俗於是咸備
其用心亦勤矣既成將梓以傳介予鄉友來京師請
序予惟邑之有志其繫於治非細也而今之為令者
類牽於簿書期會之間且不暇給安能留意於是且

非法令所及若非吏而儒者亦未嘗不笑以爲迂而君以爲首務且其力足以成之不可謂難矣乎夫致其圖書興利以養民表其地之先賢以風示後人皆志之所有亦令之責也君其次第爲之則凡其地食其報將與志之所載名宦並垂不朽其宦使走志徒託於虛文而爲俗吏所嗤笑者乎此予之所望聊以復於君者君名綱字正道督而修之者邑丞許君英判簿李君睿而索予文者鄭君美今爲其邑幕云

送邑判秦君致政還鄉序　前人

鬻子曰去名者無憂而論者往往謂新晃崇實爲外

物若為身累然者抑豈至言哉易曰時行時止動靜不失其時其道光明固不以名位得喪置欣戚其間則亦安所遇而已矣上猶泰君廷玉由太學來判吾邑未書考輒致其事以去過予言别予曰君官卑而祿入少歷未深自居兢畏不敢溷凡俗自潤故橐蕭然上猶近罹兵燹廬室爲墟田園蕪且盡昌黎子有言中世士大夫以官為家罷則無所於歸君何恃歸哉君曰吾嘗誦紫芝之歌富貴之畏人不如貧賤之肆志竊慕之而迂疎率直刓方爲圜變白爲黑其果吾事而亦果吾安耶况今年六十有六亦年至之時

吾固無恃而歸亦何得所恃而留耶吾邑不可往吾將市舊業携妻子卜築南安耕薄田梓小舟弄水雲而狎魚鳥以待盡餘年何往不自得哉言已予且快且悲惘然自失記宦游南北十有四年非如君之歷之淺言無補於時澤未加於上下非如君職關地限而循覔其施貧雖無異於君然豈吾人及計哉君得脫樊籠而予尚羈塵鞅予之自謀不暇顧暇詠君哉君達者也順時而止者也不累於名者也君去矣自食其力饘粥得繼無失為畎畝逸流即不能亦將使樵翁牧豎群而指曰此固甫貧判薄也不亦美歟令

尹周侯以仁惜其去也需予贈言序之如此

送邦憲鄭君之南粵序　陳茂烈 見本傳

伊川謫涪州元定道州留中無所芥蔕得賢愚之歡心無他見道明耳越江別淚嶺海出涕爾沛失其常者衆也噫見道者世可易得其人乎哉予於鄭君士達之行而有以閱其淺深矣

孝宗朝君與予同被召君適南都赫赫有聲稱于碌西臺及歸終養君以疾制去正德初起復拜　命按湖南代還與時牴牾調吾鄉節推人聞之歎而顒顒以待既至予謂之曰暫借牛刀君笑曰愧未學處

談琅琅如平時予異之又能刋落形迹盡禮以事上
磬折以賓賢悉心以體下於是審重獄剖繁詞拔淹
滯清寃牘定徭役括隱丁抑豪右扶貧弱積弊頓革
惡政一新未盈數月歡聲四流方欲講究水利築塞
陂涇立悠久之基而庶幕之檄下矣嗚呼天將玉君
而故為是拂亂耶抑吾郡生靈之無祿耶士夫武弁
以及黎庶無遠伊邇為之興嗟君無幾微見於色予
尤異之夫　謫於蕭再謫於庶人所不堪君之操愈
堅不知果於道有見乎否乎即今之處蕭固知所以
處庶庶人於君所以後之愛之又未知其何如視顛

沛失常者賢以否又何如耶予家食數載輒忍見時艱自吾郡言之前守張公時峻踰半載而去今君未半載而又去天下郡牧如二公之去者殆未知其幾人求如二公脫然無芥于懷而得合郡之心者又未知其幾人焉韓子云古今人同不同未可知吾郡二公何古今之人不相及哉諸搢侯作圖徵言以贈因弁書之以表二公之賢

送黃伯望序　林燮

予初入郡庠伯望已號前輩慎言寡許若與予不相合長揖外未嘗輕相近一日候按部者於郊未至予

力乏坐偶右伯望曰吾長于不宜然予引退然亦笑其過於類憊後予領鄉書伯望繼之同第庚戌進士同官户部僑寓又同巷當是時無一日不見伯望見伯望必須倒後已伯望每謂予子某事過某事不及初聞之頗憤且恚居閑處獨因以自撿蓋有甚所言者百孔千瘡東防西潰且恐伯望之不言矣丁巳讀禮歸始别於予友道之廢久矣未合也相望如秦越既合也相附如漆膠俯首抑氣不肯輕出一言恐相齟齬比以相全而迄於相失也有如伯望者始能正予以禮終能輔予以義朋友盡若人輔仁之益庶幾

乎哉而乎繆悠之迹得免播揚者伯望賜也伯望有南方侵事過家奉卮酒為二親壽走謁諸墳墓見鄉之先生長者公府僅一私覿簡書有程車馬且戒行矣群公相率賦詩見素先生冠以序夫伯望群行卓然作者盍得其實矣而復贅是不腆者朋友之難離合之感也伯望亦有概於是乎

桐鄉縣志序

李廷梧 字仲芳弘治己未進士歷官大理寺丞

桐舊為鄉隸崇德宣德庚戌始分崇德西鄙為縣而治于桐因名曰桐鄉其初為鄉也凡山川道里民風土俗與夫人材物產之屬皆見于崇德嘉禾等誌析

分之後則闕焉未有任紀載之責者正德壬申鈞州任侯仲伊來爲縣首會燃各志博采與集凡涉桐事者畢攬而識之而又諮之故老考之傳信與真黜謬刪繁就簡允爲一邑之成書今年泰宗以職事至京過予言故且請序按周官小史掌邦國之志外史掌四方之志土訓誦訓掌地圖道方志以詔地事而知地俗則志之由來遠矣存于世者如州藏黃圖風土記諸書大抵志類也其爲言皆約而盡直而覈可以該事實垂法戒非苟作者我 國家承平既久人文聿興薦紳先生皆得以游藝餘功及於志事然取而閱

之其能粹然完美足以追古作者無幾若義例弗當條章靡立或詭言傷正或穠詞損實者往往有之夫本道德而後可以言文具三長而後可以言史志之記事如史而會意惟文弗過其人焉款操筆以爲文具美觀豈不悖哉桐雖新造之邑然賦貢戶口土產疆里在浙猶可甲乙數而以例于江北則維方州小郡殆猶過之獨復道綴文之士輔理承化之臣則若寥寥無有相望而起者豈爲政君子未能倡而導之歟侯爲是舉可謂知所先務者矣繼今以往吏於其土者於是而寓覽焉則不俟觀風問俗自有以備見

乎興衰之微生於其地者於是而披誦焉則不俟稽古攷文而自有以盡窺乎古今之跡襲完富而思保持察俗尚而思因革觀俊乂而思陶鑄詮流品而思勵行悟勸戒而思趨舍感發興起而名宦人材將彬彬乎輩出矣予甞承乏是邑時則有妄輯而刻于梓者每欲脩正之未能也茲覩侯之成書既喜且愧故不辭而為之序

嘉興守楊公政蹟錄序　　前人

曩予令桐鄉聞陽城楊公之為守也邑無饕誅郡無秕政民皆恪勤于農無有求利於官以干農功者去

之數十年凡政之惠利者究其源委必出于公民之
咸造于庭白事之顛末必曰楊公云何他守不得與
也後予入官于　朝益聞公之行業于士大夫間至
於墓隧有碑郡乘有志名臣有傳則又天下所共傳
誦不可掩者公何以得此于人哉夫至大至剛之氣
人誰無之然能善養而充則至于塞天地旁日月出
幽入冥亭亭物表而或不然者欲誘之也公自筮仕
以來即捐妻子簡嗜欲抗志勵操介然不群故其襟
懷洞達正氣常伸茹闇濁不為之驚解棼錯不為之
亂調甘辛定震撼而不為之撓非其義萬鍾不足豈

也非其道王公大　人不足貴也惠澤之流又足以
沾溉群生憑藉數世人徒見其方嚴竣整若巖巖壁
立不可狎視不知所以持養是氣者蓋非一日之故
矣信天下之偉人也哉然公在郡踰九年知已不逢
徵召不至臨乎其上者非惟提衡推轂之未聞也顧
忮害之擠抑之甚者從而下石焉及既滿考始亓浙
憲之擢雖進位中丞又連輒斥環天下列郡數百而
能柔言脂軸餙智為恭席禾及溫皆棲武要地考其
所以為政曾未能望公一二也而升沉久速迥乎不
齊如此豈亦繫乎其逢耶雖然公去民思之不忘於

是礱石以識歌頌之藪櫝衣以示弗翦之意茲又有政蹟之錄焉以今之人心如此則當時之人從可知矣以公之得民如此宜乎時之不我容也上舍生陳詔以錄示予請爲之序予故備論公之所以繫民之思者如此嗚呼陳生錄此其有所感也夫其亦有所諷也夫

送都憲山齋鄭公巡撫江西序

黄華

山齋鄭公之以都憲巡撫江西也其去罷方伯時八年矣華於公之出處未嘗不反覆世道興衰之際焉

夫古者逆亂之雄欲動於惡必先去其所忌其不足
忌者大抵可說而下也先是逆藩始横素翁為巡撫
洞察其必反稍裁之已不能堪翁致政歸公為廉憲
連為左右方伯亦策其必反又稍裁之滋益不能堪
遂交噬賴臺章交論天下譁然竟不敢加害然猶傳
會以罪去於是無復言及且頌其美者矣浸淫以至
於亂尋敗亡　先帝始念公先事之智排難之忠即
日擢為四川方伯未幾在廷僉舉我
皇上入繼大統省章首見公姓名若曰茲貞臣也是
敢抗逆藩之横是嘗有德江西之人其長都臺以撫

西人　命下與論稱惬方公之被禍以去也天下危之曰公其不免今免矣江西人思之曰公乎其庶幾復來乎今復來矣士君子惜之曰安有賢如公者而不柄用乎今柄用矣公將何以慰天下之望乎況昔當其難今當其易昔處其變今處其常公之不負天下之望也亦審矣世有以一創而懲遂改故轍者輩蓋屢見之未嘗不退而自懼也亦安敢復以是量人哉公長材與學粹衷勁節在鄉評翕以公與素翁爲匹今都憲之擢亦與翁司空　召命先後下且復巖翁舊撫之地行翁之事世以爲不偶然云

送林二山赴夷陵判官序　前人

二山林君以乘之判夷陵也取道過家顧予後峰山中與之登古嚢凌絶嶺以望滄海遂遊九峰泝涵江凡三日而後去瀕行謂予宜有言予亦方思所以贈二山遂擕夷陵之故以語之昔歐陽文忠公嘗貽書高若訥爭范文正公事坐謫夷陵以景祐三年十月至明年十二月移光化計在夷陵僅一年而文采照映聲光衣被至今夷陵之山川草木有光耀焉夷陵人相與語猶曰吾文忠公嘗辱臨于此也而凡仕其土者亦往往以前政自詫夫當其時投之險惡之地

固以顚踣窘辱之[illegible]孰知數百年之後而人更以爲榮者乎豈直道之往天下屈之而益伸抑古之所謂賢人君子亦必迍邅推剌而後能有所成歟二山之謫與文忠同而又適蹤其跡所履地人望二山不啻矣二山將不爲文忠而已乎文忠在夷陵嘗閱陳年公案見其枉直乖錯不可勝數以夷荒遠一邑且如此天下固可知自爾遇事益不敢忽然則夷陵何減之間固文忠終身造就地也向使不至夷陵則所謂枉直乖錯者奚知焉不因荒遠一邑則天下之事又奚知焉文忠異時接引後進每談吏事而不及文章

蓋得諸夷陵者深矣嗚呼此夷陵之所以有文忠亦二山之所以爲夷陵也惟文忠平生可法者多予獨舉此者蓋夷陵之故也夷陵自爲邑以來前代名賢宦遊者亦多矣予獨舉文忠者慕其迹從其同也二山二山亦將爲文忠而已乎

郃陽文獻卷之十終

莆陽文獻

4

（明）鄭岳 纂
吳伯雄 點校

廣陵書社

記

導伊水記　　蔡襄

伊水出伊陽縣西南山北流至闕塞析東會于洛自闕塞始釃水行一十八里以貫都城伊瀕大山屬連數百里多材木林竹薪蒸椽栗之饒歲取之設方桴以載浮伊而下循渠引行萃于城中物衆售平人用賴焉其後渠廢水涸昔之可浮而至者悉載且負久之莫或復也寶元元年今振武軍節度使知延州范公以資政殿學士吏部侍郎居守西都首圖伊渠之

利乃命知河南縣事王益恭巡檢李昭慶迹視其故計費度功以監竹木務劉信河南主簿歐陽昱總工徒秋八月二十七日始作冬十一月十六日役休納石竹絡以障大川更起隄防擁其來勢及城且五里洛渠橫前不得絕其流而度編木爲槽承以石趾架而通之向之載負者復舍陸而浮矣官寺民舍往往支取其餘溉注園池碾磑爲利滋博其年公持節守邊明年以書語某俾述渠以遺後人庶完治勿壞某竊謂近世守官亟更易無常處所臨之郡官稱姓名適在人耳目則又罷去雖良吏勢不能施發德惠遺

溉風俗之久視其地其民置之若遺迹非志於民者孰去而思之耶公方專制羌虜亟夜設方略審機勢以攻取決勝爲事今乃勤勤洛人之利而不忘可謂志於民者矣

郭氏旌表門閭記

林光朝

一夫以孝聞而天子喟然爲之改容且至大書其門以褒勸旌異之莆之東北隅惟林氏爲故家雙闕今無恙南北衝衢道由是出必立馬停轡而後去六三百年來有郭君孝子視昔人爲無慚色者先生貌古心不雜所視惟尋丈口不論時事聞他人之過則掩耳

而去以是豪傑黑暗嗟復辯佞雜然人品何所不有與之處或累刻積日彌月竟歲或邂逅一晤偕許是必以處仁為古之人先生癸時遊大學以操尚稱四十餘客錢塘聞毋夫人之喪徒跣走二千里每一哭輒嘔血家貧甚無百錢儋石之儲及治葬雖故人有所饋不肯受聚土為墳而廬之於其旁塋兆既成不出三數丈有甘露降旃日當中則霏[illegible][illegible]下[illegible][illegible][illegible]潤土脉欲動乃如異時所聞者余於是吊先生於廬下先生杖而起且曰義重事親有所不足敢以是欺吾子是歲郡國白之朝有旨旌表其閭前安棹楔門

左右累土高尋有四尺至以白而丹其旁角此故事也前代帝王應法復孝友之家璽書具存則聽復君子之澤不過五世先生所以遺其後者雖帶礪不足尚也先生六試于禮部以右迪功郎補潯州司法叅軍秩滿再調德慶府錄事叅軍昔者元德秀六十不知女色先生過六十而後委禽焉其在他日足跡可數不必道說而人自信之每夜半嘗焚香適取之販婦已而弃去曰此但與瓦礫塊土等耳余一夕夢先生踽踽然衣巾如寫水旦日詣其家其童僕自外來猝然曰先生還夜浴何嘗解衣余每怪夫夢之無從

悉毀直萬右君父子楚之兩龔李仲元管寧陽城其新淞泊處也瑟焉如玉鏗焉如金又如冰寒火焦不啖以語人先生固不待三十年而後議論乃定也隆興更元新祚門閭彦華於先生為族子屬某書其事筆來下者三年矣所謂伊人在水一方溯迴從之道阻且長溯遊從之宛在水中央此為先生之閭我不出戶而昔至也時乾道元年四月三日

五芝亭記　　前人

紹興二十年春太守陸公命其堂曰三瑞蓋從郡人之請且紀事也四月之吉乃與客登堂合樂張飲是

可他飛觴臺之東南俱有異産如嬰兒之拳者凡以五酒數行客起而環觀之時有通人洽識者愕然曰佳哉是所謂煒煌芝之英也吾往時嘗游大梁見於華原鄭公之第殆循今所見也越旬日本茂而實滋其大盈尺小者亦或數寸輪囷秀出不可名像欲翔而止欲躍而留有如環者有如璧者如蟾蜍萬年而角者公由是私自異之乃爲壇聚黃冠祝之三日遠近相携而觀者蓋如堵墻焉公之治莆也訟平而禁約弛行而令隨人安以舒百物順也雨暘之禱響刻輒應自春徂夏麥隴大熟黍穗十倍陳粟未散而新谷

已升三十年來視今為樂歲也莆人父兄相與言曰吾為兒童既壯且老矣聞某地朱草生某郡之山出器車某歲天馬來景雲集寶鼎現當其時居人日食四酺東阡西陌相去纔一百步是必正衣冠束帶而後往也今天下罷兵十年官賦以饒民齒以蕃滋祥之氣日以綸洽靈芝五莖産于公侯之圃歷歷如庭[illegible]所傳聞者太平之應自此發之願公為福於天下而無忘此土也於是雜然以歌討詠幽為公賀者芝之初生其色如塗金旬日如凝脂又如渥丹復一變隱然而紫暈今畫工所傳者最後黃中之色也公乃以五

芝名斯亭而命州民林某為之記時六月丙午朔也

艾軒祠堂記　陳俊卿

淳熙壬寅夏四月永嘉林侯仲元來守此邦政尚嚴明以厚風俗敦教化為本閲數月閩郡之士咸造于庭曰莆雖小壘儒風特盛自紹興以來四五十年士知洛學而以行義脩飭聞于鄉里者艾軒先生實作成之也先生學通六經旁貫百氏蚤游上庠已而思親還里開門教授四方之摳衣從學者歲率數百人其取巍科登顯仕甚衆先生之為教以身為律以道德為權與不專習詞章為進取計也其出入起居語

然問對無非率禮語義士者化之間有經行井邑而衣冠肅然有不可犯之色人雖不識望之知其為艾軒弟子也莆之士風宜無所自先生殁已六年人思其矩範願得立為祠官春秋薦以苾芬以懈邦人之思而垂後來之勸敢以為請太守喜曰古所謂鄉先生殁而可祭於社者非斯人其誰乃擇城南隙地爲屋十六楹丹雘一新像貌煥然崇德尚賢聞皆興起越明年二月丁酉太守率諸生有事祠下一郡之人莫不奔走瞻敬因謀刻歲月謁記於予予與艾軒游四十年所謂三益之友其可辭先生諱光朝字謙之

艾軒蓋其自號也少有聲場屋年五十始擢太常第
天子聞其名召試館職入著庭為吏部員外郎國子
監司業兩學士人服其素行矜式惟謹出使廣東以
儒生平劇賊　朝廷嘉其能增秩召還為國子祭酒
車駕幸學命講中庸　玉音嘉奬賜以金章不旬日
除中書舍人以繳駁不當為御史者遷工部侍郎請
外以集英殿修撰知婺州待次逾年得疾三日不起
天下之士莫不傷其才有餘而用未究也況邦人群
弟子乎昔楊厚歸犍為以黃老教人門人循為之立
廟嚴君平在蜀以忠孝訓俗人亦為之立祠今艾軒

之學行文章爲吾里宗師可無祠乎然則守侯之政亦可謂知所先務矣、

脩復艾軒祠田記

劉克莊

初郡人祠艾軒先生于城南田以贍之者忠定趙公也俾以寶之者正獻陳公也不幸先生二子繼卒循子成季字升伯有賢名忠定容也又卒家事益落田爲二姓所得諸孫曰鈞者愬于計臺少公大琮喟然太息曰鬻祀田非法也沒價返田法也吾使鄉部率厚毋薄檄郡丞以窠名錢酬元直之半俾復其舊會易帥他路事不行田既去祠益圮鈞復愬于郡楊公

陳亦喟然太息曰古者祀鄉國之先賢以爲先師矣軒非先賢乎式閭表墓自昔有之田非閭墓比乎適新祠宇復論二姓曰先生在不殖寸產没豈與鄉人較數畝之田者雖然誘先生之廉讓利故家之清貧取而有之此名不可安也方公去矣寘名錢不可覬其以郡緡十有二萬酬若等二姓退聽毁券歸於公又曰是嘗一鬻矣安保其不再乎覈其田凡八畝三角三十一步歲得穀十七斛有奇錢千圓久遠而可托者莫如學以田隷學曰文郁先生孫也宜主其祭鈞井伯孫也有勞於田今學官以其歲入分給二子

馬晉孟子論善士而有一鄉一國與天下之辯以陳
良爲楚産以仲子爲齊巨擘至伯夷伊尹則不然今
夫前陳後方莆人也其於先生猶曰吾東家丘云爾
忠定番人也楊公蜀人也地如此其遠也歲如此其
久也事先生如此其共也豈私於東家者乎若先生
者所謂天下之善士乎楊公起倫魁由樞掾尚書郎
出牧其來以風化爲先務旌賢崇德蒐遺繼廢於是
二劉二鄭城北四先生之祠皆新朝廷嘉公治行就
擢刑獄使者垂發命某曰祀者葺侵者歸矣子二大
父實同閈宮其書于石某不敢以衰病辭

淮東總領所寬廉堂記　前人

淳祐乙巳司農少卿淮東總領金華王公埜上章再求去上留之進本寺卿訓辭曰爾行之以寬裕本之以潔廉此朕所以懇用請于爾而不忍遽從之歸也祇若成渙勉為朕留公祇出使慨然謂是職之難有二操切病民也出納行人也拘法已者極其嚴責人者極其寬至是讀王言而喜曰上英睿洞照群下凡臣所為陛下固知之矣迺取寬廉二字扁其聽事西偏之堂記諸石以荅天寵夫理財之難尚矣先朝雖重三司使之權然所任之人皆寇

準晏殊王堯臣包拯蔡襄宋祁諸名臣熙豐以後稍用惠卿嘉問之徒誅之於內薛向吳居厚之流行之於外元祐知其弊擢李常蘇轍出鮮于侁將漕以救之未幾豐亨豫大之論起有魏伯芻者以胥吏之智變鈔引之法末多不已遂啓侈心而召邊患南渡德音首欲痛革然賦入既狹兵費浸濶其取之於民者終不能復祖宗之舊而四總建馬蜀稱趙開[illegible]三王人各極一時材臣能吏之選百餘年間酒茗鹽鐵蒐求無遺蘊矣於是用事者方以為未至更出新智以圖富强卒之無他繆巧不過籠商賈困郡縣而

已盖時賢所操之術非獨惠卿嘉問之所不肯談向居厚之所不敢為亦伯芻輩之所不忍盡試者也使其利歸公室猶且為國聚怨況或以潤其屋而肥其家乎上益厭之而擢任公等矣曰公通儒識我飢飽矣民曰公長者知我疾痛矣余來江鄉耳聞目擊者如此或曰公方今多壘之秋財殫粟亡非手運牙籌如飛者殆不能濟而王人之言雍容如彼君子之論舒緩如此如事功何余曰漢下告緡搜粟之令罪至沒入天下莫應及歆免兒寬則牛車擔負爭輸惟恐右内史之去以寬不以嚴也渭上之耕木牛流馬之

運厥功大矣而其根本乃在於成都田十五頃桑八百株以廉不以汰也行督責之政以税民深者為賢客斯之法也夸祿賜之富以文其與民爭利之過矣大夫之言也或者語塞因次第其說以復公命

興化軍新城記　前人

莆為郡且三百年猶不克有城昔曰樂土也緩事也一日盜起汀邵他州增陴浚隍惟莆四封蕩然破扉不闔未幾盜寇南侵勢且及境富家窖寶物裹人挈空身咸欲潰去郡人陳公宓始倡板築之議士民和之臺郡是之會王侯克恭病委其責於通守趙君汝

蠱事方有緒而王趙相踵即世趙侯汝固始至願郡力已匱則拜疏求助于朝有　旨賜祠牒五十未至而趙侯去陳公與郡人太息曰城其中輟乎於是天子擢曾侯用虎知軍事侯博訪于衆或謂城庫且薄不足恃或謂費雜且廣無以繼侯奮然曰庫者可高也薄者可厚也役不可以已也且吾患無政不患無財益市木石益撤工徒先是官畫丈尺俾僧幹築僧有能否有勤惰而官無賞罰侯斥逐其不勉者向之苟簡悉趨堅好既成長一千二百九十八丈高一丈八尺表裏以石覆以磚五門樓堞冊至煥然憑高望

之鉅麗突兀疑化人之所為盡史之所摹也凡用石以丈計者五萬七千一百七十二甎大小六十七萬八百夫五萬一千四百糜緡錢二萬四千六百七十七楮幣六萬六千八百內楮四萬朝家所賜錢楮各千漕臺所助餘悉出郡帑防於紹定三年之春訖於四年之冬〻蓋三百年不克為者一朝而就然則求綏事乎樂土果可常恃乎夫敵無悒有備者勝國無小善守者全樂毅能下齊而不能拔莒即墨之二城佛狸能飲江而不能克盱眙之孤壘往事之明驗也凡湖徼儇寇之患城賓城邕城桂嶺海之民始與其

居嘉定鑿開禧之迹大城江北樓櫓相望然後並邊郡邑各能自立近事之已効也玩常而忽變喜逸而憚勞華元之譏子罕之抃人之常情也以習安爲懼以恃陋爲戒墨翟之智子囊之忠侯之盛心也侯治郡尤清苦省逢迎之廚傳罷游觀之土木爾民間有大利病必勇於興除不以役巨費彩而沮城成之明年歲豐盜熄乃下令蠲夏税一年以撙節之羨代輸嗟侯知築是城又知所以守城矣初役之興陳公最盡力且率大夫國人各相斤斸其後通守趙君汝駉判官趙君汝茂與有勞焉莆人喜守備之固樂善宣

之勤復悲陳公之不及見也某亦版籍一民貧不足
以豪鄉閭力不足以荷畚鍤益攫以筆墨小技記事
之成顛非幸歟

興化軍創平糴倉記　　前人

平糴倉者太守寶章曾公之所作也公在郡三年詔
弛于民以錢萬討至是復楮幣萬六千緡為糴本益
以廢寺之谷寺之產及五貫而糴民不與也倉之政
擇二僧而付吏不與也糴視時之價不抑也糶視糴
之價不增也別儲錢楮二千緡備折閱又撥廢寺歲
三百緡供廢費歲儉價長則發是倉以糶之歲豐價

平則散諸錢易新谷以藏焉其纖悉載規約而建置大指如此郡人驩呼雷動更相賀曰異時富家南船迭操谷價低昂之柄以制吾儕之命今公為民積谷五千斛富家之仁者勸鄙者愧南船亦不得而擅壟斷之利矣非可賀也夫先王委積之法遠矣孰而斂飢而散李悝之法也賤而糴貴而糶耿壽昌之法也今之常平是已貸其本取其息荊公所謂周官之法今之社倉是已然良齋魏公猶以二分之息咎朱文公以為祖金陵之餘論公為是倉忠厚惻怛有常平不費之惠無社倉取息之謗純乎仁義而不以一毫

霸政余之矣或曰不有常平乎曰常平之遇歲豐也不易而腐也易而無所受也是倉則不然其易也無害於僧也其糴也有利於民也常平以使者典領使者去民遠而不時發也郡縣去民近而不敢發也是倉屬於郡而不屬於使者也掌乎僧而不掌乎吏也守以規約而不守以文法也廣先賢之遺意輔常平之不及不在茲乎或又曰艮齋之論高矣美矣其後艮齋之倉先廢而文公之倉不獨建人守之往往達於天下郡邑則以二分之息扶之故也乃若有本無息日消月磨本竭而倉敗矣曰別儲之錢為是設也

昔無倉而今有倉公之惠也脩其政無使之壞養其本無至於竭後人之責也立法而過憂後日之必弊則法不可立矣爲善而逆慮後人之不能繼則善不可爲矣公將奉使江右顧瞻舊邦眷焉不忘其待吾民厚也若夫潤澤之以俟君子其待後人尤厚也公名用虎溫陵人倉作於院廢址以紹定六年季夏落成廳事中敞兩廡對峙屋皆三間垣廡宏壯莆田丞陳子願實贊其議涖其役二僧住囊山者曰智上住華嚴者曰法均云

仙遊縣學尊經閣記

宋　卓德慶　見本傳

仙邑士友蘇國台輩以書來諗曰邑庠之有六經閣尚矣歲久壘圮書籍散失歲在甲寅趙貳令汝催攝邑事徹邑治之西樓而為是役然經營草草莫宜其地功不果就今昭武趙侯適至既謁先聖顧瞻大息曰化民成俗必由乎學垂世立教莫尚於經是役也長民者事也惡可以已遂費浩邑窘安所從給於是裁職員會學廩異時之乾沒於官若吏者尋委廉謹之士尸之朞年得羸貲餘五十萬則曰吾今可以議是役矣迺相地度工改作于遵道堂之東偏命某等董其役未閱月而告成列楹有覺重簷斯飛周阿峻

嚴延宇宏敞將以嚴六經之藏而以諸子百家之書
附焉其下為堂扁曰文會俾某等與邑之俊秀日講
道討古其中以相磨礱浸灌又以祭器多戾古制則
諏經證典捐金若干易而新之秋丁釋奠行禮慶成
諸生充然咸若有得且矜奮曰昔者人謂斯何今者
人謂斯何侯之賜侈矣不可泯焉無述子郡人也且
知侯為深請志之余辭不獲則復之曰聖經猶日月
也豈待斯閣而後尊哉侯之復斯閣也豈但侈縹囊
緗帙之富飾玉軸牙籤之儲魚魚雅雅以是為尊經
哉夫經非空言之謂也尊非徒敬之謂也彼明經而

利青紫者固陋矣其有業春秋者曲學阿世習論語者附王傾漢學周官者而以聚斂貽中原之禍他如神道設教飲食宴樂三年無改於父之道之說以文姦罔上皆經之賊也其於尊也何有諸君於文會之頃相與切磋亦有警於斯乎毋亦以空言視經也不以徒敬為尊也必尊德性而道問學也尊所聞行所知也如有用我執經以往將有得其一二何終身受用不盡而為名輔弼者有平生力學所得不過三字以為　累朝獻者夫如是其於尊經庶矣乎侯聞之作曰是某志也盍刻之以詔不朽侯名與泌秀于公

族宛若韋叢持身居官内外斬斬蓋學有本領者故於為政知所先後如此國台等皆邑善士故能體侯志而翼其成云

寄軒　余謙一

文章宗師曰歐蘇氏歐自瀧岡竣事一迹不至家朴守潁樂其風土遂為終焉之計蘇亦出蜀不復歸既欲歸嵩洛又欲居廬山甚者以蒜山房容自詭末年竟歸陽羨以死委先廬樂僑寓捨故鄉留他國詎非通人一蔽歟丁丑寇作吾族之甍連棟接者化而為烟為埃族之人往往流徙奔竄近稍還集顯伯弟於

故居一牛鳴地得三間壁屋攜妻子以居一軒明快
遂以寄名蓋曰吾先人之廬吾力未能復而心未嘗
忘寄於此非敢安於此昔重耳以晋難故奔於狄者
五年一朝至齊即懷其安不復以反国為意向微子
犯悔其可追乎玆名所以識也夫不更宅左氏所書
能復守周公所頌予聞其言而有取焉莊列之論以
身世為逆旅以宅居為傳舍此論行俾人放檢束
而事倡任舍真實而崇幻妄余又慮夫末流之弊寄
而至於媮也故君子於此不敢一日廢吾學伯鸞之
於吳賃而寄者也春廡之下禮敬行焉臺卿之於壯

海急而寄者也複壁之中訓義出焉乃若遭世亂離少陵翁于夔于襄于成都所寄無定在詩自夔州以後鏗鍧蹈厲端可上媲風雅循其所寄之跡玫其歲月而論其為人學問功夫誠有不可誣者今顯伯之寄於斯非他州異縣也非傍人籬落也其視二三子之困厄窮亦足以為安矣人之情當厭亂之餘則喜聞放達之論處幸安之境則易忘兢畏之心顯伯勉諸此學之所以不可已也顯伯為余言將求禹穎二大字於石岩方予于恐未悉其所以名故為之記如此以著其心而又使覽觀自省焉

將樂縣桃源橋記

黃淵

將樂南鄉路支邑也邑十里南曰桃源溪古渡也溪有橋汀廣午道也東西行者利之歲異月殊水礮橫斷並溪之民或塗以年度以木繩以筏夏潦秋霖芥朽木蠹筏亦解揭涉者病焉今總管李侯士弘始下車惻然曰橋梁不脩誰之過諉邑簿徐某前廣德路同知吳某董其事僧覺德首受役受縣是有輸財者捐粟者助工傭者聚石為址櫍而方之釃為洪導而四之不低不杵架梁其上左右埂丈六十有咫環築以石直欄橫檻崇麗堅緻輿者行者如行九逵亦楷

一萬萬餘而民不以為苦且勞興役於大德丁未十月竣事於至大戊申七月癸飲之日仕於此邑者邑之已仕未仕者田夫野叟共視橋壽余於是賀此橋之遭也不可不記

環翠樓記　陳旅

豫章范孟德集賢直學士揭先生之世姻也其子良臣靜莊而嗜學先生以其弟之子妻之良臣從先生學于京師余數與語而知其世之務夫德也范氏居豐城東六十里楮山在其南寶林招雲在其東西羅溪在其北而浮游之山峙焉孟德於所居之東為樓

四楹以度書而使良臣居之良臣讀書之暇憑高望遠則層巒列岫拱會聯絡近則巨木崇竹參錯翁翳環樓而觀何其蒼然者之皆來也於是先生名其樓曰環翠且為大書之良臣又以先生之言來請記余告之曰先生亦欲子益務夫德也珠生而岸不枯地有寶藏則神明之光舒焉善侯息耗者不求之於人而觀其屋室門戶之潤澤也賢者亦何爭於山川草木之觀哉而賢者之所居則山川為之明秀草木為之津華其善色之所鍾則在其屋室門戶之間矣然則樓曰環翠者其范氏務德之休徵乎昔御史中丞

馬公伯庸與余言曰吾畫坐華陰縣解山翠飛至几上其山有隱君子吾不得而見也余每憶其言則有復塵之思焉他日過豫章之野望豐城諸山挹其飛翠而想見其隱於是者亦庶幾若人哉

興化縣譙門記　朱文霆

興化縣故為游洋鎮宋太平興國中改為縣初治興泰里　國朝皇慶中遷廢業里民屋鮮少市塵蕭閒長民者類以土俠賦京邑可臥治而門觀弗飾至正十三年為藏吉公監邑之二年令行事舉人和歲豐公謂斯邑雖小視古男邦門觀弗作是鄙夷其民也

既大脩縣署遂改製錦坊爲譙門門距縣可五十舉武爲極七間斲以巨杉架以文石廣五十尺有二崇三十尺有一面遮峰背右浉水溪其左清樂橋其南綺疏玲瓏翬角翔飛而向之山川殊改色矣於是鑄壺以金浮箭以水啟閉皆晰百度悉正亭徼之行夜當正之讀法土牛之迎春老稚之觀詔其不會於是至若蒐苗之班則驗然各景焉群祀之衆則數刻漏焉孰謂譙門徒事夫美觀而已哉民既悅喜相與求記於予始事則十三年之十二月也卒功則明年之三月也問其材則公以率以倡而民資助有差也問

其功則召之役而官與直也嗚呼予讀班固漢史曰戰譙門則門之上有樓也曰巢車曰塹壘木樵雖以巢為譙以樵為譙皆樓於軍中以望敵者也嘗聞盜闖永福公提兵塞辜嶺游洋晏然無恐今登高以望遠惟見夫民之食力不懈也弦歌不輟也非有氛祲可望必俟乎巢車之登木樵之壘而譙門之戰也然則公之為此也以是為臺門觀闕之遺制而貽之以文也文物盛則治教興吾知紫氣三日之祥其將復見於此歟公名瓛吉字吉祥世以閥閱稱

興化府儒學興造記　前人

按郡志學創於宋之咸平廟宇中峙紹興改創始左廟右學有宋高宗御書故為之閣今御書亡而閣存其下即戟門是也廟制先聖南向先師兗國鄒國二公居左十哲則自閔子至曾子東西侍坐豈當時獨顏子孟子配於廟庭歟以顏曾思孟坐於南面疑起於近代配位距先聖少後而已至正庚寅冬十月本道分憲田公九嘉偕二朶公詣學始而盥薦滌濯同器田公大斥其非曁釋菜瞻貌象踧踖弗寧退而進有司而告之曰先聖先師同位禮歟教授葉應禮學正陳英觀對甚悉曰非禮也禮猶有類此歟則又曰

舊制堂有上下不過廉隅之殺耳今殿峻而庭寬樂
上縣者若系下縣者若隧而八音大不相屬矣舊制
戟門外為靈星弗作門戟法用二十有四而僅用其
半則又非古矣田公曰噫釐而正之可也顧謂郡侯
判官迺麻歹曰子前進士也其爲之勿讓侯承命既
糾其贊禮之非者遂與學官度莛之廣深以秩神位
曰復聖公曰宗聖公曰述聖公曰亞聖公四坐從東
西向十哲以次位於其下惟夫子巍然面南而獨尊
卷衣龍螺幄黼金絇配享而下皆冕笏斯皇位致孔
嚴侯又酌閩學近制為壝于前荣夾于兩階去堂廉

少殺而下可布武春秋合樂使下管鞉鼓崇牙業簴之器皆于此乎樹凡琴瑟石磬之比於人聲者則登而築之懸斯不失其倫矣顧惟儀門南臨大道不可亟作門位即儀門歸以采薇為戟二十四昭其數也侯又俾學官因其署而新之教授有司明誠有堂東距道化堂之左云越明年春丁侯與郡長僚佐行三獻禮祭服祭器儀式逾整田公按郡還自漳侯率學官以其事曰公嗟賞久之惜不獲一請而去是役也費皆出於學緡以百計應禮遂述其本末徵文於文霆以記之文霆惟禮之廢久矣吉禮尤廢也其僅存

者猶見於社稷孔子然社稷不屋其禮差簡殿堂門戟得用王者禮惟孔子為詳詳則於上下降殺之間不謹其辨可乎夫正兖沂郕鄒之位者禮也爲堂上堂下之級者樂也門戟之嚴盥洗之絜皆所以行乎禮樂也憲官糾其疑有司任其責學官供其事於法可書田公以國子生選侯以進士舉皆雅有文宜其明於禮焉

東軒記

方正仲字真仲初名岩祖坐諸科授海豐縣尉

方公權 附見方大壯傳

族弟謙吉即東園之東葺數椽居之堂廡略備花果成列扁以東軒說者曰震東方也爲長子其於馬也

爲善鳴爲的顙請以馬諭夫馬産於奥北來於西域未有知馬首之自東者予以天象求之房爲天駟屬蒼龍之宿環以東騎騎官而王良造父爲之先後故馬八尺以上爲龍乾初陽東左爲震震乾皆象龍馬説文曰在木中爲羲御升扶桑之象君名家駒也倜儻權奇如日方升驤首奮鬣宜在天閑秣趙魏刷幽燕鳴六鸞從八騶一日而千里也功成名遂歸老田園有酒帘酒開飲東窓誦淵明之詩老兄與族親賓友飲于此一笑相親不亦樂乎

莆陽文獻卷之十一終

莆陽文獻卷之十二

記

古易堂記

吳源

五經惟易最古易惟先天一圖最古自畫而辭則畫古而辭今矣自經而傳則經古而傳今矣以文王而視伏羲則伏羲之易為古以周公而視文王則文王之易又古以孔子而視周公則周公之易抑又古矣至費氏而古易遂變爲今至鄭康成王弼而今易不可復古噫使天下後世不知聖人作易繫易之蘊皆漢晉諸儒之過也有伏羲之易有文王周公之易有

孔子之易伏羲之始畫卦卦即字也六畫而成卦畫全而卦已立初無待再書卦名而後顯文王總六畫而繫之辭於其卦也而辭之又豈復書某彖某卦於卦辭之上周公分六畫而繫之辭於其爻也而辭之又豈復書其爻其位於爻辭之上孔子特自為傳非敢亂易之文則於彖傳大小象傳之上皆當有所表而今易皆闕何也自費氏以前四聖之易各自為卷簡不相連文不相襲費氏而後畫辭雜見經傳錯出於是世無古易矣孔子曰五十而學易可以無大過矣斯言先儒嘗疑之予謂孔子之贊易雖在七十之

年而學易未必不在贊易之先安知非五十時為此言哉易不可不學而亦不可以易而學學易必先明乎易之所以作而後可以得易之理必先考求古易之文而後可以正今易之得失予嘗編定古易經二篇以復羲文周公之舊傳十篇以復孔子之舊又將著之說以發明經傳之旨顧年近五十日坐斯堂研窮旋事必期於成編而後已恐其有所遺忘也是以見於名堂焉世變方來時事日非而予乃欲兀坐一室著人所不好之書為人所不好之事無乃大迂乎既用名堂則又為之記幷志予迂癸卯白露前五日

莆古易堂散人吳源自記

遊迂峯紫雲嵓記　　方時舉

莆多佳山水出城北十里有山蔚然而九葉者蓮花峰也峰之陽有宮翼然于平凹背紫雲嵓也洪武己酉冬十一月之望予宗姪履道約諸友會焉繼文好也于時天陰風恬予與朱原大楊原吉步自城來履道抱琴從予過烏石山下出鼓樓坡黃源清偕鄭敬德來迎于壽溪之上邀至其家啜茗由田間取道溪橋橋南還陳本初度橋北沿溪東行轉洋西登山入平林陟峻嶺始履平凹憩盤石上夾道皆喬松烏磔

磔下上縈紆古磴隱隱聞鍾磬聲抵山門山之僧斷江肅客東樓則郭維貞吳元善潘士泰葉原中黃原志與宗人用明載道皆先至矣憑軒而望壽溪繞其下壺公立于前如端人高士逈出塵表穀城五侯大甜諸峯踴躍東騖海外風帆出没煙雲杳靄之間頃之劉性存陳廷賓亦至劇飲歡甚於是吟者論詩書者弄翰畫者戲墨歌者擊節迨夕山空籟靜淡月微朗原大鼓棋歌水雲數曲鏘然泠然若聞廣樂於鈞天也方期旦日捫蘿絶嶺訪陳仙冢石冊井羅漢石室而夜半風雨驟作真遊難必心賞遽違感慨繫之

矣嗟乎人生百年間亂離風雨憂患十居八九嘉會能屢得乎予與諸君生茲土去茲山咫尺予年四十又一始一會焉若陳維尚朱德嘉陳必大宗兄用晦以老病不能會丘伯安陳虛中以遠不及會李叔英宋貴誠蔡景辰黃孟仁鄭德孚黃性初釋清源又爽約不會嗟乎茲會果能屢得乎會之友咸分韻賦詩且屬吳原善圖于壁予因記其山水之勝遊賞之樂嘉會之難與夫會之歲月于左方是月十六日齋中樵者方槐記

原素齋記

前人

余友楊君原吉儒而隱於醫者也嘗以原素名其燕
脩息游之室客有疑其義而問於予曰原吉全形哉
曰形其外也予盍觀其內林林而生孰不有形形本
無形太初冥冥氣合形聚厥質斯具惟質之始是名
太素太素之衍形與神俱養而勿傷外充內腴七情
內淫搖我之精六賊外侵耗我之真真耗神衰精搖
形疲神去形留太素乃漓故吾守吾神于以全吾形
客曰原吉調神哉曰神其末也予盍探其本蠢蠢而
動惟神之用養神有道毋真之喪縛我心猿吾真乃
存繫我意馬吾神乃舍故吾全吾真于以調吾神客

曰然則原吉葆真哉曰予得其素矣盍往觀其人乃相與造其室則左圖右書原吉焚香默坐手執素問一卷惟澹惟泊太素之宅惟靜惟清太素之庭素以葆真太初以為隣客顧謂予曰是獨善其身者乎昬天滿埜札瘥載途其如蒼生何原吉閧而笑曰昬天滿埜吾將飫以太和之膏札瘥載途吾將醉以至醇之醪故不痌瘝（瘝古頑切病也痌他紅切痛也）而民怡怡不鍼石而民熙熙吾將措斯世於太素之天吾又奚秘吾之玄客乃仰而吁俯而嘆曰素之義大矣哉微斯人吾誰與歸適元吉請記予因次第其語俾函于齋舒

撫州府學重脩記

柯潛

皇帝光復寶位以來屢詔天下有司興學以崇化本而學之興能稱　上旨者蓋鮮吾莆周君瑩以水部主事擢守撫郡既至首謁夫子廟退而周視學舍皆弊陋大懼廢墜教基遂諗諸寮佐以公錢修之廟自大成殿東西序戟門靈星門學自明倫堂以及肄業之齋會饌庖廩之所工繕材良各得其度至於文昌樓洗墨池皆治以為高明息游之具蓋往來之人莫知其經始而特見其成既成教授李慶以書來言曰撫郡在唐時惟有夫子廟天復二年刺史危全諷立

也宋慶曆間郡守馬尋復增立學其制始備是後屢壞而屢有修之者然率皆苟簡修未幾而壞隨之未有如今之既完且固為可久也頃有記余觀理財聽獄與凡起廢決滯之方皆世吏之所用心以為才者也然非為政之本用心雖勞而治不效則怨而號曰何民之難理也獨未知君子之政有易勞以爲逸去難而為易者焉興學教士是已蓋人之起居飲食動作至於修身為　國家天下皆自學出其教之也有師友之資有勸懲之則積而至於歲月之久其化之行則紀綱修明其材之成則公卿大夫百執之選得

其士其居常也閭閻秩秩可挹而親其或臨大節也浩乎不可摧奪彼瑣瑣世吏之所用心者其效曾有是乎故古之良吏載於史籍者多而文翁之守蜀褎然爲首稱也周君讀經書志精於詩達於政世吏之所趨向者不暇爲其棄不務者則先之故朝至郡而夕舉興學之政以作士民文翁蓋不得專美於漢也郡之人登文昌之樓以望城東有堰隆然將復合乎則爲我謝周君曰是乃天兆嘉祥以彰知本崇化之政黄霸之謂第一流人物復出矣余於是時尚有以頌君者姑爲之記修學之成使刻于石以俟

刑部廣東清吏司題名記　彭韶

國初元風未殄民嗜刑憲時雖放古設六曹稍更刑曹所轄都官比部之制分爲浙江江西福建山東北平四川山西湖廣廣東廣西河南陝西十二部其雲南直隸陝西部後更曰清吏司凡以厲廉節盛任使也永樂間安南内屬置交趾司又析雲南四川之交爲貴州置貴州司而北平陞爲北京始置司後廢合十三司司郎中一人員外郎一人主事二人或三人四人當是時官置在金陵而北京設行部　車駕巡幸文稱行在官以從罷則否無常員至十九年辛丑

北京告成乃置曹司一依金陵舊制後加以行在又廢交趾而雲南自爲司方定都之初百務草撥率皆權寓莅事今城隍廟西惜薪司俗呼舊刑部是也正統辛酉改建於此始去行在正陸曹之名而金陵謂之南京官聯如故然其主事僅一人而此則定員三人并正副郎爲五人而選任甚嚴數十年來政平訟理君子謂諸公有助焉成化己丑冬予承乏廣東司郎中且二載自愧愚陋夙夜不遑思欲師服前輩之典刑以庶幾其萬一然而日月于征流風漸邈甚或不能舉其姓字者況於擇而從之乎乃謀同寅員外

郎綏德蔡君文瑞主事山陽葉君崇禮三河邢君汝敬平原陳君子義稽諸故牘質諸通人得永樂十一年以後自郭公文而下凡若干人或以德望鎮俗或以勤敏舉職或崇學問或明法理或死王事或恬靜勇退行雖不同然其所以師于鄉者豈不既多矣乎於是書其姓名爵里并歷履歲月大槩列于素屏以朝夕接覽焉嗚呼繼自今尚其知所畏哉毋使嗣來者多前人而於予輩不足也

鐵漢樓記

前人

賢人君子聳散名於霄漢之上而能服乎當時信乎

後世豈聲音笑貌所能為哉誠而已誠積之久則著而明凡同是心者孰不信且服哉不然無是心者也非人之所能為者也宋至元祐號為多賢溫公在致府東坡在翰林元城諸人為從官可謂盛矣然當熙豐之後猶再實之木於是紹聖繼之奸相嗣歷群賢盡斥元城劉先生始落寶文閣待制知南安軍道改提舉洪州玉隆觀本軍居住先生遂奉母夫人來寓寶界院又改少府少監未一年復徙嶺南瀕危數肆初心不變東坡推服之曰真鐵漢也後雖召還終不能安於朝屢斥以死死二年宋有金難嗚呼此豈人

所能為哉想一時君相非不知先生之為賢然畏忌之以為阻吾為妨吾樂耳其心固計曰天下全盛委裘可治何藉彼迂儒輩於是君自聖而臣自賢馴致禍變不可救藥所謂樂者竟亦何有而先生之道則昭然於後世矣南安舊祀先生於寓賢祠而寶界未有聞成化戊戌東海張汝弼來為守搜考圖志得之嘆曰先賢故居其可廢邪適院之右廊樓毀撤而新之于時雩都山民獻梓木一章長九丈徑三尺數百年前物也冥符期會衆咸驚異既以成是樓題曰鐵漢蓋先生至是始有專祠使來請記噫韶何足以知

先生然竊惟名世之賢其道有三曰合内外一患難
齊死生蓋常變始終之極也志在責難已有愧辭是
之謂欺先生忠孝正直言行一致未嘗有聲色貨利
之好是用獻忠效職吾無怍焉内外不合乎持論從
容臨難失措是之謂誕先生遇惇三貶官一再從惡
地遇京又連七謫曾無望焉患難有二乎死生危迫
徜者或懼先生於豪判之來檻車之徵談笑處之生
死不一視乎全具斯道以立於世非至剛者不能東
坡之言豈欺我哉抑聞先生學於温公公教之以誠
且令自不妄語始退而檃括七年而後可然則先生

所立之卓其誠於中形於外然後之欲學先生者有所依據矣茲郡人士宜因太守之表章學先生之所學他日登朝小用則師斯人大用則用斯人

興化府重修城隍廟碑　前人

城隍廟何祀一郡所司保障之神蓋后土氏類也今凡官寺皆立后土祠郡若邑皆建城隍廟其義一而已矣人庇乎神神倚於人人之所行不負幽明則默與神符吉無不利自有得福之道焉苟孽自已作獲罪無禱則冥冥之中似主判者之我棄矣非為人敬慢而故施愛憎驚動以禍福也地方升降盛衰之機

大約因人而致其類是夫興化府城隍歷代有廟
國初因之號神為監察使民由之而不知盍錫其威
靈陰翊王化是猶神道設教之意也後止稱城隍之
神　詔頒示天下蓋正名定號以一民聽是乃敬事
無諂之戒也廟有塑像見者肅恭先儒論山川之神
雖於像設則此城隍之像若亦可疑嘗細評之今夫
隆者為郭窪者為池四環而高深因為城隍之像矣
然人之仰畏不于其形而于其神既神目之則必想
其容儀思其動靜精神會聚靈感斯通切意君蒿悽
愴中若有接於視聽之頃其神之昭著乎塑繪從之

而生殆所謂義起不得專以高深狀之矣神之廟室創自洪武庚戌修於宣德庚戌堅久壯觀惟抱廳亦備月臺未闢及門制卑陋廊廡淺隘歷前政未之有改每當澤祭或遇霖潦內外湫隘吏長苟且具事神罔顧歆郡以不寧弘治二年冬郡守丁侯鳳儀朝正于京同知府事仁和朱侯士容新視篆謁廟惕然自討曰神明所宅過陋失中匪儉祇辱府雖貧不可不先治是然亦不可斂怨于下乃即罰贖之入節公用之出矢心弗他久而益虔貿石市材鳩工命徒以來歲庚戌春興事蓋廟始建至是恰十周星矣理數還

復飛爲嶼異適道嵒廠王侯存撤代爲守饒平翁侯存
道稍郡推相與從史之踰年落成既廳前增抱五間
兩旁增貳間皆形如捲篷加闢月臺爲尋者二東西
廡舊十間今南北各增間一後增桀一前中各建一
邃室甬道橫其前總亘上下外爲大門增舊爲三甃
牆兩端如眉中爲次門循舊爲三而增建屋六間左
右連甃爲于兩廡丹楹藻棁曲欄堅甃凡几案器皿
之屬一新如儀周阿峻整寬可容衆幽可避氣遠望
即觀稱神居也當祀時守佐率屬行禮政平人和神
心悅懌屢降休徵于今四載歲獲豐稔家用平康于

歸休見之享中書舍人林君季厚及諸士大夫請曰此非役也宜垂後盍筆諸碑遂特書而繫之詩曰

赫赫城隍主司保障祀典有嚴輿情歸禱福善禍淫執樞默相不言而化旁孚遠暢廟貌言言式示崇尚門廡不稱僞為氣象賢侯戾止有作斯偉輪奐卿新神居益壯祀事孔時錫我嘉貺歲有常稔

人咨無慝報施罔極功用莫狀左賢右忠並峙郡望尚佑來者無畀多讓

王修撰墓記　　周琰

去廣德城西五里許王修撰墓在焉修撰故台州人

姓王氏名叔英字原采仕建文朝爲文守官素有氣
節未幾
文皇帝南巡原采募丁壯廣德遂自經死死時嘗自
爲贊曰生既久矣未有補於當時死固徒然庶無慚
於來世又賦詩曰人生穹壤間忠孝貴克全嗟予事
君父自省多過愆有志未及竟奇疾忽見纏肥甘空
在案對之不能嚥意者造化神有命歸九泉嘗念夷
與齊餓死首陽巔周粟豈不佳所見良獨偏高蹤邈
難繼偶爾無足傳千秋史臣筆慎勿稱希賢有
詔治姦黨其二女赴井死其妻械繫獄死人為上其所

賦許上曰彼食其祿自盡其心耳乃置不問初原禾將死以書抵祠山道士盛希年曰可葬我祠山之麓希年卒收葬之蓋原禾同希年台州人故托以後事正統中少師楊公士奇始題其墓曰嗚呼故翰林修撰王公原禾之墓又爲文以祭之曰嗚呼先生之學

聖賢是師先生之行綱常是持先生之心金石其貞先生之志霜雪其明浩浩歸全乘雲翩翩我懷先生崇山長川桐川之藏既固且深遂致觴奠神其來歆蓋原禾嘗薦士奇建文朝事定故及此原禾死無後墳墓鞠爲丘莽所可識別者僅有楊公之印而已陜

爲進士時嘗聞其事於其鄉縉紳及官燕土乃以特羊祭於墓訪諸故老得其遺事爲詳云原采入廣德未久　車駕渡江群臣出走原采募丁壯番上遇兵部尚書齊泰來奔遂潛歸原采死時年未四十蓋其見義之明殺身之勇處事之不亂殆由素養非若一時忙迫失據計出無聊自經於溝瀆者之比也因念其行義之篤固有　聖朝所不諱者乃爲脩治其墓拜述其事以告後之人或議曰天命已定人心已歸子表章　先朝舊臣非罪耶瑛曰凡忠臣義士皆各爲其主耳原采仕建文朝故忠於建文若仕　太宗

則忠於　太宗也必矣況兩朝天下皆
太祖高皇帝所經營之天下兩朝臣子皆　高皇帝
所培養之人物也辟如天地分為四時凡禽鳥應候
而鳴者雖有春秋之異要皆造化中物未可舍此而
取彼也議者謝曰子言是也麗牲有石其鑑諸

洗心亭記　　前人

姚江之上有華氏世以讀書聞華氏佳子弟曰福
字廷禧少讀易乃取易大傳語名其亭曰洗心成化
甲辰舉進士丙午出知臨川縣臨川撫劇邑也于時
為撫長吏廷禧每以政事相咨稟道術相訪問有相

成之義焉明年丁未予改郡鎮遠因請記其所謂洗心亭者嗟夫自九師說興而易道以晦學者遂不識心亦孰知所以洗夫心哉夫易天道也其有迹可見者曰蓍曰卦曰爻蓋圓而神者蓍之德也方以知者卦之德也易以貢者六爻之義也此三者潔淨精微之至也聖人以此洗心退藏於密蓋寂焉而莫窺其有感焉而莫測其用隱之至也學者要必先有以探陰陽之蘊通神明之德窺見天下之至隱以其潔淨精微之教洗吾穢濁雜亂之私然後用神以合蓍用知以合卦用易以貢以合六爻之變而於天道無不

合矣是知聖人所謂洗心者不待洗而洗也學者洗心要必有以洗之而天道乃得也華君勉乎哉三古四聖之心其緒微矣王輔嗣韓康伯輩岐天人而兩之而以莊昧荒忽談易遂使經生學子無所依據以爲所自入之地識者恨之程子曰體用一源顯微無間朱子曰用應始有體該本無吁至矣微程朱氏吾誰與歸亭在華氏居第之左偏高若干廣若干無雕刻藻繪之飾作於某年月日成於某年月日記作於予攺郡之明年三月二十有八日

壺中丘壑記

鎮陽有怪石禹貢所不載者弘治庚戌夏季弟敬叔來視予一日入後圃循讀騷臺而東見有礧砢伏莽中者發之皆怪石也告予曰兄癖類柳州性好山水藉此為山凡諸形勝可不驚遠陟危而得之矣予曰善乃稍稍為正中峰分左右麓伏者起之滿者虛之對峙者差互之直往者迂迴之於是立者為峰側者為崖深者為洞空者為谷復取蘭菊竹木分植上下然後歐陽子所謂鬱然而深秀者次第而成山成復杵地而窪之覆水其中命曰勺淵予曰此非誣耶季弟曰世固有以小為大者越人賈汝易嘗言其郡有

秘園湖僅大如梡此之為湖孰曰不然復命家僮縛茅為亭取蔽風雨告予曰昔王龜齡嘗記其第所謂笠亭者此得無近耶他日予登焉見夫所謂山者微尖寸碧掩映林麓宛然如對太山華岳又見夫所謂湖者輕瀾淺波指滿涯岸恍然如臨震澤洞庭因題曰壺中丘壑進季弟而告之曰夫天下事有實體可據者是謂之真無實體可據者是謂之幻世有以幻為真者亦有以真為幻者以真為幻此妙識也妙識入於無故不有其有以幻為真此俗識也俗識膠於有故不知夫所謂無者然此二者為說皆非也是蓋

有所經綸强自排遣耳君子則不然君子之於天下也不離物以自高不畏物以自病以天下之理應天下之事其中廓如也季弟作曰困丘壑之談而得處世之說請書以爲記

重修莆田縣儒學記　　前人

莆置縣自陳始置學自唐始唐學建置歲月不可攷而前志謂夫子廟額唐張九齡書故知自唐始入宋始建郡郡學建置修造歲月姓氏歷歷有記可攷而縣學無專記　國初吳四輔源及近時林都憲俊皆有學記然皆修文廟而以學附見非專記也今考其

大較宋紹興二十年教授徐士龍改造軍學而附縣學於文廟之東衙歲久傾敝元至順二年辛酉乃遷建于薛公池上今學是也　國朝洪武初知縣任益士文焯相繼修學益造明倫堂及大成殿文焯創造後堂曰進修及新會饌堂建櫺星門與夫米廩此其最著者也夫縣學始于唐重造于宋遷于元修于國初亦多歷年所矣凡物久則敝敝則更更而復始恒有待夫人焉前守王公琊修文廟已議修縣學未就而卒今守南陵陳公效繼來而一時二守南海談公經通守順德曾公師孔節推金陵羅公鳳亦相繼

以來是數公者皆出身科第留心學校無異同者時饒平陳君憲定掌教事蒼梧汪君泰分掌教事乃以脩復縣學為請陳侍慨然曰吾責也遂歙縣吳侯遠以進士知縣乃籍官帑所有上之府得本府縣共經畫銀二百二十兩前推官詹公瓘經畫銀七十兩邑有義士曾崇賢者嘗捐銀五百兩置租二百五十石以供郡縣學費至是稽其租入得銀四十二兩陳侯擇臨護爲公可者謂莫若曾崇賢乃委崇賢弘治辛酉建明倫堂五間大門三間東西廊各三間堂下築月臺臺下築甬道壬戌又作後堂五間穿堂一間及

即諸生林禎黄文舉所復射圃地作號房以宿學者共二十二間宋有顯道式穀二齋後人易以進德修業建講堂之後前教諭程君鳳儀苦其隘陋乃別建屋于薛公池東西東為進德齋西為脩業齋移洪武中知縣王文焯所建詠歸亭於修業齋之前復建亭於進德齋前曰樂周以擬夫詠歸焉者戊午歲雨不止池水泛溢亭傾齋圮至是繕治復舊觀焉學成衆謂不可以無記二文學乃來徽記於琰琰謂 國家興學校作養人材以孔子為法孔子述典憲垂教萬世以人倫為大人倫匪他父子君臣夫婦長幼朋友

其目也孝慈仁敬摯別友恭信義其道也易詩書春秋禮樂皆其具也具在是矣必相與講習辯論其道乃明道在是矣必相與體驗踐履乃有諸已此人倫所由進治化所由成也若徇虛文以售于有司媒利祿以誇于鄉里此非孔子垂憲之法亦非　國家作人之盛典也瑛於縣學方疑所自始今日修復而大之者知自陳侯始改撤軸更教夫人者請自陳汪二先生始

寒栖館記

鄭紀

武夷之山環轉九曲溪流因之曲或三峯四峯或五

峯九峯凡爲峯三十有六皆奇石險怪峭拔磽礐不類人間境天下山川不可盡知在閩中則此其第一也宋大儒晦菴先生愛其幽深靜寂不襟塵世乃築精舍于五曲隱屏山下以爲講學授徒之所九曲適中處也視諸曲山水頗爽曠衍沃而奇古過之舍之旁有堂曰止宿曰仁智齋曰觀善館曰寒栖塢曰石門亭曰晚對曰鐵笛庭廡內又有丹爐藥灶溪岸濱則有釣磯漁艇布列左右一時諸儒聚會講道游息著經釋傳上復孔孟下輯周程繼往開來自周而下僅一再見實關天下萬世斯文之命脈亦武夷山川

一時之道遇也先生歿精舍而下隳以頹圮　國朝
正統間先生八世孫詢等復建書院三間于故址像
先生其中左右各翼一室自隱求堂而下則蓁莽焉
成化間崇安張君銳又建屋三間於院庭之左以為
士大夫拜謁者更衣休息之所方成未扁而去癸卯
夏五月紀與鄉年友監察御史林君貴實同起告中
上京師舟過此山之下因晋而舍茇焉是夜宿于張
所建屋中時正三伏村民家裸於床者汗猶浹席紀
與林對兩榻榻有帳有褥紀初施單衾繼加以夾夜
半又褋他衣林則由夾而旋加綿猶不見温煖氣翔

早紀謂林曰是屋正先生時所謂寒栖館也林曰然遂援筆為書之扁于屋之中間使紀為之記庶見者有所感而隱求諸堂可以因之而復焉紀以天地之氣動則為陽靜則為陰陽為暑陰為寒利寒實靜之所生也人靜則此心虛明不汩外擾聰明睿智皆由此出由是而制群動鎮萬躁無施而不利所謂定之以中正仁義而主靜者也先生學集大成足履實地入經筵格致誠正以勸講出郡邑孝弟忠信以裕俗儼然為千百世儒宗非自靜中得乎紀輩未脫炎暑三塘寒栖之頃受教深矣於是乎書

固安縣重修城隍廟碑銘 陳音

我
太祖高皇帝肇造寰區，詔中外凡淫祠悉皆毀撤，其嶽瀆城隍山川社稷之屬稽典禮所宜祀者則正其位號，令有司飭其壇壝而歲祀加嚴焉。固安縣隸順天府，爲京畿大邑，舊有城隍廟在縣治之北，歲久將傾，制且卑隘。成化丙申，邑宰滁陽朱侯善之來，下車謁神，心愀然不自寧，顧政未洽於民，未敢遽勞以役，乃殫心撫字，以爲民興利鋤害。越明年丁酉大旱，禱神而雨。又明年戊戌雨潦河溢，禱神而水患息。民既歲侯德沐神休侯心欵經營顧歲未豐登不欲事土木以勞費乎民會水泛大木浮而至者數十章民又有掘地得瘞錢以白于官者侯顧謂僚佐曰治民事神政之大要今此之物上不耗于帑藏而下不侯歛于民構神祠以答嘉貺維其時矣乃諏日度地鳩工伐木侯又率諸僚各捐俸以贊襄之適蠹傷稼侯以憫馬禱諸神一夕皆莫知所之尋禱雪復躍然民益欣忭爭趨茲役經始於巳亥春至秋而落成焉堂砌增崇殿宇增廓門廡森嚴垣墉堅緻黝堊丹漆煥然推新過者咸拭目而加聳敬矣先是巳為神樹棹楔

榜曰顯祐坊以臨通衢廟之右舊有八蜡祠亦重葺之其左為道院俾羽流宅之以事灑掃拂拭侯既刑牲告成父老咸曰是功不可泯宜有紀以昭示於後之人乃走京師求予文于石予為述其事如右而系以銘曰噫嘻

皇明統有萬方剖符分土重閈固防囷丘為城塹地為隍皆有神靈默護其疆矧茲固安　輦轂之旁神祠弗飭曷稱瞻望朱侯初宰顧力未遑化成政洽絃誦琅琅廼新輪奐廼翼宮牆歲時禋祀於薦牛羊神祐下民時雨時暘大功不宰遐邇播揚勒石昭遠曷

云可志

皇明興化府鄉貢進士題名記　黄仲昭見本傳

永樂丙戌莆郡學嘗立進士題名之石閩参政瑞安楊公景衡記之然鄉貢及進士参錯並列歷歲既久後來者無所於書今教授盧陵王君鏞謂茲石之立所以表著前人風厲後學不可無繼也乃謀於郡守貳諸公析進士別爲一石考其履歷大槩而併刻之仍以楊公之記弁其首復樹一石專勒鄉貢氏名而屬仲昭爲之記仲昭世莆人忝與名茲石亦欲有以告鄉之來者且自警也遂不敢以不文辭敬記之曰

吾莆科第昉自唐之貞元然迄於五代僅十有三人
而已宋三百年間舉進士者九百七十餘人預諸科
特奏者六百四十餘人其間魁天下者五人登宰輔
者六人有文武拜魁首有魁亞聯擢者其盛極矣然
此未足深羡也仲昭獨慕其時元夫鉅人相繼而出
爲宰輔則相業光明宗社嘉賴爲諫官則議論忠讜
表夏知名或侍經筵則盡啓沃之職或司民社則效
撫字之勞臨大節則蹈鼎鑊而不顧決大議則觸權
奸而不恤有倡關洛之學而丕變士風者有紹考亭
之緒而深入理奥者雖所遭不同所就亦異而其純

正篤實之學崇偉光大之行皆卓乎其不可及也當時稱吾莆之盛有曰地不大於曹滕俗已幾於鄒魯其謂是歟有元九十餘載俗渝於夷豪傑之士出乎其間者亦衆矣然終不能如宋時諸君子之盛也我太祖高皇帝奉天明命汛掃萬方乃更定學校科舉之制作新人材用臻至理　列聖相承益隆繼述百有餘年于茲莆之歌鹿鳴而升春官者日以益盛有祖孫父子兄弟相繼者有父子叔姪兄弟同升者合八郡解額吾莆恒得三之一比年以來位六卿列禁近中外臣工有以清修端謹奇偉磊落名天下者往

往多莆人也其復宋時諸君子之盛殆亦權輿於此乎亂是登名茲石者皆當為莆自重其立朝也必求如古之所謂大臣其治民也必求諸古之所謂循吏世道隆平則崇禮讓勵廉恥表然立天下之軌範萬一不幸則抗節義死忠孝毅然樹 國家之楨幹使他日論人才之美者必先吾莆稱風俗之淳者亦必先吾莆則吾莆果復宋時之盛而號於天下曰鄒魯又奚愧哉若徒誇科第之榮侈爵祿之盛而以為儒者之事業止是而已則非仲昭所望於莆之人亦豈賢守太師儒所以表著風厲之意哉是為記

守株記

鄭瑗

涵江陳君幼業儒頗有志取科第既壯忽慨然悟人生適意之可樂而區區軒冕不足榮也遂取韓非子釋耕待兔之旨著號守株子將隱處終其身焉君之言曰天下之事無其理者不可徼其必得有其理者可以覬其或得鑿泉於地出火於燧隨取而獲如探諸囊而貫諸市者惟有其理故耳若鑽燧而索水坎地而覓火即不復有是理矣故宋人守株而待兔世所鄙笑以為迂且拙者吾意獨不然以株為無兔則曷為昔者之獨有也夫以昔者之獨有庸詎知繼是

之終無也然則株之有兔不可謂無是理明矣既有是理雖窮日力以須其再獲亦不可謂大惑也以爲大惑者時俗計功欲速之心也一有意於計功欲速則詭遇以獲禽舐痔以得車蔑不爲矣吾非不知爲是也顧有所不屑焉無寧守吾株而已矣兔之獲不獲非吾所當預測也其友鄭琇聞其言而韙之曰篤哉守株子之志也愚公移山精衛填海徒取其有志爾焉求其必得哉昔漢陰丈人非不知鑿木架梁之便也而卒不憚於甕汲圬者王承福非不知爲功厚享之逸也而竟不更其素業居易以俟命固君子所

取也守株子於是乎賢於人矣因稍緝其語遺之俾歸以為記

三功祠記

林俊

正德庚午予起征藍道變之下關所謂白帝城者問其祠公孫述也予曰越矣哉非鬼之祭也古者慎制祀以為國典無謂加典為非宜況賊而神祀之倒持綱常蔑名教乃爾可慨矣方述起成都以輔漢為名乘亂稱帝馬伏波見而少之曰子陽井底蛙耳故不受偽命專意東方用能佐世祖立功異域為中興名臣而述竟漢賊以死述可祀則漢莽可祀晉敦可祀

他日藍鄒亦可祀亂賊之臣亦何憚而自沮耶嗚呼世道大關也政而系之教焉淫祠之當毀有先于是者乎常恠述生盜名器既誅死猶土偶南面繆竊血食者千數百年少陵東坡徒寄春秋之筆而諸葛武侯張忠定范忠宣事任是方猶未及是正意者將有待于今耶固世道者之責也既命毀其像易其額為叵所宜祀者土神江神而伏波亦與焉昔共工氏之伯有九有也其子后土氏能平九土故祀以為社書曰宜于冢土下關雖一里之社土之人其世依以生也川澤以出財用而祝融玄冥河伯江瀆具在祀典

溺公所修益州江瀆之祠故在也書曰望于山川閟
又江之襟喉民寄命至要也皆蒙被功德所宜報而
祀而以告以祈又胥聚于此焉若乃炎精中微奸偽
移柄當是時述能如援擇漢胄自依則述將與竇鄧
等伍望蜀之萌何自而起蜀之赤子何名為從賊浮
橋覆溺八比之慘亦何因而至哉述名教罪人貽蜀
人之禍至于今為烈也故毀述而進伏波與順也亦
祀典也嗚呼君臣父子天地之大經也亂臣賊子人
人得而誅無赦者況于叨討賊之權者乎植人心扶
世教毀賊述之祠以嚴討盜之端道之大閑若此無

謂然乎哉是秋仲月莆田見素子林俊記

槎村范氏祠堂記　　前人

范春秋時晋士曾釆于范遂因為姓至後永相唐以顯其後居嘉州則文正忠宣文肅居長安則忠文石湖尤顯者居豊城自平始屢後永六世孫也子姓繁衍散居鼓墟上郊槎村同左富銅赤塘聯緋叠禁至清敏為盛槎村派也入　國朝州守東察使鏞大參鋏父子第進士修譜建祠衷志也譜屬鏑成之祠屬鋏力未逮也鋏之子貢士珪又成之助以祭之租百石計族之田盈畝十其升出之以供祠費董以族之

材者七人正德戊辰祠成奉平主于中始祖也先祖則各虛其主祭之日題紙附之畢則燬惧僭也始祖祀以冬至大宗主之先祖祀以立春各小宗主之祭畢舉族燕數百年曠祀續之今盛事不可無記珪既令吾仙則請於予礼謂天子七廟諸侯五大夫三廟制一品二品四廟三品三廟五品二廟適士一庶人祭於寢宋王珪封議平章事以上四廟副相政府至東宮少保三廟餘皆祭於寢廟惟襲爵嫡子得祭子孫官微不得祭事竟不行夫五服貴賤同之限于廟則大夫不得祭高祖士庶人不得祭其祖伊川謂有

服皆可祭一廟寢廟無害祭高祖晦翁以爲得祭祀本意伊川冬至祭始祖立春祭先祖晦翁亦據行之後疑近禘祫而廢議者謂伊川以義起重本也晦翁以疑廢明分也然禮從宜從伊川也記大傳士大夫大事祫及高祖則未嘗無祫也先代始爲飲食亦祭而始生不祭非人情以未害爲禘也夫物品之豊殺貴賤自分因心孝敬其未始異也惜宋已無定論伊川謂無可考予惡敢臆說哉然近世高祖之祭家行之合族非祭無以致其聚故先祖始祖之祭族行之所謂無可奈何之法也而易廟名祠同堂而異室則

亦不失祭寢遺意而范參以專主暫主名分尤嚴蓋又合程朱而折衷者可為族祀式矣然有屬者渙則萃萃則觀將無多行可法與已不自愧而人愧之者乎與斯祠者欲均此而無彼也載德象賢又將無私淑文正忠宣忠文為烈者乎若石湖閒有餘喙則斯祠也崇對越聯踈戚廣孝愛寓規箴可無儆乎可無畏乎范嗣茲益有聞矣

陳先生石齋祠堂記　前人

白沙陳先生石齋之崛起南粵也不階一命甘韋布以老薦書連絡迫部檄不得已起起而又去

憲皇帝知其賢特授翰林檢討先生受不辭又去竟未嘗一日立于朝無得于言無所施于其政以放有尺寸之功然而孫風遠韻上溢旁流盡一世而仰服之身領者神降聞風者意往賢者式不賢者愧以阻且化推埋胠篋脂韋滫中之流聽下風而聊素節點浮鎮雅名儒高士後先焉先生於名教可謂雨澤枯水燠焰風奪炎其盛矣乎先生殁于有四年内江高君大和以名御史來按部惻然曰大賢居于身之所生政之所臨與凡過化之鄉莫不有祠表先民崇道化也先生白沙之祠顧獨無立非曠典抑非吾人責

歟謀之大參黃君伯望僉憲王君　為立祠堂又
求先生故居會樓而修葺之舊門下士為市田合若
干畝以充祀匱侍御君以俊存先生知書來屬記嗚
呼元氣會而名世生在我南服楚春陵閩建安甞載
當其盛而黃雲紫水亦宇宙川岳于今矣氣之會蓋
者其時先生蓋當之也先生身長八尺右臉有七黑
子開頴絕人舉于鄉棄而從康齋吳先生學康齋之
有先生猶挺之之有康節先生術求之博久之曰雜
矣又求之靜久之曰偏於雜佛老而趨佛老張宋二
夫子先迷而後獲也遂以宋大儒為依歸其立志甚

專篤道甚勇涵養甚熟德器粹完脫落清洒以獨超造物牢籠之外寓言寄興于風烟水月之間與天地同流擊壤同其自得舞雩相始終焉先生之隱與指施之大致于是具矣侍御君首及是舉其風神意氣有相感乎二君相成亦具知其趣矣正德甲戌春仲莆晚學見素子林俊記于雲莊青野

毖齋記　　前人

查君原博在童孺時獨儉押不狎戲尊府主事翁一患擇所宜諸子授之遺從祝郎中惟貞遊祝君遠大器之學成取進士爲主事吏部上其績　天子褒嘉

之尚加毖懋見之制詞者如此而一愚翁之義方祝
君之心授率無易于此焉君取毖以名其齋以上本
王事之訓以持循而致重也視臬吾閩謁予雲庄求
記君樸訥沉求剛中而柔畜實過於華有毖道焉按
毖愼也以侈對則約以怠對則敬滿對則謙躁對則
容夫約則鮮失敬則吉謙則受益容則不至害成蔽
以一言畏而已愼所以繼畏也易震之象曰洊雷震
君子以恐懼修省恐懼畏也修省其愼也君子有所
警懼修正其身思省其過咎而改之有周身之防有
克治之勇有制事決幾之豫有所畏有所愼也無所

畏惡不至哉自夫滛醬飢飽勞逸之無節病入之然後賁膝理固元陽始不慎而終慎也抗懸流爭怒峽齧圻以濟如砥之川而舟溺焉險則慎慎則濟夷則不慎不慎則不能以濟戒慎之功其容斯須離耶治身如治疾防欲如防盜臨事如蹈虎涉氷如張機審栝無敵有苟焉耳夫然後存省功密日改月化優入君子而無難若處若顯委時命而聽之無容心焉楂奇節還古風發虎炳之文以茂弘光偉之盛誰禦哉君曰謹受教

兩浙提學書院端範堂題名記　陳仁

分職廉訪觀風類爾所署以學名所寓以書名所出政以端範名名之學之書有所因也不覺爲異名之端範無所因也若高以自標然有所取焉且自懼懼人自強強人約　聖諭端揆範一言以蔽謂弗違乎崇養至意然則以是標爲目以紀其人而名之其有弗與者乎我　國朝誕興文教作成士類崇大學椽以師承之至正統時復綱維是南北二畿以御史各省以臬司副使僉事按之璽書深懇專儒職之臣弗與之俾專且重專則難徒自諉重則思殫其力以求勝要之無忝厥職則固有在焉故於視事必尚一

門牆闢一路庭以肅進趨以恪藏脩今茲備美始于弘治己未亦既立石以歲月之其總臺署次先有刻名石亦既爵邑除拜參錯群案删矣復何為乎是題義固有取無見為重復也昔在鄙先文獻是崇金石有言厥惟舊矣其見於名世之賢則凜凜乎植議忠詐直回三四語後世踵其事因其意政不必家自論議夫標其人不顯暴其跡至繫乎人心之公醜好自別以榮以辱以予以奪則又不可移易是亦厲世之一端也今之所取則不盡然前乎吾事其事者蔽實俱稱無不善可議後乎吾事其事者聲實俱稱無不

善可議前者既賢難乎爲後後者亦賢難乎爲前此吾恒栗栗焉惧夙夜祗畏無敢自暇逸也或曰子以予之前嚴實俱稱固矣後乎予未事其事曷從而知之曰吾以吾之前之賢而知之其性同也吾以吾爲前之後而惧弗稱則又知之其心同也吾曷爲不惧乃若磨礱雕鏤鮮次宿羅則援據前修而不爲異術值監觀幾萌激奮則義善將來而有恍同若但云齪好延形影瘴是寓則皦皦嶢嶢無補汚缺而指摘瘢疵洗索瘢垢則亦何取於是刻哉此予之意也此石之所以立也

重建烏巖灘伏波將軍馬侯廟記

彭甫 字元岳成化辛丑進士官湖廣提學僉事

弘治己未冬先總督鄧公有事廣州遂道橫州至烏巖灘謁伏波將軍馬侯祠慨其圮壞遂以軍門餘貲屬先知州事俞文煥爲之且命索記於予明年公歿文煥亦去而其事未究也又明年辛酉予試士于橫今知州事何璋進曰伏波祠且完請記歲月以圖不朽且以畢公志焉按漢史光武時交阯女子徵側徵二反寇略嶺外而侯以是時拜伏波將軍督樓船由合浦緣海而進隨山刊道破賊于浪泊上尋斬側二

傳首洛陽又擊敗其餘黨頗外悉平侯之封自兹始也侯所過郡縣輒為治城郭穿渠灌溉以利其民民德之為之立廟所謂有功德於民則祀之者與然廟不立於郡邑而獨於山川險急舟楫往來之處蓋侯為人慷慨明爽必於是乃可以妥其靈且俾四方之人自是過者皆有以知侯功不獨一州一邑之人知之而已或者昧其本旨以為侯之神利於濟險舟上下櫂夫勢往往匍匐乞靈以徼一時之幸其配食左右又皆淫僻之神其為媟瀆亦甚矣夫死生禍福自有定命侯能奪天之命而移易於其間邪況生為正直臣死當為正直鬼苟不

問人善惡徒以禳禱之故輒陰祐之使之去禍就福是豈侯所為哉若夫歲時饋奠牲醪豐潔廟宇崇奉此則食土者之職所以報侯而不容或慢者也是廟以某年月日始事越某年月日告成規模宏爽視前趾有加而簷楹矯舉丹堊鮮爛又皆昔之所無松桂幽陰靡寰逈絶侯歸然南面凡非祀之神一切屏去灘舊以烏巒名今從宋慶曆間知州事伍粹更正為烏巖云

蓮峰石記　陳伯獻

出莆城西四里許有山曰象峰自西南數千里博換而來其支為太平岐而為梅峰為烏石而城峙焉莆

文物之盛廼山之鍾也山之腰爲石室其巔則有石如芙蕖高數丈袤數圍瓣纈突崛朶莛亭聳清而奇幽而壯離列而坐可十人石北則山坪有田數十畝予肯之因築室以居時至石上盤旋忘歸石常蓄雲霧或值冥晦則茫然如汎太乙之舟駕鴻蒙憑灝氣與造物游天朗氣清俯視城郭村溪畢效于前若垤若穴若簇若練若聚米若堆瓦聚睫而望大海橫于東嵬山環乎北壺公峙于南紫青繚白莫窮其暨然後知是山之高峻爲莆之宗而石則山之宗也予嘗質諸士夫或有未知者或知焉而未之奇奇焉而未

之至其至者樵夫牧豎耳樵夫牧豎至之而未知知之而未奇然則知之奇之至之者非予其誰歟予又謂是石有君子之道三焉其聳峭拔起下伏諸峰則有特立不群之操其煥爍如蓮不為仙翁佛子之宮是有潔身自隱之義其為文物之宗能使士夫不知而不奇是無競名表襮之心皆可取也使其置諸中州京洛之間吾恐薦紳遊客嘯歌吟眺敷揚讚嘆之不暇大華不能專於雍九華不能擅於池矣今棄於海濱而雜群峯之圍宜乎人莫知而莫奇也予汨沒於時蓋深有感於是者遂為之記

遊西山記

高江 字一忱弘治癸丑進士官至湖廣按察使

始予抵京師則聞西山之勝雅欲遊而未暇也今年夏姻丈周章南邦立二先生將南還乃拉予及陳王疇柯其孝尚彬三君子約以五月廿三日偕往而托錦衣陳廷爾璽先彼供具偶廷璽之甥吾鄉林董仁亦會焉凌晨騎出阜城門里許外皆沿溪行林木掩映恍然如入江南西抵大潭涵泓渟滀色深如紺上有龍王祠旱時禱雨處憩道傍小庵見壁間有次尚彬之尊甫學士公詩者因記其韻又數里為西湖荷尚未花而葉香襲人雜以蒲荇菰蔣倩可愛有鷗鷺數群

來往水際如與遊人相狎湖之盡為功德寺外有三
廢臺閣之知為元人遺趾主僧出迎禮甚恭因隨詣
諸佛剎循兩廊行壁堵繢畫俱極閎麗登浮屠頂東
望城闕隱隱如雲霧中出從前堂有松栢百株拳曲
樛結風籟冷然又里許為華嚴寺鑿山為洞上下凡
五處深者二三十步淺亦不下十餘尺有石榻可坐
於避暑最宜然地陰氣濕日幽暗熱絲纔入之莫不
眩且駭山下有泉散出亂石間噴薄沸渭少遠乃良
而長演迤徐去手掬飲之清香冽異他處寺僧云中
宮間取以供御日既中廷壓乃就僧舍設饌酒酣或

奕或射傾倒直率適而不宜喻持衡摘盡於旁之王
泉寺登望湖亭歷呂公洞其間為維貢之廬者五六
處皆面水依山相比而居其景勝大都不甚相別是
夜還宿於華嚴明日從西行則石路崎嶇十餘里乃
抵香山山益峻招提在絕頂陛覽與功德寺相將下
有泉甚冽疾因泉為池飼金魚百餘尾投以餌皆出
浮水面其南傍有丘巨石二對立垂首瞰如蝦蟆狀
石下二井相去丈許水深才三四尺俯手可得望見
底沙石歷歷可數不竭不溢近寺之家取給焉亦靈
泉也蓋自此抵城三十里二日之觀惟此為最聞其

上復有元遍寺尤奇峭而僕馬已倦且西北有雨意不可復往遂舍舊道取捷而還是行凡得詩共若干首雖一時之作不能盡工然亦可以見茲遊之不虛焉耳二周先生因衷而錄之而以記屬予夫山川之勝亦因人以傳往時右軍之蘭亭安石之東山六一之醉翁亭皆僻在一方而至今稱之以有三若人也是山獨椎峙都下四方之文士至者無不遊遊則無不賞且歌詠之其為過當在蘭亭諸山之右然自餘年未有以人稱者豈以近而不專耶抑未值其人耶因附書之且以待後之遊者必有為山靈解嘲也詩

中有聞字韻者皆次柯公今年為弘治戊午歲以遊之後又六日北谷野人高某記

林氏錫封記　　李廷梧

正德己巳四月今參軍林毅齋先生獻前順天通判三年之績于朝既考最還職吏部復以推恩為請制曰可於是封母姚氏為太安人是歲臘月望寵誥至前時太安人壽七十有七乃大合姻婭拜迎如禮翟冠朱服坐堂上開宴受賀酒再行客酬而進曰惟太安人朝夕劬勞訓廸厥子宜其有茲榮請以為壽太安人歛衽對曰嘻匪予克顯繄廼父之訓惟匹人

率德迪善曰為可繼也才可輔世長民乃止一校始
終教學罔敢怠胥韻及人曰吾後世其興乎囊橐栲
然而藏軸盈架曰惟後之貽今　天書臨門顧弗遠
諸君乃以慶予予何德之承客曰惟父毋於子也雖
均於教不能必其成子於父毋也雖均於養不能必
其壽參軍清雅該博檢身如處女宦轍所至咸能展
采錯事士夫之望歸之是雖先府君寵靈亦太安人
協輔之力也太安人懿則茂著榮壽並臻是蓋天之
所以勵世旌淑　上之所以命德勸忠非無脛而至
者矣顧循謙讓弗居何耶太安人聞客言詞色漸怡

客又進而言曰吾聞福輕如羽莫之能載太安人中年喪所天調辛甘定震撼以待天道之終定凡不足於前者茲將補之而靈承謙受不懈益虔[illegible][illegible]翌翌小心壯老一節于以戩滋至之休將見天之錫嘏也俾臧俾熾　上之錫命也至再至三且使世之為母為子者皆將於是乎觀德觀孝矣太安人蹶然笑曰諸君ゝゝ進予於古之道敢不拜嘉雖然遠[illegible]者忠也惟諸君終教吾子俾敬共厥職以求綏　天子之寵命乃受爵成禮而退于時家君省庵先生於太安人為甥亦在賀客之後因書命廷梧曰小子識之客之

爲詞也婉而大信而足徵太安人之爲志也思而不二肅而有禮語曰匪交匪敖福將焉往廷梧受教惟謹具載于簡錄其副遺林氏俾志家乘

莆陽文獻卷之十二終

奏議

上真宗乞置東宫師保　陳靖

臣伏見皇太子光踐承華照臨方内游雷成象正位於青宫五輅和鈴炳儀於清廟惟賓寮之具爾獨師保之闕如且夫師者師法其規模保者保安於德義苟曠厥任未協前經臣是以展轉三思揣摩群籍冀有確論上贊昌朝粤自五帝選賢三王授子雖揖遜之或異在訓導以攸同虞舜之書則曰教胄子姬周之典則曰延冲人著于格言莫重尊教雖然服冕裘

陳鹵簿此可以莊禮容於外也至若就道德敦孝恭此可以發知理於內也伏願　陛下隆邦家之本考沿襲之文延揖公台充備師傅體二聖之基緒副三靈之宅心人謀大同知有尊於調護神器光屬亦共貫於守成又惟　陛下頒列藩房夙昭聖範歷試京邑之繁重備嘗稼穡之艱難雖勿用以居潛已重暉而合照故　太宗皇帝英心奮斷大畧制權謂六傳而可虛俾庶務而從簡令皇太子適膺儲位方在妙齡是宜設彼師臣豐其禮數恢七教已興之德業廣五行俱下之聰明春誦夏弦徧遵行於故事左輔右

弼率求賴於正人臣謹按漢書始元五年六月詔曰朕以眇身獲保宗廟戰戰慄慄夙興夜寐修古帝王之事通保傳者是保傅之重不可不備也又伏覩唐貞觀十七年散騎常侍劉洎以謂皇太子初立宜尊賢重道以昭聖德遂上書論列亦有憲章然而師傅之名未聞沿革之制臣學誠寡陋罔測津涯伏乞陛下選載筆之洪儒俾其撿討召秉鈞之元輔討之久長庶使左右周備賴旦奭之耆德羽翼漢室躡園綺之高蹤上符　宗社之靈下副華夷之願臣適當暮齒尚玷周行請老歸田案禮經而愧晚封章言事

表臣節之有終倘蒙哀鑒俯回離明增耀不獨臣死生幸甚抑亦使兆庶同歡天聖六年上時為兵部員外郎直史館

請增置諫官書　蔡襄

臣伏見　朝廷選用王素余靖歐陽修等增備諫官是三人者皆特立之士昔以直言觸忤權臣擯斥且久今者一日並命人無賢愚為口相慶皆謂　陛下特發神斷擢任不疑蓋　陛下深思政教未舉賞罰未明群臣之邪正未分四方之利害未究故增耳目之官以廣言路此　陛下為社稷生靈大計也臣竊思任諫非難惟聽諫之難聽諫非難惟用諫之難如

素靖修等忠誠剛氣著信於人 況蒙 陛下獎拔之
知必能箴闕政獻明謨摘回邪擊權倖思所以報效
也然邪人惡之必有禦之之說不過曰其人也好名
也好進也彰君過也或進此說正是邪人欲蔽天聰
不可不察臣請為 陛下陳之一曰好名夫忠臣務
盡其心事有必須切直者則極論之豈好名哉若避
好名之毀而無所陳施則土木其人皆可備數何煩
陛下選擇如此之至況名者聖人以之勵世俗分善
惡豈可廢乎借使為善近名 陛下試思今之人遠
權利敦潔行以近名者亦有幾人哉二曰好進前古

諫臣之難者遭逢昏世上犯嚴威旁觸勢要鼎鑊居側斧鑕在前死且不辭安得好進乎盖近來諫官進用太速故世人皆以之謂好進今諫官有盡忠補闕之効　陛下但久任勿遷使其人果忠且義雖死於是官亦無恨矣三曰彰君過凡諫諍之臣盖以司乎過舉也緩則容疏急則昌言期於必正若人主從而行之適以彰乎從諫之美安得謂之彰過乎然諫官亦有好名好進彰君過者異於此巧者之爲諫臣事之難言者則喑而不言擇其無所忤者言之就令不行不復再議而曰某事我嘗言之矣此可謂之好名

也容容默默無所恥媿踐歷資序以登貴仕此可謂之好進也凡人主之有過諫官最為近密或不盡言人主何從而知且變更乎傳之當世垂之於後終以為過此可謂之彰君過也臣之所論乃忠臣巧者之分願賜省覽令　陛下出於聖慮自擢諫官必自主之若有陳述於理適當即賜施行無使天下之人謂　朝廷有好諫之名而無好諫之實使其言有訐切亦願優假無為姦邪構間致有斥逐使天下之人指　朝廷有拒諫之失臣迹遠言近不任兢惶激切之至

臣某冒死再拜謹上

言用韓琦范仲淹書　　　前人

臣伏見去月以來　陛下拔任諫官都下翕然稱慶又數月罷夏竦樞密使用韓琦范仲淹作樞密副使制命一出士大夫賀於朝庶人喜於路至有飲酒叫號以為樂者謂　陛下去邪任忠可刻日以觀太平矣臣聞易泰之彖辭曰內君子而外小人君子道長小人道消否之彖辭曰內小人而外君子小人道長君子道消然則君子進則天下泰小人進則天下否陛下退一邪臣進一賢人而舉國歡忻者豈一邪一賢獨能關天下利害乎蓋以一邪退則其類退一賢

進則其類進衆邪並退衆賢並進而天下不太平者無有也雖然臣切憂之頃年莊獻明肅太后初棄六宮 陛下親臨庶政一日出令邪臣沮氣天下觀聽洒然快意期於一變以臻大治自後數年方內無事左右之臣易於襲常而怙於苟安 陛下憂勤之心日亦少懈已而西羌背違舉兵寇邊遣將興師屢戰屢敗饋運賦斂百姓困窮北虜乘勢窺我强弱遣使求地京師震駭幸而增賂以得暫安四海嗷嗷日憂一日以將來之患當如何也然猶指忠賢之士而屬望焉幸而進用庶其叶力而大有爲以解焦勞之急

陛下奮發剛斷博采物論援擢而任之人人歡欣而臣獨竊憂者誠恐進用之後或有讒間或狥舊例使之不盡所長而去則天下必有遺材之恨所損不細矣當今天下之病臣請譬諸病者其安時調護適宜固不病矣病在皮膚醫者能早去之病且安矣此二者皆已不及而病在支體若得良醫可速愈也天下之病勢如是於可醫之時　陛下又選任良醫倘信任不疑聽其施設非徒愈病又致民於壽若於此時使良醫不得盡其術則天下之病愈深雖有和扁之妙難責速効矣願　陛下思祖宗社稷之重矜四海

生民之困憤西北二虜之耻法乾剛夬決之道拔賢材收衆策不憚改作之以成大功天下幸甚幸甚某昧死再拜謹上

上哲宗乞寢罷編排元祐臣寮章疏指揮

陳次升 見本傳

臣近奏乞宣諭大臣遵守赦牓其餘一切不問之語未見施行今聞差官編排元祐間臣僚章疏仍厚賞以告藏匿探之輿議實有未安須至再瀆天聽臣嘗覩漢光武誅王郎收文書得吏人與郎交關毀謗數千章光武不審會諸將軍燒之曰令反側子自安後

世書之以為美談恭惟　陛下即政之初揭牓許其
自新是亦光武安反側之意今又張官置局吹毛求
疵考人一言之失致於有過之地是前之詔令乃所
以誤天下也後之敕牓又所以誑天下也命令如此
何以示信於人乎昔成王與叔虞戲削桐葉為珪以
與叔虞曰以此封若史佚請擇日立叔虞王曰吾與
之戲矣史佚曰　天子無戲言於是封叔虞於唐夫
成王非輕其爵命也以王言惟行弗惟反爾矧今御
史臺牓示朝堂進奏院遍牒天下惟恐人之不知非
特戲言而已戲言尚踐而行之豈有明指牓示曉諭

臣庶可友之乎伏望聖慈念光武安友側之言思成
王遂削桐之封所有編排章疏指揮乞行寢罷紹聖三年正月詔禮部員外郎徐君平詳定元豐八年至元祐九年四月終臣僚章疏及訴理所申狀中語涉譏訕者次升上此疏時為殿中侍御史

論瑤華之獄不當付閹宦之手　前人

臣伏覩詔書以皇后孟氏旁惑邪言陰挾媚道迨從
究驗證左甚明而　陛下斷以大義不牽私恩奉承
兩宮慈訓廢皇后孟氏為華陽教主降詔以告中外
命下之日士庶惶惑謂后無可廢之罪而　陛下廢
之咸相與為之咨嗟彈指良可嘆也蓋以所治之獄
不經有司雖聞追驗證左而事迹秘密朝臣猶不預

聞士庶惶惑固無足怪臣竊謂后之廢立事體至重非若臣下一言一眚廢之逐之不足深恤自古獄訟皆付外庭未有宮禁自治高下付閹宦之手 陛下特見案牘之具耳安知情罪之虛實萬一冤濫爲天下後世譏笑臣欲乞 陛下親選在廷侍從或臺諫官公正無所阿附之人專置制院別行推勘庶得實情如后之罪在所不容雖廢之人自無言今事不經有司獄成閹宦此天下人心不能無疑也伏望聖慈特降睿旨施行 紹聖三年九月上時爲殿中侍御史

上徽宗封事

方軫 見宋傳

大觀元年月日　太廟齋郎方軫奏伏惟司空尚書
左僕射兼門下侍郎魏國公蔡京睥睨社稷內懷不
道效王莽自立為司空效曹操自立為魏公視祖宗
神靈為無物玩　陛下如嬰兒持紹述之說為自謀
之計上以不孝劫持人主下以謗訕恐嚇天下威震
主上禍移生靈大臣保家族不敢議小臣護寸祿不
敢言顛倒紀綱恣意妄作自古姦臣未有京之甚後
自崇寧以來交通閹寺結托宮禁蠹國用則如糞土
輕名器以市私內而執政侍從外而帥臣監司無非
京之門人親戚政事不合於天心法令徒結於民怨

若設九鼎鑄大錢置二衛與三舍建樂府又於國門外祭天地於兩郊如此之類非徒無益京有所為必持兩說以刼人主一曰此三代之法也一曰此熙豐之遺意未及行也天下事無常是亦無常非可則因否則革惟其當之為貴京不學無術妄以三代之說欺

陛下豈不為有識者所笑神考十九年典章文物粲然大備豈有未及施行之事豈京不得馳騁於當年今又誣罔在天之神靈每有奏請盡乞作御筆指揮行出語士大夫曰此上意也明日或降指揮更不施行則又語人曰京實啓之也善則稱己過則歸

君必欲　陛下歛天下怨豈　宗社之福乎元豐二
年廢殿廨宇二千四百六十間造尚書省分六曹設
二十四司以總天下機務落成之日　車駕親幸命
有司立法諸門窓牆壁輒增脩改易者徒二年京惡
白虎不利宰相盡命毀拆收入禁中是欲移害　陛
下乎是謂之紹述乎括地數千里屯兵數十萬建置
四輔郡遣親信門人為輔州總管又以宋喬年為京
畿轉運使恣諷兗州父老詣闕下請　車駕登封意
在為東京留守萬一乘輿一動挍間竊發呼吸群助
不知　宗廟社稷何所依倚　陛下將措聖躬於何

地乎臣嘗中夜思之不覺涕泗橫流也近聞京議建立方田法欲擾安業百姓借使行之豈不召亂乎又況數年間行鹽鈔法未旬浹又報鈔法變矣鈔為故紙鹽為棄物家財蕩盡赴水自縊客死異鄉孤兒寡婦號泣籲天者不知其幾千萬人皆歸咎於　陛下

所幸者祖宗不馳一騎以得天下仁厚之澤涵濡生靈幾二百年矣四方赤子不忍生事萬一有壟上之耕夫等死之亭長嘯聚亡命於一方天下響應　陛下何以支吾之乎內外臣僚皆京親戚門人將誰為陛下使乎京乘此時談笑可得　陛下之天下也亢

符末年　陛下嗣服之初忠義之士明目張膽思見
天下太平投匭以陳己見者無日無之京欲鉗天下
之口塞天下之耳目分為邪等賊害忠良天下之士
以忠義為諱方且全身遠害之不暇何暇救　陛下
之失乎奈何　陛下以京為忠以忠義之士為謗訕
詆誣或黥配遠方或除名編管或不齒仕籍以言得
罪者萬人矣誰復肯為　陛下諫哉蔡攸狗彘名一
頑童耳　京遣攸日與　陛下從遊嬉戲必無堯舜
文武之道啓沃　陛下惟以花栽怪石籠禽檻獸舟
車不絕道路今日所獻者則曰臣攸上進明日所獻

者則又曰臣攸上進是欲　陛下惑而不知天下之
理亂也久虛諫院不差人自除門人為御史京有反
狀　陛下何從而知臣以是知京必反也臣與京皆
壺山人也古讖云水遶壺公山此時方好看京諷部
使者鑿渠以遶山李星見西方日傾正陽之月天意
所以啓　陛下聰明可謂極矣　陛下略不省悟止
於肆恩赦開寺觀避正殿減常膳舉常儀以荅天戒
而已然而國賊尚全未聞梟首以謝天下此則臣民
共憤祖宗含怒在天之日久矣　陛下勿謂鷄鳴于
鼎穀生于朝不害高宗大戊之德九年水七年旱不

堯舜湯之聖今日禍發不測人情危慄惟　陛下留
神聽覽念藝祖創業之難思履霜堅氷之戒今日氷
已堅矣非獨履霜之漸願　陛下早圖之後悔何及
臣批肝爲紙瀝血書辭忘萬死叩天閽爲　陛下力
言者無他所重者祖宗之廟社所惜者天下之生靈
而自忘其迫切　陛下殺之可也赦之可也臣一死
生不繫輕重願　陛下上體天戒下顧人言安可愛
一國賊而忘社稷生靈之重乎

上皇帝書　鄭樵

正月十一日興化軍草萊臣鄭樵昧死百拜獻書于

皇帝陛下臣本山林之人入山之初結茅之日其心苦矣其志遠矣欲讀古今之書欲通百家之學欲討六藝之文而為羽翼如此一生則無遺恨忽忽三十年不與人間流通事所以古今之書稍經耳目百家之學粗識門庭惟著述之功百不償一不圖晚景復見太平松筠之節不改歲寒而葵藿之心難忘日下

恭惟　皇帝陛下誠格天地孝通神明以天縱之聖以日新之德君臣合道一言而致中興自清契以來未之聞也臣切見兵火之餘文物無幾　陛下留心聖學篤志斯文擢用儒臣典司東觀於是內外之藏

始有條理百代之典燦然可觀臣伏覩秘書省歲歲
求書之勤臣雖身在草萊亦欲及茲時效尺寸頃臣
究心於此殆有年矣今天下圖書若有若無臣雖不
一一見之而皆知其名數所在獨恨無力抄致姑能
紀記之耳謹搜盡東南遺書古今圖譜又盡上代之
鼎彝與四海之銘碣遺編闕簡各有彝倫天篆梵書
亦為釐正於是提數百卷自作之書從步二千里來
趨闕下欲以纖塵而裨嵩華以涓流而益滄海也念
臣困窮之極而寸陰未嘗虛度風晨雪夜執筆不休
廚無煙火而頌歎不絕積日積月一簣不虧十年為

經旨之學以其所得者作書考辯訛作詩傳作詩辯妄作春秋傳作春秋考作諸經序畧作刊謬正俗跋三年爲禮樂之學以其所得者作謚法作運祀議作鄉飲禮作鄉飲駁議作系聲樂府三年爲文字之學以其所得者作象類書作字始連環作續汗簡作石鼓文考作梵書論作分陰之類五六年爲天文地理之學爲蟲魚草木之學爲方書之學以天文地理之所得者作春秋地名作百川源委圖作春秋列國圖作分野記作大象略以蟲魚草木之所得者作爾雅註志作詩名物志作本草成書作本草外類以方書

之所得者作鶴頂方作食鑑作採治録作畏惡録八九年為討論之學為圖譜之學為亡書之學以討論之所得者作群書會紀作校讎備論作書目正訛以圖籍之所得者作圖書志作圖譜有無記作氏族源以亡書之所得者作求書闕記作求書外記作集古系時録作集古系地録此皆已成之書也其未成之書在禮樂則有器服圖在文字則有字書有音讀之書在天文地里則有天文志有郡縣遷革志在魚蟲草木則有動植志在圖譜則有動植氏族志在亡書則有亡書備載十三二年間可以就緒如辭章之文論

說之集雖多不得而與焉奈秋先蒲柳景逼桑榆兄弟淪亡子姓亦殤惟餘老身形影相吊若一旦倏先朝露則此書與此身併塡溝壑不惟有負於平生亦有負於聖時謹繕寫十八部百四十卷恭詣檢院投進其餘卷帙稍多恐煩聖覽萬一臣之書有可採望賜睿旨許臣料理餘書續當上進微臣遭遇文明之世豈無奮發之情使臣得展盡底蘊然後鵬歸蕙帳狐正首丘庶幾履　陛下之地食　陛下之粟不辜爲　陛下之一民也仰冒天威伏惟聖慈特賜察覽臣無任瞻天望聖激切屏營皇懼之至不宜臣樵昧

死百拜

繳奏沈瀛除知梧州詞頭　林光朝

三月二十一日三省同奉聖旨沈瀛差知梧州替張積所臣竊見沈瀛昨為樞密院編修官而無立惟知干進為王質所搖動王質唱之沈瀛從而和之此亦公論之所不容前日沈瀛無故復來見者切齒謂如此等人幸而得祠祿閉門自訟豈應便求進今若與之州郡何以示勸懲沈瀛得郡則王質之輕儇佼險且將攀緣而至矣臣恐公論自此不立為害甚大欲乞睿斷將沈瀛差知梧州指揮特賜寢罷以為浮躁

不知耻者之戒所有録黄臣未敢書行

繳奏謝廓然賜出身除殿中侍御史詞頭　前人

臣昨蒙　陛下記録孤遠召臣於嶺外遭遇臨雍賁緣從彙臣之能冐亦已太過當此晚節非有好名干進之疑事或可言雖死何憾臣竊聞王安石欲以李定為監察御史累行宋敏求知制誥不敢具草今月二十六日送到録黄一道謝廓然可賜出身除殿中侍御史此在公論有所未安臣職當書行若畏禍恐耻不得已書之他日　陛下必然有所悔則臣為欺

君者臣之殘年尚在人數中豈應負此名此臣所以
不避誅斥而略陳大槩臣備數詞掖凡再行謝廓然
詞未嘗不備述上意以謝廓然為能吏　陛下賜以
太常之第命以御史之官是科目太泛名器太輕非
所以開張正塗誘來讜論也前日嘗欵以李太正為
六察官未幾復寢豈謂科目出於至公不以輕予人
也謝廓然之所長者可以治財賦理獄訟至於耳目
之司紀綱之地則有所不可六部寺監所係者一職
惟御史府所係者國體天下以為可畏者諫官御史
也非御史可畏可畏公議也安得如范純仁呂大防

者除書之下公議自定苟或人人皆可爲御史則公議不立公議不立則天下亦何所畏哉是國體輕重在於此不可不早定也中書號令所自出令出惟行弗惟反今此一件臣若書行不知中書所當繳者爲何事然　天子擇言事之官而臣以本職有所可否則爲屈雷霆之威無復生全臣已闔門待罪所有録黃臣未敢書施行

端平三年七月分第一劄（以御殿散班）　方大琮

臣至愚極陋起至遠方三十年間八書吏考雖田廬之日最久而畎畝之忠不忘大化更新誤叨收擢退

然衆後惟有靖共屬者內出手書俾司言責力小任重曉夕驚憂　陛下何取於臣而拔之散冗耶抑以其草野少戇或能盡言無隱耶然未信而諫交淺言深雖蘇軾猶以為疑若夫柔行巽入以涵養為大體陰諷容諭以歲月為深功此乎世事也臣自立朝以來每見群臣論議始則言成敗中則言安危至于去歲夏五之後景象頓異則以存亡言矣今也亡之一字慣熟於上下之口然後知天下有將亡之形不知古今有不可亡之理理者何綱常是也綱常者天地所以付宗子祖宗所以遺後人臣民所以戴君上爽

狄所以畏服中國者也微失之則敗再失之則危終失而不悔則亡矣迹當世之故極北小夷越數萬里干我王畧覆我境土此天地之大變也以臣觀之蜀口之敗雖㺚也而終蕩於潰兵之擾襄州之失非㺚也而實壞於叛兵之變州縣之兵則戕其守將京畿之兵則疾其長上以至遐方赤子皆喁喁然有作慝之念其為綱常淪斁不既多乎　陛下豈須其至此哉出御經筵惧形于色朝問群臣憂見于言六字之銘未嘗不欲飭已十二條之戒未嘗不欲救吏减斛面停稅畝未嘗不欲寬民覆廡綜戒指揮未嘗不欲

恤軍且心者綱常之所自出　陛下之用心若此而危形急證相尋不已臣廢食忘寢思所以消惡運遏亂原而不得其説　陛下隱之於心其猶有不安者乎恭惟本朝立國度越古昔

太祖皇帝之授受不以私其子而感趙普金匱與弟之一誓　高宗皇帝之選立不以私其近屬而悟婁寅亮立昌陵後之一言一祖一宗為我宋肇興再造之主皆自其不私天下一念者基之臣在田野側聞寧宗皇帝嘉定選擇之時追記先朝眷念魏邸之意故　陛下之立必自魏來寧考此心其與後世備防

多忌皆畏矣用能綏三十載無疆之休以啓佑我
陛下者亦此一念也是以　陛下踐祚之初朝享原
廟而郊人大悅則人與之也始見圜丘而月星明概
則天與之也疇敢貪天之功以自為己力哉彼故王
之退守藩服變出不測霅川之事深可痛也臣嘗記
真德秀之奏曰前有避匿之跡後與討捕之謀又記
洪咨夔之疏曰霅川之變非濟邸之本心濟邸之死
非　陛下之本心魏了翁直前之疏余清叟火災之
疏皆可謂得其情矣胡夢昱一疏尤為惻怛懇至
代之興亡指陳天人之感應讀之令人流涕當是時

也天地祖宗猶有以容　陛下之有所制黃壤沉寃
猶有以亮　陛下之不得已亦既十載天鑒老妖端
平攸綜威福自出非卯寃雪枉之時乎臣恭覩元年
六月御筆有曰脅任陷逆又曰復爵賜瑩而立嗣一
事則曰關繫家國難以輕議又恭覩二年七月御筆
有曰衛王功茂深欲保持其家又曰札付宅之兄弟
自今臣僚毋復牆摭一則牢關固拒如待深仇何其
重於繼同氣之後一則丁寧覆護如拊愛子何其厚
於保姦孽之家合二筆而觀有人心者宜何如扎故
王之跡非若秦邸而秦邸子孫至今蕃盛此　太宗

皇帝保全之力今也西流荒阡麥飯無主孀嫠旅寄
御座緇流獨不以　太宗之待泰邸者待之乎賊檜
之罪浮於姦檜而檜死之日諸子勒令致仕此　高
宗皇帝果決之斷今也宅之碩童班宗錫第趙玷名
鄰敢抗公評獨不以　高宗之處檜者處之乎　陛
下勵精之始如逐二凶人竄二賊更召諸賢求直言
以至禁戢苞苴止過下請舞一札出萬目聳觀四方
傳誦交讚聖明獨此一節識者無不憮然失色聞者
無不黯然吞聲德於其非所當德怨於其非所當怨
一念之私綱常倒植大原既失他美莫贖驕恣安得

不徃悖兒怅安得不跳擲叛將安得不飛颺豈皆無東嚮之心盖有以召之矣　陛下必以逺為功則臣請有以辯之昔漢大臣議立文帝之時特曰齊王毋家戾惡代王毋家長者以善人則大臣安史所載本說如此大臣之意不過謀身豈料得一文帝遂為三代以後不可及之主哉　陛下天賦粹美不下文帝逺之自謀亦循漢臣既見聖質高邁乃復時進妖龑歆以昏其明而盜其權所賴韜藏靜定不墮機穽遂有今日之懿若逺者豈容生免繫獄之辱而死反冐極美之謚乎　陛下必以故王為疑則臣又有以釋

之昔漢淮南之驕僭非復有愛兄之道文帝哭甚哀以盎解而止及聞斗粟尺布之謠則還地封子不遺餘恩豈終膠於盎之說哉　陛下天性友愛與文帝同燕王之罪與淮南異小臣親聞謂故王嘗從　陛下會朝待班同欄共食情愛倫至使無遠先入之言寧不惓念疇昔之好若故王者豈其生有友睦之義而死不忘經紀之恩乎臣愛助孤忠惟終始以漢文帝望　陛下也倘自更化之後凡逐臣羈士見拒於權姦者無枉不白獨天倫大寃不能自明一婦茹屈枯旱三年匹夫非辜飛霜六月而況先帝之子　陛

下之凡乎臣聞德秀垂殁語其家以不能申前言為
大恨又見吞燮僅對臣言曰上意未回則天意亦未
回今二臣巳矣偶夢昱所謂寃不散則禍不消自今
觀之其言皆驗昱竄海濱弟兄暴骨今雖官其一子
未足償一門之痛是不惟故王之寃未散而昱之論
亦未明也然則解釋　陛下之疑啓寤　陛下之聽
此非舊學大臣之責乎此非耆老大臣之責乎此非
二三執政之責乎此非講筵從容啓沃之責乎此非
侍從論思獻納之責乎此非諫臣繩愆糾謬之責乎
群臣泛議一語及此搖手吐舌指為深諱見殆以齊

人敝王也然而臣知　陛下有可回之機者何也小臣奏疏間及此事　陛下雖微詰之亦不罪之草茅對策間發此語　陛下雖稍抑之亦不棄之是機也苟有以開導而疏滌之則油然之一念固任也臣愚欽望　陛下豁然開悟出於真誠特下明詔敷釋本心正權臣之罪洗故王之冤則端平德刑之大務判矣是必發暴奸伏絀絕貪功抑孽種而蓐守符投寇礼而裁寵數賈充之謚別議里克之惡始彰是必收營高爍亟謀紹承幸伉儷之猶存庶猜夷之有托若敖之鬼不餒新城之巫求消則天心之悔禍有期人

些之獻亂有日特在　陛下一念間耳或曰四郊
壘未暇議也不知腹心不治何以望膚革之安或曰
皇嗣未衍未遑議也不知麟趾不歌何以致螽斯之
盛事固有甚難百物翔踊而楮日輕則曰吾力不能
救饑胡荐食而兵日困則曰吾身不能玩此不過一
號令轉移之易而　陛下猶難之且事與天合與祖
宗合與先帝合與天下之心合無復他慮之有若易
者猶難臣恐難者愈難矣宋文帝何如主猶能還三
代之冢正徐傅之戮而況九京之下所望於英明之
主哉通天地間一氣耳今也戾氣流行在天則為妖

星在地則為洚水在朝廷則為二相不咸在邊方
則為諸閫不恊去歲叛兵之變自南而北殆遍天下
去夏殿族之鬨市肆晝閉相恐以走此無非戾氣之
流注激射也臣曩讀清吏火災疏曰若有所驚而言
問其故瀕異昔鄭人驚伯有之厲子產以為鬼無歸
之故或者類是臣又近聞宅宇以其父三十年聚怨
之華室一旦捨之為僧廬探其事尤異昔王安石捐
居第于鍾山而記者以為覩雱因之故殆亦類是事
雖涉怪理有或然遠之家不足恤而關於　宗社者
甚重若一念之歛橫於胸中而不化則一氣之戾蔚

於兩間而不消誠能宣明洞達此歎不啻將見精神感召此戾自弭不然運化推移無往不復剥恐諱譏其裂難收瑤華之位終復蔡京之後終錮而光景迫促已無救於黏幹長驅之禍矣吁可畏哉臣素拙且賤妬進瞽言遽觸雷霆罪在不赦然漢武帝有言高廟神靈使汝教我或者祖宗列聖之神寧考在天之靈將以啓聖心而開治運歟先儒嘗謂夷狄為中國患由中國先無三綱故臣以綱常為弭亂之本又謂一念覺處便是天理故臣以一念為綱常之本然則宗社存亡夷狄向背之機人以去留之會在　陛下

今日之一念覺則高廣神靈之賜否則小臣積誠不
至請伏妄言之誅惟　陛下財幸

八月分第一劄　　前人

臣頃者冒進愚戇輕犯雷霆敢謂聖度如天俯獲聽
威咫尺窮子見父且喜且悲所謂大綱大本之說臣
申言之則近於激不言則流於欺不激不欺以觀
陛下之心焉請以今日經帷誦說之書而推明帝王
正心之大法以合其說若稍緩矣然雖緩而亦切也
心一大關紐也書曰無怠無荒此待夷狄法也惟難
惟危此畏小民法也甘嗜峻雕未或不亡此警省一

身法也天下皆樂而一人猶憂天下皆泰而一人猶危以一人之憂危所以保天下之泰且樂也若昔明良護持此法重關累鍵植立甚嚴自管仲始破其倚錡謂穀色酒肉不足害霸貫誼徵寬其縱束謂為治而之鐘鼓之樂不如勿為誼之言猶婉而仲之說直謂把握於外者有定力則安意肆志於內者為無損是以威公負其強力而溺內嬖惑刁牙以啓國中之爭文帝安於所性而罷露臺止驂乘以成宮庶之效至唐太宗以雄心伯氣孩撫一世外而鞭笞剪伐無不如意內而縱情長慾肆其所為哆然恚其臣曰是

欲使國家不役一人不收一租宮人無髮乃稱其意
昔于魏證之諫曰憂人之言不絶於口樂身之事實
切於心深中帝病帝亦歛容謝焉合三君而觀文帝
恭儉量己甚明二君外操内縱自謂奇策卒不免貽
後嗣患況於外無把握之力而内為安意肆志之事
可乎帝王治法止一塗轍持心身者乃所以持天下
也今天下未易持也如支老屋補壁而離仆如駕漏
舟棹首而尾濡鳩工烝斲合力扶救猶惕然有壓溺
之虞而為主人者出有惧色入無戒心反使工慵斲
脩得以有辭於其主臣固不敢以魏證之語窺　陛

下而其迹則有不能掩人之疑者何也三邊功賞有頻年未下者而後宫新封數十之宜雖不一夕取辦未遲也五閫將佐猶有待激勸者而肺腑近親雙節之命雖不同日並拜未害也襄蜀流移糠粃不飫而進獻豈群貂之所宜爭媚哉江北居民千里清野而木妖豈内庭之所宜時有哉　陛下憂勤之念未孚四方而佚樂之聲頗傳道路而或者猶曰事有不可為未免興退飲醇酒之歎此前世中主事也聖明豈有是哉然而消疑釋謗抑豈無說布衣帛冠豈足與衛而文公之志自此立薪槱膳食豈足疆越而勾踐

之志自此堅　陛下倘以衰失為恥則其志必在復襄以蜀敗為慊則其志必在保蜀以荊樓淮危為憂則其志必在牢固疆埸以民愁兵怨為慮則其志必在護養根本用志不分樂事自息書不云惟疾敬德緩則不及事矣無皇耽樂雖欲為而無其暇矣是故惡音酒必真如建隆經宿之悔斥寵嬖必真如慶曆女口之遣減省嬪御止如雍熙三百之數檢制僧寺當如景德過分之戒節縮浮費則韓琦宮掖之議可行也停罷力役則歐陽修土木之疏可復也非惟消釋天下之疑亦足以助成　陛下大有為之志者乎

者善繼人之志也以先皇帝賜杯之奉滌衣之御此不過禁庭間事耳而幽閨深谷民到于今稱之當慶泰禧定以來天下非少事也所以銷一時之變結數十年之人心敬仁勤儉之一念耳帝王大法祖宗家法森乎三尺之不可越也憂者樂之對危者安之反嗜樂而喜安人之情也臣乃欲奪其所樂而遺之以憂禁其所安而投之以危豈情也哉盖有懍乎朽索之危而後有平成之安有若涉淵水之憂而後有垂拱之樂豈惟天下安樂之而一人之至安真樂孰大焉不然則欲安而危迫之則反失其安欲樂而憂乘

之則亦不得其樂明者可以計利害於此矣今也當把握之機而有縱放之形當憂危之會而爲逸樂之事所以使　陛下負此疑謗於天下必有分任其責者理亂安危自君心出格其非者大臣也救其源者諫臣也若夫阿意曲從務爲容悅今日曰誠如聖諭明日曰非臣等所及固恩戀寵此大臣之恥也嬰鱗自疑更進他說前疏則格不下後疏則又訖了學淺膽怯臣實有罪焉先民有言宰相尊行其道諫官卑行其言必引君於當道必納君於無過使天下不得以竊議吾君則道與言俱行也否則言之不行非行

道者之責乎故臣於　陛下與二三大臣皆有望焉

取進止。

嘉定乙亥應詔封事　　陳宓

臣聞天人之道本無二致人事乖剌則天變頻仍去秋日食晝晦太白經天考之載籍咎必有在　陛下憂形玉色慮軫淵衷而群臣不能將順至意頒委之天數歸之分野使求言弭災之典因循不舉乃入春以來時雨不降孟夏過半種未入土遐方遠徼或以潦告而京畿輔郡乃獨亢旱天意震怒蓋亦可見

陛下日夕焦勞蔬食拜跪並走群祀精神懇切蠲租

已責赦過宥罪凡可以感人心回天意者畢舉無遺

而旬月以來驕陽彌甚求言之詔於是始下聖訓諄

惻凡在臣子孰不隕越況臣世受國恩忝綴班末其

敢以卑賤爲解而默默無言乎臣聞應天以實不以

文而天意未回人心莫喻臣嘗出位而思意者内而

宮闈儀刑猶有未至乎外而　朝廷權柄抑有所分

乎大而政令刑賞尚有舛逆乎疏賤之臣得之傳聞

宮中宴飲或至無節非時賜予爲數浩穰一人疏食

而嬪御不廢於擊鮮邊事方殷而樁積反資於妄用

倖門寖啓請謁繁行祖宗在天之靈豈能無怨閭閻

下俚之賤亦至有言夫天之於人主猶父母之於子也子方見怒於父母而為其妻孥者亦宜憂懼揚息若曰一人當憂勞而後宫無與焉臣恐上天之怒未易遽已而灾異有不可回矣昔成湯六事之禱拳拳於女謁之盛所繫非輕臣所謂宫闈係刑有所未至者此也　陛下即位以來二十餘年政事一付之中書然而天下之大事機之繫有非宰相獨力之所能辨必求寮掾以分其勞而委任之間易流偏黨何者大權所在孰不奔趨自非至公寧能無蔽臣聞之衆庶咸謂比年以來所用之人非親則故姻婭之外賂

謨三同大而執政必擇易制之人而臺諫必用謹默之士部司樞屬機政所繫無非親暱之私逢迎之黨交相納結據要途爵賞視其苞苴黜陟由其愛譽奸貪之吏苟能媚竈則無不得志廉正之士不能由徑則斷輒招尤大臣唯其言是從而不知爲其所誤人心胥怨同然一辭昔卜式謂天旱乃引羊所致殆幾類此臣所謂　朝廷權柄有所分者此也政令之行凡上之所喜皆下之所惡如鹽鈔之變易幣之秤提安邊所之創立回執已見動失人心敗軍之將猶宜與嚴竄鄙之夫久尹京兆監司郡守爭事苛刻

內外總戎公肆掊歛貨賄有何勞績輕施爵賞縣令不俟滿秩遽陞遷宿將有城守之功乃以小過而貶逐三衛無汗馬之勞或託公勤而超擢游士謗議罪狀未白遽寘重刑儒官調選既遭吏辱復加鐫斥賞罰失平若此豈不有以傷和氣乎昔淳化中旱蝗寇準以為祖吉王淮同罪異罰刑政偏頗之所致信不可誣臣所謂政令刑賞或有舛逆者此也臣前所陳皆當今時政闕遺之大者欲望　陛下交敕內外一正紀綱亟反其失以為後圖如此而猶不雨臣請伏面謾之罪干犯天威罪當萬死

申請延平書院敕額劄　前人

竊謂事有關於斯文之統紀風化之本原者守臣之所當上聞也惟道統之傳遠自羲黃迄于孔孟秦漢以來不絕如綫至皇朝之盛始有濂溪周惇頤明道程顥伊川程頤相繼挺出而孔孟之統以續二程傳之楊時楊時傳之羅從彥羅從彥傳之李侗李侗傳之朱文公熹而其學益盛楊時自崇觀以來歷事三朝居法從入諫省侍經筵嘉言善行學者宗之朱熹蚤蒙孝宗簡知光宗屢加擢用遭遇聖明初政嘗以大學入侍親蒙顧問俞旨琅然至於發明正學辨析

群疑者爲成書其有功於斯文也尤備曰從彥曰仁則固窮守道肥遯山林雖顯晦殊迹而道統賴以有傳其揆一也爰詠譜諜楊時羅從彥實本郡將樂人李侗劍浦人朱熹雖居鄰郡亦生於本郡尤溪之寓舍伏自漢唐以來幾二千年而未有與道統之傳者今以斗大之州不數十年之內出而宗主斯文者有四豈惟一邦之創見實皇朝之盛美也至今文獻興刑猶有存者士大夫過其境慨嘆興慕而祠像弗立誠爲闕典況其山川秀傑人物英毅自陳忠肅公瓘而下名人輩出使有以風厲而作新之必有相繼而

興起者矣某忝竊郡符職在宣化惟是到任以來審
於荒政令稍寧息始得地於州城之南創建書院
一所援白鹿洞比建立禮殿旁祀楊時師生遺像以
慰往來士君子之思分立四齋以聚生員講習其給
以待讀書修身不屑課試之士某先以俸錢兩月為
之經始繼節浮費以落成之少見尊崇道統之意於
聖朝風化或有小補載惟白鹿嵩陽睢陽嶽麓所謂
四書院者皆蒙祖宗崇尚襃表予之宸書賜之扁榜
矧此師儒之鄉道統所係又非四書院之比而隱默
不聞某則有罪謹昧死條上除已具錄奏聞外欲望

朝廷特賜敷奏乞勑賜延平書院四字為額如或可
行乞下禮部如議施行

覆謚議　劉彌正 附見劉夙傳

議曰謚古也複謚非古也謚法曰謚生於行者也苟當於其行一字足矣奚複哉故侍講朱公沒於爵未得謚上以公道德可謚下有司議所以謚謹獻議曰六經聖人載道之文也孔氏沒于思孟軻更述其道言以持斯世文章未墜漢末諸儒采摭以從文墨鄭司農王輔嗣輩又老死訓詁謂聖人之心真在句讀而已隋唐間河汾講學已不涉聖賢閫奧韓愈氏復

出特其文近道爾蓋孔氏之道賴于思孟軻而明于思孟軻之死明者復晦由漢而下閒如也及本朝而又明濂溪橫渠剖其幽二程子宿其光程氏之徒嘘其熖至公聖道粲然矣公之學以誠持中敬持外其於書撿六籍則諸子曲說不得干其思其於道不敢深索也恐入乎幽不敢過求也恐汩其統讀書初貫穿百氏終也縮以聖人之格言自近而入微由博而歸約原心於耻忽析理於錙銖采衆說之精而遺其粗集諸儒之粹而去其駁嗚呼醇矣哉自孟氏以來不多有也公中科第猶少也薄游徑隱閉門沂思　朝

廷每以好官召入公莫能屈不得已而出惟恐去之不早自官簿書考者九而閒居者四十餘年山林之日長問學之功深也平居與其徒磨切講貫皆道德性命之言忠敬孝愛之事由公學者必行已莊與人信居則安貧而樂道仕則尊君而憂民重名節而愛出處合於古而背於時若此者真公之學也嗚呼師友道喪人各自是公力扶聖緒本末宏闊而弄筆墨小技者以為迂癯於山澤與世無競而汩沒朝市者以為矯自童至耄動以禮法而跅弛於繩墨者媚以為誕世嘗以是病孔孟矣公何恨焉初太常議以文忠

謚公按公在朝之日淺正主庇民之學鬱而不施而著書立言之功大暢于後合文與忠謚公似矣而非也有功於斯文而謂之文簡矣而實也本朝歐蘇不得謚文而得者乃楊大年王介甫介甫經學非醇也其事業亦有可恨楊公正復文士爾文乎文乎豈是之謂乎世多評韓愈為文而非也原道謂軻之死不得其傳斯言也程子與之公晚為韓文立考異一書豈其心亦有合歟請以韓子之謚謚公謹議

陳情復姓　　陳彥回 見本傳

聖朝洪武三年開閩學校選臣俊秀充邑庠弟子員

四年舉臣父秀才赴京選授保德州牧七年調除應州牧九年以累左遷廣西憑白令十一年為事釋放十六年起取陞授浙江歸安丞當年被事典刑任所家小沒為奴婢原籍舉人抄提十七年二月到京轉發雲南臨安充軍祖父七秀母塗氏男善需沿途病故勑遣臣祖母郭氏年七十至蜀欽遇三月二十七日大赦釋放聞貧病相仍進退很俱毋孫對泣死在旦夕幸見同里人黃積良任合州定遠縣知縣憫臣窮途孤苦收養為家人遂改黃禮姓名二十八年本官為事又問充軍例不釋放竊緣負祖母韓依鄉親南

充縣丞于中和十一月閬中教諭嚴德政舉臣保寧
府學訓導三十年二月給由到吏部考功貢舉中式
隨朝觀政四月二十三日
太祖高皇帝御右順門陛授臣湖廣平江縣正三十
一年七月為喪禮進香慰到京赴吏部先為欽保官
員事戶科給事楊惟中舉臣文學廉能湖廣按察司
經歷白師道舉臣為政勤謹岳州府知府徐友和照
磨張賢舉臣清廉材能愛民巴陵知縣王質推容知
縣居中保臣公平廉幹為政勤謹杭州臨安縣學教
諭李益古新城縣學教諭張浩同保臣清廉直幹臨

湘縣學教諭王應泉縣臣廉能才幹而平江民人充
吏部令史羅傑前軍都督府掾史劉昇戶部廣西清
吏司典吏嚴必成以臣撫民有方具奏保留八月初
三日東角門引見陞除徽州府知府　元年正月
朝賀以考覈稱職欽賜下程酒肉米賞鈔三十錠本
年十月祖母郭氏任所病故臣丁憂開休歙績溪等
縣民汪理仇成等百有餘人赴京及本府保臣清正
恤民奏告舉留雖小民不知孝治通喪之義然臣不
負任使為國愛民之微效亦槩可見臣任所去家三
千餘里水陸險阻無家可歸買地營葬安厝已畢廬

墓辛哭間因見思念前項情罪祖母在日恐貽憂累不敢自明今蒙　皇帝陛下沛恩海涵春育皆係華前凡天下囚奴皆已疏放軍伍材能皆已擢用奈臣骸骼未復父祖未能收葬弟妹等奴配未曾給聚晝夜號慟肝腸摧裂淚盡繼之以血恐遂隕絕無自表白終為天地間一罪人無以見祖宗於地下乃自奮曰顧天扣地無益何如自投君父之前除兵狀赴通政司首實外干冒天威待罪闕下伏望聖慈垂察矜而憫之復臣姓名賜給臣弟妹俾得收葬父祖奉承宗祀實　陛下再造天地之恩死生感被非啣環

結草所能上報 陛下倘録臣已試之微勳仍通名仕籍臣誓自服闋之後至於有生之日隨所任使皆臣致身報國之秋也雖於傳說仲淹勲業之隆不敢妄擬然犬馬區區報効之誠得於天性者似亦有同焉如置臣行伍亦當効其智力所及抱關擊柝以圖報稱一或退臣田里猶能教率鄉族子弟讀書爲善沐浴膏澤歌咏聖化惟 陛下裁擇之

薦舉　　彭韶

竊聞名德之賢成就甚難儲之 朝廷關係貴重是以古昔聖帝明王咨詢搜求閭閻遺逸小或致之六

或起之動則賴以成顯著之事功靜則因以係士心之向慕歆望風采辭爲國華大學所謂惟善以爲寶是也切見廣州府新會縣依親監生陳獻章心術正大識見高明涵養有素德性堅定立志頗學於古人榮辱不足以介意誠高世之儒也往者成化五年應試春闈偶失甲第給假回還杜門養志沉潛聖賢之書實窺體要洞達事物之理有見精微才雖未試行則可俟今年五十餘矣讀書踐履愈見純熟存養著聞人皆感動臣等自度才德不及獻章遠甚猶且叨食厚祿顯於醇儒反不見用非惟臣等之心誠切不

安亦恐國家不及收用坐失惟善之實也伏見天順
年間
英宗皇帝聞撫州民人吳與弼文行高古特加禮聘
厥以宮僚奈緣老病辭不供職是以未見作用之效
今獻章年力盛强大非與弼之比伏乞聖明以禮徵
召量處以在京儒官職事則必有以補助聖德風動
士類矣

陳言政治終始　前人

伏聞邇者星變既發於歲暮又形於正旦此天心仁
愛之至欲　陛下善始善終而示於不言之表者也

蓋歲暮者天道之終正旦者歲事之始天象兩見於此豈無意哉昔唐太宗特魏徵獻言有言 陛下志業比真觀之初漸不克終者十事太宗嘉納至今稱為盛事臣愚妄謂今日之治不在他求惟守成化之初足矣茲於歲首廣開言路禁止奢僭斥逐異端杜絶傳奉次第施行所謂漸不克終者非有如唐太宗之多然臣子之愛心無已所望於聖明者不止於前數事也伏惟 陛下嗣位之初廢立中宮特詔天下正家之禮嚴矣數年以來聞諸鎮守內臣貢獻土物於皇妃位下或加中宮之上又寢陞其家幾與先帝

時后家祖等此　陛下正家之禮有未終者也悠悠
萬事惟此為大天意所以不豫人心所以湮鬱殆為
於此臣伏見　陛下至聖至明若俯念四海為家之
義少納臣子家衆之言以時裁正俾彝倫攸叙則陰
陽不調災害不弭未之有也成化之初內侍近臣進
用稀簡防微之意蓋有在矣至於近年日有增益聞
今大小名數將以萬計求之於古未見其比利源兵
柄多付其手違禁把科少有加罪所求無得所請輒
從此　陛下慮防之意未終者也夫貴近之臣人所
畏憚久預外事便成重輕臣伏見　陛下臨御歲久

洞察事機宜及此時斟酌裁省俾內外事務各還職守立為定制以傳於後實萬世無疆之休不然異日故事已定偏重之勢遂成雖欲更張不可得也成化之初天下貢獻悉皆禁止儉約之德著美至後數年鎮守公差諸人爭求珍異以充進貢海內臣庶實有憂心茲者又詔鎮守內外等官貢獻方物悉照天順三年以前例行不許因而科害軍民竊惟天順年間當無事之時今遇災荒乃警戒之日古人遇有天災皆欲減膳徹樂豈宜轉令貢獻此　陛下持儉之德有未終者也先儒謂好貨之心乃天理之所有人情

不能無然公劉好貨與百姓同之故國富而民足今
前項官貢不過剥取軍民之財以充貢奉之名豈有
出自己物哉而乃水陸搬運人畜疲頓怨歸公家恩
被私室誠無益也伏望 陛下畏天是圖將此貢獻
盡行罷免則天下幸甚成化之初保傅六卿未嘗輕
授用人之慎至矣至於近年邊方多事內郡流移而
公卿輔臣無故而加保傅寺監衙門多以高官兼掌
及其致仕恩澤又月與之米歲給之力無非所以禮
大臣也然以是施於忠賢勞烈使人有所感奮若泛
焉行之則人孰不思阿順從欲以圖日後之恩寵哉

此　陛下用人之道有未終者也自古平治天下責在大臣苟大臣自任既輕百司從而觀望後進一律世事將何賴耶伏望　陛下慎重任使必忠賢而後優禮有勞烈而後加官不惟其官惟其人則群賢幸甚書曰終始惟一時乃日新又曰德日新萬邦惟懷此真　陛下大聖人事也臣螻蟻微命須拔等言不勝戰懼之至

應詔陳言　　前人

邇者節該欽奉勑諭自冬迄今亢旱諭特爾等宜痛加修省革其背公循私之弊警其因循怠惰之習固

其廉靜不渝之節凡軍民利病時政得失有可以興革者仍條奏來聞欽此欽遵臣等除痛加修省外謹以四事昧死上陳伏惟　陛下留神裁處庶幾少俾聖治之萬一近該本部為造意欺君誹為不軌交通朋黨妄報宗枝人等違法等事覆奏欽差太監等官韋寧等會本事情至今半月有餘未奉勅旨及他奏請間有旬日方纔得旨者臣等竊聞自古聖明之君當無虞之日周慮天下無時敢忘大小幾務隨與裁決豈好勞而惡逸哉誠以制治于未亂保邦于未危也今海內雖稱承平然山東河南災荒相仍陝西貴

州亦有邊報正兢兢業業一日二日萬幾之時若優游少斷不惟事見停滯亦恐志生驕惰群臣左右安於故常不敢有所論列矣四方傳聞甚非細故此時政之得失一也又該本部先為人命事節問犯人王朋苗通高永係內使內官犯該毆死妹夫等項絞罪俱各累訴冤枉荷蒙聖慈饒死發充淨軍訖臣等切聞自古帝王不能去刑而為治故有罪犯雖貴近必刑所以彰天討之至公也況於人命所係甚大若殺人不死復何所畏今各犯俱已發落事在既往無別施行但乞今後來勿輕縱爾合無今後內臣若有毆死

外人犯該重罪者果被誣陷結勘明白方可辯理如情真罪當稱朧詐冒仍令監候聽決庶得法度均平人心悅服此時政得失二也伏望陛下畏天勤政守法圖治事至物來隨即予奪宮中外廷視為一體推廣他類無不皆然何患時政之不善哉本部又先為人命事問得犯人謝原招稱弘治五年十月內管領隊軍何三等往昌國公墳上做工何三脫逃累原替納工錢不還將何三脚踢身死犯該闘毆殺人絞罪奏蒙發落訖臣等看得世情艱難財重命輕殺人犯法時常有之固非為此一事但聞道路傳言今倚

已故皇親昌國公張鶴齡墳塋比諸往年勲戚之家相去懸絕凡百制度務為宏壯差遣武職大臣領軍萬數輪流用工計年不足恐非人臣之所敢當也計昌國公之在地下豈能自安是則雖曰愛之非所以美之矣上工官軍畏怕撲楚不得已出錢顧人中間貧乏者隨到隨逃而管工官員既少復討前後展轉不得休息豈能無怨讟者哉此軍民之利病一也本部又為違法科派等事問得犯人朱華米志招係東安等縣知縣各違例將長陵等陵之戶雜泛差役不與優免被神宮監官奏拿問罪發落訖臣等看得順天

府所屬州縣人民有限差使無窮里甲正役煩劇應當爾後差徭貫為浩瀚而等丁多殷實之家往往投充陵廟墳戶及寫六役附人匠各色身役以避民差致將見在人戶重疊加役富者累貧貧者逃竄村里蕭條人深主意何日可以息肩哉語曰不患寡而患不均不患貧而患不安合無將墳陵等戶定與優免幾丁餘者仍發州縣相兼見在人戶均當差使彼此之人各得其所此軍民之利病二也伏望 陛下畏天恤民思前慮後將昌國公墳墓減去工程如式修造俾得早完仍勑該部將陵戶等優免事例酌量定

奪以便遵守推此及彼由近及遠何患軍民之不安
哉臣等不勝拳拳之至伏乞聖明裁處

弭災保治疏　　陳音

臣聞災異者天心仁愛人君使之兢業恐懼以興邦
者也雖堯湯之聖不能免焉自古君天下者不患於
有災而患於不能弭災宣王憂旱周道勃興文帝憫
災漢治日昌今雨暘愆期灾異屢見臣竊　陛下修
所當為任所當用則天變可消盛治可保臣伏讀
宣宗章皇帝勅諭有曰翰林論思之地必仁義是
陳故謹竭愚衷上塵睿覽伏望寬斧鉞之誅采芻蕘

之論則天下後世不勝幸甚今將所言事件開坐謹具奏聞一曰養君德臣聞養德之要莫先於講學講學之功莫要於好問大舜之聖猶好問好察成湯之聖仲虺猶告之曰好問則裕今 陛下雖日御經筵以勤聖學然勢分尊嚴上下情隔上雖有所疑而未嘗問下欲有所陳而不得盡臣願 陛下退朝之隙早膳之後擇一二儒臣有學行者日引對便殿或從容賜坐或旁立咫尺搜求經典有疑輒問務使聖心渙然如天開日皎則以之正心以之齊家以之正百官正萬民而億萬年太平之業具於此矣二曰進人

才臣聞人才難得自古爲然國家養士百年于玆求其可用者亦不多得而一二可用者又未嘗用之甚可爲長歎也姑舉臣所知者如致仕吏部尚書李侃侃侃公忠忘身徇國雖小過不能無而大節則可許如養病翰林院修撰羅倫編修張元禎皆抱經濟之學辭不得施故托疾引退以免素餐之耻如新會縣舉人陳獻章所學醇正所養充大臣類　陛下起李秉復爲吏部尚書起羅倫張元禎復爲侍從徵陳獻章寄之臺諫則賢才得用而治效日臻矣三曰開言路臣聞明目達聰虞治以熙從諫弗咈業用昌今

朝廷雖置直言官多緘口不言者以當言者有擯斥之
辱也臣頗取回判官王徽等評事亦繼諍復且指職
以彰 陛下天地之量仍勅自今臺諫凡政事得失
生民利病一切直言無隱言雖狂悖不加之罪則求
言以誠事無壅蔽而邦家永太平之祚矣四曰闢異
端臣聞異端者正道之反害道之大者也當今號佛
手滅王者無寸善可述称真人者無一長可取名位
僭尊隆賞與濫溢臣願 陛下降其位號杜其恩賞仍
詔自今有請修造寺觀者並罷置諸法永為定制則妖
妄可絕正道復明而民興行矣

扶植國本

林俊

臣惟君人之德莫大於聽納臣子之罪莫加於欺罔今年以來災異迭興兩京地震陵寢搖動日月雖食野熊入城鑒戒之昭莫此爲甚而醜虜陸梁犯我北鄙邊堠騷擾戎卒咨怨誠不可不爲之慮也臣愚謂此尚手足之疾耳陝西山西河南連年饑荒陝西尤甚人民流徙別郡及荆襄等處日數萬計徙者關縣無人可者十去七八倉廩罄懸拯救無法樹皮草根食取已竭餓殍塡路惡氣薰天道路聞之莫不流涕而巡撫巡按三司等官肉食彼土既知荒年自合先

朝聞奏伏候聖裁顧乃恝不加意勞至若此尚徘徊
彷徘徊尋事蒙寢提民部謹而不任極閭重地而不
言夫物極則變草澤之中禍深難測是誠腹心危急
之疾治之當如救焚拯溺不可少緩者也乃者太學
士蕭安等具言將生員人等納米是固救荒之一策
然此等欲事輕齎則彼地空乏之買米無從欲他方轉
運則困於刼掠道里難進臣恐緩不及事為今之計
宜下寛恤之詔重欺罔之罪以收人心即遣才力大
臣并科道部屬廉能等官分齎內帑之財星馳前往
臨清等處聽其地里近便有運到官粮或鄰封積畜

官為建車裝運無程以行隨在賑濟則未死之餘民猶或可及然臣又有說焉孟軻有言死我所惡所惡有甚於死者故患有所不避也臣謂一行則可消天地神人之憤快聖祖神宗之心彰 陛下為聖明聽納之主奠 宗社萬億年無疆之休萬一忤旨禍止臣一身耳臣何惜一身之禍不為 陛下陳之臣聞脩養之說怪誕無徵佛氏之教幻妄無取故其事不見於堯舜禹湯之世其誣毋見於唐宋儒先之論史冊所稽不可泯也謹按僧繼曉本一憸險小人市井無賴畏者偎指邪術欺誑楚府及至事敗挨拿卽乃

藏身逃罪不圖自新益加縱誕潛住京師多方貨緣
誑蒙聖眷寵賜興忍五尺兒童切齒唾罵敢復排無
忌憚惑亂聖聽發內庫銀數十萬兩蓋大鎮國永昌
寺臣細思之　陛下聰明齊聖斷不為此是必繼曉
小人倡為誕說謂此寺一建則聖壽益綿國祚益昌
民命益永邊境益寧而以此啗　陛下耳曾不知以
有用之財供無益之費國計且日削矣以　陛下超
三邁五之資蹈唐憲梁武之轍聖學且日損矣下人
師師爭先事佛聖政且日壞矣居民重遷工役不息
人怨且日興矣縱如繼曉之言先王之政斷不為此

況萬無是理願有大害者乎臣謂不斬繼曉異日之禍未可言也然繼之者梁芳也梁芳阿殘陰狠引用邪佞排斥忠良輸之者驟得美官觸之者動遭竄逐欺罔如趙高奢侈似石崇數年之間假以進貢買遊為名盜祖宗百餘年之府藏殆盡家貲山積尚銘不足多所在威擾汪直莫能過乃復薦進繼曉陰求蓋寺盡耗內帑飛語外人謂其極忠不肯為是彼 陛下再四逼脅只得屈從是使天下議己欲 陛下舉擅誇耳夫臣善則稱君過則歸己今梁芳欲文己奸而以過歸 陛下即此一事已不容於誅矣臣所謂

粉梁芳之身不足償其罪之萬一耳臣愚不足信職非言官孰知自默可以固位顧乃不自揣量與此二權奸抗可否是猶蝸觸山蛾赴火已不可言智矣然臣惟牛司耕犬司守走獸之微亦以勞而食也臣食於 陛下且七年矣近以年勞復蒙增秩感愧無地中夜以思涕泪交流謂人主深居九重利害豈能悉知而祖宗在天之靈亦望臣等以言進於 陛下也今內而大臣次而百官以及閭井之徒亦皆痛心飢民之死欲食梁芳繼曉之肉卒之不敢以此言進於陛下者所惜者官所畏者死耳使臣不復言則 陛

下終不牾祖宗在天謂臣等何如人天下後世謂臣等何如人秉筆史官必譏笑臣等恐將及 陛下矣惟 陛下留神聽覽熟計而必行之則祖宗之光社稷之福臣民萬世之幸如臣言非是甘受顯戮以昭欺罔臣不勝激切

慶幸討賊永綏國祚　前人

臣在得濮軍中聞賊臣劉瑾謀逆事覺 陛下特正典刑以大洩天地祖宗臣民之憤為我明萬萬年至計臣驚喜慶幸祖宗在天之靈 陛下嗣大歷服之光其有是盛舉矣初賊瑾無故駕朋黨之說以伐戚

大臣挫殺言官凌蔑同類推剝羅織天下之人民臣謂此奸臣弄權之故智欲由古無是甚也比聞榮王之國修行宮致　陛下外疑臣撫心出涕謂此賊必反無疑故事太子未舉舉未立立未長親王一位不之國宋仁宗高宗未有子聽司馬光婁寅亮諸臣之言求宗室之賢養之宮中所以杜亂源為國家深計夫庶民忠奴猶慮主人之孤立況　陛下為華夷民物之主賊瑾容置之孤立耶即榮王已之國賊瑾當循司馬光婁寅亮故事輔　陛下如仁宗如高宗擇宗室一二位十餘歲之賢養之別宮在國家謂之杜

亂在時俗謂之益子侯皇太子誕生生而立立而長
遣之歸國未晚也　孝宗時陛下爲皇太子已長尚
未遣榮王之國今皇太子未生賊瑾容徑遣榮王之
國耶其陰謀逆計謂必致人主孤立孤立則易圖慝
聞亦寒心況賊瑾擧此等事耶自古君門九重所以
嚴人君之衛非觀美也庶民之家高垣重戶夫婦夜
同寢處以防寇偷我　太祖夜起竊聽四外無人敢
方就安寢著之祖訓非過慮也夫物貴者誨盜況天
位至貴者耶人間腹心惟夫婦最爲可恃帝王之家
容庶民之家比耶　陛下所恃腹心僅三宦豈能離

深宮詭外寢寄命他人措身於孤危之地者哉其陰謀逆計謂必置人主淺便淺便則易圖噫聞亦寒心況賊瑾舉此等事耶臣驚憂勃鬱終夜不得寐起草一疏為急除大逆以禦大亂事既與御史陳茂烈私議無一人可托齋進無一人可托寫本相對飲泣及起四川稍續所開令教諭范府謄淨臣自分必死家分必滅無疑惟念川民久罹賊禍方壓寢憂擬俟平賊隨上此奏又不知其私造御寶御袍宮牌牙牌火藥軍器反形逆跡若是其狂悖也天幸假手張永先發其奸　陛下神武英斷立決此獄為國家大幸然

係忍之為危亦至矣固不得不自寒心預防而早辯也昔叔沙備嚴國楊思勗平亂春秋綱目書之謂功出閹寺國為無人今賊璀謀逆國勢如千鈞垂一髮舉朝文武無一人言之猶幸内臣一永也幸一永傷文武之無人也傷文武之無人亦以見 陛下信文武之臣之不如永也信文武之臣之如永容不有早發其姦致板蕩土崩若是之危迫邪此春秋綱目之深意也臣解遜不如永請討璀之後曾請 陛下如仁宗如高宗擇宗室一二位十餘歲之賢養之别宮曾請 陛下撤行宮回内宮倚三宮為腹心夜同寢

寔使禍患消弭福履蕃盛其未然是永尚未知杜亂之源也抑永固未學宜未喻也文武之臣無一人言之無過耶臣聞近文武大臣有缺與二三內臣僉推誠有是豈不以前是之腹心專託一壅故致亂今是而兼託諸人以杜亂耶不知前是之腹心專託壅其致亂顧今是之兼託容保無壅者乎臣不敢遠引竊就本朝論之王振之後保無有振也而有吉祥吉祥之後保無有吉祥也而有劉瑾夫得隴望蜀窺竊盜貴有何紀限人心者可盡信乎周官六卿分職而百官統於冢宰九伐掌於司馬今吏兵二部是也使內

臣應預周制之矣我 太祖稽古建官又制之矣其未然宜皆有說弊之端其未可自我始也夫陰陽日月寒暑各有分職而同成歲功侵則災而不成歲人君體天其未可改也臣又聞吏部取陽一清當矣其他或失舉正賊瑾之黨當矣宥二黨過循失刑夫爲戶部莫如韓文許進爲內閣莫如劉健林瀚謝遷王鏊春秋舉讎舉親方撥亂反正之始而不引忠亮端謹不可惡之人徙取圓熟治未可望也必黨黜邪正亂何時用弭乎累朝大臣不忍加罪累朝矜乎忍獨忍惡耶身任舊臣甘心新主役很回遹矯誣賊以亂人國

睥睨神器孰不可忍耶春秋誅奸說於既往尘未宜
失職也誰為　陛下畫數策者非誠無識則有所私
方是時猶言官不言文武大臣不言輔臣不言噫可
畏矣觀治者未可以息憂矣伏望　陛下法古憂長
慮遠而慎微時時以專任賊璫之誤為戒術用孝宗
舊人修復孝宗舊治正二黨魁與吞舟而網漏者則
聖德月光聖智日清天位日固人心日安祖宗造明
之盛業永以昌茂臣雖死猶生之年謹錄前奏彙隨
本上進非欲術事後之贅詞亦欲天下後世知忠憤
之激雖久閑老病疎遠之臣猶不能已制治保邦之

主所以信文武之臣者不得不專杜塞禍亂者不得
不早賊臣逆子尚知憚而易意矣無任慶幸愛助之
至

正大綱以存國體　陳茂烈

臣惟朝廷之尊莫先於嚴體統體統之嚴莫先於正
名分故朝廷莫如爵為政必先於正名所關甚重如
此我祖宗以神武戡禍亂以文德綏太平文武並用
名實相須體統尊嚴樞機周密貽謀遠矣洪惟　陛
下繼統勵精圖治法祖用賢文武効力天人協應華
夏蠻貊咸仰　陛下如天之尊誠宗社萬年之慶也

夫何月者太常寺卿崔志端考滿偃被尚書之擢彼固非文非武特一羽衣之流謏佞之輩爾不階尺寸濫叨金紫幾二十年榮幸極矣若以其熟於典禮耶郊祀省牲復命失儀典禮乖矣若以其出塵而離俗耶贓私之污被人訐發清規玷矣　陛下當對越之時秉精明之德自足以感天地而格祖考何取於異端邪行之人哉乃復畀此高爵是以道士為　天子之喉舌假肱股國之甚何以加此文武兩班大小庶職當其拜恩咸失色而吞歎及至退朝皆私議而切齒群臣恥與之同朝六卿恥與之並列賢者將有求

遂之心邪黨將有希進之念況近年以來災異相仍兵甲騷與外夷之順逆特窺中國之時勢爾其使臣朝貢在茲者豈不曰堂堂天朝尚書極品亦可以道士為之耶寧不輕中國之無人而起很子之心也哉伏願　陛下以社稷為重以祖宗為法仰承天意俯順人情追回新命則名分以正體統自嚴朝廷自尊人心咸服天意可回若必惘其年勞亦已聖明別為區處雖天地有包荒之量而彼大馬當有滿足之心矣豈可壞我國家之綱維哉茲非細故實關大體臣忝耳目若事蒙蔽則天下後世視臣為何如人恐將

上及 陛下矣伏望宸斷天下幸甚萬世幸甚

陳情辭免資養 前人

正德五年爲處置終養官員事該吏部訪臣家貧改臣晋江縣儒學教諭以便祿養親終仍以原職起用題准給憑前來臣具疏辭免仍舊終養外近爲優禮孝廉事吏部題該福建布政司左布政使陳珂并巡按廣西監察御史舒晟等奏臣孝行及貧苦等情本部覆奏奉聖旨是陳茂烈既清苦可嘉着有司月給米三石以資孝養欽此欽遵移文司府支給道路傳聞仰頌 陛下隆孝理之化長清白之風下逮微臣

亦荷收卹皆相傳為快豈獨臣一家之幸而已哉第念臣家素貧寒食本儉薄故臣毋自安於臣之養而臣亦得以自遣其貧非誠有及人之廉盡已之孝也古人行傭負米皆為親臣之貧尚未至是而臣母鞠臣因貧加寡艱苦獨至臣雖勉心力之養竟未酬涓滴之恩且年今已八十有六來日恐亦無多逕哺至情固欲自盡臣輾轉思惟拜受前項資養月米心竊不安伏望聖明俯察愚懇收回成命以遂臣私推所以卹臣之意以惠天下臣不勝感切慶幸之至

還民財以消民怨　方良永

臣待罪承宣自漸無補偶有所激不忍緘默固知事涉權貴言出禍隨然竊計脂韋之罪重於強聒而一身之患害輕於萬姓之荼毒故昧死為　陛下言之誠以民者邦之本財者民之心國家財賦盡出東南而浙居其半故愛國必愛民愛民必惜財而浙之民之財尤當愛以惜也　陛下聰明天縱豈不知此若曰我有大臣可付託也我有親臣可倚任也臣則以為有大臣而不能用有親臣而不肯為用雖謂之無臣可也　陛下環視左右最親且信莫如朱寧寧也出自賊娼廿為民養　陛下一旦假以義子之寵榮

諸公侯之列勢傾中外富擬封君其親之也至矣為
寧者粉身碎骨以圖報稱尚不能萬分一乃忍攫取
陛下之民財戕賊　陛下之邦本以自速其不臣之
罪乎臣於正德九年十月初二日到任即聞朱寧鬻
鈔害人心甚惡之無何舊鎮守太監劉璟語臣及三
司諸臣曰寧堂鈔價意欲倍增如何臣茫無以對細
詢之先是分發十一府每鈔一塊易銀二兩傳報朱
寧怪其太輕故欲增至四兩耳次日復語如初臣堅
持不可璟離席立誓曰我受　朝廷厚恩豈不知此
事貽害百姓哉顧勢不得不為耳我即不為他人必

爲百姓依然受害而我之禍立至矣言與淚俱至不能自禁又次日復語如初竟增至三兩計鈔一萬一千九百九十六塊該銀三萬五千九百八十八兩臣退而思之有官守者不得其職則去心雖憤激力不能捄亦失職也乃自劾求去繼聞新有禁例勢豪鹽鈔害人者必罪臣竊喜此事徐當中止故棲棲不去以待其變今既數月矣例格不行而有司追價急於星火或緣爲奸倍而又倍推膚剝髓民不堪命新鎮守太監王堂知民怨且作亦覺然不安乃出巽詞謂宗堂好人初不知鬻鈔之難如許可以已完二萬四

千兩截解少尉其意前頭太監既爲之歛我不得不爲之解二臣所稱寧堂指朱寧也其勢焰之熏灼可知矣臣反復思之今四方群盜甫息瘡痍未瘳邊塞多虞餽餉或不時繼浙東西諸郡自冬徂春雨雹爲災蠶麥不利此何時也户部不能爲 陛下晝萬年長策以去京師之冗食乃遣官四出坐索數十年之逋稅亦緦功之察也然豈得已哉冗食不可去而奇禍隨之矣臣故曰 陛下有大臣而不能用此猶可諉也劉璟王堂皆 陛下腹心之臣其在浙也皆有愛民之譽宜其卻此無名横歛於談笑間而二臣者

徒能涕泣蹙頞付之無可奈何一則曰不得不為一
則曰不得不解是亦豈得已哉横斂不可却而隱禍
中之矣事勢如此臣於此苟循隱忍不為　陛下言
則已斂之財必入朱寧之手而民心傷矣心傷則本
傷本傷則枝幹凋瘁根柢蹶拔　陛下其能晏然於
上乎今人有一飯之恩必報　陛下之待朱寧豈一
飯比哉不圖報則亦已矣反取　陛下之邦本而動
搖之畧不顧惜此臣之所未諭也故跡其所為在法
所必誅無赦者也臣所謂　陛下有親臣而不肯為
用者此也然臣惟朱寧席寵以來　陛下之賜予無

弄四方之醜遺不貲篋笥之中必不少此又不病往
喪心何忍為負　陛下之賊把此必誅之刑意必真
愚而為人所使未可知也伏望　陛下割偏私之愛
奮獨斷之勇廷詰朱寧以濫鈔害民之故如果愚不
解事誤聽人言而請罪祈恩之不暇則利奪官職薄
示懲戒根究主使之人坐以重罪可也如其飾非護
短不肯服辜是敢於欺罔也下之詔獄明正典刑以
昭示天下為臣子悖逆之戒也仍乞急勅都察院行
巡按浙江監察御史會同鎮守三司等官將已歛鈔
價盡給還遞民未歛隨即停止并查究奸吏影射多科

侵尅之弊悉置諸法則民怨未甚猶可慰解邦本未摇猶可培植　陛下誠如是臣死且甘心其他利害固不遑卹也臣不勝激切痛憤之至

脩人事以弭天變　黄顥 附見黄鞏傳

臣意人事之修莫先於節財用財用之費莫先大於興土木邇者司禮監太監鄧敏傳奉聖旨皇親夫人金氏房屋年久不堪住坐着内官監同工部便辦物料修理蓋造欽此夫以金氏誕生聖后重延國本朝廷待以殊恩固不為過但祖宗之待外戚自有一定之制大爵尊之重禄養之恩至渥也至於　陛下

特隆重鶴齡　延齡並列侯伯視祖宗之爵已崇欽賜
莊田動以千計視祖宗之祿已厚向壽寧侯張巒病
故既極葬祭之儀夫人金氏給告祭掃又出內帑之
賜死哀生榮恩寵無比今又有脩造房屋之舉臣恐
天下皆疑　陛下於外戚過厚於私恩過隆也且今
年變異迭出四方災傷加以二年之間親王之國者
三近畿人民已不堪命但以事出當然雖勞不怨目
下萬春宮等處修造半載未完當財用缺乏之時修
此不急之務固已非宜況張家房屋欽賜未久未至
不堪住坐縱有一二缺漏亦宜自行修補何必妄費

朝廷之財上累聖德下困民力以駭京師之耳目以惑天下之人心且此例一開將來援例乞請者不可勝數財用將何以仰給　陛下將何以抑止之哉天之生財有限人之受福亦有限鶴齡兄弟年未弱冠已享極品之富貴自今而後但宜慎擇嚴師訓之義理儉以節用仁以積德可也宋太祖因公主衣貼綉鋪翠襦戒之曰汝生長富貴當念惜福豈可造此惡業之端　陛下於鶴齡兄弟曷不訓以聖人節用之言示以宋祖惜福之戒使之為忠臣為孝子而享此福禄於悠久哉臣又訪得壽寧侯造墳之時役久民

疲已有不堪造墳國家舊典猶且如此況此房屋之脩又出於意外之舉制命一出人心惶惶罔知攸措至興工之後人心不不知又將何如臣恐於張家之陰德未能無少損　陛下保全外戚之道亦非所宜行也昔魯人為長府閔子騫以為何必改作漢文帝欲作露臺惜中人十家之產而止古人之愛民節用有如此而況於非露臺非府藏獨不可止乎臣反覆致思不容自已冒死言之非惟為祖宗惜法為國家惜財而亦為張家惜福也伏與　陛下俯察愚誠下恤民隱收回成命即為停止誠所謂益脩人事者矣誠

所謂不事虛文者矣悉意自此而可回災異自此而可弭修省之道孰有切於此哉臣不勝戰慄隕越之

至

惜老成宥任直以全聖德　陳琳

臣切惟君之遇臣貴盡其禮臣之事君貴竭其忠故古之聖帝明王於大臣隆師傅之敬於小臣敦四體之愛古之良相忠臣必於官守效股肱之勞於言責殫耳目之力此所以上下相資而德業以成臣竊見陛下臨馭之初遵先帝之顧命優禮大臣下求言之明詔樂聞忠讜臣固知　陛下必欲追縱古昔躋世

休明而不以後世之盛治自足耳比者內閣大學士劉健謝遷欽蒙聖恩准令休致　陛下之心固憐其情詞之懇切而待以優老之禮也然天下臣民之愚則以爲顧命老臣素無大過一旦驟去不無有輕遺耆者之疑邇者南京給事中戴銑等遠蒙駕帖差拏送問　陛下之心固懲其言辭之狂悖而罪之以戒下之威也然天下臣民之愚則以爲論諫專職宜赦小過一旦獲罪不無有杜塞言路之懼臣伏見南京冬月十之雷非時屢震來歲正朔之日自天告函推數度理咎徵歷徵修治禳災方今所急　陛下當此之

時正宜委心元老圖維化機博采忠言深培治本而老臣之不憖枉直之不容甚非所以回天變而固人心之道也且如人之生也必股肱完固耳目聰明然後身得安焉今大臣不宜去而去是自痿痹其股肱也於諫官所宜容而不容是自蔽塞其耳目也欲求天下之安何可得哉伏望重柱石之寄寬芻蕘之誅追還劉健等復柄鈞衡以來大臣以道事君之誠屈宥戴銑等得逃天憲以作天下忘身事君之忠則有以上慰先帝在天之靈下副天下人心之望天變可消聖德可全而宗社永固矣臣督學南畿叨竊微祿

日夜皇皇罔無以報適覩茲事安恐忘言惟望憫其愚而恕其狂妄不勝感戴戰慄之至

陳言圖治

黃輦

臣等嘗聞人臣之事君也以盡其心為忠夫苟有所見而不以言言之不盡其心皆非忠也臣等叨登科目承事　陛下以至于今徒冒寵榮曾未能少有分寸之報常恐一旦徇墳溝壑以負此心今者時事如此若復隱默不言更待何時是終無以為報是為負恩誤國天下不忠之臣也　陛下將焉用之洪惟

陛下臨馭以來祖宗之綱紀法度一壞於逆瑾再壞

於佞倖又再壞於邊帥之手至是將蕩然無餘矣天下知有權臣而不知有 陛下言者寧忤 陛下而不敢忤權臣 陛下弗知也亂本已生禍變將起竊恐 陛下知之晚矣試舉圖治六事於今爲最急者爲 陛下陳之其一曰崇聖學嘗聞先儒周敦頤有言曰聖人定之以中正仁義而主靜立人極焉又曰吉凶悔吝生乎動吉一而已動可不慎乎蓋人本心之善其體甚微而利欲之攻不勝其衆是以靜常吉而動常凶也故惟聖人爲能主靜惟君子爲能慎動仰惟 陛下聰明天縱有古帝王之資然其所以盤

遊無度流連忘返者無乃動之過乎論思勸講之臣職在格心於是乎不能辭其責矣伏望　陛下高拱九重凝神定慮屏紛華闢異端遠佞人招延故老諮訪忠良則可以涵養氣質薰陶德性而聖學惟新聖政日舉矣迂濶之論世所厭聞惟明主擇焉其二曰通言路嘗聞言路者國家之命脉也言路之通塞國家之治亂係焉切見近時臣僚奏牘間或言及時政往往匿不以聞其或事關權臣則又留中不出而中傷以他事夫古之明主導人以言用其言而顯其身後世則不然不用其言而反罪焉今則又不然不使

其以言獲罪而以他事獲罪由是雖有安民長策謀國至計無因以達於九重之前雖有必亂之事不軌之臣　陛下無由而知之矣天下烏得而不亂哉伏望　陛下以從諫為心以開過為明廣開言路以作士氣諒直者褒之訐佀者義之愚淺者恕之狂誕者容之過計者諒之不責以出位不加以好名如此則忠言日進聰明日廣雖亂臣賊子亦將有所畏而不敢肆矣天下幸甚祖宗幸甚其三曰正名號嘗聞孔子有言曰名不正則言不順言不順則事不成事不成則禮樂不興禮樂不興則刑罰不中刑罰不中則

民無所措手足夫民至於手足無所措者凡以名不正之故也歟係重哉 陛下近日以來忽然無故自稱為威武大將軍太師鎮國公遠近傳聞莫不驚疑竊嘆以為怪事 陛下聰明智勇上無唐虞下樂商周何所不至顧乃自輕如此奈宗廟社稷何夫 陛下自稱為公誰則為 陛下者天下不以 陛下事陛下而以公事 陛下是天下皆公之臣而非 陛下之臣也昔魯仲連有言則連有蹈東海而死胡銓所謂寧肯處小 朝廷求活者臣等切有之伏望陛下俯垂采納翻然無甚謂臣等之言有理即日削

去鎮國公等項名號以昭上下之分以明示天下之人庶幾體統以正而　朝廷自尊矣不然古之　天子亦有號為獨夫與欲為匹夫而不可得者切為陛下惜焉其四曰戒遊幸嘗聞大禹曰罔遊于佚罔淫于樂周公告成王毋淫于觀于佚于遊于田春秋譏觀魚終綱目書巡者二十九皆譏也　陛下始時遊戲不出大廷馳逐止於南內論者猶謂不可既而幸宣府幸大同幸太原幸陝西榆林諸處所至費財動衆寓縣騷然至使民間一夫一婦不能相保　陛下為民父母何忍使民至此虧損盛德貽譏萬世

陛下自視以為何如主也近者復有南行巡狩之命南方之民爭先挈妻子以避去者流離奔踣敢怨而不敢言即今江淮之飢父子兄弟相食天時人事如此加以休息愛養尤恐不支況又重以蹙之其何不流而為盜賊速而為死亡也哉奸雄窺伺待時而發變生在內則欲歸無路變生在外則欲救無及　陛下斯時悔之晚矣彼居位大臣用事中官親昵群小皆欲　陛下遠出而後得以擅權自恣乘機為利也其不然則亦袖手傍觀如秦人視越人休戚之不相涉也夫豈有一毫愛　陛下之心哉彼誠愛　陛下

者獨恐使　陛下馳逐蒙塵而莫之救止也伏望
陛下深惟往事之非翻然悔悟下哀痛罪己之詔與
民更新罷南巡撤宣府行宮示不復出發內帑以賑
江淮之飢散邊軍以歸卒伍斥不馭之女以各還其
家雪既往之謬舉收既失之人心如是則猶尚可為
也惟　聖明念之其五曰去小人嘗聞開國承家小
人勿用自古小人用事未有不亡其國而喪其身者
也謹按今之小人竊弄威權貪圖富貴者寔繁有徒
至於首開邊事以兵為戲使　陛下勞天下之力竭
四海之財傷百姓之心至今紛紛未已者則江彬之

爲也彬本行伍庸流兇狠傲誕無人臣禮臣等但見其有可誅之罪不見其有可賞之功今乃賜以國姓封以伯爵托以腹心付以提督京營之寄此養亂之道也彬外挾邊卒内擁兵權騎虎之勢不亂不止天下之人切齒唾罵皆欲食彬之肉彬不誅則天下之亂必自彬始　陛下亦何惜一彬而謝天下哉伏望

陛下大奮乾綱乞將彬下諸廷議明正典刑以爲奸邪小人之戒但如彬者　陛下信之舉朝臣工禁不敢言臣等亦知言出而身危矣然使臣等不言則

陛下不知　陛下危矣臣等危則　陛下安臣等亦

何惜以一身報　陛下哉激切之情惟聖明察焉其
六曰建儲貳當聞漢人有言曰太子天下本本一搖
則天下震動夫有本而搖天下猶震況於無本其何
以安洪惟　陛下春秋漸高前星未耀祖宗社稷之
託懸懸乎無所於寄方且遠事觀遊屢犯不測之區
此必危之道也　陛下徒知收置義子布滿左右獨
不能豫建親賢以承大業臣等以為　陛下殆倒置
也伏望　陛下早及是時上告　宗廟之靈兼請母
后之命將近時群臣建儲章疏通行檢出宣付皇親
尚書及在廷文武大臣并翰林春坊科道等官共圖

大議即於宗室中遴擇親賢一人養於宮中使視皇子以係四海之望待他日誕生皇子之後俾其出就外藩如此則繼體有人國本以固實惟宗社無疆之休惟聖明其留意焉以上六事皆爲臣等一得之愚以爲方今急務莫有出於此者然此六事之中而崇聖學又其要也臣等芹曝愚忠螻蟻微命死生進退不足顧惜伏惟天下安危治亂之機誠不忍使　陛下自取覆亡爲後世笑此臣等二人所以相對痛哭流涕臨楮嗚咽不知所裁者也

奏爲懇乞聖聽以絕邪妄　林有年　字以永由[illegible]御史[illegible]　[illegible]

臣讀傳有曰明於天地之性者不可惑以神怪明於萬物之情者不可罔以非類若佛老之流乃神怪之甚非類之尤者　陛下聰明聖智洞察物理其於異端神怪之說宜乎絕而弗信禁而不行今乃不以夷狄為非不以外國為遠不以有司供應為費勑遣內臣迎取活佛於人所不到之地不惟不拒而且信之如此是豈所以表正萬邦之道也哉臣以　陛下宵衣旰食遑遑圖治之時而輒為無益之舉以驚駭天下必以佛法神靈必能福佑聖躬綿延國祚惟是疑於懷信惑莫置而未之悟乎臣不得而知之也臣

讀書有曰作善降之百祥作不善降之百殃又曰惠迪吉從吉凶則福善禍淫天之道也　陛下若欲徼福於妖誕不經之事孰若反之於身而致力於脩治之本也哉夫　陛下一身實天地百神之主國家安危所係果能早視朝以向明出治勤經筵以涵養德性立儲君以安大計去好惡以振肅朝綱重師保以講明治道乃若宴安之適聲色之娛奇巧之玩遊畋之佚能為治之大蠹者悉置之而不行而所行者皆長治久安之計無怠於心無荒於事則善積厥躬德脩罔覺百祥併集天休滋至用全國祚於億萬年無疆

之徒者亦惟曰作善惠迪而致然者爾若曰妖誕佛
老而能轉移禍福於國家者非惟愚臣之不信天下
之人略有知識者亦必曰無是理也昔梁武帝前後
三度捨身為佛家奴其後竟為侯景所逼餓死臺城
國亦尋滅事佛求福而反得禍佛之不足信也明矣
況聖朝頒律凡師巫邪術及妄稱彌勒佛白蓮社白
雲宗等會左道亂正之術者治以重法天下軍民遵
守不敢犯今 陛下以天縱之聖嗣大歷服祖宗成
憲罔知所遵夷狄佛教反為所惑抑獨何歟伏望
陛下明天地之性察萬物之情稽古正學重絕妖妄

特勅該部會議如以臣言是即將京差內臣取回供職內廷其隨行番僧悉遣歸外國則天下幸甚斯道幸甚如臣言謬妄願受誅殛臣待罪言官悲憤填膺言無倫次不知死所無任悚惧殞越之至

待罪上言　林大輅　字以乘以工部員外郎諫武宗南巡疏

臣切見近奉內降有南行巡狩之命群臣啟進言獲留聖駕昨蒙聖恩將兵部武選清吏司郎中黃鞏等六人同下詔獄及將吏部等衙門官員俯伏待罪跪下獨如臣等不及臣等竊實恥之夫職雖各有所司然食祿均有國憂衆皆越職瀆罪危言敢諫臣等可

人不能一言以效死耶臣等誠有靦面目矣臣謂
陛下宜賞進言者而罪不言者蓋進言者忠君愛國
奮不顧身者也言者雖出位縱不賞猶當宥之不言
者雖不罪實當罷之而邪正分而賞罰明而國家定
矣臣竊以今日雷霆之威震駭如此雖京師小民皆
以為　陛下自今決罷巡幸矣然未賜施行猶疑有
所蒙蔽而不知今既罪言者則已明知衆臣皆以巡
幸為不可矣又豈得獨違衆以行耶聖慮回則是數
臣雖死而使宗社復安天下受福忠讜之心真足以
報祖宗於地下矣臣等復何敢愛一身之命而不與

之同死哉然諫官者天下之元氣元氣宜通不宜塞人身之元氣塞則人病國家之元氣塞則國傷伏願陛下垂寬容之聽廣忠直之路將黄鞏等所奏俯加詳察哀其懇懇之誠特賜寬宥毋使後世有殺諫臣之名則幸甚幸甚臣等不勝惓惓出一旦之命待罪闕下

應詔陳言以答天譴　黄體行 [illegible]

頃者上天示戒災及寢宫　陛下恐惶深用祗慎勅諭群臣詔告天下其敬天之心蔑以加矣然必懇懇於求言者蓋以變不自生惟人所召顧九重深邃非

博采群言不能悉知大小臣工祗承德意誓竭忠誠以圖報稱於是大臣言焉繼而科道言焉捨民隱弗陳而指切　陛下之身者不謀同辭此非有所諱而故揚　陛下之過也亦非天下之民舉安而　陛下之身獨未盡理也蓋　陛下一身天下仰望其正與否實天下之治忽所關群臣有言不歸諸　陛下之身而又誰歸哉延今旬月不見舉行豈寔愚昧不察謂何　陛下御極九年于茲五年以前逆瑾竊柄敢作亂階百姓惶惶懼無生路幸而國祚猶篤元惡成擒噫亦危矣然危而有持此可為一幾也　陛下其

能為之乎六年以後逆璫餘烈滋熾未已蓋取於民者既竆則民不聊生勢無所歸自相率而入之盜一旦劉六劉七之徒挺身以出而亡命之人爭應之北闗一呼聚盜成丘鼓星之焰以燎南北之原者幾不可戢幸而國祚猶篤天兵壓境江神助順而賊舸隨風以飄噫亦危矣然危不終危又可為之一幾也陛下其能為之乎方今川江餘黨猶未悉平而劇寇之受招者閒或復叛正 陛下兢業勵精之時也不此之畱聽番僧義子邊軍之屬遞相兒戲而皇店內市打毬錢無名之征胥此焉出而又信董豎數十人

亟從聖駕潛出外市移時始入燕民之家有千金之子猶知自重其身而坐不垂堂況　陛下一身天地祖宗之付託萬方黎庶之攸歸視彼千金之子輕重不侔可付童豎之手以自召不虞者乎即今幸免所損只多此臣深為　陛下惜也此心既縱凡百就荒刑法廢弛不修言從諫而不行威重損而不知儲位遲而不慮上天監臨昭示切身之戒　陛下始雖警悟而卒竟受蔽雖有大臣科道部屬之言猶以為瀆亂聖聰前有進者報而不行後有進者留而不報豈不以群臣皆外人也勢隔情離任意投擲夫人之情

莫親於母子莫密於夫婦仁壽坤寧兩宮爲　陛下之親且密者也群臣之言不足聽兩宮之言獨不足聽乎臣本一介儒生謬登甲第在　孝廟末年而竊祿在　陛下初年而錄官其荷國之恩誠厚矣始欵少効愚悰顧八十歲老母在堂賴以送終理難許國逮今老母不幸無祿而猶顧戀蒙耻不爲　陛下盡言此身雖存猶行尸也伏望　陛下特淸聖慮大回宸斷念今日之天下皆祖宗勤勞之天下不可以或輕今日之人民皆祖宗勤勞之人民不容以或易出番僧屏義子遣邊軍凡皇店内市打毬錢無益於天

下無補於生民而非君上當為之事者一切罷去撤行殿而深居以為誕育皇儲之地息遊幸而罕朝以杜潛移政柄之門召親王而入輔以絕姦邪窺伺之路如是則群臣之言次第舉行而　陛下之身正矣陛下之身既正生民將有所恃以為安川江餘黨聞之自將息然解散而剿寇之復起者轉為妥帖　陛下此時可以奠居而收永清之治矣借使不聽群臣之言仍蹈覆轍天下將來之事未可知也雖然君之於臣猶父之於子父或有過寔子之責　陛下偶陷有過之地而臣尸素之愆亦有不容逭者乞將臣放

歸田里以荅上天之譴萬萬無倖干冒天嚴不勝警
惺悚慄之至

莆陽文獻卷之十三終

莆陽文獻列傳

梁陳

鄭露傳第一

鄭露字恩叟其先出滎陽過江入閩遠祖肸嘗過泉之莆口愛其風土因遷祖墳於南山葬焉至陳時莆猶未為縣人未知學露與其弟莊淑自福之永泰徙莆廬護墓側據南山之勝構書堂以修儒業詩作篇章以訓子弟自是莆人化之始興學矣四輔源謂露豪傑士也業儒於比屋未為儒之時事詩書於舉國不事詩書之日而後之十室九書堂龍門半天下皆

以湖山之絶響振之莆之衣冠文物實自露兄弟開先之也後人因稱為南湖三先生云出吳源名公事述

鄭露傳第一

唐

林蘊傳第二

林蘊字夢復曾祖元泰瀛州刺史祖萬寵饒陽太守父披字茂則書經目輒記手抄六經子史約千餘卷以明經擢第授臨汀曹椽郡多鬼著無鬼論刺史樊晃奏署臨汀令以治行遷別駕復以御史大夫李錡奏授檢校太子詹事兼蘇州別駕贈睦州刺史子九人葦藻著薦韡蘊蒙邁蔇官皆刺史司馬長史號九牧林家兄藻少有志尚恥爲選服農人其言曰張九齡生於韶陽陳子昂出於蜀郡彼何人斯因成諸

第以明經進士各專其業與歐陽詹讀書於龜巖學成乃負策而西薦藴相次明經及第藻以詞賦擢貞元七年進士省試合浦還珠賦藁成假寐恍惚見人語曰何不敘珠去來藻悟援筆脩之曰珠之去也山無色兮氛霧冥冥海無光兮空水浩浩珠之來也川有媚兮祥風習習地有潤兮生物振振果中第及謝主司杜黃裳曰敘珠去來豈有神助耶莆人第進士自藻始官至殿中侍御史藴亦嘗應賢良方正科其策曰臣遠祖比干忠諫而死天不厭直復生微臣語太而肆故不見取貞元四年以明經及第西川節度

使韋皋辟推官皋卒劉闢代之有反謀蘊曉以逆順不聽復遺書切諫闢械于獄且殺之將就刑大呼曰危邦不入亂邦不居得死為幸矣闢亦惜其直陰戒刑人第抽刀磨其頸欲脅之蘊叱曰死即死我頸豈奴輩礪石邪闢知不可屈捨之斥為唐昌尉及闢敗蘊名重京師李吉甫李絳武元衡為相蘊貽書諷以國家有西土猶右臂也今臂不附體比彌涵郊西極汧隴不數百里為外域涇源鳳翔邠寧三鎮皆右臂大藩擁旄鉞數十百人惟李抱玉請役河湟命將不得其人宜拔行伍之長吏守秦隴王者功成作樂治

定制禮令權臣制樂曲自立夔紀舜命契作司徒令以皐依鍔季安為司徒官不擇人盧從史于皐其罪大而刑輕農夫一人給百口蠶婦一人供百身竭力於下者饑不得食寒不得衣邊兵菜色而將帥縱侈自養中人十戶不足以給一無功之卒百卒不足養一驕將六事皆當時極弊蘊亦韋皐所引重然其卑制感憤闕說而宰相置不用也滄景程權欲掌書記權上四州版籍請吏而軍中習熟拒地界內劫挾權拒命不得出蘊陳君臣大誼諭首將人人釋然於是權得去蘊遷禮部員外郎刑部侍郎劉伯芻薦之於

朝出爲邵州刺史（新唐書儒學本傳）

林藴傳第二

林攢傳第三

林攢字會道披之從孫也舉進士不第從事塞垣貞元初爲福唐尉母羸老未及迎而病攢聞棄官還母卒每一痛哭水漿不入口舉葬事自埏磚甓與兄弟同負土作塚未窆有白烏來甘露降既窆廬墓不去州上其事觀察使李若初遣官屬驗實會露晞里人失色攢哭曰天所降露禍我耶俄而陰雲四合欻成甘露移時不消白烏復翔集事聞德宗降詔褒異厚其祿賜命立雙闕表其閭曰唐貞元旌表林氏門閭時號闕下林家 出唐史本傳等書

黃璞黃滔傳第四

黃璞字德温其先光州固始人晋馬南浮隨徙候官至璞始遷莆之涵江黃巷登大順二年進士調尚衣監主簿乾寧初改崇文閣校書郎致仕初黃巢尅建州軍中謠曰逢儒則辱師必覆及入閩過璞家令曰此儒家也滅炬弗焚璞善於詩歌一時著述藩鎮無不傳誦所著有霧居子（見唐藝文志）及閩中名士錄傳于世子五人仁藻著作郎仁渥太子正字仁滔御史裏行仁渭著作郎　與璞同時館職號一門五學士庶子仁㵯擢武舉（出方志）

黄滔字文江璞之從弟由候官遷莆之東里號東黄滔乾寧初擢進士第除四門博士尋遷監察御史裏行充威武軍節度推官王審知據有全閩而終其身爲節將者滔規正有力焉未幾朱梁移國足跡遂不復西中州名士若李洵韓渥羅隱崔道融輩避地閩中悉主於滔其文字雖不顯於中朝而僅見於閩中所爲碑碣然至今推論莆文章家以滔爲初祖云雜出宋志名公事迹等書有泉山秀句集行於世見唐藝文志

黄璞黄滔傳第四

許稷徐寅傳第五

許稷字君苗少因入關遇陳舍人詡等會飲有輕稷語稷投盃憤悱入終南山隱學三年出就府薦遂擢貞元十八年進士工歌詩嘗爲江南春三首詞甚綺麗後歷南省員外郎終衡州刺史出名士傳及何志

徐寅字招夢博學經史尤長於賦朱温以梁國兼制四鎮寅投所業引見問無雲而雨温索詩寅立成一絶有若教陰朗都相似爭表梁王造化功之句温大喜乾寧元年第進士授秘書省正字時温欲移唐祚寅稱夢韓信授以兵法又與李克用讎敵寅因飲醉

滔温諱懼遂製遊大梁賦以獻温讀至千年漢將盡精魄以神交一眼胡奴望英風而膽落愈喜令兵士諷之一字酬一縑不責前慢寅得免歸卜居延壽溪上有詩曰賦就神都振大名斬蛇功與樂天爭如今延壽溪邊住終日無人問一榖泉州刺史王延彬以禮招寅一見如布衣交日會諸名士以詩酒爲樂久之辭歸以疾卒有詩賦及探龍等集行於世出註何寅詞賦綺麗不類古體遭值唐亂間關盜賊中遜辭避禍不可爲典則七世孫銳鐸同舉熙寧九年進士鐸第一時有龍虎榜頭孫嗣祖鳳凰池上弟聯兄之稱

出述事鐸官終吏部尚書餘見宋史本傳

許稷徐寅傳第五

翁承贊傳第六

翁承贊字文堯父巨隅榮王府諮議參軍承贊乾寧三年進士擢宏詞科任京兆府參軍天祐元年以右拾遺受詔冊王審知為瑯琊王梁開平四年復為閩王冊禮副使尋守右諫議大夫福建鹽鐵副使就加左散騎常侍御史大夫因相閩閩主賜其鄉曰文秀里曰光賢又賜漆林莊曰晝錦有詩集（[illegible]）及宏詞等集行於世孫鑑宋景祐元年進士建昌軍判官載熙寧六年諸科希愈紹聖四年特奏名承贊從子乾度左補闕有子六人處厚處易處朴處廉處恭處

休相繼登宋建隆開寶雍熙進士第時稱六桂處厚
孫損天聖二年進士終殿中丞㮣亦登第并諸科處
朴子緯景德二年進士終新會令有翁氏父子詩雜
何志等書

翁承賛傳第六

鄭良士楊在堯傳第七

鄭良士字君夢仙遊縣人性沉厚寡默博學善屬文昭宗景福二年獻詩伍百篇授國子四門博士累遷康恩二州刺史兼御史中丞天復元年棄官歸隱于白巖故墅後閩王審知辟爲建州判官累遷左散騎常侍兼御史大夫有白巖文集詩集中壘集見唐書藝文志

同邑陳乘乾寧初擢進士爲秘書郎後退居里中每與良士及王延彬徐寅輩以詩相唱和良士子八人元弼初仕閩爲禮部員外郎閩主昶遣元弼貢方物于晉致書執政辭旨不遜晉祖怒以元弼屬吏獄具

引見奏曰鞨夷貊之長不知事君之禮得其善言不足爲喜得其惡言不足爲怒陛下方敦示大信懷柔四方臣將命無狀頓伏斧鑕以贖鞨罪晉祖奇之賜帛遣歸後仕曦爲諫議大夫曦嘗欵杖御史中丞劉贊贊將自殺元弼諫曰古者刑不上大夫中丞不宜加箠楚曦釋之加禮部尚書判三司嘗以掃除不平爲事會朱文進殺曦自立元弼抗辭不屈黜歸田里將奔建州依王延政爲文進所殺弟元恭秘書省校書郎元素官至别駕元龜第太平興國二年進士官至司馬元禮官至推官元振官至員外郎元瑜官至

秘書郎元忠官至正字兄弟俱博學能文時號鄭家八虎（出莆陽志）

楊在堯其先自華陰入閩居僊遊登唐天祐二年進士第終右補闕有文集子崇嵩為陳洪進子婿歸宋授明州推官終大理寺丞知惠州（出清源志）

鄭良士楊在堯傳第七

宋

陳靖傳第八

陳靖字道卿祖流梁開平進士爲天雄節度巡官知梁政必亂以父喪在嶺表棄官南走負喪歸王審知欲辟以官堅不起父仁璧仕陳洪進爲泉州別駕宋初勸洪進納土太祖嘉之授檢校膳部員外郎泉州録參及洪進率僚吏入覲仁璧獨以老辭靖好學頗通古今授陽翟縣主簿契丹犯邊王師數不利靖遣從子上書求入奏機略詔就問之上五策曰明賞罰撫士衆持重示弱待利而舉帥府許自辟士而將帥

得以制境外太宗異之改將作監丞未幾為御史臺推勘官時御試進士多擢文先就者為高等士皆競浮華尚敏速靖請以文付考官第甲乙俟唱名或果知名士即寘上科遷太常博士太宗務興農事詔有司議均田法靖議曰法未易遽行也宜先命大臣或三司使為租庸使或兼屯田制置仍擇三司判官選通知民事者二人為之貳兩京東西千里檢責荒地及逃民產籍之募耕作賜耕者居室牛犂種食不足則給以庫錢別其課為十分責州縣勸課給印紙書之分殿最行賞罰候數歲盡罷官屯田悉用賦民然

後量人授田度地均税約井田之制爲定以法頒行四方不過如此矣太宗謂呂端曰朕欲復井田顧未能也靖此策合朕意乃召見賜食遣之他日帝又語端曰靖說雖是第田未必墾課未必入請下三司雜議於是詔鹽鐵使陳恕等各選判官二人與靖議以靖爲京西勸農使命大理寺丞皇甫選光祿寺丞何亮副之選等言其功難成帝猶謂不然既而靖欲假緡錢貳萬試行之陳恕等言錢一出後不能償則民受害矣帝以羣議終不同始罷之出靖知婺州再遷尚書刑部員外郎真宗即位復列前所論勸農事又

言國家禦戎西北而仰東南東南食不足則誤國大計請自京東西及河北諸州大行勸農之法以殿最州縣官吏歲可省江淮漕百餘萬復詔靖條上之靖請刺史行春縣令勸耕孝弟力田者賜爵置伍保以檢察姦盜籍游惰之民以供役作又下三司議皆不果行歷度支判官為京畿均田使出為河南轉運使極論前李氏橫賦於民凡十七事詔為罷其尤甚者又歷京西京東轉運使知泉蘇越三州以秘書監致仕靖平生多建畫而於農事尤詳嘗取淳化咸平以來所陳表章三十餘通目曰勸農奏議經國集然其

說況古多不可行出宋史循吏本傳靖嘗遷宅為興化軍治
治于撤欖巷即今陳宅是也致仕後天聖三年進潁
州郡開國伯熙寧元年諫臣以靖勸農奏議進呈神
宗嘉奬贈尚書左僕射子六人長甲咸平三年進士
累官大理丞餘皆以父任補官雜出何志
惟德字徽之靖之孫以靖任補太廟齋郎為長樂縣
尉附縣民有鬭自服毒死擻惟德覆驗惟德察屍色
有異内銀釵喉中出之若傳罨鞫之果得所服餘毒
於其家誣者得釋知雷州以公田歲入數百斛還之
官罷州採珠户終其去未嘗取一珠遷大子中舍知

長洲縣以法繩寓貴并其子弟一無所阿縱轉國子博士知連州州之東湖舊例入州守為圭租惟德不取歲收其息以抵公帑之費以虞部郎中致仕卒惟德清謹剛介孝友儉約先疇多以賙諸父昆弟之貧者二子啓期啓宇皆擢進士第出方志

中復字從道仁璧之曾孫靖之從孫也祖端大中祥符五年進士太常博士中復年十八與兄孝純同登熙寧六年進士調懷安尉監建州茶務植茶百萬本國課立辦呂嘉問吳栻相繼尹京辟為參謀官歷國子監丞兩除提舉京畿西路茶鹽香事時朝廷議行

茶法當塗有欲括利原者以中復嘗任茶務令悉陳利害欲進用之中復謝曰吾豈以身計爲榷利作俑者乎累遷提舉廣西黔南常平事黔南賊熾師出輒敗中復自提軍決戰賊遂平邊吏邀功者奏奪蠻境置從允二州築城防禦中復以爲得其人不可教得其地不可守徒靡費國用爲他日禍胎力奏罷之歷廣南東路提舉刑獄事屬劉花三倡聚潮梅循惠皆騷動又與連寇合勢徽宗手札委規畫不踰月平之累轉中大夫召還卒中復簡淡冲粹言不妄發篤族誼重交契所得祿賜養親外悉以給族屬之貧者按

察廣東日為提學戴安仁立後以金帛遣役吏王獻歸潮鈍學卒致通顯凡八歷外臺如張天覺朱勝非諸人皆其所獎拔者及卒有挽以詩曰南北建牙多故吏東西開府半門生出方志莆書

陳靖傳第八

蔡襄傳第九

蔡襄字君謨其先自光州固始從王潮入閩因家德遊至襄又遷莆之城南曰蔡宅年十八舉進士爲開封第一天聖八年登進士甲科爲西京留守推官館閣校勘范仲淹以言事去國余靖論救之尹洙請與同貶歐陽脩移書責司諫高若訥不言由是三人者皆坐譴襄作四賢一不肖詩都人士爭相傳寫鬻書者市之得厚利契丹使適至買以歸張於幽州館慶曆三年仁宗更用輔相親擢靖脩及王素爲諫官襄又以詩賀三人列薦之帝亦命襄知諫院襄喜言路

開而慮正人難久立也乃上疏曰朝廷增用諫臣脩
靖素一日並命朝野相慶然任諫非難聽諫為難聽
諫非難用諫為難三人忠誠剛正必能盡言臣邪
人不利將造為禦之之說必曰好名夫忠臣引君當
道若避好名之嫌無所陳則土木之人皆可為矣必
曰好進前世諫者之難激於忠憤遭世昏亂死猶不
辭何好進之有又必曰彰君過夫諫臣司過人主聽
而行之足以致從諫之譽何過之能彰至於巧者不
然事難言則喑而不言擇其無所忤者時一發焉猶
或不行則退而曰吾嘗論某事矣此之謂好名默默

容容無所愧耻躡資累級以抱顯仕此之謂好進若有過失不救之於未然傳之天下後世其事愈不可掩此之謂彰君過願陛下察之時有旱蝗日食地震之變襄以為災害之來皆由上下闕失不顧聽斷不攬威權使號令不信於人恩澤不及於下此陛下之失也持天下之柄司生民之命無嘉謀異畫以矯時弊不盡忠竭節以副任使此大臣之失也朝有弊政而不能正民有疾苦而不能去陛下寬仁少斷而不能規大臣循默避事而不能斥此臣等之罪也陛下既有引過之言達於天地神祇矣願思其實以應之

疏出聞者悚然進直史館兼修起居注襄益任職論事無所回撓開寶浮圖災下有舊瘞佛舍利詔取以入宮人多灼臂落髮者方議復營之襄諫曰非理之福不可徼幸今生民困苦四夷驕慢陛下當修人事奈何專信佛法或以舍利有光推為神異彼其所居尚不能護何有於威靈天之降災以示儆戒頃大興工役是將以人力排天意也呂夷簡平章軍國事相以下就其第議政襄奏請罷之元昊納款始自稱兀卒既又譯為吾祖襄言吾祖猶云我翁慢侮甚矣使朝廷賜之詔而亦曰吾祖是何等語耶夏竦罷樞

密使韓琦范仲淹在位襄言陛下寵擢而用琦仲淹士大夫賀於朝庶民歌於路至飲酒叫號以為歡且退一邪進一賢豈遂能關天下輕重哉蓋一邪退則其類退一賢進則其類進衆邪並退衆賢並進海內有不泰乎雖然臣切憂之天下之勢譬猶病者陛下既得良醫矣信任不疑非徒愈病而又壽民醫雖良術不得盡用則病且日深雖有和扁難責效矣保州卒作亂推懦兵十餘輩為首惡殺之以求招撫襄曰天下兵百萬苟無誅殺決行之令必開驕慢暴亂之源今州兵殺官吏閉城門不能討從而招之豈不為

四方笑乞將兵入城盡誅之詔從其議以母老求知福州改福建路轉運使開古五塘溉民田奏減五代時丁口稅之半復脩起居注唐介擊宰相觸盛怒襄趨進曰介誠狂愚然出於進忠必望全貸既貶春州又上疏以為此必死之謫得改英州溫成后追冊請勿立忌而罷監護園陵官進知制誥御史呂景初吳中復馬遵坐論梁適解職襄不草制後每有除授非當者輒封還之帝遇之益厚賜其母冠帔以示寵又親書君謨兩字遣使持詔予之遷龍圖閣直學士知開封府襄精吏事談笑剖決破姦發隱吏不能欺以

樞密直學士再知福州郡士周希孟陳烈陳襄鄭穆
以行義著襄備禮招延誨諸生以經學俗重凶事其
奉浮屠會賓客以盡禮豐侈為孝至有親亡秘不舉
哭必破產辦具而後敢發喪者下令禁之徙知泉州
距州二十里萬安渡絕海而濟往來畏其險襄立石
為梁其長三百六十丈種蠣於礎以為固至今賴焉
又植松七百里以庇道路閩人刻碑紀德召為翰林
學士三司使校天下盈虛出入量力以制用劃剔蠹
弊簿書紀綱纖悉皆可法英宗不豫皇太后聽政為
輔臣言先帝既立皇子宦妾更加熒惑而近臣知名

亦然幾敗大事近已焚其章矣已而外人遂云襄有論議帝聞而疑之會襄謁告因命擇人代襄襄乞爲杭州拜端明殿學士以往治平三年丁母憂明年卒年五十六贈吏部侍郎襄工於書爲當時第一仁宗尤愛之製元舅隴西王碑文命書之及令書溫成后父碑則曰此待詔職耳不奉詔於朋友尚信義聞其喪則不御酒肉爲位而哭嘗飲會靈東園坐客誤射矢傷人遽指襄他日帝問之再拜愧謝終不自辯爲文章清遒粹美有莆陽居士集行於世乾道中賜謚忠惠（出宋史本傳等書）

弟高字君山第景祐元年進士調長溪

縣尉縣媪二子漁於海而亡媪指某氏為讎告縣捕
賊縣吏難之皆曰海有風濤安知其不水死乎且雖
果為讎所殺若屍不得則於法不可理高獨曰媪色
有冤吾不可不為理乃陰察讎家得其迹與媪約曰
吾與汝宿海上期十日不得屍則為媪受捕盜之責
凡宿七日海水潮二屍浮而至驗之皆殺也乃捕讎
家伏法民有夫婦偕出而盜殺其守舍子者高亟召
里民畢會環坐而熟視之指一人曰此殺人者也訊
之果伏衆不知其以何術得也遷開封府太康縣主
簿府尹吳遵路素剛好以嚴禪遇下吏高年少位卑

能不憚屈而得盡其事之詳遵路獨喜以高為能未幾以疾卒于官高嘗與歐陽脩言曰天子以六科策天下士而學者以記問應對為事非古取士之意也吾獨不然乃晝夜自苦為學及其亡也其兄發其遺稿得十數萬言皆當世之務踰年天子與大臣講天下利害為條目其所改更於高之稿得其五六因相與嘆高果天下之奇才也高卒時年甫二十八其妻程氏一男二女皆幼縣人哀其貧以錢二百千為其賻程氏泣曰吾家素以廉為吏不可以此汙吾夫拒而不受脩銘高之墓稱其能以惠愛其縣人而以廉

化其妻妾云襄三子旬旬旻皆登世襄卒朝廷錄其子孫以旬之子傳守將作監簿時方二歲母劉氏撫教至于知書六經子史皆務貫穿志在學古務實以養母卒不遊場屋而學行益力歷朝奉郎通判南京留守司年四十三郎上章乞致仕著述頗多見藝文志子三人長楠字子強大觀三年與從父伷同登進士歷官朝奉郎直秘閣知泉州乃襄舊治楠為政得襄之家法人謂有祖風烈官至朝奉大夫次樞以政和五年同從父伸登第歷官西京提舉學司主管文字御史常安民在黨籍人多疏之樞獨事以師禮提舉湖

南學事時殿中侍御史張所教授潭州未知名會所白事問曰時事如此度今誰可任國事者所舉劉安世樞瞿然曰自崇觀來禁錮元祐之學子為教官乃敢伸公論若是耶即薦所後果知名年四十五慨然嘆曰先公掛冠之年吾已過之時方多事其可無功冒寵乎丐致仕宣和末興燕雲之師主兵者欲引樞為謀議官樞以書止之于頓孫師言數言皆登第次楙字子堅欽宗朝以父任尉會昌視事數月遇贛賊犯境楙領鄉兵數千人與賊相持兵潰楙力戰不支遂遇害贈承事郎官其子顏後贈朝散大夫志出何伸

字伸道襄季子旻之子也伸與兄佃伷入太學俱有聲號三蔡佃崇寧初進士第二時從祖京當軸力欲羅致門下竟不能屈會星異上疏論宰相非人宜舉漢汲黯故事以應天變責監温州稅官至朝奉郎伸政和五年進士遷通判徐楚饒真四州在徐州時禁卒謀亂約夜半舉火伸聞之部分他營密為之備仍戒故緩更籌叛卒火舉則黎明矣衆無應者遂逃去伸追捕盡擒之在真州日火延燒千餘家民露處雪中老幼號呼盈道伸闢寺宇官廨分處之且發常廩以賑給守者不可伸曰此國家所以備非常也如得

咎請獨當之事聞朝廷釋不問未幾移滁州改知徐德安和四州初伸與秦檜同舍又同年後伸以趙鼎黨丐祠者累年檜一日訪伸有念舊語伸不肯干之檜不樂除浙東帥司參謀官建炎紹興間盜賊蠭起伸嘗曰國步多艱中原未復豈能以書生餘技取爵祿耶時戚方既降而復叛伸單騎至其麾下說以禍福方素聞伸威望即出就招一州賴以全活官至左中大夫卒贈特進子洸居雲川以父任補官以褒未見名請于朝得謚忠惠所得俸每以賑親族之貧者去朝之日囊無餘貲官至戶部尚書徽猷閣學士從

孫𢦏居毘陵乾道中第進士官終寶謨閣直学士方
志等者

蔡襄傳第九

傅楫傳第十

傅楫字元通其先自光州固始從王潮入閩數傳至高祖仁瑞始從家仙遊楫少自刻厲於學未冠試廣文館第一不第而歸從孫覺陳襄游襄門人許安世江衍之流皆以文藝冠多士襄不之取獨曰傅元通金石人也以其女妻之治平四年第進士調揚州司户守遇僚屬暴甚屢以難集事委楫楫裁決如流未嘗希意苟合至捕其從者寘諸法守內不能平乃欲以煩劇困之檄攝天長令發擿隱伏奸猾屏跡轉福清丞帥曾鞏負材倨視天下士獨與楫鈞禮歷大谷

令歸曾布曰是吾兄所知者率部使者交薦改知龍泉縣孫覺爲御史中丞語之曰朝廷欲用君盍少留揖曰仕宦所樂居中者免外臺督責耳今俯首權門與外臺奚擇且外宦已所當得也遂去不顧道除太學博士居四年未嘗一跡大臣門既滿徑赴銓曹時曾布方執政薦為太常博士神宗時議北郊至是有詔復議議者多持兩可揖獨援經據古損其車服儀衛賞賚之類使得其中上之及施行卒如其議徽宗就資善堂學擇師傅爲說書擢進侍講翊善中人涖事于府者多與官僚抑揖獨漠然不可親一府嚴憚

之五年不遷鄒浩得罪貶楫以贓行免官徽宗即位召爲司封員外郎權監察御史論内侍郎劉瑗恃寵專恣不報累遷中書舍人時曾布當國自以於楫有汲引恩冀爲之用楫略無所傾下凡命令有不當用人有未厭悉極論之雖屢卻不爲奪布大失望帝以舊學故多所延訪楫每以遵祖宗法度安静自然爲言歸則削稿雖至親莫得而聞一日李清臣勸帝清心省事帝曰近臣中惟傅楫爲朕言甚詳然後人始知其所以啓迪君心者切至如此楫在朝歳餘見時事寖異竊歎曰禍其始此乎聞者甚之楫笑曰後當

信吾言遂上疏丐去以龍圖待制知亳州卒年六十一（出宋本傳獻錄書）子諒友誼夫譏受諒友字冲叔博學善詩文第元祐九年進士調吳縣主簿歷膳部員外郎知和州未赴而卒誼夫元符三年進士官至兵部侍郎譏受亦博學能詩以父蔭補承務郎仕新安鎮辦不授官至夔州轉運判官從姪權求布龍同登元祐六年進士號傳氏三龍權任太學錄時太皇太后高氏外家求師有旨令太學選德行文藝兼著者皆祭酒司業以權應命高氏尊之曰傅夫子及登第唱名日傳宣許待謝恩太皇太后賚資甚厚布龍字廷允知

漳浦縣時二蔡當國不肯附崇寧間詔具元符上書姓名入邪等籍希龍與馬從孫知柔字德裕宣和三年由上舍登第調循州判官有盜曾少龍迫境知柔教民造弩及砲石之屬寇至乘城發弩寇潰去部使者聞于上改秩知龍巖縣虔寇發閩知柔威名卒不敢犯調泉州僉判海寇林元仲倡亂帥葉夢得檄知柔往出幟示寇招撫元仲遂降官終朝請郎福州僉判出方志　權于共三薦奏名亦以文詞稱嘗註釋東坡和陶詩出仙溪志

傅竹宇凝遠楫之諸孫也年十八入太學登重和元

年進士第授無棣縣主簿會金虜陷全燕棄盧南下時河北皆震郡檄行餉軍行書生不習兵事初咸意其難之而行得檄即行飛芻輓粟軍以無乏調南安縣丞歲大饑民棄妻子者相屬行請出常平錢米設安養院且糜粥食之民不失所明年歲豐悉訪所親歸之遷知晉江縣會詔造戰艦行躬督其役勞費半他邑而事獨先辦帥張浚聞于朝特減磨勘二年除茶司幹辦公事轉南劍州通判卒行仕宦三十年先疇無所增益疾革猶戒諸子曰吾平生無愧俯仰歿後汝曹居官主清治家主嚴奉先主敬敘族主恩造次

顛沛必主忠信能用吾言雖貧賤備為有德容二
然躐取光顯奚為哉官至朝奉大夫累贈金紫光祿
大夫子汶淇皆自有傳出古志
傳汶字元會以父什蔭補官初調清流縣尉捕盜改秩
知將樂縣時朝廷以軍興鬻僧牒責之縣他邑視民產
均敷之汶遣吏賚度牒往三山減直而售官出餘直
以足數剏建之俗生子多不舉汶令里正籍記家給
錢米活者以萬數多有以傳名其子者尋倅廣州帥
司馬假以捕盜贓滿三獄中審覆奏動淹數月爲慮
汶答曰容某以三日辦之帥以為喜而未深信汶退

召獄吏具見禁劫盜分爲三類一傷被主贓滿一不
傷被主贓滿一無被主贓滿次日引鞫具得其情遂
白帥惟以傷被主贓滿者申憲臺餘皆減等分遠近
決配帥大喜悉如其言尋知賀州郡條月俸積壓汶
至悉撥錢還之帥張南軒聞之曰秖此一節便見施
爲遂率部使者交薦而司馬伋召還亦力薦之遂除
提舉江西茶鹽事繼知德慶府所至以仁政稱終朝
請大夫出方志

傳淇字元瞻佇之子也年十九預鄉薦第紹興三十
年進士調潮陽縣尉前後獲盜登賞格者凡十數次

嘗自言會叅政龔茂良提刑廣東爲上其事政秩之平陽縣號難治淇以豈悌中和爲政民有爭曲直者徐以理開譬之皆心服去已而被檄校士漕臺丞相虞允文方以經略中原爲意招徠豪傑欲與共功因以書見丞相論天下事言自古建功立事必須非常之人一時誕謾爭言富强者其意不過竊取爵祿非能爲國家深長計也丞相大喜秩滿奏除幹辦諸司粮料院淇雖官中都足跡未嘗一造權要之門適孝宗命有司具六院姓名時淇以替去不預上閱班簿獨指淇名命奏事及入對敷奏稱旨即除監察御史

初入臺六察官皆闕止淇一人糾察庶務風采凛然
上喜謂近臣曰傳淇朕自擢也于時上有汛掃河洛
之志常患儒臣謹畏特崇奬武臣以振起之於是乘
間倖進者多以文階易武爵驟致貴顯淇嘆曰是豈
可長哉疏論其事上悟即日出其疏於外自是無敢
求換武者未幾遷太府少卿每因輪對勸上擇端慤
誠慤之士　以備宮僚又言川廣去朝廷遼遠守臣不可
輕畀上皆嘉納除中書門下檢正諸房公事時方擇
專對材以使虜廟堂進擬數人中批特命淇為賀生
辰使未行除宗正少卿樞使王淮見淇曰此行甚出

淵袁及還上詢北事甚悉淇具言河北河南之所以然上曰卿言是也久之淇乞外上不欲其遠去除浙東提刑時兄汶亦提舉江西母夫人年九十更迭迎養人皆榮之甫一年移節浙西淇居官不求赫赫名蒞職兩年政平訟理上嘉其功除直龍圖閣再任半載改知寧國府淇以母老樂閑中力請便郡歸養遂易知泉州尋丁母憂服除無復仕進意光宗即位起爲廣西提刑復除知溫州竟以疾卒官至中奉大夫直龍圖閣莆田開國男出方志

傅誠字至叔汶淇從子也幼知讀書有雋聲年十九

以書是泉之鄉先生黄維之大奇之後嘗從朱文公游淳熙八年第進士誠平生自讀書外它無嗜好所與語者率皆好學清介之士非此弗與之交初調永春尉力辨陳介珪之冤與上官忤因納告敕于憲臺求去其冤卒得直侍郎黄艾被旨使北壯誠有守奏辟以行凡表奏之類悉以委之歸除廣東監幹改知青陽縣尋除提轄文思院時參政張巖開督府于京口奏辟戴溪與誠同幙凡有著述皆出其手後歸朝不一跡權門累循常調遷太常博士真德秀時為正字每數日輒相過談論古今事後罟方去寧宗朝輪

對其略曰今日之事奄奄如氣息僅續之人略無一朝奮起之勢寖有百年消微之憂或有聞而嘆息者或有聞而竊笑者嘆息者有憂朝廷之心竊笑者有輕朝廷之意良由搢紳風俗之不振脂韋留連富貴之心有餘而感慨自立以身許國之意不足顧光景而計升沉風迹淪胥人心輕玩其弊固至此也未及沽激阿諛之弊言頗鯁切先是子彥卿博學能文以疾卒誠哭之過哀輪對聞忽卒于殿下搢紳咸悼惜之相與請于廟堂欲官其次子而誠素與時相不合僅以員外郎致仕誠性甘清貧俸入不殖產業悉以

置書自號雪澗翁弟識字友叔少孤母與兄督之讀書至于成立事其兄極恭順淳熙十一年以太學生登進士第倅無為軍召監六部門寧宗以丙寅伐金之後淮西民多流徙知識有材略改除宗正寺簿將命往安集之還朝又以識熟於淮事擢淮西漕召為司封郎中遷尚左郎中尋被旨使北歸以疾卒從子大声字仲廣淳熙中以太學生登進士第主福清簿帥辛棄疾頗嚴憚檄大聲往諭閩長溪盗因大聲釋其株連者五十餘人僅留十數人于獄邑令不樂其翻與獄案凡諸胥券食及囚粮皆不給大聲自質

衣食之及帥親詰問皆如大聲言調貴州教授帥討
絃誦稱之曰教授古君子也禮部尚書黃甫舉天下
教官以大聲為第一改秩知武平縣催科不迫而財
賦自辦遷通判循州適寇發守稱疾大聲調發諸軍
悉力鏖戰賊皆潰去未幾餘黨復倡獗諸司專委大
聲督捕乃上禦賊數策漕使劉强學謂其句句可行
頒行于廣東十四州遂劾守不職以大聲攝州事
奏為真閩城驩呼曰傳父再晉吾儕有依矣前數月
郡圃有老松數株日出紫氣如雲騰空而上及大聲
拜守人以為德政所感守上日有例用錢千緡悉却

之部倉米斛與大大吉首減下之莅官四年民樂其
政指率立□□清力之官劃無復有仕進□官至朝
奉大夫于瑜通直郎通判靜江府□□□□

傳拾傳第十

余象朱紱陳次升傳第十一

余象僊遊人父積守職方員外郎致仕象第慶曆六年進士歷官光祿寺丞首奏王安石議論詭辯色質眩耀雖爲一時之文人終爲異時之巨蠹安石憾之因與左右傾象出通判宜州又奏安石小人終累大事若果亟用必至紛更一時出安石之門者皆惡之得蔡襄余靖力辨獲免仁宗亦知其直就加秘書丞尋除太常博士英宗即位召見特授屯田員外郎謂近臣曰余象敢言朕常畏之卿等宜自謹勿使之有言也儉黨咸側目出通判宣州與民無擾州民至登

聞鼓院乞衆領州事英宗以問司馬光呂公著對曰余衆乃陛下之汲黯内則面折廷争外則臥治社稷臣也即授都官員外郎知宣州神宗即位除屯田郎中通判南劒州遷禮部郎中薦胡安定門人錢藻孫覺錢公輔范純仁遂力求致仕家好為詩尤耽書於論語嘗著集解中齋則行大義呂公著薦其書於朝神宗欲大用之而卒范純仁狀其行從于授熙寧六年進士初調候官縣尉捕盜改秩李清臣作告詞有曰格盜忠勇不孤所職遷校書郎博學能文官至京西提舉出方志

宋紱字君敍其先居古田令璣由光之固始居莆之水南三傳至曾祖琲又遷仙遊兄綖字君與元祐六年特科終漳州司户紱治平四年登進士甲科元祐二年以李常孫覺陸佃曾肇列薦除王宮大小學教授尋外除紹聖初章惇當國欲寘元祐諸君子于死地紱被旨召對首陳正心誠意知人安民之說除諸王宮侍講再遷翊善元符初除都官員外郎時鄒浩以論元符后不當立竄新州貧甚紱率親舊出金賻行上聞之悉下臺鞫治以紱賻金特厚追一官勒停徽宗登極以藩邸舊臣召赴闕累遷右諫議大夫給

爭中時范純禮劉安世等屛黜於外悉爲論列有旨
後苑作所奏審山園陵支過錢帛更不供報戶部繳
謂戶部主財賦出入豈宜有不預聞陳師錫自潁移
廬自廬移蘇吳伯舉自蘇移滑繳謂監司郡守宜謹
擇久任不宜數易馮澥遷吏部與合入差遣繳謂澥
任臺官兼進士第一人無他過犯送部非朝廷崇重
臺官之體蔡王府獄興有司捕逮株連甚衆江公望
論列頗切黜外郡繳封還制書言公望杜塞閒隙以
全陛下兄弟之義今若以言罪之雖篤信不惑之士
亦不敢以直道自任況非其人邪論駁再三以是忤

為臣意出知壽州崇寧元年上思其忠進寶文閣待
制真定府路安撫使二年中丞石豫力肆詆誣落職
提舉沆州洞霄宮入元祐黨籍五年上以星變凡隷
黨籍者悉蒙湔洗起知福州蔡京復相綖遂罷大觀
元年依舊落職提舉洞霄宮卒于家官至左朝請大
夫初綖在後省凡四月論駁無虛日政府遣人諭意
曰上眷待如此不日當在此地綖不為動時紹述說
興綖以書責京曰彼為紹述之議者豈毫髮為朝廷
計特借是固寵位復恩讎爾自公秉政中外屬望今
乃持之益堅行之益峻是知有私恩不知有國恩知

肆情得意取快於一時不知基禍於異日為可畏也京得書大怒始力謀所以去綬者屬官喻意始抉其細故并以合黨王回締交鄒浩罪之建炎間始復舊職贈少保姪寘元豐二年進士為秘書丞以綬入黨籍併罷免政和元年起知南雄州辭不赴尋卒綖之子也子宗字成德以父任授長社尉政[illegible]行薦于朝者累遷吏部員外郎時銓[illegible]法令[illegible][illegible][illegible][illegible]滑宗視籍之始有士人在任被賞轉官俾任滿赴部自陳吏拒以須會問元任宗索案視之一時該賞五六人立比吏行賞人服其果決累除太府卿徽宗尊寵潛藩之

若倚人廿千多超進大官父紱亦舊學之臣宗不自
亦無爲宗言者太師蔡京同州里持國柄逾二紀
宗未嘗造其門靖康初近臣薦宗才堪治劇淵聖召
見欲用宗爲開封尹而宗奏事觸宰相遂止紹興元
年召爲大理少卿建安盜起高宗勑制置使發兵捕
誅師屢無功除宗直秘閣福建路轉運使且趣入對
宗曰愚民窮困無聊弄陛下兵將吏養寇弗除誅歛
益急將盡驅齊民以爲盜陛下第追還制置使付臣
綏集之可毋戰而平也陳便宜十事上嘉納之制置
司方奏募兵擬取錢米數十萬宗遺書責之曰擁兵

彌年州縣轉餉費百萬而誅責不已民在壑矣吾不能復為下石公何為之會朝廷更遣他將而盜平卒如宗策官至右朝散大夫累贈中散大夫宗子元飛字希實任官三十年不營一金產所得俸即買書籍每部三本分遺其三子官至福州通判初丞同安時朱文公為簿因通族系子浣涓溉俱遊其門所居有歸樂堂文公為之記家藏手帖猶存浣官終廣東帳幹今出方志

陳次升字當時入太學時學官始得王安石字說招諸生訓之次升作而曰丞相豈秦學耶美商鞅之能

行仁政而謂李斯解事非秦學而何坐屏斥既而第
進士知安丘縣時州從事攝政告以繫囚頗衆當斥
大獄屋次升曰子不教我期於無刑乃教我廣獄耶
未幾從事行縣而獄空於是歎服轉運使吴居厚以
聚斂進檄尉周征稅於遠郊得農家敗絮捕送縣次
升縱遣之居厚怒將被以文法會御史中丞黄履薦
為監察御史哲宗立使察訪江湖先是蹇周輔父子
經畫江右鹽法為民害次升舉劾之還言額外上供
之數未除異日必有非法之斂願從熙寧以來創行
封椿名錢悉賜豁免及役法未定人情熒惑乞速定

差顧及均數之等先為之節而審行之提點淮南河東刑獄紹聖中復為御史轉殿中論章惇蔡卞植黨為奸乞收還威福之柄禁中火彗出西方次升請德求言以彌天變掖庭鞫魘魅獄次升言事關中宮宜付外參治今屬於閹寺之手萬一有冤濫貽後世譏濟陽郡王宗景請以妾為妻論其以宗藩廢禮為聖朝累初惇卞以次升在元祐間外遷意其不能無怨望卞又與同鄉里故延寘憲府欲使出力為助擠排衆賢而一無所附時方編元祐章疏毒流縉紳次升言陛下初即位首下詔令導人使諫親政以來又揭

勑牓許其自新今若考一言之失致於譴累則前之
詔令適所以誤天下後之勑牓適所以誑天下非所
以示大信也又論卞容周種貪鄙鄭居中險佞由是
惇卞交惡之使所善太府少卿林顏致己意啗以美
官次升曰吾知守官而已君為天子卿士而為宰相
傳風旨邪惇卞益不樂乘間白為河北轉運使帝曰
潛臣易得耳次升敢言不當去更進左司諫宣仁有
追廢之議次升密言先太后保佑聖躬始終無間願
勿聽小人銷骨之謗帝曰卿安所聞對曰臣職許風
聞陛下毋詰其所從來可也呂升卿察訪廣南次升

言陛下無殺流人之意而遣升卿出使升卿資性慘
刻喜求人過今使逞志釋憾則亦何所不至哉乃止
不遣次升累章劾章惇皆留中帝嘗謂曰章惇文字
勿令絶次升退告王鞏鞏曰君胡不云諫臣耳目也
帝王心也心所不知則耳目為之傳達既知之何以
耳目為居數日復入見帝申前旨乃以鞏語對帝曰
然顧未有代之者爾訖不克去京師富家乳婢怨其
主坐兒於上而嵩呼者三遂繫獄次升乞戒有司無
得觀望帝問大臣何謂蔡卞曰正謂觀望陛下爾誣
其毀先烈擬謫監全州酒稅帝以為遠改南安軍微

宗立召為侍御史極論惇卞曾布蔡京之惡竄惇於雷居卞於池出京於江寧初諫官鄒浩以言事得罪親舊饋送多坐次升言聖朝仁明親友恩義烏可遽絶合與改正中丞鄧綰嘗為王安石求賜第薦安石子雱及其壻卞館職神廟謂其持心頗僻賦性回邪令卞款報綰私恩寢飾妻父故寘洵武於史院令同脩正史洵武豈能公心直筆以發揮神考之盛德而不掩其父惡乎曾布許將轉官告詞皆云參顧命次升言陛下紹天命承大統發謀定策盡出皇太后今掠定策之美名掩太母之盛德其累非細上嘉納之

建中靖國元年擢左諫議獻體道稽古脩身仁民崇儉節用六事言多規切會右司諫陳祐以言曾布解職次升入對上章救祐上不顧左司陳瓘以書見布極論其過乞早竄黜出知泰州次升上疏乞留不報尋出使契丹曾布進紹述之說於是上決意用京及使還以寶文閣待制出知潁昌府奸言日至降充集賢殿脩撰屢移循州編管入元祐黨籍蔡京罷相復寶文閣待制累官朝散大夫宣和元年終于真州私第年七十六次升三居言責建議不苟合劉世安稱其有功於元祐人謂能遏呂升卿之行也他所言曾

肇王覿張廷堅賈易李昭玘呂希哲范純禮蘇軾等公議或不謂然姪孫拱之廣州戶曹曾孫湯撫州通判曾姪孫塤伯昭州法曹立伯泉州察推竑登進士第出宋史本傳等書

俞象朱紱次升傳第十一

方黄吳林徐鄭方傳第十二

方儀其先本歙人至廷範歴知長溪古田長樂三縣居莆刺桐巷六子皆仕閩王氏仁逸檢校水部員外郎仁岳秘書少監仁瑞著作郎仁遜大理司直仁載禮部郎中仁遠秘書正字儀仁岳季子也咸平三年與從子慎言同登第初興化軍未有學儀伏闕上書乞建軍學立夫子廟得旨賜地儀入貲助成之復與弟能及慎言奏請脩三禮堂步廊崇閣及學制之未備者由是莆之學校日盛歴官大理寺丞遷著作佐郎卒郡學繪其象祀焉

黄君俞字廷僉璞之玄孫父問字公裕博通五經創上林義齋以聚英俊之士立為五規一曰脩身謹行二曰立志抗節三曰潛心經術四曰留意世務五曰限日收功卒左丞皇甫泌誄之曰義成逸士君俞幼强學著書一百卷名動京師試開封進士第一四黜禮部鄭獬滕甫王珪陳襄交章論薦歷官崇文院校書改館閣校勘卒出何志

黄隱字仲元璞五世孫也與從父理同第治平四年進士是歲族父君俞先試開封第一四黜禮部上書乞以所得恩命命君俞君俞遂得召試除撫州司户

隱知無錫縣以最聞元豐中遷殿中侍御史剛直敢言無所畏避初召對神宗問學術時尊尚王氏學而隱以司馬光對不稱旨及問福建茶鹽利害條對甚悉上嘉納之元祐初守國子司業力排王氏新語取三經板火之出守泗州謝表云韓莊之風不衰秦晉之患將起僧為王氏發也歷監司郡守凡七任坐尊司馬氏學入元祐黨籍臨終戒家人毋得請致仕徽宗聞而異之與壹子官五世孫黼乾道五年進士歷給事中攺殿中侍御史慶元初韓侂胄攻偽學愈急黼上言治道在黜首惡而任其賢使才者不失其職

而不才者無所憾名入黨禁終權刑部侍郎
黃穎字仲實嘗從陳襄學于毗陵襄愛其文行置于經社元祐間舉經明行脩科時天下弗就者二人穎其一也哲宗以弗至問孫莘老爲中丞因條其學行以對詔降袍笏就其家起之更三期毋促之始調清溪尉歷剡浦簿郡守方全道以攺官薦穎力辭請以畀同列轉儒林郎知長泰縣脩治學舍晨治邑事日中與諸生講肄經旨逮暮而歸又以職田穀三百餘石與耕民悉不取尋權龍溪尉卒二縣士民齎金帛以賻其子公坦一無所受公坦宣和六年進士官終

通直郎出何志等書

吳世延景祐五年進士授朝奉郎屯田員外郎知梧州最為周濂溪所親重常相與唱和有詩集行世出邑志

林緒藻六世孫也五代末杜門避世常慕陶靖節嚴先之為人窮索古典脫屣於功名之途大中祥符七年詔舉草澤州郡以緒應舉詔書云朕網羅遺逸崇奬風化苟一善之可稱俾釋巾而筮仕以爾居閩越之俗為鄒魯之儒頗飭行藏聞於鄉黨宜覃麗澤往行教州庠特授將仕郎本軍教授中書侍郎向敏中之

詞也出何志

徐復字復之一字希顏寅三世孫也幼遊京師舉進士不中退而學易通流衍卦氣法自筮知無祿遂亡進取意遊學淮浙間數年益通陰陽天文地理遁甲占射諸家之說他日聽其鄉人林鴻範說詩且言詩之所以用於樂者忽若有得因以聲氣求之遂悟大樂於八音十二律清濁次序及鍾磬侈弇匏竹高下制度皆洞達方仁宗留意於樂詔天下求知樂者大臣薦胡瑗瑗作鍾磬大變古法復笑曰聖人寓器以象今不先求其聲而更其器其可用乎後瑗制作皆

不效范仲淹過潤州見復問曰今以衍卦占之四夷無變異乎復對西方當用兵推其月日後無少差慶曆初與布衣郭京俱召見帝問天時人事復對曰以京房易卦推之今年所配年月日期當小過也剛失位而不中其在强君德乎帝又問明年主何卦復曰乾卦用事說至九五盡而止帝又問前年京師黑風何所應復曰其兆在內豫王喪其應也明日命為大理評事固以疾辭乃賜號沖晦處士補其子發（按宋人物志云官其子號無名發者）試秘書省校書郎復性高潔處世未嘗自異後居杭州萬松嶺（出宋史本傳）每與林和靖往來杭

人稱二處士翰學沈遴榜所居曰高士坊太守浦宗
孟題其舊隱云沖晦先生不肯官布衣訓帝布衣還
尚嫌姓字騰人口惟恐文章落世間大隱不妨居市
井高吟何處問家山平生寄意江湖上雲自無心水
自閑後十年卒出志

何晞質直清慎恬於分義最為士
林所推重云

方漸其先居游洋後遷郡城北諸父伯通伯鎮伯逢
俱登第漸政和八年進士紹興中通判韶州知郴湖
南思積官至朝散郎平生清白無十金之産所至以
書自隨積至數千卷皆手自讎定就寢不解衣林光

朝賀之荅曰解衣擁衾會有所檢討則憶安就寢矣
爲小閣三間以藏其書榜曰富文鄭樵嘗就讀其書
以詩美之子林鄉貢進士孫其義字同甫與族子阜
鳴齊名大學博聞强記嘉定七年特奏名終從仕郎
嘗游江浙館于金壇名卿王遂因授業焉在學一日
心動褁裝徑歸未入門而母殁篤好關洛書工詩文
出備志
鄭伯玉字寶臣露之後後埭人八歲時叔父殿中丞
試之曰伐木斧聲開谷口隨荅曰過橋旗影映波心
叔父奇之景祐元年第進士試秘書省校書郎淮南

節度掌書記七年改大理司直充撫州觀察推官韓魏公薦為殿中侍御史為人峭直不屈權貴好為詩所作有三百餘篇名曰錦囊集時人以與陳著作琪方提舉孝寧詩類為一集號烏山三賢凡朝政得失士夫臧否皆託之詩如欲輕賦歛則製老夫吟悶新法則味莆田作嫉邪說則著閑居書懷恤民力則作豪家吟之類異己者多嫉之年未五十以親老棄官歸郡守俞希孟扁其亭曰綠野閑居二十餘年卒子叔明叔僑孫至道亨道事道相繼擢第伯玉皆及見之後贈通直郎出何志

方惟深字子通父龜年景祐元年第進士與蘇紱齊名仕至屯田郎中所著有經史解題群書新語卒葬姑蘇惟深因居焉舉進士不第晚為興化軍助教王安石最愛其詩稱詣警絕謂元白陸皮有不到處（出郡志）

方黃吳林徐鄭方傳第十二

方陳徐林傳第十三

方慎言字應之延範第五子仁載之孫也第咸平三年進士知信豐蘭溪二縣號稱神明祥符初以殿中丞受詔往淄青數郡均給蠶鹽賦使還稱旨許擇近地便養通判福州仁宗即位改侍御史屬丁謂貶崖州遣慎言籍其家得士大夫千請書問悉焚之人稱其長者請便郡知泉州歲饑大發官廩以貸民又奏免丁稅全活者衆父老相泣曰微方公我輩無以生又何有子孫哉自是生子多以方兒名歷兩浙轉運使浙河之漕歲百萬石順指而集景祐初錢塘江決數

十里慎言親庀工授材疊石列大木以殺潮勢賜璽書褒美改知潭州處劇而裕潭人像而祠之入為諫議大夫會擇重臣鎮南越遂以朝請大夫知廣州卒贈開府儀同三司慎言既貴先推恩於從父昆弟而後及其子追没而孫尚白衣人服其義從孫适元符三年以特奏對策殿庭乞復元祐皇后上不加罪命收實後名尋又上書謂秦人緘口腹誹而享國日蹙東漢宦官擅權而桓靈以降所存者僅號武王數紂之罪在於臺榭陂池侈服以殘害百姓所言皆譏切時政衝替亦不得改官詔籍上書邪等人而适與焉

孫適熙寧六年以明經第歷遷親賢宅博士徐邸福國夫人馮氏安康郡王孝騫母也謫居瑤華通語王惟勤孝足以動天地感鬼神因爲草奏哺哀請命于上朝廷爲之惻然遂矜宥出知睦州以最聞除王府翊善坐子軫上書論列蔡京謫官以朝請大夫老于家雜出阿志季詩

軫以父任太廟齋郎蔡京復相天下事滋壞軫疏列其過千二百餘言其略云京睥睨社稷內懷不道專以紹述爲倡媒之計上以不孝劫持人主下以謗訕誣詆天下交通閹寺納結宮禁竊國用則若糞土輕

名器以市私恩尚書省元豐所造京惡其地不利宰相亟命毀之建四輔郡屯兵數十萬遣門人為總管又以宋喬年為京畿轉運密諷兗州父老詣闕請登封意在為東京留守兵與一動投間竊發呼吸群助不知宗廟何所依倚乎又建方田法欲擾百姓而鹽法朝行夕改鈔為故紙鹽為棄物號泣籲天赴水自縊者不知幾千萬人元符末年陛下嗣服忠義之士投匭自見者無日無之京分為邪等黥配縮置不齒仕籍則誰肯為陛下言哉又遣子攸日與陛下遊戲惟以花石禽鳥為獻欲愚陛下使不知天下治亂自

古人臣之奸未有如京今日之甚陛下安可愛一國賊而忘社稷生靈之重乎詔以疏宣示京京請付有司推究於是命御史臺鞫治獄具詔貸死編管嶺南靖康元年軫詣登聞鼓院上書陳訴始得收叙出宋鑑編年備要等書

方慎從字惟之慎言弟也景德二年登進士甲科受秘書省秘書郎歷知弋陽懷寧洞安懷安導江蘭溪六縣通判饒州荆南府知潮漳嘉三州再知漳州改都官郎中以老歸卒慎從所至有德於民在導江日有楠木連理嘉禾九穗之祥璽書褒異守漳日適慎

言守泉州旌麾相望二州人榮之及再至漳人夾道懽呼曰吾父復來矣子諫臣侍官于漳手斷合水孽蛟死漳人憐而祠之封清水侯孫价初名儼熙寧六年進士大觀初知安豐縣用薦召赴都堂審察蔡京以价不肯私謁報罷復知候官縣已而掛冠里居二十餘年終曾孫禧為殿中侍御史初慎從在嘉州手植荔枝于郡圃賦詩有留取清陰待子孫之句至大觀中禧持節按蜀部學嘉父兄擁車誦慎從詩為賀族孫旬紹聖四年進士除太學博士歷提舉廣東京西學事通判建州時劇賊范仙桂嘯聚境内旬躬督

捕捐榜許自新賊徒殺仙桂以降移衢州卒贈中奉大夫有文集藏於家（樵出方志等書）

陳侗其先潁川人遠祖邁唐武德初令莆田始家刺桐巷曾祖正則從陳洪進入朝以詩為太宗稱賞祖絳咸平二年進士甲科累遷工部郎中知河陽府移福州先是夏竦與絳同試制科舉賢良有憾於絳及竦執政絳展轉外任卒絳子動之說之同登天聖八年進士官竝至秘書丞侗與弟睦俱動之子也侗嘉祐二年進士英宗朝韓琦文彥博諸名公交薦侗宜在館閣富弼守汝州辟侗為從事會弼歸執政即召

試除館閣校勘出知陝州蘇軾嘗送以詩繼知潮州劉摯亦送以詩皆極推重之睦嘉祐六年進士第二累遷史館脩撰判尚書刑部進鴻臚卿命草書慰問高麗嗣王神宗稱美之以寶文閣待制知廣州卒贈少保睦子彥文以職事登對稱旨賜進士出身歷户部侍郎顯謨閣直學士知慶洪楚江四州在江州時盗張遇犯州城彥文擊走之建炎初除江淮制置吏許入都堂議事卒倜之子彥恭繇出何志等音按蘇州志謂倜之祖絳姚

彥恭字子愿元祐三年中進士乙科調太平州司法

擢編脩勑令所刪定官以事忤蔡京改宣議郎通判
保州代還京當國復通判代輦二州輦被邊官吏習
用庫錢彥恭獨守法且條其宿贓十餘萬其風爲變
熙州姚雄請以弓箭手墾田實邊宣撫使童貫忌雄
陰沮之州縣莫敢忤彥恭推行之歲得米九萬斛貫
至輦守帥以下屬櫜鞬拜道左彥恭獨朝服揖貫滋
不悅會罷歸除提轄河東坑冶鑄錢京以其黨王桓
爲之桓欲增監鼓鑄其數倍經彥恭曰山澤之利不
可竭祖宗之額不可踰以此病民吾不忍也桓怒以
聞罷歸久之提點九路坑冶地綿百餘州前職率憚

險遠家居可不仕事彥恭冒風濤瘴癘周行萬里至課
贏十倍知壽春會金人寇京師王室來告難彥恭讀
詔書泣下悉禁族而西或曰世亂如此空一府無兵
可乎彥恭曰陛下安在而守臣欲留兵自衛耶既而
叛將李安提兵及疆劇賊李全亦並城剽掠彥恭單
騎叩安營諭令討賊安聽彥恭乃殺全安以兵會之
斬全師還厚犒安等趣其兵西州以無事歲餘復請
祠避地至會稽請老卒葬平江出方志宰書
徐確字居易寅六世從孫曾祖昌嗣以明經除秘書
郎陳洪進將管書記宋初首勸洪進納土洪進欲害

之遂走京師及江南平洪進始悟其忠乃命其弟昌
圖與陳仁壁奉表上版籍確元豐五年試禮部第四
登丙科尉永泰俗喜屠牛確嚴禁之會令之子病思
啗牛心屠者市一犢將殺之犢嘶刀奔尉治確適造
縣庭犢走縣庭下確令跡所從為驗治屠者送牛承
天寺為長生牛提點刑獄祖無頗刻石記其事時蔡
京以宮祠寓居與確有鄉舊確既改官京入相欲留
置講議司確辭從吏部選知象山縣久之召為宗正
丞出使兩淛提舉常平適大水歲飢確考禹貢三江
之說得吳淞古江以為太湖東注入海吳淞江在下

流向者潮泥湮塞水溢爲患請自封家渡古江開淘至大通港直徹海口計七十四里役徒二百二十萬柒千餘人以常平錢米一十八萬斛三千餘貫石充和糴之費水道遂通明年三月詔以役人死亡者衆水仍爲害百姓怨咨皆坐貶降（州見宋史 州縣志）

後確守江州中貴人使具舟載花石以貢確拒之司諫陳瓘方謫居確時往來且書抵蔡京曰瑩中久廢宜平前冤少伸忠義之氣入爲尚書刑部員外郎轉朝奉郎致仕

辛子師仁壽仁（維山何 志寧清）

師仁字從聖幼敏悟甫七歲過外祖家外祖讀霍光

傳疑光何以為不學無術師仁曰伊尹放太甲而光不知非不學耶外祖大篤大觀二年年十八與從叔昭同登第任泉州司法參軍調袁州司曹召為秘書省校書郎時脩史極天下之選得四人倪若川劉大中汪藻而師仁居其一除編脩遺史校討官兼次宗文總目閱再歲遷著作佐郎在東觀因得未見之書晨夕披讀文章益汪洋落筆數千言追配古作者有集行於世（出何志等書）

壽仁字子由天資聰達好讀書搜羅今古為文欲追古作尤長於詩嘗游場屋不偶遂束書遊四方遇佳山水必極興而後返晚乃傍所居

築坡種菊自號菊坡叟中葺數椽命其菴曰夢蝶軒曰觀魚臺曰漉酒陳正獻俊卿梁文靖克家王龍學十朋皆有詠贊年八十餘卒出彭志

方偕字齊古莆泉州長史叔達之後也父鼎太平興國初從陳洪進入朝累贈工部侍郎偕十四歲能爲文二十及進士第爲温州軍事推官歲飢民欲隸軍就廩食州不敢擅募偕乃詣提點刑獄呂夷簡曰民近流亡不早募之將聚而爲盜矣夷簡從之籍爲軍凡七千人後遷汀州判官唐肅使福建以建安多訟日數千百人檄偕權涖句月而訟清縣産茶每歲先

社日調民數千鼓譟山旁以達陽氣偕以為害悉奏罷之累遷屯田員外郎御史中丞杜衍判審官院以偕唐肅所慰薦必其才行卓於人薦為御史臺推直官澧州逃卒傭民家自給一日誣告民事魔鬼神歲殺十二人以祭州逮其族三百人繫獄久不決偕被詔就劾令卒跡所殺主名按驗皆無狀事遂辨卒以誣告論死御史知雜事龐籍薦為御史裏行再遷侍御史南京鴻慶宮災偕引漢災原廟故事請勿復脩元昊寇塞門鄜延副總管趙振逗撓不出救詔偕往按之法當斬偕奏兵寡不敵苟出以餌賊無益也振

由是得不死為開封府判官春使安撫江南東西先是轉運使第民產高下給以乳香令民輸絹償之吏緣為奸民輸絹者率空手去三司出錦綺下州郡鬻之促期斂錢而帛無所用偕奏罷之擢天章閣待制江淮制置發運使知杭州遷刑部郎中偕以吏事進治杭州有能聲遷光祿卿卒雜出宋史本傳等書

林積仁字充美蘊之後幼而傑異身長七尺豐頷駢齒聲如鐘登紹聖四年進士歷知甌寧縣甌寧嚴邑民稍失職則竄去為盜積仁諭以人情三歲益萬五千餘戶時以八最四善課群吏而甌寧為第一徙知

北海縣河歲決積仁伐石障水自是無患民疾病轉
徙無歸者爲之具醫藥秩滿再留凡伍年尋改提舉
河東路河東歲惡積仁發廩賑饑流民存活者益衆
劉靈夏用兵轉餉盡出河東持轉中奉大夫尋知平
陽府纔歷旬朔革去蠹壞及移京畿提點刑獄人皆
牽衣泣送之靖康初平陽父老走闕下乞積仁爲守
以中大夫直秘閣再領平陽望馬首而拜者合沓至
寫像家置之未幾以疾乞致仕紹興初起知筠州封
長興縣男解去起爲廣南東路計度轉運使卒于官
初潮陽有徤令楊着年之獄累歲不辯逮至數百人

積仁過潮一日而決及是匱東下潮人號哭之甚哀贈左光祿大夫積仁天性疆直若不可犯與人交必呈寫肺肝傺儷或過差未嘗輒加怒辱婚戚之空乏者悉分祿賙之林艾軒嘗狀其行云出何志節誥

林之平字國衡莆十世孫也崇寧五年擢第累遷監察御史建炎初隆祐太后南渡特詔臺官譏察州縣之平乞降睿旨存撫州縣以彰主上尊奉太后之意深契上心洎朝見太后乃撫恤軍民群情感悅浙右州縣有非汎科率者即按罷之三年二月車駕南渡之平由海道徑赴行在上以長江守禦之策適詢群

臣議者陳招募海舟為不虞之備復詔之平為福建
廣南路招募使之平歷閩敢募六百餘艘出溫台赴
行在適移蹕永嘉海道支費無闕之平有力焉時朝廷
議福建行鈔鹽榷酤之法之平奏請全閩不過數郡
州縣籍鹽綱以為供億之費編民貧瘠以為伏臘
之養上可其議悉罷之召赴行在除右司員外郎時
金虜犯浙右朝廷以所募破賊推恩轉朝散大夫遷
左司上以防秋軫慮欽選朝臣出守永嘉執政薦之
平忠力可倚除直龍圖閣知溫州至則奉安諸殿神
御戒嚴守禦尋以疾丐祠上念其功特授泉州卒于

前陽大猷傳十三

官終左朝請大夫山河志等書

方陳徐林傳第十三

方峻方嶠傳第十四

方峻字景通廷範之後有名衡者與其弟彬始居白杜峻衡之子也天聖八年進士為建安簿景祐初試秘書郎福州左司理嘉祐中請老分司南京居于家榜所居曰植德堂堂之南曰小隱聚徒講學嘗於所居東北鑿井既及泉峻禱曰願子孫居官清白如此水初峻官潤州識程珦及卒珦之子顥既為狀其行又托范祖禹為撰神道碑子三人　士寧子容元寀

士寧字彥昌少聰敏強學時方習尚詩賦士寧推究經史尤工古文詞凡四上鄉書第慶曆六年進士嘗

為鄒浦有治績三司使蔡襄薦其才從而薦者十餘人官至都官郎中出東谷翁士儀南陽人物備志子容字南圭皇祐五年甲科歷守惠州蘇東坡謫惠日相與倡和東坡嘗為點勘六經及書峻神道碑額官終朝請大夫出方志等書

元寀字道輔元祐六年特科出身少與程伊川同遊潤學至老書問不絕家藏伊川真跡十餘紙有比得二書皆有與世背馳求合古聖賢之語足下非混俗之流其志道之士乎頑愚無他能斷斷聖人之道有年矣非徒自盡其心而已思欲天下之心吾心也故因足下之言探足下之意欣然不能已願足下

精心致志期於至而後已聖人之道坦如大路學者得其門而入無遠不可到也足下由經以求道勉之又勉異日見卓爾有立於前然後不知手之舞足之蹈不待勉而不能自止矣元寀官終威武軍節度推官出方志等書

絢字君素子容之子也篤學力行好為古文尤工詞賦壯年嘗一再至京師然非其志晚年部使者以八行舉辭不就工於書篆詩亦清婉尤喜藉古嘗隱居西山草堂門人號曰濯錦先生出何志等書

略字作謀子容之孫也大觀中由崇德尉召除刪定官累遷脩書局請外提舉廣東常平宣和初在京東以

不附燕雲之議忤王黼貶知瓊州先是累政不治略
下車之始恩威竝行為文勸諭黎蠻使不為民擾民
德之改知潮州建炎中秩滿而歸年方四十八上章
丐祠平生居官廉貧惟喜貯書有萬卷樓弟昀字文
耕以昀奏補官紹興中知長溪以廉謹聞葉顒嘗對
人稱其清貧既而得替到京得潮州通判未上卒初
昀無居室寓華嚴寺中及是貧無以為喪郡守鍾離
松出俸三百緡給之而族人復相與出貲助焉上出備
翥字次雲元寀之孫父金與鄉書終其身不至都下
翥六歲而孤多所通解書一過目即貫穿下筆有軼

語其從兄略作萬卷樓儲書千二百笥語翥曰次雲才性不出户十年可移吾書入肝膈矣及登紹興八年進士第調閩清縣尉到官未一載歸閉户十八年盡讀其書無干進意一第三十年所書裁三考有旨召對除秘書省正字凡九月以風聞論事聽外補卒于家初翥與林艾軒俱在錢塘艾軒喜李太白石曼卿之為人又愛晋人風度不入俗調翥曰此數人來孔門恐一日著脚不得艾軒遂愧悟以翥為先聞道兄事之蓋楊龜山之學傳之王信伯信伯傳之塩官施廷先翥與廷先居寂久至是艾軒亦定交焉及翥

歸益與艾軒講明道理以淑後進雜出艾軒文集

耒字耕道元宋之曾孫少孤苦學弟子來禾皆自教之每歲輒具終歲之糧兄弟杜門不出親朋罕見其面既而師事朱文公于建安乾道中登第調潭州善化尉復謁張南軒南軒深喜之謂世之可與共生死同禍福者耒一人耳後南軒帥荆南辟耒及游九言為屬曰是二人者能攻吾過失耒感激知已遇事無隱攺知攸縣終宣教郎知連江縣禾字耕叟亦登文公之門文公告以改過脩已之方莫切於論語弟子入則孝一章禾佩服之出朱子大全等集

壬字若水元寀之曾孫淳熙中遊太學往返建安必從謁朱子十四年擢第除長泰縣主簿朱子適守漳請壬主學事壬條上講說課試差補等十事朱子令屬邑皆倣之學舊取陂塘錢穀以廩士壬以學校道義之地不可納無名之賦請於朱子以廢寺租代其輸又請蠲僧寺子斗錢罷科茶錢皆如其言及朱子召還出大學章句付壬俾刊示學者明年龍巖有繫卒殺人獄吏柳同行者誣伏漳浦有僧斃於佃而詢驗者皆曰服毒壬以郡委閱實抵卒及佃罪朱子聞之與壬書曰龍巖之行使無罪者不以冤死有罪者

無所逃刑此非細事挾滿除知寧鄉縣未上卒壬性孝友篤守家法與弟申居終始無閒言家人議析先世田廬既具草壬流涕不忍視而止（出志）事之泰字嚴仲壬之孫紹定五年第進士歷英德府教授課試略如中州士習一變方大琮為閩漕辟幕府與洪天錫徐明叔號三賢幕選知長溪縣以邑前輩楊楫楊復及師儒黃榦並祠為汯庠序冗職增弟子員民間懟米價重取例錢盡蠲之終袁州通判嘗裒拾其外祖林光朝遺藁為二十卷（出志）

方嶠字次山與兄峻皆贈金紫光祿大夫世稱白杜

二金紫嶠景祐元年進士初調平陽尉改福州司理參軍州民鄭以誣繫獄守促令引服嶠力辨其冤守不能奪鄭感泣畫像祠之遷秘書省著作佐郎知山陽縣移知循州吏多佼悍不法嶠廉得首惡數輩流之郡中肅然改秘書丞就遷太常博士知潮州潮與循隣民熟知其治行不待教而服兩州皆為立祠而潮以配韓愈改屯田員外郎通判淄濰二州遷都官員外郎屬歲荒安撫使命權密州嶠撫循有方密人德之故相龐籍學士孫沔交薦可用余靖韓宗彥又舉才行遺逸會遣使寬恤諸路民力適以嶠使福建

嶠詢訪利病條上多見施行英宗即位改職方員外郎通判吉州時汀虔私塩寇發遷知汀州嶠至鈎得酋長三人鐍其宿負令捕賊自贖未幾各獲賊首以獻嶠許其自新給以袍帶委之守捕自是賊發輒獲遷屯田都官郎中汀有巡檢與賊戰死其部卒懼誅遂謀為亂嶠諜知取其首謀三人斬之餘悉奏免所活數百人遷司封郎中改太常少卿被旨赴闕方欲大用之以疾求散地得分司南京尋乞致仕歸卒子六人長伯寯補候官尉有盜殺人追捕無驗伯寯騐里民詢其姓名至曾忍者孰視之曰殺人者若也一

訴而服移建湯丞適部使者行縣欲撫令事訴伯騫
使言且許薦之伯騫謝曰暫人以自進所不敢為且
實不知知亦不當言也官終曾昌令次仲宇少穎悟
日誦數千言十二從胡安定學諸生常千餘人較藝
屢居上列擢治平四年進士官至著作郎知南安縣
次叔完元豐中補候官令民以築港潴水害懷安民
田二邑交訟叔完往按之曰吾為令豈私吾民耶乃
命改築以曾鞏薦移知祥符號繁劇叔完治之無留
獄官至廣東運判次宙熙寧六年進士由京東檢法
召對除司農丞耻為章蔡所舉乞補外遂提舉京西

常平奏乞給還程伊川舊買汝州荒田又以范伯撰唐義問皆名臣之後乞加獎擢出方志舊志曾孫審權初遊江湖所至交北豪傑及歸慨然罷舉業超搖物外有以自樂與王邁方萃仲劉克莊友善性好吟咏臨汀蛙集出備

方會字子元嶠之從孫少穎悟年十二為文賦十五通經義十七首鄉薦第紹熙九年進士調揚州司法參軍移建州教授學政大脩八州之士群至朝廷陞十師府遴選守臣以會知越州充兩浙安撫使繕城隍創樓舡上所撰水戰法其法方員縱橫用六六冊

為陣得六花八陣之意以時肄習進退疾徐如在平地會在越五年杜私謁簡厨傳省追呼人以不困政和二年召還入對徽宗曰卿場屋程文士人傳誦浙東政蹟列郡推先奬諭再四累爵文安郡開國侯卒贈太師會性孝友為待制時以郊恩奏季弟畲為登仕郎子昭崇寧四年銓試第一官至駕部員外郎暄光州司法參軍始會在壽春愛羅山之境因塟焉建炎初虜泊維揚散兵兩淮發人塚墓暄恐會墓不免號泣赴援遂遇害出方志等書

士縣字伯謨會之曾孫也父豐之工詩朱文公嘗稱

其豪壯士縣早孤依母家邵武呂氏屢試有司不偶已而從家崇安從文公遊遂廢進士業直以學古爲事薰陶涵養日進高明方是時及文公之門者百千人而士縣年甚少學甚敏不數年遂稱高第六經皆通尤長於易聰明絕人而持之以孝謹將之以謙厚資産有無一不掛口其氣貌簡遠涉世若甚疎而講論治道援古證今瞭然明白紹熙間文公之門人有至行在者公卿延致惟恐後士縣在遠聞之曰異時必爲學者禍未幾學禁果作矣又嘗勸文公少著書以文公教人讀集註爲未然其憂深思遠多類此云

出事述
等書

方峻方嶠傳第十四

余黃吳李蘇林傳第十五

余祖奭字景召初名祖禹其先由下邳遷遂安又遷建陽至唐校書鎬始居莆之黃石父振贈金紫光祿大夫祖奭幼穎悟絕人未冠補太學生爲學官鄭穆范祖禹及同舍生胡安國宗澤所器愛登元符三年進士第歷秀福清三州教授再轉通判建州鄉人林孝淵母老遠倅于邵慨然請易之自邵移蘭州會地大震山崩城郭廬舍盡陷祖奭若有神扶護置之隙地者亟拯傷殘活數百人壓死賑饑恩邮備至蘭人德之代還主管福建轉運司文字時建卒葉儂叛祖

奭挺身諭以逆順賊遂退以功轉朝散大夫知南恩州屬海寇卓全高聚衆爲暴祖奭控制有道寇不敢犯召對指陳時弊忤秦檜意遂引疾丐祠歸封文安縣開國男祖奭性至孝母喪廬墓父喪過時猶毀瘠甘露降于塋林者兩月因名其墳菴曰甘露城東有白湖港祖奭捐貲倡鄉人伐石梁空灘爲十道行者便之子武弼紹興四年應法科中第一人移福建檢法官時臨汀嘯聚成禽多武弼之策轉承議郎知南安縣民甚戴之至羣禱薪祠祝其勿遽去以父老力丐歸養初武弼三歲喪母事繼母尤恭謹居父喪哀

毁羸蔬食不下咽未及期而卒林艾軒狀其孝行（耕出方志年書）

黃琮字子方璞之後擢元符三年進士第調長溪尉戢吏便民丁父憂邑令憫其貧[illegible]錢千緡以賻琮却之徒步護喪歸知閩清縣時方與道藏安撫黃裳命屬縣歛民錢各數百萬琮獨不應命自詣郡以己俸四月輸之民立生祠改知同安縣民復祠之繼以漕臺檄攝候官縣縣有余太宰香火寺倚勢不輸上供銀每移增於諸刹琮嚴加徵督時謂其清廉無比執拗有餘除通判漳州時鄉人方翼為守琮與之可

否相濟卒成美政未幾致仕給事中傅崧卿薦之于
朝曰政宣間邑令以治行稱者黃琮陳麟翁谷閩部
號三循吏而琮爲之冠乞起用不報居母喪哀瘠不
食甘露降於繐幃郡縣廉訪琮曰豈敢以冥漠要人
欺君耶歷官三十年無一夫之田五畝之宅退休衢
門十八年處之泰如也年八十卒於家出何志祥記
黃彥輝字如瑩璞之後少嗜學弱冠已有俊聲以伯
祖隱名在元祐黨籍禁錮不得應試既而罷黨禁
解始得貢太學第宣和三年進士攝候官尉時方募
兵以衣糧不給作亂監司促附城三尉捕賊甚急彥

輝獲七十餘人而二尉一無所俘當坐譴彥輝乃分首級畀之俱獲免差知羅源縣先是邑有不逞者冒衣冠子弟請托紛然官稍清嚴則浮言噓扇彥輝至務清心守已不問其他偶首惡者冒名投牒輒加顯辟以警衆其風遂息宗室有不埶者陵轢官長豪奪民財彥輝榜諸色人告不埶暴橫事迹申安撫使追還自是無撓政者轉奉議郎差丞永春縣會朝命濵海諸縣置造戰舡州牒彥輝權知晉江縣事彥輝至令主吏曰民賦有定不可加斂縣帑有所謂本錢者盡刷出以充其用縣例造九舡其成獨先差知同安

縣褱山表海寇盜陸梁彥輝申安撫司創築城壁周環六里安撫司奏保與減磨勘二年尋以使牒監納軍倉苗米剗除積弊奸人不得逞乃擿拾專斗註誤欲以汙彥輝已而監司按覈果於彥輝無毫髮瑕疵可指卒贈太中大夫出府志

吳公誠字君與大觀三年進士調古田縣尉政和初太[illegible]山谷公誠擿利賓諸法盡散其黨改承奉[illegible]致仕公誠清介歷官三十年凡衣服[illegible]悉因鄉里市致未嘗取之民奉祠日[illegible]用之外餘悉委於官至于將死之日

家無餘貲云出方志畢小

李持正字季秉少與諸父宗師馳名大學號大小李宗師政和二年進士第二持正五年進士歷知德慶南劍潮陽三郡在南劍日適魔寇入州境諸將督捕急持正力爭以愚民無知殺其渠魁數人餘悉令歸業孫揆以祖蔭為於潛尉屬孝宗為高皇舉慶典揆上頌堯賦文詞奇古有旨宣付史館改知永春縣料承議郎通判泰州陳俊卿惜其有翰苑才方欲大用未之任而卒家有依農亭內闢一書室朱文公書敬義齋三大字以扁之出方志

蘇煒字天寵與弟棫同入太學辟雍籍甚元符三年同登進士第提舉成都府學事乞便親移淮東時棫適提舉淮西至是父老二子迭迎養人為築華萼亭于兩淮界上入為國子司業所取程文與新經不合補外知泉福建三州及順昌府召為禮部侍郎丐祠祿欽宗即位再以禮部侍郎召適時多故乃戒諸子曰吾不能死君難而苟竊君祿非吾志也乞致仕加太中大夫充徽猷閣待制卒棫字公美入太學時以書謁蘇軾軾喜而延之與叙宗盟官終國子司業以文學清介為徽宗所奬眷棫孫績以遺澤補官知沙

縣時有黠湼者數十百摐戈鼓譟而出陌上無畱行

績徐起束帶盛服徒而往令三數輩前導衆知爲績

來却立不敢動績曰長官獨不可自乃弄兵俱死耶

即汝一來吾能更活汝明日自外來無遺色悉令言

狀得所爲主者名乃於庭下撾殺之謂吾殺是則汝

曹更活也林艾軒銘其墓稱其爲海內豪雋云雜出何志

詩

林伸字伸之孝子攢之後兄偉天聖五年進士承事

郎楚州録事參軍伸嘉祐二年進士內侍程昉陳屯

田實邊之策欲開舊邑河開新葫蘆河於孟家口滄景

德棣四州俱被其害伸條以聞昉劾伸褫一官知新
會縣民有以獲盜賞迎合其子者伸知之責其子曰
朝廷數路求賢汝不能讀書應選乃欲陷我欺君耶
竟寢之邑多諸司職田歲斂伸放其租稅十之九吏
持不可伸曰不過爲民一衝替耳後果符吏言伸恬
不爲意兄弟七人其三貧不能自給伸推俸入爲畢
婚嫁族黨窘之者悉周之以朝奉郎致仕
黄宣政和二年進士任辟雍博士出知遂平縣時李
彥附蔡京力助公田脅制州縣有奸民王時乞籍遂
平之租以供延福內藏凡三奉御札專委檢按宣屢

爲執奏至遣中使周詢到縣覈實宜復以身扞之得免由是滎州十邑惟遂平獨無公田後召爲太學博士卒出岳志

余黄吴李蘇林傳第十五

鄭濟方廷實王晞亮傳第十六

鄭濟字與梁露之後未冠遊太學文藝頡頏第元豐五年進士調潮州司理就移端溪令先是縣官踵死濟至詢其故曰縣廨有古木妖當具牲牢禱之濟戒工伐木妖遂絕中丞石豫蔡京客也欲薦之臺職濟力辭居郎官不遷者四年出知海州移衢州改亳州皆出蔡意亳境接陳宿盜滿藪濟推行保伍之法道無拾遺召赴闕改提點荊湖南路刑獄陛辭徽宗曰湖湘多盜賊卿以何道處之濟以元豐保伍為對上曰神考此法正為盜賊設也卿其勉之濟至湖湘力

推行之盜賊屏息受代赴闕上慰勞甚厚除知泉州
尋得祠請致仕卒（出何志等書）
方廷實字公美長官廷範之後由舍選政和五年賜
進士出身累遷御史臺檢法官時相秦檜方主和議
虜使張通方來議和一時名士大夫皆以為不可廷
實疏言臣每論和議之無益徒沮將士之氣啓姦雄
之謀今使人以江南詔諭為名或傳陛下欲屈膝受
詔則臣不知所謂也嗚呼誰為陛下謀此也天下者
中國之天下祖宗之天下群臣萬姓三軍之天下非
陛下之天下陛下有祖宗積累之基有長江之險有

甲兵之衆群臣萬姓三軍皆一心欣戴陛下陛下縱未能尅復神州尚可保守江左何遽欲屈膝於虜乎陛下縱忍為此其如中國何其如先王之禮何其如天下之心何除監察御史時林師說餉廣東與循州韓京交奏事下御史廷實抗疏言韓京有方面功或易置有乖兵民心寧移林師說於是移師說廣西京語及則曰方非媚事於林者平心乃爾佛地位人也尋以宗正少卿被旨宣諭三京淮北廷實至京西先朝謁陵寢見永昌陵而下皆遇驚犯泰陵至暴露廷實解衣而覆之比還檜預使人戒之曰見上幸無言

及他事且約以美除廷賓曰欺君之事吾不忍爲及
見上歷歷涕泣言之遂求外補不許請益力除直徽
猷閣提點福建刑獄至則首疏請解官贖胡銓罪檜
益銜之時海寇竊發廷賓謂必得習歷風濤之人用
之此以盜禦盜法也有鄭廣輩由此途得武弁廷賓
延見詢究不以往事遇之其人得自竭盜相繼遁去
先是福建有月輸列肆行户等第謂之鋪例亦曰免
行錢既入委府又設爲和買廷賓奏削其例泉州未
上丁内艱服闋除廣南東路提刑有挾檜勢爲威福
者廷賓廉得其實案之章再上不下遂上章納禄未

報卒于官廷實負才識善鑒裁歷官所薦多知名士
如林安宅龔茂良何大圭傅自得林孝澤吴逵宋藻
黄濬皆一時選也尤攻詩律有集行於世（方志）
王晞亮字季明莆田令保隆之後從兄晞韓宣和六
年進士紹興間樞密樓炤宣撫關陝辟為屬還改京
秩屬朝廷欲借兵西夏犄角金虜差管押生蕃三百
余口歸夏國道無蹤虜累遷大理少卿方廷實宣諭
陝西嘗贈以詩晞韓和之曰誰憐定遠不生還驛騎
翩翩出漢關未肯西風回馬首要傳飛檄過千山時
秦檜方主和議深疾之誣以他獄欲寘之死上閲其

勞移潯州教歸卒晞亮宣和初貢入太學連中九魁陞上舍紹興元年釋褐賜同進士出身歷建汀教授福州宗教初秦檜為太學正晞亮為學録及檜當國冀為己助晞亮巋然守正檜知其不附己罷授福建安撫司幹官兩任會山寇發請兵于朝帥委晞亮從軍俾授諸將方畧晞亮調護諸將區處得宜寇皆束手請命諸司列薦檜終憾之復差通判台州自居選調十九年方改秩既又投閑五年檜死始以國學博士召甫半年除吏部員外郎奏乞優取經義之士詞賦人才不得過十分之三遷工部侍郎前國子祭酒

不四年拜給事中金亮渝盟據淮甸晞亮舉李實於偏裨中爲水軍統制卒焚虜萬艘晞亮侍介一時縱駭聳人觀聽尋以定奪朝士忤權要出知漳州終更以秘閣脩撰致仕卒晞亮天性忠純長身方面爲高宗所器平日自謂立身當有本末最惡進不由道故多積忤尤粹經術所著述多取講解六藝是非而折衷之前後裒集詩賦序記等文百五餘篇號過庭遺録子五人皆蔭補官姪棣淳熙八年進士晞韓子也出方志

太沖字元邃晞亮曾孫也擢嘉定元年第爲潮陽尉

歷湖北浙東提刑司檢法官讞議平恕不苛知吉水縣兵饑按産斂糴官不抑價巨室樂從從桂帥趙師恕辟經略司幹辦公事會宜卒據城叛以帥檄攝州事併力夾攻梟賊全城知梅州力爭不收浮鹽改大宗正丞輪對言陛下何不以太平責宰相以讜言責臺諫侍從以富強責主兵財者又言今君子屢招而不至得無有後漢魏仲英之嘆者乎漢魏桓字仲英安陽人桓帝時數被徵其鄉人勸之行桓嘆曰今後宮千數其可損乎廄馬萬匹其可減乎左右悉權豪其可去乎遂隱身不出除考功郎中以郎班對言括田榷契遣使興利非使兼禮部郎中去尋兼國史院編修官實錄院檢討官

輪對言頃考太學秋試參詳省闈論體貴精圓而今麤踈策體貴明整而今繁冗賦亦引語錄殆類方言宜有以變之理宗他日語大臣曰王太冲所論文体誠是以風聞罷奉祠除知汀州需次卒太冲性方踈俸入奉親外與諸弟共之自少擅聲律多通古書惟以理學為質俚而非之有奏議等集凡數十卷宋李述

鄭濟方廷實王晞亮傳第十六

潘李陳游傳第十七

潘慎脩字成德父承祐仕閩後歸江南仕李景至刑部尚書致仕慎脩少以父任為秘書省正字累遷至水部郎中兼起居舍人開寶末王師征江南李煜遣隨其弟從鎰入貢買宴錢求緩兵留館懷信驛旦夕捷書至郎吏督從鎰入賀慎脩以為國且亡當待罪何賀也自是每群臣稱賀從鎰即奉表請罪太祖嘉其得體遣中使慰諭供帳牢餼悉加優給煜歸朝以慎脩為太子右賛善大夫煜表求慎脩掌記室許之煜卒改太常博士淳化中秘書監李至薦之命以本

官直秘閣俄與直昭文館韓援使淮南巡撫累遷倉部考功二部郎中咸平中又副邢昺為兩浙巡撫使俄同脩起居注景德初上言衰老求外任真宗以其儒雅宜留秘府止聽解記注之職數月擢為右諫議大夫翰林侍讀學士初寇準數毀慎脩及準守鄧有告其不法者詔慎脩驗治乃密疏準才堪將相所坐皆註誤不足罪時称長者慎脩風度醖藉博涉文史多讀道書善清談先是江南舊臣多言李煜闇懦事多過實真宗一日以問慎脩對曰煜或懵理若此何以享國十餘年他日對宰相語及之且言慎脩溫雅

不忘本得臣子之操深嘉獎之當時士大夫與之遊者咸推其素尚然頗恃前輩侍後進侶慢人以此少之子汝士官至工部員外郎直集賢院出宋史本傳并書

李欣字公愉後埭人也曾祖丹唐宗室蔡王蔚八代孫為虢州刺史貶莆田令咸通十五年以金州刺史召還方被命卒葬松嶺莘洋遂家于莆子崇校書郎梁攺唐祚崇嘆曰吾寧能為劉國師耶棄官歸欣其孫也第太平興國八年進士歷階州推官自知州以下皆坐買馬得罪欣獨免由是以清謹謝石對擢通判耀州時關輔盜賊充斥欣陳討捕之策踰月悉平

改知儀州忽傳寇至民將避去欣登城顧瞻笑曰何狂寇敢犯我邪及探騎至果渭州兵討虜還耳拜屯田員外郎出知解州久雨壞鹽池欣繕治溝塍課大羨詔留再任以屯田郎中知福州有善政民繪像冲靈觀祠之歷廣東廣西京西轉運使始仁宗為太子欣處師儒及即位賜璽書褒問除衛尉卿遷諫議大夫卒子八人宗元宗閔相繼登第餘以奏補入官（林出何志等合）

李德昭字子晉其先自會稽徙溫陵至評始遷莆之北郭德昭之曾祖也德昭弟崇寧五年進士歷兩浙

拔舉國子博士除知和州朝廷議選常平官令赴闕親諭遣之諸路凡八人而德昭提舉廣東賜對稱旨留除度支郎官建炎初差知建州州卒三百人先屯廣州至是聞葉儂賊平徑還郡疑其從叛或請殺之德昭力言不可而止三年叛將苗傅劉正彥敗走入閩韓世忠追獲正彥而傅遁德昭分兵守隘獲傅檻送京師時提刑林杞爭功朝廷不能決僅論功轉朝奉郎德昭尋謝病歸隱于北山築庵名待晝戒諸子毋得僥叙占仕版陳俊卿列其事狀於朝而賞格竟不行後建人思之祠于白鶴山弟德暉字子光政和

八年進士任陽江令（出何志喬書）

陳鶴字聞野天資醇謹宣和六年第進士調海陽尉攝進安丞秩滿轉惠州僉判惠俗僻陋士風不振守吳逵老與鶴同志大興學校鶴親典教事執經者歲數百人鶴乃捐僉判廳所得鹽倉籮頭利市錢置學田以增廩又表置學官自後文士彬彬惠之倡學實自鶴始轉朝奉郎廣州通判海寇猖獗帥遣鶴督捕鶴斂兵示以無事俄而掩襲擒三百餘人兵官貪功請悉誅戮鶴原其脅從者二百餘人逾年以疾卒于官（出方志）又有游輔者字宋卿舉重和元年進士歷任

宣教郎知潮陽縣值梅州猺賊起朝廷特除知梅州輔威名夙著比入境群盜斂迹遁去郡治肅然未滿以憂解官詔起復知象州卒出何志

潘李陳游傳第十七

林蘇王陳林傳第十八

林宋卿字朝彥仙遊縣人崇寧五年以舍選登進士第初娶三山鄭俠孫女所儧奩資不為已有寒畯出京者例厚贐之西歸道出通州與年友廖剛拜陳了翁求教了翁徐曰頭項直宋卿言下領悟所得為多又嘗從楊龜山游故立朝行已多遵二先生之矩矱召試秘書省正字權直翰林學士院出知恭州時邊臣多以開拓蒙賞瀘南帥司因奏開溪貴州南通辰沅西抵瀘戎置一州二縣夔梓二路聽其節制宋卿上疏反覆數千言其略曰溪貴州檢踏切恐生夷疑惑

別致生事大率得其地不足耕得其民不足治若不杜窒其源則接武邊功者衆寧不斷喪六十州生民之命脉乎徽宗覽奏惻然詔罷其役師臣礦官命宋卿兼提舉夔州潼川府路兵馬都監仍知恭州時二漕皆出龜山之門隨亦合奏開陳其不可龜山聞之曰觀復和卿朝彦三子學同方真百鍊鋼也未幾思州納土夷官田祐恭與弟祐祥為怨家告密憲臺欲寘極刑朝命宋卿讞其獄宋卿至察其詿誤者釋之以事干邊防乞從末減奏至上大喜時尚書省令夔路十萬緣克燕山軍需宋卿臬漕以保障繭絲當權

輕重變門至隘人心易揺末産下户當爲蠲削故恭民德之尤深官滿運判張深與部使者薦宋卿治行乞畀再任上曰是嘗奏罷溪貴州役者姑與再任以寬朕西顧憂宋卿蠲恭民宿逋二十萬八千四百五十餘緡米十五萬四千三百石有奇自受俸非禄令所著者一介不取家繪生祠奉之靖康中以煩言得旨衡替諸公賦詩祖餞馮時行詩云並游英俊顏如甲須德鑾謡口即碑假使當時頭項縮了翁泉下也相嗤僑寓涪陵之朝亭日與其士大夫唱酬歌咏以自適涪人以宋卿才學出處與黄太史相先後因號

為小涪尹和靖見之曰溪費一奏皆自養氣中得之後薦於張浚浚以元樞宣撫川陜辟宋卿叅謀軍事力辭建炎三年詔四川監司舉流寓之才能者以聞涪守王擇仁薦宋卿學識純正氣節剛方可備中興任使遂召赴闕河北帥臣奏兵興機密帥幕叅謀以儒知兵以節全城然出於林宋卿者得旨差充湖南帥司叅議浚復由相府出都督衆復推宋卿赴督府稟議嘗條湖北事宜及兵籌五利等集浚視師江上欲辟為宣撫判官宋卿辭以家累寓涪欲挈東歸浚還朝首薦之蒙召力丐祠歸里終朝請大夫弟宋臣宋

徵皆宋卿自教導後同時登第出州志筆書有之字公作

宋卿之曾孫也嘉定十年第進士授賀州司法居民

以茅竹為屋有之請于州代以土瓦賀民之有棟宇

自有之始再調肇慶司理獄訟平允郡守賢之命攝

教官條陳修城誣賴寮佐受詞置船稅重脩火政築

舊壕六事以獻守韓聞上允之劄示二廣民蒙其惠

通判建昌軍攝郡總所綱運不掯有之積俸錢補發

秩滿知南雄州未至而卒同邑有丘獻字渭夫少嗜

讀書尤明於周禮繇鄉舉補太學寶慶二年進士第

五以調昭慶軍節度掌書記再調江東提刑司幹官

諸公交薦其賢除太學録尋除大理寺司直卒于官歔為人長厚與同列無間言鄉人葉大有尤敬重之官至奉議郎出仙谿志

蘇欽字伯臣與莆侍郎惇同祖自都統領軍使盜入閩子孫散處泉之屬邑至欽始自德化遷居仙遊宣和六年登進士第歷惠州録參時盜賊充斥郡將務立威捕至輙寘之法欽白曰盍少須之審讞得實加戮未晚郡將怒以為縱賊將劾之欽不懾會赦者至衆平民得免丁外艱哀毀骨立廬墓六年不忍置墨衰調知閩清縣帥張浚嘉其廉退且有治劇才易治

閭縣與漕使賀允中交薦之改知新建縣時諸邑多積欠郡責盡數催徵欽獨爭之曰民力告竭二税分數及常歲足矣若加箠楚責辦爲民父母何忍爲之吾有去爾守不能屈辟廣州機幙攝倅事曾領押舶例賞一資遜之同僚改江西帥屬值贛卒叛帥憲爭致之寇平論功以欽居首擢守巴州陛辭高宗諭之曰巴去朝廷遠甚卿到宜存撫百姓務令鎮靜欽奏曰臣當先布朝廷寛大之恩期於不擾上首肯之巴無逐兵例出脚乘三千緡欽悉封還以代輸賦改知閬州自俸給外例錢互送皆不受尋除利路轉運使

時吴璘屯重兵於興元知欽出張浚之門深加敬愛每行部至共州輒厚禮迎犒留館於第宴饗之外饋遺甚厚一無所受璘愈敬之尋以疾終欽廉儉出於天性政事基於文學割俸市田分給諸弟偏其堂曰富義自爲記以示子孫俾引而勿替云出方志

洗字澄老以父欽蔭補官調餘干尉時令丞簿皆不事事監司郡守委送叢至洗于决精敏丞相趙汝愚其邑人也時方魁天下喜洗廉介有守折節與交改秩知臨川縣縣有淤陂久廢洗勸富民分治之民蒙其利時經錢缺解至捐俸代輸秩滿賀錢治裝作寶

州張南軒帥桂林知其父爲魏公所知且喜洸有父
風檄攝倅帥府又攝高州尋以廉吏舉之經略劉焞
辟至又攝桂府武弁陳姓者以鬻爵爲邊吏交通諸
蠻納賄巨萬事覺逮獄當路有爲之地者觀望莫能
決僞洸治之卒正典刑一府肅然除知雷州時母頊
人年七十七聞洸治獄事多所平反喜曰昔人以平
反悦其親今吾可無憂矣秩滿赴闕面陳三劄一乞
折納除閩丁米以便民二乞籍海舟以戢奸盜三乞
戒約廣西軍寨不得差人回易孝宗嘉納除知新州
陛辭賜對便殿又陳二劄一請易常平陳米除鹽耗

折虛數一請降旨經理邊江被水民田租稅上稱善久之趣之郡比至百姓歡呼迎之歌曰蘇使君來何晚使我夜不寐朝不飯州賦額儉爲無羨餘月給庫係皆充屬吏去日持空券出嶺移封州有請減放丁米及經制無額之數丁內艱服除知辰州辰舊無貢院惟附常德試至洸始試于州士子便之尋退休扁所居之軒曰止足親戚或有請托者謝曰吾居官曾不以己徇人其可強人以徇己乎年七十八卒洸胄次坦夷表裏洞徹爲政務興利除害不以發擿爲聰明故所至民安所去民思稱廉吏云出方志等書

權宇元

中少侍父洗倅賔州嘗從張南軒學從父國學性之
純謹爲鄉名儒權復參知馬故其學問日積錄太學
登淳熙十一年第調梧州推官帥蔡戡闢權世有庶
名檄攝帥屬調三山教官訓迪不倦改秩知餘干縣
洗舊治也至官卒人多痛惜之權于國台從瓜山潘
柄受學從孫三英早登洪天錫徐明叔之門克世其
家學云志出方

王回字景深曾祖尋駕部郎中父惠守大理寺丞回
少事親孝第熙寧六年進士累官松滋縣令荊湖俗
用人祭鬼回捕治甚嚴其風遂革監陳留縣酒提點

刑獄羅適以回不自表襮率尹顗臨等共薦之改知硊邑縣歲餘邑人狀其治行乞留者萬餘人召爲宗正簿充睦親宅講書回與鄒浩相友善哲宗立賢妃劉氏爲后浩特論之以告回回曰事寧有大於此者乎于雖有親然移孝爲忠亦太夫人之素志也及浩南遷人莫敢顧回斂交遊錢爲之治裝往來經理且慰安其母事聞逮詣詔獄衆爲之懼回居之晏如御史詰之對曰實嘗與議不敢欺也因誦浩所上章幾二千言獄上除名停廢徒步出都城行數十里其子追及問以家事不答徽宗立召還舊官權監察御史

數日以疾終年五十二侍從臺諫上章乞錄其子恤其家以奬勸忠義召除其子渙老郊社齋郎蔡京為相奪之仍列名黨籍出宋史本傳等書

陳開字發明以太學生登熙寧六年進士第調密州教授時太守蘇軾深器重之諸生力晋更七年而後代密州儒風之盛自開始後入為太學博士召對進兩劄其一排新法其一去小人進君子言譏激切當國者忌之出為雄州通判尋除宗正寺丞官至朝奉大夫累贈金紫光祿大夫蔡襄狀其行于畢元符三年登第出河志等書

陳覺民字達野柘山人第熙寧九年進士元祐間詔舉賢良方正林希錢勰以其名聞時方紛更神宗法度人莫敢言覺民陳役法則乞復顧役邊事則乞勿棄地其言剴切時議欲罪之并坐舉者賴言者獲免知建陽縣以救荒得民心家畫像生祠之累遷宗正丞將大用覺民以母老乞補外歷知漳建二州擢福建路轉運判官移知福州故樞密安惇舊與覺民為同舍生情好甚篤元符間任諫議大夫中執法曾無片言援引及謫守長沙乃欲以覺民自代令小史持文書為驗意規厚利覺民笑而遣之惇由是不樂及

居政府言者承悖意劾罷尋起知泉州時有司建言欲榷六郡酤覺民陳五不可且移書約他郡同論之事遂寢尋遷本路提刑兼三路都轉運使并提舉河渠復知泉州廣州所至有治行兩為鄉部使者凡過郡邑未嘗與僚屬妄交一談其風釆嚴峻如此官至中奉大夫諫議陳瓘狀其行于璘大觀元年賜上舍及第官至吏部郎中宋輔政和二年進士因論二蔡貶餘姚縣主簿出方志宋書

林豫字順之熙寧九年登進士第授惠安縣尉改集慶軍判官淮南賊嘯聚連水軍朝廷下外臺求部吏

能措畫者衆奏徐爲本軍使多設耳目賊遂就擒餘黨入海州復擒徐攝倅事尋亦殄滅紹聖初時相以徐善謀議奏授內藏副使先是朝廷既棄地和戎至是復議麟州徐進議謂宜先脩葭蘆米脂安塞浮屠諸寨通鄜延路以爲麟州應援後卒行其議歷知保德軍邵州明年虜入撤霸橋深入除徐河北沿邊安撫使徐乃決計與築虜人無能爲也後因陛對哲宗褒獎再三元符三年除鄜延路兵馬知鄜州黃河北決移守嵐州盡收老弱幼稚廩以官粟募少壯者築堤厚與之傭民賴以全活崇寧二年除真定府兵馬

知邢州力議鈔面錢陜西銅錢之弊及朝廷下本路折糴綠格不行數忤時宰期年罷去徽宗終思之大觀四年知邵武軍凡歷七郡悉有遺愛邢臺邵武之民〃各畫豫立祠祈祿受知於二蘇最深軾嘗薦之有云勇於立事常有為國損軀之意試之盤錯必顯利器轍亦嘗薦之有云吏幹強敏長於應變更試迭用必有可觀及軾以作詩譏切下御史獄豫適賜對神宗問所薦謂誰豫曰蘇軾問何以識之曰臣經由杭州因會客識之又曰是日所談何事曰臣子所言無非忠孝詞氣從容略不避李定輩側目及轍貶惠州

軾貶雷州章惇恨豫餞轍詞有怒髮衝冠壯心比石之句左遷雲騎尉後竟坐二蘇所薦入元祐黨籍所著有筆峰草錄等書出河志

師益豫之次子也兄師舜靖康中以守職不肯避虜全家死於難官至中大夫師益以父任奏補三班借職授樞密院宣差雞澤縣尉上書論邊防利害譏切時政晉京師聽旨金虜深入臣僚以師益所論多可采有旨差充京畿第十四副將累授武翼郎閤門宣贊舍人提舉京城四壁守禦使司後軍統制虜犯京師侍從孫傅等薦舉差充京畿第一副將訓練馬步

軍陳晉縣駐劄楊時在講延奏師益曉達軍政使專
督訓練必有績效可觀授京畿第一正將守禦鄭州
原武虜至不克攻去既而虜自滑州渡河再犯京師
諸將皆遁惟師益孤軍守原武不動劉韐為丞相何
㮚謀亟召師益兵入援師益行次封丘遇虜迎戰大
破之明日虜兵大至師益謂其副曰虜衆我寡誠不
敵然此吾致命之秋尚何顧哉遂奮力戰死之一男
若淵甫晬一女九歲妻葉氏及男乳母孫負南歸流
離道路凡五六載抵家若淵稍長痛父暴骨原野刻
木招魂葬歸僊巖後有留題於其墓亭曰虎踞龍蟠

經幾春靖康孤節照蒼旻至今凜凜有生氣愧死當
年膜拜人膜莫胡切胡禮拜即長跪也弟師阜通直郎後亦死於
王事朝廷特官其一子出何志李集
師說字箕中豫之第三子也少舉進士知名以父蔭
屢當補官遜於從兄師文及弟師龍故入仕最晚試
銓曹第一調嚴州司士時青溪盜初平作新寨聚兵
驕恣郡請師說撫理官以紀畫之悍卒帖服遷知德
化縣還道桐廬會盜發支邑民遮道乞留亟白之朝
因改建德縣賊平倅新定虜犯二浙新定民大恐師
說入白郡將請靜以待之乃自擁十餘騎出城遇虜

騎諜曰吾受命主帥以城降者賞師説叱之曰吾聞國家命不聞賊命撫斬于市以故新定之民嬰城死守累遷兵部員外郎知建昌軍丞相趙公方薦之（趙公舊志不書其名以其時考之非鼎也）拜廣東運判韓京以武將立功知循州頗驕慢不可制師説上其姦狀後京謂人曰監司直須還此老第於我少恩爾除浙東提點刑獄山陰爲繼內貴人多肆豪奪爲民害師説一繩以法以忤權貴力請祠歸居九年卒林光朝嘗言林郎中出語太率如富鄭公徑截無他表裏只是一箇人其爲先正所推許如此（出仙志莆書）

林蘇王陳林傳第十八

葉陳林陳傳第十九

葉賓系出吳都尉雄由丹陽徙閩因家仙遊之北岩繼遷古瀨賓景德二年進士宋初縣之登第者自賓始知南安縣民有訴盜截牛舌者賓陽叱去陰令屠之果有告私屠牛者賓謂之曰截牛舌者汝也訊之伏罪官至都官員外郎南劍州通判從子確元豐八年進士時鄉人蔡京當國確與朱宗皆其內姻知其必敗未嘗一詣其門後欲除確蘇州守令人約一見然後上請確翛然掛冠以去未幾京果敗終河北提舉確曾孫立志字仲愿淳熙十二年進士調南安縣

尉縣有死獄檄往驗視一屍無首人皆難之立志焚香告天夜設榻屍側夢神人曰死者之首投於溪北殺之者已遁於潮之小江矣明發急詣溪北尋之果獲移文至小江捕之見一人磨刃江側捕者詰之曰汝非南安殺人者乎其人驚怖刃墮地於是就擒一郡仰服人稱其神改知上饒縣有廉聲官至惠州通判子袞奉議郎通判泉州出方志

陳閘字伯通皇祐元年登進士第歷武平縣令洞獠販鹽挾刃久為民患閘立斥堠訓丁壯境內晏然知廣德縣縣舊多滯訟閘與民面議可否立決辟監建

州豐國監時虞恩嘯聚閩嶺一路騷然安撫司檄閩
經畫其置水口倉立鎮港均定八州鹽估以弭寇攘
皆自閩發之在任六年歲課增三十六萬緡未嘗自
言知建州歲饑境內有競糴者令疑為盜以狀白于
州者數十闔曰一日之聚至數百人此何盜而盡如
許邪不過以饑故爭食耳已而推驗果然遂檄縣杖
而釋之促令出粟賑貸衆遂復業知萊州卲人德之
相與繪像立祠累贈金紫光祿大夫（出仙州志 莆陽）
林正字明輔藻七世孫也本莆田人高祖文煥太子
校書曾祖黨協律郎父茂宗為都官葉寘招致師席

逹家于僊遊之石碑正以大觀四年釋褐及第歷廣西提刑先是陳感稔惡高雷間擾攘沿海諸郡正親至海上招諭感聞正至果出迎遂盡散其脅從者數千人親押首領數十人歸于桂林及奏功自屬官使臣以下各遷官正獨不肯受賞遂除廣東轉運副使移兩浙運判累遷左司郎卒子一飛一鳴皆以父蔭補官一鳴字開卿累遷樞密檢詳諸司文字嘗以讜言去國與林季為忘年交講論倡酬略無干進意後累兄家當國起一鳴知南雄州以母老丐祠未幾丁艱憂服闋知惠州請發常平倉賑糶饑民奏罷責口食

塩淹造塩鈔紙官酤為民病者十數事又為文諭民九學種麥墾荒田脩陂塘去逸樂禁殺牛等事居民有殺牛者方揮刃間牛掣斷繫索奔至廳下若有所訴見者驚異一鳴命飼其牛為治屠者人以為仁化所及官滿之日惟有書數擔而已改知常德府卒官至朝請大夫姪一枝一鶚初正既官其二子及致仕恩則以敘氏二子皆白衣遂奏補人高其義一枝後官至朝奉郎潭州僉判一鶚字雲卿第紹興二十一年進士父歿哀絰廬墓三年知南豐縣頌聲載道朝廷聞其治行擢審計院出通判江州官至朝奉郎孫

澧字同叔一鳴子也為建州幕職以廉勤自持朱文公喜其操行刮目待之書問往復相期甚厚知崇安縣清靜不擾士民爲之立祠姪孫渙一鶚子也知都昌縣出方志莆書

陳可大字齊賢父汝器性友悌貲産盡遜其兄家居積善一夕飛錢滿其家汝器與妻朱氏焚香祝曰願一子光顯門戶錢乞減其半可大其季子也後果以政和二年登進士第再調泉州工曹燕右推時能讞解上死罪强盜七人可大明其非辜得不死知長樂縣大脩陂塘縣人立碑紀其德後知肇慶府民不忍

斯相與繪其像祠之歸囊無餘貲惟衣衾書籍而已始僊遊縣學自宣和以來頹圮殆盡可大率族黨裒金新之且以其餘貲買田為後日葺治之計又於縣南溪流所會之地造僊溪橋以家貲為里人倡且為祠祿以畀其事至今利之積官至朝散大夫累贈中大夫子伯玉仲琟皆以父蔭補官伯玉承議郎邕州通判仲琟朝奉郎濱州通判婿孫光進登端平二年進士第奉議郎國子監丞出方志寧書

葉陳林陳傳第十九

張許郭許陳黃洪朱陳傳第二十

張式字景則僊遊縣人天聖五年登進士第調將樂縣簿縣有銀冶坐歲課不足繫者常數百人式籍其人使貧富財力相兼亡者釋之課更以羨吕許公夷簡辟相以許州觀察推官辟之尋擢河北吏當道者舉式知洺州又以選知虔州三司市船絹十餘萬疋非經數拒而弗市復知滁壽二州出閩志莆舊

許積兄程與從子章同登慶曆二年進士第終尋州司戶參軍積第景祐五年進士歷都官郎中通判德州仁宗朝舉天下廉吏凡四十九人積其一也除監

察御史未造朝而卒該致仕恩國初凡該致仕者差官未到不敢歛手巽曰人子不能自致功名希致仕恩以累亡者可乎鄉人賢之積三子巽貴巽孫堯夫堯臣皆相繼登第章字潛道歷官知建州除屯田郎中為政能治煩劇而不問苛細所至有聲由筮仕至郎位爲之者凡五十二人官終朝奉郎出府志等書

郭琪慶曆二年登進士第試秘書省校書郎歷官兵部郎中有貴戚曾姓者奪民田累政不敢決琪判歸之民竟為其所陷而死蔡襄以詩哭之有如山判筆心常壯為國忠魂勢莫驚之句復銘其墓姪孫曉紹

興十二年進士調廣州司户禦賊死之從玄孫子□
守景行以大學舍選開禧元年進士授肇慶府教授
時郡守事棓欽子力從容以言箴之守感悟且剡薦
于朝再調惠州教授校文程江監試欲私其所親以
啗囑子力正色卻之其人怨恨置毒于酒子力夜受
神人為滌其腸其毒卒不行官至漳州通判卒邑人
王邁銘其墓出方志等書

許懋字敏修慶曆六年登進士第元豐中為兩浙轉
運副使衢民坐私醸繫獄久不決懋至為明其冤悉
出之民感泣競詣佛寺飯僧祝壽時甘露降于州人

謂德政所感作甘露頌出方志同邑有鄭少連字儀
曾少力學能文累舉不第嘉祐二年特奏名調劍浦
主簿歷攝五縣民畏服之改許州判官以老乞致仕
有詩學出隱縣志

陳大卞字仲循父公言皇祐元年進士邵武司法參
軍知上虞長樂二縣大卞第治平四年進士歷宜興
尉武平令汀州錄參知江寧縣以廉潔稱嘗與章惇
有舊及惇當國屢招以書竟不往以明堂恩得封二
親拜且泣曰吾不能與時俯仰罷勉仕宦者正為吾
親耳今恩封既及可以休矣遂致仕時年五十六友

人游酢贈詩其略曰即今年纔五十餘脫去簪紱靴屣如聖時搜選動空谷策足要路爭先趨廟堂故人握重柄僵者可植瘦可腴惓惓風義數寄語掉頭不顧茸如愚贈太中大夫三子安仁元祐六年進士官至江寧府法曹性仁大觀三年進士官至奉議郎知南城縣顒仁遷居莆田紹聖元年登第調古田縣尉大臣有知顒仁者以其文行可領袖諸儒遂除教授嘉禾士多成就累遷朝請大夫攝宗正少卿初大卞著萬言書未及上而終至是顒仁上其書不報屢乞外補宣和九年以直秘閣知潭州官至朝議大夫雜出

方志等書

黃沔字朝宗其先莆田人唐季有曰巨源者始遷于僊遊從父顥字景儒登紹聖元年進士不求榮進太宰余深於榻前特薦之改秩歷提舉廣南西路學事知僊州凡四考官至朝請大夫沔元符三年登進士第徽宗奇其才嘗以江南豪士稱之官至朝請大夫秘閣脩撰雜出何志等書

洪天賦字亡從祖中元祐六年進士歷國子司業甫中年勇退天賦幼敏悟通六經應童子科入太學寶慶二年登進士第歷知陽江古田連江三縣通判循

州居官所至聽民之訟不施鞭朴諄諄然諭以理道民胥向化以備良見稱（出仙溪志）從弟處厚其初補大學內舍以父範蔭調贊林州推官時欽州守倅互相詆訾置獄禁勘連年不決干證一百七十餘人處厚司其獄審訟明允悉得其情盡釋之憲使大喜再任漳浦縣尉弟處寔淳熙二年特科孫渫以舍選登紹定二年進士第（出仙谿志）

朱涑字子游紱之族孫也登乾道八年第調連江尉以捕盜改秩知海陽縣代者以月解監減抑晉於州涑篤交承誼出私橐代償之為政僾撫字而拙催科

人感其德賦不勞而辦尋除福建運管董試漕闈當
路囑私其子沫正色拒之竟被其掇拾卒於官士類
悲慨姪首諒頴之聰中特科首諒調龍巖縣簿汀寇
衝突長官巡尉棄縣去招捕使陳韡檄首諒守職悉
以縣事委之首諒感韡知己身率士卒督戰擒賊
黨縣賴以全韡上其績首諒無意榮進力丐祠歸頴
之歷知香山縣以通直郎賜緋致仕[illegible]
陳夢烈紹熙元年登進士第調連江尉海寇犯境覩
登賊舟捕之以功擢知尤溪縣縣之財計收辦於鹽
鹽乃家給一牌寬立限期俾自輸納民以為便授兩

浙運管漕使薦于朝除知建昌軍陛辭言州郡兵財利害王音垂問奏對如響卒于官民甚惜之出僊谿志

陳珙字子重以太學內舍登嘉定元年進士第歷復州教授永春丞時秤提楮幣郡守真德秀檄珙行之區處有方人賴以無擾德秀愛之俾入郡幙後試教官科擢首選授西外睦宗院教授尋知永春縣屬庚寅汀寇焚蕩之後究心民瘼初朝旨蠲租州縣以支吾窘迫不克奉行珙撙節月會杜苞苴之貨為錢八千緡以補之民不知其賜遷兩浙路運管卒出僊谿志

張許郭許陳黃洪朱陳傳第二十

莆陽文獻 5

（明）鄭岳 纂
吴伯雄 點校

廣陵書社

方林陳黃董傳第二十一

方次彭字公述興化縣人偕之族孫也父沭叔父洞俱以詩賦名天禧開創義齋于虎譚岡以來四方學者沭再領鄉書洞三魁鄉貢次彭年十二喪父哀毀如成人悉以先疇付其兄乃率二弟次皐次夔刻苦方學皇祐元年兄弟三人同預鄉薦次彭登進士第調劍浦福清主簿遷合州參軍每與州將論辨疑獄雖屢見折而氣不可奪改知長樂縣縣濱江有渡舟人嗜利重載多覆溺者次彭始置官舟限以人數自是無患移知望江縣時有為盜所殺者尉捕其隣人

鞫之獄且具次彭謂事起無情命釋之尉力爭不已旬日果獲真盜改著作佐郎知海陵縣歲大饑次彭悉心賑貸所活甚衆權知惠州移梅州首興學校躬教導之梅人始知學登第者相繼秩滿士民乞畱再任凡六年兩被褒詔元祐初上章致仕嘗賦詩曰自顧衰齡七十餘腰間方爾佩金魚行囊羞澁知何有床上兩封天子書次臯元豐二年特科次夔熙寧三年進士次彭子醇道知南劍州以清儉自持孫彝紹興十二年特科潮州推官鄭夾漈稱其文高於天下行高於鄉閭綰紹興十八年進士知海豐縣歷官俸

入悉以賙族黨之貧及女之不能嫁者嘗買婢得少所從師之女育之如己出擇名族嫁之出方志

公袞字汝補次彭從弟也元豐初用薦者以布衣上殿條奏十事曰教太子舉賓才獎清吏権恬退禁鼓鑄嚴茶商恤民困寬州縣減丁錢蓝户口神宗嘉納命以官爲潮州教授復登元豐二年進士擢諸王宮教授與韓魏公相從最密魏公語曾公亮曰方公袞論事剴切正而不阿立己公忠清而不撓豈多得哉公袞嘗錄韓言行曰魏公遺事年未五十卒出方志

亞夫字幾仲公袞從子也三舉禮部再擢第一博士

林自謂幾仲文章警援源流賈馬觀所著述隱然有諷諫意大觀三年有司復以八行舉遂以甲科賜第與從祖彥回同榜官終平江府教授子宋賓重和元年進士官至縣丞彥回之孫監號需軒嘉定十三年進士潯州教授有集五卷王邁劉克莊每推敬之起莘起學皆中特科從孫雷震亦繼登第出方志

林廸字吉夫少讀書于香山陳聃君用與為忘年交稍長兼通六經工辭賦再舉于鄉遂入太學登上舍優等第紹聖元年進士授福州左司理古田縣上劫盜五人迪曰此以年荒竊食法不當死縣吏文致其

罪耳既而獄具師疑焉再上再卻迪持愈堅師竟從
之差知龍溪縣平易近民有古循吏風縣人詣臺府
願留因任九年丞相蔡京林出也嘗欲因是內交於
迪迪以非同族拒之歸自龍溪縣請祠建炎中朝廷
舉遺才迪與秘監李朴列在文學之科年七十有六
卒迪操履端方甚爲鄉人所推重鄭夾漈與魏丞書
曰向見宇文樞密言吉夫耆老碩德在崇觀間仕不
躐進所在以治效稱達夜窮年卷不釋手與人言終
日不及世事居此邑者累年曾不請托門寒官冷晏
如也又與詹令書稱其風流灑落器識過人隱然揮

洒之文而不示人以韻令亦每言吉夫乃吾平昔師事者也凡著詩文百餘卷又詠唐史別為一編皆寓褒貶之意自為叙以示子孫云出方志等書

陳惟剛字公執一字毅老其先光州固始人唐五代之際入閩遂居于興化縣之谷目山惟剛少補太學生弱冠由舍選第崇寧二年進士知須城縣燕薊之役與有勞績後提舉鼎澧路弓弩手逆賊鍾相擁衆萬餘攻辰州惟剛率衆鏖戰掩捕無遺官至朝散大夫卒惟剛性喜賦詠所著有燕山集出宋志等

師立字可權惟剛從弟也天資穎悟元祐中西塘鄭

俠見而器之長游京師章貢李朴文行高峻非其人不及其門師立師事之第崇寧五年進士晉知連江縣有妖僧自言其前知人爭趨之師立曰我爲邑長奈何縱左道以惑衆耶僧聞之亟遁去遷順昌縣在官四考民愛其政師立入仕十五年猶在選調嘗獲劫盜十有七人因愀然曰民貧爲盜豈其本心忍速其死而優吾秩耶乃緩其獄會赦得減死建炎中遷知官告院未幾請老自號宜僊翁師立於文無所不工有集藏於家五子皆仕而昭度知名（出浙江志）

昭度字元矩少穎異不群年十九擢紹興五年進士

第為尤溪主簿部使者移檄令据撫屬吏細過昭度憮然不悅曰吾其忍為是耶乃拂衣去閒居以讀書著文為樂十餘年不調自號西軒于鄉大夫林迪與為忘年交艾軒林光朝正字劉夙方著作劉朔皆嘗至其家登堂拜母誼均兄弟旣而教授藤州藤去中州絶遠俗尚庳陋昭度至勵以致知謹獨之學蹈是士競於學知所指歸改奉議郎知福州長樂縣未上而卒昭度淵源濂洛之學有所造詣為文得古法簡嚴閒淡理致深遠艾軒志其墓謂其學不緣師授視横渠為同時獨曉者君子不以其言為過云出新洋志

清選字道山惟剛從子也博學善持論爲詩文有清
壯秀傑之氣入太學爲上舍生未廷對而卒孫詔翁
巖翁槐翁翊並中童子科（出潯州志）
黄鐘字器之自號定齋居士唐忠義司徒瑒之後評
事龍之孫也父脩宣教郎知韶州翁源縣與可巖山
水之勝遂家焉鐘從舅氏陳昭度學得濂洛淵源議
論一出於正擢乾道五年進士第調德化縣尉遷次
問居里之人率從之游日掬與稽經訂史所以啓迪
之者甚至性喜著述每出必以筆硯典籍自隨録三
皇至五代皆作紀傳曰史要又選集唐宋諸公文粹

曰唐宋類文其他著述尤多所作詩文神閑思遠有超然自得意其詩尤為元樞鄭僑所稱賞晚歲頗究心内典又作傳燈節録鍾平生於逢迎請謁泊然不經意德化秩滿調漳州録事參軍以歸丁内艱卒出莆泮志

董公偃字安義博物洽聞操行純正大觀中轉運陳覺民表奏以八行舉大司成考行如章未及官卒公偃嘗作靜和軒於家鄉大夫林迪詩曰寂、峯巒千古意溶溶花木一家春聘君陳易游石所題于軒壁曰酒吸陽春入肺腸茶飛清風生肘腋安知石所洞

中人不是武陵溪上客觀此益不俟身履其地目擊其人而其高風雅韻已宛然在眉睫間矣山儕志

方林陳黄董傳第二十一

薛陳林吳鄭謝傳第二十二

薛利和字天益興化縣人祖巒登宋太平興國伍年進士時軍治在興化縣而郡人登第寔自巒始官至殿中丞利和第寶元元年進士歷知春潮韶三州累遷屯田員外郎熙寧二年王安石議榷茶欲擢利和提舉廣東茶事利和作詩謝之曰一路生靈陟頓貧廟堂康濟豈無人君侯若問茶租法請把茶租乞與民遂就常調通判廣州茶法卒不行卒贈金紫光祿大夫子五人皆由蔭補官孫倞字孝廣為大學生獨心非王氏新經困躓二十餘年終不肯作新進士語

金虜犯闕生徒解散倞正色昌言曰諸君平時蒙被
教育今捨此將安之耶從倞留者僅三人建炎二年
從高宗幸維揚以恩旨免舉擢第自大理司直遷為
丞以獄空被璽書褒諭出知興國軍終朝奉郎從曾
孫球字卓然該貫群書文章雄偉如二鄭（謂鄭厚鄭樵）第
紹興十八年進士終永福主簿嘗著邊防十論及考
古集珩字景行少與弟璆力學相為師友既而聯鄉
薦珩紹興十二年進士歷廣東湖北路撿法官疑鼎
州鞫盜華五等非辜與憲臺爭不合欲投劾去未幾
果獲真盜憲臺交薦之凡四為法官平反者百餘人

璆字景徐乾道二年特科出身監廣州西南道場有盜鬻私鹽至萬斤者吏捕以告法當得賞璆嘆曰刑數十人易一京官吾不忍爲遂諭吏以十之一聞官餘悉投水中皆得輕坐終南恩州推官雜出何志等書

季良字傳叟衎之曾孫廣東運判元甫之孫也以祖澤補官調廣州左司理番禺民怨女爲崔主彭選夫婦所戕獄具府檄季良審鞫季良密使人廉之得其狀舊主家摧鋒軍叛叩城帥臣曾治鳳逃崔與之委季良招諭事平以勞績免磨勘歷知閩南安二縣通判漳州所至有聲績帥漕交薦召赴都堂審察輪對

乞脩實德實政以回天意求天命除登聞檢鼓院奏言檢院乃肺石路鼓遺意今民庶以爲嘗試州縣視爲具文臣謂凡進狀宜索案子决虚者反坐遷司農寺丞丐外知潮州慨郡計窘乏專以廉儉節縮爲事鹽使疑潮鹽有遺利欲增筴季良抗論寢其議嘗自扁其居曰蕉村所著詩文號千林說藁出閩志

陳鑄字師回第天聖五年進士康定初知南雄州秩滿以毋老不復請郡求通判福州以便親一時名卿大夫皆作歌詩以重其行蔡忠惠爲序謂足以勸夫爲人子者鑄至福州黄其守延良師増腴田以教育

後進而文風遂盛忠惠復紀其事再通判陳州會
水患悉力拯援全活者甚衆部使者上其勞朝廷嘉
之歷知潮州登州以恤刑被勑書獎諭官至朝散大
夫守光祿卿開國伯卒葬宣州錦山方志等書
林成材字擇之父國輔以諸科為將作監主簿成材
早入太學以文行名第元祐六年進士權國子博士
歷祠部吏部員外郎轉國子司業學校之法多建明
歷知明濟汝三州卒出備忘
吳[illegible]字仲玉少游鄉校嶷然有俊聲淳熙十四年特
科出身尉南海縣以捕盜應格改承務郎知龍巖縣

節浮賞以益學廪郡僚有建議增諸邑轉輸者珏力
爭罷之會有詔造戰艦州下取材珏拒以非故例不
供免則高其直以市不以擾民簽書寧國軍節度判
官有嫠婦無子或以户絶告將殁入其貲珏曰利毫
末以絶人將墜之緒仁者不為也請聽其立嗣通判
漳州未行而終珏天性孝友勇於為善其官龍巖時
奉兄以行事之曲盡其謹鄉人梁林店溪珏曰是雖
非吾往來所經然利已利人無間也助錢十萬縣人
由進士特恩官至丞郡者惟林光與珏人以為榮出莆
陽志

鄭廷芬字國華早以詞藝試漕臺第一遊上庠月書季考率在高第升上舍主詔賜進士出身廷芬願就廷對登大觀三年第自太學博士提舉漳州路常平加直秘閣歷成都路轉運副使卒于官廷芬爲文華贍雅正自成一家有易索隱等書藏于家出游洋志

謝洪字範卿父稷倜儻有大志嘗市書數萬建經史閣藏之列畫漢晉間隱君子自圖形其間號鰲軒主人力學教子人目之爲書簏洪聰悟絶人自其童丱時已有文名鰲軒嘗以事忤縣令洪亟走救之令指庭中梅謂曰能賦此乎洪操筆立就詩云朔吹颼颼

著古梅寒枝冷落俟春回可憐雪萼無人問乞借陽和早放開令異之後擢紹興三十年進士第主海豐縣簿時督賦吏多取於民曰鈔頭錢洪悉除之調信州永豐縣丞時林枅爲守以莊屬臨俯僞銜引洪到幕下一旦偶有所不樂遂浩然引歸乃廢徐寅人主幾何賦以見志有文集藏于家出行祥志

薛陳林吳鄭謝傳第二十二

莆陽文獻列傳

陳俊卿傳第二十三

陳俊卿字應求幼莊重不妄言笑父死執喪如成人紹興八年登進士第授泉州觀察推官服勤職業秩滿秦檜當國察其不附已以爲南外睦宗院教授尋添差通判南劍州未上而檜死乃以校書郎召孝宗時爲普安郡王高宗命擇端厚靜重者輔導之除著作佐郎兼王府教授講經輒寓規戒王好鞠戲因誦韓愈諫張建封書以諷王敬納之累遷監察御史殿中侍御史首言人主以兼聽爲美存心必本於至公

人臣以不欺爲忠論事必達於大體御下之道恩威並施抑驕將作士氣則紀綱正而號令行矣遂劾韓仲通本以獄事附秦檜冤陷無辜檜黨盡逐而仲通獨全劉寶總戎京口恣掊尅且拒命不分戍二人遂抵罪湯思退專政俊卿言今日無雲而雷宰相上不當天心下不厭人望詔罷思退時災異數見金人侵軼之勢已成俊卿乃疏言張浚忠盡因請對力言之上始悟數日以浚守建康又言內侍張去爲陰阻用兵且陳避敵計搖成算請按軍法上曰卿可謂仁者之勇矣除權兵部侍郎金主亮渡淮俊卿受詔整浙

西水軍李寶因之遂有膠西之捷亮死詔俊卿治淮
東堡砦屯田所過安輯流亡金主雍新立中舊好廷
臣多附和議俊卿奏和戎本非得已若以得故疆爲
實利得之未必能守是亦虛文而已今不若先正名
名正則國威張歲幣可損因陳選將練兵屯田減租
之策擇文臣有膽略者爲參佐俾察軍政習戎務以
儲將材孝宗受禪言爲國之要有三用人賞功罰罪
所以行之者至公而已願留聖意選中書舍人時孝
宗志在興復方以閫外事屬張浚以俊卿忠義沈靖
有謀以本職充江淮宣府判官兼權建康府事奏曰

吴玠孤軍深入虜悉衆拒戰久不决危道也兩淮事勢已急盡分遣舟師直擣山東彼必還師自救則玠得乘勝定關中我及其未至潰其腹心此不世之功也會主和議方堅詔玠班師亦召俊卿至奏陳十事定規模振紀綱勵風俗明賞罰重名器遵祖宗之法杜邪枉之門裁任子之恩限改官之數蠲無名之賦隆興初元建都督府俊卿除禮部侍郎參贊軍事張浚初謀大舉北伐俊卿以爲未可會諜報敵聚糧邊地諸將以爲秋必至宜先其未動舉兵浚乃請于朝出師已而邵宏淵果以兵潰浚退保揚州主和議者

幸其敗横議搖之浚上疏待罪俊卿亦乞從坐詔貶
兩秩諫臣尹穡附思退議罷浚都督改宣撫使治揚
州俊卿奏浚果不可用别屬賢將若欲責其後效降
官示罰古法也今削都督重權寘揚州死地如有奏
請臺諫沮之人情解體尚何後效之圖議者但知惡
浚而欲殺之不復為宗社計願下詔戒中外協濟使
浚自效疏再上上悟即令浚都督且召為相卒為思
退穡所擠遣視師江淮俊卿累章請罪以實文閣待
制知泉州請祠提舉太平興國宮思退既竄太學諸
生伏闕下乞召俊卿乾道元年入對上勞撫之因極

論朋黨之弊除吏部侍郎同修國史論人材當以氣
節為主氣節者小有過當容之邪佞者甚有才當察
之錢端禮起戚里為叅政窺相位甚急館閣之士上
疏斥之端禮遣客密告俊卿已即相當引共政翼日
進讀寶訓適及外戚因言本朝家法外戚不與政有
深意陛下宜謹守上首肯端禮憾之知建寧府逾年
授吏部尚書時上未能屏鞠戲將游獵白石俊卿引
漢桓靈唐敬穆及司馬相如之言力以為戒上喜曰
備見忠讜朕決意用卿矣朕在藩邸知卿為忠臣俊
卿拜謝受詔館金使遂拜同知樞密院事時曾覿龍

大淵怙舊恩竊威福士大夫頗出其門及俊卿留伴大淵副之公見外不交一語大淵納謁亦謝不接洪邁白俊卿人言鄭聞除右史某當除某官信乎詰所從邁以淵覿告具以邁語質於上上曰朕曷嘗謀及此輩必竊聽得之有旨出淵覿中外稱快金移文邉吏取前所俘俊卿請報以誓書云俘虜叛亡是兩事俘虜發已多叛亡不應遣且本朝兩淮民上國俘虜無慮數萬本朝未嘗以為言恐壞和議使兩境民不安或至交兵則屈直勝負有在矣鎮江軍帥戚方刻削軍士俊卿奏內臣中有主方者當併懲之即詔罷

方以內侍陳瑤李宗回付大理究贓狀十一月當郊而雷上內出手詔戒飭大臣葉顒魏杞坐罷俊卿參知政事時四明獻銀鑛將召冶工即禁中鍛之俊卿奏不務帝王之大而屑屑有司之細恐為有謀所窺從官梁克家莫濟俱求補外俊卿奏二人皆賢其去可惜於是劾奏洪邁姦險讒佞不宜在左右罷之減福建鹽鈔罷江西和糴廣西折米鹽錢蠲諸道宿逋金穀錢帛以巨萬計於是政事稍歸中書矣龍大淵死上憐曾覿欲召之俊卿曰自出此兩人中外莫不稱頌今復召必大失天下望臣請先罷遂不召殿前

指揮王琪被旨按視兩淮城壁還薦和州教授劉覲夫得召俊卿言薦兵將官乃其職教官有才何與琪事會楊州奏琪傳旨增築城已訖事俊卿請於上未嘗有是命俊卿曰若詐傳上旨非小故因奏言人主萬機豈能盡防閑所恃者紀綱號令賞罰耳不誅琪何所不爲琪削秩罷官先是禁中密旨直下諸軍宰相多不預聞內官張方事覺俊卿奏自今百司承御筆處分事須奏審方行從之既而以內諸司不樂收前命俊卿言張方王琪專聖斷已明忽諭臣曰禁中取一飯一食必待申審豈不留滯臣所慮者命令之

大如三衙發兵戶部取財豈爲宮禁細微事臣等備
數出納陛下命令耳凡奏審欲取決陛下非臣等欲
尊之且非新條申舊制耳已行復收中外惶惑恐小
人以疑似激聖怒上曰朕豈以小人言疑卿等耶同
知樞密院事劉珙進對爭辯激切忤旨既退手詔除
珙端明殿學士奉外祠俊卿即藏去密具奏前日奏
札臣實草定以爲有罪臣當先罷珙之除命未敢奉
詔陛下即位以來納諫諍體大臣皆盛德事今珙以
小事獲罪臣恐自此大臣皆阿順持祿非國家福上
色悔久之命珙帥江西俊卿退有劾上手札留之且

曰御雖百請朕必不從四年十月制授尚書右僕射
同中書門下平章事兼樞密使俊卿以用人爲已任
所除吏皆一時選獎廉退抑奔競或才可用資歷淺
密薦於上未嘗語人每接朝士及牧守自遠至必問
以時政得失人才賢否虞允文宣撫四川俊卿薦其
才堪將相五年正月上召允文爲樞密使至則以爲
右相俊卿爲左相允文建議遣使金以陵寢爲請俊
卿面陳復手疏以爲未可上御弧矢絃激致目眚六
月始御便殿俊卿疏曰陛下經月不御外朝口語籍
籍皆輔相無狀不能先事開陳虧損聖德陛下憂勤

恭儉清靜寡欲前代英主所不能免者皆屏絕顧於騎射之末猶未能忘臣知非樂此志圖恢復故俯而從事以閱武備激士氣耳願陛下任智謀明賞罰恢信義則英毅義烈不越尊俎固已震懾敵人於萬里之遠豈待區區騎射於百步間哉陛下一身宗社生靈之休戚係焉願以今日之事永為後戒曾覿官滿當代俊卿預請處以浙東總管上曰覿意似不欲為此官俊卿曰前此陛下去二人公論甚愜願損私恩伸公義覿怏怏而去樞密承旨張說為親戚求官懼俊卿不敢言會在告請於允文得之俊卿聞勑已出

語吏留之說皇恐來謝允文亦愧俯爲之請從容竟
不與說深憾之吏部尚書汪應辰與允文議事不合
求去俊卿數奏應辰剛毅正直可為執政上初然之
後竟出應辰守平江自是上意向允文而俊卿亦數
求去明年允文復申陵寢之議上手札諭俊卿俊卿
奏陛下痛念祖宗思復故疆臣雖疲駑豈不知激昂
仰贊聖謨然於大事欲計其萬全俟一二年間吾之
事力稍充乃可不敢迎合意指誤國事即杜門請去
以觀文殿大學士帥福州陛辭猶勸上遠佞親賢修
政攘敵之使未可輕遣既去允文卒遣使終不得要

頒曾覿亦召還建節鉞躋保傅而士大夫莫敢言俊卿至福州政尚寬厚嚴於治盜海道晏清以功進秩轉運判官陳峴建議改行鈔鹽法俊卿移書宰執極言福建鹽法與淮浙異遂不果行明年請祠提舉洞霄宮歸第弊屋數楹怡然不介意淳熙二年再命知福州累章告歸除特進起判建康府兼江東安撫召對垂拱殿命坐賜茶因從容言曰將帥當由公選間諸將多以賄得曾覿王抃招權納賄進人皆以中批行之臧吏已經勘結而内批改正將何所勸懲上曰卿言甚當朝辭奏曰去國十年見都城穀賤人安惟

士大夫風俗大變上曰何也俊卿曰向士大夫奔覬
扑之門十才一二尚畏人知今則公然趨附已七八
不復顧忌矣人才進退由私門大非朝廷美事上曰
折則不敢覬雖時或有請朕多抑之自今不復從矣
俊卿曰此曹聲勢既長侍從臺諫多出其門毋敢為
陛下言臣恐壞朝廷紀綱廢有司法度敗天下風俗
累陛下聖德命二府飲餞浙江亭俊卿去建康十五
年父老喜其再來為政寬簡罷無名之賦時御前多
行白札用左右私人持送俊卿奏非便上手札獎諭
除少保判建康府如故八上章告老以少師魏國公

致仕十三年十一月薨年七十四方屬疾手書示諸子云遺表止謝恩勿祈恩澤及功德勿請謚樹碑上聞嗟悼輟視朝贈太保命本路轉運司給葬事賜謚正獻俊卿孝友忠敬得於天資清嚴好禮終日無惰容平居恂恂若不能言而在朝廷正色危論分別邪正斥權勢無顧避凡所奏請關治亂安危之大者雅善汪應辰李燾尤敬朱熹屢嘗論薦其薨也熹不遠千里往哭之又狀其行（拙[illegible]宋史）子守定宓俱從朱文公學守字師中究弘剛直用蔭補官歷太府寺丞工部員外郎凡六受郡符三持使節俱以廉靖介特稱

晚爲將作監以卒定字師德叅秀異年十二三已知爲己之學林艾軒許與特甚及見文公告以聖賢之學必自近而易者始定遂反而求之旋以苦思感疾平生未嘗應舉以父任爲右承奉郎性至孝事父母曲盡愛敬於昆弟尤友愛卒年二十五文公銘其墓雜出大全等書

宓字師復號復齋少登文公門長從黄榦遊以父任歷泉州南安鹽稅知安溪縣嘉定七年入監進奏院時無敢慷慨盡言者宓上封事言宫中宴飲或至無節非時賜與爲數浩穰一人蔬食而嬪御不廢於前

鮮邊事方殷而椿積反資於妄用此宮闈儀刑有未正也大臣所用非親即故執政擇易制之人臺諫用愼默之士都司樞掾無非親暱貪吏肆不得志庶士勦沼然尤此朝廷權柄有所分也鈔鹽變易楮幣稱提安邊所創立固執已見勁失人心敗軍之將躐躋殿巖庸鄙之夫久尹京兆宿將有守城之功以小過而貶三衙無汗馬之勞托公勤而擢此政令刑賞多所舛逆也若能交飭內外一正紀綱天且不雨臣請伏面謾之罪奏入丞相史彌遠不樂而中宮慶壽三牙獻遺至是為之罷郤壽遷軍器監丞九年轉對言

人主之德貴乎明大臣之心貴乎公臺諫之言貴乎直陛下臨政雖勤而治功未舉恭身雖儉而財用未豐愛民雖仁而實惠未徧良由上下相蒙務為欺蔽匭奏實封有懷畢吐陛下付近臣差擇是有意於行其言也而有司惟取專攻上躬與務咎牧守之章騰播中外以荅觀聽今赤地千里蝗飛蔽天如此其可畏猶或諱晦以旱不為災蝗不害稼其他誣罔抑又可知臣故曰人主之德貴乎明大臣施設浸異厥初凡建議求言之人則以他事逐諫官言事稍直則以他職徙忠憤者指為不靖切直者目曰沽名衆怨所

萃則相繼超升物論所歸則以次疏外某人之遷是背其人罪以快同列之私忿者某人之擢是嘗援古事以文過日之天變者直節重望以私嫌而久棄老姦宿贓以巧請而牽復使大臣果能杜倖門塞邪徑則舉措當而人心服臣故曰大臣之心貴乎公臺諫平居未嘗立異遇事不敢盡言有如金人再通最關國體近而侍從下至生徒莫不力爭冀裨廟算備於言責不出一辭顰蹙之下乾沒巨萬莫之誰何州縣之間罪僅毫髮撫以塞責大臣所欲為之事則遂之所不右之人則排之仁宗時有宰相奉行臺諫風旨

之譏今乃有臺諫不敢違中書之誚豈祖宗設官之初意哉臣故曰臺諫之言貴乎直二者機括所係願陛下幡然悔悟昭明德以照臨百官大臣臺諫亦宜公心直節以副望治之意指陳敝事視前疏尤剴切焉宓遂請罷歸在告日擢太府丞不拜出知南康軍請史彌遠別彌遠曰子言甚切當第愚昧不能行殊有愧耳至官歲大侵奏蠲其賦十之九會流民群集宓就役之築江隄而給其食時造白鹿洞與諸生討論改知南劍州大旱疫蠲逋賦十數萬且弛新輸三之一躬率僚吏持錢穀藥餌戶給之創延平書院悉

倣白鹿洞之規改知漳州未行聞寧宗崩嗚咽累日
聞理宗卽位遂請致仕寶慶二年除提點廣東刑獄
章復三上迄不就除直秘閣主管崇禧觀宓拜祠命
而辭職名卒進職一等致仕三學諸生以起宓為請
而没已閱月矣初宓之在朝也寺丞丁焴往使金宓
嘆曰世讎未復何以好為餞詩有百年中國豈無人
之語復數年聞關外不靖以書抵焴曰蜀口去關外
雖遠實如一身近事可寒心皆士大夫之罪豈非朋
道不絕之故耶焴服其言宓天性剛毅信道尤篤嘗
為朱墨錄謂朱屬陽墨屬陰以驗理欲分寸之多寡

自言居官必如顏真卿居家必如陶潛而深愛諸葛
亮身死家無餘財庫無餘帛庶乎能蹈其語者端平
初殿中侍御史王遂首言宓事先帝有論諫之直而
不及俟聖化之更宜褒其身後以勸天下之為臣者
帝為感動詔贈直龍圖閣所著有論語註義問荅等
書并文集藏于家（出宋史本傳）從孫均
均字平甫不溺貴習力學好古足不出書室口不及
世事雖預薦書肄業太學及以累舉恩當大對不肯
就嘗恭稽宋史及司馬氏稽古錄徐氏國紀李氏續
通鑑長編諸書用朱文公通鑑綱目義例輯成宋編

年鑑要備要二書舉要循綱也備要循目也起太祖建隆庚申迄寧宗嘉定甲申凡数十卷端平初有言于朝者下福州取其書敕賜迪功郎不受所居容膝妻啼兒號處之泰然郡守楊棟時枉顧諮問師王居安延請至閩甚禮遇之年七十餘卒鄭性之題其墓曰篤行君子鈍齋陳公之墓述事

陳俊卿傳第二十三

葉顒傳第二十四

葉顒字子昂實之玄孫也登紹興二年進士第調南海縣主簿攝尉盜發州檄巡尉同捕巡檢獲盜十餘人歸其勞於顒顒曰掠美欺君倖賞三者皆罪不忍爲也帥曾開大喜之知貴溪縣時詔行經界郡議以上中下三等定田稅顒請分爲九等守從之令信之六邑以貴溪爲式知上虞縣凡縣役令民自推貲力甲乙不以付吏民欣然皆以實應催租各書其數與民約使自持戶租至庭親視其入咸便之帥曹泳令今歲夏租先期送什之八顒請少紓其期泳怒及麥

大熟民輸租反爲諸邑最淶大喜許薦于朝顒固辭
賀允中薦顒端方靜退遂召見顒論國讎未復中原
之民日企鑾輿之返其語剴切高宗嘉納除將作監
簿知處州青田令際光獻羨餘百萬顒以所獻充所
賦湯思退之兄居處州家奴屠酤犯禁一繩以法思
退不悅屬常州通緡錢四十萬守坐免移顒知常州
金犯邊高宗視師建康道毗陵顒賜對府次因言恢
復莫先於將相故相張浚之謫無慮是天留以相陛
下也古人謂天下安注意相天下危注意將臣謂天
下危亦在注意相蓋非蕭何無以知韓信也臣聞近

亮死虜之諸將統二三十萬人馬北歸帖然而無異
變是虜將未可輕也今日爭吉進取更在陛下審之
上曰卿言極是顒初至郡無旬月儲米及一年餘緡
錢二十萬或勸獻羨餘顒曰名羨餘非重征則横斂
是民之膏血也以利易賞心實恥之召為尚書郎除
右司孝宗即位詔求直言顒上疏謂陛下以手足之
至親付州郡之重寄是利一人害一方也時秀王伯
圭為台州故顒及之除吏部侍郎復權尚書顒言典
選一事衣冠清濁之所由出也而吏胥得以操其柄
是使士之入銓曹與吏為市出銓曹與民為市可不思

所以華之乎乃與郎官編七司條例為一書上嘉之令刻板頒示皇兄居廣請以初除儀同應得親屬占射差遣恩例畀王若純顯爭之曰啓一若純則百若純至矣僉樞洪适請以己覃恩二官貤高祖父母顯言追秩高祖禮經所無皆格其請乾道初召對便殿因問卿當官何以為先對曰真宗皇帝所製文臣七條盡之矣清廉固臣子之本分臣毋以公忠為先上曰卿無忘此言時上好鞠戲顯奏曰竊聞陛下以萬乘之尊為蹴鞠之戲有如馬驚為之奈何上曰無他但欲不忘鞍馬爾除端明殿學士拜參知政事兼同

知樞密院事武臣梁俊彥請稅沙田蘆場帝以問顥
對曰沙田乃江濱地田隨沙漲而出沒不常蘆場則
臣未知詳也且辛巳軍興蘆場田租並復今沙田不
勝其擾上曰誠如卿言顥至中書召俊彥切責之曰
汝言利求進萬一爲國生事斬汝不足以塞責俊彥
皇恐汗下是日詔沙田蘆場並罷時有上白劄者顥
言事若可行彼胡不顯其名示人以公乞勿行之莆
郡苦輸糟剩米顥因守臣張允蹈之奏乞歲減其半
後盡除之江陰軍判官受賕上曰貪吏朕欲用漢法
誅之顥曰本朝自祖宗以來未嘗殺一士大夫史册

書之天下以為美事臣願陛下以唐虞三代為法漢
法安足道哉戶部侍郎林安宅請兩淮行鐵錢顒力
持不可安宅不能平及擢諫議果論顒之子受宣州
富人周良臣錢百萬得監鎮江大軍倉御史王伯庠
亦論之顒乞下吏辯明乃以資政殿學士提舉洞霄
宮上下其事臨安府時王炎知臨安上令炎親鞫置
對無秋毫跡獄奏上以安宅伯庠風聞失實並免所
居官仍貶安宅筠州召顒赴闕入見上勞之曰卿之
清德自是愈光矣除知樞密院事未拜進尚書左僕
射兼樞密使上以安宅向者章疏得之鄭聞欲加責

顒曰大恩未報務脩小怨實非臣事陛下之本心帝曰不念舊惡卿有焉顒遂引薦汪應辰王十朋劉珙陳良翰周操陳之茂王佐王秬芮燁林光朝等可備執政侍從臺諫給舍之選又與上論自古明君使賢使愚使奸使盜惟去太甚上曰虞有禹皋亦有共驩周有旦奭亦有管蔡惟在用不用耳顒言今在朝雖未有如共驩管蔡然有竊弄陛下威福者臣亦不敢隱時方召見鄭聞啓擬除右史而外已傳播命未下陳俊卿以語顒顒問所從來俊卿云聞之洪邁邁聞之龍大淵顒乃於上前極論大淵曾覿竊弄威福上

曰朕不憚去此弊後有事大於此者卿當極言之是
日大淵覿俱被斥中外相慶上以國用未裕詔宰相
兼國用使參政同知國用事顒乃言今日費財養兵
爲甚兵多則有冗卒虛籍無事則費財有事則不可
用雖曰汰之旋即招之欲足國用當嚴於汰緩於招
可也孔子曰節用而愛人蓋節用則愛人之政自行
於其間若欲生財祇費民財爾上曰此至言也敗前
軍帥王琪每於上前妄薦人材一日上問顒胡與可
可用否顒對曰陛下何以識之上曰聞之王琪顒言
與可以事諸宦官剝士切齒琪之職將也應薦武臣

回頭與可降不敢奉詔顯退逮與可至中書令條具
本朝故事何人受將臣薦得何官與可無以對躑躅
遁去太將戚方剽軍士結宦官上欲窮治顯曰方之
罪固不容誅然有主之者上曰陳瑤李宗回其尤也
二人皆責既而御筆籍戚方家財三之二以勞軍顯
又言諸將若此者衆恐人皆自疑不若止籍其所白
放散官錢之數則邦刑可伸物情亦安明日上見顯
曰卿所議戚方事深得體上又曰建康劉源亦嘗賂
遺宦者王抃賂甚衆顯對曰臣恐賂者甚於此者乃
止耳嘗謂顯曰朕思祖宗法度創之甚難壞之甚易

顥由臣見元祐三年進士第一人李常寧廷試策其首曰天下至大宗社至重百年成之而不足一日壞之而有餘當時以為名言蓋壞者非一日遽能壞也人主一念慮之間不以祖宗基業為念則事事不省馴致敗壞上稱善顥每除吏上必曲加咨訪顥嘗啓擬王矩左司郎官胡元質右司上曰胡元質固佳士王矩曉事否顥曰矩極有才及退朝與諸公言上求治核才如此無不聳懼三年日南至上有事于南郊雷雨偶作顥引漢故事上印綬乃除左正奉大夫提舉江州太平興國宮顥即日出關抵甫一夕就寢忽

纔整衣端坐而薨年六十八以觀文殿學士致仕遺
表聞上追悼久之贈特進累贈少師謚正簡顯為人
簡易清介與物若無忤至處大事則毅然不可奪每
言當官不可不明明不可察馭下不可不嚴嚴不可
刻又曰抑強扶弱為政之道然尋事以抑之彼必怨
示機以扶之彼必驕驕且怨如為政何與林師說高
登氣槩相高登嘗上書譏切秦檜檜捕之急顯與同
邸擿令逸去登曰不為君累乎顯曰以此獲罪固所
願也與同年林宋弼厚善約以兒女為婚既而宋弼
死家單弱而顯仕寖顯然必踐前約自初仕至宰相

服食童妾田宅不改其舊云（出宋史本傳等書）
顒之兄顗政宣間與顒徒步入京師並隸太學博士弟子員金虜入寇朝廷始設武藝謀略科顗平日尚義好謀習騎射至是首中其選授承節郎隨大將劉延慶為京城東北守禦官然是時天下事壞已極金兵攻圍日急顗度其勢必不可支召顒謂曰吾兄弟被義方之訓當勉於忠孝然是不可兩全吾以受命當登陴死戰以盡臣節爾其歸養父母以供子職可也顒曰兄言及此吾亦何憾因相對涕泣而別顗遂登陴力戰死之（出何志）

棠字次魏顗之孫也以祖澤授承務郎累遷知邵武
軍陛辭奏事首乞法孝宗上問法孝宗何先棠奏孝
宗二十八年之治不出仁孝勤儉四字棠人物魁偉
奏對詳緩上和顏納之遷太府丞丐外知台州紹定
元年夏大水城幾圮棠冒風雨極力防衞期與城相
存亡而城卒賴以全選委屬僚撿禾蠲放既及分又
增放一分捐公錢遣官糴米浙西以充濟糶民愛之
如父母尋擢浙東提舉明年九月台城陷於水朝廷
以棠得台民之心亟發常平錢米遣棠措置振卹至
郎請于朝乞撥紹興府官會五萬貫米二萬石給濟

仍乞放免本州茶塩酒醋雜稅一年續有旨令崇慤
權州事仍撥降安邊所官會二十萬貫儲倉米七萬
石以助不給至於五縣冬苗夏稅盡數蠲放上供諸
色綱解並與住催乃分遣僚屬選委寄公隨鄉賑濟
以活饑餓優用資遣以撫流移既告糴隣郡以濟急
缺復招誘客販以備接續拯救尪羸埋瘞遺屍病患
者施藥治療露居者資助蓋造於是重築城堤堅牢
高厚越歲再水莫能衝突台民德之逈相率立二生
祠繪像以祝其壽朝廷嘉之增二秩直寶謨閣兼權
紹興府浙東安撫提刑未幾除本路提刑以金部郎

官召會山陰謀帥廟堂將有啓擬上曰葉棠在浙東甚鎮靜無以易之進直徽猷閣知紹興府充浙東安撫使安地有不相樂者乃屢上祠請改知太平州未幾提舉成都府玉局觀以將作監召命下而殁自號萬竹丁彥昞歷司農寺丞知邵武軍出嘉泰志

大有字謙夫顒之從曾孫也以春秋應紹定三年鄉試五年省試皆中第一授英德府教授大新郡學秩滿除國子錄輪對上首以國計諸務爲問大有歷歷指陳王音褒嘆累遷秘書郎出通判徽州召赴闕丁外艱服闋歷著作佐郎除正言兼侍讀力辭上批擢

卿言職出自朕意益殫忠藎自結主知循懇辭上面
諭自卿初對朕已識卿乃拜命首疏論儲嗣紀綱人
材為國家命脈反覆數千言又乞救民饑寬民力遷
左司諫奏抑內降保直臣罷外戚授官因奏事乞歸
上曰留卿主臺綱即當異擢遷殿中侍御史奏今日
根本之慮一曰惜名器二曰惜財力三曰惜民命四
曰惜天時不可以有警則畏無警則玩薦監省試無
知貢舉遷侍御史因侍經筵御筆大書教忠等字賜
之周易徹講錫衣帶鞍馬及賜詩以寵也大有獻
備述三策觸浙東憲臣蔡抗可大任遷右諫議大夫

辭除刑部尚書奚辭御筆云卿性質醇雅謙論和平權之大常伯職之大司寇所以示優寵也朕之待卿有加無替大有力以母病辭除寶章閣學士知溫州上又批諭云朕之用卿以其中和又云朕之念舊難釋眷懷大有不獲已奉母之官未幾丁母憂感疾終于家年四十七遺表聞上為不懌者累日大有出入館閣言路凡十餘年前後數陳百二十餘奏皆士論所歸但其排擊程公許黃師雍年子才諸人議者不以為然出溫州志等書

葉顒傳第二十四

龔茂良傳第二十五

龔茂良字實之紹興八年登進士第爲南安簿邵武司法父母喪哀號擗踊鄰不忍聞調泉州察推以廉勤稱改宣教郎召試館職除秘書省正字累遷吏部郎官張浚視師江淮茂良言本朝禦敵景德之勝本於能斷靖康之禍在於致疑願仰法景德之斷勿爲靖康之疑除監察御史江浙大水詔陳闕失茂良疏曰水至陰也其占爲女寵爲嬖倖爲小人專制崇觀政和小人道長內則憸腐竊弄外則姦回充斥於是京城大水以至金人犯闕今進退一人施行一事命

由中出人心譁然指為此輩臣願先去腹心之疾然後政事關失可次第言矣內侍梁珂曾說龍大淵皆用事故茂良及之遷右正言會內侍李琦没贈節度謚請恭茂良諫曰中興名相如趙鼎勳臣如韓世忠皆未有謚如朝廷舉行亦足少慰忠義之心今施於琦為可惜竟寢其謚嘗論大淵觀姦回至是又極言之曰今積陰弗解淫雨益甚熒惑入斗正當吳分天意若有所怒而未釋二人害政甚珂百倍上諭以皆潛邸舊非他近習比且俱有文學敢諫爭未嘗預外事異日乃疏言唐德宗謂李泌人言盧杞姦邪朕獨

不知何耶泌曰此其所以為姦邪也今大糾覰所為
行道之人備言之而陛下更須其驗此臣所以深憂
疏入不報即家居待罪章再上除太常少卿五辭不
拜除直秘閣知建寧府自以不為群小所容請祠不
允上後知二人之姦既逐于外起茂良廣東提刑就
知廣州即番山之址建學又置番禺南海縣學既成
釋奠行鄉飲酒以落之城東舊有廣惠庵中原衣冠
没於南者葬之歲久廢茂良訪故地更建海會浮圖
取寄纍露者皆揜藏無遺召對崇政殿左丞相陳俊
卿欲留之右丞相虞允文不樂會俊卿亦罷除直顯

謨閤江西運判兼知隆興府上以江西連歲大旱知
茂良精忠以一路荒政付之茂良戒郡縣免積稅上
戶止索逋發廩賑贍以右文殿脩撰再任疫癘大作
命醫治療全活數百萬賜進待制敷文閣賞其救荒之
功召對奏潢池弄兵之盜即南畝負耒之民今諸郡
荒田極多願詔監司守臣條陳募人從便請耕民有
餘粟雖驅之爲寇亦不從矣除禮部侍郎上亟用茂
良手詔問國朝典故有自從官徑除執政例明日即
拜參知政事奏事賜坐上頗奬衡及茂良曰兩參政
皆公議所與衡等起謝上從容曰自今諸事毋循私

若鄉曲親戚且未須按引朕每存公道設有譏議
宜力爭君臣之間不可事形迹茂良曰大臣以道事
君遇有不可自當啓沃豈容迹見於外請詔有司刊
定七司法淮南旱茂良奏取封樁米十四萬委漕帥
賑濟或謂救荒常平事今遽取封樁米毋乃不可茂
良以為淮南咫尺敵境民久未復業饑寒所逼萬一
嘯聚患害立見寧能計此米乎他日上奬諭曰淮南
旱荒民無饑色卿之力也潮州守奏通判不法得旨
下帥臣體訪通判茂良鄉人也同列密以省吏付棘
寺推鞫欲及茂良奏事退同列留身出獄案進上茂

良不知也上厲聲曰叅政決無此茂良遂謝不復辯葉衡罷上命茂良以首叅行相事慶壽禮行中外覬恩茂良慨然嘆曰此當以身任怨不敢愛身以弊天下若自一命以上覃轉不知月添給庶與來歲郊恩奏補幾何將何以給宣諭獎用廡退茂良奏朱熹操行耿介屢召不起宜蒙錄用除秘書郎群小乘間讒毁未幾手詔付茂良謂虛名之士恐壞朝廷熹遂不至錢良臣侵盜大軍錢糧累數十萬茂良奏其事手詔令具析俄召良臣赴闕駸駸柄用其後茂良之貶良臣與有力焉茂良之以首參行相事也踰再歲上

亦不置相因諭茂良史官近奏三台星不明蓋虛
其選耳淳熙四年正月召史浩於四明茂良亦覺眷
衰因疾力求去上曰朕以經筵召史浩卿不須疑時
曾覿欲以大資祿其孫茂良以文武官各隨本色蔭
補格法繳進覿因茂良入堂道間俾直省官賈光祖
等當道不避街司叱之曰參政能幾時茂良奏臣固
不足道所惜者朝廷大體上諭覿往謝茂良正色曰
參知政事者朝廷參知政事也覿慙退上諭茂良先
遣人於覿衙替而後施行茂良批旨取賈光祖輩下
臨安府撻之手詔宣問施行太遽茂良待罪上使人

宣諭委曲令繳進手詔且謂卿去雖得美名置朕何
地茂良即奉詔謝廓然賜出身除殿中侍御史廓然
附會觀者也中書舍人林光朝繳奏不書黃遂補外
茂良力求去上諭曰朕極知卿不敢忘欲保全卿去
後議恢復卿當再來是日除職與郡令內殿奏事乃
手疏恢復六事上曰卿五年不說恢復何故今日及
此退朝甚怒曰福建子不可信如此謝廓然因劾之
乃落職放罷尋又論茂良擅權不公播傳上旨訕斷
賈光祖等罪遂責降安置英州父子卒于貶所觀與
廓然死後茂良家投匭訟冤遂復通奉大夫周必大

獨相進呈復職上曰茂良本無罪遂復資政殿學士謚莊敏茂良平生不喜言兵去國之日乃言恢復事或謂覿客令人詠之云若論恢復必再留茂良信之廓然論茂良亦以此為罪茂良沒數年朱熹從其子得副本讀之則事雖恢復而其意乃極論不可輕舉循平生素論也深為之嘆息焉（出宋史本傳）弟史良友良皆進士子晏畏皆升朝畏值史彌遠當國修先世故怨屏不用畏亦安於退處最後除知汀州不赴孫曾堪頊等皆殖學有名云（出書述群話）

龔茂良傳第二十五

鄭僑傳第二十六

鄭僑字惠叔興化縣人唐右散騎常侍兼侍御史積之後也僑初上禮部為舉首與兄萬卿同升及自太學再薦弟僑亦貢于鄉乾道五年廷試進士有司奏僑策居第二孝宗覽而異之擢第一簽書鎮南軍節度判官歲洊飢佐帥守講求荒政凡數十事後以為法轉著作佐郎兼國史實錄院屬官吏部司封介然以靜重自守不一至執政之門以左氏春秋侍講東宮為陳大義而尤拳拳於父子君臣君子小人之際請外提舉江南西路常平茶鹽振綱剗弊不嚴而肅

淳熙八年淮浙歲凶遴選常平官孝宗以淮東昔處
宗室責成之不得人必擇一士為之僑方丁内艱未
終禫而命下服除過闕奏事首勸孝宗責躬求言遂
請米得四萬石以繼常平之乏既入境宣布上意令
民皆知有恃以活而無轉徙之思倒廩勸分增廣諸
郡糶糴循行州邑損益其未盡善而督課其不如法
淮鹽賦入甲天下歲以積弊本錢益朘所負數十萬
亭戶重困先之以身弊蠹自除逾歲所給緡三百九
十萬緡疲癃以蘇濬治漕渠五百餘里凡所罷行一
於便人利物孝宗詢知僑風績召對以為言官數對

宰輔問其來期僑以有妻之喪累丐祠未幾復提舉
江東入為禮部郎中兼太子侍講天少雨應詔上封
事孝宗以僑言面戒大臣會高宗崩孝宗欲行終喪
之制僑與聯事者參稽古今以求其當時孝宗在德
壽宮大臣欲先表請還内又表請聽政者僑曰喪不
離次禮也今雖不克如古詎可專以此請第以聽政
為詞則意自及之矣除起居舍人節伴金弔祭使奏
言陛下追復古制欲縞素三年而弔者不易服請詰
之孝宗曰夷狄禽獸何足與爭於是太子參決攸擬
宮僚孝宗曰鄭僑自好故遷侍從者皆罷兼職而僑

獨以太子請留爲左庶子尋又兼權給事中適婉容陳氏父以遷謫遷官僑封還之孝宗爲寢其命殿前副指揮使郭棣交通宦貨明無敢言僑因其進秩又于請數四論格甚直前奏事孝宗曰卿屢獻忠讜朕甚開納遷中書舍人六押制勑悉由僑手訓詞有體天下誦之差充金國賀正使至則虜王已被疾其下匿不以告將入門宣徽使傳言感冒未能視朝令使人就東上閤門進書於是館伴使十餘輩趣入僑捧書屹立徐曰東上閤門臣寮進表章之地某等恭持皇帝書來乃於此投進他日使還復命失職之罪首

領不保不若死守以全職分虜知不可屈即密告以其主病篤之意僑守益堅自朝至于日中敵色愈厲久之宣徽使復來曰使人且歸館及暮復遣吏怵脅且謂書不進何以得歸僑曰若國強我微軀且不足顧何歸之云元日將畢傳命遣回至中山聞虜來至境光宗已受禪道除給事中入見光宗嘉奬他日從官同對重華宮孝宗顧僑曰卿守節不屈舉措得宜兼侍講修撰實錄僑在門下諫官左遷降胡建節隨龍人醫官內侍橫恩論駁不遺餘力疏姜特立之姦罷添差總管除命權吏部尚書光宗曰卿在瑣闥所

論公正銓曹繁劇今以付卿進兼侍讀僑辭以長天
進德孝敬問學親君子遠小人開廣言路謹惜名器
脩政重令愛民節用為光宗言光宗常嚮納之先是
僑請更迭外任光宗不許曰潛藩舊人宜在班列事
有缺失得相裨補閱半載又一再伸懇除顯謨閣學
士知建寧府平決無留事以公使錢為下戶代夏輸
而力請損諸縣版帳之太重者移知福州尤以簡靜
致理罷義倉和糴之需減古田偏重之賦改知建康
府過闕召見勞問僑舉時事之大而可憂者反覆以
諫再命賜對所言益切光宗方虞副樞以待而僑竟

以直不果留至建康久旱之餘歲仍不登請求荒政
參以所宜蠲賦招商公私融廩所活甚衆召還吏部
辭不允三上祠請詔復任以畢荒政進龍圖閣學士
寧宗即位復以尚書趣召恨來之晚即日命侍讀尋
知實錄院脩撰日已晏再御書筵拜同知樞密院事
明年參知政事儕登二府愈益感奮不市恩不干譽
不立黨與不私好惡欲以清靜和平輔天子玄默之
治既而屢以疾求退寧宗亦屢諭留之又明年進知
樞密院事選將練兵討論軍實謹防邊備操執紀綱
法度以抑僥倖頃之復懇求辭位寧宗數遣使趣入

詔有司毋受章奏又還所上劄子循請不已寧宗手
書牘尾曰忠誠重厚朕所倚毗累丐退閑殊咈眷意
且面諭以將大用甫三月再上章求退除資政殿大
學士知福州辭曰寧宗循示以復召之意僑請平國
論而無偏聽嚴邊防而無輕信移知建康府僑先已
兩上祠請及是還里固辭提舉洞霄宮三疏告老以
觀文殿學士致仕卒僑孝友端重簡澹無他嗜好平
生所爲皆有常度故受知三朝見稱忠實或以僑帶
板機韓侂胄指爲韓黨云子守仁寅守正[illegible]寅
最知名

寅字子敬號肯亭僑游洋之潯陽人晚居郡城東子孫遂為莆人寅以父任補官歷知吉州召對言濟邸冤狀指斥權臣端平初召為左司郎中兼權樞密院副都承旨又請為濟邸立廟且言三邊無備宿患未除宜正綱紀抑僥倖汰冗兵以張國勢竟以執法守正出知漳州卒寅靜重博洽藏書數萬卷名賢真德秀李燔陳宓皆與為友燔嘗薦海內名士十二人于朝寅其一云出方大琮鐵集

鄭僑傳第二十六

林劉陳黃卓傳第二十七

林光朝字謙之少有聲場屋再舉禮部不第不復以得失為意聞吳中陸子正嘗受學於尹焞因往從之游自是遂專心聖賢踐履之學通六經貫百氏出入起居必中規矩稱為南夫子四方來從學者歲亡慮數百人其為教不專於詞章為進取計蓋以身為律以道德為權輿故自紹興以來四五十年士知洛學而以行義修飭聞于鄉里者光朝作成之也平生未嘗著書其於聖賢微旨有得於師傳者惟口授學者使之心通理解嘗曰道之全體存乎太虛六經既發

明之後世註解固已支離若復增加道愈遠矣孝宗隆興元年光朝年五十始以進士及第授左迪功郎袁州司戶參軍未上乾道三年龍大淵曾覿以潛邸恩倖進光朝與劉朔以名儒薦對頗及二人罪由是光朝改左承奉郎知永福縣而大臣論薦不已召試館職爲秘書省正字兼國史院編修官實録檢討官六年四朝會要書成遷著作佐郎進國子司業兼太子侍讀史職如故九年張說再除簽書樞密院事光朝不往賀遂以直顯謨閣出爲廣西提點刑獄淳熙元年移廣東茶寇自荆湘剽江西薄領南其鋒銳甚

光朝督二將邀擊連敗之賊宵遁帝聞之喜曰林光朝儒生乃知兵耶加直寶謨閣召拜國子祭酒兼太子左諭德四年帝幸國子監命講中庸帝大稱善面賜金紫不數日除中書舍人兼侍講是時吏部郎謝廓然由曾覿薦賜同進士出身除殿中侍御史命從中出光朝愕然曰是輕臺諫羞科目也立封還詞頭天子度光朝決不奉詔改權工部侍郎請外以朝散郎充集英殿脩撰知婺州引疾提舉江州太平興國宮年六十五卒謚文節光朝老儒通練世務負士望甚重在後省久未有建明呂東萊私謂所知曰未知此

老若爲收拾及繳駁謝廓然除命乃喜曰此舉過江後未有也先朝既殁朱文公嘗嘆曰某少年過莆見林謙之方次雲説得道理極精細爲之踴躍鼓動退而思之忘寢食及後來再過則二公已死更無一人能繼其學者矣先朝所著文詞有集二十卷陳宓序之謂其森嚴典美精深簡古上參經訓下視騷詞他人數百言不能道者先生宜數語苑容有餘劉克莊亦謂高處逼檝弓穀梁平處猶與韓並驅世亦不以其言爲過云姪成季從朱文公遊有學行嘉泰中特科終興國軍判官號出宋史本傳谷公事出莆志

劉夙字賓之莆自林光朝倡聖賢踐履之學夙與弟朔師事之得其傳夙擢紹興二十一年第調吉州司戶參軍添差建州教授以弟朔爲溫州司戶迎母游氏就養因乞與溫州教授莫沖兩易以便親從之作養人才多所成就孝宗即位召對除秘書省正字移樞密院編修官以親老屢求去無何兼國史院編修官夙曰求去以便私也美職可因而得乎力辭不就除著作佐郎輪對首論馳射近侍備准三事又以江浙水奉詔陳得失乃上疏曰陛下與曾覿龍大淵輩觴咏唱酬罷宰相易大將待其言而後決嚴法守裁

僥倖當自宮掖近侍始又及黃門謚格宰相臺諫不振職及謹邊防辨才德凡六事丐外章再上以爲荊湖北路安撫司叅議官以興化猶剩米病民請盡蠲之乾道元年以親老丐祠主管台州崇道觀三年差知衢州期年政平訟簡會曾覿副賀金正旦道衢謁夙不納後求去徙知溫州明年引疾歸甫一年卒是歲王龍學龜齡芮司業煇俱卒而夙復繼之吕祖謙悼以詩曰今年襟上淚三泣萬夫雄林光朝荅士友慰弔之書有云賓之愛君均於愛親憂國過於憂身古有遺直今難其人其爲一時名賢之所推重如此余

見翁朔傳中风二子彌正彌邵

彌正淳熙八年進士嘉泰初爲考功郎嘗爲朱子定謚曰文韓侂胄兵禍有萌使彌正知兩淮還言無故而先發天理不順無豫而輕舉人謀不從侂胄怒官終吏部侍郎子克莊（詳出名公事述著書）

彌邵字壽翁夙方盛年廢家貧有書數厨彌邵慨念先澤卧起其間不爲舉子業惟以學古爲心自六經以下莫不抄纂考論古今斷制義理一以洙泗關洛之語爲法事必求通理欲實踐自童至老確然不移少以貧食於學後棄去郡博士俞來致學俸卻不受

郡守楊棟創尊德堂於學宮以處之亦不久留及棟提點福建刑獄復論薦于朝未報卒年八十二子宬由科第知古田縣遇郊霈例授彌邵京秩誥已下悍不敢白彌邵性狷介嘗質經於陳宓評史於鄭寅問易於蔡淵自是之外罕與人接臨卒猶為諸孫講張栻癸解孟子一章所著有易叢漢考等書藏於家出莆志

克莊字潛夫少有異質日誦萬言為文立就嘉定二年郊恩補將仕郎調靖安簿以宣教郎知建陽縣新考亭祠祀朱范劉魏四賢于學雜賦糴倉二千斛方以邑最聞而言官李知孝梁成大箋其所詠落梅有

朱三鄭五之句以謗訕摭其罪鄭清之力爲辨釋得通判潮州改吉州端平初元有旨都堂審察除將作簿爲閩帥真德秀參議官改宗正簿二年除樞密院編脩官兼權侍右郎輪對言服天下莫若公今失之私鎮天下莫若重今失之輕又言權臣壞朝綱削邊將兵驕楮賤貪饕僥倖之俗不可回諸賢起而當之天人未應願堅疑初意無使邪說搖正論又言霅川之事出於迫脅向止議其罪不原其情近雖從其請未雪其冤皆人所難言尋除知漳州嘉熙元年改知袁州坐先言濟王事爲御史蔣峴所劾與方大琮王

邁同罷歸既而予祠遂擢江西提舉改廣東就升漕
攝舶奉給例券皆卻不受買田二百畝以贍仕於南
而以喪歸者淳祐四年除江西提刑訪求民瘼讞繹
獄究除將作監改直華文閣因舊任六年令赴行在
奏事遂除太府少卿既至面對三劄首言委任之失
次言誹謨之誤次言當上法祖宗使善類常合言路
常通御劄劉克莊文名久著史學尤精可特賜同進
士出身除秘書少監令與尤焴同任史事次日兼權
國史院編脩實錄院檢討官又三日兼崇政殿說書
轉對言今日之深憂莫如國本未建援引甚詳暫兼

中書舍人史嵩之服闋復舉除職予祠令克莊行詞

克莊奏嵩之有無父之罪四無君之罪七舊相致仕

合有誥詞今臣行嵩之之詞未知爲褒爲貶論奏不

已爲殿中侍御史章琰劾罷七年除直龍圖閣主管

明道宫八年除宗正少卿尋依舊職知漳州就除秘

閣修撰福建提刑以便養甫及月丁內艱方禫除秘

書監有旨趣行既至兼太常少卿在學士院兼崇政

殿説書史館同修撰時事多內出克莊言祖宗盛時

內降絶少今中外除授不由大臣啓擬求者予者奉

行者習以爲常臣竊惜之言忤當國尋除起居舍人

復兼侍講進言愈切力奏不草史宇之荅詔十二年除右文殿脩撰知建寧府改福建轉運副使以鄭發疏號職寢新命提舉明道宮景定元年賈似道還朝陞還權工部尚書兼侍講以年迫堅乞納禄除寶章閣學士知建寧府五年除煥章閣學士守本官致仕度宗咸淳四年特除龍圖閣學士仍舊致仕明年年八十三卒謚文定克莊學問充積尤長吏事而爲文名所勝真德秀嘗以學貫古今文追騷雅爲之守宣舉職不負所知晚年爲賈似道一出君子惜焉所著後村居士前後續新四集行於世[illegible]

劉朔字復之紹興三十年試禮部第一廷試甲科調
温州司户參軍與長官俱不輕許可學者輻輳其門屬
歲饑疫火焚千餘家守袁孚以朔董其事饑者與粟
病者與劑寒濱死者與褚被爲坊二命僧主醫療日
一至以藥囊粥釜自隨所活數萬人收道傍棄兒募
乳飼及聽無子者擇取孝宗初立與林光朝同召對
曰陛下何不兼納憤激敢言之士而聽許直難堪之
言因以自考察成敗得失且及曾覿龍大淵罪狀改
宣議郎知福清縣以至誠待民聽訟無留滯市食掛
錢於門民當其物持錢去會病作請祠歸再召入對

於是虞允文贊孝宗恢復士多嚮之朔極諫以爲宜選兵將廣儲峙責成於端重堪事者從容以待其變不可憑虛蹈空過爲指料決天下於一擲孝宗竦然免試除秘書省正字以疾丐外除福建安撫司參議官行至信安傳舍卒朔與其兄鳳皆爲時望所推鳳性挺特不以色假人朔則濟以和易至於輕祿位而重出處厚名義而薄勢利盡言於朝盡心於官飭廉隅公是非殆不相讓云朔二子起晦字建翁擢淳熙五年第知貴溪縣召試秘書省正字兼益王府教授尉有時望識者謂其材行不忝於其父而言官指爲

僞學劾罷之起世推慶元二年第陳北溪公門進寄書

起世之子希仁嘉定四年進士因郊有雷雨雹之異

應詔謂付授非材處置失當輕動干戈憂起蕭墻上

誤國家下誤蒼生天威警戒所在是歟且摭七事以

獻於人才尤致意焉又曰論事之臣惟知攻上躬任

事之臣惟知舉權要所言皆靡拂貴近時論壯之在

仕途六十年進爲之日少閑散之時多所薦士如徐

鹿卿皮龍榮輩多貴達而希仁乃晏以謗退官止中大

夫平生每遇遷擢必有論建身雖屏處猶上箴闕失

惓惓忠愛畎畝不忘君云出備志

陳士楚字英仲以篤志問學長從林艾軒游乾道八年登進士第調臨江戶曹攝新喻縣政大治改秩調候官縣丞相周必大薦之以國子監簿召對孝宗賢其誠實十六年差樞密院編修官紹熙初兼司封郎除宗正丞兼嘉王府直講一日百官已趣班雪大作宰相索表稱賀士楚援筆立就朝士皆稱嘆青宮開經筵士楚講周書無逸知稼穡之艱難乃進一章其說曰百穀麗于土茇萌既敷方有實三農力于田莠草既除方有秋以喻小人有妨君子之意壽皇傳諭曰陳直講說書議論精詳理致深奥誠得師儒之道

賜以金樽玉甌金錢歷寶器少監提舉江南東路茶鹽公事歲儉民饑不憚巡訪全活者衆再除侍右郎右史退葺御書閣扁陽春堂揖壺樓觀稼亭皆宸翰揮洒慶元改元除侍講四月以疾卒賻儀甚厚林希逸守莆祠艾軒綱山樂軒于城山後人以士楚侑享云（辨出何志等書）

黄繇字季野少從艾軒學志行高古同遊士自劉夙劉朔林亦之而下皆推讓焉一第而夭僅止懷安縣丞

卓先字進之少從艾軒游年十五梓鄉解屢試南宮

不利紹興四年年四十以特科調龍溪主簿歲旱疫施藥多所全活還永慶軍節度推官郡倚以治爲建寧軍節度推官歲亢旱松溪政和建陽浦城四邑仰食下流乞米府禁米舟出城先爭曰四邑非建民耶守史彊堅以是重之後以倦遊歸里卒先平生居官廉情言論據經是古與人寡合陳必鄭僑許與特甚而傅伯成尤器重之出備志

林劉陳黃卓傳第二十七

鄭厚鄭樵傳第二十八

鄭厚字景韋興化縣人唐右散騎常侍兼侍御史[illegible]之裔四歲讀書一覧千言輒成誦七八歲通辯經旨稍長下筆成章援引古今議論特舍法行士子惟通一經厚獨兼之自太學歸講學薌林從游者衆與從弟樵倡物理之學宇文虛中一見異之嘗貽以書曰士弊於科擧久矣安知亦有淵源深邃不爲俗學所潰如二公者乎紹興五年再擧禮部奏賦第一廷對六千言指陳無隱高宗聞厚姓名有詔特循兩資與陞推差遣授左從事郎泉州觀察推官嘗上奏三事曰

國勢治體兵備紹興八年以趙鼎薦召對因言御將
固本攬權之方高宗嘉納會鼎去國詔任滿日改合
入官明年至泉適鼎爲泉守事皆屬厚尋以郡吏決
死獄誤以甲爲乙與守佐皆連坐解去踰年除廣東
路茶鹽司幹辦公事歷昭信節度推官與守將討平
齊述之亂掩骼埋胔賑給流離郡賴以安改左承事
郎知湘鄉縣縣號繁劇厚臨之以公吏民畏愛郡守
部使者皆待以賓友與之談論經理未及代卒厚器
局宏遠學問該博尤善屬文以左氏爲法嘗著存古
易去彖象文言大傳以爲皆後之學易者所作又嘗

著書號藝圃折衷指湯武放代爲亂臣賊子之首論伊尹放太甲周公相成王攝政爲啓後世篡逆之禍詆孟子誦仁義而責仁義爲儀秦之雄其他立論與古聖賢相悖者尤多當時蓋嘗坐是爲臺官所劾十年不調云鄭出步(?)沈等書

鄭樵字漁仲厚之從弟也父國器太學生嘗鬻已田築蘇洋陂人食其德没于姑蘇時樵年拾陸盛夏徒步護喪歸葬自是謝絶人事結廬越王山下閉門誦習既又築草堂夾漈山以居久之乃遊名山大川搜奇訪古遇藏書家必借留讀盡乃歸晝理簡編夜觀

星象飲食寒暑俱忘專以討論著述不爲文章自負不下劉向揚雄一時名人若李綱趙鼎張浚皆器重之初爲小學經旨禮樂文字天文地理昆蟲草木方書之學皆有論辨紹興十九年上之詔藏秘府復還草堂益厲所學從者二百餘人尋丧母哀毁廬墓三年部使者舉孝廉者三舉遺逸者二皆不就紹興二十七年以侍講王綸賀允中薦應召明年上殿奏言臣處山林三十餘年脩書五十種皆已成之書其未成者臣取歷代之籍始自三皇終于五季通脩爲一書名曰通志參用馬遷之體而異馬遷之法謹摭其要覧

十二篇名曰脩史大例帝曰聞卿名久矣敷陳古學自成一家何相見之晚耶授右迪功郎禮兵部架閣力乞還山自監南岳廟還家論著閱四年通志成紀傳世家載記用舊而以年表爲譜以志爲畧十五畧不涉漢唐諸儒議論五畧雖本前人之典亦非諸史舊文蓋平生所考論者弘綱機要皆聚於此乃詣闕請對上之會車駕幸建康戒嚴樵未得見以爲樞密院編脩官尋兼權檢詳諸房文字時虜勢張甚樵言歲星分在宋金主將自斃後果然明年春高宗至自建康命以通志繳進會病卒年五十九學者稱夾漈

先生椇於學無所不通其論書則先按伏生孔壁之
舊與漢儒所傳唐世所易以辨其古今文字之所以
訛傳春秋則首考三家之文參以同異而斷其簡策
傳寫於口耳授受之互有誤說詩則辨大小序之文
別風雅頌之音正二南王化之地明鳥獸草木之實
類皆信而有證居鄉累歲不一詣守令門人束脩一
無所受筆劄雖詔從官給未嘗取也見人寸善推譽
如不及有來質問者苟可告語爲之傾倒數於當路
薦林光朝林彖增葉蘇陂以紹先志作求實齋過乘
菴苟一有利於人必力爲之詩文之屬有谿西集五

十卷子翁歸[illegible]出宋史本傳及事述等書

[illegible]

鄭厚鄭樵傳第二十八

清隱之歲仰集卷下

四

鄭黃方黃傳第二十九

鄭可學字子上號持齋露之後少孤貧由鄉薦兩浙漕試再貢禮部皆不利道武夷見朱文公從學自以稟性卞急於懲忿工夫尤力久之最稱得文公精要文公守臨漳賓禮可學以教其子弟晚年刪定大學一編曰此書欲付得人惟子上足以當之凡四方學者疑問多使可學是正而士友之南者必見可學而後行當代聞人如曾逢曾逮與爲忘年交呂祖倫李孟傳廖德明皆敬禮之前後三奉大對嘉定四年始授忠州文學是歲廖德明帥廣招致郡齋湖

南漕使曾槃㩧攝衡陽户曹道卒所著有春秋博議出事狀等書

鄭耕老字穀叔父安正少負才學篤志訓諸子嘗築書堂率閭里子弟講學一時名士多從之游耕老登紹興十五年進士第主懷安縣簿母喪調温州法曹改明州教授四明自女真焚蕩之後學陋教弛耕老更營學廬爲講説科舉之外者侍從多以通經術薦召見奏言太祖嘗問趙普曰天下何物最大曰道理最大知道理爲大則必不以私意而失公中孝宗悦親擢國子監主簿添差福建安撫司機宜文字滿秩

經歸南陂素厲聲律浮靡讀詩易庸範語孟味其深
微皆有訓釋榮利澹如也晃箕其老特奏名卧辭歸
鄭獻翁字帝臣伯王之裔也少從鄉先生黄績學皆
與朋儕私自較藝一日作三十餘論衆皆驚服第咸
淳元年進士終漳州推官王元攺物故官例起敘用
而獻翁以老病免為人豁達表裏洞然偉容貌眉目
疎秀鬚長至腹見者拭目方是時前輩舊德多已淪
謝後生頗習胡俗獻翁獨以所學傳於人故家子弟
猶賴之不墜其業顧長卿兄弟皆出其門從與黄績
之子仲元及其徒林應成輩倡仰止之學續東湖之

祀𤗋田數十畝為春秋釋奠之費年七十餘卒出貞烈王正所記

黄士毅字子洪自莆徙居吳不忘故鄉因號壺山幼知嗜學為向上事業方慶元誣排道學士毅徙步趨閩師朱文公命日觀一書夜即所見文公嘗告以靜坐勿雜與醒勿昏居數月授以大學章句終其身從事於斯著述甚富類註儀禮譔次文公書說及文集又因語錄成書分門序次為語類嘗言孔孟之道至周程而後明至朱子而大明識者以為知言出閩通

方大壯字履之廷範之裔少穎悟操筆成章艾軒二劉咸推重之年長不事場屋專心求道來文公至莆

與所學就正焉得其親傳之懿日與同志講明自號履齋文公爲書扁大壯性孝執父喪三年不出戶臨沒勉子姪養其母戒治喪無用浮屠冠衣束帶而沒學者稱履齋先生子大東字東叔弱冠文藝絕流輩年五十始與二子淯孫澄孫同拔漕解明年第進士乙科調泉州永春縣主簿卒（雜出事迹等書）

澄孫字蒙仲以字行少能文落筆若宿構者淳祐七年廷對萬言終始欲聚君子以續國氣脉明公論以強國精神又請立涪陵後鉏秦檜子孫寵史嵩之以謝天下擢甲科爲邵武軍學教授賓禮耆宿作成俊

秀會學廩贏錢及校官例務置貢士莊秩滿監激賞
所酒庫以恳去辟淮西制置司幹官入爲國子監庫
官校藝南宮坐商論去取不能下乘去添差通判南
劍州改泉州辟淮西制置司參議官適虜渡江治法
征誅悉谷之而行虜退知邵武軍邵武歲三易守蒙
仲樽節以繼乏絕拊柔循俗表倡儒行請立樵川書
院以廣教養郡最聞增一秩尋以秘書丞召卒蒙仲
初年挾才來氣既乃務爲謙和一時諸賢皆折節與
之友方大琮王邁劉克莊尤愛厚之始以文字見知
賈似道及似道相蒙仲獨求外補自放終其身子公

權守立道以道浮補將仕郎推咸淳元年第先是蒙仲臨終以世業勉公權果以詞賦魁福建漕試歷廣州教授太常寺主簿以歸景炎間興化再被元兵甫罷居戮故官遷變衣冠求見元帥唆都公權獨以大義責之唆都反降勢禮遇然公權竟不仕卒平生著述甚富時稱石巖先生出莆志

方符字子約大壯兄子少授學於叔父以鄉試上春官道考亭拜朱文公於精舍留語累夕爲作字說第慶元己未進士文公以書賀大壯云符清苦自勵窮達得喪惟命之安歷潤衢二州教授知瀏陽縣通判

徽州末上卒（出備志）

黃補字季全號吾軒滔之後父端第紹興十二年進士歷惠州教授終安溪縣令補侍官惠州時永嘉陳鵬飛適謫居于此因得師友之其爲學專用心於内而世間利達不少動其心已而以其學教授于鄉及門者數百人特林光朝講學城南補在城東幾與齊名乾道八年登特科授高州文學調高要縣尉卒有九經解等書（出八閩通志）

黃績字德遠滔之裔兄績寶慶二年進士績少凝重非衣棄舉子業慨然有求道之志始遊淮浙遍參諸

老中年還里聞陳宓潘柄從黄幹得朱子之學遂師事之與同志十餘人集陳氏仰止堂旬日一講宓柄卒績與同門友築東湖書堂於望仙門外東畔請田于官春秋祀焉讀約聚講如二師在時向之同門友又皆相與就正於績故績雖布衣然爲鄉先生三十年門人著錄牒以數十百計郡守佐博士皆加敬禮先是郡守楊楝即學宫建尊德堂以處劉彌邵暨彌邵卒後虚其堂無敢居之者至是邦人相率推績繼之涵江書院始賜額又以績兼其山長然皆非其好也晚聞趙以夫作易通與之上下其論以夫謂爲益友

績兄弟皆與劉克莊善克莊目績曰愛友績曰畏友績以獨不懼名齋克莊爲記所著有四書遺説等書藏於家平生不喜作韻語時有感輿亦自得風人之趣云績前卒有星隕書樓之西及卒又有雷雨之變君子謂績匹夫而垂死之際天變若是殆異於衆人耶出事述

仲元字善甫號四如績之子也少刻志於濂洛關閩及父績所傳潘陳二師之書抄拾唐宋名人之文凡二百四十二家文學爲時推重第咸淳進士前後五除官最後除國子監簿皆不赴宋亡後更其名曰淵

守天叟又併改四如之號而以韻鄰聲翁彥安為稱
恬然窮居深入理奧學文必檀弓穀梁學詩必三百
篇陶韋柳州推廣先志凡其口誦心授莫非仰止傳
習之懿而尤嚴東湖之祠晨必謁朔望必參二仲釋
菜暇則課守者洒掃風雨則視其蓋障雖老不少廢
年八十二卒仲元說經開與先賢異同其為文亦頗
縣深至於奇古處殆不可句云有四書講稿等書藏
於家出事述[illegible]

鄭黃方黃傳第二十九

莆陽文獻 三九 六

張林余林鄭謝傳第三十

張弼字舜元僊遊縣人性恬淡好學尤刻意於易以爲繫辭者聖人所以翼易始意其大例當在於此乃置諸家之傳註獨執經誦之凡三十年忽有所悟久而益信乃以所得大例幾百條推明爲書根象數原義理得與民同患之實用雖與前此談易者異同而用於爻象之辭一字皆有所本（出黃裳序文）是以上極道德性命之理下及昆蟲草木之微禮樂典章法度可指吉凶悔吝動靜先知有漢晉易家所不到者（出劉朔序文）紹聖初丞相章惇以其名聞并上所著書賜號葆光

慶元三年朝奉郎林伸等百五十三人列薦于守帥部使者轉以上奏勅授福建司户參軍充泉州州學教授彌鬱鬱然若有不樂者未赴官而卒出事述節寄

林彖字商卿幼孤隨母鞠於外祖陳次升家以故得盡讀六經百氏之書多聞元祐名臣出處大節與宋累朝典故後遷居真州又得事劉安世任伯雨陳瓘諸公而與任申先彖先兄弟爲忘年友所得益加於前紹興初嘗爲簽樞徐俯禮致而終不肯受其薦奉母歸閩救水盡歡母没終喪不謀婚娶曰吾有弟不至絶先人世不問家事曰吾以付二弟若復以家事

相關自安能遂吾志哉寓跡龍華寺法華菴榜所居軒曰聽雨小園曰意足日怡然於其間縣官希見其氣味或可語者時一見之非其所好扣門不納也處之四十年如一日平生身不挾俗人口不談世務足不踐舉場隆興元年春監司帥臣列薦有旨召赴行在力以疾辭其秋丞相陳康伯樞密黄祖舜并取旨令監司郡守敦促之復引疾不就於是陳孝則林孝澤皆泉衛偉人適以憲漕會閩中相繼至三數百人以象名聞參政周葵以重望鎮泉山即以孝則孝澤之狀上孝宗爲再促召亦不赴乾道四年詔特與進

士出身添差興化軍教授未一考而卒年七十自號菲齋郡志述宋志

林爾字恭之淳熙三年登進士第少有文名從游艾軒之門試教官科中首選調臨安府學終於官同邑有傅蒙者字景初少亦從艾軒學工詞賦兼五經孝宗朝嘗著萬言書上之退而講學龍池以淑後進自號與軒後以子矩恩封從政郎[illegible]

余元一字景思淳熙五年以詩學魁南宮登進士乙科娶勉齋黄榦之女弟而榦則朱文公婿也因得親炙於文公始見之日以仁義禮智信分作五論及自著

文集爲贊文公頗敬愛之嘗有答余景思書見文公別集歷官知同安縣號梅清巖終池州通判同邑有林德遇者字若時性質頗鈍一日忽發憤躋崖裹糧走武夷山中拜文公求教令日誦論語集註久之覺有所開悟發於文辭亦明暢可觀文公卒復往赴葬家居與貫齋陳沂相友善切磋漸磨卒爲鄉名士云出仙溪志

林磻字岦猷嘉定十三年登進士第少負雋聲從游者衆臞軒王邁嘗師事之官止海陽縣尉同邑林棠亨字宿西其學於天文地理諸子百家之書無不該

貫莆泉學者多從之遊而邁尤敬焉兩預鄉書奏不第
後以子有之恩贈朝請郎出仙溪志
鄭尚新字中實先世自建之浦城遷于僊遊以太學
生登嘉定十六年進士第知晉江縣建問政堂闡論
語繫於政者二十四章書于壁以便省覽又建縣學
文宣王廟闢一堂扁以尊道時真德秀守泉頗器重
之邑民相與立生祠于紫澤宮尋通判廣州監右藏
東庫遷國子書庫授都大提管卒遣命治棺衾一以
儀禮從事尚新少授業黃榦之門答問甚詳嘗考定
禮書成編名曰儀禮學要亦參質六宗及楊復諸先生

又撰禮學從宜一集居家好義有家塾義莊德秀嘗爲之記出仙谿志

謝升賢字景芳少篤志義理之學以太學生登端平二年進士第調浛光縣尉會教官闕員守委攝學事廣州濂泉書堂新成帥漕方大琮檄爲堂長提刑楊大異又檄爲桐江書院堂長其後大琮大異皆薦于朝乞充師儒之選官至興寧縣令所著有太極西銘說易通庸學語孟解大意皆推本朱文公之書嘗曰欲通道之所出以究其終則必先三書而後四書欲窮道之所入而反其始則必先四書而後三書自號

恕齋出仙溪志

張林余林鄭謝傳第三十

方信孺傳第三十一

方信孺字孚若儀七世孫父崧卿擢隆興元年進士知上饒縣以政績聞通判明州秩滿知南安軍律身廉潔事勤平易得民移知吉州罷米運力勝錢歲萬餘緡減放諸邑月斛錢歲六萬八千緡作六一堂於郡治東北隅祀歐陽文忠公捜遺墨八卷刻石其中除廣西轉運判官改定鹽法奏罷歲觧鄂請錢十一萬緡採訪鹽課利害編爲書十二條上之崧卿自治嚴接人一團和氣平居常以寧人負我無我負人之語戒飭子弟所得禄賜半爲秘書之費家藏書四萬

卷皆手自校讎嘗校正韓昌黎文集又譜其經行次
第爲韓詩編年凡十五卷刻南安郡齋出何志等劄信孺
有雋材未冠能文周必大楊萬里見而異之以父蔭
補番禺縣尉盜刼海賈信孺捕之盜方沙聚分鹵獲
惶駭欲趨舟信孺已使人負盜舟去矣悉縛盜不失
一人韓侂胄舉恢復之謀諸將僨軍邉釁不已朝廷
尋悔金人亦厭兵乃遣韓元靚來使而都督府亦再
遣壯士遺敵書然皆莫能得其要領開禧三年近臣
薦信孺可使自蕭山丞召赴都命以使事信孺曰開
釁自我金人設問首謀當何以荅之侂胄矍然假朝

奉郎樞密院檢討文字充樞密院參謀官持督師張
巖書通問于金國元帥府至濠州金帥紇石烈子仁
止于獄中露刃環守之絕其薪水要以五事信孺曰
反俘歸幣可也縛送首謀於古無之稱藩割地則非
臣子所忍言子仁怒曰若不望生還耶信孺曰吾將
命出國門時已置死生度外矣至汴見金左丞相都
元帥完顏宗浩出就傳舍宗浩使將命者來堅持五
事且謂稱藩割地自有故事信孺曰昔靖康倉卒割
三鎮紹興以太母故暫屈今日顧可用為故事耶此
事不獨小臣不敢言行府亦不敢奏也請面見丞相

決之將命者引而前宗浩方坐幄中陳兵見之云五事不從兵南下矣信孺辯對不少詘宗浩斥之曰前日稱兵今日求和何也信孺曰前事興兵復讎爲社稷也今日屈已求和爲生靈也宗浩不能詰授以報書曰和與戰俟再至決之信孺還詔侍從兩省臺諫官議所以從命衆議還俘獲罪首謀增歲幣五萬遣信孺再往時吳曦已誅金人氣頗索然猶執初議信孺曰本朝謂增幣已爲卑屈況名分地界哉且以曲直校之本朝興兵在去年四月若郡書誘吳曦則去年三月也其曲固有在矣如以強弱言之若得滁濠

我亦得泗漣水若誇胥浦橋之勝我亦有鳳凰山之捷若謂我不能下宿壽若圍廬和楚果能下手五事已從其三而猶不我聽不過再加兵耳金人見信孺忠懇乃曰割地之議姑寢但稱藩不從當以叔為伯歲幣外別犒師可也信孺固執不許宗浩計窮遂啓與定約復命再差充通謝國信所參謀官奉國書誓草及許通謝百萬緡至汴宗浩盡變前說怒信孺不曲折建白遣以誓書來有誅戮禁錮語信孺不為動將命曰此事非犒軍錢可了別出事目信孺曰歲幣不可再增故代以通謝錢今得此求彼吾有隕首而

已將命曰不爾丞相欲留公信孺曰留於此死辱命亦死不若死於此會蜀兵取散關金人益疑信孺還言敵所欲者五事割兩淮一增歲幣二犒軍三索歸正等人四其五不敢言侂胄再三問至厲聲詰之信孺徐曰欲得太師頭耳侂胄大怒奪三秩臨江軍居住信孺自春至秋使金三往返以口舌折強敵金人計屈情見然憤其不屈議用弗就已而王柟出使定和議增幣函首皆前信孺所持不可者柟自廟堂信孺辨折敵首於強悍未易告語之時信孺當其難柟當其易柟每見金人必問信孺安在公論所推雖敵

人不能掩也乃詔信隱自便杜杕火尋通判肇慶府
復奉議郎峒寇竊發詭言官兵德明措置收捕就命
知韶州至郡即封崇張九齡余靖墓擒赤水峒賊首
戮之轉承議郎知道州首禽不檢士號十虎者飾濂
溪祠作太史關表元次山遺跡俄提點廣東刑獄奏
縱屬郡久不決之訟數百千人前政所發摘禽繫守
令考罪虛實多奏釋之轉朝奉郎轉進判官遂踐其
父世職深知鹽筴利害操幹裁擇自出新智以滯計
之餘新學宮增士廩創類試院又蠲諸郡鹽逋二十
六萬緡歲舉必先孤寒小校裨將有不幸者必歸其

喪與挈遷淮東轉運判官兼提刑知真州卽北山歷水築石堤袤二十里人莫知其所為後金人薄儀真守將決水匱以退敵城乃獲全山東初內附信孺言豪傑不可以虛名駕馭武夫不可以弱勢彈壓宜選威望重臣將精兵數萬開幕山東以主制客以重馭輕則可以包山東固江北而兩河在吾目中矣坐貢降三秩再奉祠稍復官信孺性豪爽揮金如糞土所至賓客滿其後車使北時年纔三十既衄歸營居室嘬實自放於詩酒後貲用竭賓客益疎信孺尋亦死矣雜出爭述及本傳

方信孺傳第三十一

陳居仁宋棐林枅傳第三十二

陳居仁字安行父太府少卿膏娶明州汪氏女因家焉膏初為汾州教授佐守臣張克戩捍金人後知忠州單騎造曾袞壘譬曉降之鄭僧王法恩謀逆事覺或請屠城膏方為御史力論多殺非聖世事脅從者悉貸宥居仁紹興二十一年舉進士秦檜與膏有故有勸以一見可得美官居仁曰是有命焉終不自通詔脩高宗聖政妙選寮屬與范成大並充檢討官淮甸交兵魏杞以宗政少卿使金辟居仁幕下時和戰未決金兵駐淮北人情恟懼突騎大至彎弓夾道居

仁上馬猶從容舉酒屬杞天寒且釂此觴觀者壯之乃諭金人開道入李成禮減歲幣而還及杞秉國柄居仁忍貧需遠次未嘗求進虞允文欲引以為用不就允文欲與論兵謝不能退而貽書謂有定力乃可立事若徒為大言終必無成幸成亦旋敗允文為之色動嘗轉對言立國須定規模陛下非無可致之資而規模未立孝宗初頗不懌曰朕未嘗不立規模居仁奏陛下銳意恢復繼乃通和和戰守三者迄今未定孰為規模耶允文曰此正前日定力之論某今益知此言之當也進秘書丞入對論文武並用長久之

術陛下獎進武臣深得持平救偏之道然未必得智
謀勇畧之士或多便佞輕躁之徒將復有偏勝之患
帝嘉納擢禮部郎官嘗言臺閣宜多用明習典故之
士帝問其人居仁以李壽莫濟對肯數日召壽居仁
力請外乃知徽州帝令陛辭慰諭遣之至郡告以天
子節經費以惠儉瘠不能推廣聖德吏則有罪乃招
三衙軍植二表于庭有輸納中度而遭抑退者抱所
輸立表下親視之人無留滯吏不能措手輸稅者恒
得贏以歸鄰州有訟多詣臺省乞決於居仁秩滿邦
人挽留由間道始得去入對帝舉新安之政獎之請

編類隆興以來寬恤詔令有白法久則易玩事久則易怠惟申加戒飭有以儆其觀聽則千萬年猶一日帝曰名言也又言歸正忠順過於優渥而遇戰士反輕此曹出萬死策勳今老矣添差已罷廪稍半給至丐于市軍士觧體乞加優恤以全終始念功之意堅後生圖報之心帝覧之嘉歎會駕大閱白石即命再添差兩任衣糧全給三軍為之呼舞留為戶部右曹郎官命未下朝方推會要賞帝曰陳居仁治行為天下第一可因是并賞之特轉朝議大夫會樞屬闕員方進擬帝曰豈有人才如陳居仁而可久為郎乎即

授樞密院檢討文字尋爲右司遷左司又遷檢正中書門下省諸房公事歷熙左藏諸庫居仁視視案牘嘗謂有罪幸免則寃者何告誣枉者七人皆當叙復執政難之居仁退疏其寃狀上之帝曰居仁精審尚復何疑詔以旱求言居仁乞命公卿務行寬大假吏部尚書使金還無權中書舍人泛恩濫賞封繳無所避因言恩惠不及小民名爲寬逋負實以惠頑民耳名爲赦有罪實以惠奸民耳願盡放天下五等戶身丁四等戶一半從之安定王子彤乞封妾爲夫人居仁繳奏帝喜迎謂有補風教又論君人之道貴在執

要令陛下親細故而忽遠猷事末節而忘大體願舉綱要以御臣下省思慮以順精神詰旦令清中書之務權直學士院帝曰內外制向來數人今陳居仁一人當之不見其難乞詔大臣博議絕濫賞汰冗兵計當省之數定蠲除之目此富民之要術也以集英殿脩撰知鄂州築長隄扞江新安樂寨以養貧病之民撥閑田歸之進煥章閣待制移建寧府歲饑出儲粟平其價弛逋負以巨萬計代輸畸零斷稅有因告糴殺人者會赦免居仁曰此亂民也釋之將滋長為惡遂誅之觀察推官郴某貧死不克歸二子行丐于道

聞而憐之予之衣食貿田以養之擇師以教之鎮江
大旱又移居仁守鎮江請以緡錢十四萬給兵食不
報爲書以義撼丞相然後許發時密往覘之間遣羅
運於荆楚商人商人曰是陳待制耶爭以粟就糴居
仁區畫有方所存活數萬計因饑民治古海鮮港
爲石磋册徒境上蓄泄以時以通漕運治江陰姦僧
加寶文閣待制知福州入境有饑民嘯聚部分遣兵
邀擊之首惡計窮自經死治宗室之暴横甲燕毒之
復禁再進華文閣直學士提舉太平興國宫卒贈金
紫光禄大夫居仁風度凝遠處已應物一以誠信臨

事毅然有守所至號稱循吏皆立祠祀之有詩奏劄藁詩文行世子卓字立道紹熙元年進士其後知江州移寧國府丞相吳潜以故欲其一見卓謝不往潜益器之在詞掖草褫叛臣李全爵詔書至淮人益自厲又草太廟災罪己詔京師爲之感動端平初簽書樞密院事未幾丐祠以資政殿學士還里平生不營產業以貲書所洲僉鎮世綸堂閒居十有六年卒年八十六葬事不能具潜聞之貽書制置使以助其孫定孫力請謚于朝廷謚清敏出宋史本傳

宋棐字材成後埭人政和五年登第建炎初知餘干

縣盜張遇方跳梁旁郡驅掠向餘干棐率民臨水植幟聲鼓若將出迎敵者盜疑引去徙知邵武縣鄰郡寇范汝爲毛湼龍始出就招所過需丁壯負擔殘虐甚棐先寇令民遁去寇旣剽掠無所獲群課持兵乘夜入郡內棐諭之去不爲調一夫民得全活去邑二十年有語及輒涕下者紹興中入爲金部員外郎屢從幸建康時方用張浚韓世忠圖恢復棐請詔中外臣僚採訪勇力權畧之士不時擧薦以備採擇從之因留總大軍錢糧適有司窘用度兩軍號百萬棐爲調度兵食不擾而辦秦檜專政頗忌棐棐奉祀者再

及起知通州以治最聞用薦累遷主管淮東安撫公
事召為太府少卿充金國迓送正旦使還錄其語以
聞上嘉其有專對才遷太常少卿兼史館直學士院
顯仁太后崩斟酌典故一出棐手遷權禮部侍郎會朝
廷議帥以棐為集英殿脩撰知紹興府兼浙東安撫
使明年虜入淮甸聲搖近輔或欲調兵積粟嚴備非
常棐鎮以無事一方晏然力祈去除敷文閣待制提
舉江州太平興國宮凡五年上章納祿詔以通議大
夫致仕卒贈少師弟椿紹興五年別試第一衢州教
授子煜歷知循賓惠三州皆有惠政官終朝議大夫

直徽猷閣曾孫詡以祖蔭入官歷知程鄉歸善二縣遷通判汀州史彌遠當國罷歸端平初起通判廣州摧鋒軍士作亂帥臣曾治鳳棄城遁詡力備禦且以聞有旨命崔與之領州事詡佐之賊奔他境與之薦詡綿歷已深廉介有守擢知循州進直煥章閣知潮州未上卒出方志及事迹等書

藻字去華棐之從子也弱冠兩貢辟雍舍法改復與從父椿預計偕紹興初同試禮部時號二宋尋進中興十君論高宗語執政云藻所進篇篇可採遂以布衣召見占對如響高宗悅欲爵以京秩試編脩官

政府以上書不先白阻之注廬陵尉登八年進士改邵武軍教授添差福建轉運司幹官藻以汀虔循梅山賊嘯聚進銷寇六策被旨應辦大軍錢糧兵食不乏之請閒上書指陳時政牴牾故相累年不調久乃補英州學官改秩知益陽縣連丁家難進時議二十篇除江南西路轉運司主管文字會金亮渝盟朝廷分遣屯戍以藻充湖北京西招討司機宜與主帥分畫形勢西屯襄陽則覘登州東屯德安則向蔡州中駐郢州則上可赴唐城東西可援蔡鄧主帥如其請及虜犯信陽果一衄而退不復窺漢上乃悉引兵踰瓜

州藻言於主帥奏乞盡發戰艦防江面虜既殺[illegible]以
還朝廷遣五招討使分路追襲虜至楚泗究伺虜行
師有律恐我軍眛利深入為所掩乃馬上占奏土之
高宗即命班師擢藻知江陰軍金兵繼擾淮甸以眾
日夕渡江藻勞來安集至者如歸督府分屯義兵
五千人藻為營室廬峙糗糧金兵既退諸州米價翔
湧疫癘盛行獨江陰無恙父老守闕上書頌治狀孝
宗即位除提舉浙東常平茶鹽公事陛辭慰勞甚悉
至官未期重造明越渠湖廢堰更敘三衢義倉罷猾
胥六百六十九人永嘉有風濤之變藻被旨賑恤躬

行阡陌瘞死骸七千餘發粟寬租捐竹木之稅便民與造又奏以絶戶之產分恤孤惸勞績上聞四膺召對所敷陳無不開納坐弾劾温州守臣為權貴所擠力丐休致得祠而歸藻自布衣寤主以忠鯁自奮剛毅寡合其在家雖妻子不見笑容居官以身臨民未嘗少自恕後除守漳州又除提舉江東皆不拜結廬囊山先塋之側以讀書自娛比没告諸子曰余平生操履無負所學今老矣復何恨但易解未成耳年八十二卒贈太中大夫（出茅齋事述）

鈞字茂洪藻之孫也幼警敏精厲長博涉經史過

眼不忘登紹熙四年進士調晉江尉瀕海多盜鈞捕
有方以能賞改承務郎授荊門軍簽判移廣德軍討
究征賦源委告部使者裁其額知南海縣考核精明
丁口登耗升降必以實民不能賕吏為奸教育秀艾
擣鋤奸強政聲奕起通判饒州楮幣更列郡過於奉
行告訐滋熾鈞抗疏極言展收換之期寢編籍之科
召為太府寺主簿尋知嚴州首請乞蠲淳安經總制
錢五千緡次第蠲損他邑無名征斂起義役買腴田
以贍其用課最累遷右曹郎官改左曹總領淮東軍
馬錢糧寇入光州鈞策虜無能為當下詔進討重賞

以招降附清野以待饑勞分兵迎敵東擊西應毋專守地分人自爲謀又言宜暗江淮之篙工罷溫福之防托別造防江輕艦數百艘上下采石瓜洲間以備策應多見采納兢遷司農少卿後以朝奉大夫直敷文閣再知泉州泉舊隨歲運數納台信建昌邵武上供銀大爲民病鈞手疏乞泉與四州從初賦從之荊局講荒政乞借撥樁積及通放平江鋪舫小商貸本巨家勸分而米大集斗斛便宜分等糶濟幼瘍孔疾與醫道恙者續粥藥所活爲計除海苔蠣房葵菲鹽鮭等稅蠲閣諸色逋賦捐倸代輸畸零之户民盡像

祀之以父喪罷歸服闋直顯謨閣經略廣東進秘閣修撰急民隱盡下情以貸族悍戾剽爲權卒成壽昌南人善水既除境内之盜又免番吏之勞一舉而三得會虜擾淮甸朝廷以鈞暢曉邊事趣還未行卒年五十八鈞性孝友其學問以行已爲本濟時爲用三國六朝得失成敗之數歷歷如身履凡江淮攻守大勢援古訂今具有本末以實學圖實政君子惜其所施未竟其蘊云予應先朝請郎通判泉州行事述墓誌

林枅字子方孝子攅九世孫也伯父孝淵崇寧五年進士歷桊州南劍教授王黼當國以同年屢遣堂吏

屈一見曰要職可得也孝淵曰有命竟由選格歷建
州通判改泉州時福建二州殺其守將泉卒亦習亂
慶化郡守而信孝淵一言不敢暴提舉舶事邵邦建
以其材術疏通吏事詳練有綏靖兵民之功特薦之
嘗按收舶貨歸吏循例取一匣腦以納孝淵[illegible]反船
庫父孝澤宣和六年進士歷知南康軍提舉廣東市
舶有番嫗蒲持琭巽以賂禁掖為子求官中人助之
孝澤曰他日三佛齊以非時請入貢明主猶謝遣之
今以一賈婦使朝廷廢二百年互市成法可乎上書
力爭固持不遣就除轉運判官知漳州清介特甚至

不用官孀於私室遷提點廣東刑獄力辭除直秘閣與祠朝廷每選守重藩名郡必及孝㶚以老不欲勞之年八十餘卒栟擢紹興二十一年第召對首言持祿固寵之臣似無過而緩急無所用骨鯁讜直之臣似無用而大節不能及又言兵强財豐未足恃所恃者得人心得人心者脩德而已翼日孝宗語宰執曰林栟盡忠實除祕書省正字與脩中興會要遷校書郎求補外知信州陛辭論清議者忠臣節士之所慕而權倖讒諂之所憚也柰何惡之又言祖宗之法不用武人爲大帥必用文人爲經略以總制之今内郡

之守百里之宰皆用武臣參之則方面專制又將付之何異唐之季世乎析至郡裁驕兵以法斥公帑代輸物力錢民德之提舉廣東常平茶鹽就爲轉運判官移使江西發漕司緡錢三萬六千助諸縣歲計除豫章疫死者浮瘞三千爲冢六百九骨函五百餘瘞其士大夫貧不能自瘞者三百瘞會泉州決守臣孝宗於班簿中求一風力之士補之遂以從析泉爲會府訟牒盈庭剖決無留舉行荒政條其病民者刻之立三賢堂祀姜丞相秦隱君歐陽四門召除直秘閣福建路轉運判官申歙汀州無額經總制錢等第減

放寧化泰寧兩縣苗米論漳州于斗司收諸絶産爲
除谿諸縣稅色有旨兼領泉州光宗即位召拜吏部
郎中未幾除直煥章閣江東轉運副使奏蠲廣德建
平和買多取之額改知慶元府直徽猷閣知福州壁
城四千丈卒於福州枅官雖不登禁從而持節分閫
所至有聲剛方廉介濟以仁慈吏畏民懷爲當世所
稱道云（莊出何志等書）

陳居仁宗棐林枅傳第三十二

方吳李丁林傳第三十三

方大琮字德潤慎從七世孫也祖萬擢紹興三十年
進士大琮以詞賦爲開禧元年省試第三人授南劍
州學教授授首封羅仲素墓爲江西轉運司叅議官決
獄平允改知將樂縣式楊時廬祀八賢于學丁外艱
服除知永福縣值兵饑守隘立栅禁遏發廩無虚日
時延名士講論文義丁内艱起復累遷太府寺丞蘇
民競園田久不决張椿年爲王府按佃堂帖下所給
據大琮曰椿年直欲奪百姓飴盌耳惡知愛國愛上
府我持不可歷秘書郎著作郎除右正言首疏曰雲

川之事向也天地宗祖猶察陛下之不得已今威福自己出矣而元年御筆有曰立嗣一事難以輕議二年御筆有曰衛王功茂深欲保持其家一則如待深警一則如撫愛子又曰秦王子孫蕃盛今亦餒無主捐死勤瘁致仕今班橐賜第又曰通天地間一氣耳二相不咸諸閫不恊叛卒之變殺旅之開啓氣之流注激射也誠能宣明洞達此歛不留特其精誠感召此盤自弭矣別疏言故王之寃不雪他日所虧恩者皆可保乎權奸之罪不討他日豈無貪功者乎因極論天下大勢適理宗不御殿封上之踰月入對理

宗曰權御言官論當體國大琮曰臣所言無非體國
出疏奏之有曰理亂安危自君心始格其非者在大
臣救其淵者在諫臣又以女寵侈費爲戒遷起居舍
人直前奏事且曰淮南之封尚稽輸臺之悔不聞陛
下何不自爲其所易然後責群臣以所難兼國史院
編修官實錄院檢討官奏乞還魏了翁以重朝廷兼
權直舍人院先是有諫言綱常者竄謫相望及理宗
親政大琮致言復故王爵召用諸老於是言路稍開
殿中侍御史蔣峴惡之疏劾王遂劉克莊等以大琮
爲魁僻請置重辟大琮遂罷去主管紹興府千秋鴻

福潤州進太進寧府中發嘉熙四年除秘閣脩撰福
建路提舉運判官時歲荒首發常平倉賑糶自鄉邢始
上司州委寄士恭札捕冗雜事淳祐元年改集英殿
脩撰知廣州廣東經略四年加寶章閣待制并斥依
六年進直學士因任大琮在廣五年百廢具舉以燕
司儀盡送三學用朱子所定更造冕服爵組樽罍
笙簠簋鎛編鍾以足其數取英韶石爲磬行釋奠鄉
飲以禮義化人期盡變其故俗抑捕鈴巫衣衣錢紙
借水軍出戍糧米改創清海軍門樓改知隆興府命
下卒謚忠惠大琮外溫和而內方嚴平居抑退言不

出口至立殿陛爭是非可否雖貴有不能奪弟大鏞
大與叅卒大琮經紀孀幼恩義無盡有奏議外制雜
著若干卷子演孫字景行弱冠與其群從十一人同
援甲午胄薦調建康府粮料院從王埜辟制置司幕
官以秋苗例入返府爲修倉之助添差通判南劍州
剖決滯獄如流攝邵武軍屬江閩告警外鎮内撫人
情帖然增郡帑舊儲二十倍創學田百餘畝景定更
化除諸司審計當對傷父大琮坐言濟王事老死遠
方乃疏曰舜有有痺之封周公有蔡仲之命陛下之
聖豈愧古人三十年間因循未行者存亡繼絶之一

事耳反覆數百言累遷太府丞請外知建昌軍度宗即位陛辭為上言皆闢蔡新政之大者役申繼絶之請至郡首尊李曾二先生之學以表厲其風俗華闌社結集新推排圖帳計所役賦入及積鹽酒息得楮三十五萬以代四邑下戶之輸并補前此預借之數孽婦張氏倚勢為一方害亟聞于朝盡籍其産移守贛州為張婦擠罷然張卒抵罪演孫歸奉雲臺崇道祠俄而蕪湖潰師國事不可支演孫雖家居猶運粟以助京師集民丁以固鄉邦之守禦即家除工部郎官廣王襲位福州召除軍器監司農少卿進大司農

演孫權宜措置以輸危急用是病日亟景炎元年九月卒年六十四演孫律身莅官名能守家法侍父大琮跬步不離大琮鎮廣命演孫入京銓注既發大琮卒演孫走田扶櫬悲號哀動行路至於置義倉建義學爲時所重云出名公弟述

吳叔告字君謀水南人曾祖翊成忠郎建州都作院使父元度累贈中散大夫叔告與兄伯脩同貢于鄉端平二年理宗始親政策士于廷叔告以發強密察爲言理宗覽而異之擢爲第一簽書威武軍節度判官廳公事累遷秘書郎輪對首言今虜氷合未來交

口談清野之效祼享偶霽動色稱格天之祥大臣百執事循默容身者多慷慨許國者少又言邪封曲徑借曰御筆奏篇東閣報曰旨依室垂磬而襲承平之用度家四海而事藩邸之繕營四年差考公試遷著作佐郎兼權都官郎官以親老丐外知撫州其治以正風教扶善良爲先稽簿書覈隱漏以佐糴本造官舟代募舟以貲爲郎者代郡胥部押言者以爲罪叔告丐祠不允尋除刑部郎以不善迎合爲中外所攻寢新命貶一秩淳祐三年復元階六年差知袁州明年召奏事十年再除刑部郎知漳衢常三州改嚴州

自臨川罷歸食祠者三召者再予郡者五皆不果行景定二年始召除尚右郎官入對言天下萬事其本在人主之一心心不一於我則二於物向湖廣淮蜀四面皆敵今瀘城歸漣海復山東版圖再入職方儆戒之意得無困是少怠樂身之事得無有切於心乎兼國史院編脩官實録院檢討官差殿試覆考官四年除大理少卿丐外除直寶章閣提舉浙西常平事有仕者挾權貴求辟舉叔告曰冗員不可增某人不可舉是冬召奏事再祈免得請歸裝瀟然明年卒叔告性狷介少和寡合器重之者多而仇疾之者亦不

必云（出名公事述）

李丑父字良翁德昭從曾孫也父宗之通判邵武軍以文名諸史百家口荅疑問人以書廚目之丑父幼穎悟讀書迎刃而解出語輒驚人既授室獨寢夜誦達旦善屬文劉克莊王邁方大琮見大奇之年四十一始領鄉薦端平二年擢第調邵武司户參軍添差通判福州丑父嘗攝福州教授士聞其來皆喜遂兼領學事丁大全當軸丑父忤其意遂罷予祠遷著作郎權禮部郎官踰月班對草兩疏首言苛征戚畹黷貨聽讒四事次言競修二習皆切時弊理宗悉嘉納

之請外提舉湖南常平義倉務存繼絶戶決孀婦久訟條社倉舊規桂陽有王媪者虜禍時八口爲豪襲所殺丑父爲直其冤方謀欲劾西全寶慶兩守會事露爲臺疏劾罷昇祠卒丑父篤實清脩温良和易胷次灑然與人無新故一語必用情所得禄賜僅自給而銖積其餘爲義廪與弟姪共詩文温潤清新有集藏於家出事述

丁伯桂字元暉祖彥先景祐五年進士官終秘書郎知縣事伯桂兄弟八人伯林伯韡伯梅有聲場屋皆貢于鄉伯杞卒於太學生伯桂擢嘉泰二年進士累

遷樞密院編脩官端平改元拜監察御史二年冬除秘書少監三年遷監遂爲起居舍人兼中書舍人嘉熙初除權吏部侍郎遷給事中皆兼史職方史彌遠當國陳宓鄭寅之流皆不安於位於是朝無莆人彌遠使伯桂始爲御史在言路二年諫疏盈篋皆力扶世道切中時弊後雖出臺然轉對奏事指陳愈峻韃靼入寇伯桂言不宜徬徨動色宜凝定以應事變又言陛下本好賢受諫近者言官忤旨至形詞色疏多留中易置諫官御史如奕棊此致異之大者又言韓休后戚除節度使致仕議者謂曷不移此募戰士以

取韃首之首陞美人進封親屬奈何加恩至百餘人咸人所難言未幾卒出后村文集

南一字宋傑伯杞子也少爲伯桂所奇平生頻蹶塲屋寶祐元年年五十七始奏名別院廷試以累擧恩陞兩科調福州懷安尉公族有僦居以婦墮胎告屋主者南一辨胎以藥墮坐誣民有負逋自經者子訟債主南一曰汝父縊死矣誰斷其舌搜其家得舌於圃民有溺死者父訟主家南一曰兩手有泥沙自游也人皆服之然以介特忤外臺改東莞監稅帥使辟于強曰此非所以況儒者欲處以他職力辭尉卒請

盜盜兄以爲辱已橋弟至死誣失主殺之南一辨盜與失主未嘗交手篙師驪衣墮水死毋誣舡主南一視衣果在手子強薦之于朝復以忤外臺劾罷貧不能出嶺嶠南士人率子弟行束脩師事之漕使鄭協辟爲廉泉書院山長洪天錫至檄攝海陽州學教授蕪文公元公兩書院山長潮州方喜得師而南一以悼亡歸矣自號斗軒嘗彙伯桂諫草爲若干卷謚

林彬之字元質其先福州人徙居莆彬之少與王邁方大琮齊名端平二年擢進士第擢監察御史兼崇政殿說書首疏天命人才民心次言括田之害曰今

興利於利源既竭之後立法於法意將盡之餘以
一樞翼以群小恐利未興而害先及又論皇祐中太
常博士張述請立皇嗣語且曰今陛下春秋過於仁
宗皇祐時決大議立大本尤不可緩又言彌遠用鄭
損棄關而基蜀漢之禍嵩之召北兵入城而兆襄樊
之變今主兵之臣以閉門自守為上策運米浙江以
餉兀坐之兵竭財大農以守不耕之野徒曰虜來則
去可以苟安豈不中其藏水困魚之計九年春雷電
大作積陰彌月彬之以為必有召怨於民者民怨釋
則天意回矣遂極陳科抑榷法括田三害其夏四月

朔日食彬之又抗言扶陽抑陰三事十年遷左司諫會何冬雷又言一陽方復内卦爲震而有雷聲之異豈天以此示警爲國本計乎理宗曰朕志已定十一年春將有事於明堂史嵩之規爲相彬之力言乞扶公論讀疏未畢上曰嵩之斷不復用十二年除殿中侍御史仍侍講首疏攻臨安尹檉利病民卒移尹越州又言繼尹余晦不當以私意廢右庠士致三學族堂而去罷之後言廢晚數人除權工部侍郎徑出關上遣都司諭旨乃就職爲殿廬詳定官每緣經義以規切君德時政會遣余晦諭蜀彬之言晦不可遣丐

外以集英殿脩撰知婺州景定三年以先朝耆舊即家除寶章閣待制命未至卒彬之事繼母孝始終無違言居家有撿束立朝無附麗平日謙信若無異同者及至榻前陛下爭辨是非寧忤不辱安於清貧食不重味身無鮮衣自少至老不輟披讀云雜出名公序述

方吳李丁林傳第三十三

王陳丘許余傳第三十四

王邁字實之自號臞軒居士僊遊縣人父鑑擢紹興元年第終古田主簿邁幼穎悟強記俶儻有奇節年十一二下筆已驚人既冠以文謁鄉先正傅誠誠嗟異謂他日必以文名世嘉定十年進士第四人授潭州察推再調浙西帥幹考廷試詳定官王元春欲私所親寘高第邁顯擿其謬元春怒嗾李知孝誣邁在殿廬語聲高免官調南外睦宗院教授真德秀再守泉州邁竭忠以裨郡政召赴都堂審察丞相鄭清之曰學官掌故不足浼吾實之屬德秀知貢舉邁為初

考德秀以邁謫決見佚凡予奪升降多咨焉俄召試學士院策以楮幣援據古今攷究本末謂國貧楮多弊始於兵乾淳初行楮幣止二千萬時南北方休息也開禧兵興增至一億四千萬矣紹定有事山東增至二億九千萬矣議者徒患楮窮而弗懲兵禍姑以今之尺籍核之嘉定增至二十八萬八千有奇兵寡謀之人試直究之說能發而不能收能取而不能守今無他策核軍實塞邊寡救楮幣第一義也又言脩內司營繕廣內帑宣索多厚施緡黃濫予嬪御若此未嘗裁樽徒聞有括田榷鹽之議若向使二者可行

故相行之久矣更化伊始柰何取前日所不肯行者
而行之又因楮以及時事言君子之類雖進而其道
未行小人之迹雖屏而其心未服德秀病危在告謂
陳琮劉克莊曰實之策好進德未已數月喬行簡再
相或傳史嵩之復用遽上封事曰天下之相不與天
下共謀之是必冥冥之中有爲之地者且舊相奸憸
刻薄天下所知復用則君子空於一網矣又言吳知
古陳洵益橈政輪對言人主不可欺天人臣不可欺
君陛下亦嘗自省惡旨酒果如禹乎不邇聲色果如
湯乎戚里果皆陰興乎北司果皆呂強乎抑猶未也

非欺天歟又言陛下厚權臣之恩而愁然於同氣之忿此欺天之大者邁由疏遠見帝空臆無隱帝爲改容言者劾邁論邊事過實改通判漳州會禋祀雷雨求言邁應詔畧曰天與寧考之怒久矣麴蘖致疾妖冶伐性初秋踰旬輟不視事道路憂疑此天與寧考之所以怒也隱射斛絕僥倖尊寵紀淪法數上行下效京幸外兵狂悖迭起此天與寧考之所以怒也陛下不是之思方用漢災異免三公故事斥顯在廷莫知所付遥相崔與之臣恐與之不至政柄似有所屬此非道否泰君子小人進退之機也於是臺官李大同劾邁

交結真德秀魏了翁洪咨夔以收虚譽削一秩免將
峴劾邁前疏妄論倫紀請坐以非所宜言之罪削二
秩久之復通判贛州福州建康府信州皆不行淳祐
改元通判吉州右正言江萬里袖疏楊前日邁之才
可惜不即召將有老不及用之嘆帝以爲然有尼之者
遂止知邵武軍在郡詔以亢旱求言邁驛奏七事而
以撤龍翔宮立濟王後爲先時清之再相以左曹郎
官召立辭以直秘閣提點廣東刑獄亦辭改侍右郎
官諫官焦炳炎論罷予祠卒贈司農少卿邁以學問
詞章發身尤練世務易被戒潭人曰此君不可犯奪

勢家冒占田數百畝以還民李宗勉嘗論適然適評
近世宰輔至宗勉必曰賢相徐清叟與適有違言適
晚應詔謂清叟有人望可用世服其公云從宋史本傳等書

陳讜字正仲祖驥字德純少與直講張讀參政李邴
相厚善元符三年以舍選登進士第歷官宗學博士
時附蔡京者皆得美官驥與京同里不肯一見外除
通判溫州以清白聞父豐字宜中以父蔭補官少工
文詞嘗作蟠桃賦贄見李邴邴大奇之初調建州戶
曹既而以詞賦魁福建漕薦第紹興十八年進士乙
科又中博學宏詞科差泉州教授丞相陳康伯薦其

學識高明足以通達國體文章典雅足以潤色皇猷除
刪定勑局方有所纂修或勸豐供職即得改秩豐不欲
躁進以疾辭寵堂高之次冬書成奏上改宣教郎累遷
國子博士時宰執皆知己豐每進見必推引寒畯未嘗
少及私孝宗登極令諸路監司各舉循吏二人豐居其
首親廷處以湖北提舉豐不欲遠去俯就南恩守自效
蒞官清儉無絲毫優適歲旱瀝詞禱雨有云願俾微臣
特損數年之壽乞令闔境普沾三日之霖天果大雨是
歲卒于官民爲巷哭立祠祀之累贈特進諡年十二爲
山寇掠去露刃脅之不爲動官軍至賊驅迫以前諡伺

間投峻崖下以出無毫髮傷眡平而歸宗族鄉黨皆壯
之弱冠入大學力辭父捧表恩所得官以予其弟諒陰
興元年登進士第主甌寧縣簿調泉州教授累遷右司
郎中寧宗知其誠實可用除殿中侍御史因事而言不
訐人過不獲已有所論擊亦但直指其事不傍及私慝
以論劾忤特相陳自強意徙太常少卿猶兼侍講俄遷
起居舍人力引退直寶謨閣奉祠而歸居半載起家江
西提刑召為太常卿尋除兵部侍郎與權臣書（權臣舊志不著其名以此時考之殆韓侂胄也）極陳用兵利害大畧謂虜勢雖弱未可
輕視故疆可念未易立取方今之計莫若先守禦之備

後攻取之圖庶幾有萬全而無一失不見聽遂乞補外以集英殿脩撰知寧國府未幾除敷文閣待制提舉江州太平興國宮嘉定初元再乞致仕封清源郡侯食邑一千一百户年八十二卒贈通議大夫譏於群籍無不該貫賦詩屬文不爲險語而雅有典則尤工書法其大字遒勁處不減蔡君謨與人交無隱情而樂道人之善家素清貧有田數十畝兄弟共之力成安利石馬二橋以惠行者自少至老士林推重惜嘗攻僞學爲世所少云弟諒字友仲以父蔭補官調永春縣尉改僉書清海軍判官遷知古田縣一意撫字不忍苛取人號爲佛子

及解歸帑藏無羸餘司財賦者以此沮諒朱文公言於帥曰陳寀廉吏也若以此過遏何以爲爲善者之勸通判循州慶元初改知潯州郡舊無貢院士冒江灘之險附試于藤諒至始爲申省部立貢院潯士德之帥李大異嘉其能辟知象州卒于官出名公事迹

丘與宇明遠祖惟濟嘗勸陳洪進納土叔祖隨慶曆中蔡襄將漕本路舉入行不就勑授將仕郎守本軍助教與倜儻有大志嘗過紹興守李光館之一夕有告州卒爲變者光倉皇咨所以處之與告以急取兇酋二人首標置城門諸營帖然紹興初詔舉山林遺

逸有謀議可裨國事者赴都堂議事詔以與克逸進
書數十萬言皆恢復大計得旨堂察見丞相呂頤浩
乞留諸軍於鄱陽池陽兼引淮東全軍退保鎮江建
康太平諸軍及論上流軍募防秋處湖賊利害二十
餘劄頤浩大奇之薦淮甸有警頤浩都督八路與以
布衣入幙有功奏授迪功郎除湖北安撫使司幹辦
公事丞相張浚辟充都督府營田司幹官改秩除三
京宣諭司幹官時逆虜王威寇掠郡縣乃請於宣諭
方庭實單騎造威寨諸賊露刃以俟與撫諭有方威
郎擁衆羅拜曰生我者宣諭也後劉錡帥荊南奏辟

陛下嘗與論兵銛嘗曰吾生長兵間知兵者惟于
蓋天授非紙上語一日沅州辭降四四十七人閤府
咸謂宜殺負與曰溪洞嘯聚附或有之既降而戮永絕
招懷之路信皆萬世乾坤也此而失之何以立大臣
銛感而聽焉曰參議當於古人中求之奏貸其死分
隸諸軍後多立功至顯官者除登聞鼓院因言事忤
權臣出守真州累贈中大夫孫徽之字彥錫登乾道
二年進士第授廣州番禺尉嘗有監扶胥鎮者以権
稅苛取爲豪民訴丁漕臺命徽之廉其事徽之謂武
人舉事動觸典憲理在可恕委曲具上漕使謂其厨

司丘尉君子長者人也廣多獨發凡三獲強盜未嘗希賞考調肇慶校官湯邦彥論新昌日以啓遺徵之有高若子貢不受賞清哉鄭虞爲廣文之句官至循陽通判以朝奉大夫奉祠出仙縣志

許巽字少陽以禮學魁鄉薦第乾道五年進士知歸善縣尉有捕民爲盜者巽驗問非實不爲理尉囊橐上下必欲成賞太守入其說廷詰巽巽曰行法在太守執法爲有司守不能強詞提點坑冶司主管文字泉使宋之瑞欲薦巽以書令條上泉模利害巽曰某書生安敢言利之瑞歎嘆秩滿累遷秘書郎力請補

外知滁州時監司及郡郡皆有互送每月不下三百餘緡巽以非法所當得盡歸之公帑胥吏畏服有以白金餽吏亦不敢受曰秘書知之措身何地除成都提點刑獄固辭乞郡改知漳州縉紳高之未上召赴行在卒於建安道中巽嘗曰居官之要清字作根本鶉衣鷇食便了一生何暇積聚爲子孫計人號石耐貧翁官終朝散大夫子彥爲嘉定元年登第（出仙溪志）

余崇龜字景望與兄元一同年登進士歷官司農丞賜對便殿除秘書丞兼權工部郎官時韓侂胄專權蘇師旦寄聲邀崇龜一見欲處以要津崇龜嘆曰是

身御史古人所耻今日言路不得行志况一登厮役之門則遺臭百世歸歟吾身可也兹職甫兼旬進書恩賞在即力丐補外知江州歲旱舉家蔬食爲民祈禱已而果應屢遷樞密院檢討文字侂胄敗丞相史彌遠奏曰自權臣專政士夫趨附中立不倚在朝士中獨崇龜一人即日除監察御史入奏其畧曰名器天下之公共也比年以來率以私懷權臣奴隸官或至於建節内官家奴寵或至於僭踰有自檀郎不歷州縣徑尹天邑有自初官不歷外任徑登内地名器冗濫有如此者士夫風俗之倡也私意一起廉耻道

衣伺候於權要之門庭廢職事賂典客冀得一見以爲榮歸誇於權臣之厮役稱門生呼恩府敗壞風教而不恤或身叙譜系或願締姻連士氣卑陋有如此者上可其奏嘉定改元令侍從臺諫禀議北虜議和要求韓侂胄函首事廷臣盡主其議崇龜獨以爲侂胄之罪固不可逭然函首送虜辱國甚矣遂不從議尋除兵部侍郎兼權給事中卒年六十一贈通奉大夫子日華字君實第嘉泰二年進士歷官知潮陽縣以除強宗不勝爲其所陷邑人惜之日華平生嗜讀書尤工文翰所居有擷英閣藏書萬卷雜以法書名

晝日坐其間繙閱吟詠以自娛樂云出墓誌

王陳氏許余傳第三十四

（台）甫陽文獻傳卅四

九

姚宗之薛元鼎傳第三十五

姚宗之字元仲興化縣人早歲以文學爲鄉先生鄭厚所稱許第紹興二十七年進士授吉州司户參軍諸司知其才交章論薦乾道五年擢國子學録稍遷太常博士兼權吏部郎官請禁援例乞陳之弊惟一遵成法進將作少監輪對上言三事一論今日法令貴嚴而不貴寬制度貴質而不貴文任相貴遠業而不貴其細謹用將貴成功而不貴其無過試人貴職事而不貴其空言謀事貴十全而不貴其欲速二論節度之官祖宗未嘗輕授今之將帥爵極欲滿一旦

有事閫外處高堂大厦者難於行陣驅馳溺歌童舞女者難於士卒甘苦願陛下以奔走豪傑爲用將之術無極其餌而滿其欲三論國家方經畧中原泛使必時遣焉用非其人徒辱命耳乞特置奉使一司選擇堪任者儲之以備緩急之用上稱善再三左司張栻兼侍立官問其奏對語稱其議論剴切有古爭臣風宗之以親老求外遂提舉福建路常平茶事復改東浙常平詔覈實常平米因建言平糴廣儲乃所以賑貧乏救水旱而追呼箠楚嗟怨之聲上干和氣或至於召水旱昔號爲仁政今轉成弊法願以新易陳

每歲兑易支遣應幾賞數常存以爲荒政之備上可其奏移江南西路提點刑獄以母老請祠便養未遂而母卒宗之葬亦卒宗之剛方廉直非親苹與人忠嘗與時宰書以爲鱗次皆番蝇頭細字繆爲恭敬去忠信逾遠頗以此取怒於人宗之略不之卹有戚里進位樞筦慶者盈門而宗之獨未嘗至每語人云事惟公故明惟勤故敏運使方拱卿稱其言可以爲箴官之範于渠建州錄事參軍溧陽縣尉出將洋志

許元愚字叔雲祖蕃宣和三年特科元愚幼警敏四歲日誦論語數百字十二三歲能屬文鄭厚嘗命之

爲文璞曰此郎學根於道後來之俊也第紹興三十年進士調惠州教授以母老請祠歷兼權户部左曹郎官轉對上面諭之曰聞卿頗留意職事民户詞訟一一料理書生能如此可喜也元鼎奏謝進陳民事利害劄子五上上又曰卿不惟留意職事議論亦自疏通翼日有旨薛某留意職事昨日輪對觀其議論不似閩人遷秘書丞除軍器少監兼太子侍講是時泰安在東宮（泰安光宗爲太上皇所居宮名）元鼎講解卦大象泰安首肯之喻元鼎曰講解甚明深有開發淳熙元年兼權國子司業元鼎力援更迭之制乞先外補踰年除

提舉浙西路加直秘閣上諭元鼎曰以卿勤講東宮勞甚特畀道山寓直之寵被旨相視太湖元鼎親御舟沿江上下盡得江流曲折壅遏之狀奏開運河五十四里爲公私之便役成轉朝奉郎元鼎曰吾以利民耳豈敢以勞希遷乎除户部左曹郎官時有長户部者獻貢籍之説元鼎被旨往秀州欲以一州歲計綜覈其贏縮以爲天下準平諸公皆難其行議者以爲此法果行民受其病元鼎至秀州還以其所詳究本末源流敷奏曰但見郡縣窘束不見有餘於是上可其請曰卿真實才而物議亦愈歸重頃之除吏部

尚書左郎官遷起居郎兼太子左諭德上益嚮用之
而元鼎復求補外上曰卿何故求去元鼎對以母老
上曰朕方欲用卿母老必須有福由是不敢言五年
暫兼權給事中一日直前奏事上云卿眞直諒多關
甫旬浹有母之喪上聞嘆惜曰朕方欲大用之即遣
中使傳宣有仰辭其節哀自衛以俟他日擢用之語
畀眷也元鼎護喪歸將及境以病卒有講義并詩文
集藏於家出事述詩書

鼐字君立元鼎次子甫晬而孤母鄭氏携依外家教
養幼有志略工文詞嚴州教授李天隱器之至元初

值亂夫母所在鸞號泣禱于神得吉卜遂裹糧出訪母果無恙已而户外事殷征繇趣迫勉受欽廉使尋以母老辭母喪服闋遂不復仕因號鐵耕道人有故人航海被害鸞間關瘴區期在復讐果獲寇抵罪竟以是冒暑發瘡卒見黄仲元集

姚宗之辟元昂傳第三十五

黃公度翁點黃艾陳讜鄭鑑傳第三十六

黃公度字師憲唐御史滔八世孫紹興八年省元免御試賜進士第一人初任簽書平海軍節度判官兼南外宗簿有流民數百艘自汀虔下守將疑其變繫之公度力辨其非悉縱之代還除秘書省正字時秦檜當國公度坐與趙鼎往來又貽書臺諫譏切時政檜銜之居數月以言者罷主管台州崇道觀十九年差通判肇慶府攝南恩守增學廩擇秀民與之登降揖遜學者用勸南恩自唐貞觀置郡至是始有梁作心者登第邦人像而祠之二十五年檜死高宗更化

始召還因詢以嶺外弊事公度曰廣東小郡有十年不除守臣者權官苟且郡政廢弛民受其弊高宗曰若卿歸吏部當無此弊遂以公度爲考功員外郎兼金部官終左朝請郎累贈正奉大夫公度工詩效杜甫古律格并雜文凡十二卷號知稼集雜出文獻通考及方志

翁點字沂伯乾道二年登第歷湖南轉運判官晝弛本道酒榷提點江東刑獄常平使者行役法饒户多貧下民不謂便點貽書諭意亟止之開禧初有旨召赴行在御史徐柟韓侂胄黨也劾點貪贓嗜進等事寢召命點聞之上章自辨謂柟私托不行所以貽怒

且侍郎楊輔秘書劉起晦皆今之望也方籍以爲國家元氣楊輔赴召已到燕府值漲未能出峽起晦向與耕作縣相隣職事相關一旦解組併及兩人皆論罷之中外無不失望臣恃與耕有平昔之舊遂究轉以言勸之由是大不相樂侂胄見其章大怒於是追三官送新州安置已而黜卒于貶所人皆傷之（出泉州志）（又陳均宋編年綱目備要）

黄艾字伯耆乾道八年廷對第二累歷清要朱文公知漳州奏行經界朝議未定艾轉對入劄子言今日以天下之大公卿百官之衆商量一經界三年而不

成使更有大於此者將若之何光宗即付出行之淳熙末以秘書丞充嘉王府贊讀已而補外王即位召爲右正言兼侍講遷左司諫改權工部侍郎仍兼侍講會朱文公罷講筵艾因進講問逐熹之驟寧宗曰始除熹經筵耳今乃事事欲開艾悃請再三不聽除中書舍人明年充金國正旦使還改刑部侍郎以待制終方盛年人咸惜之出宋史

陳煒字光仲淳祐中爲監察御史首論不才執政有令檢跡者煒答以頭可斷跡不可檢除太府少卿不拜而行召奏事力辭除廣東轉運判官出通志

鄭鑑官著作郎立朝敢言孝宗謂其直出於肺腑非矯僞者後卒朱文公祭之以文謂其有古争臣之風

出一統志

黄公度翁點黄艾陳煒鄭鑑傳第三十六

會稽文獻卅三六

三

許歆王方傳第三十七

許搏字公執建炎三年進士調泉州教授兼宗教以叅政謝克家薦召對改秘書省正字累遷監察御史檢察無苛南渡後典籍文物十無一存歲當科舉故事無所於考欺偽者衆時以搏多所諳練特遷禮部員外郎搏辨決真偽士流清肅初宣和間嘗以事忤秦檜至是檜得政丐祠以宣教郎終特同郡方擴林廷彥亦有聲擴字端立登紹興二年第歷知閩平陽二縣部使者上治狀有旨增秩特授臨安府判知岳州居官奉養如布衣時惟以周貧恤舊為急廷彥字

朝美本路類試第一登紹興二年第調連江縣尉改
永春縣當官俸餘不入私室屬草寇倡獗代者辭難
凡四書考百里按堵民祠之錄出何志等書
歐陽直卿字溫叟四門詹之後詹曾孫江人來莆讀書
於靈巖精舍後其子孫皆居莆直卿少嗜學能屬辭
調劍浦縣簿張魏公出鎮福州檄直卿決長樂縣滯
囚材之薦為惠州軍事推官白郡守以河源餘羨麥
令輸送而海豐瘠土聽輸直歲率以為常白清漳以
南山谷多剽鹵守將尸居龍川卒有警而他郡分屯
者不即下直卿數走龍川歷阻隘見將校道勞苦自

是多感慨為之擊賊還海陽令改知漳浦縣直卿素
有能聲所至號為易治弟清卿紹興二年進士終建
寧府教授出艾軒集
王悅字習之與聃亮同族第紹興十二年進士為人
性直孝宗即位嘗召見極論不可講和上喜謂好議
論遂除官歷國子監丞兼權吏部郎出知衢州乾道
四年七月因禱旱憂瘁而卒衢民德之為立廟事聞
贈直龍圖閣雜出宋史等書
方應發字君節高祖漸南恩守藏書最富扁其書樓
曰富文子孫相傳為富文方氏應發幼孤感奮自立

稍長有文名第淳祐庚戌進士授臨江軍教授累遷宗學諭史館校勘差主別頭試時相丁大全有客容力囑以子峻却之除太學博士董宋臣方用事應發與學官徐庚金等六人伏闕言之且曰宋臣不死臣等無生不報補外添差通判建寧府召除國子監簿復申前請語益峻切遷國子監丞秘書郎時賈似道為相遣其幕客諷應發為文以獻壽不答坐以言者罷去起知潮州適潮陽盜起應發急赴郡招撫皆帖服聽命召入兼權禮部郎官國子司業出知漳州漳賊尤猖獗聞應發威名皆投戈效順吉賊鍾先久窟漳之巒

山及是遁去應發遂為定南寨於其地聽民取利禁
山不禁龍巖巨賊闌縱右亦閉風道汀界會除應發
江東提舉未行盜聞于朝劾戍將老繆者易之薦有
威望者為經制督兵以捕之雖為所擠坐劾予祠不
為動卒成擒乃歸奉祠里居而僊遊石手挺諸賊方
熾應發身任招捕傾囷出帑賡犒兵士登陴指揮悉
就俘馘德祐初除國子司業累擢右文殿修撰出為
浙東提舉景炎時為刑部侍郎累陞禮部尚書以端
明殿學士充福建招捕使宋亡後十年卒年六十六
應發以文章進身而排難折衝尤有過人者平居孝

文仁恕恩意藹然當事剛果決烈有奇男子風獨鄉
人鄭鉞記陳文龍事謂文龍以閩廣宣撫繕守興化
時元兵攻圍急應發勸文龍降文龍手劍逐之司業
吳源著蕭陽名公事述亦載其事如此出事述

許歐王方傳第三十七

鄭茅林陳蔣尤陳傳第三十八

鄭昇字元舉淑之從也淑自莆之南湖還于僊游其子孫遂爲僊遊人昇登皇祐元年進士第試秘書省校書郎終循陽理掾涖官有能聲昇自少刻苦問學於書無所不讀而尤深於易春秋皆有著述以發其疑義詩文亦工致可觀

可復昇孫字彦脩嘉定七年登進士第調東陽縣尉縣人喬行簡方處要路族黨倚勢撓法可復屹然守正不少屈行簡深器之官至朝奉郎可復性儉朴他無所嗜好惟喜古書嘗修爾雅及刋戴氏禮禄俸餘

貲悉以市書手自編錄晚年積至數千卷出仙谿志

茅知至操尚介潔不求聞達博通墳典倡六經孔孟之道以開明人心漕使龐籍䟽其德行薦于朝景祐四年勅補國子助教知縣皇甫當記其事蔡襄書之出仙谿志

林大有字亨之自號紫陽翁江州倅一鶚之孫也年十六即棄舉子業千里求師授六經不爲章句之學招捕使陳韡將闢于朝授以官大有搖手止勿破戒咸淳初以子雷龍預薦賜迪功郎命書下僅一御冠裳拜於庭退即易褐他日語子孫曰生稱善人死表

於墓曰處士吾願足矣及卒四如黃仲元普其墓曰
隱君子云出人物備志
酉龍大有子字伯雨魁梧坦易博通經史天文地理
貫穿駁液甚爲陳韡所奇咸淳初預鄉薦僊遊寇起
逃難郡城北山方應發檄爲錄事參軍遷莆田令尋
以宣教郎通判興化軍王元攺物以治中署郡事安
集流離震撼以定年餘棄去自號清逸處士長於詩
有耕吟前稿醉吟漫吟後稿又工字學有春山草韻
一百有六字一萬七百有奇出備志
陳高字可中閩之從子也少遊湖學補太學生登元

符三年進士第召試除大學錄祭酒龔原司業傅楫
薦其潛心經術尤深於易遷太醫學司業特有紫芝
對產於北堂之左應制撰紫芝記累上封事以切直
忤鄉相蔡京慨然力請休致卒官至朝奉郎出方志莆舊
蔣雖字元爾少慱學強記於書無所不覽為文若不
經思援筆輙數千言鄉先輩宋藻以經傳奇疏叩難
隨問隨答每以南方夫子稱之設席郡庠外廡常
滿與林光朝同時十人俱知名號莆陽十先生紹興
十四年試詞賦兼春秋舉于鄉越六年罷兼經以
詞賦再薦登進士第教授泉州守王十朋見其文大

加賞識遂與定交雖因作夢僊賦以獻十朋稱其詞新意古蓋長卿賦大人太白賦大鵬之比嘗撰時政十議十朋見而嘆曰經世之文也泉舊無貢院雖白守即郡西創爲後知江陰軍乞將歲科綿絹本色內下戶畸零端兩疋數並無估折細民便之知通州以郡人張次山坐與程明道邵康節同好惡得罪及陳學中任德翁嘗遷謫于此合爲堂祀之以厲風俗扁曰三賢秩滿入覲首言江東鹽課較之淳熙七年出入之數虧二萬緡時主鹽筴者方以衍課增秩上瞿然曰其人欺朕因訪本末雖口誦指畫應對如響上

曰卿材通練當以藩郡處卿雖拜謝上目其背曰方面材也將除贛州爲執政所沮遂退居樸鄉十餘年凡四請祠以壽終子祈字子舉以父任補官倜儻有大志博洽有文才嘉定元年借朝奉郎充持書金國軍前副使三至虜帳議和請還淮陝侵地既而和議成朝廷方推賞而祈即世矣祈所與交游者皆一時名士而方信孺王居安尤相親密云從子有秋字力父嘉定十年登進士第與王邁同年最相友善居官所至有廉名終朝奉郎知永春縣（仙溪縣志）

充彬字叔文家貧苦學攻詞賦有聲一時名士如知

崇安縣林澄待延爲館賓與崇王邁皆與之爲友陳立伯祖佃俱澄皆師事之端平二年特奏名調真陽主簿卒于官同邑有俞峄者字景山紹定五年特奏未老即掛冠隱居大飛山中以詩與郡人陳安相唱酬（出傳誌志）

陳冲飛字季翼經學該貫尤精於易紹定二年特奏名調寧德尉帥曹豳器其才名不敢以屬吏目之號存軒從子堯道登端平乙未第（出徵錄志）

陳之亮字漢傑長於詞賦有聲場屋與雁軒王邁爲友後學多宗師之舉于鄉累試禮部不第淳祐七年

侍奏名調歸善主簿卒出儒錄志

鄭茅林陳蔣左陳傳第三十八

方林柯趙余鄭傳第三十九

方秉白字直甫號草堂隱居教授林光朝方翥劉夙劉朔諸名士皆其友也孝宗朝憲臣以孝廉薦不起傳家惟書數廚而已郡守趙彥勵嘗辟脩莆陽志後以子阜鳴恩贈朝散大夫有草堂文集同時翁亢字柔中一字子西號荔枝臺隱居漆林教授後學亦嘗與脩莆陽志出通志并書

阜鳴字于默嘉定元年由特奏名調泉州僉判時真德秀為守阜鳴嘗言臧門刺史破家縣令此蓋世事古人惟曰愷悌君子民之父母而已德秀擊節嘆賞

改鎮南軍僉判阜鳴宿儒而兢畏抑損特甚於他人性清儉居官秋毫不苟取德秀每以其仕晚用小爲恨云出通志

方汝一字清卿曾祖秉侯與其群從秉自同時有隱操父碩于登端平二年第爲南海尉汝一幼奇逸考古著書自娛所著易論二十篇江東將相論十篇評兩漢史贊若干篇又有詩文號小園僻藁嘗袖所評班書謁劉克莊克莊曰范史罕讀者僕欲稍添注脚病耗未能君有意乎汝一遂按讀范史著新評甫脫藁卒出舊志

林大鼐字梅卿蘊九世孫也登紹興五年進士秦檜薦用之由諸王宮大小學教授兼秘書省校勘書籍官遷太常寺簿兼尚書郎歲率一遷由簿爲丞由丞爲監察御史又擢殿中侍御史俄拜右諫議大夫兼侍講率歲中再遷遂權吏部尚書檜以高宗且屬意大鼐亦頗忌之間一歲遂出知泉州丁外艱服除以左朝散郎提舉江州太平興國宮尋卒大鼐初識林艾軒於逆旅艾軒方感暑疾陽結胸滿悶累然枕席視之者毛竪不自定大鼐獨取藥與啗一再往爲之執劑餌無厭去意士多義之平生好書卷奇篇隱帙

衍辭要語悉能道之劉若作風狀其行謂公與鄭湘卿皆爲場屋業有名稱者湘鄉出語險處視蜀道爲險抵秦川公乃抉奇摘怪窮討極取枝枝相亞自以爲王勃吳融如可作未應獨步也艾軒亦謂建炎之初元祐聲律翩翩然復起當其時諸老先生散落無幾有以蟲鳴弃木樓臺煙霏尺校寸量珠琉玉積眡杜牧吳融若不足道惟公爲然耳于四人寶慾寶檢皆以父任補官出林艾軒集等書

柯夢得字東海夢上春官不第嘉定七年以特科入官一生苦吟古詩學孟東野有抱甕集及選唐絕句

行世（出趙志）

趙庚夫字仲白舉進士不第以宗子取應得右選平生志業無所洩一寓於詩嘗自刪取五百首既歿劉克莊擇百篇爲山中集屬趙以夫序而傳之于時顧櫂進士甲科仕至工部侍郎（出趙志等書）

余謙一字子同祖奭之玄孫師魯之子也謙一與弟士明連中江西漕試而謙一第咸淳元年進士士明亦以進士得官（按事迹不言其第進士在何年而州志不載士明之名姑缺之）謙一調泉州石井書院山長召爲國子監書庫官除太學博士改宗正寺簿差知化州元至元後不仕士明亦

知泉州南安縣讜一好爲古學辭語渾成而警切名文章家其言曰七日之文易了而易腐千古之文難工而難腐著述數十稾兵後多散逸出近記

鄭鉞一名少偉字夷白號雲我露之裔也咸淳中特奏名與黃仲元郭陛俱闈中之望仲元號四如自有傳陛長樂人元時爲興化路教授宋末陳文龍守興化軍鉞其門客也嘗記文龍遺事其言甚痛憤激烈詳見文龍傳入元不復仕嘗與陳于修讎校通志略盡復夾漈聯比銓次之舊見陳旅傳入元著孔子年譜仲元序之謂是譜首以鄉大夫三事歷卷前書所未有謂儀封人請見爲由魯適衛

時謂魯公問政及荅季康子數問皆歸魯以來事此見又確謂夫子未嘗師剡子謂行乎季孫三月不違斯言非知夫子者此論又高又鉞所著詩文有云我存稿亦仲元爲序

方林柯趙余鄭傳第三十九

四

陳文龍陳瓚傳第四十

陳文龍字君賁高祖宋卿與丞相俊卿為初從兄弟陳至俊卿始大文龍濡染先訓厲志殖學工文詞負氣節初名子龍咸淳五年廷對第一度宗易其名文龍丞相賈似道愛其文雅禮重之由鎮東軍節度判官歷崇政殿說書秘書校書郎數年拜監察御史皆出似道力然自十數年似道所置臺諫皆闒茸臺中相承凡有所建白皆呈藁似道始行至文龍為之獨不呈藁已忤似道知臨安府洪起畏請行類田似道主其說文龍上疏以為不可似道怒竄其疏襄陽久

被圍似道日恣淫樂不少加意時陽請督師而陰使其黨留己竟失襄陽文龍上疏極言其失范文虎總師無功似道庇之以知安慶又除趙溍知建康黃萬石知臨安文龍言文虎失襄陽今反見擢用是當罰而賞也溍乳臭小子何以任大閫之寄萬石政事怠荒以為京尹何以能治請皆罷之似道大怒黜文龍知撫州旋又使臺臣李可劾罷之未幾呂文煥導元兵東下文虎首迎降與文煥俱東似道兵潰魯港溍最先遁以故列城從之皆遁始悔不用文龍之言起為左司諫尋遷侍御史時邊事甚急王爚與陳宜中

不能畫一策而日坐朝堂爭私意潛說友以平江降臺臣請籍其家爚以為可宜中以為不可張世傑諸將分四道出師而大臣不監護臺諫論之爚請行邊下公卿雜議宜中請出督師又下公卿雜議文龍上疏曰書言三后協心同底於道北兵今日取某城明日築某堡而我以文相遜以迹相疑譬猶拯溺救焚而為安步徐行之儀也請召大臣同心圖治無滋虛議其後宜中與爚終不相能而去至十月始來事已不可為矣是冬累遷文龍至參知政事於是張世傑之師敗焦山文天祥之師敗獨松關朝廷急徵二人

入衛而元兵已進至杭北關外文龍請身督殿旅合
江下義丁決一死議不合張世傑等遂以益王廣王
趨閩衆議降元文龍乃上章乞歸養既出國門而悔
之復上疏求還不報乃歸五月益王稱制于福州改
元景炎復以文龍參知政事八月漳州畔以文龍為
閩廣宣撫使討之文龍以黄恠前守漳有恩信辟為
參謀官按兵泉州俟恠入招撫之恠至民皆頓首謝
罪興化有石手軍者能擲石中人議者以其不足用
罷之石手軍亦畔復命文龍為知軍平之十一月元
董文炳阿剌罕等以兵至福州益王趨廣州命文龍

依前官充閩廣宣撫大使於是殫家財募萬兵即興化軍開閫已而降將王世強復導元兵入廣建寧泉福皆降知福州王剛中遣使徇興化文龍斬之而縱其副以還使持書責世強剛中負國遂發民兵自守製生為宋臣死為宋鬼兩大旗植軍門巡城則命持以前導十二月太學生盧澤銜命諭降文龍斬候卒注其頭槊上徇軍前澤逸去叛將陳淵林華潛附于元軍為之嚮導詭文龍援兵至開關納之計議官李珙首倡軍民迎順小校黃泰躍馬突至設廳稱有太皇太后詔逼驅文龍出併其家盡俘以去按宋史本傳云時城

中兵不滿丁元兵來攻不克使其姻家持書招降之文龍焚書斬其使乃使林華偵伺境上華即降且導
兵至城下通判曹澄孫開門降執文龍與其家人至軍中此與事迹所載微不同蓋記有詳畧也
文龍至福州見董文炳等不屈左右凌挫之文龍指其腹曰此皆節義文章也可相逼耶尋命左右引就館元帥唆都往來諭意且以毋老子幼感動之文龍曰宋無失德三宮北狩二郎深入瘴煙何必窮兵至此我家世受國恩萬萬無降理毋老且死先皇三子岐分南北我子何足關念情詞慷慨唆都愀然改容乃械繫送杭州文龍去興化即不食至杭餓死其毋繫福州尼寺中病甚亦不肯服藥左右視之泣下毋曰

吾與吾兒同死又何恨哉亦死衆嘆曰有斯母宜有是兒爲收瘞之（按事迹云董文炳等爲送其柩歸莆與宋史本傳及家狀不合蓋誤也）蒲壽庚以泉州降元告其民曰陳文龍非不忠義如民何聞者笑之始文龍答侍郎許自書曰國事至此惟當決一死以守又曰不愛一身死不愛一家死但欲存趙氏一脉又復唆都書曰平生讀書但識孟子效死勿去向左傳有殞無二句他非所知也又有風其納款者文龍曰諸君特畏死耳不知此生能不死乎文龍死志素定故卒能以身徇國而無少係累焉後訃聞行朝詔謚忠肅賜廟號昭忠（雜出宋史本傳及事迹等書）元至正間朝廷特遣宣使

李文虎齋詔至郡尋訪文龍子孫將録用之而卒無一人應之者蓋其流風遺烈傳至其子若孫而猶未艾云

郡人鄭鉞號舒堂文龍客也嘗著文龍遺事（大節俱已見本傳）有曰初蒲壽庚以泉州降宜中督贊方應發有異志勉公少屈公責以大義手劍殺之及林華等詭稱印家兵赴援公開關延之小校黃泰躍馬至稱太皇有詔公朝服西向再拜曰臣得死報陛下矣瞋目叱泰曰奴敢殺我乎遂抽刀欲自裁而肘已為左右所執有李力以去者遂擁公上馬至營二十五大將擐甲出公下馬據胡床瞪視忽民間火發公延頸進曰速殺我無害百姓甲

者悍傳令偵縱火者斬之既明盡室停以行先是杭
人夢兩街騶鬨傳言岳武穆代者至宓視之則公也
及至杭謁岳王廟一慟幾絶語監者曰吾病矣留宿
廟下以其夕卒時年四十六又曰公負六館盛名魁
天下士不八年起登政府時事且急惟以皇帝所賜
馬自隨每控轡輒於邑淚下及被執羸馬亦壽斃公
為人敦信義初授蔭補不以澤其子而以澤其弟繼
執政推恩不以恩其門館而以恩其故人即之譙譙
若甚懦及當事乃更不草草亦天性自爾景炎公入
覲晉相文天祥自金陵來會相與慟哭國事首議分

重臣出督不報既而北警傳至即報可而國事去矣公竟不屈死杭文公竟不屈死燕宋三百年其末造也江閩兩大魁出俱以節死嗚呼公死國予負公予負公因記憶述公遺事如右使予幾年不死假有物色前代逸史者使我遺事得白公大節吾不死又何待哉推書樸速（柬恐當作按）淚下沾土

隙璜字琵玉太府寺丞宓之孫參政文龍之從叔也璜少有大節宋末知必亂無仕進意於是散粟帛以濟饑寒曰吾家世受國恩當為國收民心耳及賈似道潰師蕪湖起文龍㕘政璜語文龍曰今天下之勢

已危列郡皆團兵自守此不足以討賊適足以餌賊也爲今之計莫若勸上盡召天下之兵屯聚沿江要害擇賢王與文武才幹之臣分督之敵若來戰併力齊奮則國猶可爲也文龍撫然曰叔父之策固善然柄國非人恐不能用是行也其必死之德祐丙子五月張世傑等以益王即位福州八月廣州亂以文龍充閩廣宣撫討之十一月帝趨海命文龍開閩與化瓚率家財三百萬緡航海以助張世傑贈軍世傑欲授以官瓚曰吾以爲忠義所激而來豈買爵耶不受辭歸十二月叛將林華陳淵與通判曹澄孫以城降元

文龍被執北去瓚曰吾姪不負國吾當不負吾姪即陰部署賓客募民義兵景炎二年二月晦以兵攻林華等誅之復興化軍以其首告于祖廟遂獻于朝端宗嘉其忠義命以通判權守興化且令乘勝與世傑犄角復福泉二郡九月元唆都以兵攻興化瓚號令嚴整每巡城必南向號慟士皆感奮十月既望元兵蟻附登城瓚力不能支又率家丁民義五百人巷戰元兵死者千餘瓚被執唆都欲降之瓚罵不屈唆都大怒車裂於五門以徇屠城三時血流有聲張世傑以兵事聞贈兵部侍郎謚忠武子二長若水張世傑辟

爲晉府祭閻次景濟述

陳文龍陳瓚傳第四十

林阮陳宋方林卓傳第四十一

林冲之字和叔係出晉晉安太守禄其後自晉安徙居莆之長城至唐殿中侍御史讜又析居刺桐巷兄深之熙寧九年進士調松溪尉南劍州録事參軍侍御史張汝賢察訪閩部見建劍訟牒堆積委深之理之時他郡連起大獄追逮相屬于道三州獨賴深之以免及爲福建觀察推官其使無鉅細事一聽深之處裁以朝奉郎致仕冲之元符三年進士調邵武軍司户參軍崇寧中詔群臣舉中外學官冲之以諸名卿交薦得杭州教授秩滿諸生復請留之在杭六年

乃弑去出何志等書歷御史臺檢法官大宗正丞都官金部郎以不能阿當路滯省寺者十年出守臨江南康靖康初召爲主客郎中金人再來侵詔副中書侍郎陳過庭使金所厚者咸危之勸使勿行冲之曰人臣事君生死以之此何時而可辭王事耶遂行同被拘執初猶給乳酪後以宇文虛中受其命金人亦以是邀之冲之奮勵見詞色金人怒徙之奉聖州旣二年過庭卒金人逼冲之仕僞齊不屈徙上京又不屈置顯州極北沍寒之地幽佛寺十餘年漸便飲茹以義命自安髭髮還黑病亟語同難者曰某年七十二持

入地無恨所恨者國讎未復耳南面一慟而絶僧空之寺隅洪皓還朝以聞詔與二子官出宋史忠義本傳

鄭樵

哭以詩曰官似馮唐能老去節如蘇武不生還蓋深悲之子郁從子震霆郁宣和三年進士調解州司刑參軍州兵以衣賜不均訩訩謀爲變郁言於部使者均之乃定咸曰生我者司刑君也再調福建茶司幹官靖康初建州勤王卒自京師還求御甲錢郡守張動持不與曰軍屬計司衆恚取庫兵爲亂殺轉運使毛奎判官曹存主管文字沈昇郁聞變急入諭卒曰爾不見江寧錢唐事乎周德輩今皆安在爾等自父

祖隸禁軍衣食縣官國家何負於爾危急不能立尺
寸功尚不知爲性命計耶衆業已殺轉運官徑前取
郁郁且罵且叱至死不絶聲事聞詔各與一子官震
父渙之官至朝奉郎震累官左正言權給事中以論
諫不得其言遷太常少卿除直秘閣歷知鎮江府時
蔡卞王夫人得請賜地建閣儲御書因取素所不快
者腴田并有其禾震俾償之王恚上其事朝廷移震
守汝州部使者祝林受中人旨籍魯山民田五萬頃
入御府以爲冒耕官田民誘亡命謀爲變震遣録事
干諭以禍福令輸租佐御府列上其狀詔部使者

履畝定租召入除起居郎遷秘書少監卒霆志在攻
京卞多論列自號介翁霆父澤之冲之弟也霆登第
太宰余深侍郎許將皆欲妻之霆曰若人之女安能
事吾母兩辭之累調烏江丞縣舊有河歲久湮蕪權
貴墾爲田霆斥而導之無所畏避溉田數千頃歲以
大稔邑人祠之靖康初從父冲之被命使金霆三上
書請代往不報還里不復仕紹興中秦檜以霆有庠
序之舊召爲詳定司勑令所刪定官霆見檜曰公忍
以二帝置萬里外易一相位乎力辭去檜死轉承議
即通判衢州遷湖州以二寡姊年垂八十不欲遠宦

告老而歸霆篤行義未嘗干進入仕四十年歷官五任而已在南陽時與趙不群同僚有監司違私憾以事囑趙趙謀於霆霆曰吾人初委質行己之道當[illegible]此始其可以一生名節而徇他人乎及趙知建州[illegible]霆書曰不群終身不墜小人之域者賴公南陽之一[illegible]霆博學深象數人謂邵堯夫之後惟霆得其傳焉[illegible]樵為金石交林光朝嘗師事之家書數千卷皆自[illegible]讎謂子孫曰吾為汝曹積良產矣甫人稱其忠義[illegible]氏寶慶三年即其所居立祠寶祐中又給田百畝[illegible]備祭享以勸忠義雜出宋史沖之雜誌及附志等書

阮駿字千里祖遵慶曆進士節度推官父之才元符特科知南雄府駿紹聖元年進士監台州稅方臘犯台州守委以防禦之事駿率兵射賊路死五百餘人賊亟引退璽書褒賞轉朝散郎建炎元年除河南少尹兼西京留守是冬金人南寇駿與孫昭遠率兵拒戰不利駿以神御在府亟收兵護神御殿以餘兵再戰又敗乃抱神御指賊大罵死之事聞朝廷褒贈三官進朝請大夫（雜出宋史上虞縣志）方臘之難金寇之禍死事者又有葉居中徐濛居中元符三年進士通判睦州賊臘方起居中不避難而前到官與戰不利死事聞官

其二子溉字叔清奉議大夫銳之子以世賞入仕高宗幸維揚虜騎侵逼臣僚齊潰溉以國子監丞護駕渡江殞於難紹興初特贈將仕郎官其一子[illegible]

陳淬字君銳紹聖初下第游東西邊謁吕惠卿帥鄜延淬戎服往見惠卿問相見何事淬曰大丈夫求見大丈夫又何事乎惠卿器之補三班奉職與西人接戰于烏原手殺十餘人擒其砦主奏爲左班殿直鄜延路兵馬都監累遷武經郎丁外艱宣和四年召赴闕授真定路分都監兼知北砦河北第一將尋拜忠州團練使真定府路馬步副總管七年金人入真定

淬以孤軍禦之妻孥八人皆遇害建炎元年時諸軍統制宗澤命擊金人於南華敗之無大名府路都總管兵馬鈐轄擢知恩州王善者金之種落也擁兵十萬長驅兩河遂襲恩淬與長子仲剛拒戰賊飛刃及淬仲剛以身蔽刃死之明年善復圍陳州淬大敗善兵拜宿州安撫使李成叛詔以淬爲御營使六軍都統淮南招撫使討之三戰三捷未幾金人犯釆石又檄淬四援建康淬將中軍戚方將前王瓔將後淬曰彼衆雖多然止有二十艘一艘不越五十人每至不過千人吾伏兵鼓蘆翳薈間俟其旋濟旋獲前後不

相知訖濟當盡獲矣杜充不從金兵遂犯板橋諸軍皆潰淬獨與戰勢窮力盡據胡床大罵刃交於胸而色不動與其從子仲敏俱死詔贈拱衛大夫明州觀察使官其一子一婿出宋史本傳

宋旅字廷寶第大觀三年進士累官奉議郎知剡縣方臘既陷歙睦杭衢婺五州且犯越越盜亦起應之縣吏多遁旅獨與民據守以忠義激勸部勒隊伍爲豫備討伐而盜衆大至躬率壯銳冒矢石雖頗殺獲終以力不敵死之剡人悲哀爲立廟帥劉韐上其事詔贈朝散郎錄其四子出宋史本傳節錄

方喜字良翰提舉臨之孫辟燕山工曹掾燕雲陷虜令一時陷沒者悉易告喜南望貫滿盡取出身文字焚之惟留承奉郎告置衲衣中道梗不得歸紿與講好防禦少弛喜變姓名攜數稚間道逃歸抵盧江邊守以聞得旨特轉一官改差泉州監稅北還家鄉人環視嘆息以爲換世人形之諷詩至比蘇屬國言其在燕十九年後通判廣州終于官龔參政有詩云八千里外望歸雲十九年間送落暉書至上林無別語孤臣有死不忘君出比事

林興宗字景復父叢乾道二年進士知橫州興宗以

門蔭補官調泉州節度推官李全既降命興宗爲淮安州法曹遷淮安令未幾全復叛已而兵敗其黨楊氏俘南官以去興宗流落梅州膠西青社十餘年採梠拾橡以充饑或賣卜教小童以自給家人不知其存亡淳祐中趙葵在淮閫遣間物色得之興宗屢以帛書報虜機事庚子遂自拔而歸葵驗其縣印告身如故奏乞旌擢以勵臣節喬行簡等議置之朝列不果詔改宣議郎通判海州改淮安州乞解官追服毋喪服除改通判廬州呂文德辟淮西安撫參議官改參議湖南知南恩州在郡三年境內稱治擢知鄂州

清約而豈弟以績勞致疾卒與宗豪爽喜落嗜義輕
財平生不爲身計例應轉秩賞皆耻自言喜爲詩在
兵火不廢自號全璧有集若干卷出倫志
卓得慶字善夫號樂山五世祖厚游洋人熙寧進士
崇寧間修樂書厚與討論卒官吏部員外郎祖成童
始徙居莆得慶登紹定五年甲科教授道州歷秘書
著作郎兼沂靖惠王府教授左曹郎官以忤賈似道
出知漳州平盜寇次年嘉禾産一莖九穗最上賜詔
褒寵召還授兵部郎中兼國史院編修官實録檢討
官不拜提舉雲臺觀德祐丙子以大理卿趣行辭以

疾景炎二年便旨除右文殿脩撰户部尚書兼福建
制置司叅謀官是冬十月元兵逼城得慶與家人訣
曰柱傾維絶雖千百年何益寧前一尺毋郤一寸與
其藏溝瀆而生曷若守家廟而死俄甲士至執得慶
并二子覘權殺之黄仲元銘其墓稱爲忠孝父子得
慶早以詞賦名晩深於易丞相江萬里深器之仲子
準承直郎監福州海口鎮出彭志

林阮陳宋方林卓傳第四十一

鄭勳陳吉老傳第四十二

鄭勳字景周僊遊縣人嘉泰二年第進士知博羅縣将改秩態喬部下田戍卒焚掠惠城直抵其邑邑人驚竄或勸勳避其鋒勳曰吾去如百姓何正衣冠坐廳事以待之寇至諭以禍福不聽賊首迫以白刃勳不為動罵賊不絕口遂死之時丞相崔與之侍郎李昴英奏命招討以勳死於王事聞于朝乞旌之以勸忠義贈朝奉郎官其一子邑人思其遺愛為之立祠靈跡甚著漕使以聞勅賜額惠澤出岳志

陳吉老字于州先世許州人有名魯笛者為福州招

討使遂家侯官繼遷僊遊祖浩父無逸暨名 相繼登
進士第吉老以父任補官少通春秋三傳學孫吳兵
法慨然有志事功紹興初寇騎冦淮汀贛群盜竊發
辟吉老清流丞贛冦萬餘侵掠郡境吉老整衆而誓
士皆感奮大破之後以胡保鍾花之冦長子希造先
登死焉吉老忍痛悉衆長驅竟殲其黨比還郡將以
下迎勞爲之惻然吉老笑曰馬革裹屍南八男兒古
人所慕大夫死患不得其所耳吾兒報國死又奚
足悲哉自是賊徒遠遁不敢犯汀界人已肖像其父
于祠之陞本州別駕召除京東提刑收復宿亳徐海

四州入對陳練將卒廣儲蓄修城壁紓民力嚴策應五事高宗諭曰且爲朕綏懷京淮之民尋除揚州安撫使賜鞍馬金帶御前大刀以寵其行吉老始至嚴關渡之禁創策應之法撙節郡計大修州城捐俸以助其費又遣仲子希錫取延陵私租千緡市汀布以爲軍裝時韓世忠守楚州與吉老相厚善吉老奏乞命世忠來相其役詔從之不數月而事集嘗白太夫人尹氏曰渾家飽煖盡是國恩萬一總師旅復自當效節又書付希錫云吾萬一死於邊汝他日出官不得取俸外錢謂之有例上負君父下辱祖先秦檜

當國力主和議吉老累疏爭辯其略曰講和之辱是
陛下爲劉豫舉國爲陪臣所約兩宮來期及許還關
陝諸路皆欲詐相調引决不可信乞罷斥奸檜專責
臣以恢復之期御筆褒谷云卿奮武進攝國勢增重
鄰壤震懾朕實賴焉未幾卒于官高廟聞之嘆息不
已累贈中散大夫出何上
希造字賢卿以父蔭補官吉老教下諸生之暇必令
諳百將傳習騎射每曰今中原擾攘正臣子捐軀報國
之秋非文武兼資未易了此虜陷京口希造年十六被
虜至北庭令其牧馬一日北師南向希造擇平時所調

御最良馬乘以歸父益奇之每目為定亂器調揚州掾參紹興初侍父官臨汀每戰必居前鋒屢奏凱捷明年賊又入寇希造乘勝而前策應不至戰沒于文竿口朝廷稱其忠節告詞曰朕憫失忠義之士殞身賊手不得終於牖下肆加恤典并及其孤特贈承事郎累贈奉直大夫（出何志）

子光祖字世德以父歿王事補官好儒重禮知英德府日上供之輸幾倍光祖奏蠲第四戶以寬民力湞陽渡湍惡舟多覆溺更創巨艦以濟廖德明行部嘆曰陳公可謂依本分君子也壽改知邕州州歲市蠻馬給邊其峒有奉議坊者先

為措置官擅移其利於他峒遂開釁端互市不通光
祖以恩信招徠綱至溢數峒首李萬雄霸一方久為
邊患光祖密遣思明州誘而擒之梟以徇諸峒帖息
事聞特除廣東提刑光祖作欽恤編以戒僚屬新濂
溪祠以崇教道又捐故錢三千緡以代給邕兵之廩
而凡一切無名之征悉蠲除之積官朝奉郎子沂自
有傳同邑又有陳大亨字文通紹興三十年進士爲
人清勁歷五任貧無居室惟寓僧舍官至泉州通判
出憲綱志等書
沂字伯源以父光祖蔭補官調潮州推官郡倉受納

監官例取斛面沂笑麾之會州亦絀龜從等究欲太守必欲寘之死沂力為爭辯因得不死竟獲譴罷去沂自弱冠侍官南遊始篤志紫陽之學徧參劉爚廖德明李方子楊至諸先生之門而陳淳又沂所終身卒業者凡一時及門之士皆推沂為嫡洞繼復受書易於蔡淵蔡沉若陳宓潘柄蔡和劉弼邵蔡模則皆其交遊也平居以禮法自將喪祭一遵朱文公家禮淳嘗為名其書室曰貫齋且為之記云出處縣志

陳勳陳吉老傳第四十二

薛林陳傳第四十三

薛奕字世顯興化縣人利和之從子也熙寧九年武舉第一是年徐鐸以進士第一神宗御製詩賜之有云一方文武魁天下四海英雄入彀中授鳳翔府都監遷正將元豐中銀川寨之役奕死之贈防禦使子安靖以奕死事補官靖康元年假河北制置使京城失守安靖降金知海州事紹興初乘閒殺其守將王企中舉郡來歸高宗遣吏部侍郎傅崧卿賜以璽書其略曰身雖屈於羯胡心常存於王室總領義師擒滅醜類凡陷沒之郡聞風響應各籍土地奉上本朝

者實汝有以倡之也賜會稽田十頃以宗室女妻之紹興五年除武節大夫棠州刺史閤門宣贊舍人知全州兼充本州沿邊溪洞事都巡檢使卒雜出方志等書

林子立字伯與甫弱冠通經學爲士類所推升貢辟雍凡十二試俱中第二同舍贈以詩有云博陵公子真文虎占斷儒官第二人登政和二年進士歷調知茶陵縣靖康元年詔諸道以兵勤王子立募集民兵二千餘人率赴南道總管司至潁昌遇胡騎接戰衆寡不敵中流矢卒帥司上其事于朝出仙志

陳自仁字克廣七世祖德字敏功仕唐爲員外郎自

仁第宣和六年進士調吉州永豐縣尉屢捕盜有功不肯自陳以廉節著建炎三年金虜犯洪吉州隆祐太后護衛兵叛所過殺掠楊世雄梁世美等遂犯縣境自仁集尉卒調民兵激以忠義戮力拒討兩分其兵一自間道繞賊後一據險要以寡誘之見賊則僞遁至所據與之合戰伏發於後夾擊之轉鬭逐北其衆披靡會賊別將繼至兵疲援絶自仁與知縣事趙訓之皆戰死郡上其事制贈通直郎官其子謂孫志

薛林陳傳第四十三

郭徐彭龔鄭劉吴傳第四十四

郭義重宋史無字蓋闕重字處仁早遊太學以操尚稱年四十餘客錢塘聞母喪徒跣奔歸每一慟輒嘔血家貧其故人有所饋不受聚土爲墳手蒔松竹而廬于其傍甘露降于墓上烏鵲馴集郡上其事紹興十三年詔旌表其閭於所居前安綽楔左右建土臺高一丈二尺方正下廣上狹飾白間以赤仍植所宜木宋史本傳義重貌古心不雜視不過尋丈口不及時事其旌孝時猶未婚與仕紹興二十一年始以特科奏名補官右迪功郎潭州司法參軍調德慶州錄事參軍年六

十始娶以高年終鄉士大夫爲立孝子祠而私謚爲
孝節公（拙述事）四世孫道卿
道卿母徐病劇哀泣籲天祈以身代母尋愈後母以
高壽終景炎元年元兵至旁盜亦起道卿日抱母柩
泣曰兒在此無恐俄卒入至殯所失跌墮乃知其爲
孝子也爲白大將遺一矢爲後卒戒俾無毀其家又
因盜至居人竄匿道卿與弟佐卿獨守義重孝子祠
不去遂俱被執盜將殺佐卿道卿泣告曰吾有兒已
長弟弱子幼請代弟死佐卿亦泣告曰吾家事賴兄
以理請殺我道卿固引頸請及盜相顧曰汝孝門兄

弟如此吾何忍言兩釋之道卿年八十子廷焯字景
文為建寧路平準行用庫使歸侍養待兵禍猶未解
廷焯扶道卿出避賊倉卒相失哭水滸一晝夜有樺
校心哀廷焯為迹道卿舟歸之道卿嘗病疝危甚廷
焯憂悴扶護一夕髮盡白道卿卒毀死者兩日甦塊
中偶夢道卿並枕臥汗浹寤呼燭視之左頰生二黑
子與道卿肖號慟幾絕每夜三鼓即炷香悲哭烏亦
群集哀鳴之產園中草間武宗勑有司旌其門閭出
元史本傳等書
徐齊字思文弱冠登名於禮部不報退念其母年高

不忍離因閉門讀書定省溫凊無違親餓而母病躬
侍湯藥不解帶既歿擗毀骨立卜葬于虎嘯巖負土
為墳廬墓其旁疏食三年時陟巖巔焚香籲天哀號震
地虎為遁去烏亦翔集甘露一再降既卒從父狀元
錢題其墓曰有宋孝子徐公之墓出彭志
鄭受為太學士親歿廬居墓側有白鵲之祥郡表其
居曰孝行卓異坊又有黃希閔提舉國鎮之子父歿
廬墓人號孤廬黃家出此事
龔指初為泉州銅場從事調福建提舉司屬官父疾
不解衣帶不入房闥連丁家艱廬于墓側者凡六年

日食自盥器外無他皆婦病還舍命醫自於户限外視之戴星還山亦未嘗自言甫之善居喪自鄭閭清𢡟後鮮有及之者出儒志

鄭襃字成之希閔之孫應進士舉至輦下會詔罷去過王元之留襃俟秋而行襃曰襃有老母向之去數千里別數百日者欲干名而顧親故雖遠且久若往母左右今詔下將及閩吾母必計程以待遲一日即貽母一日憂元之曰生有純孝足警世之爲人子者爲之泣而賦詩曰襃也甌閩士文高而氣落干名遲詔罷歸計遥親憂甌烏終相狎公卿設欲留刺桐花

下宅蘭薇奉袁薦後登咸平第判福州以便侍養（郡誌）

劉洵直字于蕃年十二父亡十六失母時已知苦學篝燈几筵之旁號慟即誦書率至夜分嘗一夕族父聞哭聲甚哀問故曰讀馬周傳至其言少失父母犬馬之養無所施為之悲感不能自止諸父奇之（郡誌）鄉舉試禮部為第七人登紹興二十一年第調永春縣主簿秩滿授漳州教授終通判平江府贈金紫光祿大夫子渠棠皆登進士第（郡誌）

吳稟字可中父世寧客遊西蜀卒於渝川稟年未冠家居聞訃日夕悲悼沿峽扶柩以歸舟危於旋渦若

有物負之者時號孝子出志傳

郭徐彭龔鄭劉吳傳第四十四

陳傳郭黃許傳第四十五

陳亨遲字俊民仙遊縣人性最孝父母繼歿廬墓三年常倚墓木而哭木爲之枯鄉人張銊有詩曰生芻淨潔全清節老栢焦枯爲孝思乾道間朝廷舉孝廉銊率鄉人白之縣令陳景肅以其名應詔亨遲卧病不起令不能奪餽粟帛以旌其孝出僊溪志

傳孝明字起敬嘉定巳卯秋母蔣氏疾篤孝明刲股粥以進疾遂瘳陳侍郎讜書孝感二大字名其堂作詩以紀之令許伯翊偕同官載酒宴其母于盡歡族姪知循州大簌記其事王少卿邁爲跋出僊溪志

郭濟家貧至孝寶祐五年父病刲股以進病遂瘳庶母病篤亦刲股者再鄉人以其事白之令趙與泌給錢米以旌其孝出仙溪志

黄鄘字大器興化縣人太常博士中庸之曾孫平江令徹之子也事親孝芝產于廬者三鄭夾漈樵爲文紀之出比事

許天麟字仁甫崇福里豪㭪人父應祥喜佛好施天麟家甚裕病族人貧富不均闢居仁堂以處之又與其燮平生事父甚謹會父疾憂鬱百方冠衣不脫及卒苫塊三年葬而廬墓側又三年扁墓亭以永思寄

刺血寫佛經集千僧誦經以資冥福是日雷電四方其繞壇五里天朗日明人以為孝感竹園柯舉白郡守將聞于朝天麟曰彼雨此晴偶然爾吾何德哉夫求聞于上者慕名也吾將爲名乎乃寢後生母蔡氏卒送終廬護一如父死之日至正中年七十四一日召子姪與語沐浴更衣書偈端坐而逝出僧志

附傳郭黃許傳第四十五

吳李林方傳第四十六

吳興屯田員外郎蔡之從弟時號長官唐神龍中以家貲築延壽陂溉田萬有餘頃復塍海為田築長堤以障海水開瀆大小六十餘條以導其流為泄六十餘所以殺其水時有蛟為孽堤數潰興毅然誓衆欲除其害遂携刃入蛟潭斬之卒與蛟俱死潭中鄉人建祠祀之宋咸平初進士鄭褒為之傳紹興十九年郡守陸渙奏封義勇侯至今莆田稱水利比洋曰吳長官南洋曰李長者云（並出趙志等書）

李宏有唐裔也其先有因安史之亂避地來閩者遂

卜居侯官之福星坊世雄於財宏輕財好施人稱為長者初永春仙遊二縣水合趨于莆入海言利者請橫而堰之可灌田數萬畝治平間長樂錢氏女捐金大如斗來據溪上流築陂甫成而壞繼而進士林從世捐貲十萬緡築溪下流亦壞熙寧八年宏應詔而來有僧智日者為相地於木蘭山下宏乃率衆緡七萬餘緡為之陂遂成乃開溝大小百有餘條以導陂之流作斗門以啓閉諸溝之水設涵泄以疏通斗門之所不及者復築塘為田由是莆南洋之田萬有餘頃皆賴以灌溉民食其利立廟於陂上春秋祀焉崇

定三年詔封惠濟侯降璽書褒諭郡人吏部鄭樵尚書林大鼐皆有記今子孫居於廟之左右食宏之田以奉祀事官仍復其家又有吳諏者莆田人唐屯田員外郎祭之後初官司選土著大家食陂之利者輪差正副以司財穀以時巡視而脩治之特在選者十有四人而諏與焉十四人者余氏三人朱氏七人陂氏林氏吳氏顧氏各一人皆莆田人吳諏其也子孫繼是役者年有酬勞日有食錢蓋以先世有功於陂故特加優厚迄今猶然每歲春秋祭宏其十四人者皆得與享云出莆志　弘治間邑人御史周進隆疏於朝檄下本府縣春秋致祭

李富字子誠唐游擊將軍尚旻之裔也避武氏亂由泉州南安徙游洋後復遷于莆之洋尾富好施與嘗於郡境內造橋梁凡三十有四所出南郭五里許建亭以憩行者凡二所又助郡庠之役築瀕海之隄前後捐金錢累鉅萬以祈母壽母享年九十有八而終人以為施與之應建炎初粘罕佗順富率義兵隸韓世忠麾下授承信郎宣使張淵聞富材略辟充發前統制司幹官弗就辭歸養年七十八卒至今莆稱樂善之士必曰李制幹云子三人廷輝保義郎廷稚承務郎廷麟將仕郎出岳

林國鈞字公秉早嘗游場屋率不利自三舍法罷遂不復有仕進意高宗朝以其子嘗由里選版授迪功郎加承議郎賜緋衣銀魚致仕國鈞爲人好施與務以積陰德爲心閭鄉鄰之貧乏者取貲財[illegible]人投諸暗中以助之不使其或知也嘗建紅泉義學延族子先朝爲師置義田以贍四方從學之士白湖去城三二里舊有浮橋紹興初更造石橋一時有力者又欲移建於木蘭陂下謂是處江流且縮而兩隄突起國鈞以爲此說正相反惟江潤岸平則無喧豗撞擊之患遂傾貲倡衆以相其成又伐石砌抵城之路凡二

十餘里年九十齒髮落而復生作亭名曰回年陳俊
卿為書其扁因以自號既歿光朝銘其墓子二人元
南安軍司戶參軍遷建寧府司法參軍孫恂如少嘗
從光朝學後選莆舊家十四人為木蘭陂正副而恂
如與焉詳見李宏傳持誠秉公以民事為己任陂南岸隄
決數十丈恂如傾貲殫力而修築之水以無患至今
與十四人者並配饗李宏之祭而子孫亦世食餘芳
之利云出府志

方祐字天貺慎從之曾孫也為人恭約好禮晉已孚
入高價買產賤價糶廩值荒歲則傾囷無吝色毋富

巾野服徜徉道旁野叟村童歡喜出迎曰長者來矣饑食寒衣病藥死棺人人滿意有持疏以橋道請者靡不遂其求若延壽迎僊二橋脩建皆厚施之其孫萬少時讀書至巳所不欲勿施於人祐語之曰此吾平生受用得力處小子識之祐之存心如此故時人以長者稱之葬福平山後人又因以福平長者為號云出其玄孫大璁所記遺事

吳李林方傳第四十六

前陸文獻卷四十六

四三

元

陳宗顏黃傳第四十七

陳旅字衆仲父子脩號博古時朝廷遣使購鄭樵通志略得寫本鹽使方廣翁家廉訪使孫潭屬子脩與同郡鄭鉞共校讎之盡復樵聯比詮次之舊上於朝廷錄於學官兄震亦有文行由教官歷泉州路經歷同安縣尹終福清州知州致仕卒（出名公事述）旅幼孤貧稟穎異其外大父趙氏學有源委撫而教之旅得所依篤志於學於書無所不讀稍長負笈至溫陵從鄉先生傅古直游叢名日著用薦者為閩海儒學官適

御史中丞馬祖常使泉南一見奇之謂旅曰子館閣器也胡爲留滯於此因勉游京師既至翰林侍講學士虞集見其所爲文慨嘆曰此所謂我老將休付子斯文者矣即延至館中朝夕以道義學問相講習自謂得旅之助爲多與祖常交口游譽於諸公間咸以爲旅博學多聞宜居師範之選中書平章政事趙世延又力薦之除國子助教居三年考滿諸生不忍其去請于朝再任焉元統二年出爲江浙儒學副提舉至元四年入爲應奉翰林文字遷國子監丞卒旅於文自先秦以來至唐宋諸大家無所不究故其文與

雅峻潔必求合於古作者不徒以徇世好而已有文集十三卷旅平生於師友之義尤篤每感虞集爲知己其在浙江時集歸田已數載歲且大比請于行省親奉書幣請集主文鄉闈欲爲聞候計乃衝冒炎暑千里訪集于臨川集感其來留旬日而別惓惓以斯文相勉悵然若將永訣焉集每與學者語必以旅爲平生益友也一日夢旅舉杯相向曰旅甚思公亦知公之不忘旅也但不得見耳既而聞旅卒集深悼之

元史本傳

鄭杓字子經僑之玄孫寅之曾孫與陳旅爲文字友

嘗著春秋解義表義覽古編次夾漈餘韻樂府又有衍極五篇衍極記載三篇衍極書準衍字書異原并與鄭莆陽論文字之學此為最正尤善大字碑南安縣儒學教諭福建宣撫使齊伯亨嘗采其所著衍極書上之子焯字宗晦至正末為福清州龍江書院山長洪武中辟興化縣儒學訓導天才逸出八分書能世其學云出儒志

朱文霆字元道登至治四年進士授建寧縣尹有惠政及人遷汀州路推官陞福建等處儒學提舉以泉州路總管致仕辛文霆居官行事多有可稱尤博學善屬文有葵山集宋景濂為序稱其言辯而理彰子

澔洪武初進士第任兵馬大使出舊志

顧長卿字子元祖孺俊與兄孺履同第宋嘉定四年進士長卿少有志經傳子史無所不闚人目之爲書廚應部使者薦歷安溪南平兩縣學教諭福州路教授長卿雖居官不廢脩讀所得俸專爲著述貴移書助教陳旅責其不作遼金宋三史旅以書示學士虞集曰江南有此秀才大不易得既而長卿恐旅未能任此遂自爲之及謁選京師會朝廷開局脩三史長卿即以所著藁上中書得辟史局以議不合移疾出又以朝廷郊祀禮成進南郊慶成頌一十五章不報

所著三史頗希世不嚴華夷正閏之辯而書遼金之事皆與漢唐宋並例故其書竟無傳云出事迹

黃方子字潛剛洎之後慨然以家訓世德為念博學強記汲汲於其所欲為者嘗攝武城縣學職禮部尚書宋本以使事至薊見之驚喜還朝將論薦之會本病卒不果方子好著書有東家書目載所著書數十種然所說多異朱子故不為人所尊信云出近記

陳、宋、穎、黃傳第四十七

陳劉方林傳第四十八

陳紹叔字克甫唐御史大夫稜之後也其先世居大浮山之西曰西陳後有析居金沙者故紹叔爲金沙人而猶以浮丘爲號學者因稱爲浮丘先生紹叔幼好學博覽群書洞達性理終日危坐一室俯而讀仰而思有得則喜而不忘或中夜起炙燭書以識之從游日衆則教以篤行謹信爲先文辭問辯爲後嘗爲學者說書璣衡遂揉木爲儀象以示之既而鑄銅倣古制又別制器象天體虚其中而縣之上刻周天度數而以鈿螺填之揭南北二極凡天河星宿皆列其

名其色絢爛使夜視之與天象合圍四尺五寸有奇極其精微名曰小天由是名重當時有欲白之郡府表章于學有勸達于朝者紹叔皆謙不敢當至於河圖洛書太極通書律曆制度靡不研究有外集百餘卷題曰浮丘集歷代紀年大元官品競辰切字擇日又若干篇諸子百家之書咸覽誦而考訂之圖中庸大學周易於東西壁浮丘書室之左為尊經閣以虔奉先聖身未嘗衣絲帛深衣大帶以為常所居僻陋處之澹如也有田數十畝供饘粥而已毋家不振有喪莫能舉紹叔買土立石表以鄭塚有詩曰土堆埋

玉起愁雲立石栽松洒淚痕敢效大夫題鄭塚竟謂一女嫁陳村石田茅屋誰為主麥飯茶盃外有孫寄語耕犁莫相及免教過客見銷魂若友之心類如此其居鄉與人言必稱孝弟忠信言語平易使人易曉忽一日思其親友遍至其家既而得疾越七日卒年七十有一出林以順所著墓誌銘

劉有定字能靜其先與夙翔同出元豐進士似之遠孫也少貧性狂直不嗜榮進沉潜志學與滋陵趙伯暐遊而陳旅鄭杓輩皆其友也工於詩嘗著原範吟三十七章論易通學者因稱為原範先生司業吳源

請原範吟推闡圖書之秘發揮象畫之妙究極先後體用之所以然乃知此老胸中有一部全易也又作泮宮嘆百韻以譏議路教葉應禮又嘗箋解杓所著衍極書五篇皆梓行于世出人物備志

方德至初名臨生以字行公權之孫也擢元至正十一年第為人敦厚不妄言笑家甚貧教授生徒以為養而與其妻廖氏相安於窮苦澹泊之中後廖氏瞽有父母欲去之臨生感然泣諫曰新婦無故何去之其他行事亦多有足尚者授官永嘉縣丞代歸不及再叙卒出

林以辯字子泉積仁之後祖應成字汝大嘗受學於黄績得潘柄陳宓之傳咸淳中與長子棟同登第歷官宗正寺簿宣撫司機宜宋亡不仕父楠贈曲陶郡伯以辨通易書春秋尤善說詩皇慶中詔以科目取士以辯不苟求合究心程朱之學福泉之士爭聘為師方在泉山一日促歸未浹旬卒朱文霆稱其明死生之際云拙事

弟以順字子木擢至治元年第廷對不諱幾黜左丞張士瞻直之收寘榜末除海寧丞調慶元縣尹縣有弟殺兄陰以賂免以順發其獄誅之移浦江尹平反

死獄新作夫子廟秩潲改台路椎官總管焦鼎建招
安海寇之議以順沮之慮以姑息亂天下後果如其
言陞江西儒學提舉改知福清州時元政失經豪强
横起海港中刼殺尤多以順漸收除之亦思巴奚之
黨藍福清州為衆所殺其酋賽甫丁擅省政因以順
酋敗去乃得歸尋除同知福州路總管府事致仕遂端

陳劉方林傳第四十八

國朝

吴源傳第四十九

吴源字性傳曾祖鳳舉博學多才第宋咸淳元年進士歷官貴州司法封州教授至宗學博士入元故官例遍授府縣之職鳳舉亦強起知興化縣數月辭歸扁其堂曰修初以見志源早孤自知力學通諸經尤深於易惇禮好義學士大夫皆推下之至正末舉泉州路訓導

太祖皇帝洪武三年復以明經授興化教諭遷府學

敎授十三年以薦特賜詔徵之其略曰朕聞君天下以圖治爲本安黎庶以得賢爲先故令百司各舉所知令中書舍人林延綱薦兩學精德邁智志過人特遣使齎符命有司禮送至京朕當試用焉於是與杜斆龔斆趙民望李祐俱應召至命爲四輔官兼太子賓客位列公侯都府之次屢降制諭欲其均調四時繼令各司春夏季上中下旬而源則司夏季中旬每講明治政必以得賢才敦教化養黎元爲圖治之本甚見嘉納

上問遊東苑命五人侍相與聯句爲七言近體詩一章

上先倡首句曰踞蟠龍虎肇豪英五人者遂繼之曰五色燦雲炫日明臣杜斅 王氣鬱葱垂景象臣淵 民風樂廣見昇平臣興 襲 山河百二金陵最臣顯 民 宇宙千秋帝業成臣紀 上復繼之曰騰憶六朝興替事臣杜斅遂足之曰禎祥未盡又加禎詩成上呈恩禮優裕冠于一時源尋以老歸明年 上念其賢復賜詔曰曩者朝臣薦卿學行是用召卿至廷官以四輔而卿告年老難於步趨遂命還鄉今者朕選公侯子弟入國子學司業缺員生徒無所矜式卿其為朕一來講道授經無筋力之勞而有成就後學之益亦儒者之素志

其速來勿有所諉源復赴京授國子監司業未幾卒于官出彭從吾南陽舊志姪陽保舉鄉薦為國子博士陽保之孫昭成化戊戌進士官終廣西按察副使

吳源傳第四十九

林圭陳賢傳第五十

林圭字信玉曾祖棟與其父應成同第宋咸淳進士祖岡孫與其弟以順聯登元延祐至治進士稱爲聯桂林家父師說蔭授縣尉洪武初圭舉明經爲莆庠訓導陞寧國教諭滿九載以科第不及數復教其邑動於爲教風雪不廢其去也諸生塑像學宮祀之居儒官三十餘年前後六爲考試官永樂間應召脩大典以老請賜冠帶致仕圭治經有師法工古文詞推重一時達官至莆者必禮其廬鄉後進多問業焉平生篤倫紀敦道誼元季兵起祖母方避難山中與兄

璜珌璲繼没圭辛苦負葬幷葬其從父兄外父母凡幾喪孤幼盈室撫教成立及致仕歸視其子教諭乾於如皋經蘇杭遇道殣善視之與同食飲其人賴以全活年九十四而終（雜出一統志等書）林為莆望族久而可徵者惟忠臣蘊之後最盛岡孫之孫琚珩琥皆起儒術珩為桂林知府琚琥並郡縣學職諸孫泰吳川知縣以順之孫曾洪武甲戌進士官終廣東僉事有廉名圭之孫宗越皆舉鄉薦宗蘄州學正楊州教授有師道蘄人祀之於學宗之孫俊成化戊戌進士歷官刑部尚書今以太子太保致仕其學行風節别當立

傳偘僖同舉鄉薦偘終南雄通判僖終壽州知州俊之子達正德甲戌進士今為南京吏部郎中

陳賢字廷傑靖之後兄覲陝西參政賢洪武末舉儒士為興化訓導秩滿遷南康教諭永樂中召入館閣預修大典改任湖口致仕賢為人嚴毅方直安貧好古其學以躬行為先雅志恤物勤心職事及門弟子成就者衆號為古道先生湖人塑像於學沒因以祀之泰和楊文貞公士奇為墓表稱其士行可質於神明蓋實錄云（出彭志）子淮以孝行稱

淮字巨淵幼有至性在父母側必親視膳服有疾侍

湯藥頃刻不離永樂間賢官南康淮隨任每日鷄鳴而起孳孳承志所須皆先辦洪熙元年賢告致仕卒于京師淮迎柩歸至寧化次于河滸夜宿柩旁岸多虎或傍避之淮曰吾父在此竟不去夜大雨懼河溢柩且没撫柩呼號雨忽止姊嫡母方出有贅婿方欲析居淮重違其情涕泣引咎遜姊腴田美器而取其棄餘母乃悦復許同爨淮後為國子生值限年例衆謀為減年籍淮曰籍可減心不可欺也寧黜而歸置義塾訓鄉子弟家門肅睦遠祖僕射靖墓被人侵毁淮焦苦十餘年百計陳愬上官卒復之縣上其孝卒

年八十三子大同亦有孝行志虔林司寇見素題其居曰述孝里

林圭陳賢傳第五十

[illegible]

方徵林仕敏林長懋傳第五十一

方徵字可久大琮六世孫洪武五年中鄉試遂授給事中改齊王府錄事莅官恒思效職志節甚偉太祖皇帝一日晚朝謹身殿退顧徵問知有母在次日賜白金五十兩給驛歸省嘗奉旨廣西徵行改監察御史月餘陞懷慶知府時因星變求言徵條上數事首言風憲官以激濁揚清為職今乃計其事績多寡定為優劣故不問旌拔廉能專務羅織人罪多徵贓罰此大患也又言朝廷賞罰明信乃勸懲之道去年各行省以用空印罪其官吏而河南參政安然山

東參政朱芾俱有空印反皆陞為布政使其何以示
勸懲哉其餘皆關係行政上諭旨安然率齊東海軍
民內附朱參政鄉里舊人有才幹故議功議能而擢
用之且爾言羅織人罪者何人多徵贓罰者何官宜
具實以聞徵言如河南僉事彭京不坐被告知事于
觀而逼令招贓攀人出金二十兩銀一百兩代納此
臣所知者坐是降沁陽驛丞十三年以事逮至京卒
年三十二嗣子璿舉鄉貢任諸暨訓導出彭志
林仕敏名世懋以字行枅五世孫也父善同工詞賦
溺冠魁堂試尋領鄉薦第七授泉山書院山長元社

既屋遂不仕洪武初例起明良官以祖母年老辭既
而復起之行至建州寄所作顧氏義妾詩有有妾猶
知遵禮義此身那肯負綱常之句竟死於道仕敏幼
端重閒爽聲詩文洪武二十六年領鄉貢入太學明
年署大理少卿尋授戶部郎中以言事貶南丹衛軍
吏永樂改元擢拜南康知府寒暑衣服取給於家屬
郡蝗仕敏率屬罪己懇禱翼日蝗盡飛去以母憂去
官服闋改知淮安府清介愈厲時部臣至淮銜仕敏
與之抗禮乃以不防水患劾之貶南寧府鎮鄉巡檢
以捕盜功不願陞遷改宜興縣教諭所著有芹遊集

匡廬小稿子勤由鄉貢歷任奉新教諭以學行稱薦
林長懋字景時謚之後父猷中泉州府學訓導長懋
永樂三年舉鄉試除南昌教諭陞吉州教授十八年
擢翰林編修侍　皇太孫讀書洪熙時特春坊中允
長懋以老成自處凡小從過多所匡救　仁廟崩從
臣從東宮赴京長懋不便鞍馬乃以舟行既至
宣廟已即位從臣皆進官長懋陞知鬱林州因上言
宮僚遷擢同異若數人且言二弟一為部屬一為監
生路遠母孤願降繫離京職積忤下錦衣獄一繫十
年温習不廢　英廟登極遂赦之官以恩信撫下自

奉清儉朝夕食惟鹽菜人因呼為鹽菜年六十卒於官無子長懋為人剛嚴狷狹非其人不交往僚友間少不合輒面斥其過族人戶部郎中定以吏胥進絕不與通性耽書手不釋卷為文質而有味（出志）弟道節永樂乙未進士授刑部主事長懋下獄時調平樂通判遷知瀘州以賢能著稱奉勑陞鶴慶知府以母喪解官卒于家（出一統志）

方徵林仕敏林長懋傳第五十一

陳繼之陳彦回傳第五十二

陳繼之涵頭人華除庚辰進士授戶科給事中以江南僧道多占腴田蠶食百姓乃奏僧道人給田五畝餘以賦民從之時靖難師起繼之間有建白輒肆指斥洪武三十五年六月京師平與太常寺卿分宜黃子澄兵部尚書溧水齊泰戶部侍郎定遠郭任翰林侍講寧海方孝孺等俱族誅出彭志

陳彦回龜塘人父立誠洪武初舉秀才再除歸安縣丞以罪被刑家屬謫戍雲南之臨安至蜀遇赦無資以歸時同縣黃積良知定遠縣收彦回為其家人因

改姓名曰黃禮會閩中教諭嚴德政以彥回明經舉
保寧訓導九載考績
太祖親擢為平江知縣洪武戊寅　高廟晏駕彥回
捧香進京師給事中楊惟中等舉彥回文學廉幹宜
加擢用陞徽州知府丁祖母郭氏憂徽民汪偘等百
餘人詣闕奏留未報庚辰春彥回乃疏其改姓歷官
情罪首實于朝乞正名籍得宥為民尋仍復其原
官留治郡事明年三月復蒞徽逾年會北兵起彥回
召募義勇赴援壬午詔械送京師棄市出府志
陳繼之陳彥回傳第五十二

林環楊慈傳第五十三

林環字崇璧後塘人唐九牧葦之後幼倜儻不羈聰慧過人凡閱書多成誦下筆成章方在泮時文章已為人所重求者相踵永樂四年廷對第一授翰林修撰明年陞侍講預修永樂大典為書經總裁官兩考禮闈會試聲名籍甚十三年扈從巡幸卒于北京年四十環負材學曉世務特為

文廟所器一時儒碩亦厚望之迨没無不悼惜焉弟珪亦有文行舉泉州府學訓導出彭志子繼舉鄉貢為考城教諭珪子思承第景泰五年進士選為御史辭

弗就除冀州知州州有蕪田二千頃歲賦如常民益流徙恩承牽同官奏蠲其半濬河數為州患增築堤堰以禦之延袤百餘里選部郎中陳雲之弟佐冀屬邑毆殺平民恩承被委驗治或為祈免歎曰以人命媚人惡在為民父母卒正其罪滿九載民詣闕留之不果從遷淮安府督粮同知年未六十引疾致仕歸幾二十年年七十九卒彭司寇從吾銘其墓稱其為廉退君子云孫偃伋同舉鄉貢偃縣教諭伋國子助教恩承子茂達弘治十五年進士今為四川布政使伋子經禎皆舉鄉貢經瑞金知縣禎宜春教諭府志

楊慈字恩叔城右人伯父實壽陽知縣慈少孤性頴悟不甚讀書為文閒有論辯發出人意表凡所賦作操筆立就葢天才絶高非學力所能至也永樂六年鄉試第一明年會試第二九年廷對第四選翰林庶吉士是年七月卒年才三十慈軀幹豐偉志氣軒昂恒以科第文詞為儒者末事人惜其早夭有文集五卷孫元以鄉貢授休寧教諭詳世紀志等書

林環楊慈傳第五十三

黃壽生陳用陳道潛傳第五十四

黃壽生字行中東黃人滔之裔孫也兄和中行在禮曹郎中壽生莊重孝友洪武末舉淵薦以親老求歸侍養水南諸賢卒從之學若會元陳中進士徐資用輩皆門下士也親終入太學再試京闈第一永樂九年登進士第選翰林庶吉士預修性理大全諸書成授檢討九載將滿考試禮闈得疾卒（雖出一統志等書）于時故官類焚殖以歸壽生子子嘉倒負柩還葬安福教諭徐安祖聞其孝行舉為其學訓導用薦知東鹿縣正統己巳之變胡寇焚掠畿甸子嘉率衆保障縣賴

以完初邑户不滿二千後乃至三千餘户滿九載邑
民保留加六品俸復任三載乃歸長子深字仲淵景
泰二年進士拜監察御史卒次仲耶自有傳深之子
乾亨成化十一年進士任行人奉使滿剌加遇海禍
朝廷遣官諭祭贈行人司副子如金字希武弘治十
八年進士選庶吉士授御史提學南畿終廣西提學
副使希雍舉鄉薦自壽生至乾亨如金三世解元爲
科目盛事彭司寇惠安公謂自乾亨而上居官立身
皆廉約恭慎學問文章世濟其美爲莆名族之冠一人
陳用字時顯城右人也舉鄉試第一登永樂九年進

士第選翰林庶吉士時行在開東館徵天下名儒纂
修五經四書及性理大全諸書用預焉書成授本院
檢討丁外艱起復留南京宣德間洪簡陞脩撰正統
初轉侍講凡掌院事二十餘年用爲人質實醇厚言
動不苟身後竟無一息士類爲之興傷云如彭志

陳道潛字孔昭東洋人革除庚辰進士授給事中調
夷陵州判永樂初復爲監察御史預脩性理大全諸
書十時濟書諸儒翰林春坊多不得預部屬寺監亦
無幾人御史獨道潛以行已恭慎學問該博在選道
潛與兄道亨相友愛兄以子少讓財產不受會元除

中嘗稱其家仕者可爲居官之法愿者可爲族里之法道潛孫孟學孟中成化丙戌進士授戶部主事卒孟綱上饒教諭翰廣州教授曾孫元綱衢州教授以終玄孫文涵弘治乙未進士終江西按察僉事文淮舉鄉薦磁州學正論者謂道潛與陳繼之同舉進士同居給舍皆難之師至繼之族道潛但薄謫而已蓋不能無憾云

黃壽生陳用陳道潛傳第五十四

陳方李王傳第五十五

陳中字舜用黃石人大卞之後永樂十八年鄉試第二明年會試第一賜進士出身資性簡率才思豐贍登第後歸家嘗與諸名士遊壺山真淨巖次盧希韓詩律一韻二十首頃刻而就詞致清新人服其敏文章健直類其為人正統初自南京户部主事就留史館預修

文廟仁廟實録成陞本部員外郎淹九載無意榮宦遂致仕幽巷貧居吟咏自樂公門關節終身未嘗及之卒年八十三姪孫璲舉鄉貢成縣教諭陞國子學

正璲之弟琬為邑庠生兄弟俱有文行而相繼夭卒
士林惜之出彭志
方澥字源深仁岳之後以諸生貢入太學舉應天府
鄉試第七正統四年登進士第授行人澥時年出五
十隱然老儒猶執經講說不已扣問者紛如酧告罔
倦尤邃禮學動止語默不必苟嘗嘆文公家禮一書諸
儒註釋而去取或晦朝代遷改而冠服不同於是著
旁附列圖於首條析於下其高第殿元柯潛嘗序行之
未六十求致仕歸抱經固窮去嘗輕入城府學者稱
為梆東先生卒年八十二莆俗自水南徐資茹先生

家冠婚喪祭依約家禮而行著為規範質文可觀至
澥又篤好是書考究服誦春秋家祭不事浮屠吉凶
慶吊抑奢從儉鄉人亦多化之弟新韶州府同知子
和叔領鄉貢為石棣教諭孫岳有文名成化五年進
士亦為行人澥猶及見之後轉南京監察御史以言
事左遷泰州判官陞常州府同知山嶠及新之孫宜
賢皆鄉貢士嶠景州訓導出彭志山雷州府同知宜賢
吴川知縣宜賢子一桂一蘭同第嘉靖二年進士
李廷脩鄭莊人曾祖允寶武城知縣伯父璣萊州知
府有廉直名廷脩登宣德八年進士第除中書舍人

性穎敏每厭時俗不務讀書嘗曰後村先生文集今日全不識終日咿呀程文如何得長進故於為學多通强記討文清暨正統末陞太僕寺丞天順改元陞少卿皆以滿九載而遷蕭自洪武以來登朝士大夫未有秩正四品者自廷脩始得之人以為榮出志

王儒字士俊第永樂十六年進士授大理寺評事陞雲南府知府以仁厚為政夷民悅服嘗遇歲旱禱雨有應兵部尚書王驥征麓川道經其郡羨以聯句曰三旬亢旱黎民悴一雨滂沱太守功鎮守雲南都督沐昂尤重其為人及卒民哀慕之儒遂經學工文辭

宣德正統間莆諸老在翰林者凋謝已盡惟偉與陳會元中並以文章擅重一時云（出景泰志）

陳方李王傳第五十五

鄭方余何林傳第五十六

鄭雲字行從伯玉之後登洪武二十一年進士第授監察御史陞湖廣僉事改山西以事左遷兖州府同知復陞廣東右參議為人廉慎仁恕詩詞文采亦有過人者年未五十卒出彭志

林時字學敏唐侍御史讜之後永樂十三年進士除陝西按察僉事巡歷邊荒辨反疑獄甚多寧夏甘凉地寒少布歲發鳳翔延安等府粟以餉卒時奏聽民與戍卒自相對輸大布一端抵粟一斛中布三端抵粟二斛至今便之又奏設武學令軍中子弟得由科

目進用於是禮部推行天下皆設衛學秩滿陞貴州按察司副使莆進士釋褐為方面時與余文林坦二人文由山西僉事轉知常州府坦歷湖廣廣西僉事陞貴州按察使然風槩皆不及時矣祥敏道州訓導子純内丘教諭姪纘潼川州訓導出彭志曾孫世明莘知縣

方鯉字廷訓大琮之後永樂十六年進士授南京監察御史南宋諸名臣家自遭元世以來皆零落不振獨鯉能邁往趨俗以紹前芳郡人推仰性資剛果遇事必為居六察日風釆凜然號為材御史遷知彰德

府丁內艱服闋改知紹興府相越皆大郡鯉以廉明
蒞之吏畏民愛既爲良二千石以疾致仕卒孫瑶程
鄉訓導[illegible]
鄒述字季述少貧力學永樂十九年登進士第授刑
部主事宣德中公事坐累調惠州府通判郡負山濱
海有鹽鐵之利兵民商竈溷雜難治述有精力爲政
端平清訟牒均徭賦禁暴綏亂民不敢犯政聲大著
他郡有難決事亦以委之擢知南雄府地狹民貧且
苦役繁述榷鹽酒定駅取息輕積衆舉以雇役餘
代民雜需民既安業乃重新郡縣廟學每五日輒一

庠學宫視諸生所業而激勸之士風爲之一變郡舊有淩陂溉田五十餘頃久廢述重築之民蒙其利又郡自張九齡奏開庾嶺植松數十餘里久多摧枯述補植之人懷遺愛比以爲棠陰云及致仕郡民乞留不果從兄子儒龍川知縣出彭志

余耀字叔炫登永樂十三年進士第知進賢縣爲人勤敏廉介力正上官科買之弊九年秩滿行李蕭然民思之爲立德政碑吏部考最例當陞職待次問以毋老告歸省宣德十年少師楊文貞公薦之馳傳赴召至授吉安府通判掌泰和縣文貞泰和人以其剸

邑故特薦擢專無巨細一斷之以義主之以公雖富
勢不可奪人目之為沉水舡邑以大治毋喪解任服
闋改通判饒州部運京糧卒于裏河出彭志
何誠永樂末貢入太學正統間拜虹縣知縣廉正愷
悌每詣村落教民版築植桑久而民獲其利後以疾
卒橐蕭然虹人共買棺殮之其妻南京人舁其柩
欲即父家塟之虹人懷其德不忘乃遷柩塟于縣之
山川壇右復建祠焉出通志
林和字致雍前要求人洪武中登鄉貢授悼羅知縣為
政寬恕不尚鞭朴增修武村堤以防水患民受其利

出一殺志官終户部郎中

鄭方佘何林傳第五十六

林文陳音傳第五十七

林文字恒簡號澹軒與環同出宣德五年廷對第三授翰林編修正統初預修　宣廟實錄成轉修撰時年已五十官將九載僅循常調不爲優叙不計也丁内外艱服闋復除舊職景泰三年陞春坊諭德兼翰林侍講四年修歷代君鑑成七年修天下郡誌成陞庶子仍兼侍講天順元年　英廟復位罷康定時官僚文改尚寶司卿兼職如舊時翰林應轉學士者七人上疑其多兵部尚書陳汝言進曰唐有十八學士進不爲多遂拜學士四年請老上謂内閣李賢曰林

文老成忠厚不可放去仍留供職八年　憲廟即位
以舊講讀官陞太常寺少卿兼翰林院侍讀學士再乞致
仕歸文雖年逾七十然神觀清爽應對精明安靜守
禮接以無大小皆以誠意朝野士大夫踵求詩文酬
之無倦色體格溫淳自成一家縉紳推爲醇儒咸自
謂不可及也兩考會試一讀廷試卷學者稱爲上林
先生卒年八十七贈禮部左侍郎遣官諭祭營葬子
載孫釗曾孫渠希範皆舉鄉貢載中書舍人釗金華
知縣遷錦衣衛經歷出彭志　渠建水知州希範漢陽同
知

陳音字師召別號愧齋浙江人宋明州觀察使淬之
後天順八年進士選爲翰林庶吉士授編修與修
英廟實錄成進侍講擢南京太常少卿命兼掌南京
翰林院事陞本寺卿卒音為人和易坦率細事無可
不可至分別義利則界限截然在翰林時嘗上疏陳
時政數事剴直不阿權璫黄賜有母喪省寺院監閣
不弔祭翰林亦有倡議欲行者音奮曰堂堂翰林相
率而拜內竪之門奈天下笑何議遂止西廠初建太
監汪直方用事勢張甚其爪牙韋瑛者從卒邏校入
兵部主事楊仕偉家收縛仕偉幷掠其妻衆悚汗瑛

測音與比居巫乘墉大呵曰爾何人乃擅辱朝臣其人曰爾何人音曰我新科侍講陳某也其人為之少戢太學士劉吉之起復也音移書止之其後當路有缺吏部欲擬音吉曰陳某腐儒也不可用其為少卿滿九年乃進卿音問學深博學者至席不能容登高第顯名于時者甚多為古文肆筆而成率平實有理致求之者無虛日遺稾累數十卷弟員子樂並俱領鄉薦華登進士第員嘉興府通判

林文陳音傳第五十七

柯潛吳希賢傳第五十八

柯潛字孟時號竹巖自幼警敏嗜學十歲喜賦詩十五能爲舉子業弱冠領鄉試入太學景泰二年廷對第一授翰林修撰益自淬礪學行日以進明年陞春坊中允兼脩撰預修歷代君鑒天下郡志成累受賞賚七年陞司經局洗馬天順元年例罷宮僚潛改尚寶司少卿兼職如故充東宮講官八年陞翰林學士成化元年修玉牒三年修　英廟實錄成陞詹事府少詹事兼翰林學士四年命日侍經筵未幾丁父憂踰年母歿既葬詔起復爲國子祭酒懇求終制不拜

九年服闋將赴京忽得疾卒年五十一遣官諭祭營
葬潛皙貌俊偉容止雅飭爲文章平妥整潔詩尤清
婉接人外若樂易而內實狷介鄰郡有中貴人寵冠
一時士大夫欲求速化者爭趨其門潛獨不往其人
素慕潛文詞屢欲屈致一見將有所求而潛卒不往
天下學士大夫仰之以爲異人期以大用天順中李
文達公賢引共事以資尚淺而止成化初吏部屢薦入
內閣南宮皆不果從考兩京鄉試者一禮部會試者
再所著有竹巖稿弟江通州學正子宗文以蔭授中
書舍人出彭志

吴希賢得名衍以字行更字汝賢别號静觀唐屯田員外郎祭之後希賢幼敏異登天順八年進士第選爲翰林庶吉士時同年李東陽號稱神童希賢才思敏贍獨與之相角用遂拜檢討預修　英廟實録時有貴家子冠姓者家以賄丐希賢致半詞於其父希賢厲色拒之曰苟爲此他日何以見董狐諸公於地下耶進修撰陞左春坊左諭德南京翰林侍讀學士卒於官希賢性豪邁負奇氣於人少許可爲其所可者恒頌不輟口兩考會試所得多俊衜士爲文章意新語壯詩亦清俊奇崛每僚友宴集或聯句或分韻倉

卒累數百言立就弟希達姪彰德俱領鄉薦希達常州府教授彰德湖廣按察司僉事出府志

祠潛吳希賢傳第五十八

翁世資傳第五十九

翁世資字資甫號冰崖父玦舉鄉貢官至翰林檢討掌國子監助教事累贈戶部尚書性喜酒樂易烟黨無小大咸恩視之世資幼穎敏自其遊鄉學時器識已如老成人侍父官京師因乞入太學應正統陸年順天府鄉試七年禮部會試俱中第七授戶部主事政暇輒繙閱舊案究其利弊洪纖廣記且明習國朝典故凡條例因革悉所諳練大為部堂諸卿佐所敬禮嘗以部檄往通州監收軍士冬衣布花因奏言所以貯庫藏轄於通州諸衛宿弊極多宜改屬有司則其

弊可革從之丁外艱歸景泰改元本部尚書金濂以時方多艱求可以裨謀議者因奏起復世資固辭終制明年服闋復除户部遂委世資專典各司章奏有大議必與商確未幾陞署本部郎中適江南水災部以屬世資勘驗因奏免應天太平寧國安慶廬州等府及建陽宣城等衛稅粮五十餘萬石芻束倍之且檄所司賑恤　英廟復位之元年充會試同考試官時大臣多罷上謂姚夔翁世資俱可大用遂擢夔禮部世資工部俱右侍郎三年命往淮徐督運大木回內織染局上言先遣官往蘇杭等五府提督織造上

與文錦七千疋末完今計各項賞賜等用又合別遣官督併加造七千疋世貞謂東南水潦民苦艱食宜當撙節以甦疲困與尚書趙榮左侍郎霍瑄議減其半榮瑄皆有難色世貞曰倘得罪某請以父子三人當之疏進上韙其要譽推主議者下世貞錦衣獄貶知衢州府先是郡有冤獄數十人世貞至悉爲直之治郡汲汲以革宿弊厚風俗爲務新廟學修石皷書院立便民倉凡郡政所不可少者皆以次修舉衢衛帥有不循理法者世貞稍抑之遂誣世貞怨望逮至京師上不直衛帥削兩階調任復世貞官成化初陞

江西左布政使適廣東寇發王師南下有獻計欲令江西轉餉計當用十萬人世資議齎銀就廣中糴穀以餉民以不擾屬大旱軍民多轉徙乃大發倉廩賑之且爲奏蠲民賦百七十餘萬石仍免一應雜泛差科境內以安五年陞都察院右副都御史巡撫山東明年秋東土大饑世資日夜講求荒政發廩勸分遣官分道賑恤民賴以濟八年遷戶部左侍郎十三年奉敕提督京通等處倉場明年進本部尚書職掌仍舊十七年召掌部事世資久處計司財賦出入劑量盈縮罔不懸合事宜以年及再上疏懇求去遂加太

子少保致仕行至儀真卒年六十九贈太子少傅遣官諭祭營葬世資居官四十餘年謙約和厚吾兄弟嚴交友家無餘貲所著詩文有冰崖集若干卷兄世用正統戊辰進士官終貴州參議莆人父子兄弟同時登朝自世資家始世用之子澄孫鐵皆舉鄉貢任知縣世資子洪第進士為工部主事泳舉鄉貢詳出彭志述家傳

翁世資傳第五十九

南陽文獻傳 卷二十 三

陳俊傳第六十

陳俊字時英號愚菴父珪舉鄉貢為文昌教諭俊少負才厲志中正統丁卯鄉試第一戊辰登進士第授户部主事父珪卒解官迎喪海南富土物一無所取服闋仍除舊職景泰甲戌差督天津等衛舊欠秋青草束俊上言採取舊有額已難徵辦況歲增耶漁不可以竭澤朝議是之得減增數三十五萬束蘇松諸部負上供銀七十餘萬兩復受委往徵不數月告完部長貳奇其才俾典閩部章奏轉郎中兩廣用兵遣俊督饋餉假以便宜處分時廣中鹽利甚夥鹽商往

往越界以規利俊令凡越界鹽每引輸米二斗以餉兵公私俱便丁母憂乞守制不允歸還始奔喪總兵監軍合百金為賻却之成化紀元復任郎中於其部未幾陞南京太常寺少卿時郎官久無拜卿少者俊以賢聲得之戊子召為戶部右侍郎俊於戶部號素練至是邊事動四方奏災傷大移漕諸議旁午尚書楊鼎以剛許自任俊佐之凡所裁處悉合事宜部屬相謂諸稿有陳公筆如獲金然其重之如此京師饑奉詔平糶太倉粟百萬斛以利民俊慮權貴乘時射利乃請石以下許糶多者禁不與壬辰命總督邊

餉于陜西時邊庾空竭歲且不登芻粟價湧而榆林延綏糧道險遠輸者病之俊乃請出内帑銀助邊且修西安韓城同官徑道以便飛輓軍興無乏諸將戍功凱還俊加食從二品俸改吏部轉左滿九載拜南京戶部尚書改兵部參贊機務轉吏部丙午又滿九載赴闕請老　憲廟不允賜羊酒寶鈔俾還任與子天敘入冑監俊復乞休遂加太子少保致仕逾年改元弘治以疾卒年七十訃聞遣官諭祭營塟賜謚康懿俊為人沉毅簡重孝友畏慎蓋終身之行也故哀榮特異云出彭志　姪孫應之正德丁丑進士任南京戶部

員外郎

隙俊傳第六十

彭韶傳第六十一

彭韶字鳳儀自號從吾父思孝爲鄉耆儒累贈都察院右副都御史韶幼莊重警敏少長趣向已端景泰七年領鄉薦明年改元天順會試第七人拜刑部山西司主事署員外郎時有張岐者自外臺擢都察院右僉都御史協管院事韶以其人非才疏論其不可且願收召王竑李秉葉盛以伸公論忤旨下錦衣獄都給事中毛弘等上言韶持論雖過心實懷忠得宥復職尋進廣東司郎中是司素稱繁劇所按事多涉貴近韶屹然持正不少屈外戚周邇者與畿內民爭

田詔擇公正法司官往勘衆推韶韶至田所環視周
匝徑歸上自劾之奏曰田本民有雖其籍報未盈管
業之数然地有高下歲有旱潦細民頻年出賦以給
公上旱則資汙下以補高仰潦則資高仰以裨汙下
豈可以民田給貴戚重傷國本復下錦衣獄科道交
章言其無他得釋俄而復有請莊田者　上顧左右
曰彼不見周遵之事奈何又請耶六年陞四川按察
副使開縣有劉姓者戶先析為二一從一留後徙者
復業與留者爭里役不得遂隂嗾安岳盧氏兄弟焚
滅其家凡二十一人有司以事無證佐忌不行詣行

部至邑開之大駭捕得僞氏并其徒十餘人一訊款服寘於法定遼縣民一日忽聞盜至空邑而逃有曾姓者弟乘機入兄室掠其貲兄迹知之訴於官弟夜聚群不逞盡殺其家十有二人乃僞為不知持狀訴於韶鞫之得兇黨七人斃於獄十一年陞本司按察使疏乞各王府祭塟省差內官及行人等官以免勞費從之十四年陞廣東左布政使時農民補吏卒視其房分高下令納銀有羨名曰公堂錢嘆曰取其財而責以不貪可乎乃選俊秀善書者充之積弊遂革鎮守內臣顧恒歲有貢獻韶疏言自古明王不貴遠

物廣東民力竭矣守土之臣以此事上為恭不知凋
傷國本遺害反大也監船內臣韋眷請以均徭餘剩
六十戶隸船司以辦貢獻詔疏言今之官民富強不
及於昔者蓋因害財之多故也使及今加意撙節猶
恐無以繼況又益以雜用其何以善後哉眷所奏餘
戶乞暫與一年以後停罷有詔減其半廣人陳獻章
以學行有聲于時詔抗疏薦之凡廣南一時名士皆
加敬禮以激勵後進太監梁方有弟為錦衣衛千戶
在鄉國私採禽鳥諸物進貢官民俱罹其害詔復上
書言狀忤旨調貴州布政使啓行之日廣父老泣送

河下如去慈父母至有追送数百里外者從貴藩僅
九閱月因俗為政貴人安之擢都察院右副都御史
巡撫蘇松嘉湖等處惟鎮以簡靜而吏自不敢犯科
召為大理卿未上坐論鎮守內外等官貢獻非宜道
改右副都御史巡撫順天等處兼整飭薊北軍務陳
時政以弭天變議糧運以便軍民累有所建白
孝宗登極臣僚交薦召為刑部右侍郎屬浙西不靖
勑詔巡視至則誅其渠魁数人而劾罷守臣一方晏
然既而戶部言兩浙鹽法久壞因命詔以本官兼左
僉都御史留治之詔發夜講究利病陳便宜数條取

旨行之久憫煑海之民貧苦以其山場草蕩聽淋煎熬析閱征陪之狀略分八節具圖以進還朝轉吏部左侍郎弘治三年彗見天津詔群臣言軍民利病時政得失部言軍民利病有二曰厚根本曰減役錢時政得失亦有二曰正近侍曰慎官爵時左右侵權者衆詔於正近侍條有曰內臣出入左右言語輕重能為禍福人所畏憚今兵馬錢粮人匠柴炭盡付其手分例相沿更相倣傚虛名實支遮掩外觀誰能詰之比見凡有章奏無不先允而後下於該部該部奉行不復審處是失政體也及至有犯多從寛免有殺人

至死者竟不提問誤有提問成獄旋復宥之是失刑
威也耗財妄費不惟不禁而反助之死者或有給還
塋銀八千兩在者或有許其蓋祠覔地第宅踰制服
食求奇於斯極矣桀勢移人望風震懾伏望陛下靜
思及此大公至正以服其心克勤克明以折其氣上
法祖宗乾剛獨斷褒良善而親忠良遠佞媚而斥姦
縱事務歸於所司威福必由已出則萬世永固也終
篇又言臣獲隨午朝竊念日奏尋常起數於事無補
臣願自今午朝惟議經邦急務如吏部有大陞除禮
部有大災異戶部兵部有緊急錢粮邊報工部法司

有緊關工程因祀之類許令先期開具事由奏乞聖駕定日出御左順門侍衛一如午朝之儀事該各衙門會議者各官就於御前公同計議如吏部陞除大臣明言其官才德堪任其官資望未可之類內閣輔臣亦同議可否事體既定就行口奏取旨奉行次日補本備照若係本衙門自行者亦就御前逐日陳說有無故事兩疑情由請旨定奪若事體重大一時難決者聽各官先行博議於下候至朝時再議奏行仍乞温顏俯詢曲折如此不惟世事日熟聖明耳目而群臣高下邪正亦自可見則凡時政得失軍民利病

自可次第張弛矣上嘉納之五年陞刑部尚書安遠
侯柳景總戎兩廣都御史秦紘發其贓鉅萬詔抵景
于法奏褫其爵景挾憾晥于內降欲破公議以擿紘
詔執奏不易後景贓追及八百兩有旨免其餘欠詔
復言景應追贓數十未及一乃盡行蠲宥此匪直祖
宗時未有雖前代亦未之見唐宣宗時元舅鄭光官
莊不入京兆尹韋澳械其莊吏將寘于法宣宗欲寬
之澳謂如此是法獨行於貧戶宜候徵足乃釋之彼
唐宣宗時尚能如此豈以聖明顧反不及耶況景既
無元舅之親贓銀又非官租之比監追未久遂得寬

釋是臣等守法有愧於輿也左右有不樂韶所為者
摘其宮竊細過以怵韶韶坦然由之終不為疑沮會
亢旱求言韶復因事納忠條陳四事以本部為刑庶
人事會本覆奏已踰半月未奉敕旨及他奏請間有
旬日方得旨者內使內官王萌苗通高永佀亥[illegible]罪
俱各稱寃貸死發充淨軍臣聞自古帝王[illegible]必
刑者所以彰天討之公若殺人不死後何所畏憚伏
望勤政守法事至物来隨即予奪宮中外庭視為一
體推廣他類無不皆然何患時政之不善哉道路傳
言今倚皇親昌國公張巒墳塋比諸往年勳戚之家

相去懸絶凡百制度務為宏壯計慮在地下豈能自安順天府所屬州縣丁多殷實之家往往投充陵廟墳戶及勇士校尉等役以避民差致將見戶重疊加役富者影射貧者逃竄村里蕭條人無生意伏望皇天恤民將昌國公墳塋減去工程依式脩造俾得早完仍勅該部將□□等役優免事例酌量定奪以便遵守推此及他□□之及遠何患軍民之不安哉皆時所難言者以疾在告方起視事而二子三孫相繼夭亡坐是憂鬱疾日漫加遂上疏乞休上勉留再三疏復連三上始得俞旨命乘傳以歸家居歲餘卒年六

十六訃聞贈太子少保謚惠安仍遣官諭祭營塋詔
蒞官忠誠懇至在外臺則務平冤滯剔奸蠹敦風俗
恤民隱在內臺則謹於守法不為利疚不為勢回而
亦常有法外之意其事親至孝友于二弟甚篤敎養
其子同己子至於處己待人一於誠敬暮年名德益
尊而其自處退然如無所有是以上則九重知之愈
深下則賢士大夫望之愈重以至行旅走卒亦皆知
名云所著有名臣錄贊等書行於世溥子濟準鄉貢
卒

彭韶傳第六十一

楊吳黃方傳第六十二

楊琅字朝重黃石人天順三年鄉試第一八年登進士第拜監察御史初　憲廟登極詔各處鎮守內臣俱停罷不復設一時民情大悅成化元年傳言有內侍貢獻希復差鎮守者琅即上章反覆言內臣不可以預政倖門不可以輕啓疏留中不出然鎮守亦不復差兵部尚書馬昂隨時浮沉翰林學士倪謙以罪去官經營復入琅累與同官陳選等言之前兵部尚書王竑素負重望齟齬於時因引疾家居琅上言宜起用之以獎恬退給事中王徽等以直言斥邊方修撰羅

倫以正論補外職琅亦上疏乞留之俱不報其他所論列尤多時號敢言御史二年差清軍江西四年復差巡按浙江皆寬簡行事不吹毛索瘢以沽名六年擢山東按察司僉事未幾改提調學校斟酌教條寬嚴適中而一以至公行之士心悅服適歲歉癘疫大作巡撫大臣遣藩臬佐貳分道賑恤時以地廣民飢恐緩不及事因并遣琅以行盡心竭力無少頗避行至東阿染疾自起更衣冠端坐卒於舟中諸生哀感厚賻其喪以歸年四十六琅居家以孝友稱居鄉以長厚稱居官以端介稱人無間言尤篤學善文攻書

法所著舉業經義世傳錄以為程式云從弟鐸弘治
庚戌進士官至知府從子清渤皆鄉貢士清訓導渤
知州雍出彭志

吳智字宏哲第景泰二年進士授南京戶部主事丁
外艱服闋工部以學行簡陞四川僉事提督學校端楷
範嚴考校公去取其鄉宦有居彼地者人爭附之智
一無所私士論帖然陞湖廣副使仍提學事其教法
不異在蜀時以老乞致仕歸橐蕭然蜀門人有為
御史按蜀者時智已病御史即臥內拜之叟叩以所
欲言智卒無所干乃嘆息而去歿後家計益落其清

操有足尚云出府志

黄璉字汝器別號求我第成化二年進士授南京户科給事中丁外艱服闋改南京禮科滿九載陞浙江布政司右參議巡視溫處銀場弘治五年上慮各處銀場礦脈或微或絶歲課未免取盈於民乃詔所司體究裁革凡官爲是役者俱調別用璉於是改雲南其屬衛糧儲多衛僚攬之輸不以時巡撫大臣乃以屬璉因嚴設禁限桀驁者寘之於法自此七八年逋負悉輸納轉貴州參政璉以其地夷獠雜居鎮以簡靜撫按交章以操履端方政事脩舉薦之陞本司右

布政使尋轉左屬晉安夷叛朝命大臣率兵征剿特委璉總督糧餉璉處置有方饋餉賴以不乏賊平方將論功而璉以疾卒于官璉天性淳實且有量在浙時年勞當遷適巡按御史張文意不滿於璉敘考有貶辭遂不果遷後璉在貴州文以他事謫本司照磨璉略不介意且薦其才於當道識者多之所居里東南諸村落土田歲常苦旱璉乃白諸郡邑發民鑿渠由金墩抵蕨沁數里引木蘭延壽餘水灌之遂變磽瘠爲膏腴鄉人德之居官三十餘年不以生產爲念自奉極儉約死之日家無餘貲遺孤奔官所扶柩歸

未免稱貸於人庶幾清白之遺云出府志

方守宇宜約年十八舉鄉薦成化己丑進士授戶部主事累遷郎中嘗兩奉勑督理薊永及延寧二處邊餉出納無絲毫汙例當擢京堂僅出雲南參政其部長不能平以質太宰三原王公恕荅曰吾豈不知方邪顧雲南萬里外官邪賂章用若人以剗滌其弊耳時林見素俊亦為其地憲副二人相與修明要束以拊循其人土酋爭官奪印歲相讎殺撫以恩信卒以寧妥修堡立學遣夷兒就業其風一變以速歲出入瘴鄉耳漸失聰轉湖廣右轄未幾以母喪歸貧不自

給常稱貸于里人親舊强起就道疾加重遂致仕御史宗彝給以田不受既卒見素言於官助其塟事官二品而一貧至是世所謂清白吏者非邪弟憲成化庚戌進士終知縣于彥舉鄉薦今為溧水教諭補遺同時有林漢者任江西饒州通判以清介自厲勢家有占湖田者上司委勘漢據法奪還之民勢家銜之屬以考察落其官憲使侯某抗言曰林漢去江西官無可留者竟去朝論大譁饒民號泣迸送之境上家居清約以壽終補遺

楊吳黃方傳第六十二

林黃顧方周林傳第六十三

林磊字會瞻濂之後洪武末舉鄉貢授蘇州訓導九載秩滿諸生願卒業詣闕乞留又九載陞程鄉教諭丁外艱改仁化移疾歸磊為人簡儉自得冬一裘夏一葛飲蔬一味遇良辰美景携朋四出悠然吟賞家無甔石之儲不計也弟子業成或以金帛為束脩亦不受曰我職然耳每歲大比交聘文衡赴者以得人為賀詩文敏速信手而成妙書法凡名家屏障士夫卷軸不得磊書相誚以為俗其為人所重如此冢宰魏文靖公驥與磊同職教同考文交遊三十年每多

其有益子祥鳳亦舉鄉貢為鄖城訓導重義善教正統十年擢監察御史十四年扈從北狩死於土木之難詔與一子入胄監嵒弟講天台教諭康京衛經歷山出志

黃謙字益甫祖思永洪武初以明經薦授福安教諭謙登永樂二年進士第授魯府伴讀朝夕勸講因事納忠恐其好獵則有諫獵之書見其作字則論筆諫之言嘗曰使吾王無愧於東平河間則謙亦可以無忝於董賈矣謙詩文平妥字畫尤清麗可觀與林教諭嵒並以辭翰為士林所重云所著有頤學齋稿藏

顧文字在中別號在軒長鄉之姪孫幼頴敏日記四五千言及長該貫經史時稱博學為文章簡朗秀整有長卿機軸洪武中以儒士薦為興化訓導秩滿遷教諭歷任將樂金華九江三邑典文衡于江西湖廣皆名得士宣德初致仕正統間卒祭酒李時勉為作小傳族子孟喬正統四年禮部會試中式引病告歸善治經學遠近聞者皆造門受業七年方赴廷試志在早退於登科錄官年多占十餘歲授刑部主事丁内艱改戶部秩滿遷郎中求歸省改南京刑部致仕

方仕時雖處刑名錢穀不廢傳習經其指教多所成就若吏部尚書尹公旻乃其家食日親炙者士大夫咸仰其善教云出彭孟喬丁叔龍亦領鄉薦入太學授廣州府通判未兩考部使者疏其治才薦之陞肇慶府同知掌德慶州事卒于官出府志

方熙字孟明鯤之族叔宣德五年進士選翰林庶吉士方會試時熙當為次卷主司以其語奇置第五示與諸經魁齊熙才高志大群試翰林屢居優等然言議英發人頗憚之出為潮州府通判因目疾致仕熙既仕不得志益以文章為事晚歲尤加意於古詩賦

有東軒集杰按弟杰姪瑶以順以嘉孫師禹臨于璐皆舉鄉貢。杰澄邁教諭臨章丘教諭以嘉潛山知縣

周瑩字次玉號鶴洲少有文名正統十年進士拜南京工部主事陞撫州府知府不數載解官歸閑居幾三十年莆之詩學舊有師承正統間漸失其傳瑩力以興衰復古爲任居官不廢吟咏音調清灑書法亦流麗有郡齋新稿行世瑞志姪轍軫俱第進士轍戶部主事軫以詩經魁禮闈爲人質訥無害不能與時偃仰嘗進疏爲用事者所忌任戶部主事九年遷郎中陞山東運使進江西按察使致仕

林庭芳先世福清人父震徙居莆之横塘庭芳永樂十六年進士知新會縣罷歸敦朴能詩尤善選體柯殿元潛早從之學姪榮天順元年進士終廣東僉事子敷成化二年進士終韶州知府榮子沂博學强記十七年進士終貴州參議莆人父子登第者十数家庭芳一門居其二其他若翁世資子洪黄深子乾亨乾亨子如金登子穆林輝子誠誠子近龍思承子茂達元甫子有子俊子達堪子應[illegible]紀子生敬瑗子登高陳音子華周瑛子大謨彭甫子大治高昂子江馬思聰子明衡柯英子維熊維騏姚永子文炤稱為

衣冠盛事遺

林黃顧方周林傳第六十三

曾黃林鄭陳傳第六十四

曾景修名生以字行在泮歲久屢試不利為學好深沉之思持辨博之論以實踐為功不事浮靡嘗著大學中庸詳說行於世永樂三年應貢入太學授玉山教諭秩滿陞德安教授與諸生處情同家人篤意講解終日不倦故出其門者才質高下各有所成就宣德元年浙江鄉試聘考試官卒葬德安出彭志

黃蕻字聲叔兄龍第正統元年進士為戶部主事蕻以明經薦授仙遊訓導惇義篤教有知縣王彛者嘗以白金二百兩寄蕻蕻雖愛妾莫之知也彛病死蕻呼

其子授之陞廣元教諭與僉事董應軫同入蜀董船覆呼近岸小舟莫肯前鉞曰是欲得財耳乃自出囊中金以招之衆乃亂流而進董獲免廣元爲蜀北鄙學政久廢鉞以義倡其人士相與修學舍建文廟每日衣冠坐堂上授諸生以詩書背誦覆講如法諸生有貧無資則解衣推食以助之故廣元人樂從其教及鉞致仕歸乃即學宮之旁立祠肖像以祀之杜湖鉞所著書廣元祠堂記姪綸舉鄉貢順德教授孫顒弘治庚戌進士授户部主事戚畹有請拓其賜第者顒甚鉅顒疏止其役不報顒爲人有志識篤於倫紀居官所至有

治績祭廣東參政綸之孫待顯正德丁丑進士官户
部郎中
林未齡初名齡以字行號之齋天順二年以郡庠弟
子員選升國學授翁源教諭以興學作人爲己任嚴
立課程貧者助粟病者給藥邑之令丞事有糾齒者
得其一言而決滿九載翁源父老疏其學行堪任民
牧守臣以英德縣僚俱缺員檄未齡往攝縣事未是
嶺南巨盜黃蕭養作亂列郡俱被荼毒英德尤甚求
齡至乃招徠散亡賑恤貧窶蠲貸征賦不報已復祈
乃募義民築城垣徙廟學於城內暇則集生徒講學

以疾卒父老哭之慟爲歸其櫬於閩翁源生徒尤念之二處俱建祠祀焉出府志

林智字若濟蘊之裔孫正統年以鄉貢授宜興訓導崇學作樂焉坐齋中課諸生至夜乃息歷六載以爲常遷銅梁教諭以憂去比起復適宜興教諭缺貢前所王德與教者又相與薦智請之南畿提學御史陳選薦智改代吏部格於例擬注縣令智力辭必欲業公感高其行特以蘇州教授處之滿九載諸生相與巡撫懇留再任而智請老歸矣智司教幾三十年作人爲多若太學士徐公溥王公鏊其尤顯者子李玫弘

「治巳未進士授監察御史出府志

鄭循初字子初領正統十二年鄉薦授餘杭訓導循初嚴條約以身先之雖祁寒暑雨必衣冠端坐為諸生講解竟日無怠容滿考　英廟詔吏部選教職中學問老成動止可法者一人為駙馬周景府錄史部合試得循初以應詔人有以莊田獻景肯重賂循初為通循初峻拒之且戒景毋輕聽其後果有貴近請是莊而獲譴者景由是益敬重之秩滿遷南京國子監博士尋陞魯府右長史啓陳六事內一事言肅宮闈以清內治頗忤王意未幾以外艱歸王竟坐是

事得罪乃深悔不用循初言及起復王特奏乞還循初舊任而循初先已拜秦府右長史矣隨事匡正多所裨益居五載以老懇求歸進階中順大夫致仕卒年八十一循初孝友簡静家居十六年讀書著文足迹不輕至公門士論重之子嘉祐登鄉貢卒知縣出府志

林大猷字子道仕敏之曾孫也舉鄉薦授新建教諭勤於啓迪待諸生有恩遷國子監學錄闡洛晉魯之士執經從游者無慮數百人齋舍至不能容大猷為之編次俾輪番聽講又以一日通集於監講生徒[illegible]謂之會講祭酒耿公裕待以賓禮進監丞盡剔宿弊

新舊規而與諸生講學益勤弗替諸生有貧者授以衣病者給以藥死者則躬詣哭殮之或屬其鄉人挾其喪歸或捐俸爲買地京師以瘞久而力弗能給又以疏告于好義君子俾出貲助焉滿九載陞翰林檢討仍掌監丞事以疾卒于官[illegible]府大猷士行端謹學問該博而篤古好義若嘗慫然譏論懇惻獎與後進有前輩之風居大學久規範嚴而一歸於正卒之日六館諸生咸哀悼之子璇有儁才第弘治庚戌進士終戶部員外郎同時大學有林祥者字世祥始由鄉薦爲博羅教諭誠心教人視諸生如子諸生亦終身

佩服不忘滿九載為立生祠祀之遷饒州教授其教一如初滿考諸生立去思碑淮王為之製文刻之遷大學助教與館下士講解不倦會淮府缺長史王奏乞祥補之未幾王薨世子幼祥盡心匡輔以年勞陞四品服色告老歸所居闤闠斗室靜坐人莫見其面祥存心惇慎言動必以禮事叔如父待姻族有恩庶幾古君子也在大學與大猷及學正陳璲皆以學行推重璲字子佩舉鄉薦爲威縣教諭改高陽以身先諸生每晨升堂授書作課午後講書夜讀盡二鼓乃休諸生始苦而終化之束修節儀多謝却斧父喪歸

率諸弟一從家禮服闋二邑人士爭歆得璲終其敎太學王端肅公賢之特遷國子學正從學者戶屨常滿名重六館璲立志高古於義利界域甚嚴今師儒中求如璲輩蓋絶少云補遺

陳鉞字廷威號古崖大卞之後會元中之從姪高祖肅元[illegible][illegible]教諭曾祖祥洪武初浙江試僉事左遷合汀主簿鉞以邑庠弟子員應天順八年歲貢入試大廷中高第授麻城教諭師道嚴正作人爲多每嘆近時為郡縣者多拘於文法無前輩風韻乃勸縣大夫傚文路公在洛故事建耆英堂遇節假日延致縣中

諸老為會以敦薄俗又考求前輩德行文章政事可為師法者二十有一人各為之傳使學者有所考據取法滿考遷瑞州府教授其為教如麻城時未幾以疾卒於官鉞於舉業外汎濫諸家書積蓄渟滀詩清曠徵婉序記銘誌諸作亦博雅其在學淹滯最久至今甫人蹶于科者多以鉞自解云性行孤絜一言一動不苟士林以是尤推重之有古崖詩選梓行于世出府志

鄭紀傳第六十五

鄭紀字廷綱號東園仙遊人淑之後天順庚辰進士選庶吉士授翰林院檢討與同年洛陽劉健南昌張元禎為莫逆交劉嘗稱之曰鄭廷綱有經濟之才未幾以親老移疾歸倣浦江鄭氏家範闔門聚食樹治生冠婚喪祭悉從文公家禮延學子劉子發雲同講肆歲給穀數十斛以賙其貧性特操官升卒無藝紀為立定規裁省冗費率鄉人修復諸處橋梁家食凡二十年再起供職遷浙江提學副使令諸生熟讀五經白文行鄉射禮召入為國子祭酒擬視其祿杜

絶干請監有膳餘銀不例取同僚以紀形其短衍之紀以前輩自處遇科道官不能折節爲禮因相與撼摭其事論劾　孝廟謂紀到任未久未宜有此令條析以聞改南京通政司左通政陞太常寺卿戶部右侍郎適南畿災紀以漕米權宜水兑糧出餘米二十餘萬石賑濟又將月糧放支本色以平米價奏革京儲冗食鹽鈔攬納之弊皆有惠利及人然竟以前故論踵襲言之不已紀亦屢疏乞休時劉公健在内閣重其才固留之最後進南京戶部尚書致仕邑舊無城垣紀力請于官修築之人賴以安卒年七十六賜

祭埜如儀仙之人才宋時與莆埒入國朝科日常乏
官亦不顯獨紀歷清華至八座為其邑之冠詩文清
新敏贍有東園文集吟稿歸田錄奏疏若干卷子主
敬正德戊辰進士授戶部主事卒（補遺）

鄭紀傳第六十五

黃巖朱方林傳第六十六

黃譽字廷永叔父宜南安教授譽少有志操剛果自立正統中科場文體散緩譽獨變爲新奇簡淨一時翕然宗之甲子舉鄉試第一登戊辰進士授南京監察御史遷浙江僉事所至摧姦去暴號括地黃喻除皁盡絶也材高氣烈人敬憚之擢浙江參政改湖廣卒三子穆秀秩皆舉鄉貢從弟謹宜之子也景泰甲戌進士亦爲南京監察御史陞湖廣僉事卒孔謹子鐸成化乙未進士授刑部主事頗有志尚穆登丁未進士選翰林庶吉士授編脩爲人侃侃有父風俱早

卒穆孫大經第正德辛巳進士授戶部主事出府志

嚴淦字宗源先世戍籍于莆淦領鄉薦入太學時柯殿元潛在太學擅名因相與刮劘造詣日益深一時太學之士以詩著名者皆取正於二人而莆二經之傳因益有聞登景泰五年進士第改翰林庶吉士同脩寰宇志拜御史督學南畿嚴考校絕請託權門要路謗讟雖多弗卹也陞浙江憲副仍理南畿學政以不便行事改湖廣撫流民復提學秩滿陞廣東憲使湖廣右方伯暨轉左命下而淦卒矣淦性稍毅蒞官守法與人不苟合先輩曾景脩以書經倡莆教授德

安父子繼殁僅一孫隨母改適塗物色得之資其歸以奉曾祀出府志

朱寬守宏裕璣之後第天順元年進士拜南京禮科給事中成化改元同官王徽與寬等五人陳言五事内一事言保全内官貴近衙之繼而太監牛玉有罪黜居南京寬復與徽等上疏論玉有當死之罪四宜梟首街市且謂内閣大臣阿徇不言亦有黨惡欺君之罪未復申前疏保全内官之説一不許與聞國政二不許與外官私相交結三不許弟姪在外任事并置立産業反覆千餘言尤為切直用事者因媒孽之

欲寘之極地特貸左遷潼川州判官既至官興教勸農舉利剔蠹被省檄進賀表京師取道歸省還任道卒（出府志）

方珪字純潔弟成化五年進士拜御史嘗巡督蘇松常鎮及兩浙鹽課特有錢學士之子鬻販私鹽巡撫都御史檄蘇州府為之給民倍收其價事覺珪寘于法因劾其父貪利蠹法都御史附勢剥民知府朋姦不職自是元豪宿猾斂迹避去巡按真定諸郡其地密邇京師號難治珪巡歷所至孥貪吏剗弊政無敢干以私者卒年三十三（出府志）弟璋第進士瑚舉鄉貢

林正字克全成化二年進士授監察御史勤敏有風力嘗巡視山東直抵儀真河道首鑄濟運令兩涯植栁以固堤岸以庇行人往來舟楫便之沿河舊設淺鋪夫出椿蒭而以耆民掌之率受賄欺蔽正令民視蒭價減半折納弊遂革又措置造橋一十二所巡按蘇松常鎮四郡繩違雪枉持法甚嚴丹陽蔡知縣者善交結權要正按其不法事權貴交口為之救解竟奪其職巡按廣東首詢民瘼輒形於詩曰鳳鸞自古為鷹隼郡邑于今尚蠒絲豪黠之吏方聞風斂迹忽遘疾卒於行臺年四十一 珪與正皆有志操時稱名

御史而相繼夭卒士論惜之出府志又同時御史林誠嘗因星變上言內閣大學士商輅當康定易儲時不能執節宜罷免　憲廟謂商輅時有諍言外人不及知誠復疏論之下詔獄撻于朝而釋之誠既忤當道遂引疾歸養毋居家凡十餘年成化末起復職性聰警精於吏事以疾告致仕祖英兵部員外郎父輝永樂二年進士誠天順八年進士子近龍正德三年進士授南京監察御史陞廣西按察司僉事出府志

黃巖朱方林傳第六十六

林元甫吳繹思楊瓚傳第六十七

林元甫字秉仁縕之後成化乙未進士選爲工科給事中詔充册封占城使以建言罷遣後代使者俱得至禍又一日内出言官數人姓名付吏部外叙元甫以内艱獨免人以是知其爲大授器矣服除改注南科又以外艱去補禮科尋陞都給事中嘗請建國本斥遠物及省費恤患之類皆切於時政遷山東布政司左參政值歲儉議者欲税額石加五升以備賑濟元甫謂加賦害民不如勿賑宗藩妃葬欲大拓塋域元甫以非制且奪民田堅持不可以是東人咸德之

遷雲南右布政使尋轉左陝西廣西火篩寇邊餽餉
繁重元甫隨宜調度軍以無乏民不爲病陞都察院
右副都御史巡撫四川蜀寇作設策平之有銀幣之
賜松潘不靖刼殺防禦官元甫督捕過當而渠魁未
獲言者以爲縱賊乃與貴州巡撫而易之未幾調撫
雲南將召入以末疾乞休大宰鈞陽馬公重其爲人
奏留之疏三上乃許俟疾愈起用竟卒元甫豐頤美
髯脩偉玉立表出班行而儀度閒整存心厚而容物
弘居官不苛細立名有大臣之度焉弟哲甫術廣教
諭子有恒廕授都察院都事有孚監察御史姪有禄

瑞州有年衢州俱知府一門衣冠㝡盛云

吳繹思初名數以字行更字克忠周忞之後弟天順元年進士授饒之德興知縣凡賦稅差科聽訟一處之以公政暇輒戾學集諸生親課督之士風爲之一變遷瑞州府同知德興民爲立德政去思二碑陞惠州知府屬邑有巨憝怙勢虐民繹思繩以法守禦軍政爲上官所更張卒伍忿其不便將爲變繹思往諭以禍福皆羅拜丁内艱起復適饒缺守饒人乞繹思守饒不允乃補潮州海寇竊發繹思射率吏民激以忠義遂殲其渠魁捷聞有賚銀羊酒之勞滿考陞浙江

參政尋轉右布政使繹思手神秀慈處心樂易於宗族親舊情義最篤早以經學名及門多所造就若户部尚書周公經工部侍郎張公憲都御史汪公奎位遇通顯猶終身不忘其敬禮繹思同年進士楊瓚字宗器初授吏部考功主事時冢宰王公翱性剛烈羣僚多曲意取容瓚獨持正初不甚見知終遇以殊禮進本司員外郎郎中乃作歲寒亭以寓興節嘗語人曰楊震以卻金名世吾竊慨焉夫舉茂才而行謁金之人其智或有未盡也卻金而存四知之畏其廉或有未誠也遷湖廣參政改河南以不能徇時附勢歷

居要地田不增畝敝廬風雨則略葺之亦可謂貴而能貧者矣出府志

杜元甫吳繹思楊贊傳第六十七

鄭照顧元陳熒陳遷傳第六十八

鄭照字孔昭僊遊縣人性梗介不苟阿隨正統間由太學生授安遠令未幾以憂還起復改德安爲政以節用愛人爲主一錢不妄費一民不輕用有大事必屬耆老商確可否議定然後行故終照之任邑無失政無寃民焉持身皎如玉雪時都御史韓雍巡撫江西沙汰屬僚十去八九獨稱照爲廉第一年五十三致仕歸郡人柯内翰潛遺之詩有云閑因拔筋早貧爲守官廉一瓢顔子樂三韭果之賢人以爲實録云鄉大夫士私謚之曰清介先生出僊遊新志

顧元字體仁正統間貢入太學授長沙府通判有能聲巡撫都御史劉廣衡奏旌異之時長沙府知府缺員藩臬奏補元不報滿九載陞高州府同知時高州賊環其疆兵無虛日藩鎮檄元管運糧餉于外城守失陷以參議爲元還遂無意世事請老而歸到家行

李蕭然出優給新志

陳燮字廷輔本莆田人至父顯始卜居仙遊羅峰山之下景泰元年領鄉薦卒業太學會兩京御史多缺員有詔嚴考胄監而拔其尤者與進士相兼補之燮名在優等遂拜南京監察御史嘗巡視在京及鳳

除倉餘剔蠹弊豪強不得逞乃託鄉人謝瑚等行
百金求寬縱瑚等紿其人而遂沒其金樊發其奸狀
置瑚等於法由是樊之清操益白江以南有劫盜當
路徼樊捕之樊晝策勤獲無遺史部上其最遷廣東
僉事憲度益謹廣東地瀕海番舶互市諸司皆有例錢
樊獨不受未三載卒於官樊質貌魁偉資性穎異自
其少時治舉子業已有聲稱及入太學執經從遊者
甚衆若冢宰倪公岳其尤著者俱四書經義皆舉業者
爭傳錄以爲式興化府志
陳遷字漢崇號倦飛少以經學鳴天順甲申進士歷

南京户部主事郎中江西布政司右參議以外艱歸遂不復出遷有意恭古書持論閑居幾三十年未嘗輕跡城府嘗著仙谿新志出述

鄭照顧元陳欒陳遷傳第六十八

周瑛黃仲昭宋端儀傳第六十九

周瑛字梁石號翠渠以鎮海衛學生應景泰癸酉鄉試主司聶大年得其文大奇之寘詩經第二屢上春官不第乃益汎濫群籍務鈎深探賾與南海陳公甫遊左賀克恭上下其議論且相期以退隱爲高第成化己丑進士知廣德州倣古爲治興文教絕淫祠表死事之忠而嚴不舉女之禁教民有録祠山有辯廣德人爲立生祠祀之滿九載陞南京禮部儀制郎中又三載陞撫州知府興水利著政本第輸納著政均力行保伍之法權右或以爲不便調知鎮遠因俗爲

政不鄙夷其民以書滿歸省母　孝廟初三原王端
毅公爲吏部即家起爲四川參政尋轉右布政使丁
母憂服闋乞致仕給事中楊廉吳世忠交章以學行
薦吏部覆奏起用瑛堅以引年請遂進階資善大夫
致仕瑛丰神雅古其學不專於詠吟而於天文地志造
化物理皆嘗究心體索爲文章渾深雅健有根底詩格
調高古字畫初學晦翁變爲奇勁應酬至老無倦意所
著有經世管籥律呂管籥字學纂要詞學筌蹄地理蓍
龜聽年尤注意周易參同契作本義屢加刪定詩文有
翠渠類稿若干卷所修有廣德志蜀志漳州府志又與

黃未軒同修興化府志議論間有不合自謂莆陽拗史云卒年八十九先是壺山石隨意必有名士當之既而瑛卒平生急義祿入以給內外期功之孤貧瘞其不能葬者十數喪不計其家有無沒未幾家益落子大謨博學能文以詩經魁禮闈告歸終養亦繼卒

補遺

黃仲昭名潛以字行號未軒祖壽生見前傳仲昭成化二年進士選庶吉士授編修甫三月被命翰林官各賦元宵烟火詩且出舊製令擬述以進仲昭以其詞多鄙俚近俳優非儒臣所宜為與同官章懋被討

莊杲共疏論之謫補外仲昭得湘潭知縣時有翰林三君子之謡言官交疏請復其官乃改南京大理寺評事不例收隷卒顧直有富室弟訴其兄匿先世遺貲者計所匿多違禁物法當沒官富人廣行賂求免仲昭持不可卒沒之有盜劫一婦共汙且鬻之法司以盜未得財止坐首惡一人仲昭謂盜汙良人當死且鬻而得直非財而何卒從其議陞署寺副遷丁內外艱還引疾家居會廣東提學員缺太學生簡進等乞起仲昭補之不報弘治初元御史姜洪等言仲昭學問淵源恬退可嘉令所司以禮敦促三年赴京陞

江西提學僉事，舉孝教人以行實爲先，值頒例行簡汰，太嚴，物論譁然。仲昭亦自以疾時不合，再疏乞致仕。仲昭前後所居官不滿三考，家居之日最久，儒雅醖藉，爲鄉邦儀表，平生刻苦爲學，於書無所不讀，精於校閱，嘗修八閩通志、延平邵武府志、南平縣志，又與周琴渠共修興化府志，文詞雅正，有未軒集若干卷。孫希英，與從孫如金同第進士，今爲都勾知府；希韶、希濩俱舉鄉薦，希濩今爲保昌知縣。清遣

宋端儀，字孔時，號立齋。祖勸，以太學生授沭陽訓導，溫厚沉默，訓教諸生條約，不煩而真意勤懇，以毋老

解官歸養父汝勤舉鄉貢授安州學正學政久弛汝勤一變之人才遂盛嘗考江西鄉試時莆令江西人也重賂求私其子汝勤峻却之父喪解官服闋改漢州終國子監助教出彭志端儀自幼莊重簡默不與群兒伍年十三四雅志慕古舉業之暇輙取鄉郡先輩考論其世其於賢否邪正悉録之以爲法戒時郡守潘侯琴以郡學所祀鄉賢或濫因發策詢諸生端儀所對品藻詳明大爲潘所嘆賞成化戊子小試偶不利衆咸爲稱屈其祖舅學士林先生文欲爲書白之當道端儀曰出處素定奔走乞哀吾耻之識者已知其

爲遠大器矣歲甲午鄉試第七人辛丑舉進士廷試第六人拜禮部精膳司主事丁内外艱服闋改本部祠祭司遷主客司員外郎端儀三任禮部持身清慎且諳練國典甚爲部堂諸公所器重公暇惟以校讎著述爲事其家人生産略不加意官主客二年四夷朝獻之使多奉贄以見一芥無取其或有所求請則歷舉故典以開諭之其人亦往往心服以去弘治丙辰陞廣東按察司提學僉事至則躬歷列郡較其行藝課其勤怠雖瘴鄉海島無所不至其教人務欲以躬表率而痛抑其浮誕奇險之習考較黜陟一以至

公處之在廣五年未嘗立赫赫之威而列郡之士翕然知所嚮方年甫五十六卒於官今祀於學端恪特柔孝友動循禮法內外無間言性淳靜無他嗜好惟一意躭學務經訂史汎濫濂洛而於程朱微言緒論無不究極旨歸平生不作韻語間有議論皆根據六理關涉世教不規規藻飾之工而已所著有考亭淵源錄莆陽人物備志鄉賢考證莆陽遺事莆陽科第偶錄立齋閒錄祠部典故高科考備遺錄藏於家

志子元翰弘治乙卯鄉試第一授瀏陽知縣

周瑛黃仲昭宋端儀傳第六十九

鄭黃陳吳傳第七十

鄭瑗字仲璧莆前隸人露之後父儀和歷吳川六合二縣訓導瑗少穎悟過人書過目輒成誦年十三四援筆作古文詞識者交薦於部使者遣入郡學一時名士多出其下成化十三年領鄉薦第三人十七年會試廷試俱第七人未幾丁外艱歸足不踰戶限雖親舊罕接其面服除赴銓曹當道聞其名欲處以禁近瑗以羸弱畏寒自請南都一官乃拜南京禮部儀制司主事滿三載陞署本部郎中以疾卒于官年僅四十有一瑗天賦淳靜於物無所好惟一意嗜學自六

經諸史下至百家之書無不涉獵或談道古今故實鑿鑿如身履而目擊者爲文詞渾雄深粹略無贅語亦穩潤有唐人風致在稠人中恂恂若無能者一名公鉅人咸敬重之及其殁也惜其學未盡用而不滿德云（出府志）子登高正德辛巳進士今爲戶部

淵字源續號壺陰少治經業工力倍人於諸經子無不獵涉論筆尤長與鄭瑗爲文字友齊名膠庠提學僉事周孟中於人少許可得淵文亟爲延譽中成化庚子鄉試卒業太學爲祭酒丘文莊公所器名

益亟從之遊者常數十百人傳錄其口授語彙而成帙名爲資講傳布四方於後進多所成就第弘治癸丑進士選庶吉士授翰林編修以母老告歸十餘年毋終復起供職轉國子司業遷南京翰林侍讀學士以疾乞致仕卒淵學問淵永儀度閑雅平生寡欲無勝妾於仕進亦不數數然子肯堂中鄉試第八人有敏名早卒續補

陳仁字子居號三渠少從其從父兄翰林庶吉士邦瑞治書經多所通解任撫學彥常按莆試士摘史命題時莆人專治經通史者尚少仁援據精愽議論層

出任公得之大驚成化癸卯發解第一丁未第二甲進士授户部主事歷江西司郎中在部久明習條格部堂有大事輙與咨議洪洞韓公文尤倚任之屬陜西邊餉緊急因奏調仁爲陜西司郎中未幾逆瑾劉瑾擅政深忌韓公因摘其屬官細過仁坐降鈞州同知轉汝州知州遷南京兵部員外郎掌武學事瑾誅擢浙江提學副使浙俗喜生訟仁按試不以文管從手自披閱去取惟公士論大服轉本省參政以疾乞休吏部奏言本官久歷中外學行有聞例應加秩部進本司右布政使准致仕命未下而仁卒矣仁質直

沉敏議論向正嘗疏止給事中林廷玉外謫追復御史彭程官閑里及禮部災條陳時弊言多剴切政暇輒討習文事晚年造詣益深文章典美有機軸時譽歸之陳氏自邦瑞舉進士以經學擅名弟邦器亦舉進士官至雲南副使仁之子樾舉鄉薦補遺

吳仲珠字純夫後吳人少精舉業中鄉試第三人再上春官期必得魁元竟以第三甲進士出宰義烏仲珠涉世甚疎居官懵於吏事以公錢助喪為御史所按乃嘆曰士何往不自得即家居授徒亦足自給遂歸每歲從游常數十人遠方亦往往有來學者經指

與語衆不能講解者仲殊體貼分析明白發之為文語新意到嘗自謂詩不如古文古文不如經義所著有詩經四書講說刊布士之攻舉業者資焉以故海內多知其名云子文忠舉鄉薦今為溫州通判補遺

鄭黄陳吳傳第七十

方郭伍黃吳朱傳第七十一

方樸字時舉初名梘生次彭之後少資稟過人長通詩書春秋元至正末行省以隱逸薦不起授北溪書院山長泉州路教授俱不赴方與其友郭維貞宋貫誠輩作壺山文會以進修爲事而文名益著洪武初舉興化府學訓導推所學以淑髦士不以位卑爲意謹慤有禮平居未嘗去衣冠與人交藹然和閭人善揚之不置先賢蔡忠惠林文節劉文定墓久圮壞皆陳於上官葺完之郡丞李景齊素敬禮時舉民有怨丞者誣訟于憲司詞連時舉既白遣歸矣御史疑其獄

有既復逮之時舉不能再辱乃辭孔廟先祠夜沉于井年四十八嘗修莆陽人物志未卒稿人咸惜之（出岳誌等書■）

詩文清峻有法度文會諸人皆推下之

郭完字維貞自號滄洲宋武翼郎彥華之後也完言信行謹學術純正工五七言古近體詩以雜於許渾薛能集中未易辨也當元至正之季隱約於壺山泉石間與方時舉輩二十二人結壺山文會以氣節相高詩酒自娛家甚貧無子惟以教授生徒爲業疾且革會友方用楙王孟寬釋清源輩許爲營葬完乃自爲廣志陳誠中哭之以詩曰有妻正斜被無子紹殘編

東野詩名在樊川誌稿傳吳源爲跋於壙志之後所著詩文惟間出於壺山文會集中蓋無全稿云（出人物備志）

伍衡字時敏學愽氣淳工古文詞尤工古近體詩其文平實穩順時出新意詩七言歌行麗縟奇崛頗有温庭筠李長吉之風律詩充贍華美不爲雕鏤語要其歸盖已自成家非近世規規模倣剽竊以爲奇者比也元末兵亂䏻同知郴伯順入國朝始以薦起爲增城知縣其出處亦未聞有玷缺云所著詩文多散逸無全稿（出府志）

黄約仲涵頭人永樂間以楷書選赴行在預修五經性理等書詞臣有薦其能詩者試中優等授翰林典籍陞檢討卒子讓舉鄉薦出彭志約仲之詩語意清婉音調和適得唐人門徑至今人傳誦之有集藏於家國初懲前代繁縟之敝文尚簡易其流遂至淺俗識之無味時有余師孔者下余人由儒士舉爲本府訓導善於教迪工文詞一時撰述多出其手又有鄭彦馘東瀨人由明經舉爲閩縣教諭學精於易詞賦亦豐蔚可觀出彭志

吳稔字時耕水南人叔告之後性穎悟嘗賦廬山瀑

布詩有入雲聲作雨映地色涵秋之句初從黃褕討
行中學詩經復從盧縣尹質中學書經講習之下皆
能透意而解嘗試鄉闈不利遂不復應擧後進迎以
爲師擧業詩課立爲改定諸生以其學取科第者甚
衆中年以知者兩薦爲訓導以母老辭不就同里有
朱煜者字黯光龍巖縣令健之曾孫也煜始育而嚴
嘆及長自分不堪世用乃閉户讀書以脩身善行爲
事年十七輒爲鄉人師經其指授爲顯官者蘇若太
子少保翁世資侍講學士吳希賢布政使周瑛參議
朱文環按察副使丘山僉事楊琅皆出其門畢嘗有

三

疑獄太守潘本愚以書請曰先生盛德厭人心願得一言而決煜陳說無隱情潘渙然之繼又以事請竟以疾辭後以子愷貴累贈南京户部郎中愷與弟悌同領成化戊子鄉薦愷乙未進士卒官馬湖知府爲人樂易誠篤雅有父風蒞官所至有勞績悌戊戌進士拜行人遷南京監察御史陞浙江按察僉事其爲御史時有真武土木銅鼓畫工諸命悌率同官疏乞罷之京尹同僚不協而閧疏論去之選曹簠簋不飾者後踈論出之士論稱快云出府志　往時水南鄉塾有詩課士大夫結爲詩社[illegible]縣丞魏時敏處士張元紳

白首不廢吟咏時有佳句今此風頓廢端造

方郭伍黄吴朱傳第七十一

林長清林淮傳第七十二

林長清宋紹興進士瀛八世孫正統乙丑進士歷行人戶部員外郎天性廉儉未六十致仕母鄭氏八十餘歲嬰疾艱轉床褥者數年長清設榻於其側嘗視湯藥不離左右一夕數起皆親扶持之爲濯溺器家不甚裕遇有美味具以養母奉身糲食而已每歲母生日輒夙興代母梳洗背負出中堂與家衆上壽行禮母悶其勞謂之曰我既不良于行何須如此對曰使長清歲得以爲常豈非大願耶及母殁哀毁骨立士大夫見其老而篤孝咸嘆仰以爲不可及云出彭志

林進字宗深蘊之裔成化十一年進士拜刑部主事郎奉母入養京師旦就郎署必戒婦飲食盡恭久之母念家鄉切遂引疾歸日和與周旋桑梓既三載官府趣進供職進以京師苦寒非母高年所宜居遁跡乞改南京刑部遷員外郎弘治初元陞雲南僉事進曰吾所以棄北就南為養母也今雲南去京師萬里吾母豈宜往乃陳情願為近地學職以養母朝議謂此風教所係宜從進請乃奏進為常州府教授親終復注僉事如初以慰進之子母以勵臣子忠孝制曰可居二年母以病卒進哀毀扶櫬到家亦卒進初入

刑部求平有疑獄一家十八人坐死前官持兩端不決淮一訊立辯人服其明允嘗盛暑提獄令人汛掃臭穢及剪剃花囚髮日煮艾湯與浴彌月囚無瘦死者淮有女弟適人毋愛之每迎養必挾與俱大槩淮操行於倫理爲最重云出府志

林長清林淮傳第七十二

周易之義卷七上

李玆陳睿傑劉閏傳第七十三

李玆字叔英城北人幼謹愿好學長而多聞元季隱居不仕與友人方時舉等為壺山文會平居恂恂言若不出口及與商確古今沛乎不窮其父早卒事母甚孝母卒哀毀盡禮獨居三年紈綺不至身酒肉不入口司業吳源嘗作述孝以美之洪武初舉儒廷訓導卒無子出彭志

陳睿傑早失怙事母盡孝母嘗病睿傑稽顙籲天割股肉和粥以進病隨瘥母老患目疾雙淚淋漓醫弗效睿傑每旦以舌舐之終母之身不怠母年既老已昏

傑左右扶持不少離所御衣被或汚穢必躬滌之至於溺器亦然母沒號慟幾絕水漿不入口者三日既而歠粥蔬素以終其喪忌晨及生日極其悲痛終日不食蓋其年雖老而哀慕之情不衰一時鄉大夫士咸稱其孝云出府志

劉閔字子賢幼有至性少長知學即絕意科舉求古聖賢禔身訓家之法率而行之動循古禮造次不苟家甚貧極力養母定省溫凊疾不解帶母或恚怒則衣冠跪牀下竟夕不敢起以父早亡與祖母二喪不克葬遂斷酒肉遠房室訓徒隣邑朔望歸則號哭於

殯所如是者三年隣族憐之爲助其塟毋殁哀毀骨
立廬護塋側衰絰疏食終其喪祭祀必齋沐率男婦
奠獻一如文公家禮閨門嚴肅妻失愛於毋出之終
身不復娶林見素起留臺疏于朝曰劉閔學行高古
雖詞藻不逮而德守道風人自難及宜徵侍青宫講
讀不報御史宗彝知府陳效又薦之詔授本縣儒學
訓導守職銜前後按部大吏及守令率與鈞禮特致餽
以賙其乏予嘗謂閔之約身苦行敦尚倫紀雅[illegible]
之矜嚴好禮江革之貧窮養母元魯山之[illegible]
殆不能過云所著有家禮考註昭穆圖宗子說五倫三

啓蒙孝經刋誤等書藏于家術遺

李苾陳睿傑劉閎傳第七十三

陳茂烈黃鞏傳第七十四

陳茂烈字時周號如賓先世浙之瑞安人曾大父伯洪以軍功注興化衛總旗遂居郡城之梅峰茂烈髫年喪父繼戎役厲志邁俗不與群兒伍晝入公署夜歸讀書祖母憐其孱弱亟止之乃韜燈默誦不少輟年十八慨然嘆曰善學聖人者莫如顏曾顏之克己曾之日省豈非學之法歟迺作省克錄以自考登弘治丙辰進士奉使廣東所司以故事致贐迺謝曰吾窮時嘗授徒兩泉司尚不欲規利千人況今日邪於是往拜白沙陳公甫頓執弟子禮白沙與之語累日

甚占臣告以為學須主靜一退而作靜思錄終身佩服其敎初授吉安府推官吉俗健訟一詞所逮多至百十人廼下令曰告者不出則詞不行逮者事有干則至無則免及訊鞫親召至膝前以理辯折不妄施敲朴民亦往往輸情服罪以去吏部考其治行為理官第一召入為御史恪慎其職冠服淡素借人一牝馬乘之時太臣有縱子受賕者言官交劾不退茂烈申糾其罪勒致仕奪志端起道士為尚書再疏論之不報乃以母老乞歸終養所居無聽事增搆尋丈田歲入甚薄奉母甘旨外與家衆共蔬食當一蒼頭採

新給爨出則挾一傘自隨臥榻不備布帷其清苦無
與爲比而處之裕如也克養沉粹與人不爲崖異見
之者自然愧慕交際取與一毫不苟官府事閉耳不
聞終日危坐一室以讀書窮理爲事嘗語人曰儒者
有向上工夫詩文士苴耳吏部以茂烈養母清苦奏
改爲晉江縣學教諭資其祿既辭不拜既又援侍郎
謝鐸事例奏給月米制曰陳茂烈清苦可嘉著有司
月給米三石以資孝養又具疏辭制又曰朕近以孝
治天下陳茂烈既家貧親老特給月米以資養膳不
准辭茂烈以母年九十未有嗣息日夜以爲憂方抱

疾而毋卒強起號哭寢地疾轉亟泣謂岳曰吾平生所事見素所友吾弟如不可諱惟身後是託見素為治喪具立其族子遂揚為後海內大夫士聞而傷之御史王應鵬以府衛所列事狀上聞詔賜坊牌用表宅里扁之曰孝廉祀於鄉賢祠仍優恤其家補遺

黃肇字伯固號后峰後黃人唐刺史岸之裔弘治乙丑第進士初筮德安府推官法理有敍部使者交薦之以考績留為刑部主事清勤共職部堂咸遣子就學令寧一部奏牘尚書何公鑑轉兵部奏調肇為其部主事倚任尤專正德甲戌進員外郎充會試同考

官得今吏部馬理等三十餘人皆知名士歷車駕職
方二司郎中以母喪歸服除時　武宗北狩人心危
疑或尼其行鞏題其書室曰茅屋石田爲生太拙鴟
夷馬革自許何愚蓋有志於殉國也至京補武選郎
中己卯春有旨南巡時寧藩蓄逆上下以爲憂大臣
科道交疏不聽諸部寺司屬咸起而諍之鞏以其事
出於邊將江彬誘惑彬方席寵擅權生殺出其口無
敢及之者鞏獨疏六事曰崇聖學通言路正名號戒
遊幸去小人建儲貳言極痛切海内爭傳誦之詳載
奏議集中其去小人之條專指彬爲亂首法所必誅

車駕員外郎陸震見其疏稿願同署名以進疏既入
自分必死為書別知友託以後事及收拾遺文彬果
大怒欲必寘之死乃下詔獄廷杖五日杖百餘除名
陸竟死釁體極修羸幸得甦以詩遺弟曰不用汝謀
方至此須知我道固當然蓋萬死不悔也自是杜門
著述家素貧客至留款貧采隣村日中未舉火亦不
以屑意於官府無絲毫干　今上登極以南京大理
寺丞徵處法明恕廷中稱平屬議禮未定舉進疏大
略謂陛下既承孝宗之嗣當明為人後之理既承天
下之重則當明二親之繼反覆千餘言皆關係綱常之論

靖元年秋南京九卿例須一人持表入賀聖旦節當
行忽病作稍愈強就道既至京縉紳慕其名延接無
虛日病復作竟不起自公卿而下無不傷悼其平生
知友若門生爭厚割俸金為賻南都士夫亦然見素
與予既治其喪且合諸奠賻約三百金為歸買田立
嗣給事中劉世揚御史黃國用疏其忠節請加卹典
詔特贈大理寺少卿與祭一壇蓋異數也蓋嘗言曰
人生仕宦至公卿大都不過三四十年惟立身行道
為千載不朽世之人往往以彼易此何耶其素志如
此況敏好學雖疾病支離手不釋卷詩文清粹和婉

幾自成家，第一時人物，肇與茂烈名行相次，惜未究其用，又皆無子，而肇年尤夭，雖然，觀二人所樹立，亦可與天壤俱敝矣。浦說

陳茂烈黄肇傳第七十四

附鄭山齋公傳第七十五

鄭岳字汝華號山齋南湖先生露之後先世自桃源徙蒲坂高祖以貲雄於鄉被訟戍卅州因之破家一再傳益落父朴菴從入城僦居金橋岳七歲而孤賴母林兄嵎食貧而撫教之岳踰弱冠登弘治癸丑進士授戶部主事考績貤 恩遂移疾歸葬其父起補刑部主事錦衣千戶張福同監市囚福恃勢越坐岳奏論語涉中貴 孝宗怒下 詔獄堂官疏救以免轉員外郎時邊事孔棘侍郎許進督師大同貴近惡其剛方議代前副總兵趙昺償事坐廢謀復起京軍

屢出無功又議再遣岳抗疏論列人咸稱允擢湖廣
按察僉事　宗藩侵民田奏勘不決岳竟歸之民施
州吏民忿爭讐殺衛帥以亂聞岳勒首惡數人餘悉
諭遣他若辨盜鑄土官印信及追獲縛賣容民男婦
百餘人皆異政荊岳歲饑無備設法以賑全活甚衆
常德守刑貨瀆濫捕其信任者寘之法守解印綬去
南京十三道會薦天下方面官十七人岳與焉　武
宗物擢廣西兵備副使征里松洞奏捷及撫諭土酋
岑猛連受[illegible]猛賜築足灘廣運昭平三堡峽為府江
巨鎮調廣東副使滯獄為空治稱第一尋擢江西按

察使宸濠結逆瑾復護衛諸司承順勢益熾岳至力振風紀爲濠所忌遷擢本省左右布政使宸濠橫奪民田億萬計民設寨衆守濠諷總制以兵勦岳沮止李副使夢陽江御史萬實相訐奏下藩臬會勘岳欲平其理而夢陽務求勝致其怒濠從而嗾之乃執岳察司舊役門隸誣用公堂銀鍛詞從濠禁錮事聞下鎮巡勘報濠左右夾持成獄家人擒捕殆盡子泓未完亦被縶人心憤惋不平科道暨撫臣交疏其枉於是遣大理寺卿燕忠給事中黎奭覆勘濠收買事證妻子脅無異詞衆環泣曰王府費萬金陷公公必欲

白我單無噍類郎公亦禍叵測岳乃自誣服坐罷濠
反事敗內外臣工交章論薦起岳四川左布政使以
母喪未終制不赴嘉靖初制滿陞都察院右副都御
史巡撫江西至則民擁道聚觀手額相慶岳奏賑恤
受兵郡縣定次討逆軍功及贈祀死事之臣皆報可
甫三閱月擢大理寺卿輔臣以擁立　世宗功議封
伯岳遺書內閣所厚蔣冕勸其辭避林見素後以司
寇召至協恭守法一無所假勘事陜西王總兵官李
隆罪無隆與都御史許銘不協而嫁其禍也道見扎
人不知水利乃相度還奏爲宗由之計前後凡四上

疏皆切時政陞兵部右侍郎尋轉左侍郎大同兵
變既而復叛岳主議管軍官下令報首惡姓名誅之事
可立定乃密令總兵桂勇斬首惡數人主兵者奪其
功與奏帶大璫弟姪御史王官輒系簿責岳署部事
駁行改正內侍崔文方用事其姻指揮崔昂欲躐陞
裨將岳又執不用權倖由茲側目岳嘗議大禮忤
旨奪俸及是羣小媒孽眷寖衰會寧夏總兵种勛行
賄求調爲東廠捕追金幣勛嘗失事被岳劾禮帖獨
無岳名言官風聞論之岳上疏自白因力乞休致
世宗聽之歸歸凡十五年薦起者六竟格弗大用云

岳事寡嫂甚孝念兄鞠育恩罄宦俸以報遂罷官兄
剖償產之半撥蒲坂祖祠益祭田又與族子公奇等
別創南山始祖祠暨脩治先世諸墓至於開渠造橋
造社倉利於鄉族者雖不惜費倡逸老會以登臨酬
唱爲娛好禮飭書老猶不懈爲詩文湯溪隱稿所著
山齋淨稿吟稿奏議駁稿蘭陽文獻蘭陽志略尤喜
獎拔後進士夫家食者勸其著書爲不朽事世所閒者
有所激厲享年七十二卒泓字士流初爲宦□所陷
充戍赦回蔭授詹事府錄事乞終養親終不出享年
七十三卒逸老會做古真率□□飲大斗酒者七

人皆鄉國之望林都憲茂達年七十五林處士嘉績
吳副使希由俱年六十七林御史李璦宋知縣元幹
俱年六十五林副使有年年六十四鄭司馬年六十
三七老繪爲圖司馬爲記謂老成典刑風教之助豈
但讌遊爲耶最後預者二人林侍郎富李寺丞廷梧
諸老多享壽云

邑人南京戶部主事柯維騏撰

鄭岳傳第七十五